延崇高速公路(北京段)工程技术论文集

北京市首都公路发展集团有限公司　编著

人民交通出版社股份有限公司
北　京

图书在版编目(CIP)数据

延崇高速公路(北京段)工程技术论文集 / 北京市首都公路发展集团有限公司编著.—北京:人民交通出版社股份有限公司,2021.12

ISBN 978-7-114-17426-1

Ⅰ.①延… Ⅱ.①北… Ⅲ.①高速公路—道路施工—文集 Ⅳ.①U415.12-53

中国版本图书馆 CIP 数据核字(2021)第 125070 号

Yan-Chong Gaosu Gonglu(Beijing Duan)Gongcheng Jishu Lunwenji

书　　名:延崇高速公路(北京段)工程技术论文集

著 作 者:北京市首都公路发展集团有限公司

责任编辑:齐黄柏盈

责任校对:孙国靖　扈　婕　卢　弦

责任印制:张　凯

出版发行:人民交通出版社股份有限公司

地　　址:(100011)北京市朝阳区安定门外外馆斜街 3 号

网　　址:http://www.ccpcl.com.cn

销售电话:(010)59757973

总 经 销:人民交通出版社股份有限公司发行部

经　　销:各地新华书店

印　　刷:北京交通印务有限公司

开　　本:787×1092　1/16

印　　张:33.25

字　　数:731 千

版　　次:2021 年 12 月　第 1 版

印　　次:2021 年 12 月　第 1 次印刷

书　　号:ISBN 978-7-114-17426-1

定　　价:138.00 元

序

Preface

延崇高速公路是北京延庆通往河北张家口崇礼的高速公路，主线全长114.752km，其中北京段全长33.2km，为双向四车道高速公路标准，是京津冀一体化西北高速通道之一，是连接北京城区、延庆新城与河北地区的快速交通干道，也是2019年北京世界园艺博览会的快速交通干道，更是北京2022年冬季奥运会的赛场联络通道。

延崇高速公路（北京段）工程被列为交通运输部绿色公路典型示范工程、品质工程示范创建项目、“智慧公路”试点项目，是贯彻落实《交通强国建设纲要》和《国家综合立体交通网规划纲要》的重要工程。在建设过程中，交通运输部领导、北京市领导高度关注工程建设情况，给予了许多的关怀和指导；公路行业相关专家学者也给予了极大的关心与支持；当地政府与沿线群众也给予了无私的帮助和支持；广大建设人员更是挥洒汗水，赤诚奉献。在此，对社会各界给予的支持和帮助表示由衷的感谢！

为记载几年来建设者们的艰辛付出，北京市首都公路发展集团有限公司（简称首发集团）组织项目建设者，从实际出发，对设计、施工、科研等几个主要方面进行了总结和梳理，汇总具有代表性的66篇论文形成本书。本论文集凝聚了工程参建者的心血和汗水，再现了当年在桥梁和隧道中挥汗如雨的壮丽场面。本论文集既为参与延崇高速公路（北京段）工程的建设者留下了值得纪念和回忆的历史印记，也希望为广大公路建设者提供参考借鉴。

在北京市委、市政府领导下，首发集团坚持“为人民修路，保交通畅通，尽社会责任，促企业发展”的企业使命，牢固树立聚焦主责主业、高质量发展的理念，为服务首都“四个中心”功能建设、助力实现第二个百年奋斗目标贡献首发力量。

北京市首都公路发展集团有限公司董事长

2021年11月于北京

◆ 2018 年 3 月，首发集团董事长张闽（左二）调研延崇高速公路项目建设情况

◆ 2018 年 8 月，首发集团总经理张恒利（左一）调研延崇高速公路项目建设情况

◆ 2018 年 8 月，首发集团副总经理李荣均（右二）陪同交通运输部领导进行延崇项目督导检查

◆ 2017 年 7 月，首发建设公司董事长高日和（右一）检查延崇高速公路项目建设情况

◆ 2019 年 6 月，首发建设公司总经理孙波（左四）检查延崇高速公路项目建设情况

第二部分　路基路面施工

◆ 路基打格填土

◆ 平地机精平作业

◆ 压路机碾压作业

◆ 路面基层摊铺作业

◆ 路面面层碾压作业

◆ 排水沟生态滤床施工

第三部分　桥梁工程施工

◆ 桥梁预制场

◆ 桥梁墩柱爬模施工

◆ 现浇箱梁钢筋绑扎作业

◆ 跨铁路转体桥施工

◆ 连续刚构合龙施工

◆ 松闫路立交桥施工

◆ 温泉特大桥施工

第四部分　隧道工程施工

◆ 妫水河隧道基坑开挖

◆ 妫水河隧道闭合框架施工

◆ 玉渡山特长隧道大管棚施工

◆ 玉渡山特长隧道洞口全景

◆ 三臂凿岩台车洞身开挖

◆ 松山特长隧道防水板施工

第五部分　完工实景

◆ 平原段高架桥

◆ 通车前开展基于车路协同的 L4 级自动驾驶技术测试

◆ 温泉特大桥

◆ 妫川路立交区

◆ 国道 110 立交区

◆ 妫水河隧道

◆ 西大庄科隧道

目录

第一篇　工程总体情况

第二篇　勘察设计篇

第三篇　施工技术篇

第四篇 管 理 篇

第五篇 绿色公路篇

第六篇　品质工程篇

第七篇　科技创新篇

附录　工程建设大事记

第一篇 工程总体情况

1 工程概况

2015年7月31日，在国际奥委会第128次全会上，北京携手张家口获得了2022年第24届冬季奥林匹克运动会（简称冬奥会）的主办权。为兑现申奥时做出的“场馆间转场交通时间在1小时内”的庄严承诺，交通运输部与北京、河北两省（直辖市）共同开启了延崇高速公路的建设步伐。

延崇高速公路（北京段）工程起点位于北京市延庆区大浮坨村，与兴延高速公路相接；终点位于京冀界，与延崇高速公路（河北段）相接，全长约33.2km，采用双向四车道标准（部分路段预留双向六车道条件），设计速度80km/h。

全线设置桥梁9座、隧道6座、互通式立交5座、分离式立交1座、管理养护区1处、服务区1处、隧道所2处，主线收费站与河北共建，北京段全线桥隧比约92%。

（1）平原段（兴延高速公路—国道110段）工程路线全长约15.2km，路基宽度28.5m/26m（延康路以南段采用28.5m，延康路以北段采用26m）。设置高架桥2座，全长5473m，设置隧道1座（下穿妫水河），全长2044m，设置互通式立交4座、分离式立交1座。设管理养护区1处、服务区1处、隧道所2处。平原段桥隧比88%。

（2）山区段（国道110—市界段）工程路线全长约18km，全线为分离式路基，分离式路基宽度13m，进京线长17923m，出京线长17945m。进京线设置桥梁7座，全长2972m，设置隧道6座，全长13987m；出京线设置桥梁7座，全长2918m，设置隧道5座，全长14213m，设置互通式立交1座。山区段桥隧比95%。

本项目是北京2022年冬季奥运会的赛场联络通道，对冬奥会的举办起重要的交通保障作用，同时作为2019年世界园艺博览会和京津冀交通一体化重要项目，是连接北京城区、延庆新城和河北张北地区的快速交通干道，对缓解北京市西北客货运交通压力具有重要意义。

2 基本建设程序执行情况

延崇高速公路（北京段）工程项目严格按照北京市“一会三函”和基本建设程序相关规定执行，“一会”即市政府集体审议会议纪要；“三函”即市发展改革委出具的前期工作函、市规划国土委出具的设计方案审查意见、市交通委路政局的施工登记。设计方案、工程可行性研究报告、初步设计等文件批复情况见表1。

延崇高速公路（北京段）工程项目获批文件情况　　表1

文件名称	获批时间	批准部门
前期工作函	2016年6月28日	北京市发展和改革委员会
设计方案	2016年7月29日	北京市规划委员会
环境影响报告书	2016年12月17日	北京市延庆区环保局
项目建设用地	2016年11月23日	北京市国土资源局延庆分局
施工登记意见书	2016年12月21日	北京市交通委员会路政局

续上表

文件名称	获批时间	批准部门
工程可行性研究报告	2017年3月21日	北京市发展和改革委员会
水影响评价报告书	2017年6月3日	北京市水务局
初步设计文件	2017年10月17日	北京市规划和国土资源管理委员会 北京市发展和改革委员会
施工图设计文件	2019年12月25日	北京市交通委员会

3 参建单位

延崇高速公路(北京段)工程由众多单位参与建设,所有参建单位各司其职,在工程建设中发挥了不同的职能作用。具体参建单位见表2。

延崇高速公路(北京段)工程参建单位一览表 表2

单位类别	单位名称
建设单位	北京市首都公路发展集团有限公司
代建单位	北京市首发高速公路建设管理有限责任公司
监督单位	北京市道路工程质量监督站
设计单位	北京市市政工程设计研究总院有限公司
	北京国道通公路设计研究院股份有限公司
勘察单位	北京市勘察设计研究院有限公司
	北京市地质工程勘察院
	中航勘察设计研究院有限公司
施工单位	土建1标:北京市政建设集团有限责任公司
	土建2标:中交路桥建设有限公司
	土建3标:北京城建集团有限责任公司
	土建4标:北京市市政一建设工程有限责任公司
	土建5标:中铁六局集团有限公司
	土建6标:中铁十六局集团有限公司、北京住总集团有限责任公司(联合体)
	土建7标:中铁十四局集团第二工程有限公司
	土建8标:中铁十五局集团有限公司
	土建9标:中交第一公路工程局有限公司
	路面1标:北京市政建设集团有限责任公司
	路面2标:北京市市政一建设工程有限责任公司
	路面3标:北京城建远东建设投资集团有限公司
	路面4标:北京城建集团有限责任公司
	房建1标:北京建工路桥集团有限公司
	房建2标:北京中航天建设工程有限公司
	交通工程:陕西高速诚信交通工程有限公司

续上表

施工单位	绿化工程：北京市首发天人生态景观有限公司
	环保工程、收费大棚：北京市高速公路交通工程有限公司
	机电工程：北京云星宇交通科技股份有限公司、浙江珍琪电器工程有限公司（联合体）
监理单位	土建：北京逸群工程咨询有限公司、中咨公路监理咨询有限公司
	房建：北京正远监理咨询有限公司
	机电：北京天智恒业科技发展有限公司

4 工程管理目标完成情况

经过参建各方的共同努力，工程圆满完成了预期的管理目标。

(1) 质量目标：工程质量评定为合格。各土建标均获得北京市结构长城杯金质奖工程。

(2) 安全目标：未发生较大及以上生产安全责任事故。土建1标、2标已获得北京市公路建设“平安工程”冠名。

(3) 环保目标：未发生重大环境污染或生态破坏事件。

(4) 工期目标：按期建成通车。

(5) 投资目标：工程投资控制符合既定目标。

5 绿色公路典型示范情况

2016年5月13日，交通运输部印发《关于开展绿色公路建设典型示范工程建设的通知》，其中明确延崇高速公路（北京段）工程为第一批典型示范工程项目。首发集团组织成立了典型示范推进小组，编制了《总体建设方案》，从生态引领、低碳集约、智慧创新、景观和谐、服务共享五方面进行典型示范。

项目全面贯彻“生态优先”理念，开展生态选线，全面推进“绿色修筑”技术应用，对边坡进行生态防护、对野生动植物进行有效保护。开展隧道绿色建设运营、隧道弃渣综合利用等课题研究，推进废旧材料综合利用和土地资源集约利用，开展生产生活污水及桥面径流全面收集处理，实现污水“零排放”，引入“海绵城市”理念，建设立交“梯田”。根据地理环境和植被规律等选用与生态系统相协调的适宜植被物种和景观造型，构筑起一条“畅通、安全、舒适、美观”的生态景观高速公路。

6 品质工程示范创建情况

2017年8月30日，北京市交通委员会《关于印发公路品质工程创建工作实施方案的通知》中，确定延崇高速公路（北京段）工程为北京市品质工程示范创建项目。首发集团组织成立了专项创建推进小组，开展制订《创建计划》、编制《实施细则》、进行专项研究等行动，从设计、管理、质量、安全、环保、创新和软实力七个方面进行示范创建工作，以打造延崇品质，护航冬奥之路。

项目坚持高点定位,从管理精细、工艺先进、施工规范、优质耐久、安全生产等多方面、多层次、多维度制定工程建设管控措施和要求,构建了全方位质量安全管理体系;从“两区三厂”建设标准化、施工工艺标准化、安全防护标准化、人员培育标准化等方面,系统推进标准化建设工作,推动现场施工向规模化、产业化作业转变,助推公路工程建设“工地”向“工业”转型升级,构建了工业化建造体系;以全寿命质量安全精准管控为目标,着力打造“智能+”数字化云平台,实现设计、施工、运营、养护、资产等多源异构数据有效融合,“智慧工地”与“智慧公路”平台实现信息传递,形成了智慧公路建设新模式。

7 智慧公路试点工作情况

2018 年 11 月 8 日,北京市交通委员会下发《关于延崇高速公路(北京段)工程智慧公路总体建设方案(代可研)的批复》,要求重点在基础设施数字化和路运一体化车路协同两个方向开展建设工作。

在基础设施数字化方面,应用三维可测实景技术、高精度地图等,实现公路设施的数字化采集、管理与应用,构建公路设施资产动态管理系统;在温泉特大桥、妫水河隧道、回音崖高边坡建设基础设施智能监测传感网,实现交通基础设施安全状态综合感知和安全状态态势分析及预警功能。在路运一体化车路协同方面,基于高速公路路侧系统智能化升级和营运车辆路运一体化系统,利用 5G 或者拓展应用 5.8GHz 专用短程通信技术,提供极低延时宽带无线通信,开展车路协同测试。

8 科技创新工作情况

首发集团统筹组织了《延崇高速公路上跨大秦铁路及京新高速公路双转体钢-混混合连续梁设计与施工关键技术研究》《高速公路智慧隧道运营安全保障关键技术研究》《BIM 技术在延崇高速公路山区段设计施工中的应用研究》《特长隧道疲劳唤醒景观段设置技术研究》等课题研究;开展了敏感水域桥面径流收集和生态式处理关键技术、车路协同与自动驾驶关键技术及隧道机械化“八台套”等技术攻关和微改微创工作,形成了北京市地方标准《北京市绿色公路建设技术指南》1 项、团体标准《公路工程绿色施工标准》1 项和企业标准《首发集团隧道照明设计标准》《首发集团高速公路 BIM 技术设计交付标准》等 5 项,获得国家及省部级 BIM 奖 5 项、北京公路学会科学技术奖 5 项,申请国家发明专利 4 项、实用新型专利 25 项,获工法 5 项、软件著作权 1 项。

第二篇 勘察设计篇

BIM+GIS 技术在山岭公路选线中的应用研究

刘　峰[1]，顾大鹏[2]，彭沉彬[3]
（1.北京市首都公路发展集团有限公司；2.北京国道通公路设计研究院股份有限公司；
3.北京市首发高速公路建设管理有限责任公司）

摘要：复杂山岭公路路线设计方案受地形、地质条件影响较大。如何有效利用多源地理信息数据对关键节点进行合理布设是确保设计质量、控制工程造价的关键。本文以延崇高速公路为例，论述了 BIM 与 GIS 数据结合要点，提出多专业协同设计方法，并进行 BIM+GIS 技术在实际工程地形、地质、环保选线中的应用研究。研究结果表明：①基于 BIM+GIS 三维地理信息模型可以更直观审视路线方案，更准确进行工程量统计校核；②BIM+GIS 模型融入地形、地质、环保等控制因素可以更有效进行设计方案优化比选，减少设计变更、提高设计质量。

关键词：BIM+GIS 技术；山岭公路；方案比选；地质选线；环保选线

1　引言

山区高速公路是我国交通运输的重要组成部分。随着信息化技术的飞速发展，国家对公路工程项目规划设计的科学性以及生态环保性提出了更高要求。2016 年 7 月，交通运输部发布《关于实施绿色公路建设的指导意见》，明确指出鼓励应用建筑信息模型（BIM）技术，鼓励代建制、设计施工总承包等管理模式的创新与应用，营造绿色公路建设市场发展环境。2017 年 12 月，交通运输部发布《公路水运品质工程评价标准（试行）》，明确将 BIM 技术列入品质工程加分项。开展 BIM 相关应用研究有助于深入推进北京市公路项目品质工程示范评估，充分发挥示范引领作用。

山区公路路线设计对环境有很强的依附性，选线的环境可行性、合理性是确保山区公路建设与环境保护协调发展的关键。因此，基于先进的技术探索复杂山区公路地形、地质、环保选线的新方法，不仅具有工程实际价值，也对生态环境保护有深远影响。

目前，倾斜摄影技术可在短时间内建立大规模的山区路线带地理信息系统（GIS）模型，实现山区地理信息空间全方位、高精度的可视化表达。将 GIS 三维地理信息模型与 BIM 精细化建模技术结合可以更准确模拟复杂道路桥梁工程设计方案，形象展现局部工程结构特点。将 GIS 技术应用于实际工程项目，可以有效优化设计方案、保证设计质量、提高交底效率。

延崇高速公路是北京2022年冬奥会的重要赛场联络线,也是“绿色公路”“品质工程”示范项目。该项目地形地质条件复杂,涉及特大桥、特长隧道等特殊工程,设计施工难度大,工程对公路工程质量及景观环保型要求较高。本研究将依托延崇高速公路山区段工程开展BIM+GIS技术工程应用研究,基于多源勘测数据,构建精确的地形、地物、地质模型,使设计人员更准确了解工程沿线地形地质情况,更整体、直观进行方案设计及优化比选,提高设计质量,减少设计变更,为BIM+GIS技术在北京市公路工程的推广应用做好样板,助力首都绿色公路、品质工程事业的发展。

2 公路工程中BIM和GIS的应用

2.1 BIM数据的特点

BIM数据主要通过三维模型实体数据集成的方式表达,设计信息通过模型直观呈现,通过参数化建模使各个结构构件之间相互关联。BIM数据的储存标准为IFC标准,它是开放的数据表达与交换的国际标准,支持建筑物全寿命周期的数据交换与共享。基于统一的BIM数据储存交换标准,可以实现建筑物全生命周期的数据交互管理。

BIM数据具有模型构件复杂、对象种类繁多、数据体量大等特点,它侧重于对特定对象的集成、精细化展示以及局部节点的三维信息化管理,但在大尺度空间地理信息的表达以及模型构筑物周边环境整体展示等方面存在较大缺陷。

2.2 GIS数据的特点

GIS技术以三维空间数据库为核心,可以实现空间地理信息的集成整合以及定位分析。GIS数据库中的地理信息以地理坐标储存,以地图方式显示地理信息。

目前,GIS技术已经达到了较高程度的标准化和数字化,支持较大范围地理环境的搭建,可以进行图形数据的输入和输出,实现工程全线的地形分析、地质分析。但是,GIS模型侧重于对空间构筑物的全面整体展示,对桥梁隧道等单体构筑物本身表达的精度不够,无法实现构筑物单体内部的碰撞检查、工程量分析及模型构件精细化管理。

2.3 BIM与GIS数据结合要点

将BIM与GIS技术进行优势互补,基于BIM技术进行桥梁隧道等构筑物内部信息的分析展示,基于GIS技术进行区域空间地形地质信息数据的可视化表达,可以保证山区高速公路工程的完整性、全局性和宏观性的表达。

BIM与GIS模型融合,首要前提是模型数据标准化,需要基于统一的模型编码格式与数据格式进行数据信息集成整合。其次,公路桥梁隧道BIM模型具有复杂性、异面多、信息量大等特点,GIS地理信息模型具有空间体量大、内存占有量大等特点。同时搭载BIM和GIS模型在同一空间进行三维表达信息数据量极大,对数据的承载力提出了高要求。因此,模型轻量化是确保BIM和GIS模型有效融合的关键。

3　山区高速公路 BIM+GIS 模型建立

延崇高速公路山区段地形地物条件复杂,断裂带、自然保护区、采空区等都对选线方案有较大影响。本研究以延崇高速公路山区段工程为例,探讨 BIM+GIS 技术在复杂山区公路设计方案比选的思路方法。

3.1　地形模型建立与模型轻量化

3.1.1　基于倾斜摄影的三维地理信息模型建立

桥梁、隧道设计对地理环境的依附性很强,需要基于高精度的地理信息模型辅助设计。近年来,无人机倾斜摄影技术在低空摄影测量领域得到了快速的发展,利用倾斜摄影数据建立 GIS 模型,可以有效整合线路带周边信息资源,实现工程范围全方位、高精度的可视化表达,对选线过程中的空间分析提供基础条件,为线路方案决策提供技术支持。

倾斜摄影技术是基于地面控制点将航测数据生成倾斜影像,并通过自动化建模快速生成三维实体模型。其平面和水平误差可满足大比例尺地图的精度要求。

本研究基于该技术采集了延崇高速公路山区段路线带全线地形影像数据,结合实地踏勘数据对采集的影像数据进行初步校核处理和区域联合平差,并通过图像拼接及高程点校核,优化处理地理信息数据,快速生成三维数字地理信息模型。

3.1.2　地理信息模型轻量化处理

由于公路工程项目具有特殊性、复杂性、异面多等特点,导致 BIM 模型的信息数据量大,驱动运行过程占据内存极大。因此,GIS 数据的轻量化是降低 BIM+GIS 模型的加载时间,确保模型可用性的关键。本研究在保证路线范围地理信息模型精度同时,对远离路线带区域进行局部轻量化处理。

首先将标准化处理后的 GIS 数据导入 BIM 平台,结合实际地形地貌特征及地物分布状况进行 BIM 地理信息模型分区,对远离路线带的区域分别采用边缘收缩及点删除的方法进行局部三角网格简化,并对构成三维地模的三角面片进行合并处理及三角网格优化(图 1)。在精确展现路线地理信息的同时,减少冗余的几何信息,实现模型的轻量化。

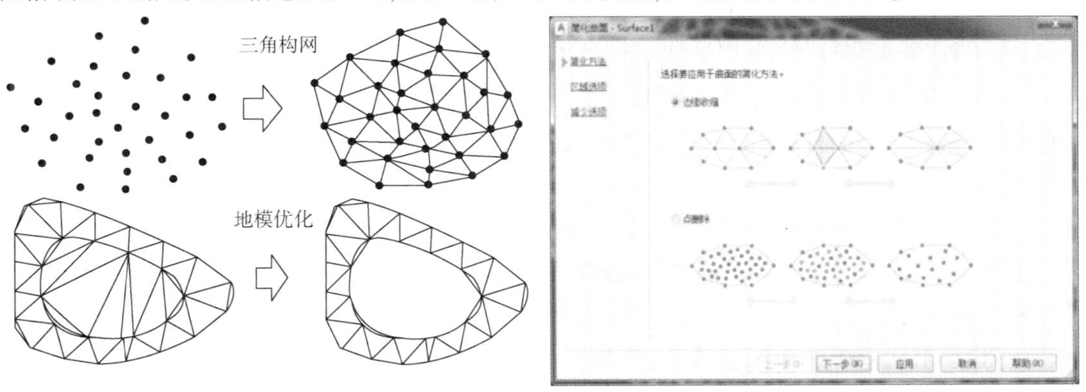

图 1　地理信息模型网格优化

3.1.3 复杂地物模型建立

在传统二维图纸中,除了等高线、高程点,还有很多信息在建模过程中未被很好利用,如旧路信息、房屋信息、地块信息等。通过 BIM 技术可以按类别属性自动提取地形图中的地物信息并在 BIM 平台进行集成展示,使设计人员最大化利用现有地理信息数据,更好辅助设计。

本项目在 BIM+GIS 三维数字地模的基础上,快速提取实测高精度地形图中的沿线山体、房屋、农田、旧路、陡坡、流域、地块等信息,通过 Map 3D 将地形图信息转成 Sdf 格式并导入 BIM 平台,快速进行地块划分,并按区块自动建立房屋、农田、旧路等三维实体模型(图 2),真实还原沿线实际环境。

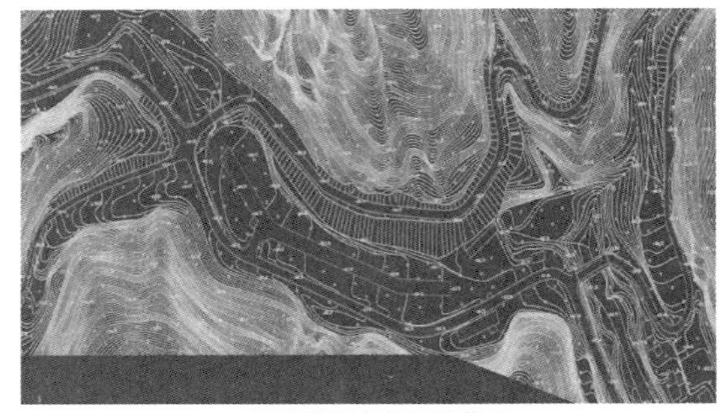

a)二维地形图房屋旧路信息

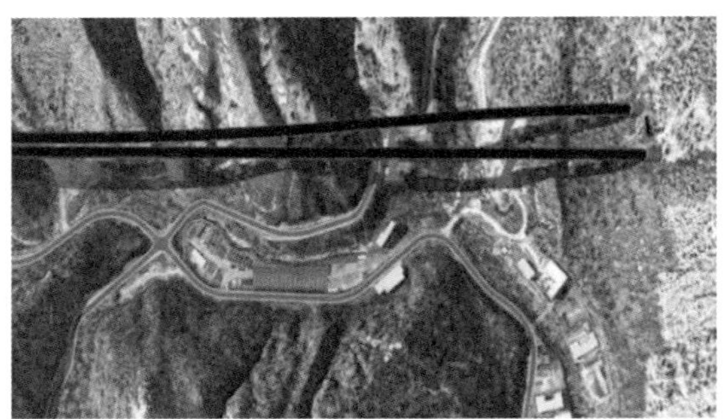

b)三维BIM模型房屋旧路信息

图 2 三维地物模型建立

3.2 三维地质模型建立

针对复杂地质路段,通过三维地质模型展现复杂地层空间分布规律及其与工程结构的关系,可以为复杂山区道路选线提供有力的数据支撑和可视化展示。

延崇高速公路山区段工程地质条件复杂、围岩等级变化大,选线方案对公路稳定性影响较大。本项目基于 BIM 技术对地质勘察的钻孔数据进行三维可视化建模。首先对采集到的钻孔数据进行分析,结合该桩位的地质纵剖图,对探测到的地质夹层钻孔数据进行钻孔点位补充;接着根据岩性的不同,计算所需提取的地质岩层层数,确定每个地质岩层的厚度;在此基础上以钻孔数据为样本,采用插值法拟合出三维地质层数据,根据不规则三角网格构网方式,将计算得的所有点有序连接生成地质界层并建立模型实体;最后基于 BIM 平台实现三维地质实体沿路线带任意断面的剖切及可视化展示,直观展现延崇高速公路路线带三维地质状况及任意位置详细的地质层信息,为设计、施工人员提供参考,便于他们更直观准确做出决策。图 3 所示为温泉特大桥三维地质模型建立。

在传统设计过程中,经常会因为各专业设计人员沟通不及时产生一系列设计问题。为了给各专业提供一个及时沟通、协同设计的平台,本项目基于 BIM 技术建立了多专业协同设计平台,并提出了多专业协同设计流程方法(图 4)。

在前期准备阶段,制定各专业统一的建模标准,由路线专业人员制定线位基准(项目基准)并上传到中心文件;在方案设计阶段,各专业设计人员(桥梁、隧道、机电、排水、交通专业)基于统一的 BIM 中心文件建立各自的本地文件,先后完成专业模型建模,并及时在中心文件中进行模型同步上传;在施工图设计阶段,各专业人员将设计好的路桥隧、机电、交通模型通过固定点坐标的方式与地理信息模型进行集成整合,并进行多专业碰撞检查、深化设计和设计方案可视化展示。多专业一张图设计如图 5 所示。

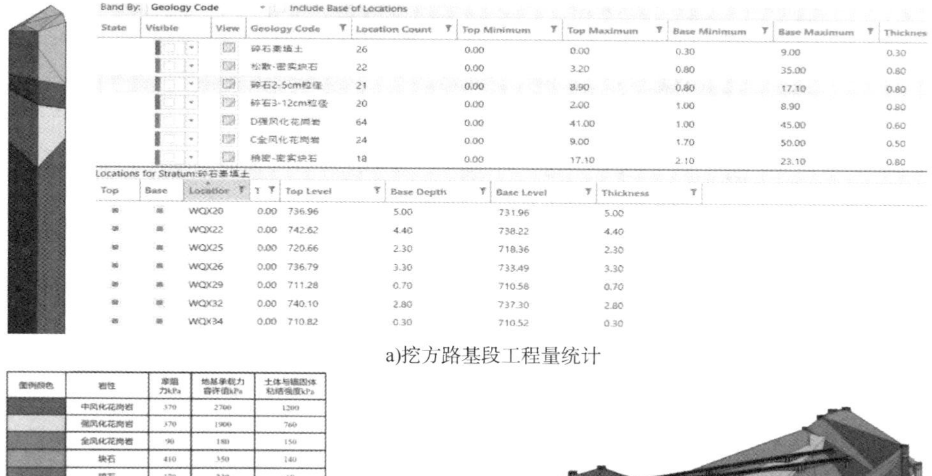

Band By: Geology Code   Include Base of Locations

State	Visible	View	Geology Code	Location Count	Top Minimum	Top Maximum	Base Minimum	Base Maximum	Thicknes
			碎石素填土	26	0.00	0.00	0.30	9.00	0.30
			松散-密实块石	22	0.00	3.20	0.80	35.00	0.80
			碎石2-5cm粒径	21	0.00	8.90	0.80	17.10	0.80
			碎石3-12cm粒径	20	0.00	2.00	1.00	8.90	0.80
			D强风化花岗岩	64	0.00	41.00	1.00	45.00	0.60
			C全风化花岗岩	24	0.00	9.00	1.70	50.00	0.50
			稍密-密实块石	18	0.00	17.10	2.10	23.10	0.80

Locations for Stratum:碎石素填土

Top	Base	Location	1	Top Level	Base Depth	Base Level	Thickness
		WQX20	0.00	736.96	5.00	731.96	5.00
		WQX22	0.00	742.62	4.40	738.22	4.40
		WQX25	0.00	720.66	2.30	718.36	2.30
		WQX26	0.00	736.79	3.30	733.49	3.30
		WQX29	0.00	711.28	0.70	710.58	0.70
		WQX32	0.00	740.10	2.80	737.30	2.80
		WQX34	0.00	710.82	0.30	710.52	0.30

a)挖方路基段工程量统计

图例颜色	岩性	摩阻力kPa	地基承载力容许值kPa	土体与锚固体粘结强度kPa
	中风化花岗岩	370	2700	1200
	强风化花岗岩	370	1900	760
	全风化花岗岩	90	180	150
	块石	410	350	140
	碎石	170	230	60
	碎石素填土			20

b)温泉特大桥沿线三维地质实体

图 3　温泉特大桥三维地质模型建立

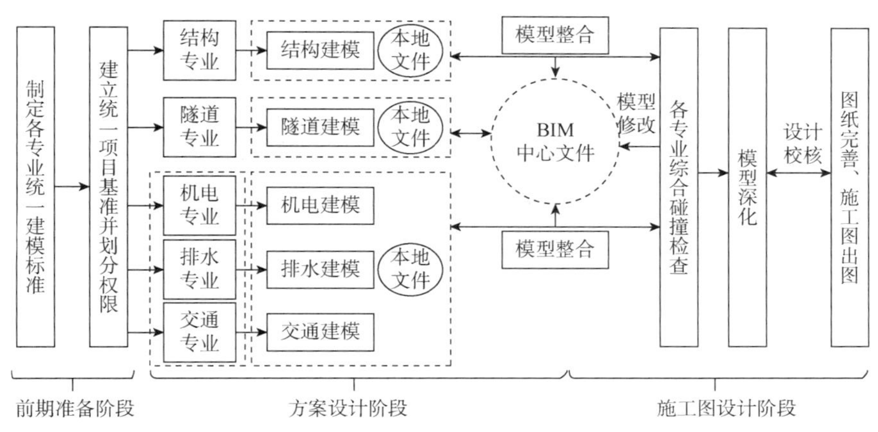

图 4　多专业协同设计流程框架

图 5　多专业一张图设计

4　山区公路设计方案综合论证比选

项目组结合实际工程需要,综合考虑地形因素、地质条件、环保要求,分别提出基于 BIM 模型的公路工程地形、地质、环保选线的思路方法,以期为同类项目提供参考。

4.1　地形选线

基于 BIM 技术对初步选线结果进行展示及对比分析:根据起终点、线位走廊带内各种地形、需避让地物等控制因素,在初设阶段确定的走廊带内选出 6 条经济可行的路线方案,并在三维地理信息模型中进行可视化集成展示,有效辅助设计人员快速确定推荐线位和重要节点局部比较线位。

基于 BIM+GIS 精确的地理信息模型对重要节点线位比选分析:在精细化的地理信息模型中清晰展现不同设计方案三维设计效果,如图 6 所示,工可设计方案穿越山脊、线位高程高、结构类型复杂(采用多段短隧道连接形式);BIM 推荐方案有效避让了山脊,降低了高程,同时简化了结构类型(采用桥梁跨越形式)。

图 6　地形选线方案可视化展示

在复杂公路桥梁、隧道等控制性节点方案设计中,基于真实三维地理信息模型,可以更清晰展现设计方案,更准确统计设计工程量,更直观进行线位优化调整,有效减少了设计变更,提高了复杂山区公路设计方案论证必选效率。

4.2 地质选线

本项目所在区域地势起伏较大,设计方案拟穿山隧道的方式,需要选择地质条件较好、纵坡平缓区域完成穿越。项目基于 BIM+GIS 技术对沿线地质钻孔数据进行分析建模,更清晰展现场地东部 K3+700 附近大断裂与原设计线位相对位置关系。

在初步查明的地质病害走廊带内,以地质病害区域范围作为红线点,以尽量避让灾害点为原则,通过三维可视化模型,辅助设计人员更快速对设计方案进行分析比选,最终选择尽可能对其进行避让的方式(图 7)。

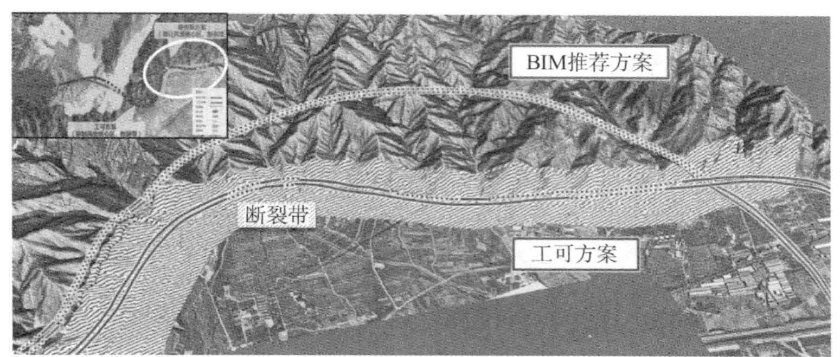

图 7 地质选线方案可视化

4.3 环保选线

方案设计阶段是公路建设当中不容忽视的重要因素。在选线过程中,应把公路线位对自然景观的影响降到最小。本工程路线带穿越百花山国家级自然保护区,依据国务院修订的《中华人民共和国自然保护区条例》规定,在自然保护区的核心区和缓冲区内,不得建设任何生产设施。因此在工程环保选线中首先需判断线位是否跨越自然保护区的核心区和缓冲区。基于高精度的 BIM+GIS 地理信息模型,可以更准确量化核心区、缓冲区与设计线位的相对距离,确保设计线位的准确有效。

在满足《中华人民共和国自然保护区条例》的基础上,本项目从环境影响角度,分别考虑不同方案对沿线生态环境、水环境、声环境等方面的影响程度,建立了环保选线评价指标,并基于高精度 BIM 模型对各指标进行量化,具体评价指标见表 1。最终,从各指标重要性、指标影响程度及规划协调性的角度给出各方案的比选结论。

环保选线考虑因素 表 1

比较项目		评价指标
建设里程		路线长短(km)
镇区规划		距离镇区远近(m)
生态环境	植被破坏	占用植被面积大小(m^2)
	野生动物	线位距人类活动密集区距离(m)

续上表

比 较 项 目		评 价 指 标
水环境	地表水体	跨越地表水体次数
环境噪声	敏感点情况	路线中心线 200m 范围村庄数量
环境空气	敏感点情况	路线中心线 200m 范围村庄数量

5 结语

公路方案设计阶段是体现工程质量、控制工程造价的关键阶段。BIM 技术可以整合管理建筑物本身所有阶段的信息,GIS 技术可以整合管理建筑物外部环境信息,BIM 与 GIS 技术的有效结合,可以实现信息的最大化利用,是未来基础设施行业信息化发展的方向。

本研究以延崇高速公路山区段工程为例,论述了 BIM 与 GIS 数据的结合要点,提出了多专业协同设计方法,并进行了 BIM+GIS 技术在山区公路地形、地质、环保选线中的应用研究。研究结果表明:

基于倾斜摄影技术可以快速建立大规模三维 GIS 模型,实现路线带全方位、高精度的可视化表达,构造出核心基础数据库。

将 GIS 数据与 BIM 平台融合,可以有效整合空间地理信息,更直观形象展现设计方案,更准确进行工程量统计校核,从多角度辅助设计决策。

多专业人员基于统一的 BIM+GIS 模型进行协同设计,可以有效加快设计进度,减少设计变更,提高设计质量。

基于 BIM+GIS 模型进行环保选线,可以更准确量化各评价指标,在局部方案量化比选、优化空间线形等方面具有重要作用。

参 考 文 献

[1] 傅文.山区高速公路环保、地质和营运安全选线及评价研究[D].重庆:重庆交通大学,2013.

[2] 艾丛.基于 WebGL 的倾斜摄影三维模型可视化方案设计与实现[D].北京:北京建筑大学,2016.

[3] 朱明,肖春红.BIM 技术在公路设计行业应用[J].四川水泥,2016(2):100+63.

[4] 朱永杰,胡期光.公路大桥主桥设计中的 BIM 技术的应用探讨[J].公路工程,2017,42(4):169-172+179.

[5] 李占仓,刘占省,徐瑞龙.IFC 标准在建筑信息模型(BIM)技术中的应用浅析[C]//第十二届全国现代结构工程学术研讨会暨第二届全国索结构技术交流会论文集.2012.

[6] 张建平,余芳强,张洋,等.基于 IFC 标准的建筑信息模型数据集成与交换引擎装置和方法:102609417[P].2012-07-25.

[7] 程永志,马强,张磊刚.无人机倾斜摄影辅助 BIM+GIS 技术在城市轨道交通建设中的应用研究[J].施工技术,2018,47(17):1-5+17.

[8] 柳婷,陈小松,张伟.无人机倾斜摄影辅助 BIM+GIS 技术在城市轨道交通规划选线中的应用[J].测绘通

报,2017(S1):197-200.

[9] 李镇洲,张学之.基于倾斜摄影测量技术快速建立城市3维模型研究[J].测绘与空间地理信息,2012,35(4):117-119.

[10] 黄地龙,邓飞.复杂地层结构模型三维重构与可视化方法研究[J].成都理工大学学报(自然科学版),2008(5):553-558.

山区高速公路互通立交设计

张　莉[1],姜　磊[2]

(1.北京国道通公路设计研究院股份有限公司;2.北京市首都公路发展集团有限公司)

摘要:本文对山区高速公路的互通立交设计难点与要点进行了分析,并提出相关设计解决思路。结合延崇高速公路(北京段)工程山区段(国道110—市界段)松闫互通立交的工程实例,探讨山区高速公路互通立交选型设计及技术指标选用,为山区高速公路的互通立交设计与建设提供参考。

关键词:高速公路;山区立交;立交选型

1　引言

山区高速公路具有独特的地形、地质、水文和生态环境条件,因此与平原地区的高速公路相比,山区高速公路路线指标标准一般较低,长大纵坡多、高填深挖路基的路段相对普遍、桥隧构造物多、线形布置比较困难,设计标准较低,工程艰巨、投资巨大,排水防护工程大,对环境的破坏也非常严重。山区互通立交布设受地形地质的影响大,设计难度增加,立交形式稍微调整,工程量就会发生较大变化,从而影响环境和造价。因此,如何布设山区互通立交,使其既能满足规范要求,又能与自然环境相适应,是研究山区互通立交的关键。本文结合延崇高速公路(北京段)工程山区段(国道110—市界段)松闫互通立交,分析山区环境高速公路的互通立交设计难点与要点,通过对难点与要点的分析,提出相关设计解决思路。

2　山区高速公路的互通立交的设计难点

山区的主要特点就是以山地为主,地表的平整度较低,呈现交错纵横的现象,而且水文条件比较复杂,在这种地质条件下建设高速公路难度较大。总结而言,山区高速公路互通立交的设计主要存在如下难点:一是,条件比较复杂,互通立交很容易受到地形地貌的影响;二是,主线的平纵指标比较低,桥梁隧道的设置密度相对较大,互通困难;三是,互通立交的限制因素较多,现有地方道路与高速公路的高差大,隧道进出口的位置与立交加(减)速车道距离过近,包括大的桥洞和涵洞等,造成平、纵线形指标较低,互通立交布设困难;四是,互通立交布置对设计方案的环保、景观要求很高,立交形式稍微调整,工程量就会发生较大变化,从而影响环境和造价。

因此,针对山区高速公路的互通立交设计难点,设计原则需考虑:一是,满足项目功能需要。二是,匝道出入口满足规范间距要求。三是,环保和景观需要。四是,合理选用匝道平、纵面设计指标,保证车辆行驶安全、顺畅、舒适。

松闫互通立交位于延庆北部山区,松山自然保护区附近。项目位置地形复杂,位于两条山沟交会处,区域内山势陡峭,用地狭窄,对设计方案的环保、景观要求很高,立交匝道布设难度大。主路路线自东向西经温泉,沿现状山沟向西跨越松闫路及佛峪口沟,过回音崖后,在回音崖西侧设置松闫互通立交,匝道在该位置展线向北与延庆赛场相接,之后主线进入松山隧道至市界。主线跨松闫路高差较大,因此克服高差影响,减少匝道布设对山体的破坏,是本立交设计要主要解决的问题。立交区地形复杂,主线桥梁隧道占比较大,可以布设匝道的空间较小,考虑互通立交匝道出入口与桥隧的关系,需要尽量减少对现状山体的开挖。

3 山区高速公路的互通立交的设计要点

3.1 互通立交选型设计需要综合考虑多方案对比

公路互通立体交叉的采用和类型选择,应根据节点在路网系统中的地位和功能确定,并应综合考虑交叉公路的等级、功能和接入控制要求等因素[3]。

山区高速公路互通立交设计要满足于整体公路的布局要求,互通立交的选型要突出合理性。一旦互通立交选型完毕后,后期很难改扩建。设计、施工人员在山区高速公路互通立交选型方面要重点考虑立交布局的位置适宜性,同时要考虑施工地形、地貌实际特点,做好交通通行量估算,进而从高速公路整体布局入手,确定立交道路实际功能及相应的路线交叉位置,确保公路规划的规范性和安全性,同时较好满足经济性和协调性。

高速公路之中的互通立交是公路的枢纽,其占地面积大,空间结构也更为复杂。在山区高速公路之中配置互通立交必须要考虑复杂的山区地貌情况,要明显区别于一般的设计要求和标准,进而使匝道设计更加科学。针对山区高速公路面临的实际地形地貌及地质问题,在建设规划期,应着重考虑客观地理因素,从互通立交功能角度入于手,进行有效规划,严格落实技术标准,同时形成多元化设计建设方案;根据地形地质实际情况,采取必要优化措施,围绕因地制宜、合理布局的原则,开展实际设计施工工作。

由于松闫互通立交是冬奥会其间运动员与延庆赛区转换的重要节点,因此立交设计要满足赛事期间的交通需要,满足赛后服务延庆地区旅游交通需要。松闫互通立交根据交通量预测结果及节点路网分析,定位为高对低一般全互通立交,为T形交叉,并需要设置收费站。与北京方向的连接是主要交通方向,与河北方向的连接是次要的交通方向。

单喇叭形是T形互通立交的代表形式,在高对低的收费道路中为常用形式,见图1。立交选型方案一为标准的单喇叭方案,该方案C匝道减速车道进入松山隧道内,不满足规范要求。A、B匝道对主线南侧的山体最大开挖深度37m,开挖深度大,对环境破坏较严重。因此,综合考虑立交匝道与隧道出口的关系及对山体的影响,为保证行车安全,立交选型方案二对单喇叭进行变形,见图2。立交选型方案二为变形的单喇叭立交方案。由于该节点西侧是松山隧道,东侧是温泉2号隧道,隧道口之间间距1155m,立交匝道出入口要尽量远离隧道口,并避让主线南侧陡峻的山体,做变形的单喇叭立交,与北侧的赛场区内规划道路相连接。立交A匝道设置一处匝道收费站,集中收费。该方案C匝道出口距西侧的松山隧道口净距230m,E匝道距离东侧的温泉2号隧道净距312m,交通标志需要提前预告。由于施工图阶段主线线位北移,取消东侧隧道,将立交位置东移,最终立交形式为外交叉型,见图3。

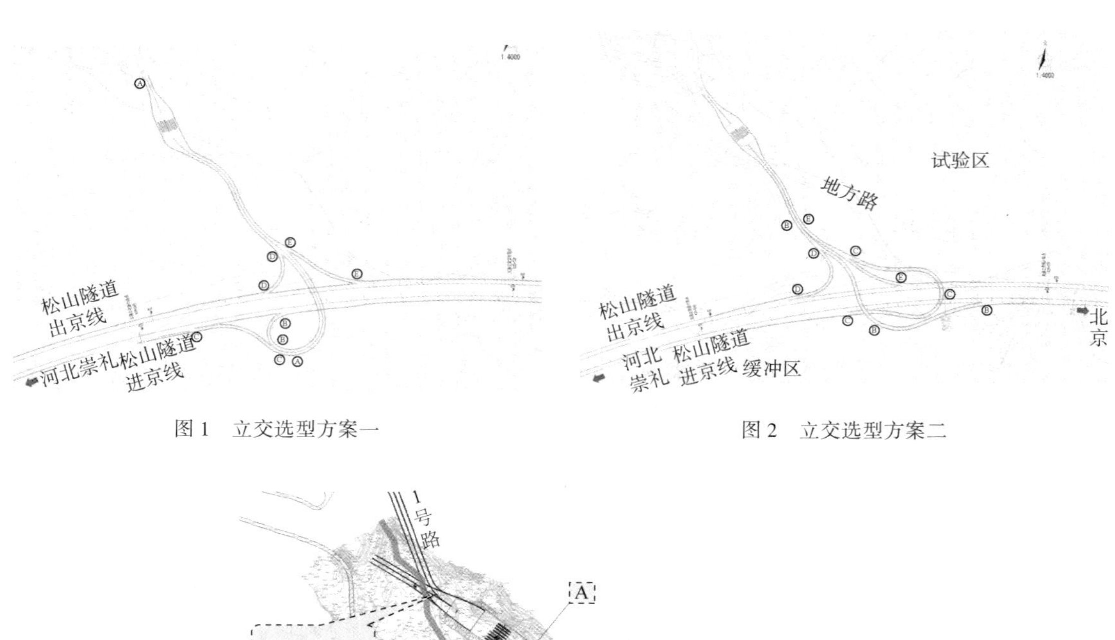

图1 立交选型方案一

图2 立交选型方案二

图3 松闫互通立交施工图设计

3.2 主线平纵设计需要考虑互通立交作为路线的重要控制点

互通立交区域的主线,既是互通立交的组成部分,又是高速公路的路线。因而应与路线有相同的设计速度和同等的舒适安全性。但由于互通立交区域车辆频繁进出,产生分流点及合流点,交通比一般路线复杂。因而立交附近主线标准应比一般路线要求高。另外,由于立交桥梁、墩台、上部结构、护栏、路缘石、匝道等影响,给行车带来不利条件,更应提高主线的线形标准,才能保证行车安全及舒适。如果主线在互通立交附近,平、纵线形较差,存在长陡下坡等情况,则对互通立交的安全使用有影响。所以在勘测设计中,在确定主线路线走向时就应考虑交叉处设置互通式立交的可能性和合理性,而不能绝对地由立交形式的选择去服从或迎合既定的主线线位。如果交叉点处不适合立交的布置,则有考虑改变主线线位的必要性。除此之外,在山区高速公路的施工建设过程中,路线方案设计时应考虑将互通立交作为路线的重要控制点,作为高速公路的进出门户,而不仅是路线的既有通过点,只有将互通立交主线与路线设计有机结合,才能使两者得到合理的统一。

山区高速公路主线走廊带狭窄,尤其对于沿沟谷布设的路线,由于沟谷两侧的山体陡峭,横向布设立交的范围较窄,且沟谷内河流繁杂导致互通段桥梁规模较大,特别是现浇变宽结构规模大,可用于布设匝道的空间有限。主线定线时一定要充分考虑立交匝道设计的需要,与互通立交设计密切配合。互通立交区平纵面指标都比一般路段高,主线设计时要考虑立交范围内的标准,防止施工图阶段线位及纵断面大幅度调整。

延崇高速公路原设计线位拟在穿回音崖位置设置隧道,但受双线隧道偏压影响,隧道出口高度较高,工程处理困难,互通立交受隧道间距影响匝道绕行距离较长(图4)。因此本处调整进出京之间宽度,路基整体外移,取消隧道,并能降低坡面高度。同时取消隧道后互通立交不因隧道进出口而影响匝道加(减)速车道长度,将立交整体向沟口移动,降低立交规模(图5)。经过施工图阶段优化,尽量减少占地和对环境的影响,最终立交形式为外交叉型,见图3。

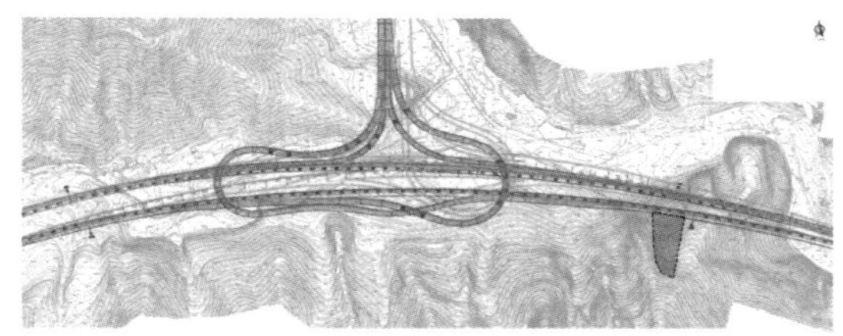

图4　线位调整前

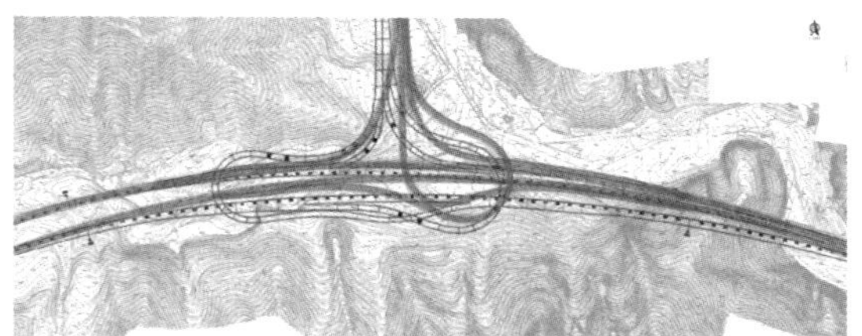

图5　线位调整后

3.3　互通立交匝道出入口设计需要满足规范间距要求

山区高速公路桥隧比例较高,互通立交经常无法避免地位于大桥前后或隧道附近,互通立交选型一定要考虑与大桥,尤其是隧道的关系。首先,选择合适的位置布设立交,保证互通立交与隧道的间距满足设置交通预告标志的需要,尤其是隧道出口与匝道出口间一定要满足规范要求的距离。

由于延崇高速公路位于山区,桥隧比例达95%,隧道出入口间距对松闫互通立交影响较大,立交匝道布设要处理好匝道出入口与隧道出入口的关系,保证车辆行驶的安全。结合立交节点预测转向交通量,立交匝道出入口均采用单车道出入口,减速车道采用直接式,加速车道采用平行式。考虑方便桥梁设计施工,匝道采用等宽断面,通过交通标线的施划,实现出入口处单车道出入。

3.4　互通立交设计需要合理选用匝道平、纵面设计指标

互通立交平面设计是整个互通立交设计中最重要的一环,它直接关系到互通立交的行

车是否安全、舒适、造型是否美观。因此在平面设计中采用合理、均衡的指标,并与交通流向相适应,使互通立交的整体效果达到造型美观、线形舒展、流畅、行车安全舒适。匝道平、纵面设计中要合理运用技术指标,充分利用地形地貌,在满足使用功能及保证行车安全的前提下,严格控制工程规模,尽量降低工程造价,提高经济效益与社会效益。

互通立交匝道的设计依据主要有设计速度、设计交通量和通行能力。其中,匝道的设计速度和设计交通量是确定匝道线形指标和匝道横断面几何尺寸的主要依据,而互通式立交匝道的设计速度主要根据立交的等级、转弯交通量的大小、用地及投资费用等条件确定。由此,匝道的线形指标应根据匝道的设计速度、交叉类型、交通量、地形、用地条件、造价等因素确定。从山区高速公路互通立交的特点来看,针对山区地形、地貌、地质条件复杂,工程量巨大,环境保护工作难度大等因素,只有灵活合理地选取技术指标,才能因地制宜,做到安全、经济、舒适、美观并有利于环境保护。相反,山区独特的地形、用地条件、景观、立交造价、舒适性及功能要求,这些因素很大程度制约了山区高速公路互通立交线形指标的选取。

互通立交范围是由各条匝道所围的平面面积组成,一般情况下,匝道平面技术指标越高,匝道的建设里程就越长,占地数量往往会成倍增长。如环形匝道设计速度采用 50km/h(最小半径采用极限值 80m),其占地数量将比设计速度 40km/h(最小半径采用一般值 60m)的匝道增加约 1 倍,而绕行距离增加约 30%。以提高匝道运行速度而设想缩短车辆在 2 条公路之间的转换时间,往往被增加的匝道长度所消耗,不良的后果是无谓增加投资成本和运营成本,更严重的是导致占地数量的成倍增长。

松闫互通立交位于主线圆曲线范围内,主线出京方向半径 2100m,进京方向半径 1950m。互通立交的匝道设计速度采用 40km/h;结合主线上坡的纵断及周边山体的地势,布置匝道。采用 C 匝道下穿主线,E 匝道上跨主线的方式,匝道可以在最短的距离内与主线相接。赛场与北京方向匝道受地形限制,匝道最小半径 70m;赛场与河北方向连接的匝道最小半径 85m。

3.5 互通立交设计需要考虑环保和景观需要

山区互通立交选型应着重考虑环保和景观的影响。除了注重互通立交本身线形的舒展顺畅,形体美观,还应注意互通立交与周围自然环境的协调,互通立交位置及形式能够与环境相融合,使互通立交成为山区风景中的点缀,而不仅具有单纯道路功能。

山区地形变化较大,植被茂密,互通立交选型时应注意充分利用地形地貌,随山就势,避免大填大挖,保护自然环境。布置立交时可以选择合适的位置,利用现状山沟进行匝道下穿,利用现有山坳及山前坡地进行匝道展线,减少对山体和自然环境的破坏。立交匝道设计速度一般都在 40~60km/h,与主线相比较低,平面布置时可以比较灵活,不拘一格布置匝道,以适应现状地形条件,与地形更好贴合,达到与自然和谐的目的。要避免一味追求高标准设计、加大工程规模和对环境的破坏。

松闫互通立交为最大限度保护环境,减少对山体的开挖,匝道布设尽量靠近主路,结合地形,依山就势,靠山不开山。回音崖处主线开挖山体较大,立交匝道布设既要满足与隧道间距的要求,又要尽量避免加(减)速车道进入山体开挖段,避免增加主线对回音崖山体的开挖高度,对环境、景观造成较大破坏。

4 结语

本文通过对松闫互通立交前期选型方案进行对比研究,梳理了山区互通立交选型思路以及设计中遇到的问题,总结了一定的经验,互通立交的最优方案是在不断修改完善的过程中形成的。因此,在山区高速公路互通立交的设计中,设计思路要突破传统观念,在规范的要求下,灵活运用指标,结合地形、地貌有所创新,才能设计出满足功能需求、运动条件安全舒适、与自然环境及社会环境和谐一致的互通立交工程。

参 考 文 献

[1] 交通部公路司.新理念公路设计指南[M].北京:人民交通出版社,2005.

[2] 交通部公路司.降低造价公路设计指南[M].北京:人民交通出版社,2005.

[3] 中华人民共和国交通运输部.公路立体交叉设计细则:JTG/T D21—2014[S].北京:人民交通出版社股份有限公司,2014.

大跨变截面混合连续梁总体设计

金　莉[1],张　志[2],王　越[3]

(1.中国铁路设计集团有限公司;2.北京市首发高速公路建设管理有限责任公司;
3.北京市市政工程设计研究总院有限公司)

摘要:混合连续梁以充分发挥钢梁自重轻跨越能力大以及混凝土结构刚度大造价低的优点而被广泛应用,其结构形式不仅可以很好地满足结构的功能要求,还具有良好的技术、经济效益。本文介绍了上跨大秦铁路与京新高速公路桥、孔跨布置为52m+140m+49m的大跨变截面混合连续梁,采用不对称整体转体施工,在跨中设置了60m长钢箱梁,钢梁采用免涂装高性能耐候钢,有效减少了对既有铁路运营安全的影响,为今后我国类似桥梁优化创新提供借鉴。

关键词:混合连续梁;混凝土梁;钢箱梁;钢-混凝土结合段;转体结构

混合连续梁是指在结构的不同构件上采用不同的材料,一般在桥梁主跨部分使用钢梁,其余部分使用预应力混凝土的连续梁。与混凝土梁相比,混合连续梁可以提高桥梁的跨越能力、减轻结构自重、降低地震作用、减小桥梁高度,从而降低造价。与全钢梁相比,混合连续梁可以减少用钢量、降低成本、增加结构刚度及稳定性。因此,混合连续梁以充分发挥钢梁自重轻、跨越能力大,以及混凝土结构刚度大、造价低的优点而被广泛应用,其结构形式不仅可以很好地满足结构的功能要求,还具有良好的技术、经济效益。

本文以延崇高速公路上跨大秦铁路与京新高速公路桥为背景工程,对大跨变截面混合连续梁总体设计进行研究。

1　总体设计

1.1　控制条件

桥位工程位于北京市延庆区西北方向,地形有一定起伏,整体地势为北高南低。桥梁总体设计受跨越点场地条件限制。主要控制条件为:

(1)Q1K14+826.027处上跨既有重载双线电气化铁路——大秦铁路,右偏角$\theta=100.21°$,既有路基高4m,净宽要求基础防护桩施工时,钢筋笼吊装起重机倾倒不得影响既有线的运营安全,净高要求接触网杆顶至梁底净距不小于1m。

(2)Q1K14+883.318处跨越京新高速公路,右偏角$\theta=98.5°$,路基高3m,净宽24.5m,净

高 5.0m;既有路基高 3.5m,净宽要求基础防护桩施工时,不得侵入高速公路坡脚。

(3)Q1K14+862.991 处上跨 P1 匝道桥梁,右偏角 $\theta=99.44°$,净宽 12.25m,净高 5.0m。

(4)Q1K14+943.880 处上跨 P2 匝道桥梁,右偏角 $\theta=92.33°$,净宽 12.25m,净高 5.0m。

(5)规划道路的交叉与衔接。

(6)桥梁的景观要求。

1.2 平纵设计

平面设计主要控制因素:①受地方规划用地要求;②新建高速公路与既有高速公路的连接。

纵断面设计主要控制因素:①跨越大秦铁路的净空要求;②跨越新建高速公路匝道桥与既有高速公路的净空要求。

1.3 承台高程确定

为减小上跨大秦铁路与京新高速公路桥的混合连续梁,对既有铁路与公路的运营安全的影响,采用旁位支架现浇转体的施工方法。主墩为转体墩,承台总厚度为 10.7m,综合考虑主墩深基坑施工防护与安全,主墩上承台顶露出地面约 2m。边墩承台顶埋入地面以下 0.3m。

1.4 桥梁总体布置

桥梁总体布置为 52m+140m+49m 钢-混凝土混合连续梁,中跨跨越大秦铁路、京新高速公路桥及 P1 匝道桥,49m 边跨跨越 P2 匝道桥,总体布置如图 1 所示。

2 桥梁结构设计

2.1 上部结构设计

上部结构采用 52m+140m+49m 钢-混凝土混合连续梁,满足主墩防护桩临近既有线安全施工的距离要求。由于结构的场地严重受限,为增加中跨的跨越能力,降低主梁梁高,在中跨跨中采用 60m 长的钢箱梁。钢箱梁位于大秦铁路及京新高速公路桥上方,为了有效减少桥梁主体结构钢梁段后期涂装对运营铁路的影响,钢梁段采用免涂装、高性能耐候钢,提高钢梁段桥在全寿命周期内的经济性和环保性。

2.1.1 桥幅布置

桥梁按照双幅布置,具体布置为:0.55m 防撞墙+19.39m 净宽+0.55m 防撞墙+0.02m 防撞墙间隙+0.55m 防撞墙+19.39m 净宽+0.55m 防撞墙,共 41.0m。单幅箱梁宽度为 20.49m,桥面横坡为 2%。详见图 2 和图 3。

2.1.2 组成结构

52m+140m+49m 钢-混凝土混合连续梁体系,中跨跨中采用 60m 长的钢箱梁段,其余部分采用预应力混凝土结构,截面采用单箱双室斜腹板截面。混凝土结构按照全预应力混凝土构件设计,采用变高梁;钢箱梁结构采用等高梁;钢-混凝土结合段长 2.0m,中跨合龙段为钢箱梁段。

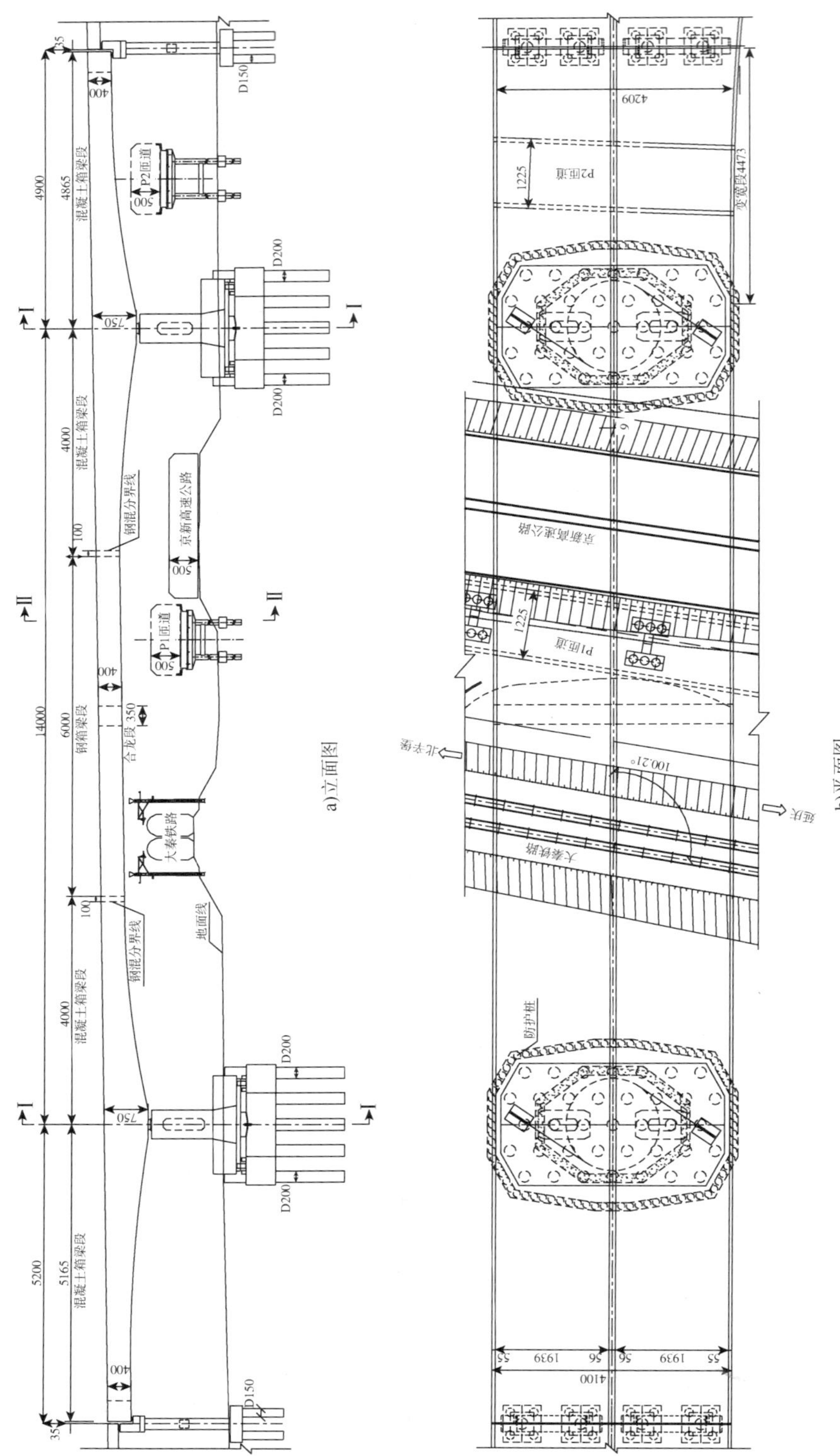

a)立面图

b)平面图

图1 钢-混凝土混合连续梁总体布置(尺寸单位：cm)

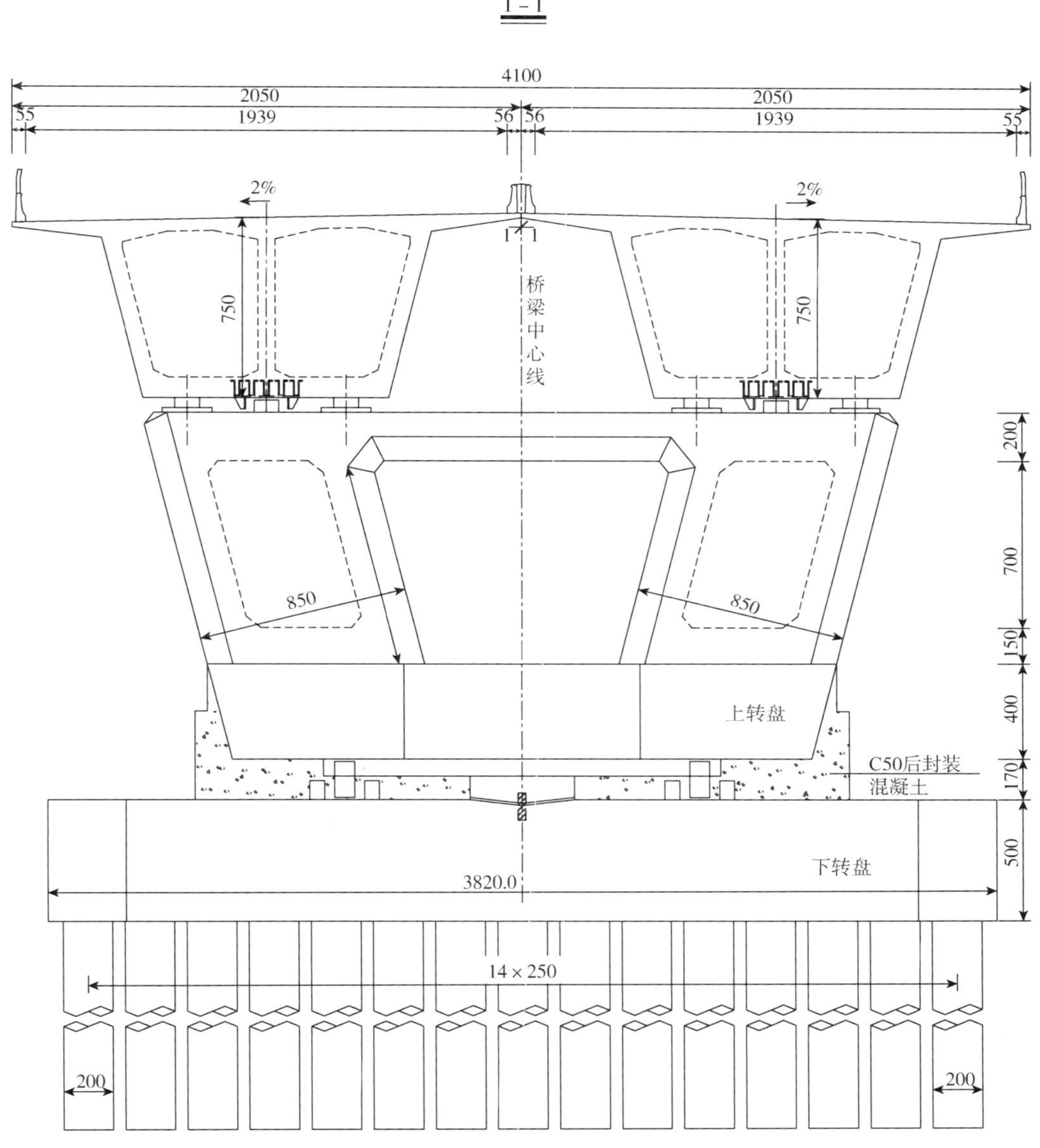

图2　I-I截面布置图(尺寸单位:cm)

2.1.3　混凝土梁设计

中支点处梁高7.5m,中跨钢-混凝土结合段及边跨等高段梁高4.0m;其余梁底线形按1.6次抛物线变化。桥宽等宽处,箱梁顶板宽20.49m,底板宽11.64~9.89m;两侧悬臂长度为3.6m,悬臂板端部厚20cm,根部厚70cm;右幅桥桥宽变宽段悬臂板根部厚85.9cm,悬臂板从根部到端部按相同斜率变厚,通过调整悬臂板端部厚度来实现桥宽的变化。箱梁顶板厚30cm;底板厚度为30~85cm,两边跨腹板厚75cm,中跨腹板厚65~75cm,中支点处横梁厚500cm,边支点处端横梁厚300cm。为了配重,边支点附近设有3m宽压重横梁,并配永久压重。梁体通过腹板高度形成桥面横坡,梁底保持水平,桥面横坡与道路横坡保持一致,左右幅均为2%单向坡。混凝土箱梁横截面图如图4、图5所示。

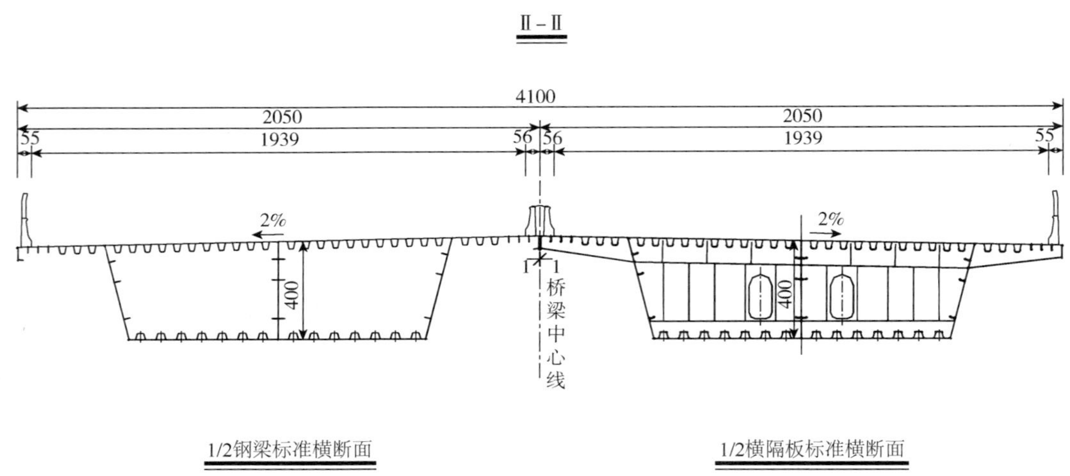

图3 Ⅱ-Ⅱ截面布置图(尺寸单位:cm)

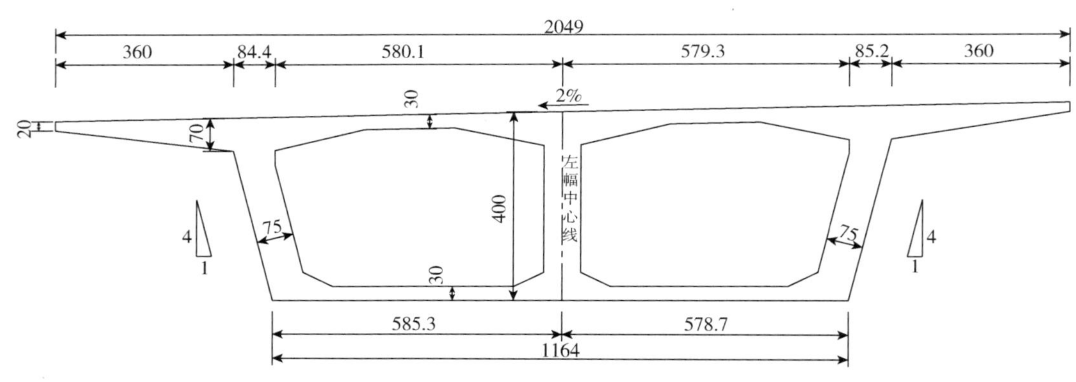

图4 边跨等高段混凝土箱梁横截面图(尺寸单位:cm)

结构纵向计算采用桥梁综合程序——Midas Civil 2015。计算按照施工顺序进行结构离散。根据不同的荷载组合进行结构内力、应力、主梁极限承载力计算,经过计算分析,混合连续梁静力性能优良,结构在运营阶段应力、主梁极限承载能力、抗裂、整体刚度及施工阶段应力验算均满足规范要求。纵向计算模型如图6所示。

2.1.4 钢箱梁设计

钢箱梁材质采用Q345qENH,免涂装耐候钢的最低耐候指数 I 为≥6.0。高性能耐候钢焊接所用焊接材料、耐候钢高强度大六角螺栓、大六角螺母、垫圈的选用,都有相应的技术指标的严格要求。

钢-混凝土混合连续梁跨中采用60m长的等高钢箱梁,梁高4.0m。箱梁标准段横隔板与横肋板间隔布置,间距均为2m,腹板上开设人孔和体外索管道孔;在两相邻横隔板之间设

置横肋板，横肋板采用倒“T”截面，下翼缘板件与悬臂根部翼缘板等高，规格为300mm×14mm。钢箱梁总体立面图如图7所示，1/2钢箱梁横断面如图8所示。

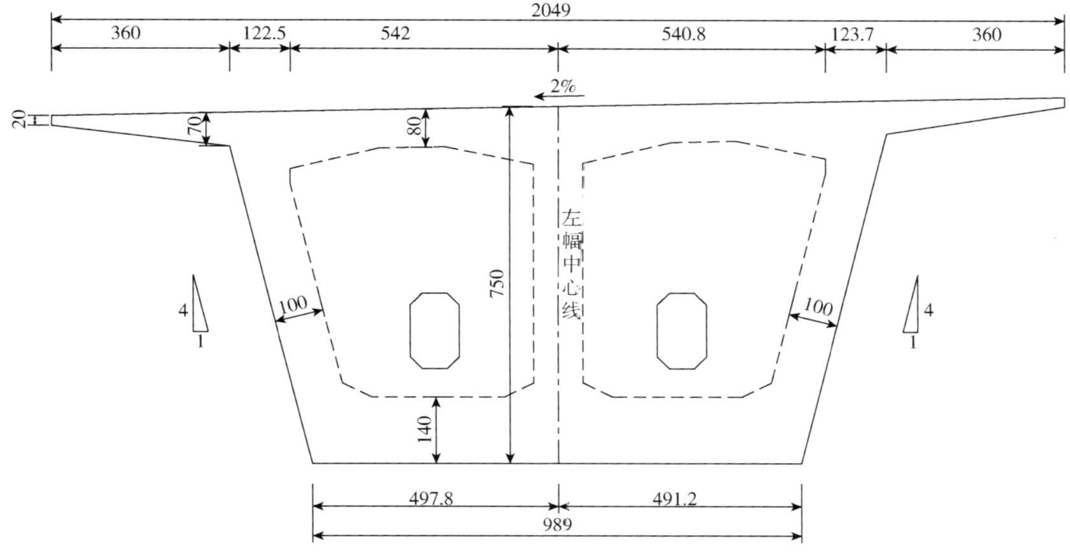

图5　中支点混凝土箱梁横截面图(尺寸单位:cm)

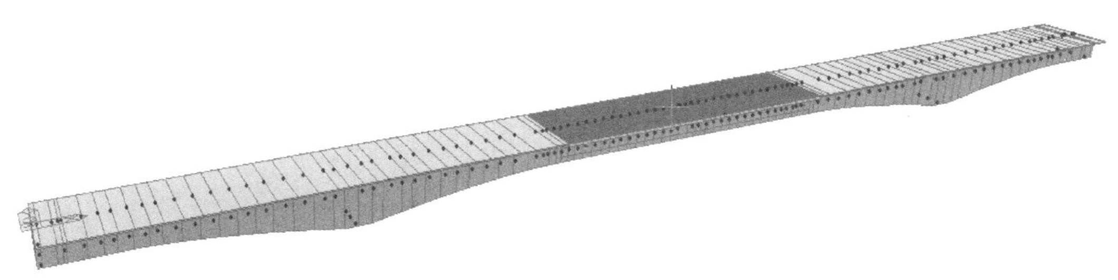
图6　纵向计算模型

顶板设置2%的单向横坡，顶板宽为20.49m，采用正交异性板，板厚δ=16mm，在不同部位分别采用U形闭口肋、板肋纵向加劲。U肋标准间距为580mm，高300mm，板厚8mm；板肋规格为200×20mm。顶板悬臂3.43m，悬臂根部垂直高度为1016mm，端部为高516mm，横隔板、横肋板处采用倒“T”形截面，与顶板共同形成工字形受力截面。箱梁腹板采用斜腹板，板厚为16mm，腹板上设置3道水平加劲板，竖向加劲板设置于横肋板上。底板全宽为11748mm，板厚16mm，纵向采用U形肋加劲，标准间距为800mm，高260mm，板厚8mm。1/2钢箱梁横肋板及横隔板横断面如图9所示。

钢箱梁桥面板不仅作为桥面系直接承受车轮荷载作用，而且作为主梁的一部分参与主梁共同受力，其力学行为十分复杂。对正交异性桥面板体系(即二、三体系)应用有限元程序ANSYS，采用shell单元，建立普通梁段空间仿真模型进行分析。

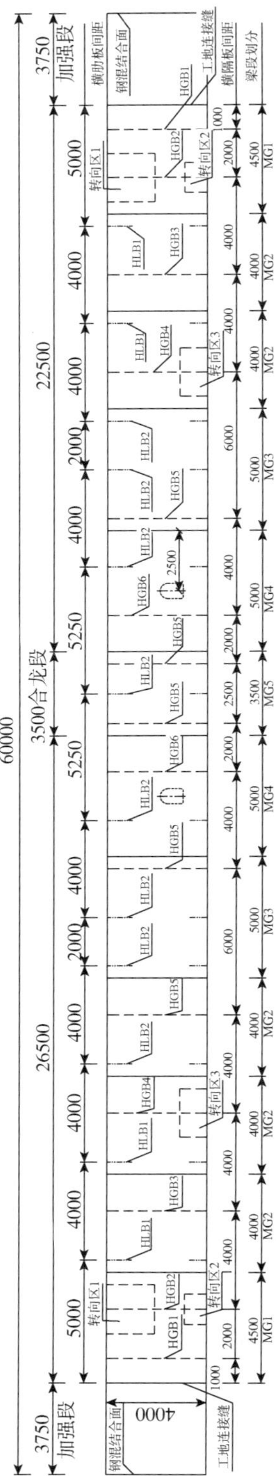

图7 钢箱梁总体立面图(尺寸单位：mm)

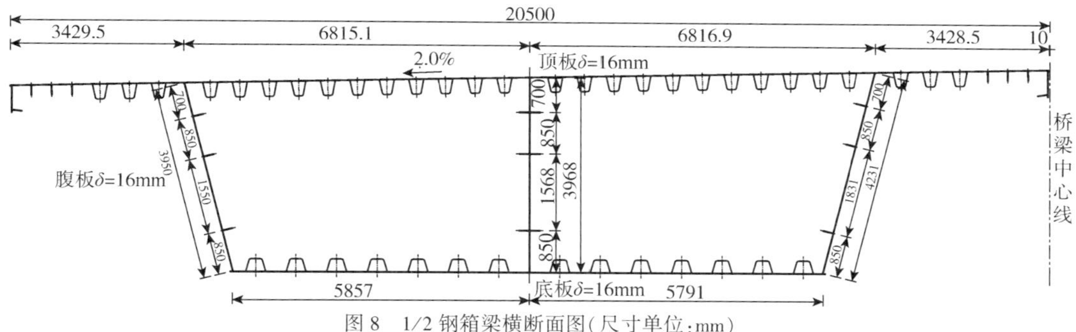

图 8 1/2 钢箱梁横断面图(尺寸单位:mm)

2.1.5 钢-混凝土结合段设计

结合段是混合连续梁的关键部位,由混凝土箱梁过渡段、钢-混凝土结合段及钢箱梁过渡段三部分组成。通过合理的结合段设计,实现结构刚度的合理过渡及内力顺利传递。

钢-混凝土结合段接头位置的选择是由结构受力决定的,混合连续梁选择在弯矩最小的位置(1/4 跨附近),使混凝土梁与钢梁外形顺接,同时使梁截面的重心、形心基本在同一条轴线。

钢-混凝土结合段设计为刚性连接,受力构件包括剪力键(圆柱头剪力钉及 PBL 剪力键)、变高 T 形加劲肋、厚端承压板、预应力构件。设置厚度 40mm 端承压板是为了分散钢结构板件的高应力,依靠承压钢板以承压的方式传递梁的轴力,仅在钢梁侧由钢梁的顶板、底板、腹板形成双壁板,在双壁板内部设 PBL 剪力键,形成钢格室,钢格室内填充混凝土,竖向剪力由混凝土断面和连接于承压钢板的 PBL 剪力键传递。结合面的应力集中小,钢格室与主梁混凝土形成连续构造,钢格室混凝土浇筑比较容易,因此确定结合段采用有格室的后承压板式构造。钢-混凝土结合段立面布置图如图 10 所示。

混凝土箱梁的刚度大,钢箱梁的刚度小,钢-混凝土结合段实现刚度的平顺过渡,主要构造措施为适当增加钢箱梁板厚、设置变高 T 形加劲肋。变高 T 形加劲肋可调整钢梁上下翼缘的形心,在避免次应力的同时,使刚度过渡平顺化。预应力构件穿过混凝土和钢结构的承压板,两端分别锚固于钢梁和混凝土梁,通过施加预压力,钢梁与混凝土梁紧密贴合,从而能够传递弯矩,同时借助于预应力引起的摩擦力、结合界面也可以传递剪力。

钢-混凝土结合段部分长 2.0m,钢箱梁过渡段长 3.25m。正交异性板顶板厚 22mm,底板厚 22mm,钢格室板厚 24mm,结合面处承压板采用 40mm 的厚板,开人洞和预应力孔。承压板混凝土侧焊圆柱头剪力钉,规格 22mm×150mm,圆柱头剪力钉材质 ML15,标准间距 200mm×200mm。钢格室腹板上和腹板剪力板上开有 60mm 圆孔,并穿过直径 20mm HRB400 钢筋,与进入该圆孔的混凝土包裹在一起形成 PBL 剪力键,承压板混凝土箱梁侧布置图如图 11 所示。

钢箱梁过渡段均为等高梁,顶板水平投影中心线处梁高 4.012m。顶板设置 2%的单向横坡,水平投影宽度为 20.49m,采用正交异性板,板厚 $\delta=22$mm,顶板采用变高刚度过渡 T 形加劲板肋纵向加劲,由结合面至刚度过渡板终端,标准过渡 T 形加劲板肋高度由 762mm 变至 400mm,在两侧悬臂外侧由于空间限制,过渡板不变高,设置了 200mm 的等高板肋,腹板板厚为 22mm,设置 200mm 的等高板肋。底板采用 22mm 板厚,也采用变高刚度过渡 T 形加劲板肋纵向加劲,加劲板肋高度由 762mm 变至 380mm,终止面同顶板。承压板钢梁侧布置图如图 12 所示。

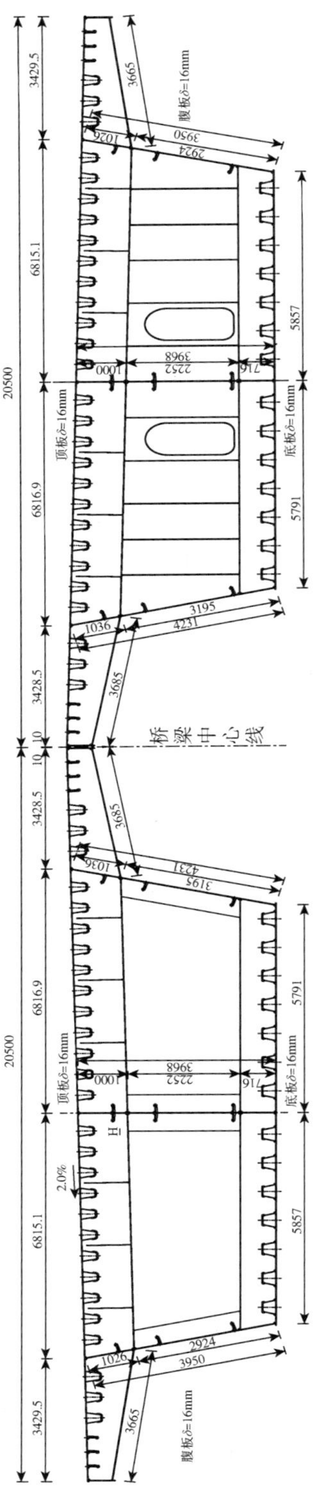

图9 1/2钢箱梁横肋板及横隔板横断面图(尺寸单位：mm)

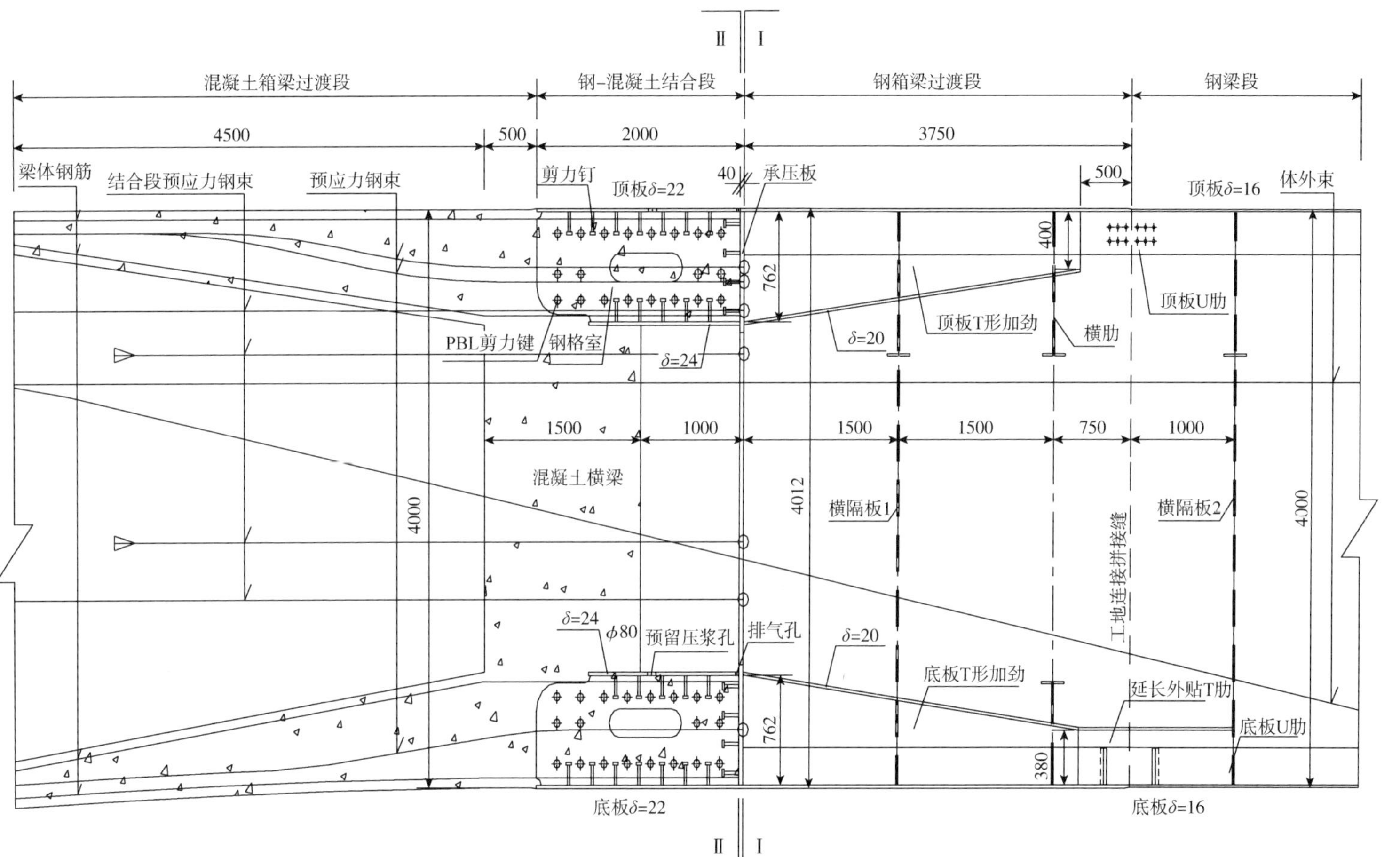

图10 钢-混凝土结合段立面布置图(尺寸单位：mm)

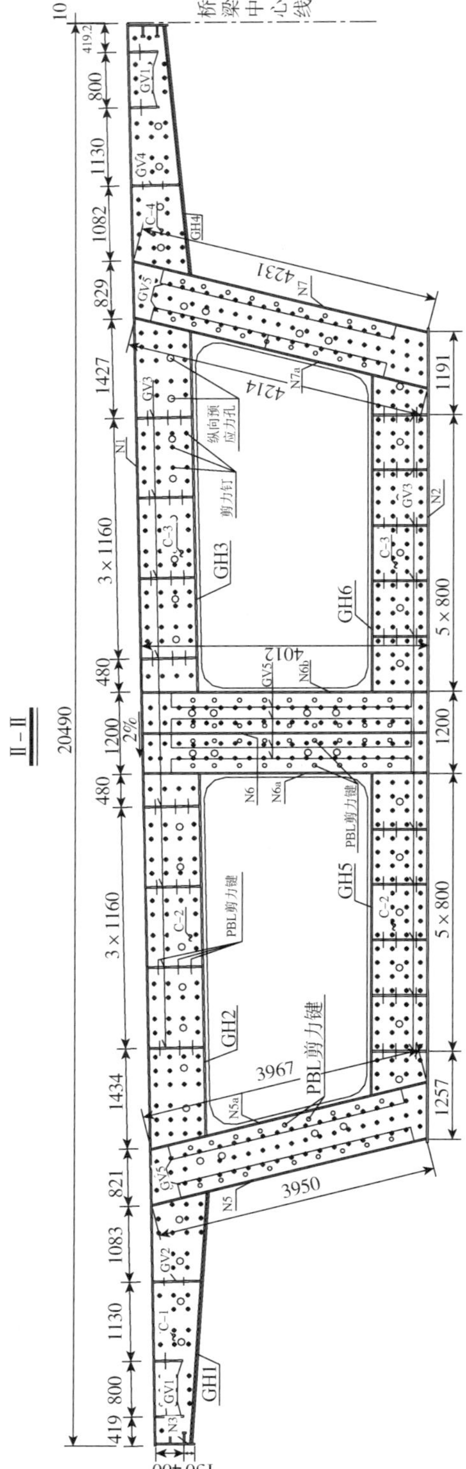

图11 承压板混凝土箱梁侧布置图(尺寸单位：mm)

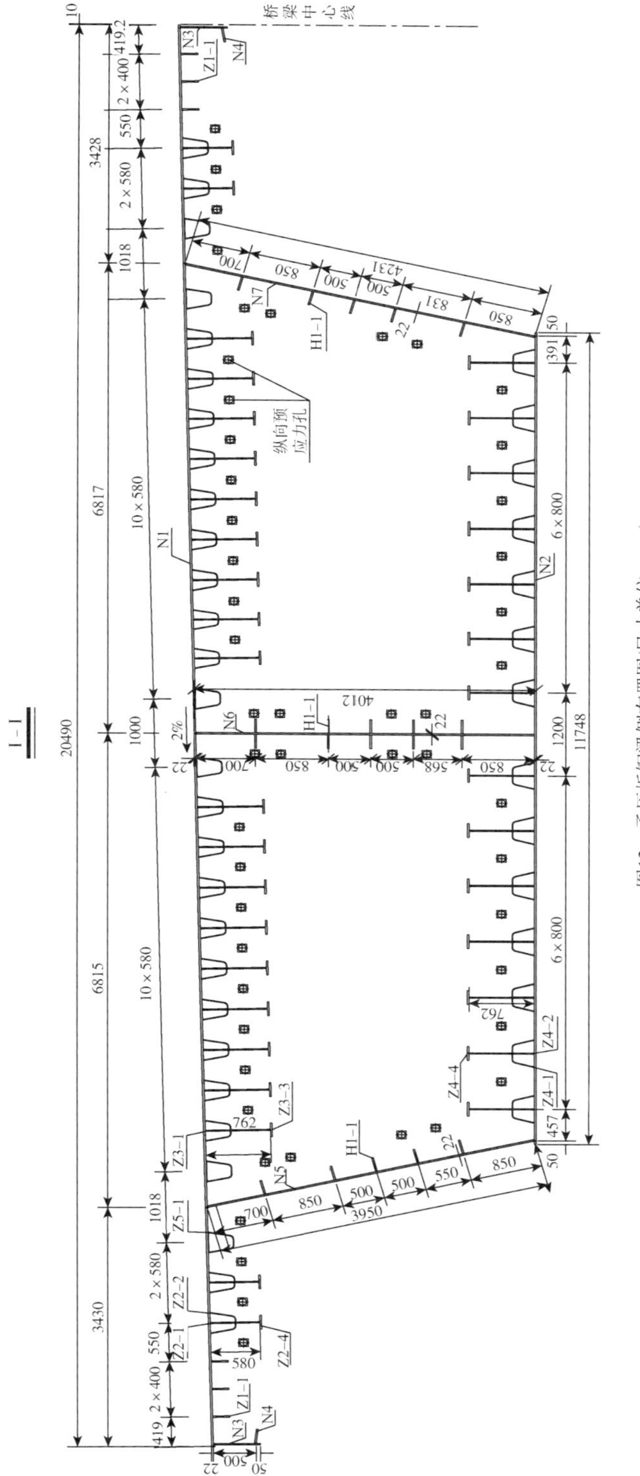

图12　承压板钢梁侧布置图(尺寸单位：mm)

选取钢–混凝土结合段 21.7m(混凝土箱梁过渡段 10m、钢–混凝土结合段 2m、钢箱梁过渡段 9.7m)作为计算对象,采用 ANSYS 有限元软件建立模型进行分析计算,有限元模型如图 13 所示。

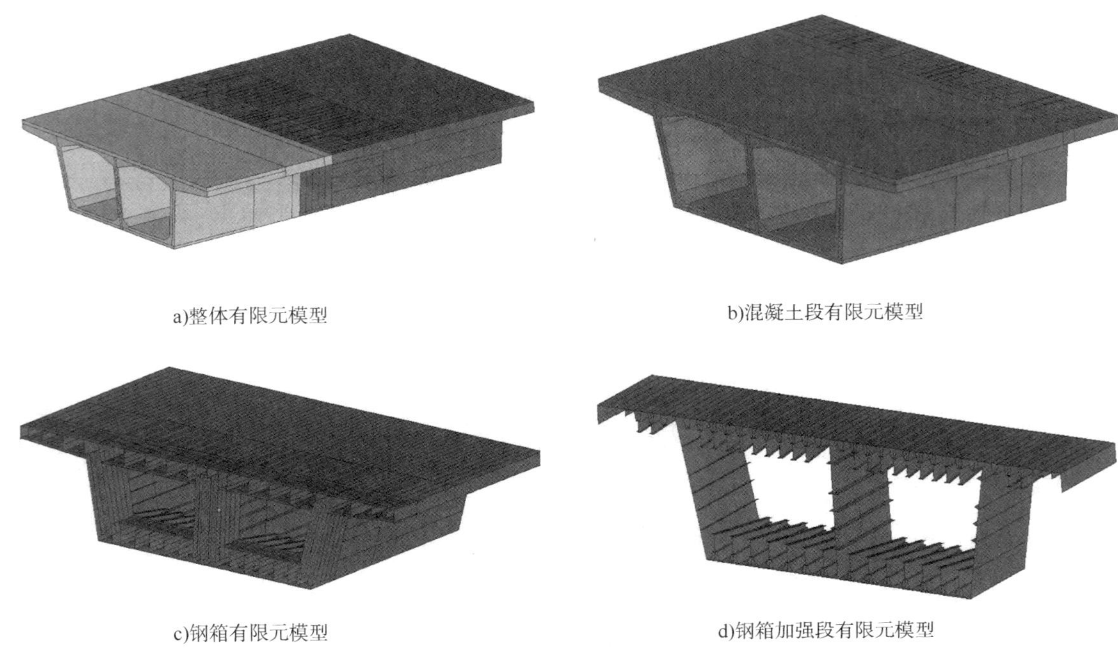

a)整体有限元模型　b)混凝土段有限元模型

c)钢箱有限元模型　d)钢箱加强段有限元模型

图 13　有限元模型

通过局部应力分析,钢箱梁各构件钢板应力、混凝土箱梁各方向(顺桥向、横桥向、竖向)压应力及拉应力、PBL 剪力键及剪力钉最大剪力均满足要求,结合段的变形连续协调、应力分布均匀,设计合理。

2.1.6　预应力设计

混凝土主梁采用纵向、竖向两方向预应力体系,横梁处设置横向预应力钢束。纵向及横向预应力钢束采用抗拉强度标准值为 1860MPa 的高强低松弛钢绞线,公称直径 15.2mm,采用金属波纹管成孔。竖向预应力筋采用 JL32 精轧螺纹钢筋。

为了改善结合梁的整体受力以及提高结构刚度,增加结构使用期间主梁线形调整储备,在中跨设置了体外预应力束,采用 27-ϕ_s15.2mm 的单丝环氧无黏结钢绞线,一个箱梁断面共 8 根,均锚固于主墩墩顶横梁处。体外预应力束立面布置图如图 14 所示。

体外预应力束的转向器采用分丝管式转向器,能够实现单根钢绞线的穿束及张拉。体外束体系由锚具、单丝环氧无黏结钢绞线、转向器及减振器等组成。

2.2　下部结构设计

2.2.1　转体结构设计

混合连续梁采用转体施工,转体总重量为 220000kN。转体结构由转体下转盘、球铰、上转盘、转动牵引系统组成。转体结构总图如图 15 所示。

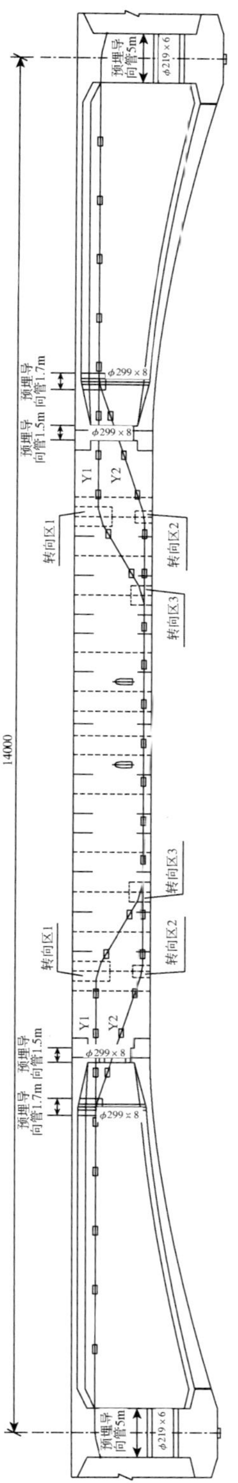

图14 体外预应力束立面布置图(尺寸单位：mm)

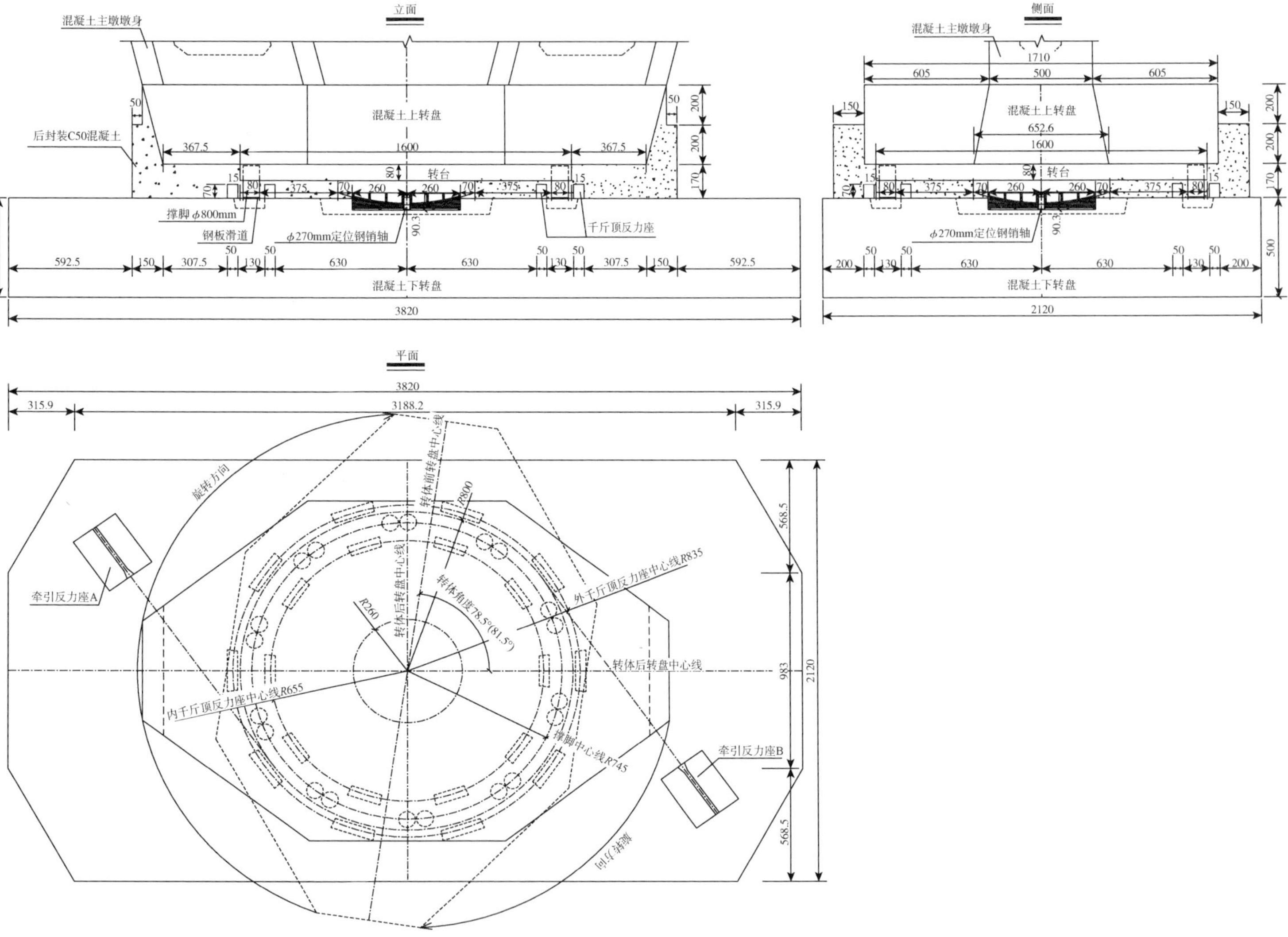

图15 转体结构总图(尺寸单位：cm)

下转盘为支承转体结构全部重量的基础，转体完成后，与上转盘共同形成基础。下转盘采用C55混凝土。下转盘上设置转动系统的下球铰、保险撑脚、环形滑道及转体拽拉千斤顶反力座等。

转体钢球铰直径为5200mm，整体高度为903mm，分上下两片，形成平转法施工的转动体系。

上转盘是转体的重要结构，在整个转体过程中形成一个多向、立体的受力状态，上盘布有纵、横、竖三向预应力钢筋。上盘底长25.35m、宽17.1m、高4.0m，平面四个边角均有切角，为八边形构造；转台直径16.0m，高度0.8m。转台既是球铰、撑脚与上盘相连接的过渡部位，又是转体牵引力直接施加的部位。转台内预埋转体牵引索，预埋端采用P型锚具，同一对索的锚固端在同一直径线上并对称于圆心。

上承台设预应力，按照A类预应力混凝土构件设计。采用通用有限元软件ANSYS进行结构分析。

下承台计算根据承台的厚度、基桩排列的情况，按照规范规定分别采用“拉杆—压杆模式”或“弯矩模式”进行计算。

2.2.2　中墩设计

下部结构中墩与主梁通过支座连接，中墩采用箱形截面，墩身纵横向尺寸500cm×850cm，墩壁厚2m，下部与转盘固结组成箱形结构。

对桥梁墩身及横梁采用Midas程序与手算结合的方法，作转体节段和成桥运营阶段的分析。横梁中设预应力，按照A类预应力混凝土构件进行设计。

转盘结构采用环道与中心支撑相结合的球铰转动体系；采用八边形承台，纵横尺寸为2120cm×3820cm，厚500cm。基础采用37根ϕ200cm的钻孔灌注桩，呈梅花形布置，均为摩擦桩。

2.2.3　边墩设计

边墩采用双柱式桥墩，分幅设计，基础为带承台的桩基础。墩身直径2.0m，承台厚度分别为210cm、230cm。桩基直径1.5m，均为摩擦桩。

2.3　主桥施工

混合连续梁采用旁位支架现浇，不对称(48m+70.25m、66.25m+45m)转体施工工艺。不对称梁体转体就位后在临时墩上施加顶力，用以调整梁体的线形。混合连续梁采用先边跨合龙再中跨合龙的施工顺序。边跨合龙段在支架上现浇，中跨合龙段钢梁通过大里程侧桥面轨道运输至合龙位置，再利用起重机吊装合龙段的施工工艺，解决了合龙段钢梁运输场地受限的难题。

混合连续梁施工顺序如下所示。

施工步骤一(图16)：

①将施工范围内受影响的光、电缆详细探明位置后，确定防护及迁改措施；贯通线、接触网迁改。

②平整场地,施工主墩桩基础及防护措施(止水帷幕、防护桩、防护桩内支撑),开挖基坑;同时施工铁路侧门式起重机行走轨道基础及轨道;施工门式起重机临时接地措施。

③施工边墩桩基础;继续开挖基坑,浇筑封底混凝土;施工下转盘、球铰、上转盘,注意预埋下转盘中预埋件及预埋钢筋;施工边墩,中墩墩身,其中边墩施工至不影响转体的高程位置。

④试运行转动装置;然后将转动装置转动至合适位置;上下转盘临时固结。

⑤施工临1、临2号桥墩的桩基、承台。

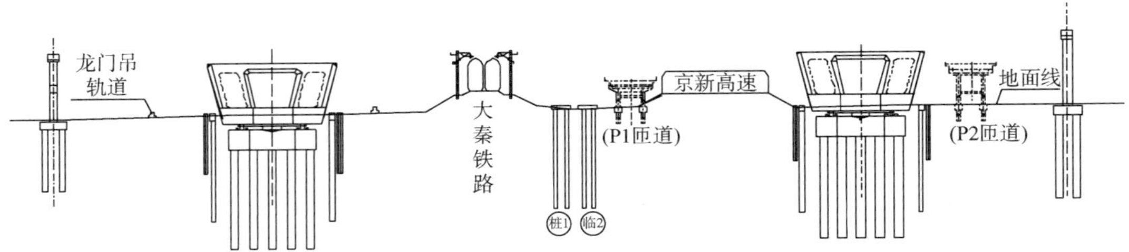

图16　施工顺序示意图1(尺寸单位:mm)

施工步骤二(图17):

①支架地基处理,搭设支架,施工支架临时接地措施。

②浇筑99、100号墩顶梁体混凝土;首先浇筑C、F节段,张拉相应预应力钢束;将主梁与主墩临时固结;随后同时浇筑B、D节段,张拉相应预应力钢束;同时浇筑E、G节段,张拉相应预应力钢束;各节段先张拉纵向再竖向预应力。并及时压浆。其中,应注意混凝土箱梁部分待混凝土养护不少7d,强度达到设计值的100%,弹性模量达到设计值的95%后,张拉相应钢束,并压浆、封锚;D、E节段混凝土梁段浇筑时,在浇筑混凝土梁段与钢混结合段交界位置时,注意钢混结合段应首先就位。

③拼装转体段钢结构部分。

④浇筑梁上防撞护栏、施工防护屏;同时施工临时墩的墩柱、横梁,以及墩柱间串联桁架梁;施工边墩支架至不影响转体高程。其中,应注意施工步骤二须完成两边跨压重横梁(长均为3m)的浇筑;底板压重,小桩号侧完成靠近横梁侧2.5m的压重浇筑、大桩号侧完成靠近横梁侧4.0m的压重浇筑。

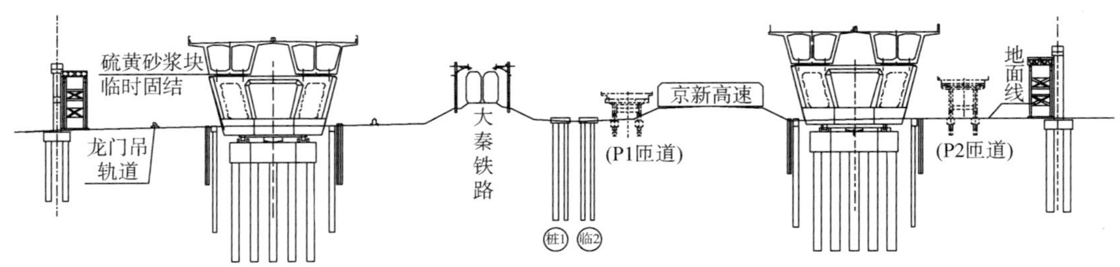

图17　施工顺序示意图2(尺寸单位:mm)

施工步骤三(图18):

①拆除支架。解除上下转盘临时固结;对转体结构进行称重,必要时进行配重;其中,临时压重仅限布置在混凝土梁上,严禁在钢箱梁上配置临时压重。

②99 号墩处转体首先进行试转,试转 11°,到铁路限界以外。距离正惯线 7.38m;然后 100 号主墩转体进行试转,试转 5°,侵入京新高速公路 4.58m;试转完成后,联系铁路方,99 号墩处首先转体;然后 100 号主墩处转体,应保证两个转体的梁体在平面位置关系上错开 5m 以上的距离。

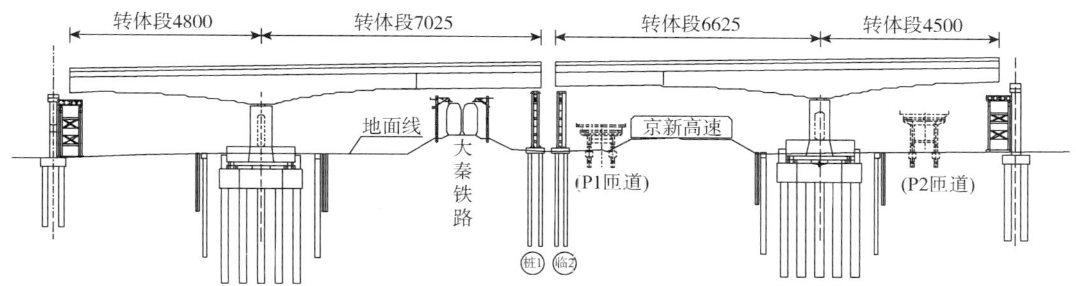

图 18　施工顺序示意图 3(尺寸单位:mm)

99 号主墩处转体试转历时约 13min;在窗口期转体到位,历时约 79min,转体段最大线速度约为 1.10m/min。

100 号主墩处转体试转历时约 6min;然后转体到位,历时约 90min,转体段最大线速度约为 1.05m/min;

两转体角速度均为 0.015rad/min;其中 99 号主墩处转体需要向太原铁路局要点施工,要点时间约 85min;

100 号主墩处转体需要与京新高速产权方协商施工相关事宜;

转体最后节段均应采取点动,确保梁体精确就位。

③就位后,锁定上下转盘,封固转盘及球铰并应采取相应的措施。以保证转体的稳定性。

施工步骤四(图 19):

①采取措施,保证转体梁放置在临时墩上;施工边墩支架剩余部分;支架预压;边跨调整梁体线形到设计位置。

②浇筑两边跨端部剩余的 3.65m 现浇段,待混凝土养护不少于 7d,强度达到设计值的 100%,弹性模量达到设计值的 100%后,张拉相应钢束;并压浆、封锚,实现两边跨合龙;中跨临时墩处采用千斤顶将梁体上顶至设计位置,上顶力计算值为 1920kN;同时施工边墩剩余部分。

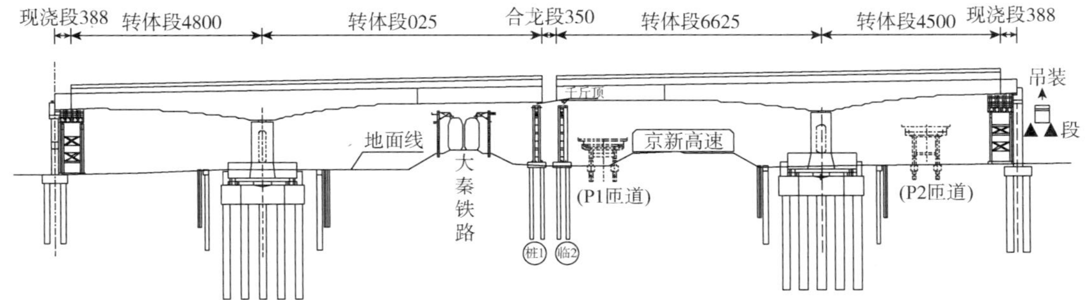

图 19　施工顺序示意图 4(尺寸单位:mm)

③解除所有墩梁临时固结措施,主墩永久受力,并将靠近大里程侧主墩纵向活动支座临时锁定。

④在合龙段大桩号侧梁面搭设轨道(轨道应在箱梁腹板宽度范围布设,同时轨道不应偏离腹板宽度中线 10cm),利用桥面吊机吊装合龙段钢箱梁并将其从转体的大桩号侧运输到合龙段位置;安装中跨合龙段钢箱梁,完成主梁合龙;并同步解除中墩纵向活动支座的锁定。

⑤张拉体外预应力钢束。

施工步骤五(图 20):

①完成对两边跨底板剩余压重的浇筑。

②施工桥面铺装及剩余防撞墙等附属设施。

③主体施工完毕,拆除全桥支架、临时墩;拆除门式起重机及轨道。

④施工范围内受影响的光、电缆、电缆槽,均予以恢复。

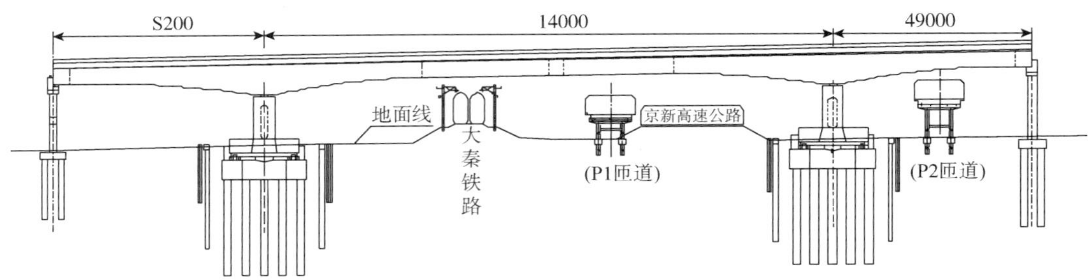

图 20 施工顺序示意图 5(尺寸单位:mm)

3 结语

延崇高速公路上跨大秦铁路与京新高速公路桥采用 52m+140m+49m 大跨变截面混合连续梁,旁位支架现浇,不对称整体转体的施工方法。混合连续梁在跨中设置了 60m 长钢箱梁,钢箱梁采用免涂装高性能耐候钢,有效降低了主梁梁高,增加桥梁跨越能力,有效减少了对既有铁路运营安全的影响。钢-混凝土结合段是混合连续梁设计的关键部位,通过结合段局部空间模型,分析结果表明结合段受力比较均衡、变形连续协调、总体应力水平满足设计要求。

参考文献

[1] 邓文中,代彤.重庆石板坡长江大桥复线桥总体设计[J].桥梁建设,2006(6):28-32.

[2] 刘玉擎.混合梁结合部设计技术的发展[J].世界桥梁,2005(4):9-12.

[3] 刘荣,余俊林,刘玉擎,等.鄂东长江大桥混合梁结合段受力分析[J].桥梁建设,2010(3):33-35+62.

[4] 唐方清,罗嗣碧,杨华振.瓯江大桥总体设计[J].公路,2012(5):127-131.

[5] 江湧,汪双炎.大跨度预应力混凝土连续刚构桥梁施工关键技术研究[J].桥梁建设,2007(S2):103-106.

[6] 刘明虎,徐国平,刘峰.鄂东大桥混合梁钢-混凝土结合部研究与设计[J].公路交通科技,2010,27(12):78-85.

[7] 徐国平,刘高,吴文明,等.钢-混凝土结合部在桥梁结构中应用新进展[J].公路,2010(2):18-22.
[8] 李忠平,侯等高,吕凯.钢-混凝土混合梁桥设计[J].市政技术,2010(5):48-50.
[9] 刘玉擎,陈艾荣.耐候钢桥的发展及其设计要点[J].桥梁建设,2003(5):39-41,45.
[10] 肖林,卫星,强士中.两类PBL剪力键推出试验的对比研究[J].土木工程学报,2013(11):69-80.
[11] 聂建国,陶慕轩.体外预应力钢-混凝土组合梁受力性能的研究现状与展望[J].工程力学,2011(12):129-141,156.

延庆盆地多层高承压水区域地质形成机理及工程勘察与施工建议

王铁男[1],李　辉[2]

(1.北京市勘察设计研究院有限公司;2.北京市首都公路发展集团有限公司)

摘要:承压水(尤其是高水头)对工程建设有着巨大的影响,对于工业民用工程、市政工程及地铁隧道等,承压水均是工程建设中的重难点问题。为解决承压水对工程的影响,本文主要从区域地质上进行论述,分析区域工程地质成因、特征,分析富含承压水的条件,并提出在工程勘察、施工建设期间遇见高承压水的解决方案及措施,希望能为后期类似工程提供一定的工程经验。

关键词:延庆地质;高承压水;工程勘察

1　引言

承压水的分布范围、含水层埋深及厚度、承压水头高度,对工业与民用建筑、市政工程、地铁隧道均是重要的影响因素。本文主要论述延崇高速公路穿越延怀盆地西北侧区域,该区域高承压水的形成机理,以及在工程勘察、桥桩施工期间高承压水对各阶段所造成的影响。

2　工程概况

延崇高速公路(北京段)工程起点为北京市延庆区大浮坨村西侧,与兴延高速公路相接,向北经延庆区康庄镇、延庆镇和张山营镇,至市界与河北省段线位相接,走向大致为南北向。我单位承担里程为K0+000~K15+602,全长约15.6km,该区间段坐落在延怀盆地西侧,跨越现状妫水河,直达海陀山脚下辛家堡村。该区间段全程主要以高架桥进行敷设,在妫水河处为下穿隧道。由于高架桥的单桩荷载较大,桩长一般为40~50m。在工程勘察及施工期间,在妫水河北侧至辛家堡村里程区间内于多处钻孔或桩位处遇到溢水、流沙现象。

3　区域地质背景条件

3.1　地形地貌

延庆盆地是一个位于燕山山脉南部的晚新生代形成的小型断陷盆地,南侧为军都山,北侧为海陀山，延庆盆地呈北东向展布。妫水河由北东向南西纵贯整个盆地，盆地中部为妫水河冲积平原区，西北、东南两侧为山地和山麓斜坡，山前地带分布有孤山和残丘。根据成因及形态类型，研究区地貌主要表现为山地、洪积扇、盆地中部平原及一些人工地貌类型，进一步可细分为中低山、孤山残丘、洪积扇、坡洪积台地、冲沟、河床、河漫滩、阶地、洼地、湖、塘、水库和采土坑等。

工作区位于延庆盆地的中西部区域。延庆盆地属延怀盆地东段，它的生成主要受两条北东向断裂控制，即方家冲—玉皇庙—黄柏寺断裂（F1）和施庄—康庄—八里店断裂（F2），整个盆地呈北东—南西向展布，形成袋状，延庆盆地工作区地面坡度立体图如图1所示。

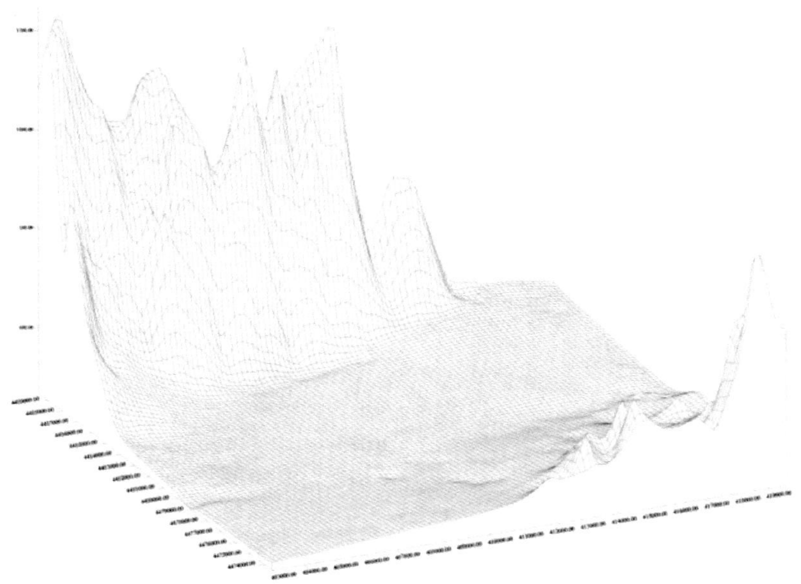

图1　延庆盆地工作区地面坡度立体图

3.2　地质条件成因演变

盆地现在发育的主要河流为妫水河。该区的地形地貌变化较为复杂。该区域自上新世～早更新世～全新世，发展特征如下：

上新世～早更新世时期：此时期方家冲—玉皇庙—黄柏寺断裂活动加剧，断裂北盘抬升，南部凹陷，怀来—延庆湖基本形成，湖泊大致有永宁—四海向东、八达岭—南口向南两个出口。沉积物主要为灰—灰绿色粉质黏土、粉土及粉砂，水平层理发育，具有典型的静水湖积特征。

中更新世时期：此时期构造处于时张时压的波动阶段，致使盆地时升时降。北京西山—军都山的抬升，使八达岭分水岭形成，南流的古八达岭河倒流入湖盆，中更新世末期—晚更新世地壳抬升河流下切，形成三级阶地和三级洪积台地。该时期仍以湖积为主，盆地南缘山麓有河流相冲积物及洪积棕红色砂质黄土。

晚更新世时期:该期盆缘断裂仍以张性活动为主,裂谷盆地下沉速度减慢,周围山体抬升,湖水消失,东部黑汉岭抬升,形成分水岭,迫使古妫水河由向东流转为向西流。该时期地壳抬升形成二级阶地及二级洪积台地。该时期本区主要沉积了盆地中部的冲积物、盆地北缘的洪积物。

全新世时期:该时期盆地构造活动减弱,地壳再次抬升,河流下切形成内Ⅰ级阶地和古河道洼地,其中堆积了泥炭层。

3.3 地质沉积规律分析

该盆地自新近纪以来强烈下沉,沉积厚度达2300m,其中第四系厚度达800m。沉降中心位于盆地北缘—单家营和太平庄一带。盆地南缘沉积较薄,表明是一个北深南浅的不对称盆地,具体见图3。从岩相变化来看,盆地南部的砂砾石及黄土状沉积,逐渐向北过渡为细砂、粉砂、淤泥质沉积,再到北侧山前的砂砾石土的沉积规律,一是反映了南北结构的不对称性;二是反映地层沉积的冲洪积性,具体见图2及图3。

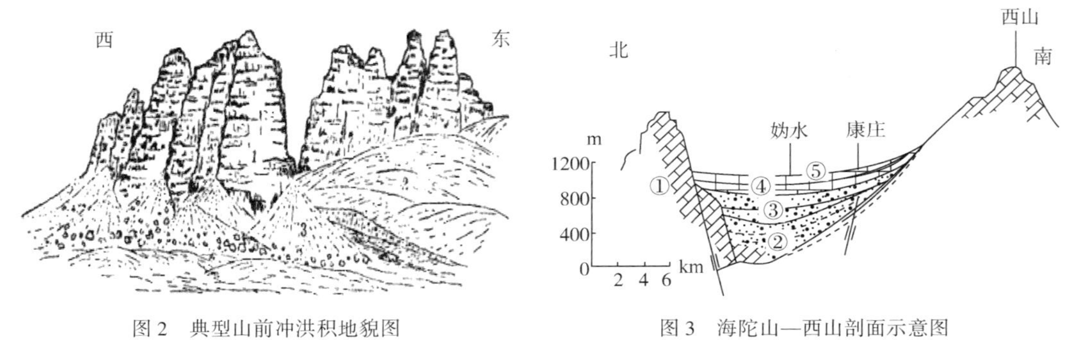

图2 典型山前冲洪积地貌图

图3 海陀山—西山剖面示意图

4 工程地质及水文地质特征

4.1 工程地质特征

根据本区域内地质的沉积特征,延庆盆地区域内地质主要以湖相沉积为主,位于官厅水库东侧边缘,这就造就了本区域内中部区域第四系沉积的地层主要以静水沉积的黏性土、粉土为主,局部夹有砂土层,在南北两侧山前地带均分布冲洪积的碎石土。由于延庆盆地在整个第四纪的演化过程中平原上升快、反复大,沉降类型多,情况比较复杂。本区域内土层按沉积年代可分为人工填土层、新近沉积层、第四沉积层、湖相沉积层、第四纪冲洪积层等。其中,人工填土层及新近沉积层土质较差,土层压缩性较高,对工程建设不利;湖相沉积层主要分布在深度土层内,内部有机质含量高,孔隙比及含水率高、压缩性大,同时局部分布淤泥质土及泥炭质土。具体地层条件见图4。

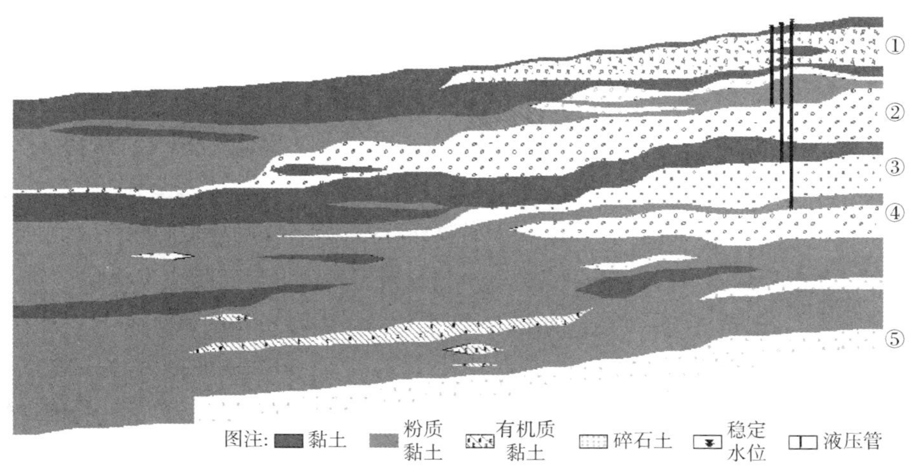

图4 典型的工程地质剖面图

4.2 水文地质特征

根据地层时代和埋藏条件,工作区浅层第四系地下水可分为第四系孔隙潜水和第四系孔隙承压水,局部存在上层滞水。总体上,第四系含水层特征由山前向平原区变化大,含水层岩性由粗颗粒砂卵砾石逐渐变为细颗粒的粉细砂层,含水层由单层变为多层,含水层厚度由30余米变为10余米,地下水的类型由潜水变为承压水。延庆区北部张山营,东北卓家营、蒋家堡、广积屯和王泉营一带以及东南宗家营、东杏园、西杏园和南菜园一带含水层岩性主要是砂卵石,单层厚度为10~20m,渗透性能好;其余地段含水层岩性以粉细砂为主。一般第一含水层中为潜水,其下含水层中为承压水。

补给来源主要包括大气降水、河水的垂直入渗、侧向径流以及山区基岩水的侧向补给。在以砂卵石为主要含水层地区,由于渗透性能好,地下水以接受地下径流和大气降水补给为主;北部山前的郎庄、付余屯和西辛庄一带,主要接受山前泉水溢出带的补给,地下水位较浅。

5 勘察与施工期间工程问题成因分析

本工程在工程勘察期间,场地内10多处钻孔钻至承压水层位处,钻孔具体位置详见图5及图6,出现喷水、冒气现象。根据地貌特点及富水性可将勘察区分为两个区域,具体如下:

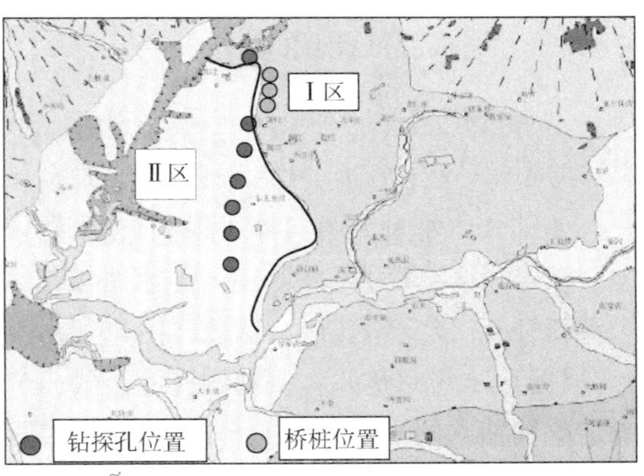

图5 典型事故钻孔分布图

Ⅰ区:该区域以含厚度较大的碎石土为主,属于冲洪积地貌单元,富水性为中等富水区(单井涌水量在500~3000m^3/d),所以该区域内无论是勘察钻孔还是施工桥桩孔都出现的是溢水现象。该区域北侧紧邻海陀山,区域内的地下水补给主要以山上的泉水及基岩裂隙水为主。该区域内的含水层厚度20~40m,与本次勘察的相符。根据典型统称地质图,山上冲洪积形成的巨厚碎石土含水层,由于地势高差的变化,地下水的势能很大,导致在该区地下水出现渗流、溢出现象。

图6 典型事故钻孔照片

Ⅱ区:该区域为原官厅水库的浸没区,属湖相静水沉积地貌单元,富水性为弱富水区(单井涌水量在500m³/d),所以该区域内个别钻孔出现的均是喷水、冒气的现象,根据该区内的地层条件,均为厚层的粉土、黏性土,局部夹有砂土层。其中,黏性土层内分布有不连续的有机质土或泥炭质土,这是湖相沉积区的显著特点。工程勘察期间,于本区域内多处钻孔内钻至含水层时,出现喷水、冒气的现象,喷射高度约6m,并呈不连续的状态,含气现象明显,同时进行了气体检测工作,该气体以沼气为主,CH_4含量为63%~78%,遇明火或火星易燃,气体浓度及压力较大。

6 工程问题解决措施及方案

6.1 喷水、冒气现象

勘察过程无论是在Ⅰ区还是在Ⅱ区,遇到上述问题,如水量或者气体量不是很大的情况,即刻加大泥浆密度,套管跟进措施,强行压制钻孔内水位及气体外溢,迅速钻进。

如钻孔内水量或者气体量很大,在工期许可情况下,可放置一段时间,待气体释放后,压力会减小很多,此时再采取加大泥浆密度或者回填级配料石等措施;如工期紧张,在钻孔旁边重新开孔,以此钻孔作为泄压孔。量测出承压水稳定的出水量Q、孔径r、r_1、水位高度s、s_1等,根据承压水完整井含一观测孔的公式(1),求出承压水完整井情况下的渗透系数k,进而确定单孔抽水的影响半径。具体抽水孔及观测孔布置如图7所示,抽水孔及观测孔参数见表1。

可按下式计算承压水单孔抽水的渗透系数：

$$k=\frac{0.366Q}{M(s-s_1)}\lg\frac{r_1}{r} \tag{1}$$

式中：k——渗透系数，m/d；

Q——抽水井的抽水量，m^3/d；

s——水位降深，m；

s_1——观测孔水位降深，m；

r——抽水孔半径，m；

r_1——观测孔至抽水孔的距离，m；

M——承压水含水层厚度。

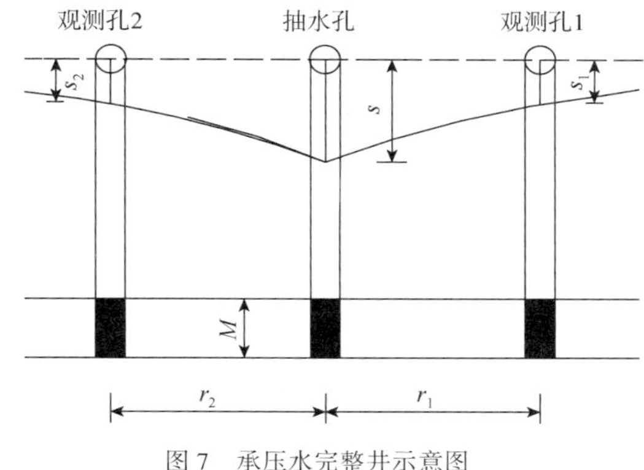

图7 承压水完整井示意图

抽水孔及观测孔参数　　表1

井号	s(m)	r_1(m)	M(m)	k(m/d)	R(m)
抽水孔	2	—	5		
观测孔 1	1.0	15.0	—	78.61	177.32
观测孔 2	1.5	16.0	—	53.36	146.10

根据现场试验抽水孔的抽水量为 976.32m^3/d，水位降深为 2m。求出综合渗透系数 k = 53.36～78.61m/d，影响半径为 146.10～177.32m。根据工程经验本工程的含水层厚度，影响半径 R($R=10s\sqrt{k}$)不会达到 200m 的范围，主要还是与场地内地层的形成条件及地貌特点有直接关系，所以根据以上分析本工程拟采用连续两跨采取一个降压孔的方案。

6.2 钻孔塌孔及回填

在钻探或桥桩施工期间，遇到钻孔内及工程桩孔内均出现塌孔及流沙现象时，一定要及时采取相应的措施，避免出现塌孔引起周围土体扰动流失的现象。本工程在钻探期间采取加大泥浆密度套管跟进的措施；在桥桩施工过程中采用增加泄压孔，以维持桥桩孔的静水平衡状态，同时对个别钻孔采取碎石土进行二次回填钻进。

承压水止水封孔的重要性和所面临困难也是本工程的一大挑战。现场先后采取填入碎石土、红黏土、灌混凝土等措施，但效果均不满足要求。经分析，要封孔成功，保证不会因为承压水头过高而造成填孔材料流失，拟采用现场完成钻探后迅速向套管内投入部分 ϕ20～80mm 粗集料，以降低承压水水头压力；保证套管进入土层一定深度，用潜水泵抽干套管内的水并向其中添加红黏土捣实，将套管周边 2m 范围内的土层挖除后用素混凝土回填，钻孔封孔完毕。经过一段时间的观察，这种方法取得较好效果。

7 结语

(1)在工程勘察前期做好工程地质调查工作，根据区域地质资料、场地周边的地形地貌特征对场区进行宏观分析，初步确定场区的地质条件成因。

(2)对于重大工程尤其是长线路工程,进行必要的地质灾害调查、地震安全性评价等工作,确定场地的地质灾害的种类,以便勘察期间有针对性地采取适宜的勘察手段。

(3)根据地质成因及地层条件采取适合的降水、钻孔及桥桩孔的钻进措施,可供类似工程参考。

(4)分析出的高承压水的成因,对解决问题起到了很关键的作用。同时在高承压水地区,钻孔的回填将是钻探的重点工作,以免钻孔长期流水导致地下水土流失破坏水土环境。

(5)无论是在工程勘察还是施工期间遇到孔内溢水的现象,应迅速采取措施,避免土体因发生流沙、管涌等造成土体扰动,影响地下土体的性能(地基承载力、侧摩阻力等)的发挥。

参考文献

[1] 吴子荣,袁宝印,孙建中,等.延-怀盆地新构造与地震[J].地震地质,1979,1(2):46-56.

[2] 尹功明,卢演俦.北京延庆盆地50万年以来的主要构造事件及年代学的初步研究[J].华北地震科学,1996,14(4):19-30.

[3] 何海峰.浅层高承压水地层工程地质钻探技术[J].环球市场信息导报:理论,2012,471(33):60.

[4] 唐益群,刘冰样,赵书凯,等.高压沼气对浅部砂质粉土工程性质的影响[J].同济大学学报(自然科学版),2004,32(10):1316-1319.

[5] 胡志广.高承压水地区钻孔灌注桩成孔与灌注施工技术[J].山西建筑,2004(12):49-50.

延崇高速公路(北京段)中段地质构造发育特征及其对工程施工的影响

周晓红[1],杜红旺[2]

(1.北京市首都公路发展集团有限公司;2.北京市地质工程勘察院)

摘要:本文通过延崇高速公路(北京段)中段工程勘察工作,分析和总结勘察区与工程建设有关的地质构造的分布特征,并对相应地质构造的工程性质进行评价,分析勘察区地质构造可能引起的工程地质问题,最后提出相应的处理防护措施。

关键词:延崇高速公路;地质构造;工程性质;处理防护

1 地质背景

1.1 地层

延崇高速公路(北京段)中段沿线出露的主要地层有太古界变质岩系密云群、长城系常州沟组、串岭沟组、大红峪组、蓟县系雾迷山组四段、上侏罗系髫髻山组一段、第四系更新统冲洪积物及全新统冲洪积物,勘察区地层划分及主要岩性见表1。

勘察区地层划分及主要岩性　　表1

系	统	群	组(地质代号)		主要岩性
第四系	全新统		Qh		砾石、砂夹砂质黏土、亚砂土
	更新统		Qp		亚砂土、亚黏土夹砾石、砂
侏罗系	上统		髫髻山组一段(J_3t^1)		紫红色砾岩夹泥岩
蓟县系			雾迷山组四段(Jxw^4)		灰白色、灰色厚层白云岩及燧石条带白云岩
长城系			大红峪组(Chd)		灰白色石英砂岩
			串岭沟组(Chch)		灰色、灰绿色粉砂岩、泥质粉砂岩、砂岩
			常州沟组(Chє)	三段($Ch\epsilon_3$)	灰白色石英砂岩
				二段($Ch\epsilon_2$)	深灰色、灰色粉砂岩、细砂岩
				一段($Ch\epsilon_1$)	灰白色含砾石英砂岩、石英砂岩
			密云群(Army)		深灰色、灰色、粉灰色黑云斜长片麻岩、角闪斜长片麻岩、斜长角闪岩、黑云斜长变粒岩、浅粒岩、黑云二长片麻岩、斑状花岗片麻岩

1.2 侵入岩

本次勘察范围内侵入岩分布不多,仅在西段有少量分布(图1),岩性为早白垩世粉灰色中细粒二长花岗岩,岩石完整性较强,质地坚硬,工程地质条件较佳。

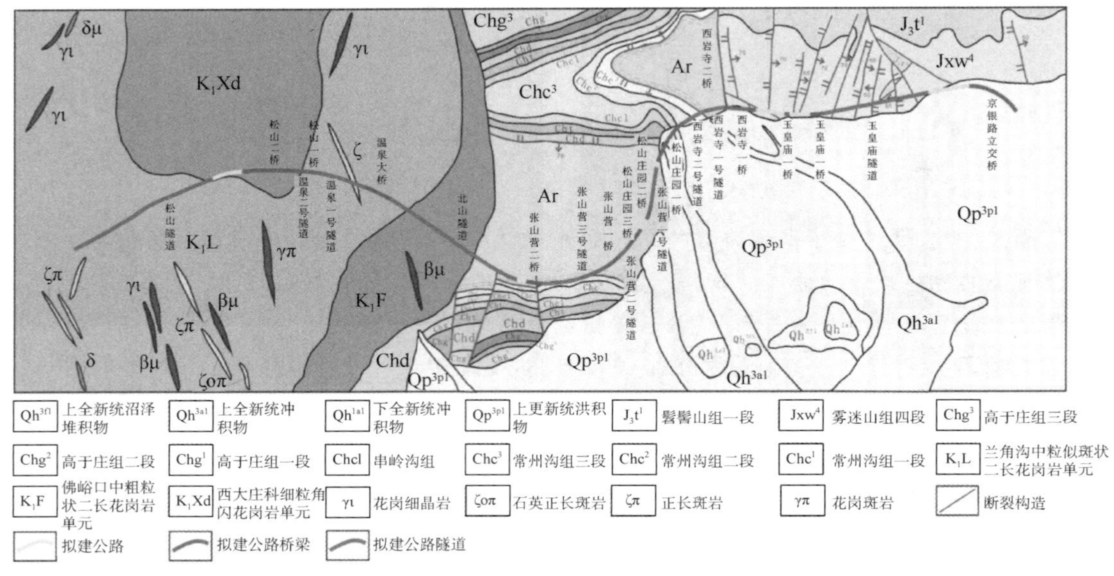

图1 高速公路线路沿线基岩地质构造图

1.3 脉岩

勘察区内脉岩较发育,主要分布于太古界密云群及早白垩世二长花岗岩内,以花岗岩脉为主,少量辉绿岩脉。花岗岩脉脉宽1~20m不等,走向北东向,一般沿张性断裂贯入,并与区域上张性断裂产状一致,岩石较坚硬;辉绿岩脉脉宽1~3m,走向北东向,规模较小,沿张性断裂贯入,岩石致密坚硬。脉体侵入地段为工程地质条件相对薄弱和不稳定地段,应注意加固防范。

2 地质构造发育特征

2.1 断裂

本次勘测范围内断裂构造发育,既有压性断裂又有张性断裂,断裂走向可分为北东向、北西向、近东西向及近南北向,其中以北东向和近东西向断裂为主。以下对断裂规模较大,且与高速公路施工联系紧密的主要断裂分述如下。

2.1.1 玉渡山逆冲推覆断层

断层出露在蓟县系雾迷山组四段白云岩及侏罗系髫髻山组紫红色泥岩内,断层由北西向南东方向推覆,断层走向多变,推测断层倾角20°~30°,断层通过玉渡山隧道。断层附近岩石破碎严重,并使附近岩石发生一系列次级裂隙。对隧道及公路施工产生较严重负面影响,应注意防范。

2.1.2　西岩寺逆冲推覆断层

西岩寺逆冲推覆断层与玉渡山逆冲推覆断层为同一应力场作用下的同期同性质断层，工程地质条件二者相当，断层附近出露蓟县系雾迷山组四段白云岩及侏罗系髫髻山组紫红色泥岩，断层基本由北向南方向推覆，断层走向多变，推测断层倾角20°~30°。断层附近岩石破碎严重，并使附近岩石发生一系列次级裂隙。

2.1.3　延矾盆地北缘断裂

延矾盆地北缘断裂是北京延庆—河北矾山盆地北部边界一条规模较大、走向多变的大断裂。北起延庆东北端的营盘，往西南经黑峪口、龙庆峡口、黄柏寺、西羊坊、佛峪口、方家冲、蚕房营、狼山、八营、十营、张官营、前郝窑、果园、黑山寺北、口前西，终止在红土沟一带。整体走向北东向，由一系列北北东、北东、北东东向不连续的次级活动断层组成。狼山以西次级断层呈右阶斜列，狼山以东锯齿状追踪延伸，长约105km。断裂两侧地形反差明显，属于倾滑正断层，断面倾向南东，倾角50°~80°。断裂切割了海沱山南麓第四纪中晚期冲洪积体系，在张山营—黄柏寺一带有数条南北向断层与之相交，形成规模较大的破碎带，其对公路施工产生严重地段负面影响，应做避让处理。

2.1.4　下阪泉北西基底剥离断层

下阪泉北西基底剥离断层区域上走向变化较大，勘察区内走向北西向，断面产状为203°∠70°，上盘为常州沟组灰白色厚层状石英岩，岩石破碎，成破裂化和片理化，下盘为风化的褐黄色变粒岩，成破裂状，但面理产状十分明显，产状为225°∠61°，宽80~100m。该断层为印支早期剥离断层。

2.1.5　白石头坑北断层

白石头坑北断层位于白石头坑北部，产状为185°∠70°，为近东西向的逆断层，断层上盘为大红峪组灰白色厚层状石英岩，产状为190°∠26°，下盘为太古界角闪斜长片麻岩，产状为304°∠61°，为印支期形成的断裂构造。

2.1.6　张山营北基底剥离断层

张山营北基底剥离断层位于张山营村北侧，走向近东西，倾向为南的正断层，倾角40°~50°，上盘自北向南运动，断层长约2500m，上盘为常州沟组二段灰黑色薄层泥质粉砂岩及常州沟组三段灰白色石英砂岩，下盘为角闪斜长片麻岩及角闪斜长变粒岩，为印支期形成的断裂。

2.1.7　张山营北断层

断裂位于张山营村北侧，为一系列正断层，总体呈北北东向，向西或向东陡倾。断层出露在太古代变质岩内，断层性质为张性，并有花岗岩脉或辉绿岩脉沿部分断层贯入，为印支期形成的断裂，该断层通过张山营隧道或温泉隧道。

2.2　节理

勘察区内节理较为发育，常形成密集的节理带，形态各异，长短不一，成群产出。本次工作在系统的测量区内的主要节理产状的基础上，编制节理走向玫瑰花图，用以反映节理的方位趋势及走向的优势范围。以下对勘察区主要隧道口及全区的节理特征分述如下。

2.2.1 玉渡山隧道节理特征

本隧道长约1600m,主要出露蓟县系雾迷山组四段,岩石类型以灰色燧石条带白云岩夹藻团白云岩、泥质白云岩为主。对玉渡山隧道内所测得的41条节理产状进行玫瑰花图投影,从编制的节理走向玫瑰花图(图2)中可以看出,隧道内节理走向较为集中,其节理走向主要集中于北东走向,其他走向的节理星散分布,在走向玫瑰花图中北东向节理投影半径均较长,但尤其以北北东向(0°~10°)和北东东向(60°~80°)的节理最为突出。从节理玫瑰花图中可知其主应力指向北北东向,表明北北东—南南西向应力场为该隧道的主控应力场,但其北东向应力场在施工中也应注意。

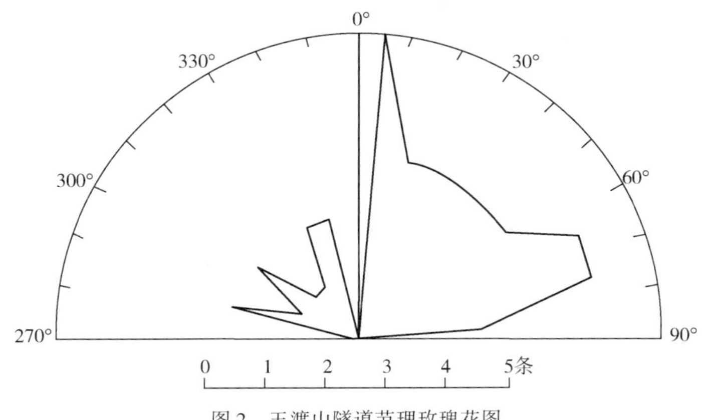

图2 玉渡山隧道节理玫瑰花图

2.2.2 上板泉隧道节理特征

上板泉隧道长240~451m,主要出露太古代变质岩,岩性以角闪斜长变粒岩、浅粒岩为主。隧道所经之处节理裂隙发育,变质岩裂隙水富水性一般。对上阪泉隧道内所测得的66条节理产状进行玫瑰花图投影,从编制的节理走向玫瑰花图(图3)中可以看出,隧道内节理走向较为集中,其节理走向主要集中于北北西走向(340°~350°)及北东向(50°~60°),其他走向的节理星散分布。从节理玫瑰花图中可知其主应力指向北北西向,表明北北西—南南东向应力场为该隧道的主控应力场,但其北东向应力场在工程中也需注意。

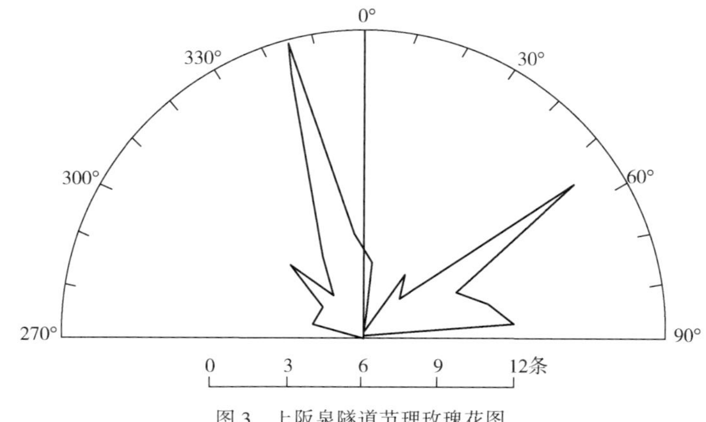

图3 上阪泉隧道节理玫瑰花图

2.2.3 张山营隧道节理特征

张山营隧道长约790m，主要出露太古代变质岩，岩性以角闪斜长片麻岩、角闪斜长变粒岩、浅粒岩为主，岩性较为单一。隧道所经之处节理裂隙发育，该隧道段与延矾盆地北缘断裂近平行。将张山营隧道内所测得的54条节理产状编制成节理走向玫瑰花图。从图4中可以看出，隧道内节理走向较为分散，但尤以北东东向节理最为发育，其主要节理走向多在70°~90°之间，表明该区的主应力指向北东东向，即北东东—南西西向应力场为该隧道的主控应力场。

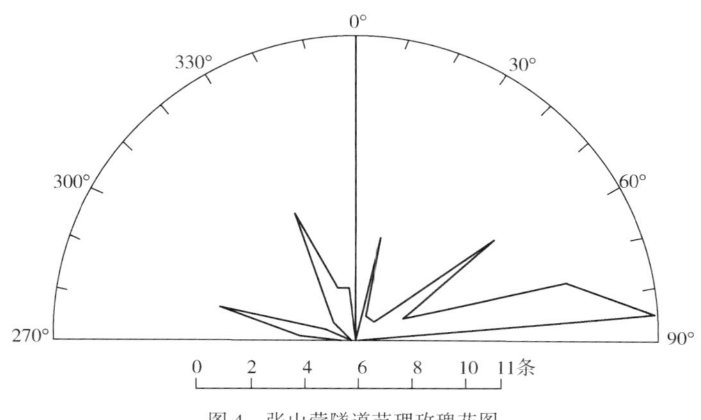

图4 张山营隧道节理玫瑰花图

2.2.4 温泉隧道节理特征

温泉隧道长约2300m，隧道处主要出露太古代变质岩，岩性以角闪斜长片麻岩、角闪斜长变粒岩、浅粒岩为主，岩性较为单一。隧道所经之处节理裂隙不甚发育，将温泉隧道区域内所测得的54条节理产状，绘制成节理走向玫瑰花图。从图5中可以看出，隧道区域内节理走向较为复杂，其中近北东节理走向（20°~30°）较发育，其次为北西向（310°~320°）。从节理走向玫瑰花图中可知其主应力指向北东向，表明北东—南西向应力场为该隧道的主控应力场，在工程中应采取一定防护措施，防止沿节理裂隙渗水及崩塌等现象。

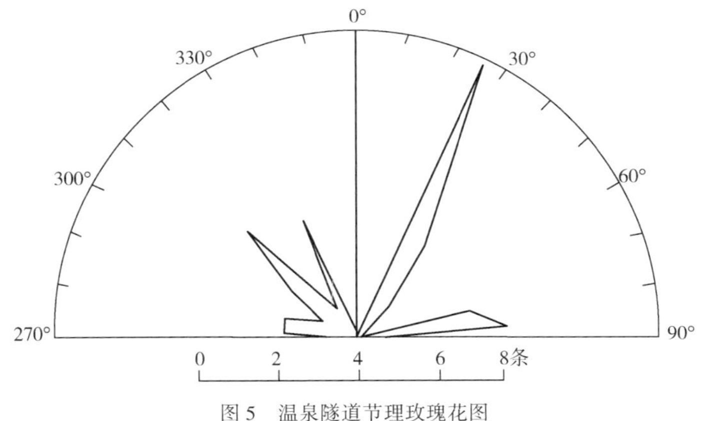

图5 温泉隧道节理玫瑰花图

2.2.5 全区节理特征

综合整理勘察区内 183 条节理产状进行走向玫瑰花图投影,从图 6 中可以看出,勘察区内节理走向较为复杂,其中近东西向节理走向(80°~90°)较为发育,其次为北东向(50°~60°)和北北西向(330°~350°),可知需对上述走向的节理加强防护,但也应考虑具体施工路段的节理发育特征,尽量做到点面结合。

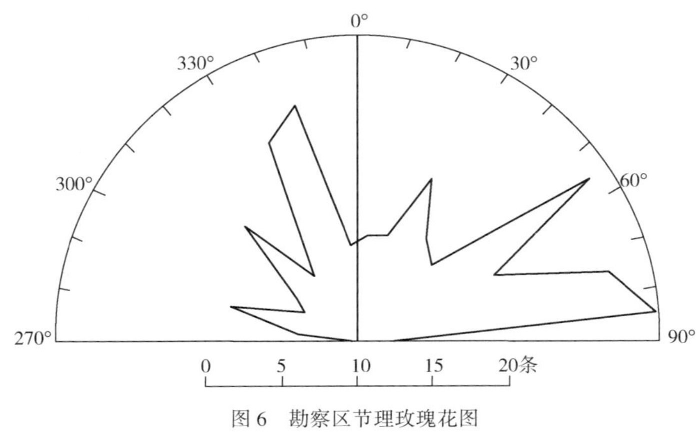

图 6 勘察区节理玫瑰花图

3 勘察区地质构造对公路施工影响

3.1 断层

勘察区断裂构造较为发育,对延崇高速公路(北京段)中段的施工带来以下几个方面的影响。

(1)断裂构造造成岩石破碎,从而使岩石的力学强度降低,易造成高速公路路基的变形;另外断裂面是极不稳定的滑移面,会发生较大的沉降,易造成高速公路的塌陷,上文所述断裂均易造成上述地质灾害。

(2)沿断裂破碎带易形成风化深槽,常为地下水的良好通道,易发生涌水现象,需关注上述断裂出露地段该种地质灾害发生的可能性,并进一步加强防护措施。

(3)对于压性断层带,如上述玉渡山逆冲推覆断层、西岩寺逆冲推覆断层及白石头坑北断层,经过强烈研磨挤压破碎,上盘破碎带围岩易坍塌流动,从而造成路基两侧和隧道洞内泥石流等。

(4)上文断裂中张山营北基底剥离断层及张山营北断层从高速公路预设隧道工程通过,上述断裂破碎带,易使隧道工程发生坍塌,甚至冒顶。

(5)勘察区延矾盆地北缘断裂规模较大,破碎带宽度较宽,且断裂具多期活动性,在新构造运动的影响下,可能发生新的滑移,该断裂通过地段,工程地质条件极差,建议避让处理。

3.2 节理

经过本次勘察工作,勘察区段岩石中节理发育,易造成高速公路施工地段岩石的强度和稳定性的降低，从而造成岩石的风化速度加快及透水性加强，对延崇高速公路（北京段）中段的施工带来以下几个方面的影响：

（1）在节理密集发育地带，由于节理构造对地质体的切割作用，造成地质体的稳定性大大降低，易引起路基的变形甚至隧道的塌方。

（2）勘察区较为富水，由于节理具有较好的储、导水性，加之后期工程施工造成的不平衡，地下水易沿着节理裂隙上升，造成涌水现象。

（3）另外当节理走向与路线基本平行，倾向与地形坡度相近时，高速公路边坡都容易发生崩塌等不稳定现象，且在路基施工中，如果岩体存在节理，还会影响爆破作业效果。

4 防护及处理措施探讨

工程施工的防护工作，首先要以针对性的工程地质勘察和正确的勘察结论为基础，立足于本地区地质与生态环境的实际情况，结合不同区域、不同类型地质构造发生规律、规模、特点，制定具体的防护和处理措施。针对勘察区地质构造发育特征，探讨相关的防护及处理措施。

4.1 避让措施

主要是针对勘察区内规模较大的活动断裂，如勘察区内的延矾盆地北缘断裂，由于断裂构造具多期活动性，且规模较大，对公路施工影响十分显著，并对公路的后期运行造成危险，故应该将工程与活东断裂做避让处理，并适当增加工程避让距离。

4.2 强化措施

对于勘察区内无法避开的断裂和节理构造，工程中多数情况下需对施工区段施以补强措施，强化途径主要为围岩支护和基础补强。如在隧道内主要节理和断裂构造方向进行隧洞围岩支护或注浆处理；另外在路基破裂构造发育地段，在主要破裂面方向上进行路基的加固和补强也是非常必要的；此外还可利用不同材料障碍体与断裂和节理构造之间的波阻抗失配，从而增强相关破裂构造的稳定性和抗断性。

4.3 排水措施

勘察区内水位较高，构造裂隙分布较广泛，在片岩、砂岩等结构疏松的岩石及节理、断层较发育工段，应做好排水处理。

5 结语

经过本次延崇高速公路（北京段）中段工程勘察工作，勘察区构造较为发育，主要表现为断裂、节理等构造。其中，断裂构造规模不同、性质不一，呈线性排列；节理构造常形成密集的节理带，形态各异，长短不一，成群产出。上述构造对延崇高速公路（北京段）中段沿线施工具有不良影响，易导致高速公路路基变形、隧道垮塌及涌水等地质灾害。针对上述地质构造产生的工程地质问题,初步探讨了相关的避让、强化及排水措施,切实做好地灾评估和防护工作,以期建成一条安全便利的交通大动脉。

参 考 文 献

[1] 曾凡稳.地质构造与公路工程建设关系研究[J].公路工程,2010(05):141-143+147.

[2] 苏生瑞.断裂构造对地应力场的影响及其工程意义[D].成都:成都理工学院,2001.

[3] 陈红旗,魏云杰.断裂构造工程效应综述[J].岩土工程技术,2003(05):249-252.

[4] 杜炜平,古德生.隧道通过断层区的力学特性与技术对策研究[J].西部探矿工程,2000(05):1-2+79.

[5] 何宇.隧道工程中不良地质构造对地质灾害的影响研究[D].成都:成都理工学院,2016.

[6] 吴言军,陈爱新.浅析山区公路隧道的工程地质勘察方法[C].中国岩石力学与工程学会.第二届全国岩土与工程学术大会论文集(上册),中国岩石力学与工程学会:2006.

某土岩混合边坡的稳定性分析

刘忠铅，张连泽
（中航勘察设计研究院有限公司）

摘要：山区高速公路修建过程中易形成高大的土岩混合边坡，勘察时对边坡的稳定性进行初步分析，本文采用定性分析以及不同方式的定量分析对土岩混合边坡的稳定性进行分析，对此类边坡的稳定性分析进行探索。

关键词：稳定性；土岩混合边坡

1 引言

在山区修建高速公路时，由于山区地形地貌的特殊性，易形成高大的边坡，而受到基岩上覆土层厚度的影响，则进而形成土岩混合边坡。本文将从勘察的角度，对土岩混合边坡的稳定性进行分析。

2 工程概况

本文所指边坡为延崇高速公路穿越北京松山地区某山脊时所形成的边坡。该山脊为南北走向，高速公路东西走向，高速公路的一段路堑位于山脊顶部且分别于两端桥梁相连，路堑南侧最大竖直埋深约30m，由于山脊顶部地形南高北低，平均坡度约为23°，受此影响，当采用放坡法开挖时可形成高70~80m的边坡。本着绿色环保、安全品质的高速公路理念，该边坡需在保证安全开挖的前提下，尽量减少对山体和周边生态环境的破坏。因此，初步设计拟采用坡率为1：0.75放坡的方法进行边坡分段开挖支护。本文将针对采用1：0.75坡率开挖后形成的边坡进行稳定性分析。

3 工程地质与水文地质条件

3.1 工程地质条件

本工程场地现状主要为山区林地陡崖、坡地和沟谷。场地所处山脊由南向北延伸，南高北低，平均坡度约23°，山脊走向NE34°—NE47°—NW7°，中部受沟谷切割形成一条NW9°走向支脊。场地地形起伏较大，地貌上属于中山，如图1和图2所示。

边坡所在山体岩性以燕山期花岗岩为主，山体表层为一般第四系坡积碎石土层，厚度

2~3m,碎、块石粒径不均匀,坡积层以下依次为全风化花岗岩、强风化花岗岩、中风化花岗岩,局部可见辉绿岩岩脉。由于花岗岩形成年代以及风化程度不同,部分全风化花岗岩厚度较大,且该范围内存在数条强风化花岗岩岩脉。拟开挖示意图见图3,拟开挖参数见表1。

图1 场地卫星图

图2 现场地形地貌

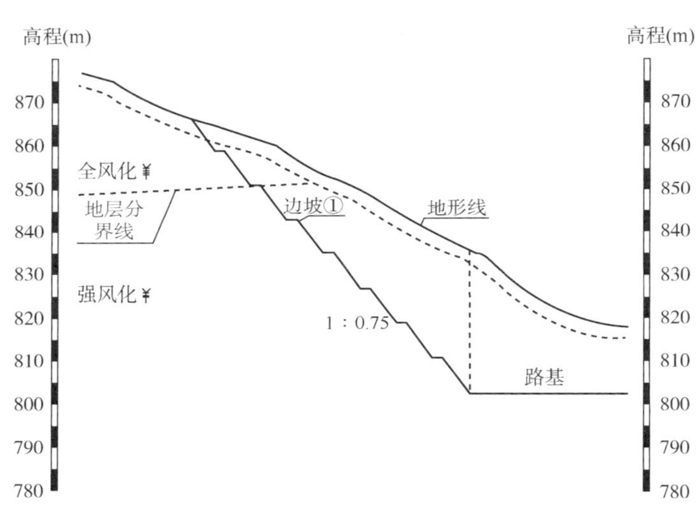

图3 拟开挖示意图

拟开挖参数表 表1

地层岩性	坡高(m)	坡率	分级坡高(m)	平台宽度(m)	黏聚力 c (kPa)	内摩擦角 φ (°)	岩土体与锚固体极限黏结强度标准值 f_{rbk}(kPa)
碎石、块石	—	1∶0.75	8	2	0.0	20.0	60
全风化花岗岩	64	1∶0.75	8	2	3.0	30.0	150
强风化花岗岩	—	1∶0.75	8	2	50.0	25.0	760

根据工程地质调绘结果,山脊边缘多处为裸露岩体,且局部破碎,岩体主要节理发育状况见图4。

从图4中可以看出,拟建场地岩体主要发育3组节理裂隙,倾向主要集中在0°、90°、270°左右,倾角以大于70°为主,受此影响,裸露岩体较易发生崩塌。

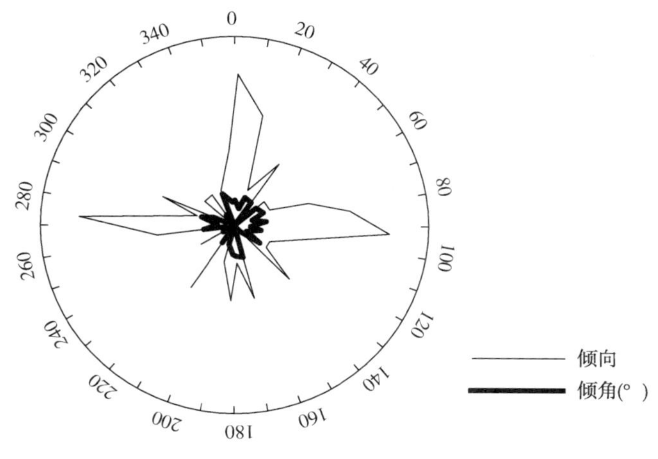

图 4　岩体主要节理发育统计图

3.2　水文地质条件

在山脚沟谷内有一条冲沟，据调查为常年流水。勘察期间未观测到稳定地下水位，局部存在基岩裂隙水的可能。

4　稳定性分析

本文边坡稳定性分析拟采用定性分析和定量分析相结合的方式。首先根据地质调绘结果，对边坡附近基岩露头产状进行统计分析，采用赤平投影法对边坡稳定性进行定性分析，然后建立边坡开挖模型，分别采用理正岩土和 FLAC3D 两种计算软件对边坡稳定性进行定量分析，最后将分析结果进行分析对比，确定最终的边坡稳定性分析结果。

4.1　定性分析

对边坡周边区域进行工程地质调绘，在该部位山坡上发现一基岩露头点，该露头点为强风化花岗岩，主要发育 3 组节理，产状分别为节理①(325°∠35°)、节理②(180°∠55°)、节理③(90°∠37°)，采用 1∶0.75 坡率放坡开挖后形成坡面的倾向为 14°，倾角为 53°，该边坡岩体赤平投影见图 5。

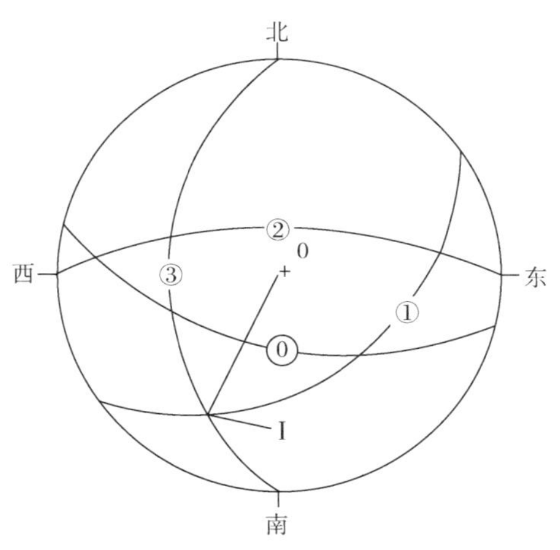

图 5　赤平投影图

如图 5 所示，节理①和节理③相交于坡面⓪外侧的点Ⅰ，受此影响，边坡坡面⓪受节理①和节理③联合切割作用，形成不稳定楔形体，该楔形体易沿结构面 0—Ⅰ方向发生滑动。因此，该边坡岩体存在不稳定结构面，开挖过程中将处于不稳定状态。经过计算，结构面 0—Ⅰ倾向为 26°，倾角为 19°。

4.2 定量分析

4.2.1 理正岩土计算

由于全风化花岗岩结构面构造已经全部破坏,且已分解成砂状,稳定性分析时全风化花岗岩按土层进行计算。根据边坡地层分布情况,全风化花岗岩与强风化花岗岩接触面接近水平,即土、岩分界面水平。因此,本次建模将边坡拆分为上部土层和下部岩层。上部土层包括表层碎石土及全风化花岗岩,根据现场实际地形以及地层分布情况建立计算模型,如图 6 所示。

计算时根据圆弧滑动法(Bishop 法)[1]进行安全系数计算,其计算简图如图 7 所示。圆弧滑动法(Bishop 法)计算时将土体分割成若干个计算滑带,并假设相邻滑带之间只传递水平内力,通过对滑动面上各滑带下滑力和抗滑力的计算,得到边坡土体的安全系数,使用理正岩土计算软件,实现了对滑动面的自动搜索和计算,其计算公式见式(1)~式(3)。

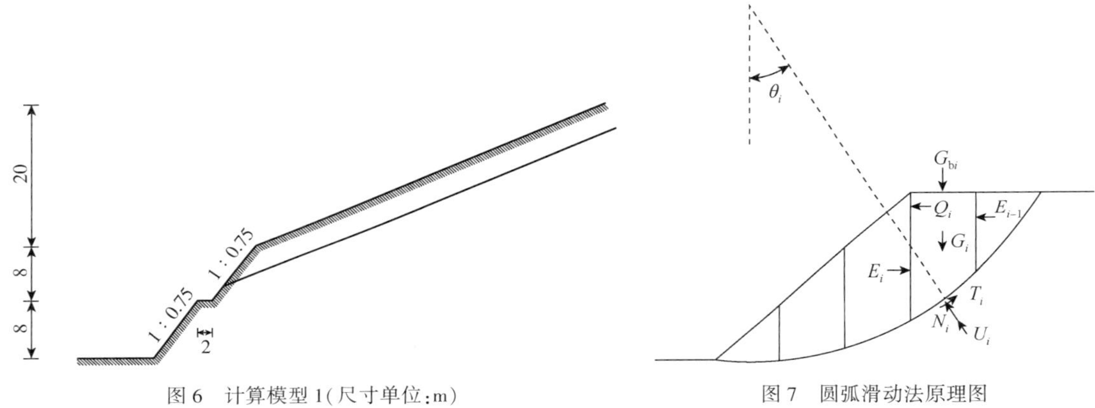

图 6 计算模型 1(尺寸单位:m)

图 7 圆弧滑动法原理图

$$F_s=\frac{\sum_{i=1}^{n}\frac{1}{m_{\theta i}}[c_il_i\cos\theta_i+(G_i+G_{bi}-U_i\cos\theta_i)\tan\varphi_i]}{\sum_{i=1}^{n}[(G_i+G_{bi})\sin\theta_i+Q_i\cos\theta_i]} \tag{1}$$

$$m_{\theta i}=\cos\theta_i+\frac{\tan\varphi_i\sin\theta_i}{F_s} \tag{2}$$

$$U_i=\frac{1}{2}\gamma_w(h_{wi}+h_{w,i-1})l_i \tag{3}$$

式中:F_s——边坡稳定性系数;

c_i——第 i 计算条块滑面黏聚力,kPa;

φ_i——第 i 计算条块滑面内摩擦角,(°);

l_i——第 i 计算条块滑面长度,m;

θ_i——第 i 计算条块滑面倾角,(°);

U_i——第 i 计算条块滑面单位宽度总水压力,kN/m;

G_i——第 i 计算条块单位宽度自重,kN/m;

G_{bi}——第 i 计算条块单位宽度竖向附加荷载,kN/m;

Q_i——第 i 计算条块滑单位宽度水平荷载,kN/m;

$h_{wi}, h_{w,i-1}$——第 i 及第 i-1 计算条块滑面前端水头高度,m;

γ_w——水重度,取 10kN/m^3;

i——计算条块号;

n——条块数量。

由于勘察未揭露地下水,计算时未考虑地下水对边坡稳定性的影响,通过计算,该边坡上部土体总下滑力 141.094kN,总抗滑力 52.302kN,安全系数 0.367。下部岩体主要为强风化花岗岩,根据现场实际地形以及地层分布情况建立计算模型,如图 8 所示。

稳定性计算时以赤平投影图中结构面 0—Ⅰ(26°∠19°)为滑动面,采用平面滑动法进行安全系数计算,其计算简图如图 9 所示,计算公式见式(4)~式(8)。

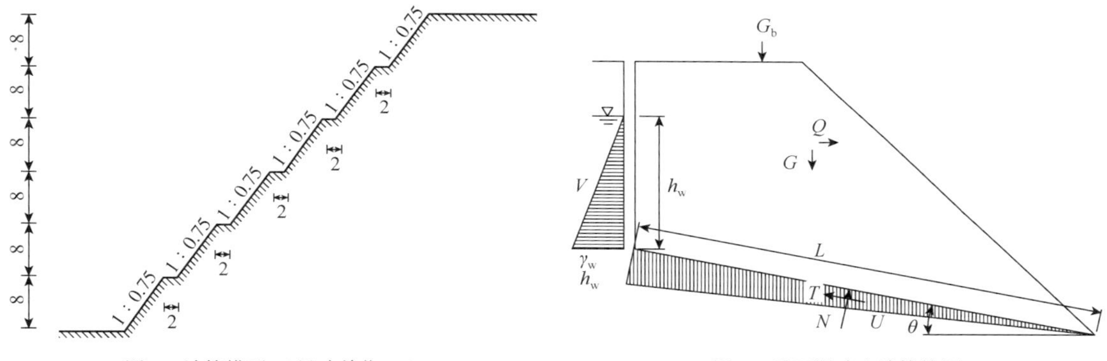

图 8 计算模型 2(尺寸单位:m)

图 9 平面滑动法计算简图

$$F_s=\frac{R}{T} \tag{4}$$

$$R=[(G+G_b)\cos\theta-Q\sin\theta-V\sin\theta-U]\tan\varphi+cL \tag{5}$$

$$T=(G+G_b)\sin\theta+Q\cos\theta+V\cos\theta \tag{6}$$

$$V=\frac{1}{2}\gamma_w h_w^2 \tag{7}$$

$$U=\frac{1}{2}\gamma_w h_w L \tag{8}$$

式中:T——滑体单位宽度重力及其他外力引起的下滑力,kN/m;

R——滑体单位宽度重力及其他外力引起的抗滑力,kN/m;

L——滑面长度,m;

G——滑体单位宽度自重,kN/m;

G_b——滑体单位宽度竖向附加荷载,kN/m;

θ——滑面倾角,(°);

U——滑面单位宽度总水压力,kN/m;

V——后缘陡倾裂隙面上的单位宽度总水压力,kN/m;

Q——滑体单位宽度水平荷载,kN/m;

h_w——后缘陡倾裂隙充水高度,m。

在未考虑地下水对边坡稳定性影响的情况下,将上部土体的剩余下滑力附加到下部岩体,可得到该边坡下部岩体总下滑力7102.10kN,总抗滑力9293.10kN,安全系数1.309。即在不考虑地下水作用时,边坡上部土体呈不稳定状态,下部岩体呈稳定状态。

在暴雨工况下,假定雨水下渗充满上部土体孔隙和下部基岩裂隙,地下水位按地表考虑,计算得到上部土体总下滑力364.91kN,总抗滑力接近0kN,滑动安全系数为0;将上部土体的剩余下滑力附加到下部岩体,可得下部岩体总下滑力11784.80kN,总抗滑力5798.60kN,滑动安全系数0.492,即暴雨工况下,整个边坡均处于不稳定状态。

4.2.2 FLAC3D 计算

强度折减法[2]已被证实是一种有效求解边坡稳定性系数的方法。其物理意义明确,基本原理是将岩土体强度指标 C、$\tan\varphi$ 值同时除以一个折减系数 F,计算公式见式(9)和式(10)。

$$c' = \frac{c}{F} \tag{9}$$

$$\tan\varphi' = \frac{\tan\varphi}{F} \tag{10}$$

式中:c——滑面的黏聚力,kPa;

φ——滑面的内摩擦角,(°)。

然后再将 c'、φ'作为材料新的参数进行数值计算。当边坡岩土体符合给定的临界破坏状态判定条件时,对应的 F 称为边坡的最小安全系数。

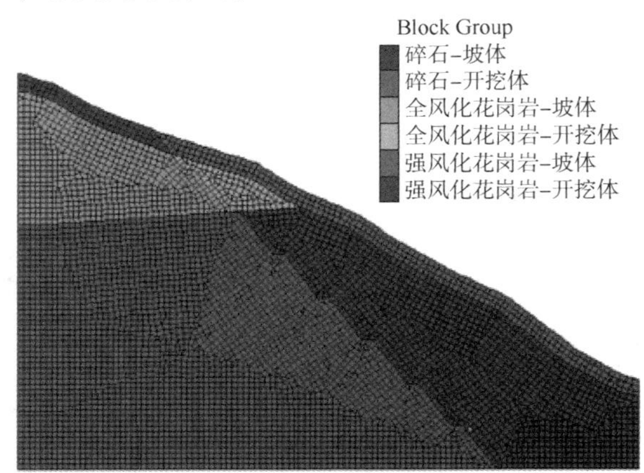

图10 计算模型图3

为进一步研究变形特征,建立了三维地质模型。将工程地质测绘得到的等高线导入具有强大前处理功能的Midas GTS软件建立模型,然后采用节点、单元转换程序导入FLAC3D软件中进行计算。土体采用6节点八面体模拟。数值计算模型剖面见图10。

基本计算模型中考虑土体的分层,对于含水层以下土体采用饱和密度,从而不考虑孔隙水渗流的影响。计算模型左侧垂直边界采用辊动支撑,模型底部水平边界采用固定约束,滑坡体表面为自由面,模型荷载考虑岩土体自重荷载。首先模拟边坡在原始状态的初始应力,并计算至平衡状态,然后对边坡开挖后天然工况和暴雨工况两种工况下进行模拟计算。

图 11 为边坡开挖后塑性区分布图,可以看出,天然工况下边坡在全风化花岗岩坡脚放坡台阶处形成零星的塑性区(图 11a),没有发生大范围的扩展,顶端台阶碎石地层内部整体出现贯通的塑性区,即边坡在碎石与全风化花岗岩分界线处出现滑动,发生大面积滑塌的可能性较小。

而在暴雨工况下,假定雨水下渗充满上部土体孔隙和下部基岩裂隙,边坡在全风化花岗岩内部形成贯通的带状塑性扰动区(图 11b),并沿全风化花岗岩底部即第二级台阶底形成剪出口,边坡发生大面积滑塌的可能性较大。

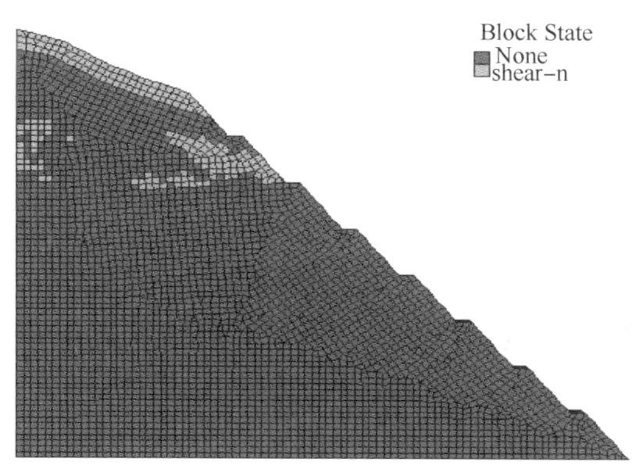

a)天然状态

Block State
None
shear-n

b)暴雨状态

图 11　边坡开挖后塑性区分布图

图 12 为边坡开挖后剪切应变增量云图,可以看出,天然工况下剪切应变增量较大的位置集中在碎石地层底部(图 12a),形成局部贯通区,有局部滑动的趋势,发生大面积滑塌的可能性较小。利用强度折减法计算得到的稳定性安全系数为 0.69,结合塑性区位置及剪应变增量的模拟结果,可以判断滑坡处于不稳定状态,边坡临空面靠近碎石底局部发生滑动。

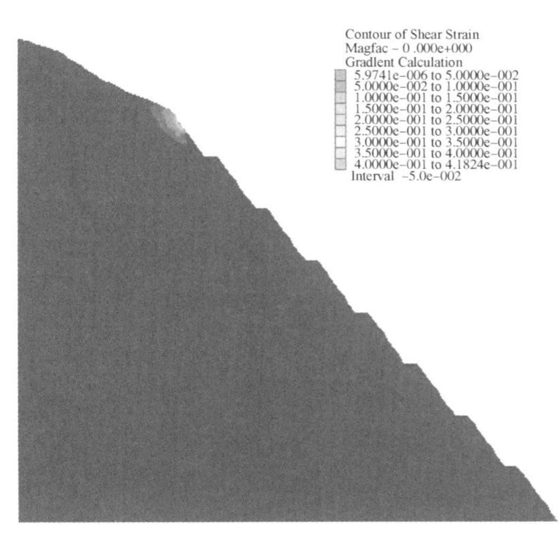

a)天然状态

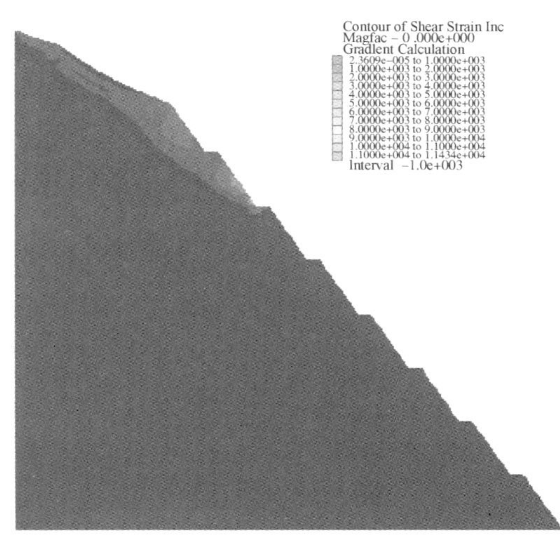

b)暴雨状态

图 12　边坡开挖后剪切应变增量云图

暴雨工况下,由于雨水的润滑作用,边坡在全风化花岗岩内部形成剪切应变增量较大的条带(图12b),滑坡体具有沿此带状区域滑动的趋势。利用强度折减法计算得到的稳定性安全系数为0.45,结合塑性区位置及剪应变增量的模拟结果,可以判断,滑坡处于不稳定状态,边坡沿强风化花岗岩内部形成滑动面,发生大面积滑塌的可能性较大。

通过FLAC3D模拟计算,边坡在天然工况和暴雨工况均处于不稳定状态,全风化花岗岩是边坡最易发生滑动的区域,而下部强风化花岗岩处于较稳定状态。天然工况下,边坡表面全风化花岗岩局部发生滑动,发生大面积滑塌的可能性较小,暴雨工况下,边坡全风化花岗岩内部出现滑动面,发生大面积滑塌的可能性较大。

5 结语

该土岩混合边坡的稳定性通过定性分析以及使用理正岩土软件和FLAC3D软件进行不同模型、不同计算方法的定量分析,总体结论基本一致,即边坡存在失稳的风险,尤其是在暴雨工况下发生滑塌的可能性更大。因此,在进行土岩混合边坡稳定性分析时,应重视现场地质调查以及基础资料的采集。宜在定性分析的基础上,建立合理的计算模型,选取适宜的计算方法,对其稳定性进行定量分析。

参考文献

[1] 中华人民共和国住房和城乡建设部.建筑边坡工程技术规范:GB 50330—2013[S].北京:中国建筑工业出版社,2014.

[2] 郑颖人,赵尚毅.有限元强度折减法在土坡与岩坡中的应用[J].岩石力学与工程学报,2004(19):3381-3388.

橡胶沥青在延崇高速公路(北京段)工程的应用

黎　翔[1],张建华[2],王　越[2]
(1.北京市首发高速公路建设管理有限责任公司;
2.北京市市政工程设计研究总院有限公司)

摘要:以橡胶粉制造和橡胶粉应用为方向的新材料产业,目前国家在各个方面越来越多的支持及采用,为贯彻落实废旧材料利用,推进"人文高速、科技高速、绿色高速"建设,橡胶沥青技术在延崇高速公路路面中得到了大量使用,为以后北京其他高速公路建设积累了经验。

关键词:橡胶沥青;延崇高速公路;废旧利用

1　引言

橡胶沥青是符合国家循环经济产业导向和服务于建设和谐社会目标的新型道路建筑材料,推广应用的社会和经济效益显著,主要体现在三个方面:一是汽车保有量快速增长必将使废弃轮胎处置问题日渐尖锐,路面中使用橡胶沥青有利于大量废弃轮胎的利用;二是橡胶沥青的抗裂缝和老化能力强,对资源和能源的消耗大幅减少;三橡胶沥青是公认的低噪声路面材料,对于拥挤城市改善人居环境具有重大意义。橡胶沥青的黏度、软化点较高,黏结材料弹性恢复性能增加,从而显著提高沥青路面的抵抗反射裂缝的能力和降噪性能,同时抗老化、温度稳定性和水稳定性得到有效改善。

延崇高速公路是交通部第一批绿色公路示范工程,因此本项目突出需求导向,强调实际应用,加强对新技术、新材料、新工艺、新方法的研究、转化、应用,同时注重前沿技术的研发和储备,为后续工程积累相关经验。延崇高速公路(北京段)工程位于延庆区内,为北京市与河北省张家口市联系的一条重要道路,也是2019年北京世园会与北京2022年冬奥会的重要联络线。延崇高速公路呈南北走向,南起兴延高速公路,北至市界,线路全长32.2km,设计速度80km/h,为双向四车道断面形式。

2　国内外橡胶沥青在路面工程中的应用研究概况

2.1　国外研究概况

轮胎橡胶在路面工程中的应用,最早始于20世纪40年代的美国。20世纪60年代,Charles.H.McDonald发明橡胶沥青。在美国的亚利桑那州、加利福尼亚州、得克萨斯、佛罗里达州和南非等地,橡胶沥青已经成为最常用的道路罩面材料。在葡萄牙、西班牙、澳大利亚、法国、巴西等国,相关应用蓬勃发展。

在应用方面,南非和美国的亚利桑那、加利福尼亚、得克萨斯和佛罗里达可以被称为经常应用橡胶沥青的国家和地区。这些地区在碎石封层抗反射裂缝、"白+黑"、抗滑减噪等方面,拥有了大量的成功案例,构建了较完善的轮胎橡胶路用产业链,构建了成熟的规范体系和指标体系。从20世纪60年代被发明后,橡胶沥青在应用过程中也有一个发展过程,也经历了在密级配上不成功应用的弯路。1988年,美国亚利桑那州风凰城成功铺设了橡胶沥青试验路(包括间断级配),标志着橡胶沥青路用技术全面趋于成熟。

2.2 国内研究概况

与国外相比,国内的研究起步不晚。早在20世纪70年代末80年代初(也就是橡胶粉实际应用于美国路面工程的几乎同一时期),出于改善我国性能不佳的国产沥青的目的,同济大学研究了橡胶粉与沥青共熔反应的黏度变化规律和对橡胶沥青路用性能的影响,并分别于1980年和1981年在江西省的铅山县和贵溪县铺筑了橡胶沥青试验路。由于试验路的道路等级较低,路面工艺是较低等级的贯入式和表处,研究成果不适用于高等级公路用的混合料。1982—1986年四川省试铺过若干段路面。

2004年,交通部公路科学研究所与企业合作,整合国际橡胶路面协会(APA)和上海交大材料学科资源,开始运作橡胶沥青产业化项目。作为项目实体广州金邦公司,在国内首次引进了美国橡胶沥第六届全国路面材料及新技术研讨会论文集青移动式加工装备和附属施工设备,并在广州中山完成了首段"白+黑"试验段。其中,有1km左右的罩面厚度仅有3cm。完工通车半年以来,该段落基本没有车辙、水损、反射裂缝、推移等病害。

2.3 橡胶沥青加劲结构

橡胶沥青是橡胶粉在充分拌和的高温条件下(180℃以上)与沥青溶胀得到的改性沥青胶结材料。橡胶沥青不形成细观的网络结构。橡胶沥青的加工强调搅拌和反应时间。橡胶粉在与沥青高温充分混合状态下吸收沥青轻质组分而溶胀,由于轻质组分被吸收,造成沥青质在橡胶粉表面附近相对富集,在橡胶粉周围形成凝胶体,而橡胶粉颗粒的核心仍然存在。普通沥青与常规改性沥青在高温下呈现为某种牛顿或非牛顿体,而橡胶沥青即使在200℃高温下仍然保持着液—固两相的状态。正是这些被凝胶体所包围的橡胶颗粒核心的存在,使橡胶沥青变稠、变硬而呈现出某种固体橡胶的性能。

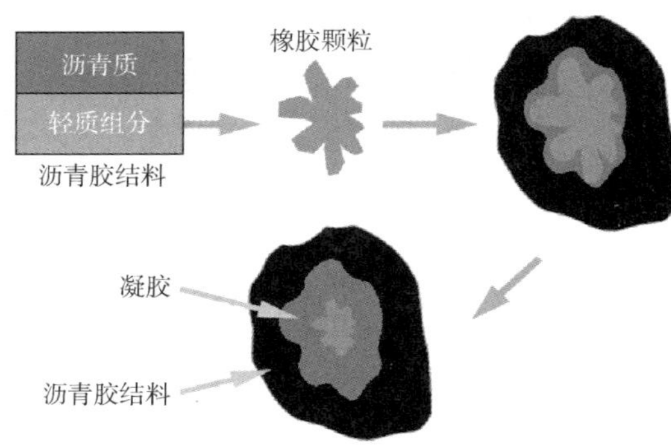

图1　橡胶沥青改性机理示意图

图1所示为橡胶粉在高温沥青中浸泡、溶胀的反应过程。

橡胶沥青加劲结构的特点:①橡胶颗粒三维随机分布,构成连续相;②橡胶颗粒间基本不存在强的化学黏结,节点黏结效力依赖于温度;③在拉、压、剪作用下的橡胶颗粒加劲作用有所不同,特别是高温受拉条件下,橡胶颗粒的作用很小,但压剪状态下却相反。橡胶沥青反应机理的独特性,必然导致力学作用机理的独特性,最终反映到指标上的特别表现。

3 橡胶沥青的应用

为体现环保要求,践行绿色公路理念,延崇高速公路(北京段)工程在路面表面层采用SMA-13橡胶沥青。

3.1 SMA-13橡胶沥青混合料

橡胶沥青的室内试验按照《橡胶沥青及混合料设计施工技术指南》的项目要求,对制成的橡胶沥青进行了检验,试验结果见表1。

橡胶沥青试验结果　　表1

技术指标	试验结果	夏热区
180℃旋转黏度(Pa·s)	3.5	3.0~5.0
针入度(25℃,100g,5s)(0.1mm)	44	30~60
软化点(℃)	66.5	>65
弹性恢复(%)	83.3	>60
5℃延度(cm)	6	>5
15℃密度(g/cm^3)	1.050	—

注:橡胶沥青的180℃旋转黏度采用便携式黏度计检测。

3.2 粗集料

为了充分发挥沥青玛琋脂碎石中粗集料的作用,粗集料必须坚韧、粗糙、有棱角。对粗集料玄武岩进行试验,试验结果见表2。

粗集料试验结果　　表2

指标	单位	试验结果		技术要求	试验方法
		玄武岩10~15mm	玄武岩5~10mm		
石料压碎值	%	10.7	—	不大于26	T 0316
洛杉矶磨耗损失	%	13.6	14.1	不大于28	T 0317
表观相对密度	—	2.886	2.881	不小于2.60	T 0304
吸水率	%	1.88	1.96	不大于2.0	T 0304
针片状颗粒含量(混合料)	%	6	9	不大于15	T 0312
其中粒径大于9.5mm	%	6	—	不大于12	
其中粒径小于9.5mm	%	—	9	不大于18	

续上表

指标	单位	试验结果		技术要求	试验方法
		玄武岩 10~15mm	玄武岩 5~10mm		
水洗法<0.075mm 颗粒含量	%	0.1	0.2	不大于 0.3	T 0310
软石含量	%	0.4	0.7	不大于 3	T 0320
黏附性	级	5	—	不小于 5	T 0616

3.3 细集料

沥青路面所用细集料应洁净、干燥、无风化、无杂质,并有适当的颗粒级配。生产热拌沥青玛琋脂混合料所用机制砂应由专用制砂机生产,采用优质的碱性石料为原料,且不宜采用多孔性或内部吸水性强的细集料。细集料指标见表 3。

细集料试验结果 表 3

指标	单位	试验结果	技术要求	试验方法
		机制砂		
表观相对密度	—	2.654	不小于 2.60	T 0328
砂当量	%	84	不小于 60	T 0334

3.4 选择油石比

选择的初试沥青油石比为 6.2%,进行马歇尔试验,马歇尔标准击实次数双面各 75 次,得到试验结果如表 4 所示。

马歇尔试件体积指标结果汇总 表 4

级配	VCA_{DRC} (%)	毛体积相对密度	最大理论相对密度	VV (%)	VMA (%)	VFA (%)	VCA_{mix} (%)	稳定度 (kN)	流值 (0.01mm)
S	37.3	2.421	2.510	3.5	15.3	76.8	38.1	11.32	28
Z	37.3	2.404	2.518	4.5	15.9	71.5	35.7	10.04	27
X	37.2	2.386	2.527	5.6	16.5	66.3	33.5	9.65	22

注:依据《橡胶沥青及混合料设计施工技术指南》,理论密度采用真空法实测。

由 3 个不同级配的初试结果可知,级配 S 的 VCAmix>VCADRC,不能满足骨架嵌挤结构,如采用将导致玛琋脂上浮,动稳定度值相对偏低。级配 *Z* 和级配 *X* 同时满足要求,但相比之下,级配 *X* 空隙率过大,将会带来渗水指标不能满足要求的后果,如进一步增加沥青用量来降低空隙率,则多余的自由沥青将导致动稳定度的下降。级配 *Z* 空隙率和其他各项指标最合适,为最佳矿料配比。

3.5 确定沥青用量

以级配 Z 在初试油石比为 6.2%下得到的混合料体积指标满足设计要求，另外分别以油石比 6.0%和 6.4%，按照选定的级配 Z，再进行混合料马歇尔试验，试验结果见表 5。

不同油石比马歇尔试件体积指标结果　　表 5

油石比（%）	毛体积相对密度	最大理论相对密度	VV（%）	VMA（%）	VFA（%）	稳定度（kN）	流值（0.01mm）
6.0	2.399	2.521	4.8	15.9	69.6	10.90	24
6.2	2.404	2.518	4.5	15.9	71.5	10.04	27
6.4	2.407	2.510	4.1	15.9	74.3	9.02	31
技术标准	—	—	4~5	≥14	70~85	≥7	实测值

由表 5 可知，试验结果符合《橡胶沥青及混合料设计施工技术指南》中对混合料体积指标要求的基础上孔隙率满足 4%~5%的范围。从表 5 可以看出，不同油石比马歇尔试件的空隙率指标中，油石比 6.2%最合适。由此可以确定最终 ARSMA-13 混合料的目标级配为级配 Z，最佳油石比为 6.2%。

3.6 橡胶沥青的质量控制和存储

为确保橡胶沥青的质量，除针入度、软化点、延度、弹性恢复、老化试验外，黏度是关键、有效的检测指标。黏度检测分为橡胶沥青生产检测和混合料生产检测两部分。对于橡胶沥青生产检测，间歇式生产每罐抽检一次。每次检测平行试验应不少于 3 个样本。对于混合料生产检测，是在生产混合料前和生产过程中从储油罐中提取样品进行检测。每隔 4h 抽取一个样本。当橡胶沥青的生产和混合料生产同步进行时，可只进行橡胶沥青的生产检测。现场黏度检测时，宜采用便携式黏度计测定。其温度应控制在 180℃±2℃，从取样到试验结束应在 1h 内，试验记录应记录试验的时间范围。

橡胶沥青原则上应在 24h 内使用完毕。当由于不可抗力，如需临时存储时，应将橡胶沥青温度降到 145~155℃范围内存储，存储时间一般不超过 3d。在存储期间应检测橡胶沥青的技术指标。当经过较长时间存储，再次使用前应检测橡胶沥青的指标是否满足技术要求；如不满足要求，则应重新加工或掺加一定剂量的胶粉，重新预混、反应，直至满足技术要求。

4 结语

本文通过室内试验和试验路铺筑表明，橡胶沥青 SMA-13 沥青混合料具有优良的高温稳定性、低温抗裂性及水稳定性，在延崇高速公路（北京段）工程中得到了很好的应用。需对使用橡胶沥青技术的延崇高速公路进行跟踪观测，考察其路面使用性能，为今后橡胶沥青技术在北京其他高速公路的推广和使用积累经验。

山岭隧道洞口段高边坡方案分析研究

李维溪,吴俊波,蔡文雅
(北京国道通公路设计研究院股份有限公司)

摘要:玉渡山隧道出京线进口距离延矾断裂边界约30m,该断裂为全新世活动断裂。为避让该断裂带,隧道无法遵循"早进洞"的原则,致使洞口段边仰坡的开挖高度较高。综合考虑地质情况,比选常用的边坡防护方法,可采用抗滑桩的方式来处理该高边坡工程。通过有限元模拟分析自然状态下的边坡、明洞施工过程中开挖的边坡以及明洞回填后隧道运营阶段回填的边坡,按照强度折减法计算得到的安全系数分别为2.0406、1.4937、1.90。抗滑桩可以有效防护坡体,阻止滑体下滑。

关键词:山岭隧道;高边坡;抗滑桩;有限元;强度折减法

1 引言

玉渡山隧道为延崇高速公路(山区段)出京方向第一个隧道,为延崇高速公路项目中的控制性工程之一。出京线长4680m,隧道进口北侧山体陡峻,发育冲沟,有潜在的落石、岩堆灾害;并且拟建隧道洞口距离延矾断裂边界约30m,该断裂为全新世活动断裂。为避让该断裂带,隧道无法遵循"早进洞"的原则。地质勘察单位建议的无防护状态下的边坡开挖坡率为1:1.25。若按此坡率进行开挖,明洞右侧边坡将达到3~4级,结合仰坡1:1开挖的情况下,边仰坡将高达7~8级,开挖坡度高且一般防护形式难以满足防护要求。为防护落石、防止岩堆继续发展,保证明洞施工过程中的安全,需对高边坡采取适当的处理措施。

2 工程地质概况

玉渡山隧道出京线进口洞口段附近围岩和上覆土层为第四系全新世坡积和冲洪积的含黏性土碎石、含粉质黏土角砾、碎石。其围岩等级为V级。隧道开挖跨度大于6m,围岩完全无自稳性。明洞段和洞门基础底板地基持力层为第四系冲洪积含粉质黏土角砾,下伏地层为断层角砾岩。洞口处边坡工程地质剖面如图1所示,从上至下土层分别为$②_4$含粉质黏土碎石层、$③_3$碎石层、③含粉质黏土角砾层、$③_1$粉质黏土层、$⑫_2$强风化断层角砾岩层。

洞口处边坡工程地质剖面图见图1。

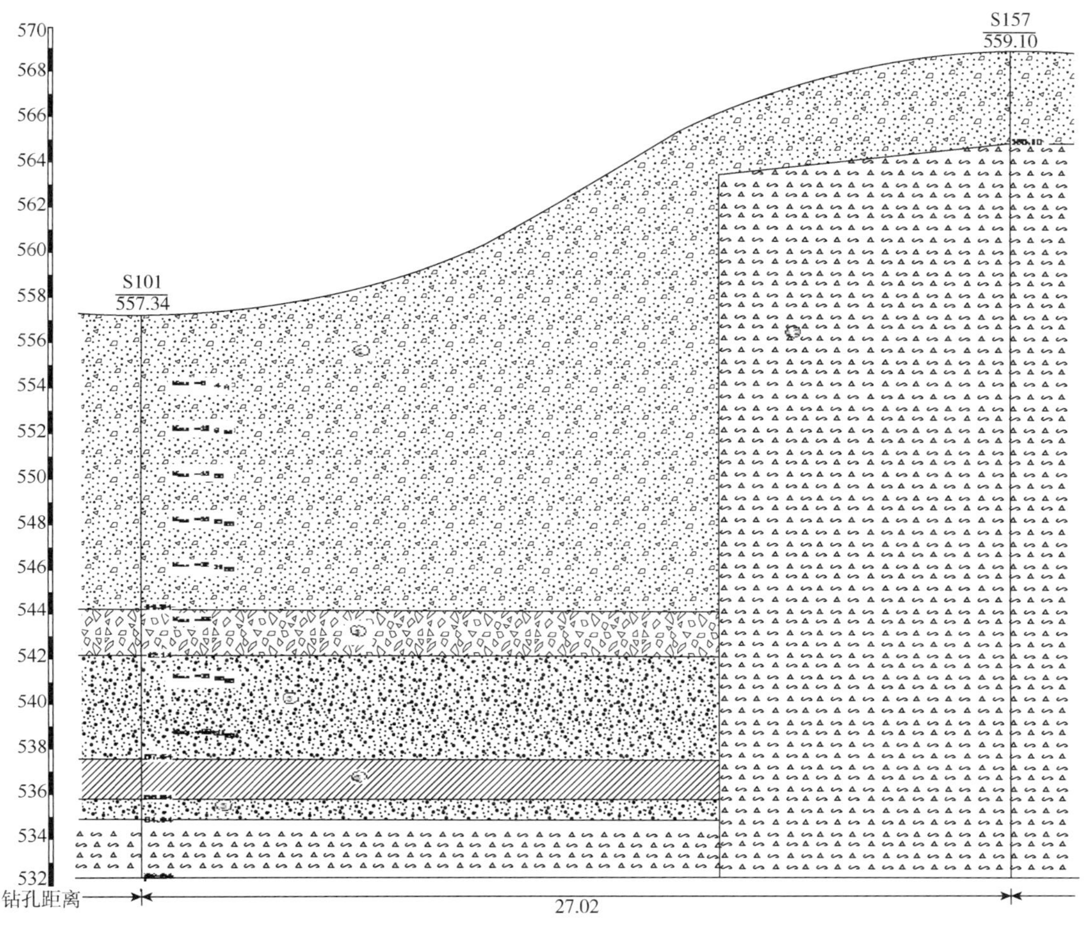

图1　洞口处边坡工程地质剖面图(尺寸单位:m)

3　边坡防护方案设计

3.1　常用边坡防护方法比较

常用的边坡防护方法包括预应力锚索、挡土墙、格构锚固及抗滑桩等。根据工程具体情况的不同,采用单独一种或者组合几种的方法来防护边坡。

3.1.1　预应力锚索

预应力锚索是唯一可对滑坡体主动抗滑的技术,通过施加预应力,增强滑移面的法向应力并减少下滑力,有效增强滑坡体的稳定性。为了保证预应力的施加,锚固段需要具有一定的强度,因此预应力锚索只有在岩质边坡才能单独应用。当滑坡体为土质滑坡,预应力锚索应与钢筋混凝土梁、格构或抗滑桩组合使用。

3.1.2　挡土墙

重力式挡土墙,指的是依靠墙身自重抵抗土体侧压力的挡土墙。重力式挡土墙可用石砌或混凝土建成，一般都做成简单的梯形。它的优点是就地取材，施工方便，经济效果好。当地基较好，挡土墙高度不大，本地又有可用石料时，应当首先选用重力式挡土墙。重力式挡土墙一般不配钢筋或只在局部范围内配以少量的钢筋，墙高在6m以下，地层稳定、开挖土石方时不会危及相邻构筑物安全的地段，其经济效益明显。

由于重力式挡土墙依靠自重维持平衡稳定，因此其体积、重量较大，在软弱地基上修建往往受到承载力的限制。如果重力式挡土墙太高，不仅耗费材料多，而且不经济。重力式挡土墙适用于规模小、厚度薄的滑坡整治工程，因挡土墙墙高不宜超过8m，在高边坡工程中较少单独应用。

3.1.3 格构锚固

格构锚固利用浆砌块石、现浇钢筋混凝土框格进行坡面防护，在框格间种植花草，可以起到美化环境的作用，在市政工程采用较多。单独进行格构锚固的坡面防护坡度不宜大于35°，当滑坡稳定性差时需要利用锚杆或锚索固定。

佛峪口隧道进京线在1号隧道出口和2号隧道进口之间为路基段。在设计过程中曾出于运营阶段行车安全的角度考虑该段做明洞处理，但由于该段为偏压地形，明洞基础需处理，回填量过大，经济上不合理。该段偏压地形有一段长约60m的高边坡，若按常规1∶1放坡开挖，边坡高度高达30m以上。最终该段高边坡采用挡土墙+锚索(锚杆)框架的组合结构防护，如图2所示。

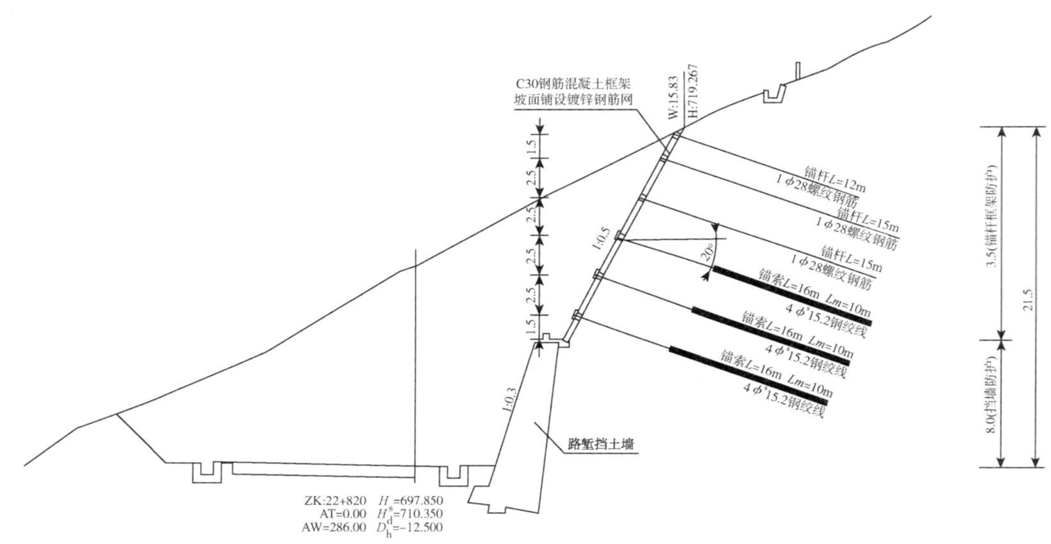

图2 佛峪口隧道洞口间高边坡防护设计图(尺寸单位:m)

该段边坡开挖最大高度约21.5m，边坡为二级边坡：一级坡高8.0m，坡率为1∶0.3，采用挡土墙支护；二级坡高13.5m，坡率为1∶0.5，采用锚索(锚杆)框架结构防护，框架内植草绿化。两级边坡间设2.0m平台。锚索(锚杆)框架结构在边坡坡面布设3排锚索、3排锚杆，锚杆长度12m、15m，锚索长度16m。锚索(锚杆)孔径150mm，倾角20°，沿路线方向水平间距3.0m，竖直间距2.5m。锚杆由1ϕ28螺纹钢组成；锚杆端部设置框架，框架梁截面为0.4m×0.4m，采用C30

混凝土现浇。锚索由 4ϕ15.2mm 高强度低松弛的 1860 级钢绞线组成，锚索端部设置锚墩+框架，锚墩为 0.6m×0.6m×0.5m，框架截面为 0.4m×0.4m，采用 C30 混凝土现浇。

3.1.4　抗滑桩

抗滑桩是滑坡防治工程中较常采用的一种措施，桩埋入稳固的岩体内，使其承受滑体部分下滑力，并将其传递到下部稳固岩体中，以起到稳固滑体的作用。抗滑桩抗滑能力强，能克服挡土墙在滑面较深时难以抵挡的困难。抗滑桩工程造价相对较高，但最大的优势在于可以竖直开挖，节省刷坡工程量，对环境影响较小。抗滑桩一端嵌入滑床中，另一端自由，这种结构类似一个悬臂梁，结构受力相对不利。因此，护坡桩和锚索通常配合使用，在桩的顶端设一道锚索拉住，当桩悬臂较长时可在桩中间设多道锚索。为了防止滑体从桩间挤出，桩间距不宜过大，或在桩间设钢筋混凝土或浆砌片石拱形挡板。

通过比较，本高边坡防护工程可采用以抗滑桩为主，承受边坡下滑力，锚索为辅，作为安全储备，同时降低桩身弯矩的方案。

3.2　抗滑桩参数的选取

钢筋混凝土桩断面刚度大，抗弯能力强，施工方法多样，受力简单明确，是抗滑桩中应用最多的桩型。抗滑桩截面形状以矩形为主，当滑坡推力方向难以确定时，采用圆形桩。本工程边坡和仰坡均需支护，故采用圆形钢筋混凝土桩。桩径根据滑坡推力和桩间距确定，一般为 ϕ600~2000，初步拟定桩径为 1.5m。

根据文献[1]，抗滑桩桩长宜小于 35m，抗滑桩嵌固段为桩长的 1/3~2/5。根据地质勘察报告中的工程地质建议，将基岩面以上的崩塌体作为整体考虑。结合洞口处边坡工程地质剖面的具体情况，初步拟定抗滑桩桩长为 35m，嵌固在基岩中约 16m。

在边坡工程中，当两桩之间间隔距离较小时，桩后范围内的土体不断挤压桩体会产生不均匀的土压力，相邻桩之间的土体有向坡体外侧移动的趋势，因受桩体的约束作用而产生不同程度的变形。靠近桩体处变形较小，而距桩体较远处变形较大。这种应力转移通过桩间土体以及桩后土体抗剪强度的发挥而实现，使得土体中形成土拱效应，桩间土体向外滑出的趋势得到限制，并将坡体下滑力传递到两侧桩上。

为了形成土拱效应，充分发挥土的抗剪强度，根据文献[2]中公式：

$$b=\frac{\tan^2(45°-\phi/2)\times a}{1.35\cos\phi} \tag{1}$$

经计算，最大桩间距 $b=0.53$m，初步拟定桩间距为 0.4m。

3.3　抗滑桩的计算

按刚度大小，抗滑桩可分为刚性桩和弹性桩。根据以上初步确定的参数，由桩的变形系数：

$$\alpha=\sqrt[5]{\frac{mb_{\mathrm{p}}}{EI}} \tag{2}$$

可得 $\alpha=0.532$，$\alpha\cdot h=8.51>2.5$，为弹性桩。本工程桩埋于风化破碎岩层内，桩底可视为自由端。由此边界条件,并在求得桩在滑动面处的弯矩和剪力后,可以根据文献[3]计算出抗滑桩在各点的位移、转角、弯矩及剪力。

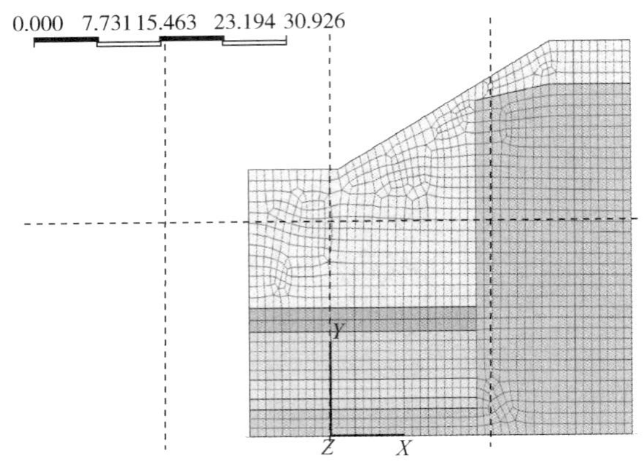

图3 自然状态下的边坡模型及网格划分

4 边坡工程的有限元分析

4.1 模型的建立

本文共建立3种模型,分别模拟自然状态下的边坡、明洞施工过程中开挖的边坡以及明洞回填后隧道运营阶段回填的边坡。自然状态下的边坡模型及网格划分如图3所示。

3种工况均为平面应变模型,采用莫尔—库仑强度屈服准则。根据莫尔—库仑强度理论,土体的剪切破坏与最大主应力、最小主应力及岩土的黏聚力和内摩擦角有关。

模型分析前需确定模型的边界条件,分别对模型的左边界、右边界、下边界施加 X 方向位移的约束,对模型的下边界施加 Y 方向位移的约束。

4.2 强度折减法

强度折减的概念由 Zienkiewicz 等于1975年首次提出,但当时受到计算机发展水平较低的限制而无法在具体工程中进行应用。抗剪强度折减系数的定义:在外荷载保持不变的情况下,边坡内土体所发挥的最大抗剪强度与外荷载在边坡内所产生的实际剪应力之比[4]。强度折减系数概念将强度储备安全系数与边坡的整体稳定系数相统一。当假定边坡内所有坡体抗剪强度的发挥程度相同时,这种抗剪强度折减系数定义为边坡的整体稳定系数。

有限元强度系数折减法的基本原理是将坡体强度参数(黏聚力和内摩擦角值)同时除以一个折减系数 F,得到一组新的值,然后作为新的材料参数输入,再进行试算。对于莫尔—库仑破坏准则,有:

$$\tau = c_{\mathrm{m}} + \sigma \tan\phi_{\mathrm{m}} \tag{3}$$

其中

$$c_{\mathrm{m}} = \frac{c}{F}, \phi_{\mathrm{m}} = \arctan\left(\frac{\tan\phi}{F}\right) \tag{4}$$

利用相应的稳定判断准则(有限元计算不收敛),确定相应的 F 值为坡体的最小稳定安全系数,此时坡体达到极限状态,发生剪切破坏,同时又可得到坡体的破坏滑动面。

采用强度折减法进行有限元分析,无需事先确定滑动面形状与位置,而且能够模拟边坡的滑移面形状以及边坡体与支护的共同作用,因此在实际工程中得到广泛应用。

4.3 数值模拟及结果分析

4.3.1 自然状态下的边坡

图 4 和图 5 分别为边坡发生破坏时的位移图和最大剪应力图。可以看出,自然状态下边坡的安全系数为 2.0406。边坡的破坏面是从土岩分界处开始的一个圆弧滑动面,剪应力随着断裂面由上至下逐渐变大,在土岩分界面应力集中处达到最大值。

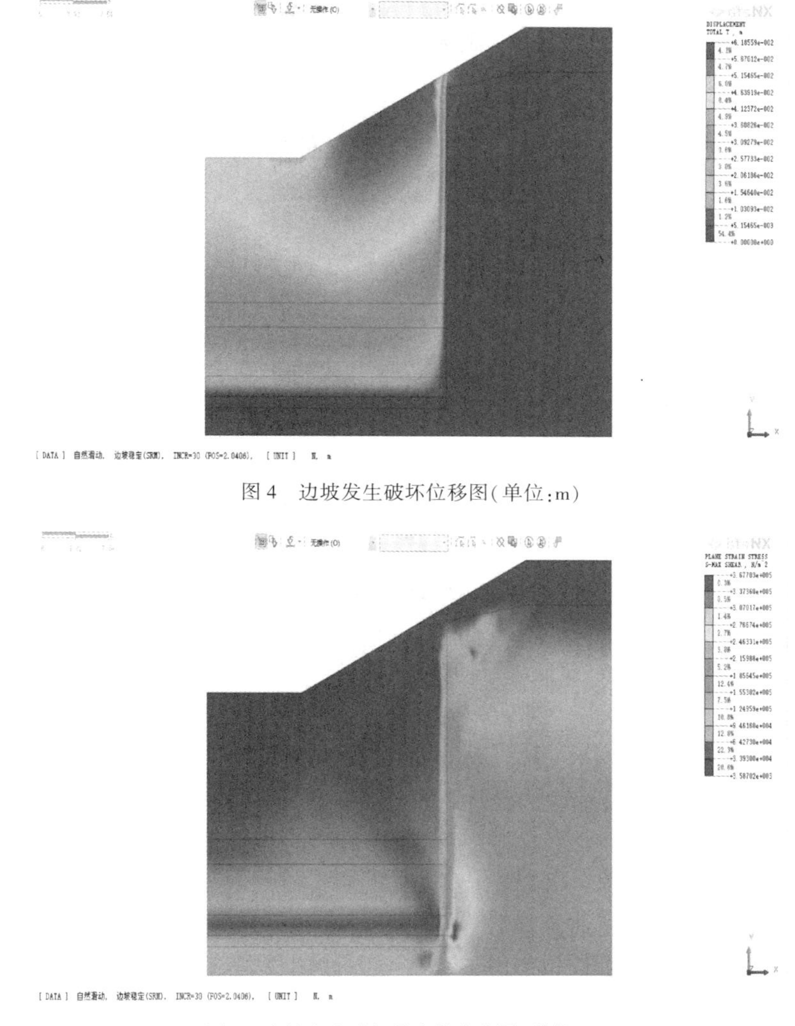

图 4 边坡发生破坏位移图(单位:m)

图 5 边坡发生破坏最大剪应力图(单位:Pa)

4.3.2 明洞施工过程中开挖的边坡

图 6 和图 7 分别为边坡发生破坏时的位移图和塑性区分布图。可以看出,施工开挖后边坡的安全系数为 1.4937。边坡的破坏面是从土岩分界处起至抗滑桩自由端终点的一个近似于直线的滑动面。塑性区主要有两部分,一部分是滑坡体与抗滑桩的接触处,另一部分是土岩分界的断裂处。这两个位置土体受拉,易发生塑性破坏。

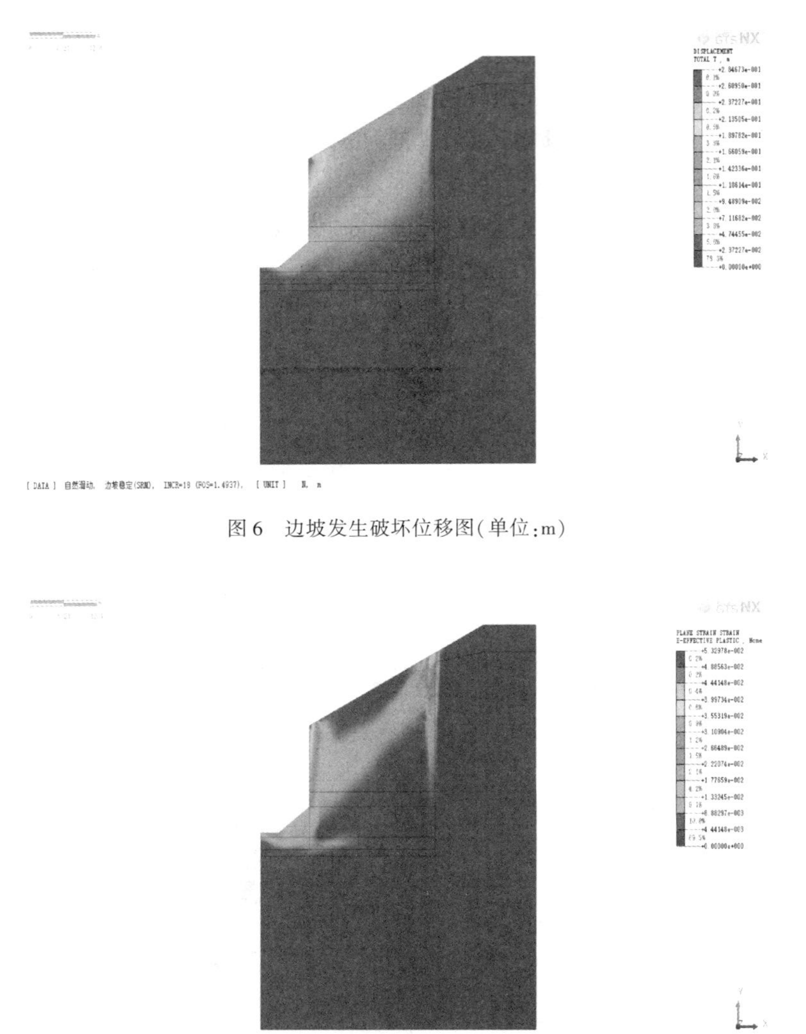

图 6　边坡发生破坏位移图(单位:m)

图 7　边坡发生破坏塑性区分布图

图 8 为抗滑桩弯矩分布图。可以看出,没有锚索的抗滑桩受力与悬臂梁类似,最大弯矩发生在土岩分界面处。由于桩前土体较软,对桩体锚固作用有限。因此想要改善抗滑桩受力,控制桩体变形,最好的方式是与预应力锚索配合使用。

4.3.3　明洞回填后隧道运营阶段的边坡

图 9 和图 10 分别为边坡发生破坏时的位移图和塑性区分布图。可以看出,施工完成后运营阶段边坡的安全系数为 1.90。边坡的破坏面以及塑性区与上一阶段类似。但由于回填土的存在,抗滑桩的受力已有明显改善。因此反压回填时应尽量选择较硬的片石混凝土或浆砌片石。

抗滑桩弯矩分布如图 11 所示。

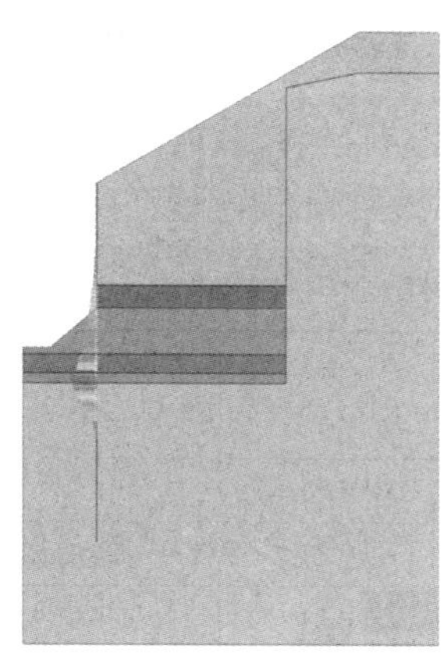
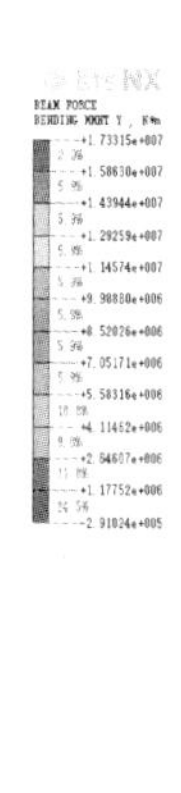

图 8　抗滑桩弯矩分布图(单位:N·m)

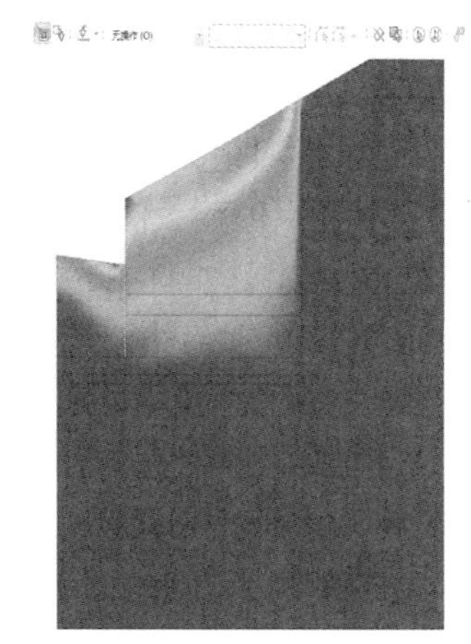

图 9　边坡发生破坏位移图(单位:m)

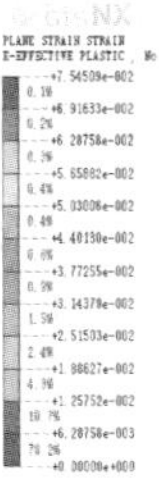

图 10　边坡发生破坏塑性区分布图

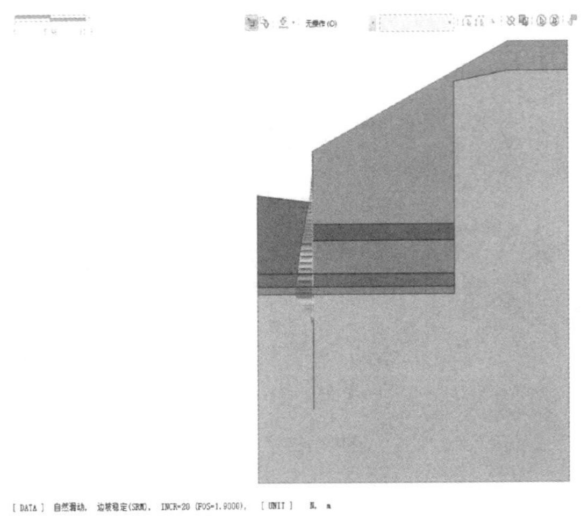

图 11　抗滑桩弯矩分布图(单位:N · m)

5　结语

通过对延崇高速公路玉渡山隧道洞口边坡防护工程方案比选和有限元模拟分析,可以得出如下结论:

(1)在高边坡工程中,抗滑桩可以有效防护坡体,阻止滑体下滑。采用抗滑桩方案进行护坡后,能有效减少边仰坡开挖,更好维持原地表地貌,对环境破坏较小。

(2)单独使用的抗滑桩为弹性桩,受力形式类似于悬臂梁,变形较大,受力较为不利,因此为改善抗滑桩受力,控制桩体变形,最好的方式是与预应力锚索配合使用。

参考文献

[1] 国土资源部国际合作与科技司.滑坡防治工程设计与施工技术规范:DZ/T 0219—2006[S].北京:中国标准出版社,2006.

[2] 喻学文.抗滑桩间距计算的研究[J].铁道运营技术,2004,10(2):1-3.

[3] 常士骠,张苏民.工程地质手册[M].北京:中国建筑工业出版社,2007.

[4] 栾茂田,武亚军,年廷凯.强度折减有限元法中边坡失稳的塑性区判据及其应用[J].防灾减灾工程学报,2003,23(3):1-8.

大跨径混合梁结构体系以及混合梁接合部位置的比选研究

刘晓鸣[1],张　倩[2],金　莉[2]
(1.北京市首发高速公路建设管理有限责任公司;
2.中国铁路设计集团有限公司)

摘要:延崇高速公路上跨大秦铁路与京新高速公路桥采用 52+140+49m 转体混合梁,论文从转体混合梁结构受力方面对连续刚构和连续梁进行对比分析,选取合理的结构体系;对混合梁接合部具体位置的设置提出 3 种方案,综合考虑接合部位置处的内力及转体过程中墩顶处的不平衡弯矩,选取接合部位置设置的最佳方案。

关键词:连续梁;连续刚构;墩型;刚度;混合梁接合部;转体

1　概述

延崇高速公路(北京段)是服务于 2019 年北京世园会和北京 2022 年冬奥会的重要通道,也是京津冀一体化西北高速通道之一。项目连接北京城区、延庆新城与河北张北地区,对疏解北京西北通道货运交通压力,提高道路通行能力和行车安全都具有重要意义。

路线在 K14+826 及 K14+883 处连续跨越大秦铁路及京新高速公路,且位于国道 110 线互通立交的影响范围内,建设条件较为复杂。考虑到大秦铁路及京新高速公路交通繁忙的特点,降低施工期间安全风险,上跨构造物选为钢-混凝土混合连续箱梁,跨径布置 52m+140m+49m,其中中跨为钢-混凝土混合梁,不对称双主墩转体施工。上跨构造物桥型总体布置如图 1 所示。

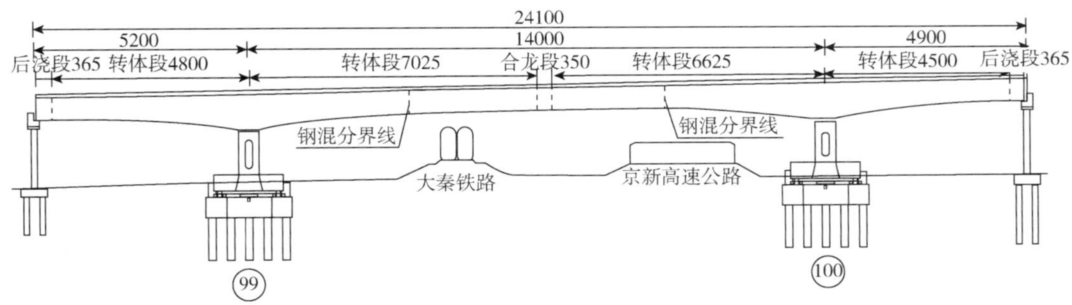

图 1　桥型总体布置图(尺寸单位:cm)

桥梁采用双幅桥整体式断面(图 2),断面组成为 0.55m(护栏)+19.39m(路面净宽)+0.55m(护栏)+0.02m 护栏间隙+0.55m(护栏)+19.39m(路面净宽)+0.55m(护栏),共 41.0m,荷载等级为公路—I级。桥址处地震动峰值加速度 0.2g。

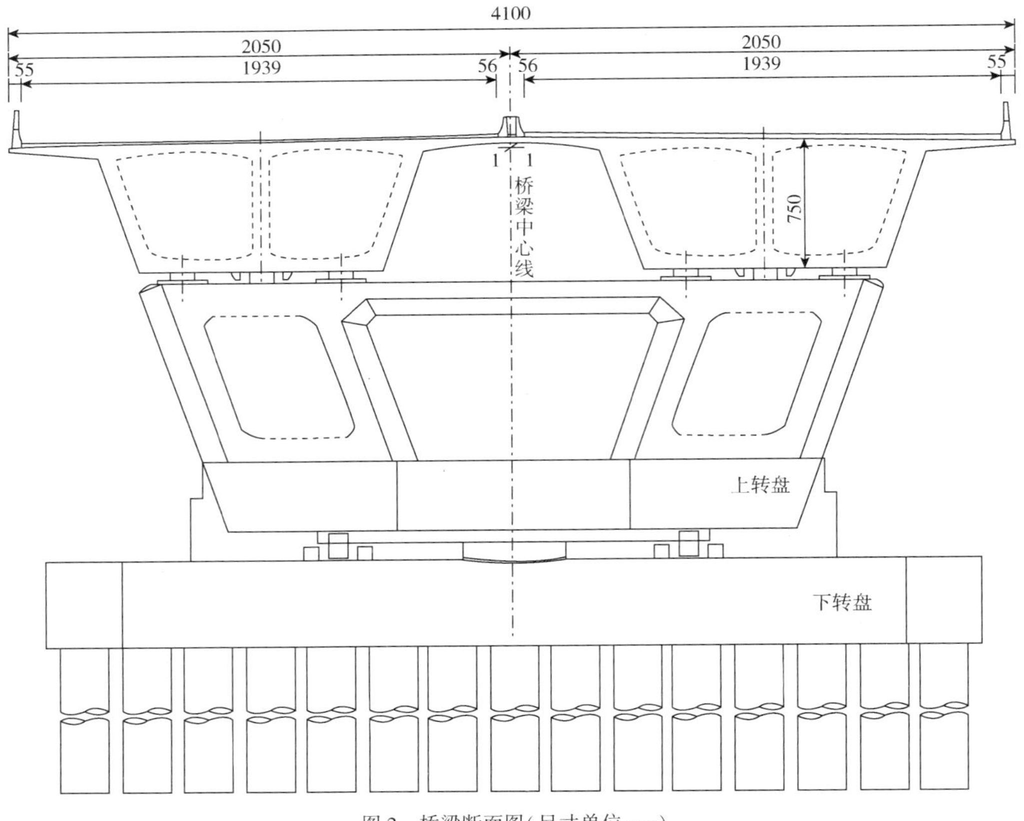

图 2 桥梁断面图(尺寸单位:cm)

2 桥梁结构体系比选

本桥中跨需跨越京新高速公路、国道 110 线互通立交 P1 匝道、大秦铁路,为满足铁路、公路限界需要,且最大限度减少施工给线路正常运营的不利影响,中跨布置所需跨径较大,拟定为 140m;大桩号侧与互通变宽段相接,为最大限度减少主梁侵入变宽段的范围,大桩号侧边跨选取 49m;小桩号侧限制较少,故选取 52m;桥梁的边中跨比一般在 0.5~0.8 范围内,本桥边中跨比小于 0.4,故在中跨选用混合梁结构形式,可有效提高桥梁的跨越能力,同时可避免边支点负反力的出现[1]。因此,桥梁的跨径布置选定为 52m+140m+49m。

大秦铁路是中国西煤东运的主要通道,铁路运输繁忙,封闭或较长时间干扰铁路运输将造成巨大的经济损失,同时也影响行车安全。转体施工可以最大限度地减小对铁路交通的影响,因此,从施工方式及经济合理性等方面选定转体施工方案。

2.1 连续刚构

连续刚构桥具有受力简单明确、跨越能力强、无需设置支座、经济性好、施工成熟简单等优点,在 80~200m 跨度桥梁中得到广泛应用。同时,混凝土收缩徐变、温度效应、墩台不均匀沉降对连续刚构桥的结构受力有不利影响[2]。因此,在连续刚构桥的设计中,通常采用柔性较好的桥墩形式。本桥桥位处地势较为平坦,桥墩高度主要受铁路通行净空控制,为10.5m,较矮。为提高桥墩的柔性,应选取合理的墩型。桥墩形式选取空心薄壁墩和双薄壁墩两种墩型进行比选。两种墩型断面如图3所示。

2.1.1 墩型比选

箱形空心墩的抗推刚度

$$K=\frac{3EI}{L^3}$$

双薄壁墩的抗推刚度

$$K=\frac{2\times 3EI_{单}}{L^3}$$

式中:E——混凝土弹性模量;

I——墩柱截面抗弯惯性矩;

L——桥墩高度[3]。

箱形空心墩和双薄壁墩的截面刚度及抗推刚度见表1。

截面刚度及抗推刚度对比表 表1

墩型	截面刚度 EI	抗推刚度 K
箱形空心墩	$80.4E$	$241.3E/L^3$
双薄壁墩	$82.8E$	$14.3E/L^3$

由表1可知,双薄壁墩具有抗推刚度小的优点,其抗推刚度仅为箱形空心墩的1/16.9。因此,双薄壁墩更能有效地减小连续刚构结构的收缩徐变及温度效应产生的内力。

2.1.2 双薄壁墩间距比选

连续刚构桥双薄壁墩的主要设计参数(壁厚、墩间距、墩高及跨径)影响桥梁结构的内力[4],本桥墩高定为10.5m,故主要设计参数为双薄壁墩的壁厚及墩间距。主要设计参数见图4,结构内力对比见表2。

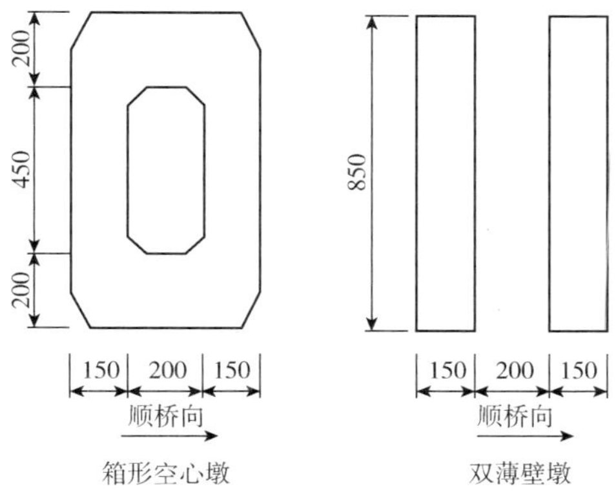

图3 墩型方案示意图(尺寸单位:cm)

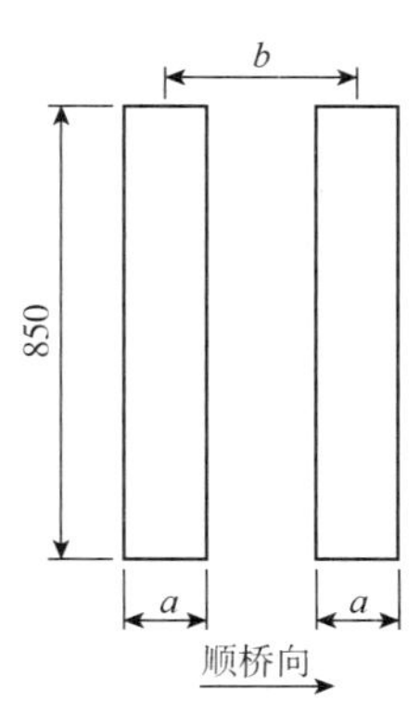

图4 墩型方案示意图(尺寸单位:cm)

结构内力对比表 表2

$a+b+a$(m)	墩顶基本组合弯矩(kN·m)	主梁收缩徐变弯矩(kN·m)	主梁温度效应弯矩(kN·m)
1.5+3.5+1.5	2.03×10^5	1.92×10^5	1.41×10^5
1.5+4.5+1.5	2.14×10^5	2.06×10^5	1.30×10^5
1.5+5.5+1.5	2.22×10^5	2.15×10^5	1.25×10^5
2.0+4.0+2.0	2.30×10^5	3.02×10^5	1.85×10^5
2.0+5.0+2.0	2.31×10^5	3.22×10^5	1.71×10^5
2.0+6.0+2.0	2.42×10^5	4.16×10^5	1.60×10^5

由表2可知,增大墩间距对主梁的收缩徐变及温度作用引起的内力影响较小,而增大壁厚对内力影响较大,因此在满足承载能力的前提下,减小壁厚对主梁结构受力产生有利影响。

2.2 连续梁

与连续刚构桥相比,混凝土收缩徐变、温度效应对连续梁主梁的影响较小,主墩受力也较小。由表3可知,连续梁混凝土收缩徐变引起的内力约为连续刚构的1/3,温度作用引起的内力约为连续刚构的1/1.4,主墩最大弯矩为连续刚构的1/1.6。桥址处地震烈度教高,且墩高较矮,不属于柔性墩范畴,桥墩刚度较大对结构抗震设计不利。因此,选用连续梁结构较为合理。

连续梁结构内力表(单位:kN·m) 表3

桥　　型	墩底基本组合弯矩	主梁收缩徐变弯矩	主梁温度效应弯矩
连续梁	1.25×10^5	5.90×10^4	9.74×10^3

3 混合梁接合部位置选取

3.1 选取原则

混合梁接合部位置的选取是本桥设计的关键环节,接合部应平顺地传递结构的内力及变形,且具有较好的抗疲劳性能及耐久性能,以保证桥梁结构整体的耐久性[5]。从结构受力方面而言,混合梁接合部应处于结构弯矩及剪力较小位置[6]。

为减小桥梁施工对铁路运营的影响,本桥采用转体施工,两幅桥在同一桥墩上进行转体,转体质量较大,且转体结构不对称。为保证中跨合龙段位于铁路限界以外,小桩号侧转体长度为48m(边跨)+70.25m(中跨),大桩号侧转体长度为45m(边跨)+66.25m(中跨)。为减小转体施工过程的不平衡弯矩、减小边跨配重,应减轻中跨质量,即增大中跨钢箱梁长度。

3.2 结果对比

拟定钢箱梁长度60m、65m、70m三种方案。结构分析采用Midas/Civil 2015有限元计算软件，混凝土箱梁及钢箱梁按照实际构造建立模型，横梁及横隔板换算为节点荷载加载在相应单元，约束条件为在100号墩顶为固定约束，其余墩顶约束竖向及横向，计算模型见图5。

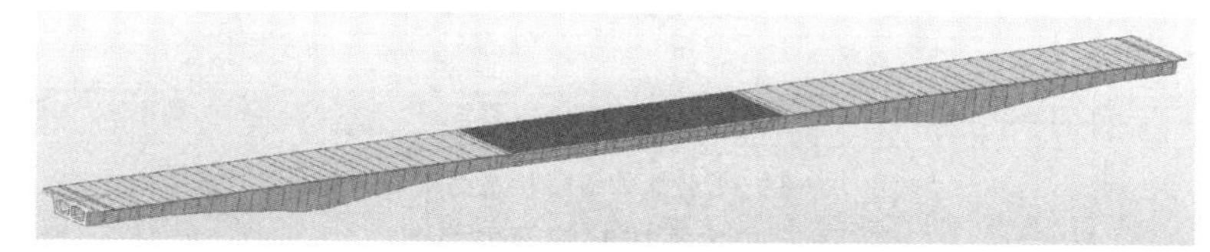

图5 有限元计算模型

方案一：钢箱梁长度60m。结构内力见图6、图7，主梁控制截面内力表见表4。

图6 方案一成桥阶段结构弯矩图

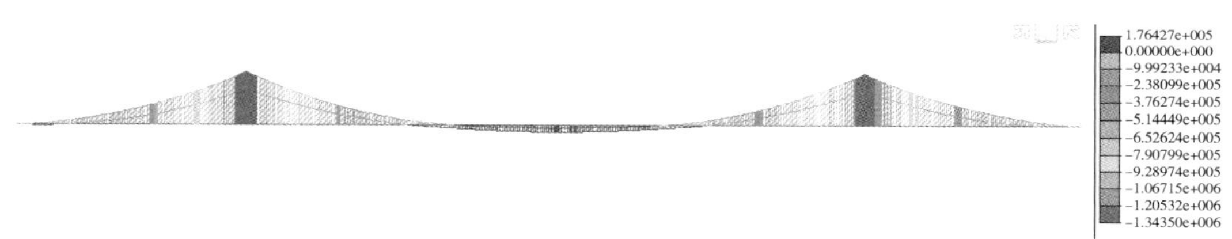

图7 方案一承载能力极限状态结构弯矩图

方案一主梁控制截面内力表 表4

工况			边跨跨中	99号墩顶	中跨跨中	100号墩顶	接合部（99号侧）	接合部（100号侧）
成桥	弯矩（kN·m）		-193963	-868323	131222	-853595	13954	11333
	剪力（kN）		15816	-41989	257	-40362	-10544	10315
基本组合	弯矩（kN·m）	最大	-125667	-817374	176427	-802889	70976	77215
		最小	-342606	-1343500	126749	-1258489	-45605	-37431
	剪力（kN）	最大	24136	-41677	2839	-39291	-9724	17322
		最小	13422	-58106	-1962	-56522	-17611	9495

方案二：钢箱梁长度65m。结构内力见图8、图9，主梁控制截面内力表见表5。

图8 方案二成桥阶段结构弯矩图

图 9　方案二承载能力极限状态结构弯矩图

方案二主梁控制截面内力表　　表 5

工况			边跨跨中	99 号墩顶	中跨跨中	100 号墩顶	接合部（99 号侧）	接合部（100 号侧）
成桥	弯矩(kN·m)		-147105	-799968	122192	-794579	15036	17311
	剪力(kN)		14756	-39395	172	-40539	-6766	6682
基本组合	弯矩(kN·m)	最大	-77172	-748473	227916	-743061	82667	83286
		最小	-287076	-1190459	118134	-1187608	-25530	-23241
	剪力(kN)	最大	22874	-39120	2750	-39454	-5929	12999
		最小	12150	-55181	-2226	-56649	-13070	5869

方案三:钢箱梁长度 70m。结构内力见图 10、图 11,主梁控制截面内力表见表 6。

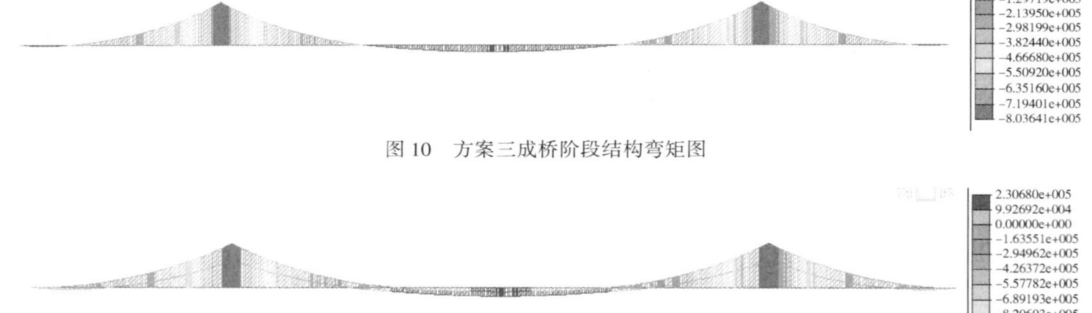

图 10　方案三成桥阶段结构弯矩图

图 11　方案三承载能力极限状态结构弯矩图

方案三主梁控制截面内力表　　表 6

工况			边跨跨中	99 号墩顶	中跨跨中	100 号墩顶	接合部（99 号侧）	接合部（100 号侧）
成桥	弯矩(kN·m)		-136638	-798810	122976	-803641	-25191	-22547
	剪力(kN)		14669	-40109	156	-40662	-9808	9729
基本组合	弯矩(kN·m)	最大	-64111	-742121	230680	-746800	40298	41432
		最小	-281916	-1204025	107065	-1214834	-98725	-97214
	剪力(kN)	最大	23064	-39753	2813	-39474	-9032	17105
		最小	11961	-56109	-2306	-57113	-17150	8981

通过对三种方案结合所处内力进行对比,可以看出方案一在成桥工况下混合梁接合部处弯矩值分别为方案二、方案三的 92.7%、79.4%,正负弯矩变化幅度也较小,结构受力更为均匀,也有利于结合段的抗疲劳性能。

转体阶段不平衡弯矩:本桥采用先支架现浇后转体的施工方案,且转体质量较大,需严格控制转体过程中的不平衡弯矩,因此转体施工阶段的不平衡弯矩也同样影响混合梁接合部位置的选取[7]。

三种方案墩顶不平衡弯矩见表 7。

墩顶位置处结构内力表 表 7

结构形式	99 号侧			100 号侧		
	转体阶段			转体阶段		
	竖向力(kN)	弯矩(kN·m)	底板压重(kN)	竖向力(kN)	弯矩(kN·m)	底板压重(kN)
方案一	71525	5545	2454	70266	2947	3681
方案二	66916	7619	2045	65722	6614	3681
方案三	71712	25886	2045	72175	-18169	3681

由上表可以看出,方案一的转体不平衡弯矩较小,可减小转体施工的难度,有利于桥梁的施工安全。

综合考虑混合梁接合部位置的结构内力及转体工况下的不平衡弯矩,钢梁的长度选取为 60m,即采用方案一。

4 结语

(1)对于矮墩大跨度连续结构桥梁,连续梁结构比连续刚构受力更为合理。如果要选用连续刚构体系,也应尽量选取较柔的桥墩形式,以便减小收缩徐变及温度效应对主梁受力产生的不利影响。

(2)本桥边中跨比小于 0.4,故中跨跨中采用钢箱梁,边跨采用预应力混凝土箱梁,减小了中跨主梁的质量,改善了结构的受力情况,使边跨各支点均不出现拉力,减小了主梁梁体的内力和变形,提高了整座桥的刚度,从而加大了连续梁桥的跨越能力。

(3)钢箱梁长度选为 60m,混合梁接合部位置处于弯矩及剪力均较小位置,从而保证钢混合梁接合部的抗疲劳性和耐久性,且通过在边跨施加配重,可有效控制转体阶段的不平衡弯矩,保证施工安全。

参考文献

[1] 刘钱,向学建,杨飞.大跨径混合梁连续刚构桥边中跨比及墩高性能研究[J].公路交通科技,2013:246-251.

[2] 李杰,徐岳,郑凯锋.连续刚构桥双薄壁墩参数优化研究[J].公路,2004:73-78.

[3] 徐君兰,顾安邦.连续刚构桥主墩刚度合理性的探讨[J].公路交通科技,2005:59-62.

[4] 邬晓光,李艺林,黄叙钦,等. 双薄壁墩连续刚构桥墩间距计算方法[J].沈阳大学学报(自然科学版),2017:338-341.
[5] 张志平,贾伟红.鄂东长江公路大桥主梁钢混结合部位置的选取[J].公路,2017(2):118-122.
[6] 刘黎阳,申俊昕.六库怒江二桥混合梁结合段设计[J].公路,2014(8):268-272.
[7] 唐清明.大跨度超宽变截面不平衡配重连续梁转体施工控制[J].施工技术,2017:66-69.

松闫路立交桥异形箱梁设计

郭 祎,顾大鹏
(北京国道通公路设计研究院股份有限公司)

摘要:本文以松闫路立交桥为背景工程,分析了异形箱梁桥的受力特点,介绍了异形箱梁的空间分析方法,建立板壳有限元模型,得到异形箱梁横桥向应力、支座反力和挠度的分布情况,并分析斜腹板倾斜角度对箱梁受力性能的影响,为设计提供依据。

关键词:异形箱梁;板壳有限元;应力分布;斜腹板

1 引言

近年来我国公路桥梁建设中,为改善路网通行能力,多采用立交桥的形式,以满足复杂路网结构的需求。大箱大悬挑臂预应力混凝土箱梁以其在刚度及抗扭能力的优势,越来越多地应用在立交桥匝道岔口的设计中。薄壁箱梁截面具有较大的腹板间距、宽翼缘等特点,优点是能提供较大的桥梁宽度,可满足较多车辆的行驶要求;不足之处是宽箱梁横桥向应力分布趋于复杂,除了受到拉压应力和剪应力,当薄壁箱梁承受偏心荷载时,还将产生刚性扭转、翘曲和畸变力。匝道岔口处剪力滞效应明显的异形宽箱梁结构采用传统的平面计算方法,很难获得箱梁截面应力结果。由此,立交桥设计中需着重对异形箱梁横桥向截面应力进行分析。

2 工程概况

本文选取的异形箱梁桥位于延崇高速公路主线出京侧第三联。主线采用分离式路基,单向路基横断面宽度为 13.0m,单向双车道。连接的匝道采用单向双车道,设计速度 40km/h,路基宽度 10.5m。

3 异型箱梁空间分析方法及比较

3.1 单梁法

单梁法在实际工程项目中可用于初步计算及预应力钢束的估算。单梁法模型建立简单,易于上手。由于没有考虑桥梁的横向效应,适用于宽跨比并不很大的结构类型。单梁模型虽然并不能反映箱梁横向的受力特征,但可通过内力增大系数对计算结果进行修正的方法,减少剪力滞效应产生的应力差异。

3.2 梁格法

梁格法广泛用于分析多箱室箱梁和曲线箱梁结构。桥梁上部结构采用梁格法进行设计时,将空间结构分离为由横向和纵向组成的密排网格,每一区段内结构的刚度集中于邻近的梁格内,通过区段内的刚度对实际结构进行模拟。纵梁刚度由箱梁划分完毕的纵向工字梁刚度决定,横梁刚度由箱梁顶板和底板厚度之和决定。梁格区段内计算得到的弯矩、剪力等内力指标代表了实际结构受力特征。模型计算结果的精确与否由梁格模拟的准确性决定,只能在一定意义上实现与原结构“等效”。

3.3 板壳实体单元法

宽箱梁最接近真实应力状态的受力分析方法是采用空间实体模型的有限元方法。但是这种方法输出的是结构的各点应力,不能直接进行强度和配筋验算,存在建模计算耗时长等问题,故不能满足一般工程设计的使用要求。构件用板壳有限元进行仿真分析,经过多年的验证和发展,理论基本趋于成熟和完善,其分析结果合理可靠。其基本思想是将桥梁结构离散为三个方向的板壳单元,计算分析精度主要取决于单元的密度。板壳单元模型计算数据全面,可以反映顶底板、腹板上下缘及斜腹板倾斜角度的截面应力差异,适合进行应力计算。

通过分析论证,本文采用板壳实体单元对异形箱梁截面应力进行分析。

4 板单元空间计算模型的建立

4.1 板壳单元的基本原理

板壳有限元法的基本原理是在三维空间上,将箱梁的顶板、底板和腹板离散成许多板单元。离散原则是保证每一块板单元纵向长度和横向长度相等,目的是使生成的位移平衡方程尽可能避免产生畸点。采用这样的空间梁格划分方式,实现了在平、纵、横三个方向的模拟,对二维梁格加以补充,模型精度得到提升,结果更加全面完善。

4.2 板壳单元的划分

图1为板壳模型横截面单元具体划分情况。如图1所示沿跨度间隔每1m划分一个单元,横向与纵向相交。宽箱梁截面的顶板划分为22个单元,底板划分为14个单元,每条腹板分成2个单元,共5条腹板,10个单元。

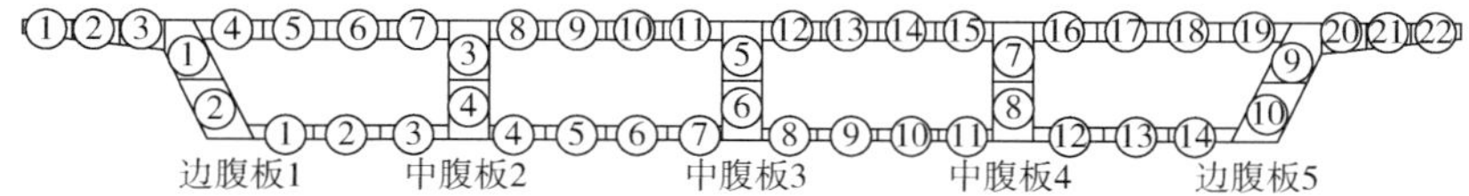

图1 横截面单元划分

本文选取异形箱梁桥跨径布置为3×32.5m,断面布置为:护栏步道0.75m+行车道18.252~

24.456m+护栏步道 0.75m=19.752~25.956m。横截面为单箱四室，梁高 1.8m，中横梁厚 3m，端横梁厚 1.5m，顶板厚 0.25m，底板厚 0.22m，腹板厚 0.6m，边腹板倾斜角 64°。应用 Midas Civil 建立如图 2 所示的板壳有限元模型。

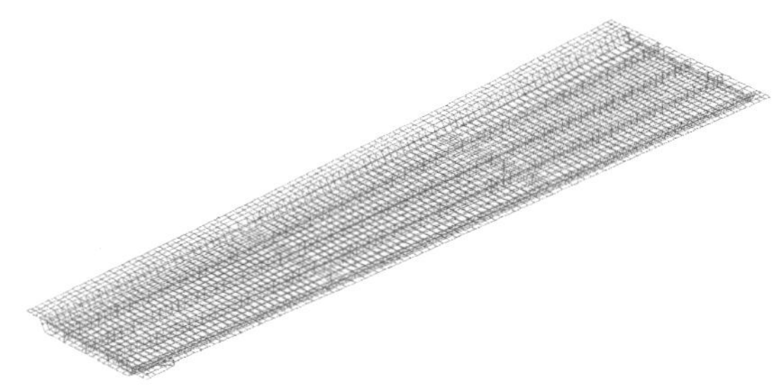

图 2　板壳有限元模型

通过对箱梁截面剪滞效应的影响因素研究后发现，恒荷载和外荷载均对截面应力分布的均匀性产生影响，且恒载占主导地位。故本文着重分析恒载作用下特征截面的受力情况。恒载包括梁体自重及二期恒载。桥面铺装采用 4cm 细粒式沥青玛琋脂+7cm 温拌中粒式沥青混凝土+10cm 桥面混凝土。主梁结构采用 C40 混凝土。铺装重度采用 26kN/m^3，防撞栏杆集度取(单侧)8kN/m。

5　异型箱梁受力分析

5.1　横桥向应力分布

本文选取模型边跨跨中断面作为特征截面。恒载作用下，箱梁横截面应力分布主要由腹板、顶底板、翼缘板间刚度分布控制。截面应力分布如图 3 所示。

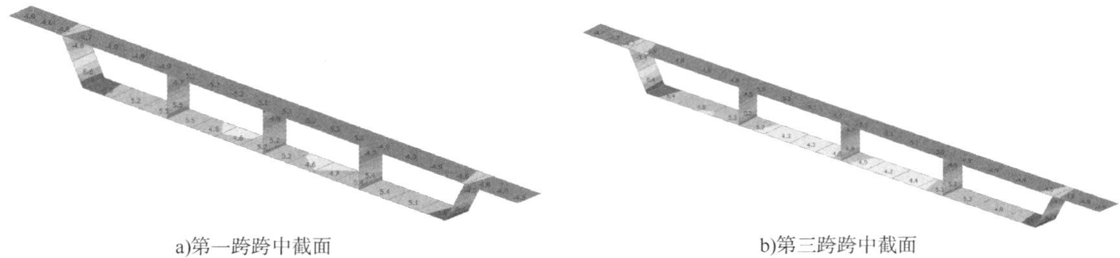

a)第一跨跨中截面　　b)第三跨跨中截面

图 3　截面应力分布(单位:MPa)

由图 3 不难发现，第一跨箱梁顶板 σ_{max} 等于 5.1MPa，位于顶板内部，底板 σ_{max} 等于 6.6MPa，位于底板与边腹板连接处。第三跨箱梁顶板 σ_{max} 等于 5.1MPa，位于顶板内部，底板 σ_{max} 等于 6.6MPa，位于底板与边腹板连接处。箱梁截面产生非均匀应力分布的原因是剪力滞效应。即剪力流在腹板内传递时，板的边缘受拉较大，而板的内部因为受顶底板剪切变形的影响，拉应力相对较小；呈现出板的中间小两边大的应力状态。对于闭口截面，一般用剪滞系数 λ 表示这种应力的不均匀性。如图 4 所示，图中顶板划分为 22 个单元，由图 4a) 中 X

轴坐标表示;底板划分为 14 个单元,由图 4b) 中 X 轴坐标表示。

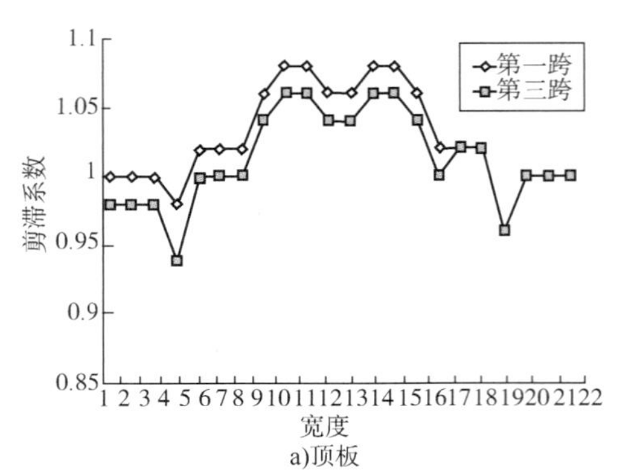

a)顶板

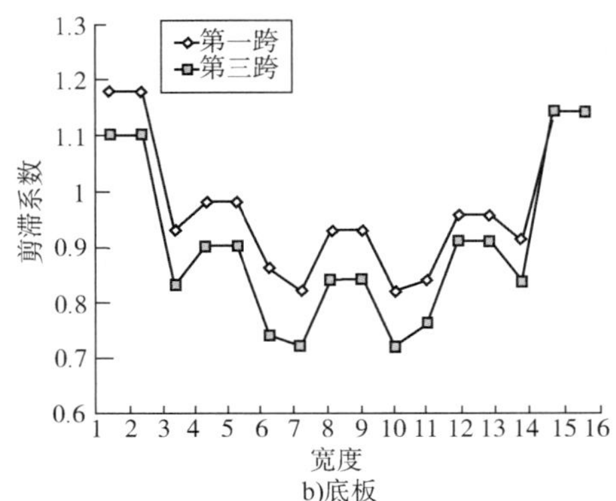

b)底板

图 4 剪滞系数分布

λ 反映了考虑剪切变形的正应力最大值与初等梁理论计算所得正应力的比值。由图 4 可知,顶板正剪力滞最大值位于箱梁顶板中部,负剪力滞最大值位于顶板与腹板连接处;底板正剪力滞最大值位于底板与腹板连接处,负剪力滞最大值位于底板中部。对比两条曲线峰值的分布位置及大小可知,当跨径及截面参数几何尺寸不变,增加箱梁横截面宽度时,λ_{max} 也随之增大。所以对于宽跨比越大的异形箱梁,横截面受力分析时,剪力滞效应需更加引起重视。当采用杆系建模时,为减小剪滞效应的影响,应对截面内力进行修正。

5.2 支座反力分布

本联异形箱梁支座布置情况及支反力结果见表 1。

异形箱梁支座布置及支反力结果 表 1

数据	0 号墩	1 号墩	2 号墩	3 号墩
支座间距(m)	4.7+4.3+3.2	4.7+4.3+4.7	4.7+4.3+4.7	5.7+7.149+5.7
支座 1 反力(kN)	2652.4	6183.1	7420.2	2387.6
支座 2 反力(kN)	1064.9	3405.1	2760.4	1743.9
支座 3 反力(kN)	611.0	3446.4	2650.1	1766.4
支座 4 反力(kN)	2726.7	6082.6	7663.8	2349.5

支反力分布情况如图 5 所示。图 5 由左至右分别为桥墩 0~3,由上至下分别为支座 1~4。由图 5 可知,同桥墩的边支座反力大于中支座;加宽侧边支座反力大于内侧。实际工程中,支座选取不应采用支反力均值,应考虑边支座和加宽侧的反力增大。

5.3 挠度分析

本联属于异形宽桥,腹板个数相同但每条腹板长度不同,现将三跨跨中挠度整理并与单梁模型各跨跨中挠度对比,如表 2 所示。近道路中线处为边腹板 1。

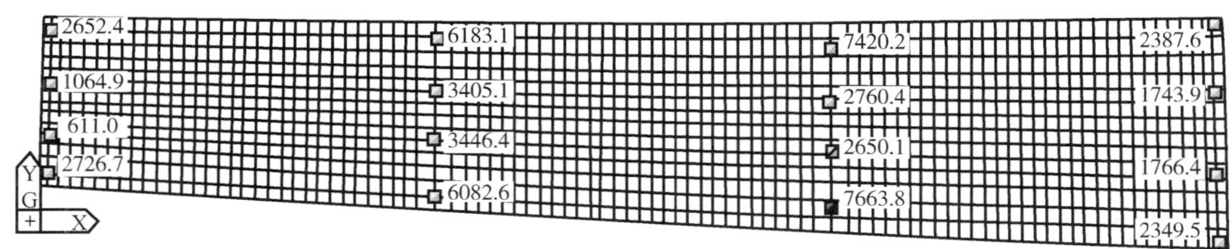

图5　支反力分布

跨中挠度与单梁模型跨中挠度对比结果(单位:mm)　　表2

跨　　数	模　　型	边腹板1	中腹板2	中腹板3	中腹板4	边腹板5
第一跨	板单元	17.463	16.758	16.552	16.811	17.551
	单梁	18.503	18.503	18.503	18.503	18.503
第二跨	板单元	4.913	4.031	3.853	4.121	5.175
	单梁	3.041	3.041	3.041	3.041	3.041
第三跨	板单元	17.843	16.950	16.883	16.812	18.615
	单梁	18.838	18.838	18.838	18.838	18.838

比较异形箱梁两个模型的挠度分布情况可知,横截面 ω_{max} 发生在加宽侧第三跨边腹板处,ω_{min} 发生在跨中最内侧中腹板处。边腹板挠度略大于中腹板,加宽侧挠度略大于内侧。比较两种计算方法所得挠度数据基本一致。

5.4　斜腹板角度对应力分布的影响

与常规箱梁结构相比,本项目横截面设计的特点是采用了斜腹板的结构形式。下面对斜腹板倾斜角度对截面应力的分布情况进行分析。

在原结构有限元模型的基础上,保持其他参数不变,通过改变倾角,建立如下4个模型。边腹板倾斜角为50°、64°(原设计)、75°和90°,边腹板倾斜角的旋转方式如图6所示。即保持腹板中点位置不变,通过增大(减小)底板和翼缘板长度,达到改变倾角的目的。

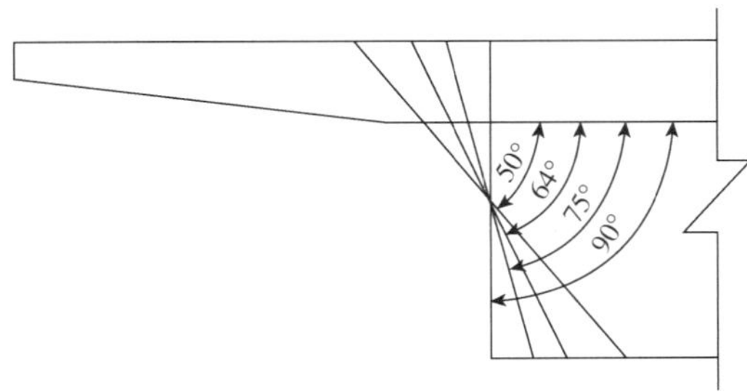

图6　边腹板角度变化示意图

随着腹板倾斜角的变化,横截面正应力变化存在规律性,分布情况如图7所示。图7中顶板划分为22个单元,由图7a)中 X 轴坐标表示;底板划分为14个单元,由图7b)中 X 轴坐标表示。

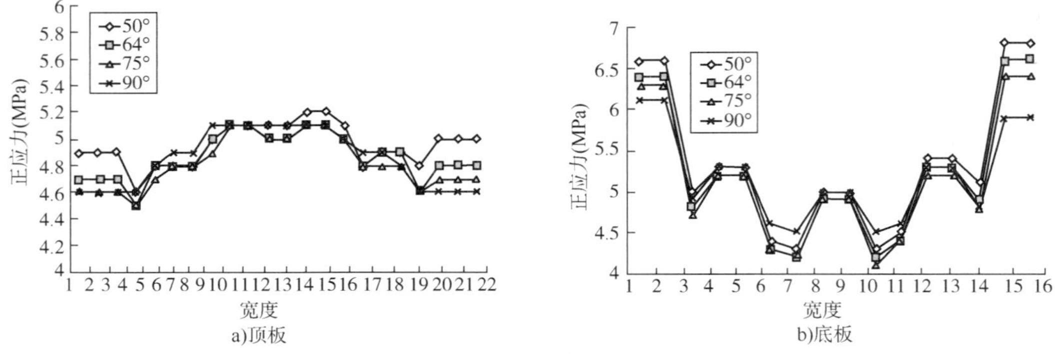

图 7　横截面正应力分布

特征截面在不同斜腹板倾斜角下,顶板始终受压应力,底板始终受拉应力。对于顶板应力图各单元应力数值的变化趋势可以看出,改变斜腹板的倾斜角度对翼缘板附近的应力影响较为明显,翼缘板和顶板随着倾斜角度的逐渐增大压应力值逐渐减小。对于底板应力图各单元应力数值的变化趋势可以看出,改变斜腹板的倾斜角度对边腹板与底板连接处的应力影响较明显,对底板中部应力影响较小。边腹板与底板连接处拉应力随着倾角增大逐渐减小。

随着腹板倾斜角的变化,横截面剪应力变化存在规律性,分布情况如图 8 所示。

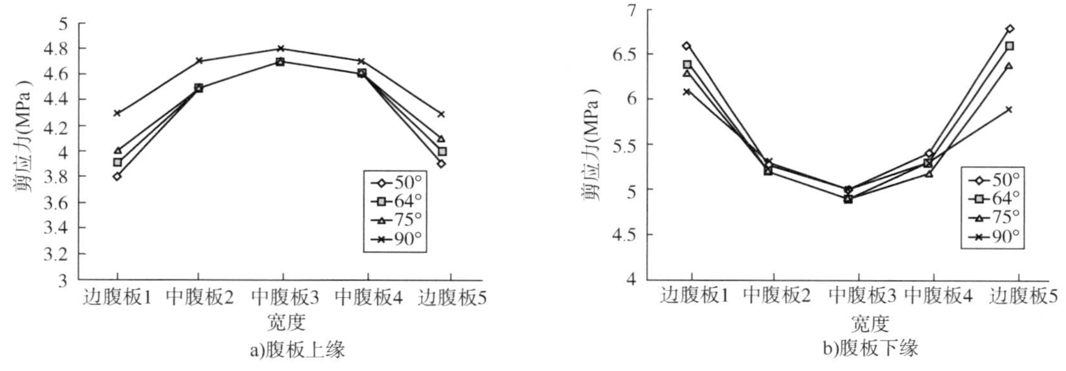

图 8　横截面剪应力分布

特征截面在不同斜腹板倾斜角下,腹板上下缘应力变化趋势相反。腹板上缘剪应力主要由三道中腹板承担,边腹板次之。腹板下缘剪应力主要由两道边腹板承担,中腹板次之。由腹板上缘应力图可知,倾角越大上缘应力越大。由腹板下缘应力图可知,倾角越大边腹板下缘应力越小。倾角对边腹板影响较明显,中腹板下缘应力几乎不随倾角变化。

在合理范围内改变边腹板倾斜角,从应力分析可知,减小倾角可增大翼缘板和顶板压应力、边腹板与底板拉应力、腹板下缘剪应力;减小腹板上缘剪应力;对截面其余位置应力影响较小。从经济的角度上,倾斜边腹板并增加圆弧倒角,可减小箱梁横截面面积,节约混凝土用量。从建筑美学角度,采用斜腹板的形式,收紧底板增加圆弧倒角,使主梁外形圆润流畅,体现了结构力学与美学的融合。从施工工艺来看,减小边腹板倾角会增加施工支模和浇筑难度,需要引起重视。

6 结语

(1)经计算分析可知,异形变宽箱梁的横截面应力分布、支反力分布和挠度结果与传统箱梁结构存在差异,采用杆系分析容易导致截面应力大小被低估,引起计算错误。而采用板单元模型可较为准确地计算应力分布情况。但板单元模型建模过程较为烦琐,且不适于预应力钢筋配束计算。建议在实际项目中将两种方法结合,提高设计效率和准确度。

(2)通过计算分析,减小边腹板倾斜角,可减小腹板上缘剪应力,增大顶底板正应力和腹板下缘剪应力。设计中应结合项目位置、景观要求及施工的可操作性,合理选择边腹板倾角。

参考文献

[1] 项海帆.高等桥梁结构理论[M].重庆:重庆交通大学,2013.

[2] E.C.汉勃利.桥梁上部结构性能[M].郭文辉,译.北京:人民交通出版社,1982.

[3] 韩成林.单箱多室箱梁剪力滞效应参数研究[J].铁道建筑技术,2014(01).

[4] 宋明曦.多室宽箱梁实用计方法研究[D].重庆:重庆交通大学,2013.

[5] 曲慧明.宽箱梁剪力滞效应分析[D].重庆:重庆交通学院,2007.

延崇高速公路妫水河隧道基坑设计要点

马　杰[1],田　洪[2],张汇睿[1],李建林[1]

(1.北京市市政工程设计研究总院有限公司;

2.北京市首发高速公路建设管理有限责任公司)

摘要:本文通过延崇高速公路妫水河隧道基坑设计,对基坑设计中的支护、止水帷幕、管井施工及降水等进行了阐述,分析了基坑设计中的重点问题,为基坑设计提供借鉴。

关键词:基坑;放坡;支护;地下水控制

1　工程概况

延崇高速公路穿越妫水河,妫水河水域为2019年北京世园会会址。工程在可研阶段曾就道路线位穿越方式进行了上跨桥梁和下穿隧道的方案对比。从维护自然生态、保护水体资源、融入世园会环境、确保工程工期等几个方案进行对比分析。经过多次方案比较及专家论证,最终确定采用明挖隧道方案。

明挖隧道封闭段长度为1670m,南侧U形槽段长234m,北侧U形槽段长140m,下沉段全长2044m。两侧U形槽段纵坡为3.5%和3%,隧道中段纵坡为1.2%和0.35%。道路纵断面设计如图1所示。

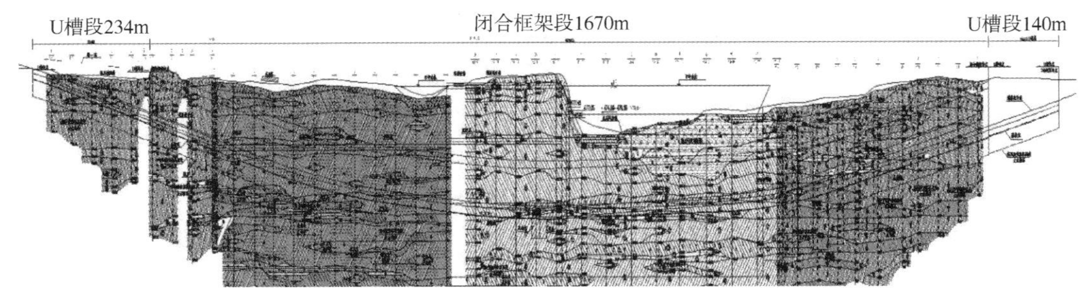

图1　延崇高速公路妫水河隧道纵断面

道路隧道横断面包括延崇高速公路和地方一级公路两部分。其中高速公路为双向4车道+连续停车带,设计标准80km/h,隧道建筑限界宽12.5m,主路标准断面0.75m(检修道)+0.5m(左侧向宽度)+2×3.75m(行车道)+3m(连续停车带)+0.75m(检修道);限高5.0m。地方一级公路为双向4车道,设计速度60km/h,隧道建筑限界宽9.75m,标准断面0.75m(检修

道)+0.5m(左侧向宽度)+2×3.5m(行车道)+0.75m(右侧向宽度)+0.75m(检修道含余宽),限高 5.0m。延崇高速公路妫水河隧道建筑限界如图 2 所示。

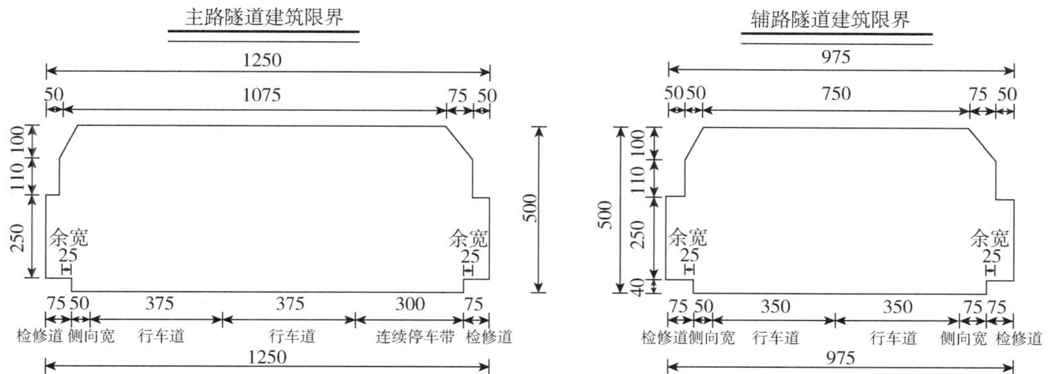

图 2　延崇高速公路妫水河隧道建筑限界(尺寸单位:cm)

隧道横断面为四孔闭合框架。隧道宽度根据覆土厚度不同,标准横断面结构全宽49.7~50.1m,全高 9.4~10.2m,横断面如图 3 所示。

隧道处妫水河规划河道上口宽 397m,河底高程为 472.67m,河道深度约为 5m。规划百年水位高程为 481.28m;20 年一遇洪水水深为 1.86~2.48m;50 年一遇洪水水深为 2.57~4.24m。结合现场情况,在保证河道不断流的情况下,考虑两期围堰导流施工,一期为南岸侧,二期为北岸侧。鉴于施工段河道为一级水源保护区,围堰形式拟采取桩膜围堰+土石围堰的组合式。

本工程有如下特点:工程规模大,隧道明挖长度 2044m,宽度 50m,需要开挖的土方 255 万 m^3。基坑开挖深,隧道最大开挖深度为 29m。现浇混凝土数量大,为 31 万 m^3。河道不断流,采取分期围堰施工。

2　工程地质及水文地质特点

2.1　工程地质

拟建场地自然地面以下 48m 深度范围内的地层按沉积年代及工程性质划分为人工堆积层、新近沉积层及第四纪冲积层三大类,并根据岩性组成、结构、工程性质进一步划分为 10 个大层及亚层,现分述如下。

2.1.1　人工堆积层(第 1 大层)

表层为一般厚度 0.00~2.30m 的人工堆积土层,主要为粉土素填土①层,碎石填土$①_1$层、细砂素填土$①_2$层及淤泥$①_3$层。

2.1.2　新近沉积层(第 2 大层)

人工堆积层以下为新近沉积的粉砂、细砂②层及粉土$②_1$层。该大层分布在妫水河河道内及河道北侧,妫水河南侧缺失。

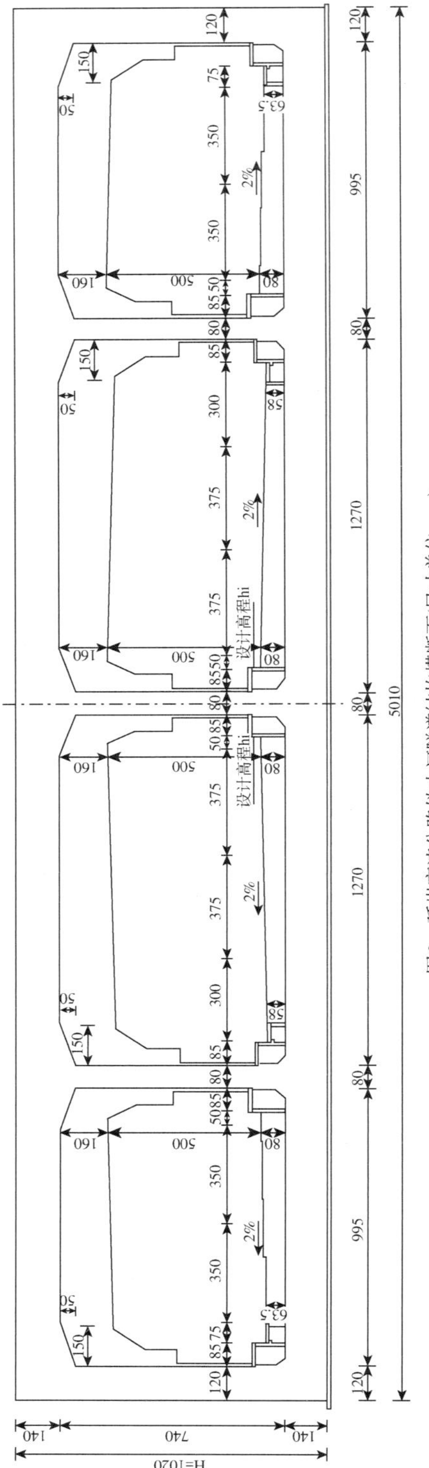

图3 延崇高速公路妫水河隧道结构横断面(尺寸单位：cm)

2.1.3　第四冲沉积层(第 3~10 大层)

人工堆积层及新近沉积层以下为第四纪冲积的粉质黏土③层,粉土③$_1$ 层及黏土③$_2$ 层;粉质黏土④层,粉土④$_1$ 层及黏土④$_2$ 层,粉质黏土⑤层,有机质黏土⑤$_1$ 层,粉土⑤$_2$ 层及细砂、中砂⑤$_3$ 层;粉质黏土⑥层,有机质黏土⑥$_1$ 层,粉土⑥$_2$ 层及粉砂、细砂⑥$_3$ 层;粉质黏土⑦层,有机质黏土⑦$_1$ 层,粉土⑦$_2$ 层及粉砂⑦$_3$ 层;粉质黏土⑧层,有机质黏土⑧$_1$ 层,粉土⑧$_2$ 层及细砂⑧$_3$ 层;有机质黏土⑨层,粉质黏土⑨$_1$ 层及粉土⑨$_2$ 层;粉质黏土⑩层及有机质黏土⑩$_1$ 层。

2.2　水文地质

本工程场区地面下约 35m 深度范围内分布多层地下水,35m 深度范围内地下水类型自上而下分别为上层滞水、潜水、层间水和承压水(透镜状分布)。

2.2.1　上层滞水

该层地下水主要分布在妫水河南、北两岸的阶地上,其含水层岩性以含虫孔、粗颗粒的粉质黏土④层、黏土④$_2$ 层中。水文地质勘察及岩土工程勘察期间(2016 年 11 月)于妫河南岸钻孔中量测到该层地下水水位埋深为 3.10~9.50m,相应水位高程为 475.42~480.31m,与地形关系密切。

2.2.2　潜水

潜水主要赋存在妫水河沉积区 10m 深度以内的第 2 大层和第 3 大层中。根据潜水与妫水河水力联系的密切程度,可以进一步细分为 Ⅰa 亚区(河床区)潜水和 Ⅰb 亚区(河漫滩区)潜水。其中 Ⅰa 亚区潜水水位与妫水河水位基本一致,主要赋存在妫水河河床部位的中砂、粗砂②层,圆砾②$_1$ 层,粗砂、中砂③层和砂质粉土③$_2$ 层中。Ⅰb 亚区潜水主要接受大气降水入渗补给,并以蒸发和地下水侧向径流为主要排泄方式。要赋存在一级阶地区的粉砂、细砂③$_1$ 层,砂质粉土③$_2$ 层和粉土③$_3$ 层中,水文地质勘察期间监测到该层地下水水位埋深 1.50~2.99m。相应的水位高程 475.46~475.73m。

2.2.3　层间水

该层地下水主要分布 Ⅱa 亚区(北岸阶地区)12m 深度左右的砂质粉土④$_3$ 层、细砂④$_4$ 层中,勘察期间(2016 年 11 月)量测的该层地下水水位埋深 6.69~7.24m,相应的水位高程 475.75~475.80m。该层地下水具有一定的承压性,勘察期间承压水头约为 5.50m。

2.2.4　承压水

场区 15.10~38.40m 深度之间的第 6、7 大层中分布有多个含水透镜体,形成了承压含水岩组。含水层岩性以细砂⑥$_2$ 层,砂质粉土⑦$_1$ 层,含虫孔、粗颗粒的粉质黏土⑦$_2$ 层和细砂⑦$_4$ 层为主。勘察期间(2016 年 11—12 月)量测的这些含水透镜体中地下水水位埋深 0.31~5.56m,相应水位高程为 477.40~478.23m,承压水头高度 17.32~31.09m,具有明显的承压性。

2.3 场地地震效应

2.3.1 抗震设计参数

根据《建筑抗震设计规范》(GB 50011—2010,2016 年版),拟建场区抗震设防烈度为Ⅷ度,设计基本地震加速度值为 0.20g,设计地震分组为第二组。

2.3.2 场地类别

综合判定:拟建隧道工程的场地类别为Ⅲ类。

2.3.3 地震液化判别

本工程场区内浅部分布有可液化土层(主要包括粉砂、细砂②层及粉土$②_1$层),液化土层分布深度 7.2~10.0m,该液化土层大部分分布于拟建闭合框架基底埋深以上,对本工程影响较小。

综上所述,地下道路隧道 U 形槽段基底为粉质黏土③,地基承载力基本容许值为 100kPa;闭合框架段为粉质黏土④、粉质黏土⑥、粉质黏土⑦,地基承载力基本容许值为 140kPa~180kPa,达不到基础承载力要求,需要进行处理。

地下水水位较高,潜水水位为地面以下 1.5~3m。由于隧址处土层是粉质黏土与细砂层的互层地层,其下分布 3 层承压水。承压水水头较高,其水位在地表以下 6~7m。施工期间必须进行地下水控制处理。

3 围护结构设计

3.1 设计原则

依据场地周边环境,结合场地工程地质、水文地质条件,选取安全可靠、经济适用、保护环境、施工便捷的基坑围护结构。周边环境条件较宽松、具备放坡条件的段落,尽量采用放坡;受环境条件限制、不具备放坡条件的段落,采用桩+锚索支护方案;由于本工程基坑较宽,不考虑采用桩+撑的支护形式。

3.2 控制条件

妫水河河道南岸 230m、北岸 250m 为林地,林业部门同意的施工宽度为 90m,此处基坑深度为 22~26m,框架结构宽度为 50m。考虑到两侧施工围挡、施工便道、支护结构等宽度后,不具备放坡条件,只能采用桩+锚索的围护结构。

南侧环湖南路和百康路之间,由于受到征地拆迁的限制,能够使用的基坑宽度为 110m,此范围基坑深度为 15~20m,不具备全部放坡的条件,所以此段采用(桩+锚索+土钉墙放坡)综合设计。

3.3 分区段设计

综合以上设计原则和控制条件,基坑分为 4 种类型:一级放坡、二级放坡、二级放坡+支护桩、二级支护桩+预应力锚索等。根据基坑支护形式、基坑深度等,基坑等级分为一级、二级、三级。其中放坡开挖深度小于 8m 的为三级基坑,开挖深度大于 12m 的为一级基坑,介于二者之间的为二级基坑。放坡段一般采用混凝土锚喷支护;支护桩采用钻孔灌注桩,局部特殊地段(泵房)采用钢板桩;支护桩内侧采用挂网喷混凝土进行桩间防护。预应力锚索采用高强低松弛钢绞线。

3.3.1 一级放坡

适用于开挖深度 8m 以下,开挖宽度在 90m 以内的基坑,主要在南、北两侧的 U 形槽段。南侧长度 234m,北侧长度 140m。此类基坑类型占总基坑 18%。止水帷幕设置在基坑顶处,采用双管高压旋喷桩,桩径 ϕ60cm,间距 40cm,搭接 20cm。旋喷桩底高程为基坑底以下 3m。旋喷桩桩长为 10~12m。放坡坡度为 1 : 1.5,坡面采用挂网喷混凝土防护,喷混凝土采用 C25 混凝土,厚度 10cm。断面形式如图 4 所示。

3.3.2 二级放坡

二级放坡分河岸段和河床段。

(1)河岸段适用开挖深度 15m 以下,开挖宽度在 120m 以内的基坑。主要为南、北两侧的闭合框架段。河岸段二级放坡的基坑总长度为 310m。此类基坑占 15%。止水帷幕设置在基坑顶处。止水帷幕采用旋喷搅拌桩,桩径 ϕ90cm,间距 60cm,搭接 30cm。桩底高程为基坑底以下 3m,桩长 12~18m。二级放坡坡度均为 1 :1.5,坡面采用挂网喷混凝土防护。断面形式如图 5 所示。

(2)妫水河河床地段基坑深度为 16~17m,开挖宽度为 140m。河床段基坑开挖长度为 400m。此类基坑占 20%。止水帷幕设置在河道围堰顶处,土石围堰高度 3~5m。止水帷幕采用双排双管高压旋喷桩,桩径 ϕ90cm,桩间距 60m,排间距 60m,纵向、横向搭接长度均为 30cm。河床地二级放坡坡度分别为 1:1.5 和 1:1.75,坡面采用挂网喷混凝土防护。断面形式如图 6 所示。

3.3.3 二级放坡+支护桩

适用开挖深度在 15~20m,开挖宽度要求控制在 110m 以内的基坑。主要为南、北两侧开挖宽度受限制的闭合框架段。南、北两侧的基坑总长度约为 400m,此类基坑占 20%。止水帷幕设置在基坑顶处,采用旋喷搅拌桩,桩径 ϕ90cm,间距 60cm,搭接 30cm。桩底高程为基坑底以下 3m,桩长 18~24m。放坡坡度有条件时采用为 1:1.5;没有条件(受限制)时采用 1:0.5 土钉支护,坡面均采用挂网喷混凝土防护。断面形式如图 7 所示。

3.3.4 二级支护桩+预应力锚索

适用在妫水河南、北两侧河岸林地(限制开挖宽度)。开挖深度在 20~29m 的基坑,开挖宽度要求控制在 90m 以内。南、北两侧的基坑总长度约为 550m,此类基坑占 27%。基坑上层支护桩采用 D100cm、间距 150cm,桩长 20m,嵌固深度 8m。桩间设 3 道锚索,锚索间距水平 1.5m、竖向 3m。下层支护桩采用 D120cm、间距 150cm,桩长 28m,嵌固深度 14m。桩间设 4 道锚索,锚索间距水平 1.5m、竖向 2.5m。止水帷幕设置在两处支护桩之间,均采用旋喷搅拌桩,桩径 90cm,搭接 30cm,旋喷搅拌桩桩底进入基坑底以下 3m。两处的旋喷搅拌桩长度分别为 15m、17m。断面形式如图 8 所示。

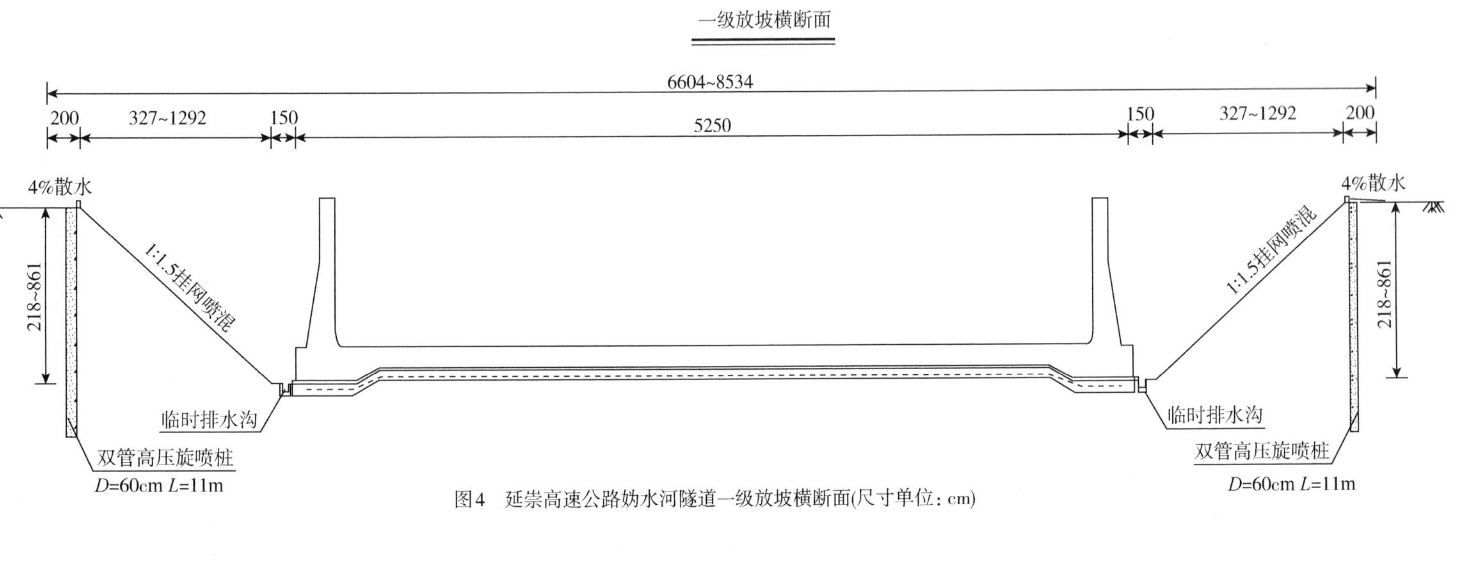

图4 延崇高速公路妫水河隧道一级放坡横断面(尺寸单位：cm)

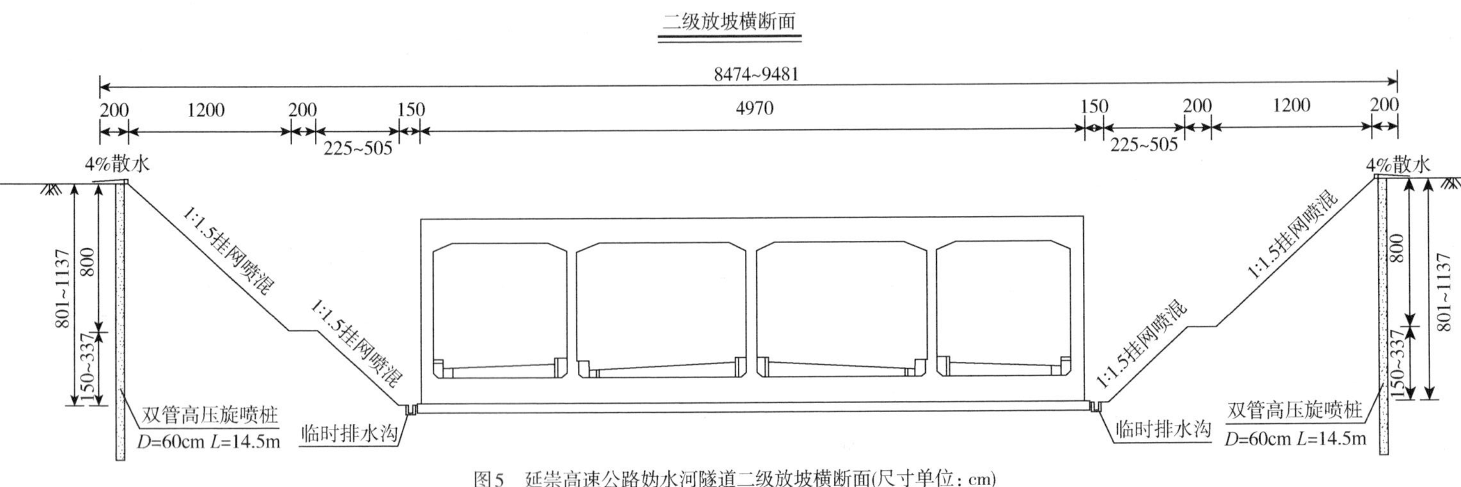

图5 延崇高速公路妫水河隧道二级放坡横断面(尺寸单位：cm)

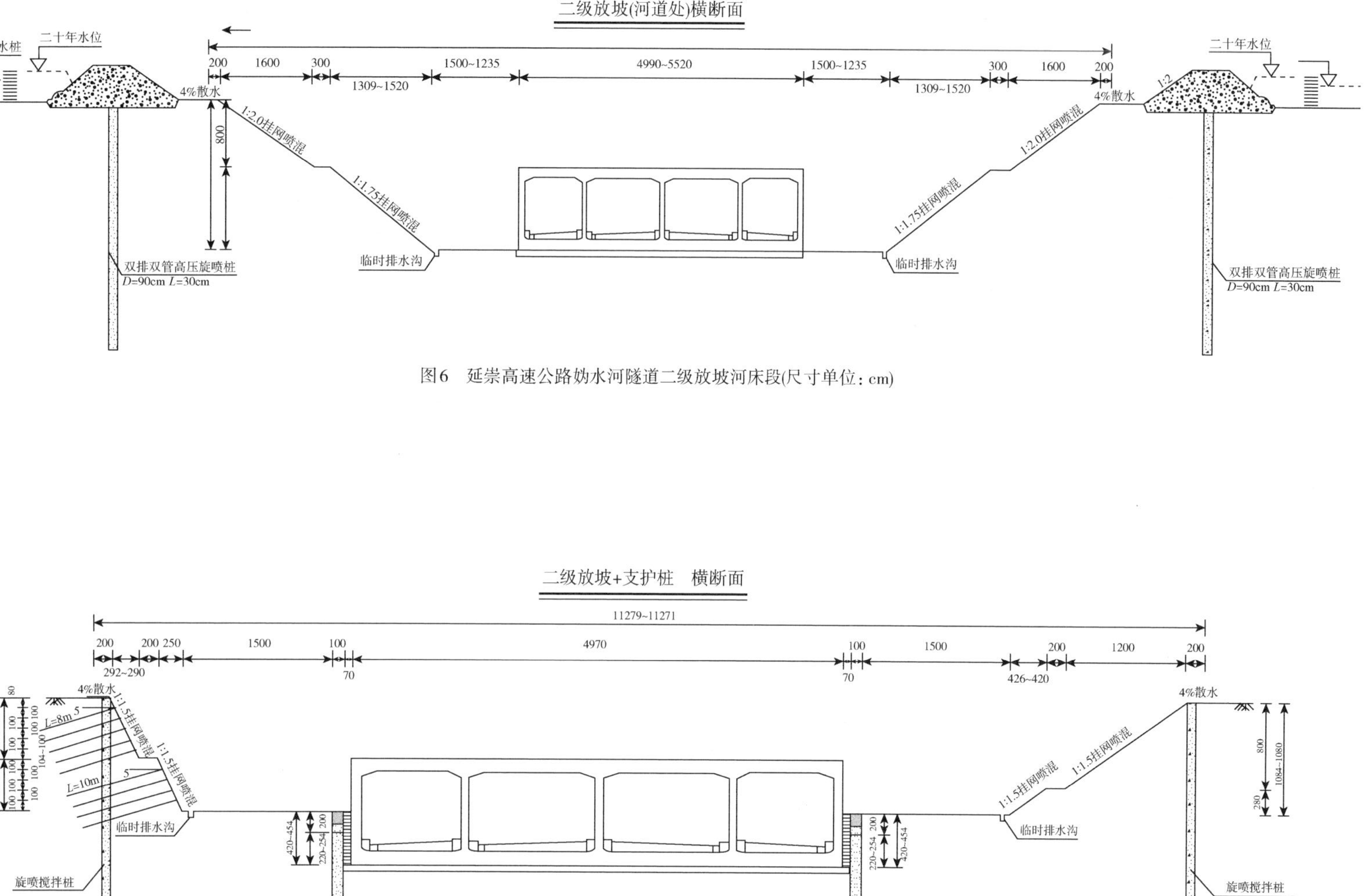

图6 延崇高速公路妫水河隧道二级放坡河床段(尺寸单位：cm)

图7 延崇高速公路妫水河隧道二级放坡+支护桩(尺寸单位：cm)

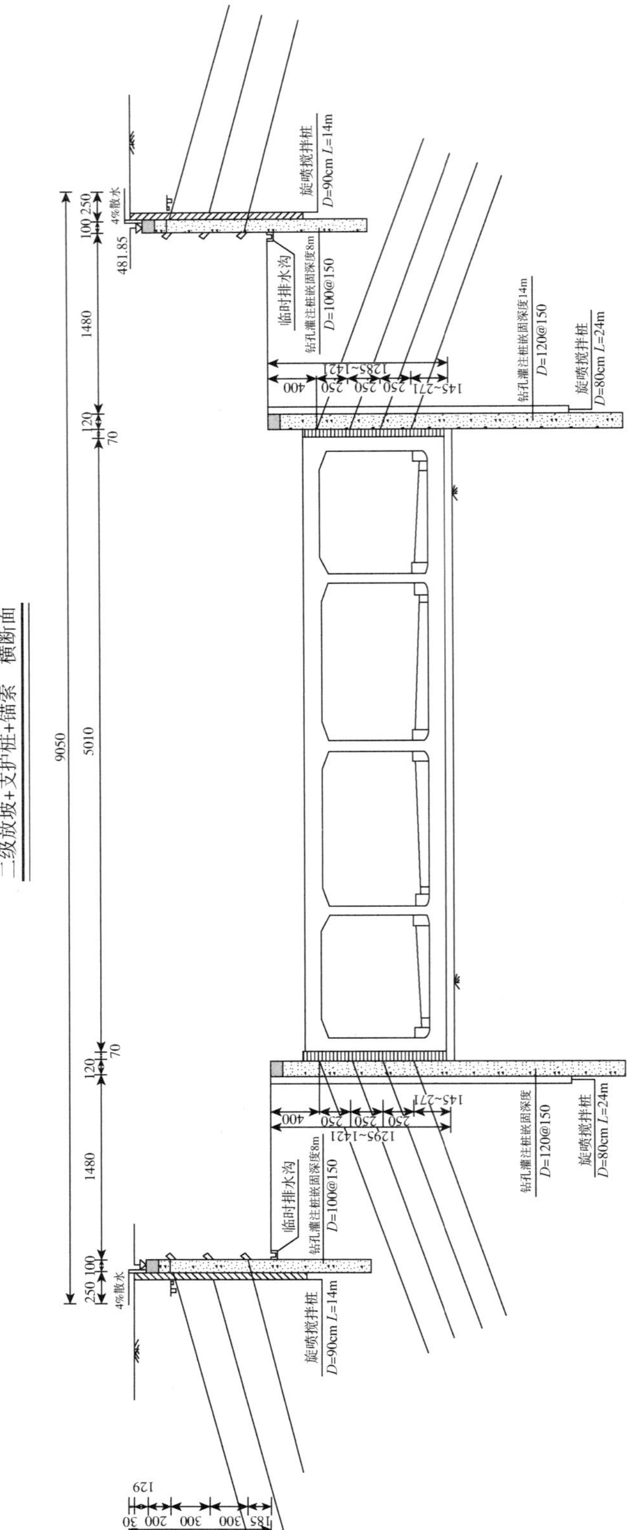

图8　延崇高速公路妫水河隧道二级支护桩+预应力锚索(尺寸单位：cm)

4　地下水控制

4.1　设计原则

降低坑内地下水位及地层含水率，增加临时边坡和基坑地板的稳定性，方便基坑内施工作业。降低承压水水头，防止基坑发生突涌。降低坑外地下水位，防止发生桩间漏水、涌砂。降低承压水水位，保证预应力锚索、CFG 桩（地基处理）及抗拔桩施工。

4.2　基坑止水帷幕

本基坑工程主要采用止水帷幕方案，全线放坡段在坡顶外侧设置双管高压旋喷桩、旋喷搅拌桩。即在一级放坡段，坡顶设置双管高压旋喷桩，桩径 ϕ60cm，间距 40cm，搭接 20cm，桩底高程为基坑底以下 3m，桩长 10～12m。二级放坡段，坡顶设置旋喷搅拌桩，桩径 ϕ90cm，间距 60cm，搭接 30cm。桩底高程为基坑底以下 3m，桩长 18～24m。支护桩段在支护桩桩间设置旋喷搅拌桩，桩径 ϕ90cm，桩长分别为 15m、17m，与支护桩的搭接宽度为 30cm。旋喷搅拌桩采用长螺旋旋喷搅拌的施工工艺。

4.3　降水方案

全线基坑均在坑外侧设置双管高压旋喷桩或旋喷搅拌桩止水帷幕。但由于本项目基坑较长且较宽，受施工工艺影响，止水帷幕内仍将会有一定滞留地下水，因此沿结构外侧及二级基坑灌注桩外侧布设疏干井抽取帷幕内滞留潜水。同时，因第 1 层和第 2 层承压水具有高水头承压性，对基底渗流稳定性和 CFG 桩、抗拔桩施工均有影响，应设置对第 1 层和第 2 层承压水的减压井。综合考虑各层地下水的水量以及施工的便利性，将上述两种功能的管井合并为疏干+减压井（A 类），该型井井深 33m，间距 7.5m。

基坑开挖范围内主要为黏土、粉质黏土、粉细砂等组成的互层地层，基坑开挖至含水层与隔水层交界处，存在一定滞留水不易疏干，因此在基坑中部设置疏干井兼具减压作用，该类管井记为疏干+减压井（B 类），井深 33m，间距 15m。

在（二级支护桩+预应力锚索）范围，上层基坑采用桩锚结构，且锚杆开孔位于潜水水位以下，为防止锚杆施工引起水土流失，在上层基坑外围布置应急井，在锚杆施工期间临时降低潜水地下水位至锚杆孔位以下。

4.4　管井设计

管井开孔、终孔直径 600mm。井管采用内径 273mm，壁厚 4mm 钢管，滤管为同规格的桥式滤水管，滤水管外包目锦纶滤网布，滤料为粗砂。管井施工作业面应高于承压水水头高程以上 1m。根据降水设计思路，管井主要技术参数见表 1。

管井主要技术参数设计表　　　　表 1

管井功能	井型/编号	井径（mm）	内径（mm）	井管材质	井深（m）	标准井距（m）
应急井	管井/Y	600	300	桥式滤水管	21	7.5

续上表

管井功能	井型/编号	井径(mm)	内径(mm)	井管材质	井深(m)	标准井距(m)
疏干+减压井(A类)	管井/J	600	300	桥式滤水管	33	7.5
疏干+减压井(B类)	管井/S	600	300	桥式滤水管	33	15
潜水监测孔	监测孔	150	50	PVC或钢管	21	37.5
第1层承压水监测孔	监测孔	150	50	PVC或钢管	28	37.5
第2层承压水监测孔	监测孔	150	50	PVC或钢管	33	37.5

5 监控量测

5.1 基坑监控量测内容

按照相关规范及要求,本项目在施工过程中必须加强监控量测,做到信息化施工。要求监控的内容有:①地表沉降;②周边建筑物变形;③桩(坡)顶的水平位移;④垂直沉降;⑤桩身的侧向变形;⑥锚索压力;⑦坑内、坑外地下水位以及边坡结构变形及裂缝情况等内容。

5.2 基坑监测预警

本工程基坑变形控制标准按一级(二级/三级)基坑考虑,在基坑开挖及结构施工过程中应加强基坑监测工作,确保基坑稳定和周围建筑物及管线的安全。监测项目按"分区、分段、分阶段"的原则制定监控量控制标准。按黄色、橙色、红色三级预警进行反馈和控制。预警内容见表2。

基坑监测预警控制表 表2

预警级别	预警状态描述
黄色预警	实测位移(或沉降)的绝对值和速率值双控指标均达到极限值的70%~85%时或双控指标之一达到极限值的85%~100%之间,另一指标未达到该值时
橙色预警	实测位移(或沉降)的绝对值和速率值双控指标均达到极限值的85%~100%时或双控指标之一达到极限值另一指标未达到时,或双控指标达到极限而整体工程未出现不稳定迹象时
红色预警	实测位移(或沉降)的绝对值和速率值双控指标均达到极限值,与此同时还出现下列情况之一时:实测位移(或沉降)速率出现急剧增长,基坑支护混凝土表面出现裂缝,同时裂缝开始渗水

5.3 基坑监测数据统计

本项目在实际施工过程中,对上述项目内容进行了监控量测,其数据统计如表3所示。监测统计数据表明,除上层支护桩桩顶出现超过10mm向上位移以外,其他监测内容及监测数据均在控制值以内。通过对桩顶出现超出竖向位移预警值进行分析,主要原因是本工程土质较差,土体压缩模量偏小(平均约4.5MPa)、接近软土,软土地基开挖卸荷回弹大,基坑土方开挖导致支护桩向上位移。按照北京市地方标准《建筑基坑支护技术规程》(DB 11/489—2016)控制标准:顶部竖向位移(一级基坑)累计值20mm,变化速率5mm/d,低于原设计采用的累计位移 10mm 的标准。鉴于本项目周边变形控制不严,本工程土质较差的特点,因此将支护结构顶部竖向位移累计值调整为 20mm 的控制标准。

基坑监测数据统计表　　表 3

序号	监 测 项 目	控制值	数　量	累计值	百分比	结论
1	地表沉降	30mm	60	+8.3mm -3.39mm	向上 76.7% 向下 23.3%	安全
2	周边建筑物	20mm	7	-3.19mm	向上 0% 向下 100%	安全
3	桩顶水平位移	25mm	26	+20mm -1mm	向内 96.2% 向外 96.2%	安全
4	桩顶竖向位移	10mm	26	+14.72mm	向上 100%	预警
5	桩体深层水平位移	45mm	12	+4.75mm -4.05mm	向内 50% 向外 50%	安全
6	地下水位	基底以下 1m	10	-8280mm	向下 100%	安全
7	锚索轴力	70%设计值	21	-70.93kN +1.79kN	减小 76.2% 增大 23.8%	安全

6　结语

(1)基坑支护形式应结合周边环境、条件等因素综合选择。本项目基坑深度为 5~29m 不等,从现场施工看,放坡开挖最为简单、方便,且周边没有建筑物,应优先采用放坡。但放坡基坑开挖土方量大,开挖宽度大。在受到环境条件限制时,需要结合土钉放坡、支护桩+锚索等综合考虑。本项目在妫水河河道两侧受到林地宽度限制开挖的影响,采用二级支护桩+预应力锚索基坑方案。

(2)地下水控制是基坑施工中的控制因素。本项目地下水水位较高,潜水水位在地表以下 1.5~3m,基坑范围有 3 层承压水。地下水控制以全线设置止水帷幕为主。但由于帷幕沿线过长且受施工工艺影响,帷幕内仍将会有一定的地下水滞留,因此须沿结构外侧及二级基坑灌注桩外侧布设疏干井抽取帷幕内滞留潜水。在预应力锚索范围段,锚杆开孔位于潜水水位以下,为防止锚杆施工引起水土流失,在基坑外围布置应急井,在锚杆施工期间临时降低潜水地下水位至锚杆孔位以下。

(3)基坑施工过程中应遵循“动态设计、信息化施工”的原则。监控量测数据是对基坑设计、施工的重要补充,是施工安全的重要保证,同时根据监控量测数据,分析原因,及时调整也是必要的。

参 考 文 献

[1] 中华人民共和国住房和城乡建设部.建筑基坑支护技术规程:JGJ 120—2012[S].北京:中国建筑工业出版社,2012.

[2] 北京市住房和城乡建设委员会.建筑基坑支护技术规程:DB 11/489—2016[S].

[3] 北京市规划委员会.城市建设工程地下水控制技术规程:DB 11/1115—2014[S].

松闫互通立交连接部出入口设计分析

张　骐[1],丁清秋[2],魏增智[2]

(1.北京市首都公路发展集团有限公司;2.北京国道通公路设计研究院股份有限公司)

摘要:互通立交的连接部是整个互通立交系统的重要组成部分,直接影响互通立交的整体功能。匝道进出主线分合流区的连接部是运行条件最为复杂的区域,通行能力往往制约匝道整个运行路段的通行能力。连接部路段也是高速公路交通事故率相对集中的区域,尤其是主线出口匝道位置的分流端部,该区域的设计直接影响互通立交运行安全和功能。山区高速公路受地形条件控制严格,在视距相对较差,技术指标相对较低的情况下,连接部的设计尤为重要。

关键词:连接部设计;出入口;互通立交;加(减)速车道;山区高速公路

1　引言

高速公路互通立交的设计基于保持环境完整性的同时,满足用户的安全使用功能,也强调项目建设费用的合理性。而设计控制和约束的组合通常相互矛盾,因此需要独特的设计解决方案。作为设计者,如何在项目投资和自然环境的限制内达到最高安全水平的设计方案,将互通立交区域内的交通事故降至最低程度,是当前不断探索和研究的课题。

根据国内外相关研究得出的一些结论,山区高速公路互通立交事故主要集中分布在流出端部及其后的出口匝道,其次为入口匝道、减速车道,加速车道和基本路段的事故率相对最低。目前我国设计规范对事故率相对集中区域的连接部设计也提出了相应的规范要求,以确保车辆运行安全。

连接部作为整个互通立交的一个设计重点和难点,关系到整个互通的使用功能和运行安全。下面结合松闫互通立交匝道进出主线分合流区的连接部设计,提出一些互通立交连接部设计的方法、思路和技巧。

2　松闫互通立交连接部出入口设计

互通立交连接部包括附加车道[加(减)速车道、辅助车道、集散车道]的连接部、主线相互分合流连接部、匝道相互分合流连接部、匝道端部平面交叉。下面主要论述松闫互通立交匝道出入主线位置加(减)速车道连接部的设计分析。

2.1 连接部设计原则

互通立交的连接部设计应满足交通分、合流和交织运行的需求，同时满足设计的一致性、车道连续性、车道平衡、运行速度变化需求和通行能力，合理考虑在该部位的车辆运行特征、驾驶员期望和几何构造等特点。

2.2 加(减)速车道的组成、形式、长度的确定

匝道与主线分汇流应设置加(减)速车道，加(减)速车道包括加速车道和减速车道。匝道汇入主线时设置加速车道；主线分流进入匝道时设置减速车道。加(减)速车道组成包括渐变段、加(减)速段和鼻端，当车道不平衡时设置辅助车道。

加(减)速车道的形式包括直接式和平行式，根据规范设计要求，松闫互通立交加(减)速车道的车道数依据匝道设计速度、设计小时交通量和匝道长度，采用单车道出入口。其中，单车道出口采用直接式减速车道(图1)，单车道入口采用平行式加速车道(图2)。

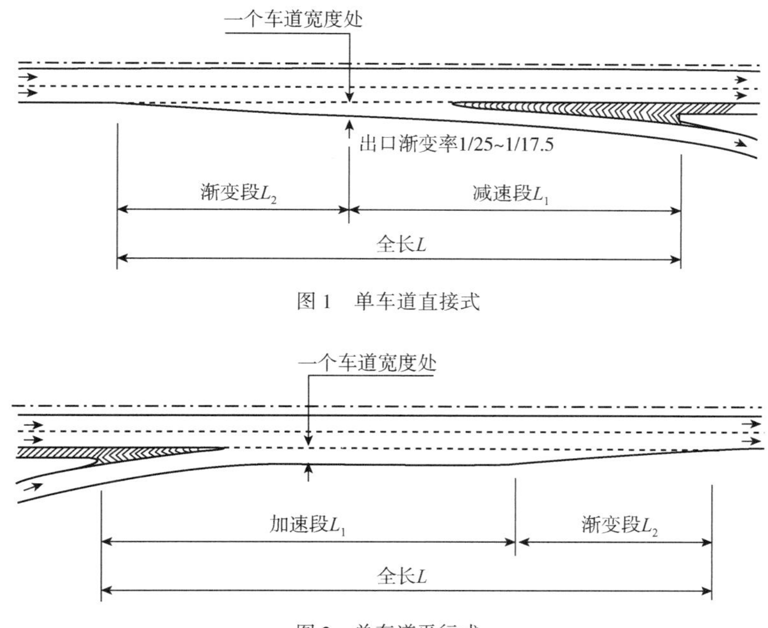

图1　单车道直接式

图2　单车道平行式

加(减)速车道的车道宽度采用3.5m，与主线直行车道之间设置宽0.5m的共用路缘带；从设计的安全性考虑，右侧硬路肩采用主线与匝道硬路肩较宽者的宽度，因此松闫互通立交的加(减)速车道硬路肩宽度均采用主线右侧硬路肩宽度3.0m，硬路肩宽度渐变在鼻端附近的匝道上完成过渡。

加(减)速车道一个车道宽度处的横断面如图3所示。

本项目为山区高速公路，桥隧比95%，受地形限制因素较大，互通区主线、匝道技术指标相对较低。为提高互通立交运行的安全性，在工程规模增加不大的情况下加(减)速车道最

小长度按照高一级主线设计速度取值,即采用主线设计速度 100km/h 对应的加(减)速车道及渐变段长度。北京方向去往延庆赛区的减速车道长度采用 132.46m,河北方向去往延庆赛区的减速车道长度采用 162.84m,减速车道渐变段长度为 95m。延庆赛区去往北京方向的加速车道长度采用 215m;延庆赛区去往北京方向的加速车道长度采用 250m,加速车道渐变段长度为 85m。

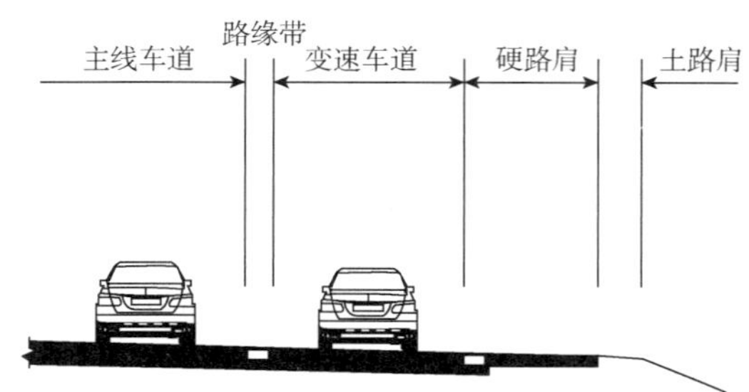

图 3 加(减)速车道一个车道宽度处的横断面示意图

2.3 鼻端构造设计

松闫互通立交分合流鼻端(硬路肩边线)的圆弧半径均采用 $R=0.6\text{m}$,减速车道分流鼻(图 4)位置处的匝道左侧硬路肩偏置加宽值 $C_2=0.6\text{m}$,主线右侧硬路肩偏置值 $C_1=3.0\text{m}$;偏置过渡渐变率采用 1/11。合流鼻位置主线和匝道硬路肩均不设置偏置。路基边线圆弧半径根据构造物的设计需求采用不同的数值。

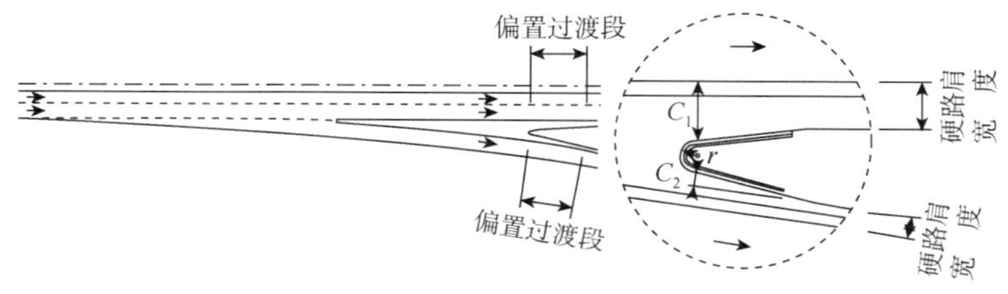

图 4 减速车道分流鼻端

松闫互通立交范围内主线、收费站以内匝道均为桥梁路段,分合流鼻端位于构造物路段,护栏端部从常规几何分流鼻端位置后移 6~10m(图 5),护栏端部半径相应增大,并在护栏端部前安装防撞垫等缓冲设施。

2.4 松闫互通立交双车道匝道单车道出入口位置连接部设计

松闫互通立交延庆赛区与北京方向连接的两条匝道,以及河北去往延庆赛区的出口匝道,均采用单向双车道匝道,3 条单向双车道匝道均采用单车道加(减)速车道,双车道与单车道之间的过渡在匝道范围内完成。本项目收费站内匝道均处于桥梁路段,考虑方便桥梁设计施工,同时为远期预留加宽条件,单车道出入口过渡到双车道匝道采用等宽横断面宽 10.5m。通过交通标线的施划,完成硬路肩宽度渐变和行车道宽度渐变,实现单车道与双车道的过渡。

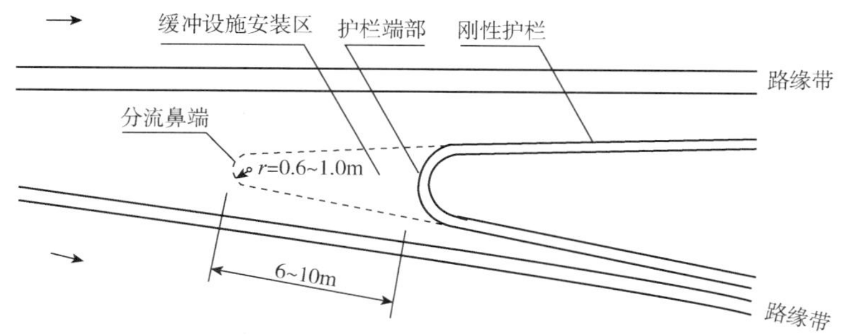

图 5　构造物上的鼻端构造示意图

根据相关设计规范要求，单车道减速车道过渡为双车道时，过渡段长度不宜小于 70m，过渡段起点距鼻端距离不宜小于 40m。双车道匝道过渡为单车道加速车道时，过渡段长度不宜小于 60m。

河北方向去往延庆赛区 E 匝道分流鼻端（图 6）单车道长度 60.95m（K0+161.69～K0+222.64），单车道渐变为双车道（图 7）的过渡段长度 80m（K0+222.64～K0+302.64）。

北京方向去往延庆赛区 D 匝道分流鼻端单车道长度 61m（K0+133.2～K0+194.2），单车道渐变为双车道的过渡段长度 80m（K0+194.2～K0+274.2）。

延庆赛区去往北京方向 C 匝道双车道渐变为单车道过渡长度 90m（K0+430.54～K0+520.54），渐变段终点为合流鼻端（图 8）位置即 C 匝道纵段设计终点。

2.5　加（减）速车道的线形设计

松闫互通立交位于主线圆曲线范围内，主线出京方向半径 2100m，进京方向半径 1950m。主线平面设计线为左侧路缘带左边缘。单向单车道匝道（B 匝道）平面设计线为行车道中线，单向双车道匝道（C、D、E）设计线为路基中心线。

加（减）速车道接线设计需要考虑行车道的连续性，当采用单车道出入口的双车道设计时，根据《中华人民共和国道路交通安全法实施条例》相关规定应左侧超车、靠右行驶。匝道线形设计时应结合驾驶员习惯和车辆运行特征，保证车道变化时右侧车道的连续性。单车道出入口的双车道匝道加（减）速车道起（终）点位于主线设计线右侧 9m 的位置，即主线右侧行车道边线偏置 0.5m 路缘带的位置（C、D、E 匝道）。

单车道出入口的单车道匝道加（减）速车道的起（终）点位于主线设计线右侧 10.75m 的位置，即主线右侧行车道边线偏置 0.5m 路缘带+1/2 行车道宽度的位置（B 匝道）。

D、E 匝道直接式减速车道的线形采用与主线相同的曲线，鼻端附近的线形根据主线曲线，内侧设置卵形回旋曲线接线，曲线外侧设置 S 形回旋曲线接线。

B、C 匝道平行式加速车道的线形采用主线线形的基础上平行加宽，与匝道圆曲线之间接线根据位于主线曲线，内外侧分别采用卵形回旋曲线接线、S 形回旋曲线接线。

主线曲线路段加（减）速车道的设置见图 9。

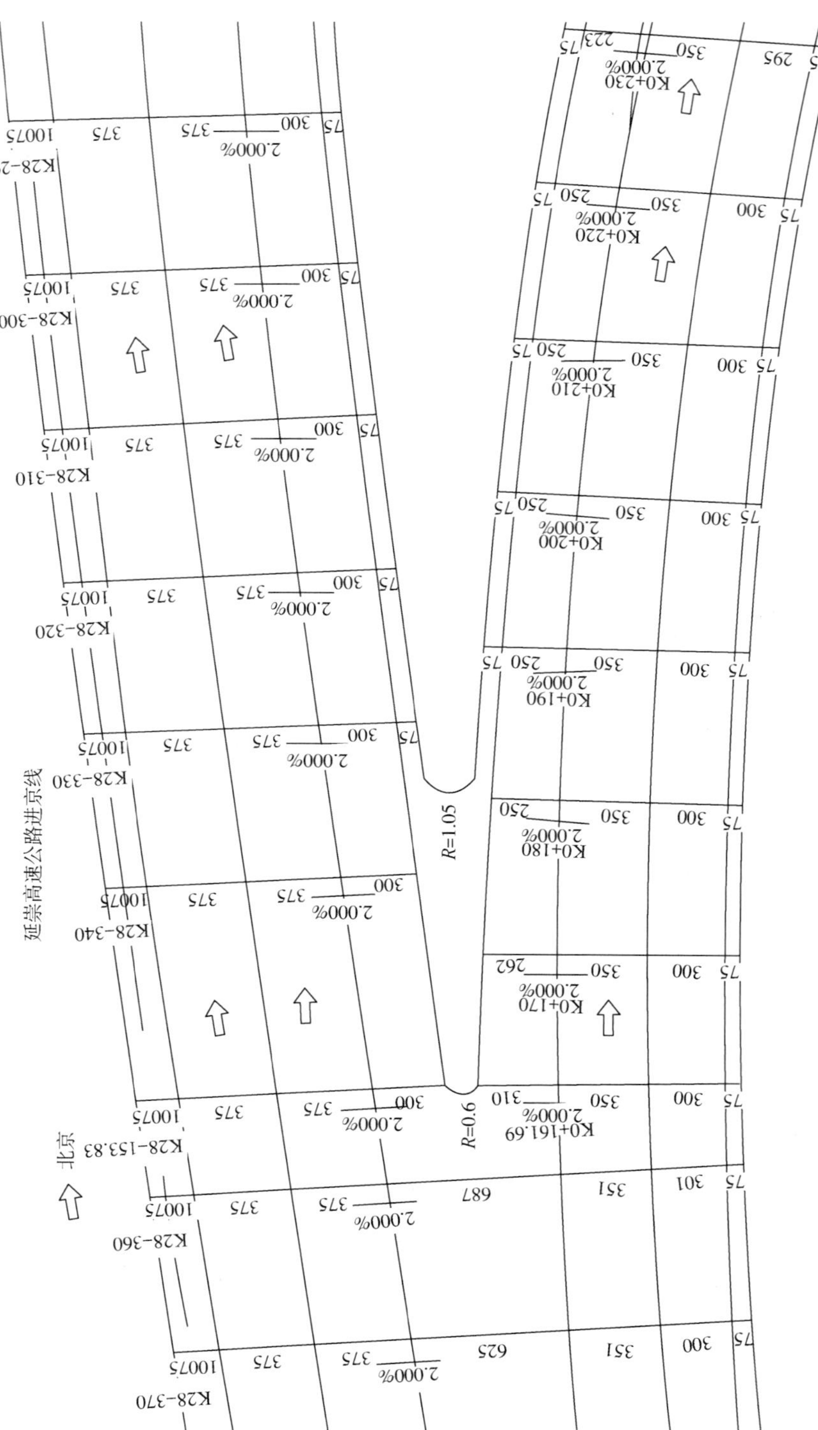

图6 河北方向去往延庆赛区E匝道分流鼻端连接部设计图

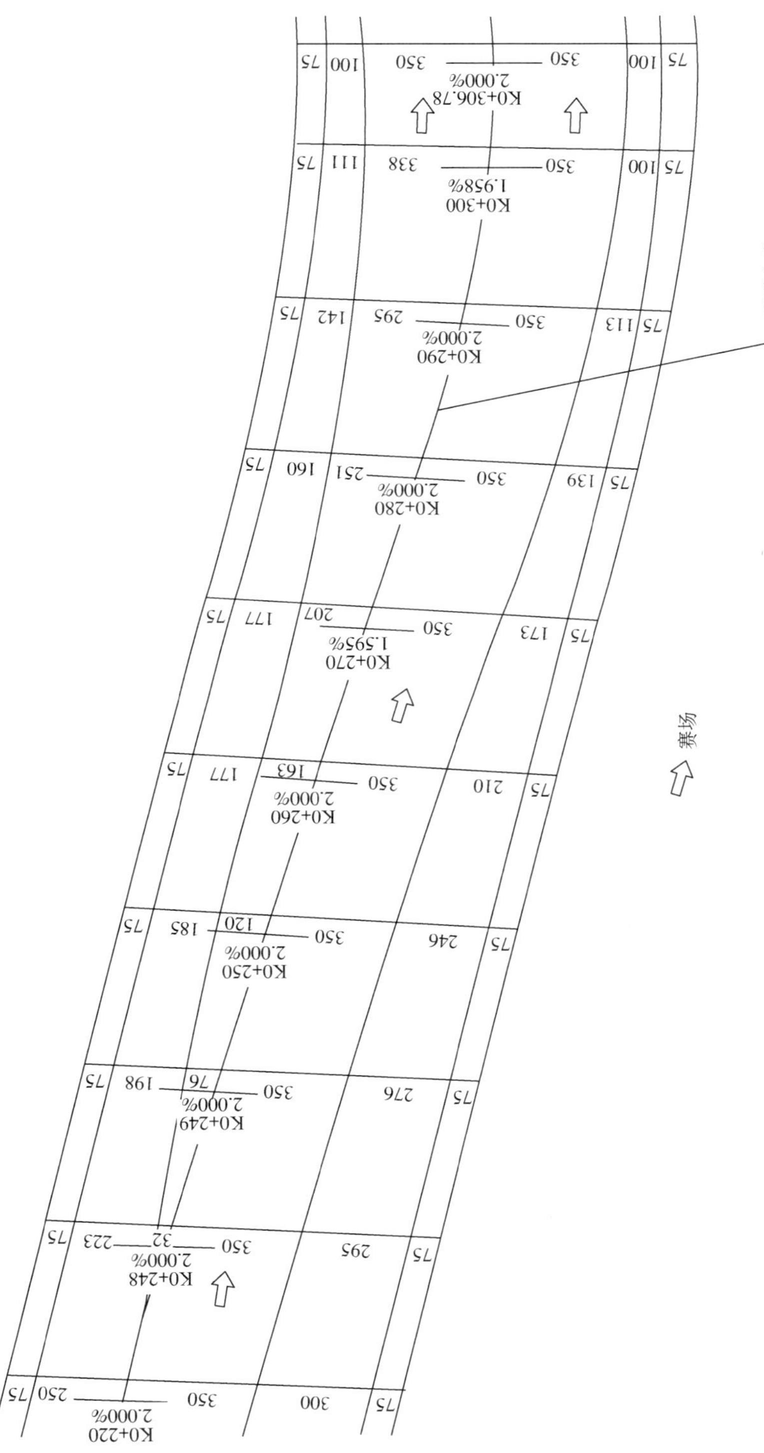

图7 河北方向去往延庆赛区E匝道单车道出口渐变为双车道连接部设计图

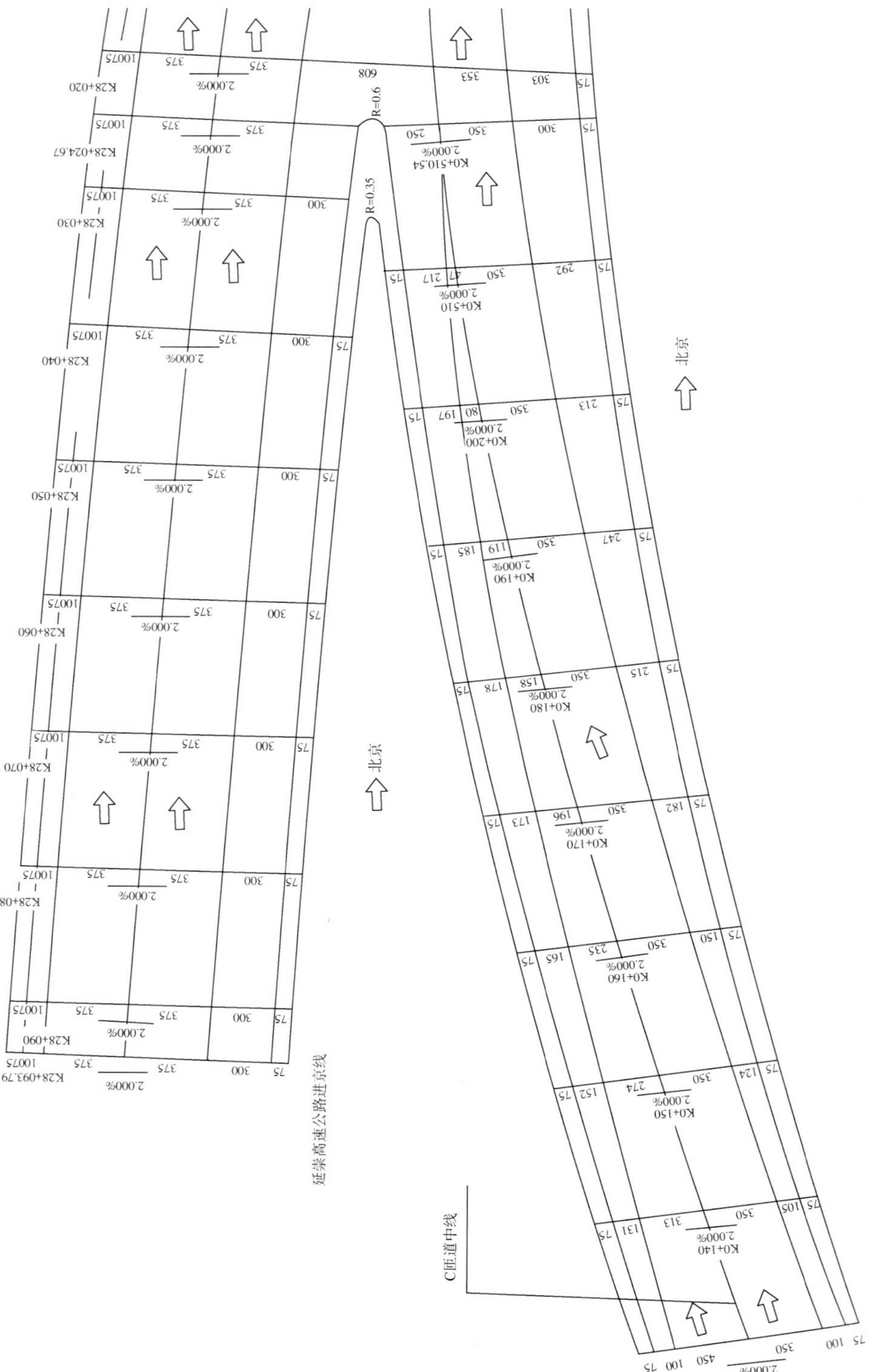

图8 延庆赛区去往北京方向C匝道双车道渐变为单车道入口合流鼻端连接部设计图

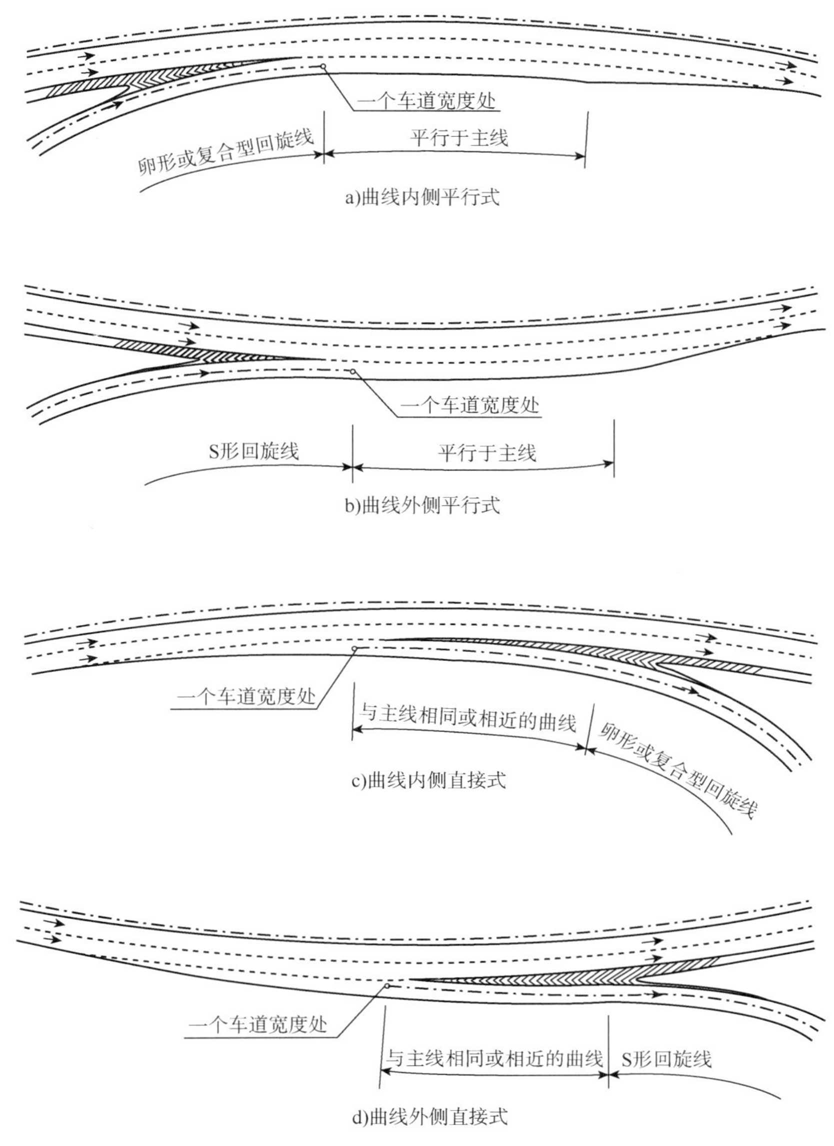

图9 主线曲线路段加(减)速车道的设置示意图

2.6 加(减)速车道连接部的纵、横坡设计

匝道出入主线连接部的纵段设计一般根据鼻端位置确定,分流鼻之前、合流鼻端之后,加(减)速车道纵段与主线纵段一致,分流鼻之后、合流鼻之前,连接部纵段为匝道纵段。匝道接主线位置的高程根据主线纵、横坡确定,引出坡按位于主线的合成坡计算,目前相关设计程序软件可根据主线平纵横数据直接查询。

减速车道的横坡与主线横坡一致,加速车道位于主线曲线内侧,横坡与主线一致。平行式加速车道位于主线超高路段曲线外侧时,加速车道起点横坡为正常路拱横坡2%,通过横坡渐变后与主线横坡一致,在这种情况下则涉及附加路拱的设计。

2.7 附加路拱的设计

松闫互通由延庆赛区去往河北方向的平行式加速车道位于主线超高路段曲线外侧(R=2100m,超高值为2%),因此需要设置附加路拱。

附加路拱的平面设计一般由3点控制,分别是汇流鼻端圆心、未做偏置加宽处理的主线路缘带边线和匝道路缘带边线的交点、匝道平面设计线终点对应的主线路缘带外边缘位置(CP点),该3点作为控制附加路拱平面设计线的主要因素,附加路拱线的基本原则是不能侵占行车道范围内。

附加路拱线的纵段由左侧主线高程控制,为保证其纵段的误差最小,设计时可按连接部高程数据图中主线桩号确定对应于附加路拱线上的高程点。可根据需求增加高程点的个数或通过主线纵横坡直接拟合附加路拱纵段。

附加路拱线的起终点横坡为固定值,起点为正常路拱横坡(在EIcad绘图软件里取值为-2%),终点横坡为主线超高横坡值。松闫互通立交附加路拱对应的主线段超高横坡为2%。对附加路拱的横坡从-2%过渡到2%编制超高文件。

通过设计附加路拱线的平面、纵段、超高数据文件,附加路拱右侧加(减)速车道上的任何位置的高程和横坡可以通过设计软件直接查询,也可以通过计算得出。连接部的详细设计主要体现在连接部设计图、连接部高程数据图上。

3 互通立交连接部设计的一些思路和技巧

互通立交连接部的设计是在互通立交位置、匝道断面和形式确定之后,匝道平面线形布设前需要明确的。首先要确定匝道平面设计线位于匝道标准横断面的位置(通常可选行车道中心线、行车道边线、行车道分界线、路基中心线、路面边线等),再确定与主线接线的位置和方式,把握行车道连续性的原则,结合设计规范进行互通立交的平面布设。在互通立交设计过程中确定了连接部的设计思路,连接部设计与整个互通立交匝道的设计是相辅相成的,构成了整个互通立交的设计。

互通立交匝道线形构成后,连接部的整体设计思路基本确定。在各项目实际运用中,连接部的局部设计可根据项目特征优化。例如,松闫互通立交为方便匝道桥梁构造物设计施工,单车道出入口的双车道匝道全长设计为等宽断面,通过连接部设计实现车道及硬路肩宽度的合理过渡;根据桥梁构造物的布跨,合理设计主线与匝道分合流处大鼻端圆曲线半径值,确保构造物的合理布设。

4 结语

连接部设计是整个互通立交设计的重要组成部分,其出入口的设计也是互通立交设计中的难点,关系到整个互通立交的运行安全、服务水平和功能的使用。做好互通立交连接部的设计,对整个互通立交节点乃至整条高速公路和地方交通转换有着至关重要的作用。

参 考 文 献

[1] 中华人民共和国交通运输部.公路立体交叉设计细则:JTG/T D21—2014[S].北京:人民交通出版社股份有限公司,2014.

[2] 中华人民共和国交通运输部.公路路线设计规范:JTG D20—2017[S].北京:人民交通出版社股份有限公司,2017.

[3] 刘子剑.互通式立体交叉设计原理与应用[M].北京:人民交通出版社股份有限公司,2015.

妫水河隧道通风系统设计

谢　飞,常默守,董启伟
(北京市市政工程设计研究总院有限公司)

摘要:延崇高速公路(北京段)工程位于延庆区内,为北京市与河北省张家口市联系的一条重要道路,也是 2019 年北京世园会与北京 2022 年冬奥会的重要联络线。延崇高速公路(兴延高速公路—国道 110 段)经过妫水河设置河底隧道。本文从工程条件、通风效果、土建投资及运营管理等方面,研究了妫水河隧道的几种通风方式,通过技术经济比较,提出了妫水河隧道最佳的通风方案。

关键词:河底隧道通风;纵向式通风方式;半横向通风;集中排烟

1　前言

隧道属于相对封闭的空间,机动车产生的污染物不易扩散,只能通过洞口或者排风口排出,当污染物浓度积聚到一定程度时,将会对人体和行车安全带来危害。

自从世界上出现第一条隧道以来,隧道火灾时有发生。据统计,1991—2001 年,上海市延安东路隧道共发生了 4 起火灾事故,上海市打浦路隧道自 1977—2002 年,共发生火灾 18 起[1]。据不完全统计[2],近 50 年世界上发生的隧道火灾事故超过 25 起。隧道火灾造成的损害和影响较大、救援困难,尤其是长隧道和特长隧道。

瑕不掩瑜,虽然隧道建设中出现了一些问题,但是其便捷性带给人们的诱惑是无法抵挡的,因此污染物及火灾带来的这些问题亟待解决。20 世纪 80 年代以前,国外建成的隧道通风方式多为全横向式和半横向式,以瑞士、奥地利和意大利为代表。20 世纪 80 年代以后,欧洲仍然以半横向、全横向居多,而亚洲以日本为代表多采用纵向通风。日本编制的《日本道路公团设计要领》被很多国家借鉴。日本甚至认为,加静电除尘器的分段纵向通风方式,适合任何交通形式和任何长度的隧道。近几年来,欧洲各国的通风理念也有所改变,分段纵向通风方式逐渐成为主流[3]。我国的隧道建设起步较晚,对隧道通风的研究也落后于欧美和日本。目前我国公路隧道环境控制与通风工程设计主要参考《公路隧道通风设计细则》(JTG/T D70/2-02—2014)和《公路隧道设计规范—第二册　交通工程与附属设施》(JTG D70/2—2014)。

2　妫水河隧道工程概况

妫水河隧道为延崇高速公路(兴延高速公路—国道 110 段)经过妫水河时设置的两座隧

道。规划延崇高速公路工程位于延庆区内，为北京市与河北省张家口市联系的一条重要道路，也是2019年北京世园会与北京2022年冬奥会的重要联络线。延崇高速公路呈南北走向，南起兴延高速公路，北至市界，线路全长32.2km。延崇高速公路主路道路等级为高速公路，设计速度100km/h（地下道路段80km/h）；辅路为一级公路，设计速度80km/h（地下道路段60km/h）。其隧道规模见表1。

隧道规模表 表1

序号	隧道名称	桩号范围	隧道长度(m)	隧道类型
1	主路隧道	ZK6+060～ZK7+730 ZK6+060～ZK7+730	1670 1670	分离式
2	辅路隧道	ZK6+060～ZK7+730 ZK6+060～ZK7+730	1670 1670	分离式

3 通风方案确定

本文提出3种适合本隧道的通风方案，并以隧道主路为例进行详细论述。

3.1 方案一：全射流式通风+纵向式排烟

3.1.1 全射流式通风

根据《公路隧道通风设计细则》（JTG/T D70/2-02—2014）计算通风可以采用全射流纵向式通风方式，由于妫水河隧道全长较短，且隧址区域隧道内污染物排放无环保要求，因此本工程考虑采用全射流式通风方式。

3.1.2 纵向式排烟

根据《公路隧道通风设计细则》（JTG/T D70/2-02—2014）第10.1.1条，本工程属于长度大于1000m的高速公路隧道及一级公路隧道，因此应设置火灾排烟设施，隧道采用纵向式排烟，明挖段结构断面如图1所示。

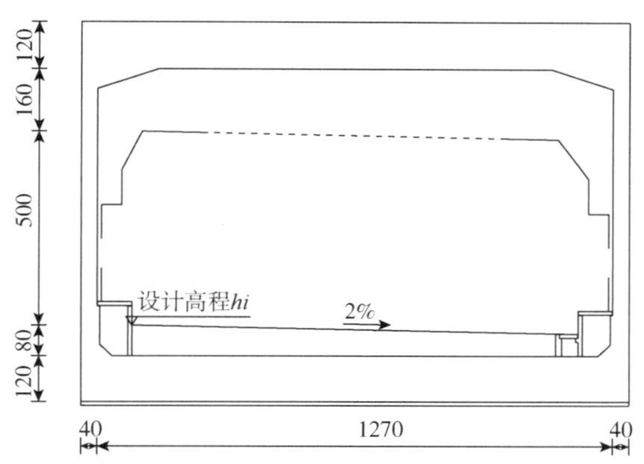

图1 采用全射流式通风+纵向式排烟的结构断面（尺寸单位：cm）

3.2 方案二:排风型半横向通风+集中排烟

3.2.1 排风型半横向通风

正常及阻滞工况下通过隧道顶部排风道将隧道内的污染空气排出隧道,新风从洞口补充进入。

3.2.2 集中排烟

区间火灾时,仅开启火灾区域200m范围内风口,由排风机从隧道上部风道集中排烟。

在隧道的顶部沿隧道长度方向上设置断面积约8m²的风道(风道面积:换气次数计算需风量/15)并设置排风竖井,设置风井的原则包括:①满足通风排烟需求;②防止漏水,尽量避免设置在土质特别潮湿地带;③减少对人体的损害,远离居住人群;④设置在便于与周边环境结合的地带。根据上述原则,本工程选择如图2所示位置设置竖井。并均匀开设通风口,全部隧道段不设置射流风机,明挖段结构断面如图3所示。

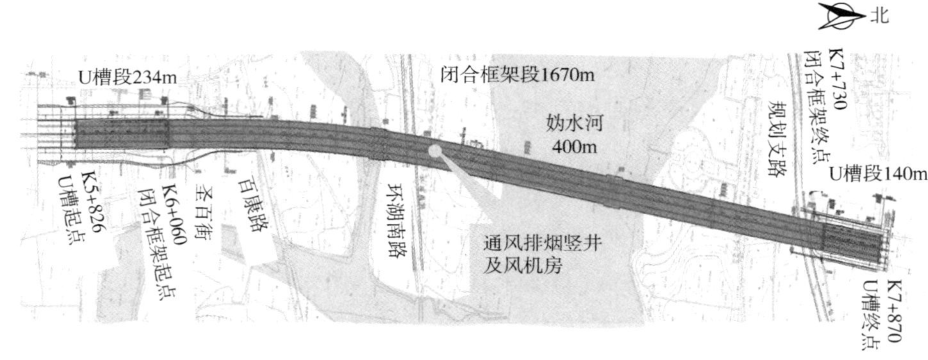

图2 通风竖井设置平面布置图

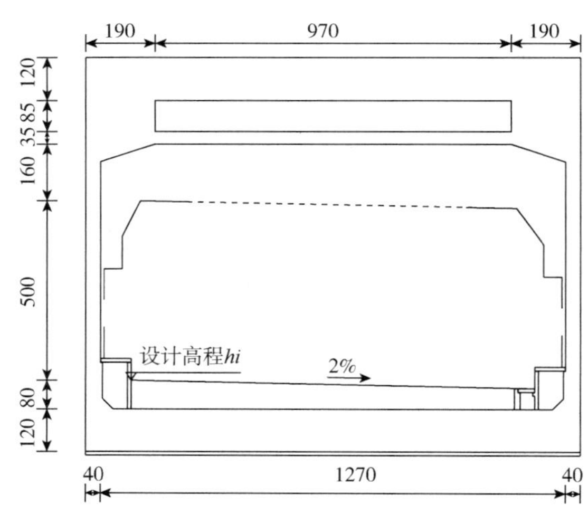

图3 采用排风型半横向通风+集中排烟的结构断面(尺寸单位:cm)

从图3可以看出,排风型半横向结构断面面积为148.5m²,纵向式结构断面面积为132.3m²,排风型半横向结构断面面积比纵向式结构断面面积大16.2m²。

3.3 方案三：全横向通风方式+集中排烟

采用全横向通风方式，在隧道两侧分别设置送、排风道，通风风流在隧道内做横向流动，按目前需风量计算，隧道左右各需要设置 8m^2 的风道，土建成本增加太大，故本文对此方案不做进一步论述。

4 技术分析

4.1 方案一：全射流式通风+纵向式排烟

4.1.1 通风功能

本隧道长度为 1670m 的单洞单向三车道高速公路隧道，全射流式通风方式完全满足规范《公路隧道通风设计细则》(JTG/T D70/2-02—2014)对隧道内风速的要求。

4.1.2 排烟功能

沿车行方向，隧道内发生火灾时，排烟设施运行模式如图 4 所示。

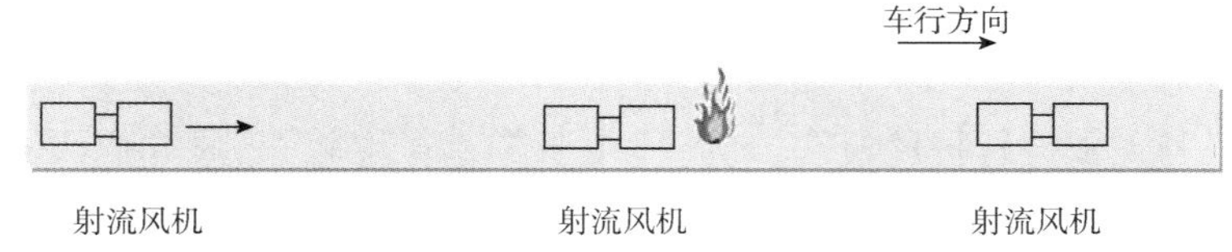

图 4 纵向式排烟设施运行模式

运行模式：采用纵向式排烟，射流风机开启保持临界风速，新鲜空气从隧道入口进入，烟气从隧道出口排出。

4.1.3 系统特点

没有多增加土建面积，初投资低。

正常运营工况下，可充分利用汽车行驶时产生的活塞风进行通风，射流风机可以不开，运行费用低。

4.2 方案二：排风型半横向通风+集中排烟

4.2.1 通风功能

该方案需要进行竖井选址，由于该隧道位于北京市延庆区境内，附近为世博园规划用地，高塔排放影响景观、周边规划及土地利用，因此竖井选址需充分考虑周围环境情况，最终选定如图 5 位置设置竖井。污染物全部从竖井排出，新风从洞口进入。

4.2.2 排烟功能

沿车行方向，隧道内发生火灾时，排烟设施运行模式如图 6 所示。

运行模式：采用集中排烟。首先确认火灾地点，火灾区域 200m 范围内排烟阀开启，其余排风口关闭。开启相关排烟风机对火灾区域集中排烟，将烟气就地排离行车道，协助驾乘人员疏散和火灾救援。补风依靠射流风机引流从洞口进入。

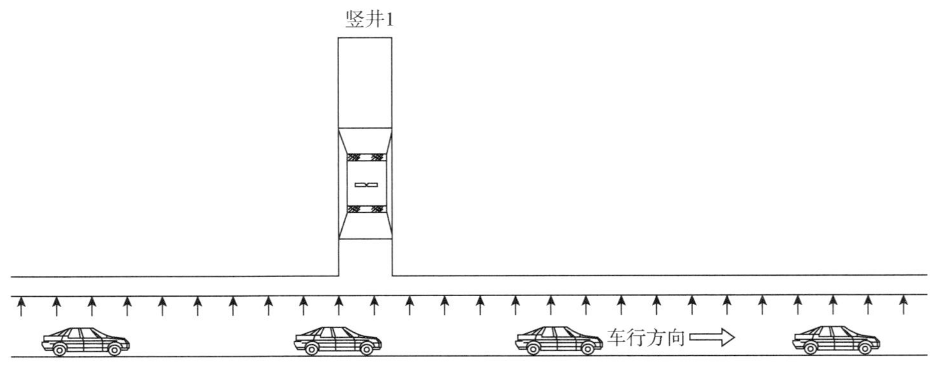

图5　排风型半横向通风系统布置示意图

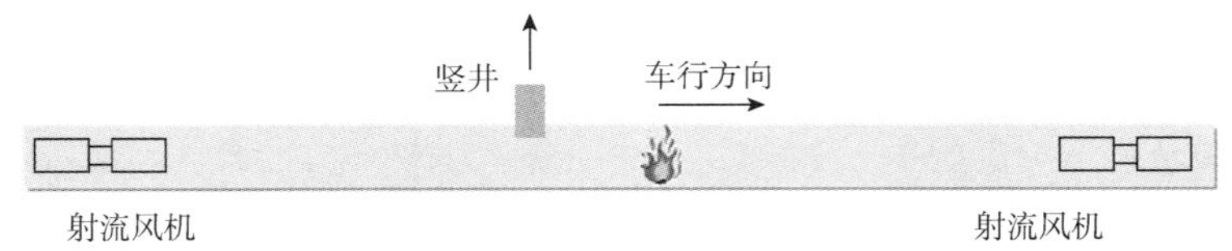

图6　集中排烟设施运行模式

4.2.3　系统特点

集中排风机与正常运行排风机合二为一,由于隧道长度较短,风井内无大型风机,相应机房面积较小。

没有有效利用汽车行车活塞风作用,全隧道基本采用机械通风,运营费用高。

隧道运行过程中,当一线隧道封闭检修,另一线改为双向行车时,可以较好解决洞内通风。

保证沿隧道长度方向上均匀排风非常困难,实际上形成的局面是靠近风井一段长度排风量很大,到风道末端排风口几乎无风,以致隧道中部情况会恶化,隧道中部卫生状况无法保证。

5　经济分析

5.1　初投资分析

经过本院计经专业核算,方案一总初投资为200万元,方案二的总初投资为7600万元。方案一的初投资全部为设备及安装费,方案二中包含7440万元明挖段断面变化引起的土建费用。方案一的总初投资远远低于方案二。

5.2　运行费用分析

方案一与方案二的主要设备表,见表2、表3。

系统按照每年365天运行,每天运行18小时,方案一分段纵向式可以利用大部分交通风力,运行负荷系数取0.1,方案二排风型半横向式运行负荷系数取0.5,电费取1元/kW·h,则一年的运行费用为：

方案一：(36×30)×365×18×0.1≈71 万元

方案二：(3×80+0.15×120)×365×18×0.5≈85 万元

方案一主要设备表

表 2

编号	设备名称	单位	数量	设备参数
1	射流风机	台	36	机号：100，出口风速：35.6m/s，电量：30kW 备注：正常工况下全部开启，火灾工况下开启 9 台

方案二主要设备表

表 3

编号	设备名称	单位	数量	设备参数
1	轴流风机	台	4	风量：$80m^3/s$，风压：697Pa，电量：80kW 备注：同时通风兼火灾排烟
2	电动排风口	个	120	规格：2000×2000(mm)　功率：0.15kW

上述分析表明，方案一无论是初投资还是运行费用都低于方案二，可实施性强。

6　结语

行车安全问题是隧道交通安全的重要环节，高速公路隧道必须设置合理的通风排烟系统，为驾驶员创造舒适安全的行车环境。对隧道通风系统来说，首先要满足的是通风排烟功能，其次是优化节能。

针对公路隧道的通风要求，通过对几种通风方式的分析得出以下结论。

(1)全射流式通风有效利用了交通风，其运行费用远远低于其他通风方式；

(2)纵向式排烟方式与全射流式通风方式相结合，完全可以满足该工程公路隧道的排烟需求。

因此本工程采用全射流式通风与纵向式排烟方式相结合的通风设计方案，提高经济性和可行性。

参考文献

[1] 王振信.公路隧道安全问题初探[J].地下工程与隧道，2003，(01).

[2] 何世家.隧道火灾和隧道防火涂料[J].消防技术与产品信息，2002，(05).

[3] 孟伟.雪峰山隧道通风系统模型实验[D].武汉：华中科技大学，2006.

论延崇高速公路平原段绿化景观与周围环境的协调

闫　晶[1],吴伟敏[2]

(1.北京市市政工程设计研究总院有限公司;
2.北京市首发高速公路建设管理有限责任公司)

摘要:延崇高速公路是2019年北京世园会和北京2022年冬奥会延庆赛场与张家口崇礼赛场的直达高速公路通道。通过分析平原段两侧用地景观类型、敏感点及驾驶者行车视线,重点处理与世园会相交的辅路段路侧景观、立交节点景观,打造景路合一的真实体验,使得绿化景观与周围环境充分融合,实现“山水画卷、流动花园”的景观设计主题。

关键词:延崇高速公路;景观;世园会

1　引言

根据《延崇高速公路(北京段)工程绿色公路总体建设方案》,延崇高速公路沿线所在区域含有丰富的旅游资源,其中以夏季草原休闲游和冬季滑雪项目为主要特色,为尽可能适应满足城市居民旅游出行的城际高速公路的特征,带动沿线旅游资源的开发利用,促进生态型公共产品的输出,全线景观设计思路主要通过以下几点来进行景观营造:

①基于景观生态学理论,构建廊道生态基础设施,形成可持续发展的生态系统;

②基于景观美学理论,建立多角度景观视觉体系,展现城市景观(世园会)及草原冰雪(冬奥会)风貌;

③基于行为心理学理论,挖掘多层次行为需求,构建人性化的精品旅游线路。

根据延崇高速公路(北京段)的区位和定位(图1),沿线景观以“两会”为核心主题,主要分为两大主题段落,其中北部山区段以展现“冬奥会”草原冰雪风貌为主,南部平原段以展现“世园会”城市景观为主。延崇高速公路平原段有2.1km穿过世园会园区,如何与世园会园区景观协调统一成为平原段景观设计重点关注的部分。

2　延崇高速公路平原段环境现状

2.1　两侧用地景观类型分析

道路两侧的景观元素(表1)分布对于道路景观的形成起到了决定性的作用,体现了道路的风貌特色，对道路沿线200m范围内的景观元素进行整合（图2）。结合道路两侧的景观要素分布现状，将道路两侧的景观类型分为湿地景观、水景景观、田园景观、城镇景观。

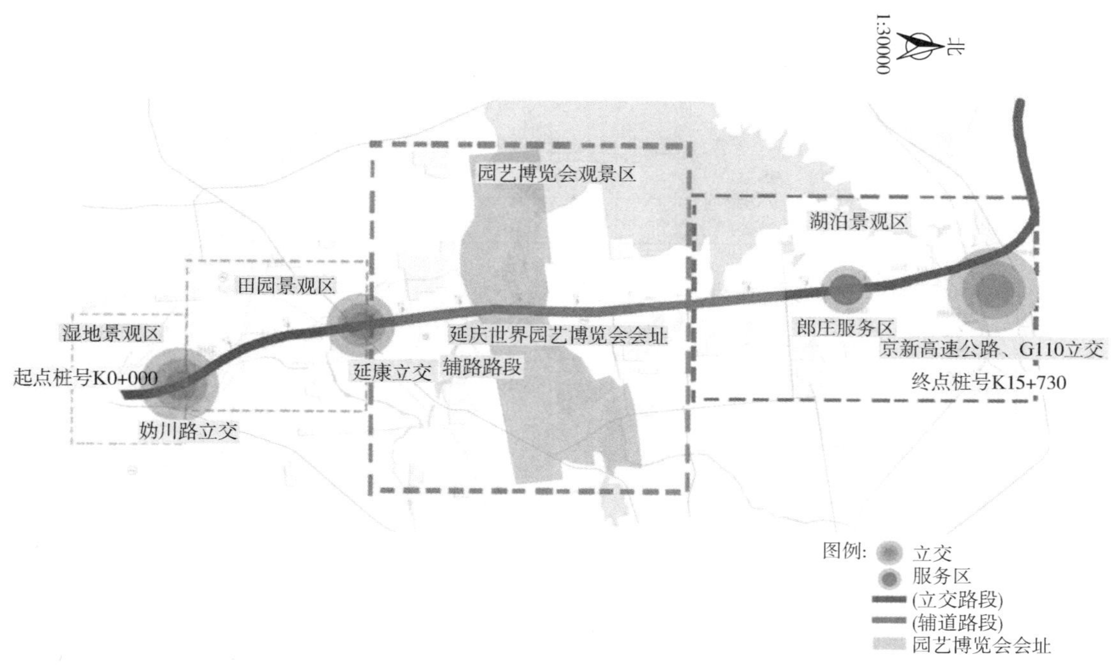

图1 延崇高速公路平原段全线示意图

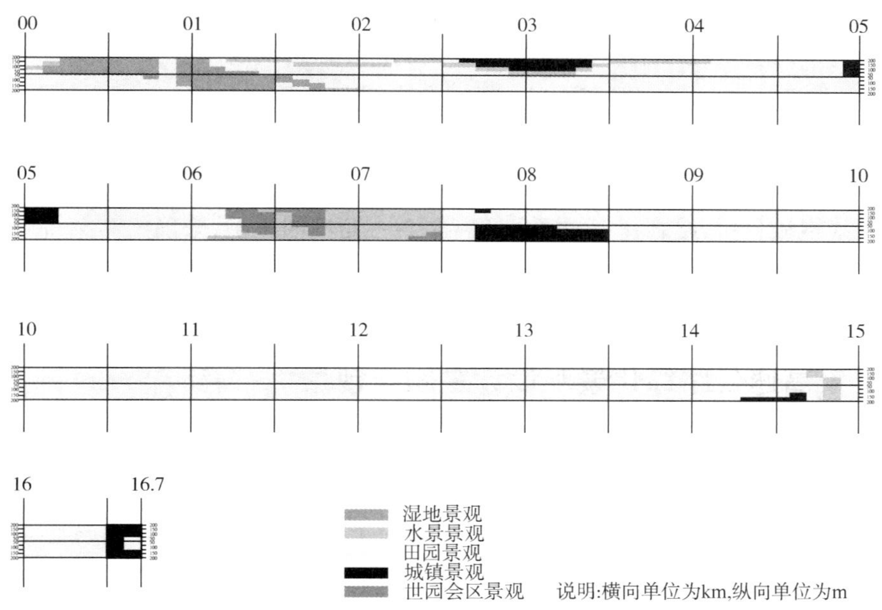

图2 沿线景观类型现状分析图

沿线景观类型现状构成表 表1

景观类型	道路西侧(km^2)	比例(%)	道路东侧(km^2)	比例(%)	合计(km^2)	总比例(%)
湿地景观	190	3.0	150	2.4	340	5.4
水景景观	335	5.3	220	3.5	555	8.8
田园景观	2325	37.0	2510	40.0	4835	77.0
城镇景观	195	3.1	200	3.2	395	6.3
世园会景观(不含水景)	95	1.5	60	1.0	155	2.5
总计	3140	50.0	3140	50.0	6280	100.0

通过分析可以看出沿线道路两侧除世园会段外基本为田地，还有少部分的城镇和湿地、水景。沿线分为一线四区多节点的景观结构，一线为道路主体，四区根据沿线环境分为湿地景观区、田园景观区、园艺博览会观景区、湖泊景观区，多节点指立交绿地、服务区绿地、停车区绿地等沿线块状地带绿地。

2.2 沿线敏感点

保护沿线水系统的连通性，弱化人工设施的负面干扰。延崇高速公路沿线经过潮白河水系、永定河水系、官厅水系等重要水系干支流域，对地表水生态环境造成一定的割裂效应，改变了公路两侧原有动植物的生存环境。平原段处于官厅水库淹没区，与妫水河和蔡家河现况河渠相交，景观设计充分考虑原有水域现状，通过适当栽植原有水生植物，遮蔽、柔化水域上方的桥梁、涵洞等设施，减少其对周围水生动物的割裂。按照最初规划，延崇高速公路将利用高架桥从延庆妫水河上越过，而由于妫水河正好位于世博园核心区内，高架桥的设计方案势必会对世园会景观带来影响，为此经过反复论证最终决定，利用一条隧道将高速公路“藏”到河底，保证高速公路结构主体融入景观之中。

2.3 景观视线分析

根据视线视域分析，结合速度对于人眼视野观察角度的影响，来确定高架桥绿化带中植物距离的远近，高低、品种和栽植模式，保证行车安全的同时，丰富植物景观层次，在最佳观赏视角内，进行景观重点营造。

3 延崇高速公路绿化景观设计主题与创意

3.1 设计主题

景观设计主题“山水画卷　流动花园”—让道路融入自然的怀抱，让自然感动人类的心灵。与道路周边天然的山水景观相融合，以自然为肌理，疏密相间、就势交错，形成“虽由人做，宛自天开”的植物画卷(图3)。结合世园会会期，增加夏秋季色彩，形成可观、可赏、可体验的景观大道。通过对沿线景观视觉评价，抽象人为感受的景观序列，以满足视觉愉悦体验为目的，保证视野开敞，并在持续单调区段适度进行景观丰富，在保证驾驶者心理安全的基础上，使驾驶者或旅游者在全线通行时有着“如在画中游”的视觉体验，达到景路合一的旅游交通目标。

生态的路

风景的路

色彩的路

展示的路

图3　道路景观图

依据高速公路驾乘人员视觉、心理特性，为避免持续单一景观引起的视觉疲劳，根据道路沿线景观现状以及景观元素变化对观景者的视觉心理影响程度的强弱，使高速公路行驶的观景者如同聆听一段乐章般感受到景观节律的起伏变化从而留下深刻的印象。景观变奏点的分布大致以沿线的优美景观及景观节点为中心点。道路各种景观元素的分布、频率和在本序列中的视觉景观作用的大小不同构成了如下景观序列(图4)。

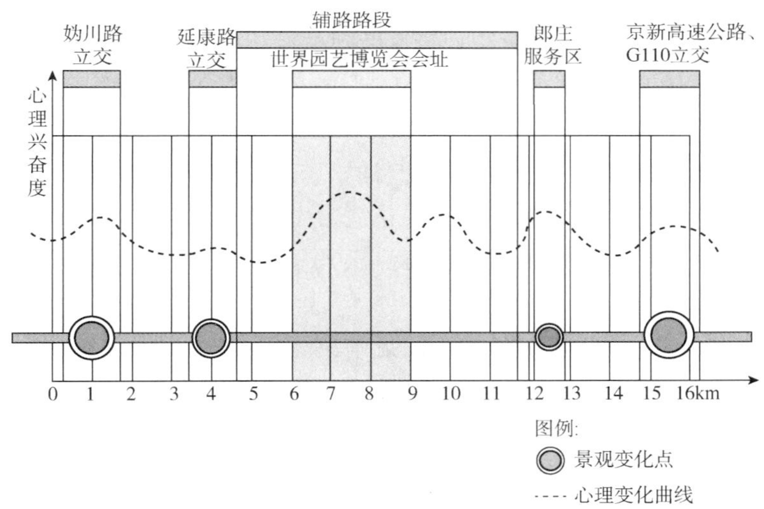

图4　沿线景观序列分析图

3.2　设计原则

①重点路段参照世园会园区设计主题绿色生活美丽家园，结合立体花坛与周边整体绿化风格统一；

②特色突出，印象深刻；

③与园区绿化风格相统一；

④便于后期养护、管理；

⑤植物种类选择近远期效果结合。

4 景观设计方案

4.1 世园会道路绿化景观与环境的融合

结合世园会主题“绿色生活美丽家园”打造慢行生态绿道,借世园会契机,助延庆发展,配合世园会园区设计自然生态的静态享受型休闲绿地。延康路—百康路约2.1km穿过世园会园区。路侧自行车道、人行道和绿化带一共宽13.5m,自行车道3.5m,人行道3m,绿化带5m,机非隔离带2m,结合周围世园会绿化主题,呼应不同主题段的重点树种。世园会大道全线5.5km,设计结合动视觉原理和车速变化,体现“一线五景”的丰富的空间序列变化。一线——全线景观统一中有变化,以杨树和白蜡为基调树,打造恢宏大气、浩然庄重的首都气派和大气大美大雅的景观风格。五景——结合全线的开合节奏变化,融合树种文化,对应五处大景观。延康路以北这部分主要包括香溢海棠和锦绣斑斓两个节点。

“香溢海棠”以海棠、丁香为特色,油松、白蜡、云杉等衬托,同时环植丁香,展现芳香四溢的景观特色。“锦绣斑斓”以银杏、银红槭为特色。银杏原产我国,有植物活化石之称,是最能代表中国的树种。以银杏的亮黄色配以银红槭的红色形成绚丽斑斓的秋景特色。为了与世园会景观协调统一,我们在景观设计时基本做到与世园会大道的绿化相呼应,同时在5m宽的路侧绿地内以乔木和自然式地被为主,留出足够的透景线,确保驾驶员和行人可以对世园会的美景一览无余。

有高架段全长1.1km,上层乔木种植国槐、油松、云杉、栾树、红花刺槐、元宝枫、金叶榆、大山樱等,点缀银杏,下层灌木地被以自然式花镜为主,种植北美海棠、丁香、碧桃、珍珠梅、大花萱草等。中央隔离带桥下两侧间隔种植油松、丁香、珍珠梅,中间隔段种植耐荫地被玉簪、蛇莓、冷季型草。

无高架段全长610m,两侧辅路宽13.5m,无中央绿化带;上层乔木种植国槐、栾树、元宝枫、金叶榆、大山樱等,点缀银杏,下层灌木地被以自然式花镜为主,种植北美海棠、丁香、碧桃、珍珠梅等。2m宽的路侧隔离带分三种不同的种植形式,100m² 株国槐与5株碧桃间隔种植,50m长绿化带上层种植国槐,地被种植大花萱草,50m长绿化带上层种植云杉,下层地被种植马蔺。2.5m宽的路侧隔离带分两种种植形式,100m长绿化带种植2株白蜡和5株丁香间隔种植。100m长绿化带种植20株油松,下层种植大花萱草(图5)。

图5 世园会辅路段有高架效果图

4.2 立交景观的设计与营造

京新高速公路上跨国道110立交绿化景观设计以现状为基础,因地制宜。考虑到现状地形高差很大，结合现有湿地景观和雨水收集，利用石笼挡墙将现状地形进行梳理，充分尊重现状，使湿地成为桥区内雨水收集的场所。建立立交"绿色海绵"，将雨水资源和路面地表径流引流、收集，使其资源化，使雨水发挥综合生态服务功能，在降雨时起到错峰和补充地下水的作用，形成独特的湿地立交景观。同时将自然景观与人文景观设计相融合，因地制宜，体现生态环保的设计理念。

植物景观设计时结合立交高程和安全视距，在高架两侧种植高大乔木，如新疆杨、刺槐、白蜡等，在视线所及范围内精心营造植物组团，同时考虑到冬奥会国道110立交作为必经之处，常绿树种的比例适当提高，种植不同规格的油松、桧柏和云杉来组合搭配。在等高线分布较密的区域结合石笼挡墙营造湿地景观，以高大乔木围合的匝道圈作为背景，前景为疏朗通透的湿地地被，局部搭配一些植物组团，整体形成具有特色的湿地立交景观（图6、图7）。

图6　国道110立交局部效果图

图7　国道110立交桥区鸟瞰图

4.3　植物品种选择与搭配

公路绿化是公路景观的主要组成内容，"适地适树"是绿化建设的基本原则，在植物的选择与配置上应注意其对当地环境的适应性，应根据生物学特性，考虑公路结构特点、立地条件，管理养护条件等诸多因素，选择以乡土树种为主，不会产生其他环境污染，不影响交通，不会成为附近农作物传播病虫害的中间媒介;另外要萌蘖性强,易成活,耐修剪,便于养护,不会给当地生态环境带来种间入侵的生态灾害,并注重植物景观特色。景观段主要种植榆叶梅、山桃、连翘、刺槐、国槐、油松、桧柏等树种,展现春季景色。城镇景观段与世园会址相连,突出鲜花盛开的夏季景观特色。种植油松、云杉、栾树、红花刺槐、金叶复叶槭、元宝枫等乔木,结合丁香、珍珠梅、大山樱、碧桃等灌木,地被采用玉簪等色彩艳丽、花期长的植被种类。

5 结语

延崇高速公路平原段景观绿化通过对沿线景观视觉评价,重点关注驾驶员在高速公路行驶时的视线变化和心理感受。世园会辅路段通过与园区内植物品种的统筹协调,景观空间的开合呼应,考虑植物的季节变化,打造一体化的景观效果。重要节点立交则根据每个立交的高程、行驶车速和安全视距,在满足行车安全的情况下,在视线所及的范围内打造复层植物景观群落,最终达到驾驶者或旅游者在全线通行时有着“如在画中游”的视觉体验,与周边自然环境做到充分融合。

参考文献

[1] 朱国强,刘春梅,邵珠福.公路景观设计与所在地域环境的融合[J].公路交通科技(应用技术版),2007(06).

[2] 汤晓敏,王祥荣.景观视觉环境评价:概念、起源与发展[J].上海交通大学学报(农业科学版),2007(03).

[3] 王岗,覃朗.高等级公路景观建设与生态环境的协调[J].交通世界(建养.机械),2007(05).

[4] 王顺兴,杨维国,傅琨.浅析公路建设新阶段景观设计新理念[J].科技资讯,2007(12).

[5] 王保忠,王保明,何平.景观资源美学评价的理论与方法[J].应用生态学报,2006(09).

高速公路隧道入口交通安全设施措施研究

罗红杰，寇宝雷
（中国公路工程咨询集团有限公司）

摘要：高速公路隧道入口段产生交通事故的概率远大于其他路段。一般情况下，在进入隧道入口 200~400m 的地方及其容易产生交通事故。因此对高速公路隧道入口段交通安全设施措施的研究极为重要，通过科学合理的交通安全保障措施，能够从理论、技术上消除上述路段的安全隐患，保障行车安全。

关键词：高速公路隧道；安全设施；标志提醒；视线诱导；视觉警示；路侧保障

1 引言

随着我国经济的快速发展，高速公路建设事业蓬勃发展，山区高速公路也越来越多，由于受到复杂的地形、地貌等因素的制约，在设计过程中不可避免地采用隧道方案。隧道路段经常发生交通事故，尤其是入口段，不仅事故率高，而且后果严重，如何合理组织隧道入口交通运行，保证交通安全，已成为交通工程部门着重研究的重大课题之一。因此，进行高速公路隧道入口路段的交通安全设施措施研究，对提高隧道入口安全水平具有重要意义。

2 高速公路隧道入口段事故特点分析

高速公路隧道入口交通与其他路段不同，具有光过渡、存在洞门、宽度变化等特点。尽管高速公路隧道入口段设置了相应的安全设施，但隧道交通事故还是屡屡发生。而且，一旦隧道入口发生事故，其后果多都比发生在其他路段上要严重。高速公路隧道入口处交通事故类型和其他地点有所不同，按照事故类型分为追尾事故、同向剐擦事故、侧翻事故、撞击固定物事故等。根据一些研究人员统计的数据，其中追尾事故所占比例高达 59.10%，撞击固定物（撞击隧道壁）事故比例为 10.30%，其他事故比例相对较为均衡，如表 1 所示。

隧道群和单一隧道入口事故类型比例（单位：%）　　表 1

事故类型	追尾	撞击固定物	同向剐擦	侧翻	侧面相撞	正面相撞	爆胎	失火	其他
隧道群	59.10	10.30	7.20	6.70	5.90	5.20	0.90	1.20	3.50
单一隧道	64.66	12.93	1.72	8.62	2.59	0.86	0.86	4.31	3.40

不同的交通工具产生的交通事故数有所差异,不同车辆类型对应不同的事故比例,这将为研究交通组成对隧道入口交通安全的影响机制提供依据。通过分析对象的类型,将车辆分为小汽车、客车和货车三种具有代表性的类型,其中小汽车发生事故的比例远远高于其他车辆类型,货车与小汽车之间的事故比例显著高于其他车型的事故比例,车辆与隧道也非常容易发生碰撞事故,如表 2 所示。

发生事故车辆类型比例(单位:%) 表 2

类型 2	类型 1					
	小汽车	客车	货车	隧道	其他设施	合计
小汽车	14.80	12.20	23.70	12.30	8.90	71.90
客车		4.50	5.20	3.20	1.20	14.10
货车			7.70	4.20	2.10	14.00
隧道				0.00	0.00	0.00
其他设施					0.00	0.00

3 高速公路隧道入口交通安全保障措施

道路交通是一个由人、车、路、环境四者组成的复杂的综合系统。为了避免在驾驶过程出现不利于安全的情况,需要及时把道路线形、路侧环境及交通状况等信息传递给驾驶员,以便驾驶员能够及时做出判断。目前,国内存在一些针对高速公路隧道入口交通安全保障措施的研究,但在具体设计过程中,往往缺少综合性的设计理念,随意性较强。对此,本文基于信息传递和驾驶员信息处理机制提出了一种综合性的安全保障措施,来迫使驾驶员保持警惕,达到安全行车。该措施包括“标志提醒”“视线诱导”“视觉警示”“路侧保障”四个层次。

3.1 标志提醒设施

交通警示标志是将前方危险路段的信息传递给驾驶员视觉器官的重要媒介,因其具有前置性,使驾驶员有较充裕的时间进行相应操作。隧道入口作为重点路段,需要提前设置隧道名称和开大灯标志,同时应在标志板上标注隧道长度,以更好提醒驾驶员,该标志一般设置隧道入口 100~200m 的位置;同时在隧道入口路段应设置禁止超车标志,以配合隧道洞内的标线设施。对于隧道群或者特长隧道路段有条件的情况下,可以采用主动发光标志,以更好地起到提醒和告知的效果。相关标志版面如图 1 所示。

图 1 隧道口标志示意图

3.2 视线诱导设施

视线诱导设施主要作用是将道路线形信息传达给驾驶员，以提高驾驶员对道路轮廓及路面情况的辨识能力，从而保证其能够在规定的车道内安全行驶。视线诱导设施主要包括轮廓标、突起路标等。各种视线诱导设施的选用，主要与路段的事故发生频率、道路线形、路侧环境有关。

轮廓标（图 2）是沿道路两侧边缘对称布置、用于显示道路边界轮廓、指引车辆正常行驶、具有逆反射性能的一种交通安全设施。它可以诱导驾驶员视线，有效避免交通事故的发生。对于高速公路隧道入口路段可以采用大面积发光的轮廓标，按照 8m 间距设置，设置在隧道入口前 300m 处，为行驶的车辆提供诱导功能，保证行车安全。

a)

b)

图 2 大面积轮廓标和突起路标示意图

突起路标（图 2）是固定于路面上起标线作用的突起标记块，是用来诱导驾驶员行车方向的安全设施。突起路标内安装逆反射材料，能在夜间和雨雪雾天等低能见度条件下，保证驾驶员良好的视认性，同时具有较好的经济性和适用性。突起路标设置在隧道入口路段非常有利于诱导车辆，因此在隧道入口段 150m 处的边缘线和车道分界线处，按照 10m 间距设置双面反光突起路标来提醒驾驶员，以保证行车安全。

3.3 视觉警示设施

视觉警示设施主要作用是提醒驾驶人员，防止驾驶员驾驶疲劳，保证行车安全。隧道入口段的视觉警示措施主要体现在标线、洞口立面标记上。隧道入口处的标线能够引导交通流，它将道路的各种信息传达给驾驶员。由于高速公路隧道入口处为重要路段，因此在标线和立面标记设置方面需要进行针对性设计。首先，在隧道入口处设置彩色防滑路面（图 3），一般采用黄色，这样不仅从颜色上提醒驾驶员，同时该路面还具有一定防滑和振动效果，能够从物理层面再次提醒司机，并能预防雨天车辆的打滑，形成双保险系统；其次，在公路外侧边缘线处设置 50m 长度的斑马线，用以提示驾驶员该区域为禁止行车区域，防止车辆碰撞到检修道和侧壁；最后，在隧道洞门设置采用Ⅳ类铝基反光膜材料的立面标记，以清晰地标示出隧道洞门轮廓,提醒驾驶员即将进入隧道区域,应谨慎驾驶。

图3　隧道口立面标记和彩色防滑路面示意图

3.4　路侧保障

对高速公路隧道入口路段事故分析可知,由于一般路基的宽度比隧道宽度要宽一些,存在一个过渡段,因此容易造成车辆碰撞到检修道或者洞门的事故,且这种事故一旦发生,后果比较严重。因此高速公路隧道入口处需要设置针对性的路侧保障护栏措施。首先,在隧道洞口检修道处设置6m长度的翼墙,同时按照规范要求渐变率设置SB级或者更高等级的波形梁护栏外展到路基的土路肩处,这样就在隧道洞口和路基路段形成一道严密无缝的路侧护栏保障设施,使得车辆不会直接碰撞到检修道或者隧道洞门,降低事故发生概率,保证行车安全。

4　结语

本文通过分析高速公路隧道入口路段交通事故的特点,基于对驾驶员驾驶过程中信息处理流程的分析,提出了"标志提醒""视线诱导""视觉警示""路侧保障"四层次安全保障措施,通过不断强化驾驶员对道路信息的接收与处理,达到提高高速公路隧道入口路段行车安全的目的。

参考文献

[1] 中华人民共和国交通部.高速公路交通工程及沿线设施设计通用规范:JTG D80—2006[S].北京:人民交通出版社,2006.

第三篇 施工技术篇

基于离散元数值模拟和路基冲击碾压现场试验确定合理的松铺厚度

孙文超，尤顺利，邓　尚，何李耀
（北京住总集团有限责任公司）

摘要：针对高填方路基冲击碾压，运用 UDEC 离散元动力分析模块和现场试验，分析了不同松铺厚度（0.5m、1.0m）下达到设计压实度要求所需的遍数，从经济性、工期的角度选择合理的松铺厚度，为相似的工程背景提供一定的借鉴意义。

关键词：松铺厚度；冲击碾压；离散元；UDEC

1　引言

冲击碾压技术作为一种在 20 世纪 80 年代成形的新型地基处理方法，产生于南非，自 1995 年在中国香港赤腊角机场跑道地基处理中成功应用以后开始引入中国内地。该技术是利用冲击压路机的非圆形冲击轮快速滚动冲击土体来实现浅层地基加固的新型地基处理技术。目前，冲击碾压技术已在国内外公路、机场以及港口等工程的地基加固中得到广泛应用，并引起工程界和学术界越来越多的关注[1,2]。

应用冲击压路机压实碾压路基的技术本质就是冲击式碾压，以提高被压实对象破碎度和密实度。冲压效果同时受到冲击压路机行驶速度、碾压遍数以及填石料物理尺寸和性质的影响[3]。

2　工程概况

延崇高速公路（北京段）施工 06 标项目部路基施工里程为进京线路基全长 581.74m，出京线路基全长 563.735m，避险车道全长 275m，填方高度最高为 18.4m，主要工程量包括路基挖方 4.51 万 m^3、路基填筑 45.6 万 m^3、地基换填处理 3.53 万 m^3。

本着“绿色办奥”的理念，本标段路基下路提的填料为隧道所出洞渣，岩性为白云岩和砾岩，粒径<10cm，经试验检测弹性模量>60MPa，属于硬质填料。

3　冲击式补压填石路基技术的施工特点

3.1　机理分析

冲击压路机主要由牵引机和非圆型压实轮两部分组成。施工中非圆型压实轮由牵引机牵引滚动,当非圆形压实轮由最大半径滚动到最小半径的地方,压实轮就会通过和瑞利波(R 波)、剪切波(S 波)与压缩波(P 波)联合向地基传播竖向冲击波能,往地表深处冲击,使深度范围的填石颗粒产生震动效应,石块运动的位移增加,发生摩擦,断裂,产生细小的颗粒逐渐填入石块空隙之间,进而使填料压实[4]。

本标段采用 LICP-3 型三边形双轮冲击式压路机,轮宽 90cm,两冲击轮间外部宽度为 296cm,轮隙宽度 116cm。冲击碾压行驶速度按 10~12km/h 控制,作业时距填筑体边缘 1m 的安全间距,冲压采用来回错轮方式,轮迹之间不重叠。其参数详见表 1。

LICP-3 型冲击式压路机基本参数 表 1

型号	牵引功率(kW)	标定势能(kJ)	冲击碾重(t)	单轮公称宽(m)	最大冲击力(kN)	作业速度(km/h)
LICP-3	250	25	27	0.9~1.0	2500	12~15

3.2 施工流程

通常情况下,将冲击式碾压技术应用于公路路基施工中,需要遵循的工艺流程如下:检测地基、测量放样、分层摊铺、检测点的埋设、整平、分层碾压、冲击补压、检测质量。

4 不同松铺厚度冲击碾压压实度离散元数值模拟

4.1 离散元分析原理

UDEC(Universal Distinct Element Code)主要用于研究非连续介质,在建立数值模拟时非连续介质通常被当成一种离散的不连续的可变形的三角形块体,其原理为可变形三角形离散体之间可以有大的旋转、位移、滑动甚至块体的分离,进而模拟不连续介质的变形规律。因此当研究块体等在动态荷载作用下的块体的变形规律具有其他数值模拟软件无法比拟的独特优势[5-7]。

4.1.1 网格划分

在 UDEC 中,通过 GENERATE 命令划分有限差分网格。为了精确计算应力波在岩体中传播规律,防止应力波在传播过程中失真,最大可变形单元最长边长度应当满足下式:

$$\Delta l = \frac{\lambda}{10} \tag{1}$$

式中:l——最大可变形三角形单元长度;

λ——入射动力波最高频率部分波长。

4.1.2 载荷输入

在 UDEC,中动力载荷的输入有以下几种形式:

(1)采用正弦或余弦函数定义的简谐波函数简化动载荷。

(2)由 BOUNDARY HREAD TABLE 命令定义动载荷数据表,本次试验采用现场检测振动压路机和冲击式压路机的动载数值制作 table 文件,用于边界加载。

4.1.3 边界条件

在边界条件方面,UDEC 数值模拟软件开发了黏性边界条件可用 BOUND Xvise、BOUND Yvise 命令分别施加在变形块体的 x 方向、y 方向上,使得应力波在边界上被吸收,防止应力波在边界上的反射效应,在后续的采动阶段边界条件可以改变,即将黏性边界条件转换为采动环境的应力边界,对采动过程进行数值模拟研究。

4.1.4 阻尼的选取

UDEC 为动力分析中提供了两种阻尼,一是 Rayleigh 阻尼,二是 local damping 阻尼。在 Rayleigh 阻尼中:

$$C=\alpha M+\beta K \tag{2}$$

式中:C——阻尼矩阵;

M——质量矩阵;

K——刚度矩阵;

α——质量比例系数;

β——刚度比例系数。

由于局部阻尼值与动力输入波频率无关且在计算中可能产生一定的高频“噪声”,因此本研究中采用 UDEC 默认的 auto 模式,进行数值模拟计算。

4.2 数值模拟模型建立

4.2.1 模型边界条件选择

因为路基压实的过程中,水平方向受力一致,故可以将问题简化为平面应变问题,通过竖向加载动载荷分别模拟冲击碾压,模型左侧、右侧、底部设置为黏性边界。

4.2.2 模型网格尺寸划分

为了简化模拟计算时间,将水平长度设置为 1m,底部留设边界影响区 0.5m,模型网格采用随机生成的四边形,粒径<10cm。

4.2.3 计算模型建立

分别建立不同的松铺厚度(0.5m、1.0m),两组模型如图 1 所示。

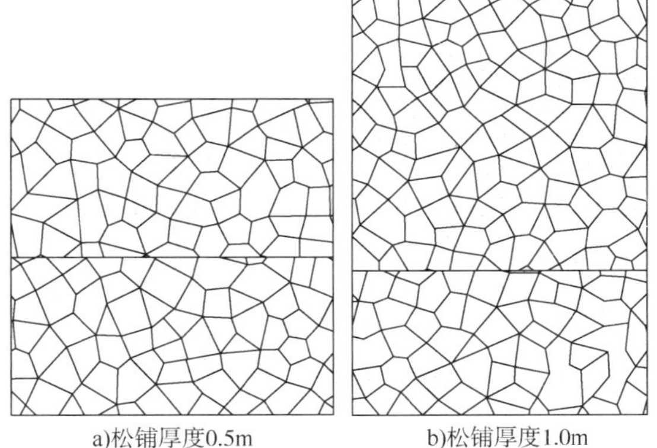

图 1 数值模拟计算模型图

4.2.4 填料物理参数

填料物理参数如表 2 所示。

填石材料物理参数表 表 2

R_f	E(MPa)	β	G	K	n	F	D
0.7	80	0.95	0.5	8300	0.3	0.15	7.5

4.2.5 冲击碾压载荷输入

为了精确模拟出冲击碾压效果,采用现场试验检测 LICP-3 型冲击式压路机动力时程曲线,在压实面下设压力盒 1 个,设于加筋碎石垫层顶面 0.15m。测试过程中压路机均采用高振幅、Ⅱ挡速度进行工作,路基产生的竖向动应力典型时程曲线如图 2 所示。

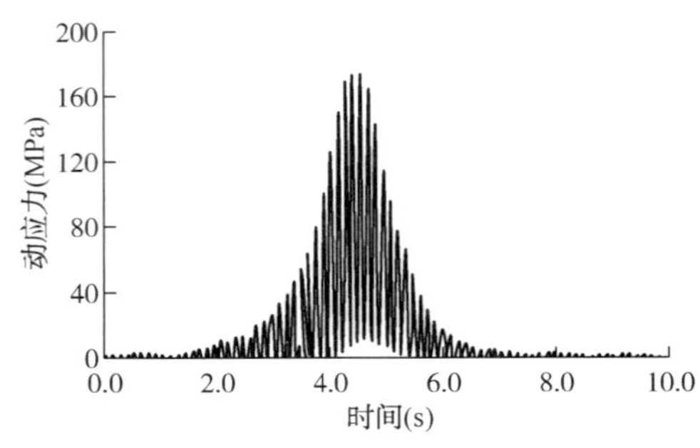

图 2 冲击式压路机填石料层下方 0.15m 一次冲击产生动应力曲线图

然后,通过 UDEC 动力分析模块的 TABLE 命令在模型的顶部加载竖向动应力时程曲线,如图 2 所示,加载一次代表冲击碾压一次。

4.2.6 压实度监测方案

通过监测靠近模型中间宽 10cm 的区域,高度与松铺厚度一致,统计模拟结果与模型加载前的面积之比来代表压实度。

4.3 计算结果分析

通过分析第二组数值模拟结果的压实度,得出不同补压厚度数值模拟结果的压实度如图 3 所示。

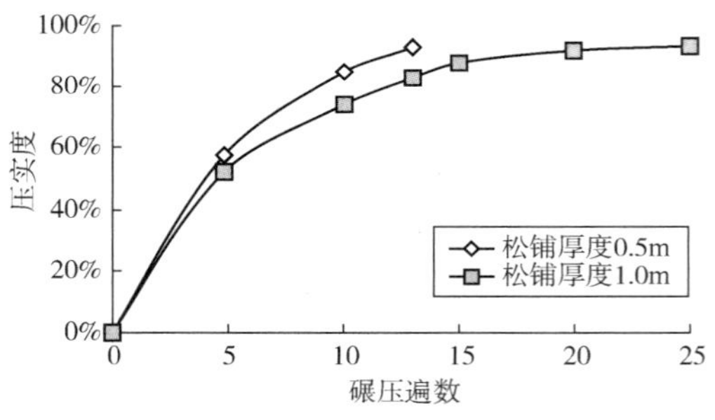

图 3 离散元数值模拟计算结果图

由图 3 可知:

(1)松铺厚度为 0.5m 时,压实度达到控制控制标准(93%)时,需要的碾压遍数为 13 遍;松铺厚度为 1.0m 时,压实度达到控制标准(93%)时,需要的碾压遍数为 25 遍。由此推论,随着松铺厚度的增加,压实度达到控制标准(93%),需要的冲击碾压的次数逐渐增加。

(2)当碾压遍数相同时,随着松铺厚度的增加,压实度逐渐降低。

5 不同松铺厚度现场试验分析

补压试验段为 YK15+730~YK15+850,长度为 130m,宽度为 40m。施工参数为:松铺厚度 0.5m 和 1.0m,每冲击碾压 5 遍,采用灌砂法进行压实度检测。

监测点布置:按每 10m 一个横断面,每个横断面布置 3 个测点的原则布设路基沉降监测点(100mm×100mm×10mm 的钢板),分别是路基中线、距离左、右边线(包括加宽部分)1m 处,并应在冲击碾压前测出所布每个测点的压实度,如表 3 所示。

松铺厚度 1.0m 压实度检测结果　　表 3

桩号	碾压 5 遍		碾压 10 遍		碾压 13 遍		碾压 25 遍	
	松铺厚度 0.5m	松铺厚度 1.0m	松铺厚度 0.5m	松铺厚度 1.0m	松铺厚度 0.5m	松铺厚度 1.0m	松铺厚度 0.5m	松铺厚度 1.0m
YK15+740	57.3	50.1%	80.2	74.1%	93.2	86.3%	—	93.2%
YK15+780	57.2	53.2%	80.4	75.4%	93.5	86.1%	—	93.5%
YK15+820	57.9	52.4%	80.1	74.3%	93.1	86.4%	—	93.4%

由表 3 可知：

(1)松铺厚度为 0.5m 时，现场碾压 13 遍，压实度就可以达到质量控制要求，而松铺厚度为 1.0m 时，现场碾压 25 遍，压实度就可以达到质量控制要求，平均比松铺厚度为 1.0m 需要多 5 遍；

(2)对比 4.3 节可知，离散元数值模拟软件计算压实度与现场试验压实度相接近，误差较小。

试验段施工技术及质量控制措施可供后续大规模施工参考。

6　方案选择

6.1　经济角度

假设达到相同的填筑高度和压实度，由离散元分析和现场试验可得松铺厚度 1.0m 需要的冲击碾压遍数是松铺厚度 0.5m 需要冲击碾压遍数的 1.9 倍。

本标段 93 区主线填筑长度约为 580m，填筑宽度约为 56m，填筑高度约为 13m，避险车道 93 区填筑长度约为 280m，填筑宽度约为 30m，填筑高度约为 15m。根据松铺厚度 0.5m、1.0m 以及冲击碾压每 m^2 每次费用，经计算，经济总费如表 4 所示。

不同松铺厚度冲击碾压费用计算表　　表 4

项目	松铺厚度 0.5m		松铺厚度 1.0m	
	主线	避险车道	主线	避险车道
冲击碾压总面积	84.4 万 m^3	21.84 万 m^3	42.2 万 m^3	10.9 万 m^3
冲击碾压层数	26	26	13	13
冲击碾压总费用	7180 万元		6910 万元	

在路基压实过程中，随着碾压遍数的增多，会增加压实功，进而增加造价。由表 4 可知，松铺厚度为 1.0m，冲击碾压总费用为 6910 万元，松铺厚度为 0.5m 时，冲击碾压总费用为 7180 万元。从经济的角度考虑，达到压实度质量检查标准，显然松铺厚度为 1.0m 更合适。

6.2　进度角度

延崇高速公路(北京段)计划 2019 年 10 月 1 日前通车，考虑到本标段高填方路基填筑量大,因此本标存在工期紧的压力,显然在满足压实度的基础上,松铺厚度越大,施工越快,因此,从进度的角度考虑,松铺厚度为1.0m适合我标。

综合考虑经济、进度,松铺厚度为1.0m更适合我标的实际现场情况。

7 结语

(1)UDEC动力分析模块可以用于分析冲击碾压效果分析,可以用截面面积变化来表示压实度。

(2)从经济和进度的角度,适合本标段路基93区的冲击碾压松铺厚度为1.0m。

参考文献

[1] 张明伟. 山区机场高填方质量控制与工后沉降预测研究[D].济南:山东大学,2017.

[2] 王卫.隧道弃碴在填石路基中的施工技术应用[J].交通世界,2019(Z2):146-147.

[3] 唐静.分析填石路基中隧道弃碴的施工技术[J].黑龙江交通科技,2017,40(06):61+63.

[4] 赵炼恒,李亮.冲击压实技术在国内基础工程中的研究与应用[J].施工技术,2007(01):18-23+26.

[5] 马斐. 爆破荷载作用下金堆城露天矿边坡稳定性研究[D].西安:西安科技大学,2018.

[6] 赵健健. 坚硬厚煤层分区域扰动破坏机理及弱化方法[D].北京:中国矿业大学,2018.

[7] 马宗源,廖红建,徐清清,等.填石路基动力夯实离散元数值分析[J].地下空间与工程学报,2016,12(03):705-711.

延崇高速公路高边坡锚索框架梁施工

赵文文，刘英芳
（中铁十五局集团第一工程有限公司）

摘要：随着社会的发展和科技的进步，公路交通事业取得巨大发展，交通基础建设也发生了很大变化，施工过程中难免会遇到高边坡施工。目前，公路边坡失稳事件比较频繁，边坡失稳危及车辆行驶安全，阻断交通影响交通的正常通行，造成巨大的经济损失。因此，采取切实有效的公路边坡防护方法和确实保证边坡的稳定性是非常必要的，根据延崇高速公路高边坡施工现场地质情况，该路段土石方开挖难度较大，风险较高，通过总结该工程的施工实践，为高边坡土石方开挖锚索框架梁施工积累经验，为同类工程提供参考。

关键词：锚索框架梁；高边坡防护；土石方开挖

1 工程概况

由中铁十五局集团承建的延崇高速公路施工8标位于松山国家级自然保护区，线路全长为2.7km，主线工程有分离式特大桥5座，分别为温泉出京侧特大特、温泉进京侧特大桥、松山出京侧特大桥、松山进京侧特大桥；与正线相连接的松闫路互通立交大桥。

延崇高速公路路幅宽度为13m，高边坡挖方作业，进京侧123.35m、出京侧104.542m，沿线高边坡最大挖方高度71.28m，最大边坡级数9级，边坡坡比为1∶0.75，挖方量14.5万m^3。

2 施工准备技术

施工开始初期准备阶段，项目开始后积极组织劳务队伍、机具，进行施工测量，修筑生产、生活等临时设施并多次现场踏勘研究确定便道位置和走向，安排施工作业熟悉的队伍修筑便道，组织物资部做好所需各种材料的采购加工、运输、供应、储备。做好施工图纸的接收工作，安排专业人员熟悉图纸，核对水文地质勘察资料，仔细会审图纸，真正搞明白设计意图以及设计中的各项规范要求。确定开挖顺序，施工作业前对现场施工管理人员及工人进行安全教育培训机安全技术交底，让工人熟悉施工工艺和注意事项。清除施工红线内树木及杂物，排除边坡上方及附近的危石。科学合理规划施工场地，备好施工所需各种机械设备。

对导线点、水准点开工前进行复测，适当增加相关的附合导线点、水准点。线路高程控制在原有水准点基础上进行水准复测和新增水准点的连测；按国家四等水准测量规程进行，观测误差均不得超过规定要求。

3 高边坡路基施工防护方案

边坡采用锚索(锚杆)框架结构进行防护。框架内边坡植草绿化(详见绿化设计)。坡顶位置设置截水沟、坡面设排水梯道、边坡左侧设排水沟等组成排水系统进行排水。

在边坡坡面布设12排锚索和17排锚杆,锚杆长度8.6m、11.6m、15m、l7m;锚索长度分别为22m、25m、27m、30m。锚索锚杆孔径为150mm,倾角25°;坡顶两级边坡锚杆水平间距为2.0m,竖直间距为2.0m.其余各级边坡锚索(锚杆)水平间距为3.0m,竖直间距为2.5m。

锚杆由3根ϕ28螺纹钢筋组成:锚杆端部设置框架梁,框架梁截面0.4m×0.4m,采用C30混凝土现浇。

锚索由6ϕ15.2mm高强度低松弛的1860级钢绞线组成,锚索端部设置锚墩+框架梁,锚墩为0.6m×0.6m×0.5m,框架梁截面为0.4m×0.4m,采用C30混凝土现浇。

4 高边坡防护施工步骤及注意事项

施工顺序为:边坡开挖→锚索(锚杆)施工→铺设钢筋网(钢丝网)→浇筑框架梁→锚索张拉锁定。

4.1 边坡开挖

主线路堑工程由于地形复杂、山势陡峭,开挖根据边坡土体自稳能力,自上而下分步分级开挖(图1),按照施工放线位置和坡度进行挖方作业,不得乱挖或超挖。路基施工开挖前对施工范围内的地质情况、水文障碍物等情况进行仔细调查。开挖前,先修好坡顶排水沟,避免因开挖过大导致边坡土体坍塌。采用从上到下的顺序分层开挖,分层高度4m,每级边坡高度8m,分两层开挖。纵向采用分段爆破开挖的方式施工,分段长度20m。开挖应遵循“分层、分段开挖、先挖先支护、严禁超挖”的原则。由于主线路基地形陡峭,且为高切坡形式,施工现场位于国家级保护区,为保护生态尽量减少破坏,不修筑运输车行施工便道,在大里程侧修筑一条40%纵坡、宽度4.5m的机械通行便道(图2)至左侧路堑开口线。采用钻爆施工,挖掘机配合推土机纵向分段抛甩渣料的方法施工。抛甩渣料采用现有地形的一条山谷线采用机械打眼小炮爆破清理后作为甩渣通道,保证渣料在抛甩滑落过程中不对通道外造成破坏和影响。在坡底对应设置挡土墙,限制弃渣堆积范围及损坏周边植被。在坡底修筑连接松闫路施工便道将弃渣采用自卸汽车按照图纸给予的土方调配方案运输至A匝道段路基填方路段,超出部分运输至邻近标段作为路基填料。

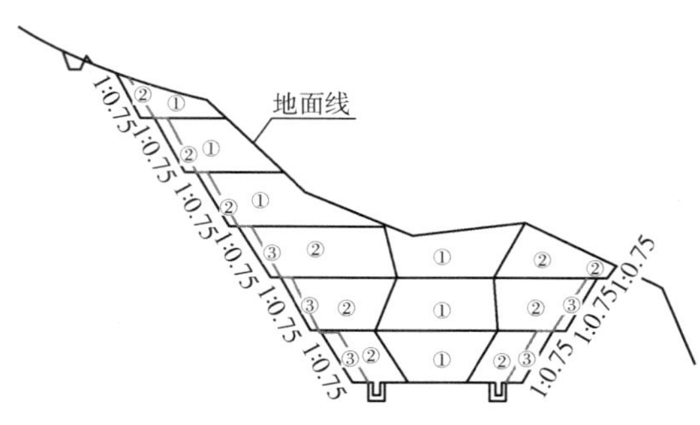

图1 主线路堑横向开挖顺序图

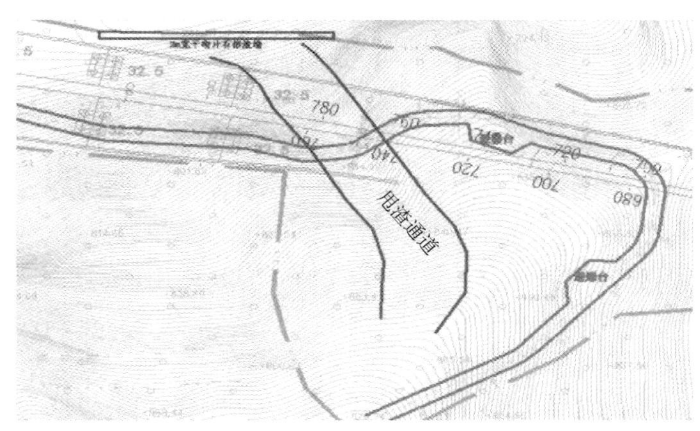

图 2 主线路堑段便道平面图

爆破时对机械设备存在落石砸损的风险，在修筑便道时在修筑两处避炸台，爆破作业时人员撤离至安全警戒区范围外，挖掘机、推土机停放至避炸台防止砸损。防护工程为锚索（杆）框架梁施工，材料转运采用在小里程侧设置卷扬机吊装设施，采用吊装方式将材料转运至防护作业面，按顺序逐级开挖逐级防护。

为保证边坡稳定，在开挖前仔细查阅地勘资料，搞清楚各部位的地质情况，发现问题及时与地勘单位、设计单位、建设单位进行沟通，并提出相应处理措施。

在路堑开口线外 5～10m 每隔 50～100m 设置位移桩，特殊部位适当增加观测点，每周进行观测位移情况，仔细分析观测结果，及时将观测结果报监理、设计和建设单位。根据观测结果对山体稳定情况做出初步判断，如变形过大应及时上报的同时，执行应急预案人员设备撤离；同相关单位进行论证处置方案，查清原因和确定具体处理方案，待处理完毕后，再次观测不小于一周，在坡面没有出现异常的情况下继续进行路堑施工。严格按照要求分层开挖分级防护，不稳定的边坡采取开挖和防护相结合，避免开挖后边坡暴露时间过长，造成边坡松弛范围扩大，形成垮塌风险。

4.2 锚索施工

采用锚索加固高边坡，是利用锚索周围地层岩上的抗剪强度来传递结构物的拉力或保持地层开挖面的自身稳定，由于锚索的使用，使锚固地层产生压应力区并对加固地层起到加筋作用，并能提高潜在滑移面上的抗剪强度，有效地阻止坡体位移。

本标段锚索为预应力锚索。

锚索施工工艺流程图：施工准备→放样→钻孔→清孔→锚索制作安装→注浆→框架梁施工→养护→锚索张拉→补张拉及锁定。

4.2.1 施工准备

施工前将涉及的施工设备调至工作面附近，进行调试，保证能够正常使用。所有施工材料均应有出厂证明、合格证；钢绞线提前取样送检并做好防锈工作。

4.2.2 放样

依据设计图纸,放出预应力锚索对应的坡顶和坡脚特征控制点,并做好标识标记。

4.2.3 钻孔

(1)锚索及锚杆孔位测放力求准确,偏差不得超过±10cm,钻孔倾角允许误差±2°。

(2)开孔钻进要低转速,低压推进,成孔约50cm后,需再次校核孔向,并调整钻机,对于破碎带或渗水量较大的围岩,在安装锚索前,需对锚孔进行灌浆处理。

(3)因为沉渣的影响,为确保设计长度,实际钻孔深度要大于设计深度,锚索孔时大于值为1.0m,锚杆孔时大于值为0.4m。施工排架搭设要牢固,钻机定位准确,调整好孔向再牢靠固定钻机。

(4)锚索及锚杆钻孔禁止带水钻进,以确保施工过程中不影响边坡岩体工程地质条件,钻进过程中应对每孔地层变化(岩粉情况)、进尺情况(钻速、钻压等)、地下水情况以及一些特殊情况做现场记录。若遇坍孔,应立即停钻,进行固壁处理后再行钻进,必要时采取套管跟进等工艺措施。

(5)锚索、锚杆终孔孔径为150mm,成孔后的孔径不得小于该值。

(6)钻孔结束后,应测量孔斜、方位角及孔深,不符合设计要求的孔作废孔处理,并全孔灌注M25水泥砂浆回填后重钻。

(7)钻进过程中认真记录每一钻孔的尺寸、回水颜色、钻进速度和岩芯记录等数据。钻孔过程中应做好锚固段始末两处的岩粉采集,以确保锚固段位于稳定的岩层中。

4.2.4 清孔

钻孔完成之后必须使用高压空气(风压0.2~0.4MPa)将孔中岩粉或地下水全部清除出孔外,以免降低水泥砂浆与孔壁岩体的黏结强度。

(1)钻孔进行过程中,应该及时清理锚索孔,钻孔完成之后,必须使用高压风枪(风压0.2~0.4MPa)将孔中的岩粉或地下水全部清出孔外。

(2)用探孔装置,进行探孔,探孔时将探孔器小心送入孔底,钻孔深度符合设计要求。

(3)在安装锚索前,应将钻孔孔口堵塞保护。

(4)锚孔钻成后24h内进行锚筋体安装和锚孔注浆。

4.2.5 锚索制作安装

(1)锚杆采用全黏结型非预应力锚杆,锚索为预应力锚索。

(2)锚筋采用C28螺纹钢筋,钢筋使用前应除锈、除油污。锚头连接钢筋及挂接钢筋应与锚杆钢筋焊接牢固。

(3)锚索锚固段必须除锈、除油污,按设计要求绑扎架线环和紧固环;自由段除锈后,涂抹黄油并外套波纹管,用铁丝扎紧,并用电工胶布缠封。

(4)锚索下料采用砂轮切割机切割,避免电焊机切割,考虑到锚索张拉工艺要求,实际锚索下料长度为设计长度加2.0m,即锚索长度 $L_{锚长}=L_{锚固段}+L_{自由段}$+张拉段(2.0m)。

(5)预埋锚索和锚杆施工前应做好检查工作:锚筋规格及技术性能、长度应符合设计要求。锚孔孔位、孔径、孔深及布置形式应符合设计要求。锚孔内的积水和岩粉吹洗干净。自检合格后报现场监理工程师对锚孔隐蔽工程验收，合格并签字确认后方可进行下道工序施工。

4.2.6 注浆

(1)钻孔内灌注水泥浆，水灰比0.4~0.45，灰砂比1∶1，砂浆体强度不低于M30。

(2)采用从孔底到孔口返浆式注浆，注浆管插至孔底，浆液由孔底注入，空气由止浆环处的排气管排出，注浆压力不低于0.25MPa。

(3)水泥浆随伴随用，拌和均匀，一次拌和的水泥浆应在初凝前用完。

(4)注浆前应排除孔内渗水，检查管道是否通畅和封堵装置的密封性。

(5)注浆顺序应按照先坡面底部后顶部的顺序进行，防止串孔。

(6)注浆过程中要做好相关记录，并做好试验块。

4.2.7 抗拔力试验

锚杆注浆完成，强度达到设计值后，为保证锚杆具有安全可靠的锚固力，现场需做抗拔力试验，随机选取每段坡面不小于3根锚杆，试验数据同设计值进行分析比较，抗拔力要满足设计要求，检验出现抗拔力不足时要增大检验频率，进行综合评定。

锚索施工完成后按总数的1%且不少于3根进行抗拔力试验，张拉荷载为设计荷载的1.1倍。验证设计所估算的锚固长度是否安全。

4.3 框架梁施工

框架梁施工工艺流程

施工准备→测量放样→基础开挖→铺设钢筋网→钢筋绑扎→立模板→浇筑混凝土→修整边坡→回填种植土

4.3.1 测量放样

锚索(锚杆)施工完成后，再次进行坡面修整达到要求后，测放出框架纵横梁的位置并做好标记进行标识。

4.3.2 基础开挖

整修边坡，凸出地方需进行削平，然后按框架竖梁、横梁尺寸及模板厚度精确挖出单根梁肋轮廓。开挖时要注意按设计深度开挖，局部凸起部分采用机械破除，凹陷较大部分采用M10浆砌片石补平。

4.3.3 铺设钢筋网

施工前清除框架基础底部浮渣，中风化岩质边坡，坡面铺设一层GA/2.2/50×60双绞六边形镀锌铁丝网；其余坡面铺设一层ϕ12@150×150镀锌铁丝网，铺设时在坡面上梅花形打设钢筋铆钉同固定铁丝网，要求铁丝网铺设平顺，紧贴坡面。铺设ϕ12@150×150镀锌铁丝网时框架梁竖肋处铁丝网竖向筋按竖肋宽度布设，水平筋跳跃横梁布设。

4.3.4 钢筋绑扎

按设计图纸要求的钢筋尺寸复核后在钢筋场进行统一加工，检验合格后运至现场进行安装，钢筋网底部设置同保护层厚度一致的砂浆垫块，框架梁主筋连接采用焊接或搭接。框架梁节点处配筋根据预留锚索(锚杆)孔做相应调整。钢筋搭接长度符合设计及规范要求。在安装锚墩钢筋笼时必须保证同锚索处于正交状态。

4.3.5 立模板

模板采用木板或桥梁板按设计尺寸进行加工,曲线段坡面每5m测设一控制点,直线段每10m测设一控制点挂线施工,保证模板线型平顺。模板表面刷脱模剂,采用脚手架、钢杆作为支撑体系固定模板,可结合搭设的脚手架支架作为支撑点进行支撑。模板拼装要保证净空尺寸、以及钢筋保护层。同基础紧密,对局部不同处做砂浆带调平,防止跑浆。

4.3.6 浇筑混凝土

浇筑前复核框架的截面尺寸,检查钢筋数量及间距布置情况,根据坡面坡度判定混凝土浇筑过程中是否会出现混凝土滑动,可采用在混凝土中加入速凝、早强剂,或在模板上加盖模分段浇筑。每片框架由6~7根竖肋和横梁组成,横梁断开处应在两个节点间的二分之一处,不得在节点处断开。两片框架间设置2cm宽伸缩缝,混凝土浇筑时用泡沫板隔开。浇筑前对基础洒水湿润,防止产生离析现象。混凝土到场后检查其坍落度、均匀性、和易性,不满足要求的退回重新拌制,确保混凝土质量。浇筑一般先浇筑横梁后浇筑竖肋,在节点处交汇,连续一次性浇筑。采用振捣棒振捣,振捣时间控制在20~30s,振捣器的移动间距不超过振捣器作用半径的1.5倍,注意保持与模板的距离控制在50~100mm的距离,振捣至无气泡时停止振捣,采用刮杠将混凝土表面刮平,刮平后人工一次收面,待混凝土表面初凝前进行二次收面,二次收面后测量平整度,控制在2mm范围内。

4.3.7 混凝土养护

混凝土浇筑完成后,采用洒水并覆盖塑料薄膜的方法养生,防止混凝土开裂,保证混凝土质量。

5 高边坡框架梁施工其他控制措施

5.1 加强材料控制要求

(1)锚索材料采用高强度、低松弛预应力钢绞线,直径15.2mm,强度1860MPa,要求顺直、无死弯、无损伤。锚杆采用直径28mm螺纹钢筋。钢筋网采用直径12mm镀锌螺纹钢筋。钢筋不应有机械损伤和锈蚀现象。

(2)水泥采用普通硅酸盐水泥,其强度不低于42.5MPa。锚索、锚杆灌注水泥砂浆标号不低于M30。框架梁混凝土强度等级不低于C30。框架梁基础、检修梯道、平台和挡水台混凝土强度等级不低于C25。

(3)砂的含泥量不得大于3%,砂中云母、有机质、硫化物和硫酸盐等有害物质的含量不大于1%。

5.2 加强质量检查控制

(1)原材料进场前,试验室要对原材料进行抽检,生产厂家应提供产品质量合格证书和配套质量检验报告。

(2)钢筋、钢绞线、水泥、砂、碎石等材料应进行原材料试验。

(3)加强试验控制,混凝土、水泥砂浆的配合比试验;混凝土强度、水泥砂浆强度试验。

(4)钢筋、钢绞线的抗拉强度试验。锚索试验要求执行《建筑边坡工程技术规范》(GB 50330—2013),基本试验每种试验锚索数量均不少于3根;验收试验锚索数量取每种类型锚杆总数的5%,且均不少于5根;其余均按相关规范要求执行。

5.3 其他控制措施

(1)施工前,施工单位应根据现场地质条件、环境条件和设计文件等编制施工组织设计和切实可行的施工安全预案,确保施工质量和施工安全。

(2)施工中应随时观察坡体和岩体的位移变化和稳定情况,出现异常及时终止施工,采取切实可行的措施,确保人员、设备及周边环境的安全。

(3)制定合理有效的环保措施,对现有植被注意保护。防止遗散、扬尘,防止大气、土壤、水、噪声等环境污染。

(4)由于山区边坡地质条件的复杂性,应采用信息施工,随时注意边坡岩土条件的异常变化,及时与设计沟通。如果地质条件发生变化,及时跟设计进行沟通,进行相应调整。

6 结语

高边坡框架梁施工难度较大,必须充分考虑季节性气候对高边坡施工的影响,尽量避免安排在雨季施工。因此,本工程所有高边坡的施工必须提前做好排水设施,在保证安全、主体工程施工进度的前提下,对施工平台开挖完毕,随即进行边坡支护,总体原则为:先边坡支护,后施工,严格执行分级开挖分级防护,对不稳定的边坡采取开挖和防护相结合,加强施工现场控制力度和施工过程中控制。严格把控每一道施工程序,提前做好各项预控措施,确保高边坡框架梁安全质量及外观符合要求。

参考文献

[1] 彭勇波.某高速路路基高边坡施工实例[J].广东土木与建筑,2006(09):37-38.

[2] 朱学贤.岩石高边坡爆破开挖安全评价[D].武汉:长江科学院,2007.

[3] 张明瑶,张云.高边坡开挖及加固措施研究成果简介[J].水力发电,1996(08):18-22+61-62.

多风低温条件下沥青混凝土面层施工技术

刘占学,张福达,耿军辉,张云雷

(北京市政建设集团有限责任公司)

摘要:随着国家经济建设的快速发展,公路工程建设需求在不断提升。在公路工程施工过程中难免会遇到多风低温的恶劣天气;沥青混凝土路面施工对外界环境温度的要求特别严格,在低温环境下进行的施工,必然会对施工质量产生一定的影响。我单位以延崇高速公路路面工程为依托,研究多风低温条件下沥青混凝土面层施工注意事项及控制措施,通过各项控制措施的有效实施,使沥青混凝土面层的施工质量得到了很好的控制。

关键词:沥青混凝土路面施工;多风低温;控制措施

1 引言

公路工程建设已成为我国增加经济收入的重要途径之一,是扩大内需、推动经济发展的重要措施,是经济建设发展的一个重要因素。怎样保证公路质量也成为工程施工过程中的核心问题,本文通过有效的措施,对多风低温条件下沥青混凝土路面施工过程进行控制,降低了环境因素对施工质量产生的负面影响,有效地提高公路路面工程质量,使公路路面工程建设的达到预期效果。

2 工程概况

本工程为延崇高速公路(北京段)工程路面工程施工第一标段(平原段),施工范围为主线土建标第一标段、第二标段、第三标段(起止桩号为,K0+406.895~K11+689.625)。出京方向 YK0+406.895~YK11+689.625,长 11283m;进京方向 ZK0+406.895~ZK11+689.625,长 11283m。主要工作内容为橡胶沥青 SMA-13 上面层、SBS(I-C)改性沥青混凝土 AC-20 中面层、岩沥青改性碎石混合料 ATB-25 底面层及黏层施工。

3 多风低温环境下施工的原因

由于 2018 年中非合作论坛北京峰会于 2018 年 9 月在北京举行,影响了本工程施工进度及施工计划,施工中由于气候情况、天气环境、料厂存在环保生产等影响施工进度,促使本工程进入低温施工阶段。

延庆地区处于山区,且海拔较高,气温比城区内平均低 5℃左右,多风低温施工期比城区内早 10 日左右，故本工程部分施工时段进入了多风低温施工阶段，对于施工质量提出了挑战，特别是对温控要求较高的沥青混合料。

4 多风低温施工所面临的主要问题

根据现行的中华人民共和国行业标准《公路沥青路面施工技术规范》(JTG F40—2017)有关规定，当一级公路和高速公路施工气温低于 10℃，其他等级公路施工气温低于 5℃时，热拌沥青混合料不具备摊铺条件。在此种情况下，控制不好施工质量，就会导致许多不良反应，造成路面病害。为了避免各种路面病害的产生，保证低温沥青混凝土路面施工质量，我单位结合以往的施工经验，总结出低温施工沥青混凝土面临的主要问题，并针对这些问题采取切实有效的控制措施。

(1)沥青混合料低温环境温降快，易产生废料。在多风低温的施工环境下，环境温度与热拌沥青混合料温差较大，导致沥青混合料的温度过快下降，供给碾压的时间很短，混合料温度不容易满足施工要求，从而导致废料的产生，造成离析、平整度不够、松散、纵向裂纹、横向裂纹等病害。

(2)压实度质量控制困难。由于多风低温，导致沥青混合料温度下降快，使混合料黏度增大，混合料和易性变差，此时，路面较难达到压实度要求，必须将压实功增大，否则难以保证压实质量。

5 多风低温环境下施工沥青混凝土面层的控制措施

5.1 施工准备

全面落实各级质量管理责任制，切实提高对多风低温环境下施工质量的重视程度。严格把关沥青混合料路面施工质量，严格按照国家有关施工标准及验收规范和设计要求组织施工，加强对沥青混合料摊铺施工队伍的监督、协调及组织工作。针对可能出现的各种不利情况，制定出切实可行的施工及应急预案。

施工前，提前对沥青混合料料场进行考察，确定沥青混合料料场的生产能力、距施工场地的运距以及沥青混凝土的运输线路，确定合理运输方案，加强施工现场与沥青混合料生产厂家的联系，并安排专人统一指挥、调度。料场做到定时、定量、定车及时组织供料。严禁出现停机待料的现象。

现场各种摊铺、碾压设备齐全、配套有效，并准备一套备用机械设备。运输车辆选用大吨位料车；对沥青混合料的运输车辆要作好保温措施。

多风低温施工环境下，摊铺前对下承层进行质量检查。下承层应覆盖保温做到表面无冻结，做好防潮，保持其表面干燥。

5.2 施工时间控制

(1)把握好施工时间，密切关注天气情况，热拌沥青混合料不得在雨、雪、大风等天气进行施工。

(2)低温多风环境下,严格禁止夜间低温施工,应选择风力不超过 4 级的晴朗天气进行摊铺施工。根据每天气温条件确定摊铺时间,温度达到 10℃以上才能进行施工(根据温度统计情况,一般情况在上午 10 点至下午 3 点进行),做到快卸料、快摊铺、快碾压。

5.3 温度控制

(1)安排专职质控人员负责检测沥青混合料温度。

(2)适当提高沥青混合料出厂温度,一般提高混合料拌和、运输、摊铺、碾压温度 5~10℃即可。但不能过高提高的温度,因为温度的提高,虽然能在一定程度上对混合料的压实度有所改善,但是其具有以下缺点:

①沥青加热温度及混合料拌和温度过高,将加快沥青的老化,从而降低沥青及沥青混合料的质量;

②不易控制温度,有关资料表明,温度越高的混合料,其温度下降的速度越快。

(3)通过采用多层连铺的方式提高沥青混合料的下承层的温度,延缓沥青混合料在低温施工环境下的温降。具体施工方式为在底面层沥青混合料摊铺完成后,温度降至 50℃后即刻进行中面层沥青混合料的摊铺,以此类推进行表面层沥青混合料的摊铺。此种连铺的方式可以提高中面层、表面层沥青混合料下承层的温度(能够维持下承层的温度在 35℃左右),从而延缓碾压温降速度,提高碾压质量。

5.4 沥青混合料运输

(1)做好沥青混合料运输过程中的保温措施,运输车不仅顶部盖油布,还要加盖两层旧棉被,依据以往经验加盖车辆不少于 30 辆。为了确保工作到位,指派专人对棉被覆盖工作进行检查,保证覆盖严实、夹层通风,杜绝了覆盖敷衍等现象。

(2)前面的料车未完成卸料,后车不得私自撤离沥青混合料的覆盖物,需经料车指挥人员同意后方可撤离覆盖物,以减缓混合料料温的损失。

5.5 适当增加机械设备的数量

适当增加碾压设备,根据临清混合料厂家的产量和摊铺机的摊铺速度确定碾压设备的数量,再增加 2 台双钢轮压路机备用,摊铺作业尽量保持连续、匀速,压路机紧跟摊铺机进行碾压。严格控制摊铺机夯锤的振幅、振频,保证初始压实度达到 85%以上。减少钢轮压路机喷水量并且做到随摊随碾压,压路机中还要增加防冻液,轮胎压路机不停歇,不间断碾压且跟紧钢轮压路机。

5.6 掺加沥青混合料温拌剂

在沥青混合料中掺加温拌剂,延缓沥青混合料的降温,保证沥青混合料在摊铺时满足施工温度及施工要求。使用温拌剂能保证沥青路面质量;掺加了温拌剂的沥青混合料由于施工温度的相应降低,延长了沥青混合料摊铺和碾压的时间,尤其能轻易压实沥青路面,有利于低温沥青路面的摊铺施工,从而保证了成型路面的质量。

5.7 增加工程中使用的热风炮(供暖热风机)

(1)在施工过程中增加热风炮。热风炮(供暖热风机)主要是以燃油作为燃料,用于防寒取暖的设备。该取暖器具有体积小、重量轻、简洁、灵敏、热风功率大、安全可靠、用电少、操作便捷、耗油省等特色,尤其适用于桥梁修建、沥青路面摊铺等一些空间大的地方进行取暖。

(2)增加 15 台热风炮(供暖热风机)。选用功率 70kW,电压为 220~240V,频率为 50Hz,电机功率为 430W,供暖面积 450m^2,油箱容积为 69L 的热风炮(供暖热风机)进行现场取暖。

5.8 摊铺控制

(1) 摊铺机保持匀速行驶。在 20℃以上的环境温度时,摊铺速度到保持在 2~3m/ min 较为合适; 在 10℃以下环境温度为时,摊铺速度保持在 1~1.5m/min 。混合料摊铺速度应与料场供料速度相协调,摊铺应保持匀速不间断,避免中途停机。

(2)摊铺机的送料口放大,并使螺旋布料器不间断的转动,两侧料位保持和步料器高度一致。

(3)适当调高摊铺机夯锤的振动频率,通过加强振捣使沥青混合料在摊铺过程中重新排列,有效减少混合料因摊铺而产生离析,保证较小的松铺系数。在压路机碾压时,厚度变化不会太大,路面推移量也较小,保证压实后有较好的路面平整度。

5.9 沥青混合料碾压控制

(1)水量适宜并增加防冻剂:在保证不粘轮的情况下,控制钢轮压路机水量,尽量减少喷水量。对于不可调控水量大小的压路机,可以采用“去程喷水,回程关闭”的方式。此外,还可以在喷洒杆上绑上布片,用浸湿的布片来湿润车轮。

(2)胶轮压路宜配置 2~3 名工人跟随涂刷,采用扫把将稀释后的植物油对轮胎进行涂刷,不可以采用洒柴油或水对胶轮轮胎直接喷撒。

6 结语

采取多风低温青混凝土面层施工控制措施,避免各种病害发生。经检测,本工程平整度、摩擦因数、渗水、构造深度、压实度、厚度等所有试验检测项目的检测结果全部合格,有效地保证沥青混凝土路面多风低温施工环境下的质量。对于指导其他类似低温沥青混凝土面层施工具有重要意义。

参 考 文 献

[1] 中华人民共和国交通部.公路沥青路面施工技术规范:JTG F40—2004[S].北京:人民交通出版社,2005.

[2] 中华人民共和国交通运输部.公路工程质量检验评定标准　第一册　土建工程:JTG F80/1—2017[S].北京:人民交通出版社股份有限公司,2018.

软弱地基桩基成孔技术探讨

郭　琪[1],周　辉[2],马春红[3]

(1.北京市首发高速公路建设管理有限责任公司;2.北京市市政一建设工程有限责任公司;3.北京市市政工程设计研究总院有限公司)

摘要:延崇高速公路(北京段)工程郎庄立交桥2~5轴、8轴、71~74轴桩基在施工时遇到了由粉土、粉质黏土、细砂组成的软弱地层,深度12~13m。通过试验桩,分析桩基塌孔原因,最终采用埋设长护筒的技术方案,解决了桩基塌孔问题,确保了桩基顺利成孔。

关键词:软弱地层;塌孔;长护筒

1　桩基塌孔情况简介

(1)2018年3月7日,对Y5H1-3桩基埋设2.5m护筒,采用化学液护壁,旋挖钻机钻进,钻进至设计高程时,桩基塌孔造成地面塌陷,塌陷范围为护筒周边2m,塌陷深度0.6m(图1)。

(2)2018年3月30日,对Z8H2-1桩基埋设2.5m护筒,采用化学液护壁,旋挖钻机钻进,钻进至26m时,桩基塌孔造成地面塌陷,塌陷范围8m×5m(图2)。

图1　地面塌陷(1)

图2　地面塌陷(2)

2　桩基塌孔、地面塌陷初步分析

地基承载力低、施工机械荷载大,导致地面塌陷。采用减小施工机械荷载、增大受压面积、增加泥浆相对密度、加长护筒的施工方法进行试桩。

3　试验桩情况简介

(1)Y5H1-1桩基(试验桩):埋设7.5m护筒,护筒周边换填1m,上铺钢板,采用膨润土护壁,旋挖钻机钻进,钻进至 32m 时,地面塌陷。塌陷范围为护筒周边 3m,塌陷深度 0.6m(图 3)。

图 3　地面塌陷(3)

(2)Y4H1-2 桩基(试验桩):采用枕木+型钢+钢板搭设钻机平台,钻机平台尺寸 12m×12m,高 0.8m,每座钻机平台设基础 2 座,基础尺寸 12m×2m,原地面下挖 0.6m,换填 0.5m 洞渣并碾压密实,洞渣上浇筑 10cm C15 混凝土找平层,混凝土强度达到 5MPa 后并排铺设 6 根枕木,枕木尺寸 0.25m×0.22m×2.5m。钻机平台(图 4~图 6)采用龙骨 1(40a 工字钢)作为主龙骨,龙骨 1 长 12m,共放置 11 根,间距 1m。垂直于龙骨 1 放置龙骨 2 作为次龙骨,龙骨 2 采用 18 号工字钢,间距 0.5m。龙骨 2 与龙骨 1 之间采用钢筋点焊。相邻两块钢板之间采用 $\phi 16$ 钢筋焊接,钢筋长 30cm,间隔 1m。

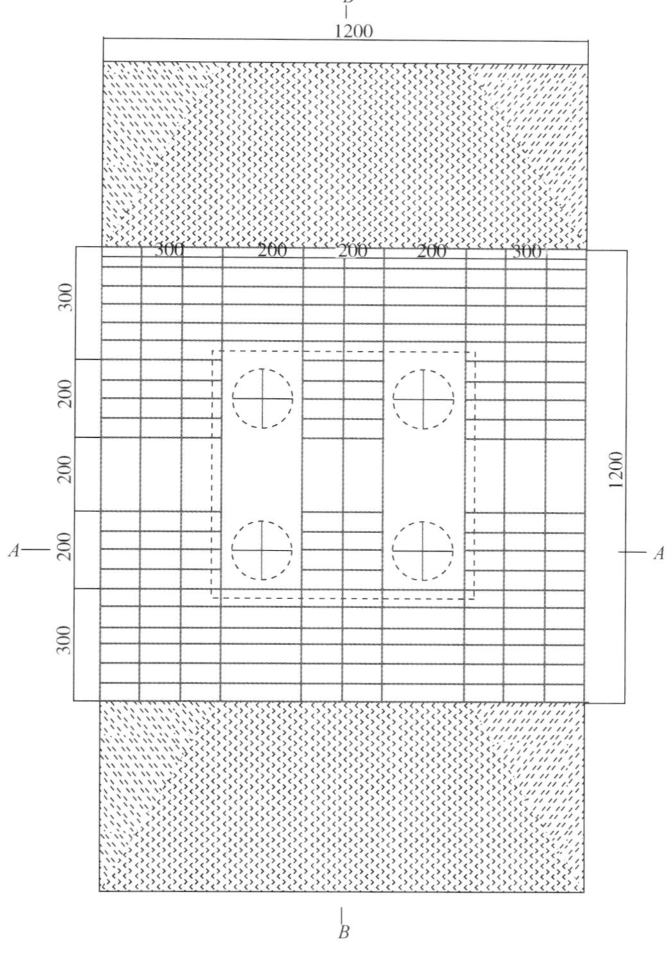

图 4　钻机平台平面图(尺寸单位:cm)

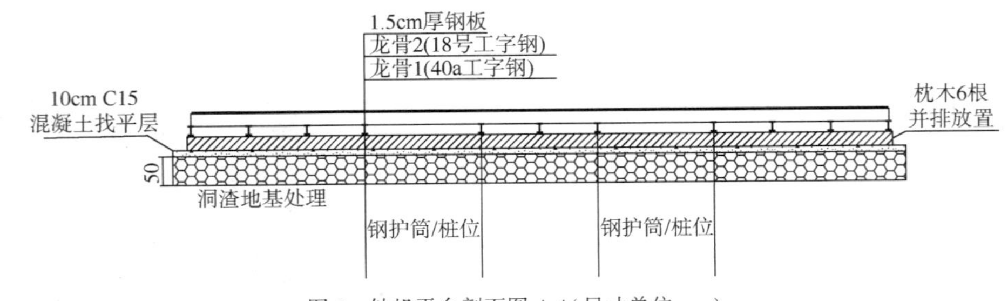

图 5 钻机平台剖面图 *A-A*(尺寸单位:cm)

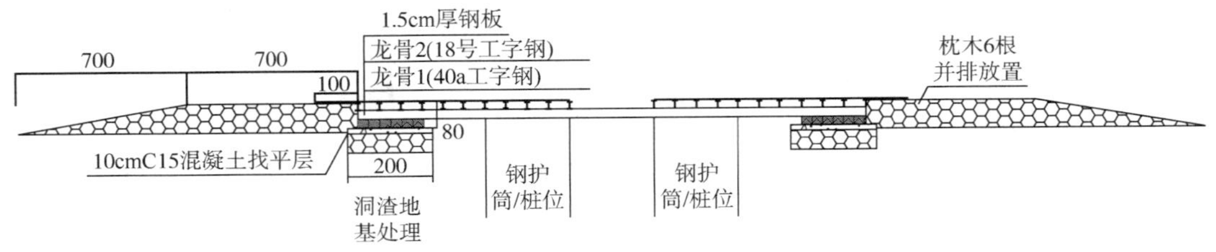

图 6 钻机平台剖面图 *B-B*(尺寸单位:cm)

枕木垫至型钢两端,为避免扰动孔口土体,埋设 7.5m 护筒固定在型钢上,使用反循环钻机钻进,在 12m 范围内缓慢钻进,采用膨润土护壁。反循环钻机在钻机平台钻进至 30m 时塌孔,钻杆被埋 17m,无法继续钻进。

(3)Z3H1-4 桩基(试验桩):埋设 7.5m 护筒,护筒周边 2m,洞渣处理 1m 深,浇筑 0.3m C20 混凝土平台,膨润土护壁。钻进至 12m 时塌孔,钻杆被埋 3m,无法继续钻进。

4 桩基塌孔及地面塌陷专家咨询意见

延崇高速公路(北京段)工程郎庄立交桥试验桩陆续采用了埋设 7.5m 长护筒、铺设钢板、加大泥浆相对密度(由 1.10 增加至 1.42)、反循环钻机、搭设桩基工作平台、正循环钻机等施工措施,钻进至 12~32m 时出现了不同程度的塌孔,导致桩基无法继续施工。项目部组织召开了桩基塌孔及地面塌陷处理专家咨询意见会,专家意见如下:

(1)建议对塌孔原因从地质条件、地下水情况、成孔过程、泥浆相对密度、塌孔部位、周边水等影响因素出发,进一步综合分析。

(2)建议继续加长护筒,在场外进行试验,完成后再行确定。

(3)对现已扰动的区域建议先进行土体加固,然后进行桩基施工。

(4)根据施工工艺的调整,会同设计单位进行桩长核算。

(5)为减少机具对成孔的影响,应考虑对地表适当加固。

5 桩基塌孔及地面塌陷进一步分析

5.1 工程地质情况

根据设计条件,本区间段的钻孔深度为 55~65m。根据本次勘察和对已有资料的调查、分析，将拟建场地自然地面以下65.00m深度范围内的地层按沉积年代及工程性质划分为人工堆积层、新近沉积层和第四纪冲积层三大类，并根据岩性组成、结构、工程性质进一步划分为9个大层及亚层，现分述如下：

(1)人工堆积层(第1大层)。

表层为一般厚度0.20~1.70m的人工堆积土层，主要为粉土素填土①层及杂填土①1层。

(2)新近沉积层(第2大层)。

人工堆积层以下为新近沉积的粉土②层、粉质黏土②$_1$层和粉砂、细砂②$_3$层。

(3)第四纪冲积层(第3~9大层)。

新近沉积层以下为第四纪冲积的粉质黏土③层，粉土③$_1$层，黏土③$_2$层及细砂、粉砂③$_3$层；有机质黏土④层，粉质黏土④$_1$层，粉土④$_2$层，细砂、粉砂④$_3$层及圆砾④$_4$层；有机质黏土⑤层，粉质黏土⑤$_1$层、粉土⑤$_2$层，细砂、中砂⑤$_3$层及圆砾⑤$_4$层；有机质黏土⑥层，有机质粉质黏土⑥$_1$层，粉土⑥$_2$层，细砂、粉砂⑥$_3$层及圆砾、卵石⑥$_4$层；有机质黏土⑦层，有机质粉质黏土⑦$_1$层，粉土⑦$_2$层及细砂、粉砂⑦$_3$层；有机质粉质黏土⑧层，有机质黏土⑧$_1$层及粉土⑧$_2$层，有机质黏土⑨层及有机质粉质黏土⑨$_1$层。

北京市勘察设计院有限公司对地质勘察报告进行复核。

补孔地层信息、现场桩基成孔过程中地层土质情况，与原地质勘察报告基本相符。因场地内地下水位相对较高，场地内浅部为相对含水层(粉土、砂土层)，本区域附近浅部地层土质被浸泡严重，导致土层含水率增大，土质变软，对桩基施工造成不利影响。

5.2 工程水文条件

根据场区地层、相邻桥梁钻孔资料及附近地下水位观测孔的水位观测数据，工程场区地面下40.00m深度范围内一般赋存5层地下水：

(1)第1层地下水赋存于埋深约3m内的粉土层中，其地下水类型属上层滞水。本次实测地下水水位高程为479.68m(埋深1.60m)。

(2)第2层地下水赋存于埋深3~7m之间的粉土层中，其地下水类型属潜水。本次实测地下水水位高程为476.07m(埋深5.30m)。

(3)第3层地下水赋存于埋深9~12m之间的粉土层中，其地下水类型属潜水~承压水。本次实测地下水水位高程为471.62~471.77m(埋深9.30~9.60m)。

(4)第4层地下水赋存于埋深16~20m之间分布的粉土、砂土层中，其地下水类型属承压水。本次实测地下水水位高程466.82m(承压水头：埋深14.10m)。

(5)第5层地下水赋存于埋深30~40m之间分布的粉土、砂土层中，其地下水类型属承压水。本次实测地下水水位高程474.52~476.07m(承压水头：埋深5.30~6.40m)。

5.3 桩基塌孔及地面塌陷原因分析

当钻机钻进至护筒以下时，由于粉土、粉质黏土、细砂的孔隙比大(最大孔隙比 $e=$

0.89),承压水带着粉土和细砂颗粒涌入孔内,泥浆难以有效护壁。钻杆提升时,孔内压力减小,加速了土体流失,土体稳定性慢慢下降。受潜水和上层滞水的补充,承压水持续保持压力。随着时间推移,在有机质黏土层上方慢慢形成漏斗形式的空洞。在钻机转动的扰动、承压水作用下最终导致漏斗上方土体塌落,造成塌孔。土体塌落接近地面时,在施工荷载作用下,导致地面向护筒中心方向塌陷。

6 软弱地基桩基成孔方案比选

6.1 注浆加固

采用注浆法,将土层颗粒间存在的水挤出,使颗粒之间的空隙充满浆液,使其固结,达到改良土层性能的目的。注浆增大了土层黏结力、内摩擦角,进而使地层黏结强度和密实度增加,起到了加固作用;土层颗粒之间的空隙充满了不流动且固结的浆液后,降低了土层的透水性,从而形成了相对隔水层。

采用无收缩、安全、高渗透性的注浆材料,将水玻璃与水泥浆交替注入土壤中,使两种溶液迅速反应,生成硅胶和硅酸钙凝胶,填充颗粒之间的空隙,从而提高土壤的强度和承载能力。

水玻璃注浆特性:

(1)容易调整固结硬化时间,具有很高强度。

(2)具有良好渗透性,对微细砂层的渗透性优越。

(3)在有流动地下水的情况下,也具有很强的固结性能。

(4)可根据现场实际需要,任意调整浆液硬化时间、渗透性能和强度。

(5)浆液固结后不收缩、不流失,硬化剂无毒,对地下水无污染。

注浆孔深 12m,预计每根桩增加费用约 140000 元。

6.2 埋设长护筒

钢护筒 14m,分 3 节,一节 6m,两节 4m。设计桩径为 1.5m 的桩采用直径为 1.8m 的钢护筒;设计桩径 1.2m 的桩采用钢护筒直径 1.5m。钢护筒埋设时采用焊接连接。为了保证钢护筒稳定不下沉,在混凝土中埋设 ϕ22 钢筋与钢护筒焊接。

预计每根桩增加费用约 60000 元。

6.3 旋挖式全护筒施工

利用钻机的护筒驱动器设护筒至设计桩长,利用螺旋钻头取土,采用边焊接、边取土、边跟进的方法至设计孔深。用螺旋钻具清孔底浮土,最后放入钢筋笼,浇筑混凝土。全护筒桩基施工机械数量较少,一般在南方沿海地区应用。预计每根桩增加费用约 100000 元。

旋挖式全护筒施工如图 7 所示。

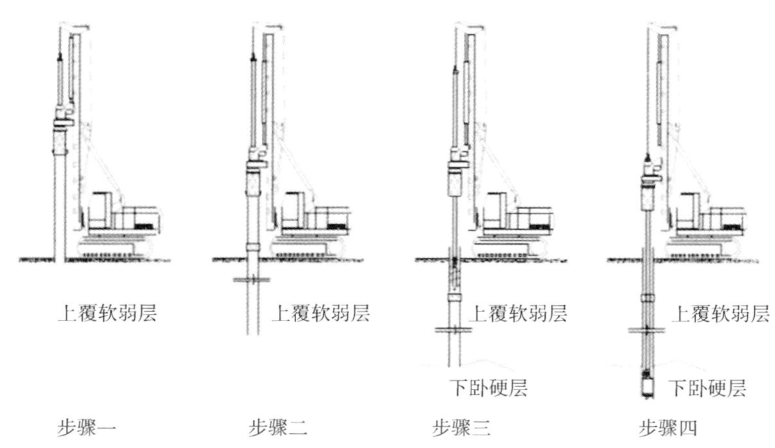

图7 旋挖式全护筒施工

7 长护筒试验桩

桩基塌孔及地面塌陷的处理专家咨询意见会，决定采用长护筒施工方案（护筒长14m，坐落在有机质黏土层中），在Y4H1-2孔位进行桩基试验，采用旋挖钻机成孔，膨润土泥浆护壁，泥浆相对密度1.20。2018年5月2日22:00开始钻进，2018年5月3日20:30成孔，孔深66m。2018年5月4日6:40开始灌注混凝土，1:30完成混凝土浇筑。从开始钻进到浇筑完成混凝土未出现塌孔。

长护筒试验桩总结：通过试验桩、地质剖面图、地下水情况，分析7.5m长护筒坐落于粉土、细砂、粉质黏土中，14m长护筒坐落于有机质黏土层中，因此判断塌孔部位在7.5~13.6m之间。埋设14m长护筒穿越细砂、粉土、粉质黏土层，使其坐落于有机质黏土层中1m，能够有效解决承压水造成的7.5~13.6m之间孔壁土体流失问题；14m以下的有机质黏土层中，膨润土泥浆能够形成有效的泥浆护壁，从而保证桩基能够顺利成孔。

8 长护筒桩基施工措施

根据桩基塌孔原因分析、地质剖面图、专家建议及Y2H1-4桩基成孔经验，2~5轴、8轴、71~74轴桩基拟采用长护筒施工方案（壁厚12mm）：2轴、3轴15根桩基埋设14m长护筒，4轴8根桩基埋设13m长护筒，5轴12根桩基埋设14m长护筒，8轴5根桩基埋设13m长护筒，71~74轴32根桩基埋设14m长护筒。

（1）埋设长护筒穿越粉土、细砂、粉质黏土层，埋入有机质黏土层中1m，防止塌孔。

（2）护筒以外2m范围内换填1m深洞渣，并浇筑厚30cm的C20混凝土，以提高地面承载力。

（3）采用静压方式压入护筒位。护筒压入时应缓慢压入，避免扰动桩基周围土体。考虑部分土体可能存在扰动，影响桩侧摩阻力，对桩基素混凝土段加长（设计核算后确定）。

9 桩长核算

(1)钻(挖)孔灌注桩的承载力允许值:

$$[R_a]=\frac{1}{2}u\sum_{i=1}^{n}q_{ik}l_i+A_pq_r \tag{1}$$

$$q_r=m_0\lambda\{[f_{a0}]+k_2\gamma_2(h-3)\} \tag{2}$$

式中符号意义见《公路桥涵地基与基础设计规范》(JTG D63—2007)第5.3.3条。

(2)经与地质勘察单位沟通,永久桩护筒范围内桩侧摩阻力可以采用原地质勘察报告提供的数值。参照专家意见,桩基采用两种方式施工:

①已施工塌孔桩及与其同一承台桩基。

塌孔深度0~13m,土体已被扰动,不应考虑塌孔部分桩侧的摩阻力标准值,在土体塌孔深度内增加长护筒施工,并根据桩基承载力公式重新核算桩长。

②未施工可能塌孔桩。

依据已施工桩塌孔深度,考虑可能造成的土体扰动,对此深度内桩侧的摩阻力标准值进行适当折减,并增加长护筒施工,根据桩基承载力公式重新核算桩长。

(3)桩配筋原则:

①遵循原设计图纸配筋原则,钢筋直径不变;

②钢筋N1和N1′根据新给出的桩素混凝土段自行调整钢筋长度,钢筋N2不加长;

③桩基钢筋加密区 $b=1/3$ 桩长,箍筋根据此原则和新给出的桩素混凝土段自行调整根数。

10 结语

软弱地基桩基成孔应根据工程地质水文条件、地层深度、周边环境因素影响,结合施工工期、成本综合考虑,采用经济、合理的施工方案进行施工。延崇高速公路(北京段)工程郎庄立交桥因受树木伐移影响,2~5轴、8轴、71~74轴桩基在3月初开始施工,结合周边桩基成孔经验,软弱地基处桩基最佳施工时间为1~2个月。

参考文献

[1] 中华人民共和国交通运输部.公路桥涵施工技术规范:JTG/T F50—2011[S].北京:人民交通出版社,2011.

[2] 中华人民共和国交通部.公路桥涵地基与基础设计规范:JTG D63—2007[S].北京:人民交通出版社,2007.

钢筋笼整体绑扎、吊装技术在墩柱施工中的应用

刘润之[1],韩笑枫[2],祃兴华[1],李　超[1]

(1.北京城建集团有限责任公司;2.北京市首发高速公路建设管理有限责任公司)

摘要:本文简要介绍了钢筋笼整体绑扎、吊装技术在延崇高速公路(北京段)工程施工第三标段工程实践中的应用;结合现场实际,通过与传统墩柱绑扎工艺的对比,证明钢筋笼整体绑扎、吊装方法在施工质量、进度、成本与安全管理上的优势,具有可观的经济效益和良好的社会效益,为公路桥梁工程标准化施工提供了经验。

关键词:钢筋笼预制;传统绑扎工艺;墩柱施工;标准化施工;公路桥梁工程

1　工程概况

1.1　工程简介

本工程为工程施工第三标段,全长 3. 82km。

施工内容包括路段高架桥、康河路立交、辅路、路基挖方、路基填方、路面基层、排水防护等。本标段标准段断面图如图 1 所示。

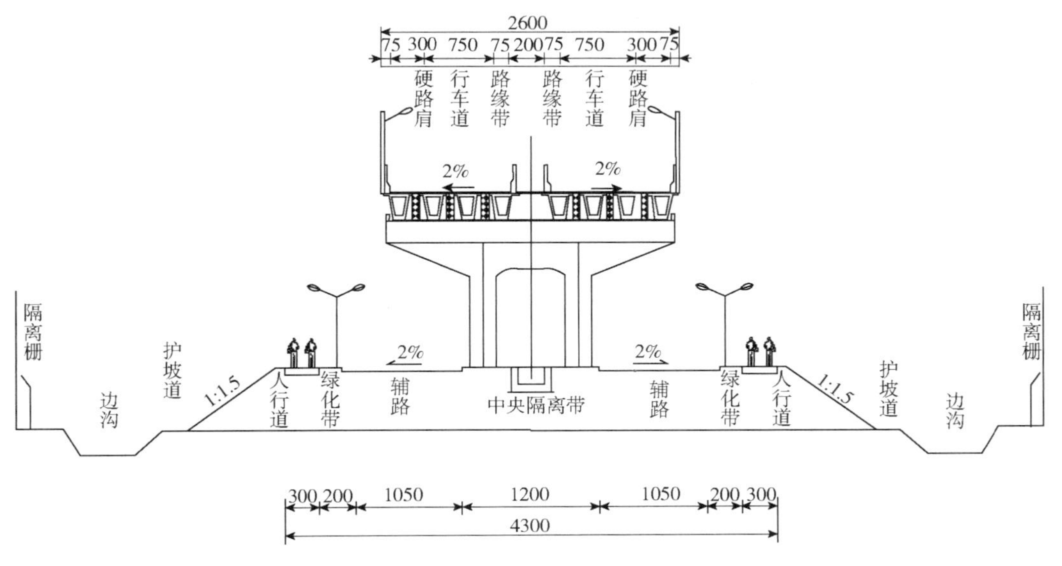

图 1　本标段标准段断面图(尺寸单位:cm)

本标段墩柱类型共有4种,分别为2m×2.2m墩柱32根、2.2m×2.2m墩柱52根、2.2m×2m墩柱168根、1.3m×1.4m墩柱28根,桥梁墩柱共280根。墩柱高度范围在1.427~9.447m。

1.2 墩柱施工特点

(1)本标段施工工期紧,任务重,拆迁进场困难,实际施工日期仅为10个月,因此如何在保证安全、质量的前提下加快施工进度是本工程的重中之重。

(2)本标段质量要求高,质量目标为"品质工程",因此如何提高工程施工质量也是本工程重点之一。

(3)本标段墩柱截面尺寸多、高度变化大,给本工程施工造成一定困难。

2 传统现浇墩柱钢筋绑扎施工工艺弊端

(1)国内外桥梁施工,现浇墩柱大部分采用在钢筋下料区加工钢筋笼的半成品下料,将半成品钢筋运至施工现场,在承台钢筋绑扎接近完成时,进行墩柱预埋钢筋的绑扎、固定工作;待承台浇筑完成后,利用承台作为支撑,搭设梯笼或脚手架作为工作平台,利用汽车起重机配合吊装半成品钢筋,进行墩柱钢筋的绑扎施工。在钢筋绑扎过程中,进行模板拼装施工,并利用模板与钢筋的相对位置,随时调整钢筋绑扎的垂直度。

图2 传统墩柱钢筋绑扎

(2)本工程工期紧、任务重,传统的墩柱钢筋绑扎(图2)工艺需投入大量的钢管、扣件、人员及设备等,极大增加了项目成本,且无法满足工期需要,在文明施工和安全方面也存在一定的问题,整体的钢筋绑扎质量不易控制。

3 墩身钢筋笼整体预制、安装施工工艺

3.1 总体施工方案说明

由于本工程工期紧、任务重且质量要求高,如何在保证施工质量的前提下,将施工生产进度提上去是项目部的首要任务。由于墩柱截面尺寸不复杂,便于生产加工,绑扎,项目部受到钻孔灌注桩预制钢筋笼的启发,决定在后台钢筋加工厂进行墩柱钢筋笼预制,并用起重机整体吊装到位,浇筑混凝土。

3.2 墩柱钢筋施工

3.2.1 墩柱钢筋笼制作

(1)技术准备。

技术人员要熟悉图纸,根据图纸尺寸、技术规程确定下料长度。由于本工程墩柱插入承

台内,因此技术人员在下料的同时要考虑承台中预埋尺寸,并将各种类型的钢筋交底给钢筋加工人员,在加工厂后台进行加工,并将加工好的钢筋下垫木板,码放整齐。

(2)施工准备。

①胎具加工。在硬化好的场地上安装胎具生产线,定位胎架由直径48钢管和14号工字钢组合制作而成,工字钢放在立杆的顶托上,以承受整个钢筋笼的重量。数个胎架按照等间距精确定位后形成生产线,胎架间间距宜为8~10m。骨架在胎架上绑扎如图3所示。

图3　骨架在胎架上绑扎

②钢筋在使用前应清除表面锈斑、油污、杂物等;若钢筋局部弯曲、扭曲,应矫正或者切除。

(3)施工方法。

①按照预埋在墩柱中的主筋长度,计算出各主筋的实际长度,并完成下料。

②在胎具顶层工字钢上面将实际加工好的主筋按照图纸要求间距摆放整齐。

③按设计尺寸做好箍筋,并在已经摆放好的主筋上面按照图纸要求,标记出箍筋位置;并按照标记出的箍筋位置绑扎箍筋,从而精确固定箍筋间距,保证墩柱钢筋成型质量。

④将剩余主筋穿插到已经定位好的箍筋中,按设计规定的间距绑扎固定。排放主筋时,主筋上下、左右确保在一个平面上,有机械连接要求的钢筋,主筋钢筋头必须拉线调整位置,确保钢筋头处于同一线上,保证后期钢筋笼的连接。

⑤为防止在制作、运输、吊装过程中钢筋笼出现扭转变形,应在钢筋绑扎过程中对钢筋笼进行加固,采用直径28mm螺纹钢筋在钢筋笼的内部上下两个平面形成剪刀撑,在钢筋笼侧面形成八字撑,并与钢筋笼整体焊牢(图4)。主筋的上下两头无箍筋处要用一个箍筋将两头固定。

⑥制作好后的钢筋骨架必须放在平整、干燥的场地上。骨架成型如图5所示。

图4　骨架加强措施

图5　骨架成型

3.2.2　墩柱钢筋笼运输

墩柱钢筋笼运输采用平板车运输，在钢筋加工成采用20t汽车起重机将检查合格的钢筋笼起吊放在平板车上，起吊时钢筋笼上设6个吊点，用钢丝绳、扣环作为吊装连接部分。起吊时，钢筋笼处于水平状态，并平稳放置在平板车上。钢筋笼运至现场后，采用同样的方法，使用20t汽车起重机将钢筋笼卸车，并在钢筋笼下面垫好方木，保证钢筋笼平整，防止钢筋笼侧向失稳。钢筋笼在运输过程中，严格做到牢固牢靠，严防钢筋笼发生摩擦、移动及碰撞，保证钢筋笼整体或者局部不发生变形。钢筋笼下方时要轻、要稳，起吊时安全人员注意检查钢丝绳及机械运行情况，发生问题时及时处理。钢筋笼运输过程中，保证通行的道路畅通，道路平顺。

3.2.3　预制钢筋笼吊装

(1)由于本项目墩柱是插入到承台里面的，因此采用钢筋笼预制、整体吊装技术就要对承台钢筋进行调整，并在承台上按照墩柱尺寸预留放入口，待钢筋笼安装完毕后，将承台上断开的钢筋按照规范要求进行恢复。

(2)钢筋笼运至现场后，用25t汽车起重机主钩固定钢筋笼主端两端，副钩固定钢筋笼1/3~1/2中间部位，起吊时先起吊副钩吊点，将钢筋笼微微提起，再将主副钩同时起吊，将钢筋笼吊离地面，此时停止副钩抬升，继续提升主钩。慢慢提升主钩吊点，放松副钩吊点，直到骨架同地面垂直，停止起吊。放松副钩吊点的钢丝绳，将墩柱移至承台预留口上方，慢慢下放，辅以人工定位，并用倒链将钢筋笼的垂直度进行调整，钢筋笼精确定位并调整完成后，对相应项目进行检查，并按规范要求对承台钢筋进行恢复。

(3)钢筋笼安装以及精确定位过程中，必须将钢筋笼上下部加强箍筋严格居中，误差控制在5mm以内；钢筋笼用倒链校好垂直度后，用短钢筋焊接于承台钢筋四周，以确保墩柱钢筋定位的准确。钢筋笼在吊装前应绑好垫块，在钢筋笼中部设置高程点，明确高程点距钢筋笼顶的距离。在安装过程中，使用水平仪控制钢筋笼高程，用全站仪放出墩柱中心点，在承台顶面标出或画出十字线，根据墩柱中心点画好主筋位置，控制钢筋笼轴线。

图6　钢筋笼吊装

钢筋笼吊装如图6所示。

3.2.4　墩柱混凝土浇筑

(1)本工程墩柱采用定型化钢模板。

(2)墩柱采用C45混凝土，泵送方式浇筑，采用串筒布料，串筒底距离浇筑混凝土顶面不超过2m。

(3)浇筑过程中设专人随时检查钢筋和模板的稳固性及垂直度，发现问题及时处理。混凝土浇筑应一次完成，不得中途停断。

(4)严格执行混凝土进场交货验收制度，实验员对每车混凝土的坍落度进行试验；混凝土坍落度根据现场气温适当控制，一般情况下保持 14~18cm 为宜；如遇坍落度超出允许范围的混凝土，严禁使用。

（5）下料时避免混凝土冲击钢筋和模板，严禁一次性下料过多。

（6）浇筑混凝土要连续进行，混凝土入仓后立即振捣，不允许出现堆积现象，严格控制混凝土的浇筑时间。因选用交底坍落度的混凝土，其流动性损失较快，如浇筑时间过长，会影响混凝土的分散能力，容易形成蜂窝等缺陷。

（7）混凝土灌注水平分层，每层浇筑厚度不大于 30cm；采用插入式振捣棒进行振捣（为保证振捣质量，在振捣棒上做刻度标识），分层振捣时应插入下层混凝土 5~10cm，振捣棒与侧模保持 5~10cm 距离，振捣时做到快插慢拔，不过振，不漏振，做到振捣密实，一般应振到混凝土不再下沉，没有明显气泡上升，表面平坦、泛浆为止。振捣过程中，防止振捣棒冲击模板、预埋件，避免造成模板损坏和预埋件移位。为保证混凝土的密实性，墩柱模板外侧设置两道附着式振捣器配合振捣棒施工。

（8）混凝土浇完后，立即对墩身覆盖进行养护；拆模后采用塑料薄膜加土工布对墩身进行包裹，进行湿润养护，养护时间不小于 7d。墩柱浇筑成形如图 7 所示。

图 7　墩柱浇筑成形

3.3　墩柱钢筋笼整体预制、吊装施工工艺优势

（1）设计墩柱钢筋笼整体预制、吊装方法，可以使钢筋定位精度控制在 2mm 范围内。此方法解决了工程建设长期以来现场钢筋安装很难保证钢筋间距 100%满足图纸及规范要求的通病，有利于墩柱保护层的控制，大幅提高了施工质量。

（2）标准化、工厂化作业极大改善了工人和现场技术管理人员的工作环境，提高了工作效率，满足了工期要求。

（3）墩柱钢筋整体安装，减少了起重设备的使用时间，降低和使用频率，有利于节能减排，降低成本。

（4）可实现平行作业，大幅缩短了单个墩柱的施工时间，加快了墩柱模板的周转速度，提高工作效率，减少了模板的投入。

（5）减少了野外高空作业的时间，降低了安全风险。

（6）钢筋笼整体预制吊装技术大幅减少了架体的投入，在降低安全风险的同时，既节约了时间，又缩短了工期、减少了投入。

（7）本工程工期紧、任务重，且拆迁进场困难，采用钢筋笼整体预制、吊装技术可以为后续施工做好准备，减少工人窝工现象，比现场绑扎能节约 3d 左右的时间，大幅提高了工作效率。

4 结语

随着我国建筑市场人工成本不断增加,传统的劳动密集型、作业环境较为恶劣的建筑市场渐现弊端,亟须转变作业模式。

墩柱钢筋笼整体预制安装施工工艺在延崇高速公路中成功应用,取得了良好的经济效益和社会效益,实现了墩柱钢筋施工"从野外走向车间,由高空变为平地"新作业模式,较好践行了"以人为本,节能减排"的发展理念,推动了公路桥梁施工工艺的革新,为未来公路桥梁墩柱标准化施工提供了思路,为我国未来桥梁施工全部进入标准化、模块化、工厂化模式提供了借鉴经验。

参 考 文 献

[1] 中华人民共和国交通运输部.公路桥涵施工技术规范:JTG/T F50—2011[S].北京:人民交通出版社,2011.
[2] 孙业发,王伟,宋书东,等.大型预制桥墩钢筋笼整体吊装对接施工技术[J].中国港湾建设,2014(9).
[3] 交通部第一公路工程总公司.公路施工手册:桥涵[M].北京:人民交通出版社,2000.

门型花瓶墩冬季施工质量保证措施初探

鲁子明[1],马福利[2],王海涛[2],张　旭[2]

(1.北京市首发高速公路建设管理有限责任公司;2.北京市政建设集团有限责任公司)

摘要:门型花瓶墩相对于等截面的桥梁墩柱造型优美,但也相应地提高了施工的难度。冬季施工门型花瓶墩无论是模板的安拆、保温,都需要采取相应的措施,本文结合工程特点,总结了门型花瓶墩冬季施工的技术质量要点。

关键词:花瓶墩;冬季施工

1　引言

为保证门型花瓶墩冬季施工质量,结合本工程实际特点,制定花瓶墩冬季施工方案,对类似工程有借鉴意义。

2　工程概况

2.1　工程简介

延崇高速公路(北京段)工程第1标段(图1),设计起点K0+406.895,位于兴延路营城子立交北侧;设计终点K5+730,位于小大路北侧,标段全长5.32km。主要工程内容包括妫川路互通式立交、K1+502.295~K3+542.295高架桥、延康路互通式立交、延康铁路分离式立交、路基路面及排水涵洞等。

其中,延康路互通式立交主线墩柱为花瓶墩+柱顶系梁,共计墩柱236根,墩柱高度12~4.6m。普通单个花瓶墩底部横向宽度1.6m,纵向宽度2.4m,其中上跨现况延康路11号、12号轴墩柱花瓶墩纵向宽度2.6m。柱顶系梁高度为1.8m,横向宽与墩柱同宽,纵向宽度0.531~4.525m。A、C、D匝道采用单柱花瓶墩形式,花瓶墩底部横向宽度2.4m,纵向宽度2.4m,共计墩柱33根,墩柱高度12~4.6m。墩柱及墩顶系梁均采用C45混凝土现浇。

延康路互通式立交主线桥结构断面、匝道结构断面分别如图2、图3所示。

根据总体工期要求及进地进展,延康路互通立交墩柱需连续作业,需进行冬期施工。

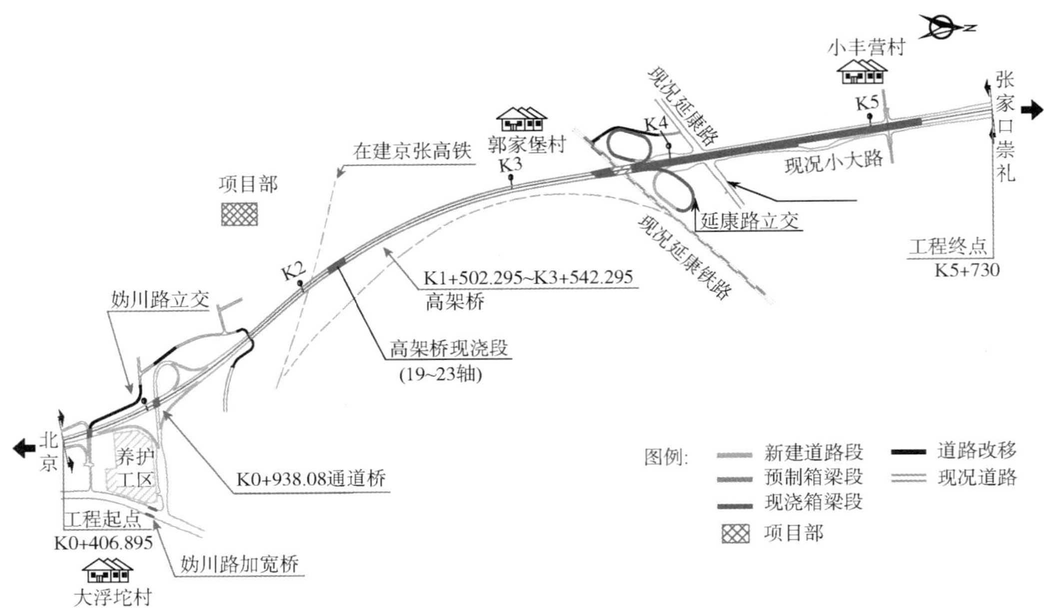

图 1　延崇高速公路(北京段)工程第 1 标段平面示意图

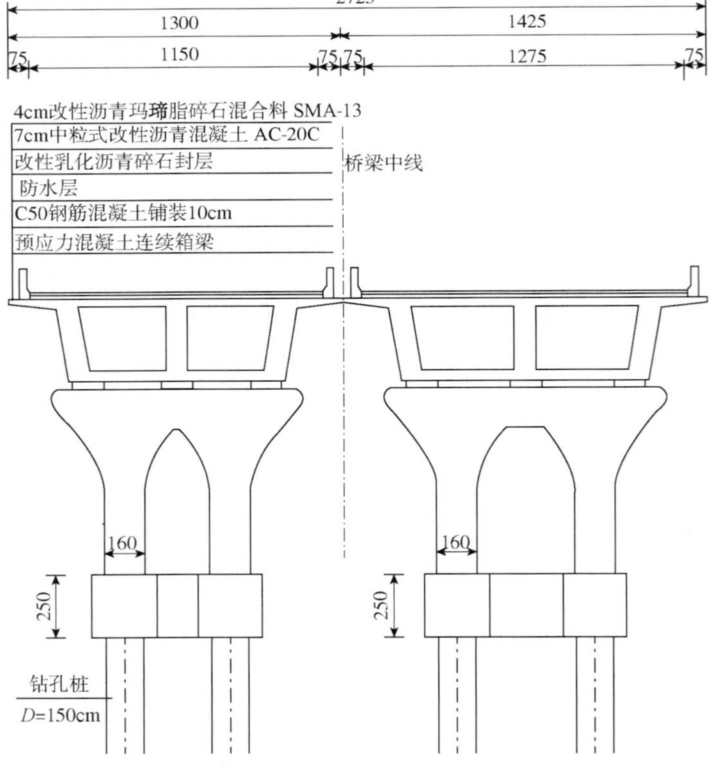

图 2　延康路互通式立交主线桥结构断面示意图(尺寸单位:cm)

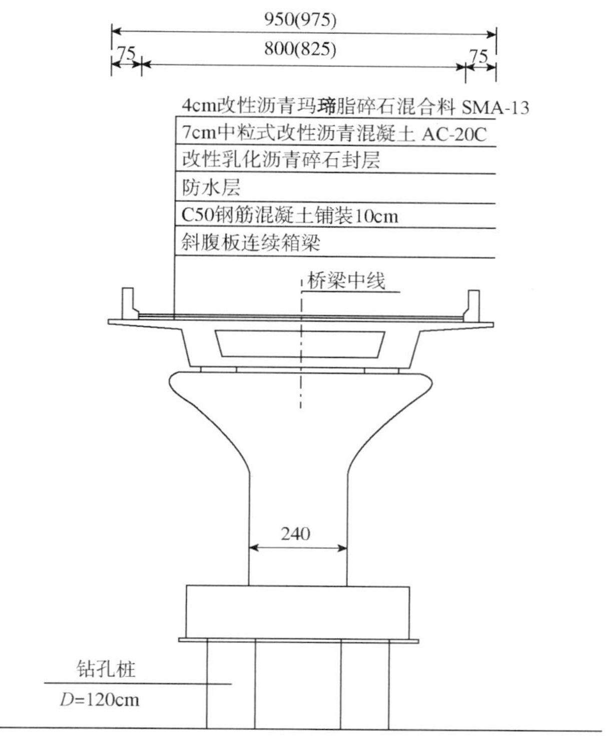

图 3　延康路互通式立交匝道结构断面示意图(尺寸单位:cm)

2.2　冬施工作组织与管理

(1)冬季施工前,项目部成立冬施领导小组,制定相应冬施措施。小组人员明确分工,专人负责环境测温和混凝土养护测温,并做好相应记录。

(2)在冬季施工前对冬施设施、物资供应和措施到位情况等进行全面检查。准备冬施必需品,如塑料布、电暖器、热风机、保暖帆布、脚手架管、温度计等,物资、设备分放并注明标识。对搅拌站严格要求:在冬季过程中对外掺剂掺量、原材料加热、混凝土的养护与测温等各项冬施措施设专人负责,及时了解情况并做好记录,发现问题及时纠正。严格按照冬季施工计划组织施工,确保冬季施工期间的质量和安全。

(3)进入冬季施工条件:规范规定,当室外昼夜平均气温连续 5d 稳定低于 5℃时,钢筋、预应力、混凝土及砌体等工程应采取冬期施工措施。

3　具体施工措施

3.1　暖棚的搭设

(1)暖棚(图 4)。对采用墩柱施工时的工具脚手架(盘扣式脚手架)进行支搭,外侧包围保暖苫布,要保证棚体应坚固、不透风,棚内温度不低于 5℃。暖棚内采用 15kW 电暖风机

图4 暖棚立面图

进行加热。暖棚保温7d以上,在结构达到受冻临界强度后方可撤除。

(2)暖棚搭设完毕后,经热工计算选择热源数量。

门型花瓶墩柱计算模型按照单柱考虑,多柱按照单柱模型累加考虑。墩柱上部按倒梯形计算,上截面尺寸为6.5m×2.4m,下截面尺寸为1.6m×2.4m,高4.45m;下部尺寸为矩形墩柱1.6m×2.4m×7.55m。暖棚计算模型尺寸15m×7.2m×13.5m。暖棚采用保暖帆布搭建,所以采用暖棚内热量消耗即须供热源公式进行验算。

计算依据:《简明施工计算手册》《路桥施工计算手册》。

采用15000W工业暖风机供热,经计算,暖棚内需要5台暖风机工作,才能保证棚内温度10℃。

3.2 钢筋工程

(1)施工现场设置钢筋加工大棚,钢筋加工在棚内进行,现场焊接温度不得低于-20℃,采取防雪挡风措施。焊接后的钢筋接头,在温度下降之前禁止碰到冰雪。

(2)直螺纹连接的钢筋接头在加工后,立即戴上钢筋头保护帽,以免生锈和结冰。

3.3 混凝土施工

3.3.1 混凝土的配制与搅拌

冬施预拌混凝土与冬施砂浆配合比提前申报,经批准后使用。采用普通硅酸盐水泥,要求强度等级不低于42.5,水胶比不大于0.5,且采用较小的坍落度值。

冬季施工混凝土集料,不得与冰雪等物混合。粗集料应采用连续级配,最大粒径小于37.5mm,含泥量小于1%,细集料含泥量小于2%。

砂、石集料质量要严格控制,并按规范要求加入低碱的复合高效防冻剂,防冻剂的要求符合《混凝土外加剂应用技术规范》(GB 50119—2013)的规定。

搅拌混凝土所需各类材料的温度,要满足混凝土搅拌生成所需要的温度,当温度不满足要求时,可以采用加热拌和水的方法。要求水的加热温度不应大于60℃。

混凝土搅拌前采用热水或蒸汽进行搅拌机的冲洗,冬季施工搅拌时间比常温施工延长50%,要求混凝土出机温度不低于10℃,混凝土入模温度不低于5℃。

项目部委派试验工程师,严格审核混凝土拌和站的冬季混凝土配合比及试验情况,并定期对拌和站内混凝土原材料进行抽查,以确保混凝土质量。

3.3.2 混凝土的运输

混凝土搅拌完成后，在规定时间内及时运到施工现场。运输混凝土采用搅拌运输车，混凝土运输罐车外包裹保温被，减少在运输过程中混凝土的热量散失。混凝土从搅拌站出站到入模时间根据路况条件并结合试验数据确定。在混凝土运输过程中罐体要保证不停转动，以防止混凝土受冻。

3.3.3 混凝土的浇筑

模板支搭完毕后及时验收，及时进行混凝土浇筑。浇筑前清除模板钢筋上的冰、雪和污垢等，并再次检查模板的尺寸，防止模板由于冻胀而造成结构尺寸变化。

在混凝土浇筑过程中，派专人进行看护，保证混凝土的均匀性和密实性，保证结构各部位尺寸，钢筋、预埋件位置符合设计要求。

混凝土浇筑时间的确定：冬季混凝土的浇筑，选在当天温度最高时段进行。

浇筑混凝土前，首先对暖棚进行升温。测温人员检测暖棚内温度和模板温度，5℃以上时快速拆除暖棚顶部保温苫布，开始浇筑混凝土，保证入模温度不低于5℃。

墩柱混凝土浇筑如图5所示。

图5 墩柱混凝土浇筑

浇筑前做好相关的准备工作，如检查模板、各种预埋件，清除污染物，准备振捣器具、工具等。模板内采用振捣棒振捣，外面辅助附着式振捣器振捣。浇筑要连续、高效进行，以尽量短的时间完成混凝土浇筑工作。

当混凝土浇筑完毕后，要及时将暖棚顶部覆盖严密，暖棚保温至新浇筑混凝土达到规定的抗冻强度。

3.3.4 混凝土养护

由于门型花瓶墩的形状特征，采用蓄热法养护有一定的施工难度，所以门型花瓶墩全部采用暖棚法进行养护。关于门型花瓶墩的受冻临界强度，本项目按70%进行控制，因为《公路桥涵施工技术规范》(JTG/T F50—2011)中提到“冬期施工期间，采用硅酸盐水泥或普通硅酸盐水泥配置的混凝土，在其抗压强度达到设计强度的40%以前，不得受冻。”而在《混凝土结构工程施工规范》(GB 50666—2011)中提到“冬期浇筑的混凝土，其受冻临界强度对有抗冻耐久性要求的混凝土，不宜低于设计混凝土强度等级值的70%。”为保证工程质量，按照70%进行控制。

冬季施工期间混凝土要按规范制作标准试块外，并根据需要多做两组试块，与结构同条件养护，按7d、14d进行试压，以确保拆模时间。

混凝土的养护工作设专人负责，随时掌握温度变化情况，按每4h(2:00、6:00、10:00、14:00、18:00、22:00)进行测温，认真填写测温记录(图6)，根据温度及时调整棚内温度，确保混凝土冬季施工质量符合设计要求。

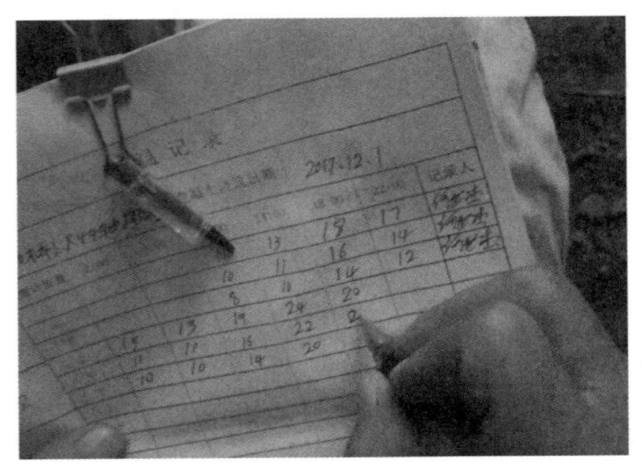

图6 填写测温记录

3.3.5 模板拆除

拆模在一天气温最高时进行。根据门型花瓶墩暖棚结构特点,模板拆除前先将暖棚顶部苫布掀开,拆除影响拆模的脚手架,从暖棚顶部将模板吊出暖棚。

(1)强度要求。混凝土模板在满足拆模强度和抗冻强度两项要求时方可拆除。拆模强度:达到设计强度的40%,且大于5MPa后方可拆除侧模板。

冬季施工后,根据前几根墩柱拆模数据分析,基本养护第4天左右达到混凝土设计强度40%,然后拆除模板,立即将暖棚顶封闭,继续加热保温。

(2)温差要求。混凝土内外温差相差大于15℃时,拆除模板后,混凝土表面及时采用保温材料包裹严密,防止混凝土表面温度下降过快。

当混凝土养护完毕后,环境气温仍在0℃以下时,需待混凝土冷却至5℃以下后,再拆除保温措施,防止混凝土内外温差过大产生裂缝。

(3)混凝土试件制作和强度检验。在进行混凝土浇筑过程中,制作同条件养护试块。进行试块制作过程中要严格按照规范要求进行,同时要注意试块保温防冻,通过检测混凝土同条件试块强度来控制拆模板及拆保温棚时间。

3.4 温度检测

(1)材料进入拌和机时的温度、拌和过程和出料时的温度、浇筑时的温度都需检测,每一工作班至少检查3次。

(2)门型花瓶墩全部采用暖棚法养护,每昼夜专人定点检查6次,填写测温记录。

(3)依据《建筑工程冬期施工规程》(JGJ/T 104—2011)的要求,当柱高度大于4m时,要求测温孔设置3点:故在柱中(0.5H,H为柱高)位置设置一点,在柱两端0.15H处设置一点。一个双柱门型花瓶墩需设测温孔6处。

测温孔深度10~15cm,并对每个测孔进行编号。测温时温度计与外界温度隔绝,测温时间不少于3min,设专人检查并加以记录。

4 安全措施

(1)墩柱暖棚分别设出口和入口,出入口要便于人员出入,不准有阻挡人员的设施,并严密保温。测温人员测温后及时封闭出入口,以防棚内温度下降。

(2)在混凝土养护期间,暖棚内外采取相应的安全措施,防止出现安全事故。为防止工业暖风机排出热浪温度过高,对出口周围材料产生影响,对暖风机出口采取砌耐火砖方式进行保护(图7)。

(3)暖棚内放置水桶(图8),一是对暖棚内加湿,二是有明火时进行灭火。

图7 暖风机出口砌耐火砖

图8 暖棚内水桶

(4)暖棚外设置灭火器(图9),以防火灾发生。

图9 暖棚外设置灭火器

参考文献

[1] 江正荣,朱国梁.简明施工计算手册[M].北京:中国建筑工业出版社,2004.

[2] 周水兴,何兆益,邹毅松,等.路桥施工计算手册[M]. 北京:人民交通出版社,2001.

[3] 中华人民共和国交通运输部.公路桥涵施工技术规范:JTG/T F50—2011[S].北京:人民交通出版社,2011.

[4] 中华人民共和国住房和城乡建设部.混凝土结构工程施工规范:GB 50666—2011[S].北京:中国建筑工业出版社,2012.

[5] 中华人民共和国住房和城乡建设部.建筑工程冬期施工规程:JGJ/T 104—2011[S].北京:中国建筑工业出版社,2011.

转体连续梁钢-混结合段施工关键技术

杜贺军[1],赵允策[2],靳博昊[2],滑会宾[2]

(1.北京市首发高速公路建设管理有限责任公司;2.中铁六局北京铁路建设有限公司)

摘要:本文以延崇高速公路跨大秦铁路及京新高速公路桥为背景,通过施工过程对钢-混结合段施工技术的研究,重点详细阐述存梁支架设计、钢箱梁吊装及空间定位调整技术、PBL剪力键安装定位技术及自密实钢纤维混凝土配合比设计,解决该工程钢-混结合段施工过程中的难题,达到了预期效果,为同类型桥梁施工提供借鉴。

关键词:钢-混结合段;PBL剪力键;自密实钢纤维混凝土

1 工程概况

延崇高速公路上跨大秦铁路及京新高速公路转体桥为(52+140+49)m钢-混混合连续梁(图1),主梁中跨跨中设置62m耐候钢箱梁,其余部分采用混凝土箱梁。主梁采用单箱双室斜腹板箱形截面,双幅布置,桥梁标准宽41m,左右幅间设2cm隔缝,桥面横坡2%。混凝土主梁采用横、纵、竖三向预应力体系,纵向坡度1.6%,变高箱梁截面设计,中支点处梁高7.5m,中跨跨中及边跨近支点位置梁高4.0m。钢箱梁截面等高4.0m,单幅梁宽20.49m,顶板采用正交异形板,板厚16mm,在不同部位分别采用U形闭口肋及板肋纵向加强肋,横隔板、横肋板采用倒"T"截面与顶板共同形成工字型受力截面。顶板悬臂3.43m;钢箱梁腹板采用斜腹板,板厚16mm;底板全宽11.748m,板厚16mm,纵向采用U形加劲肋。

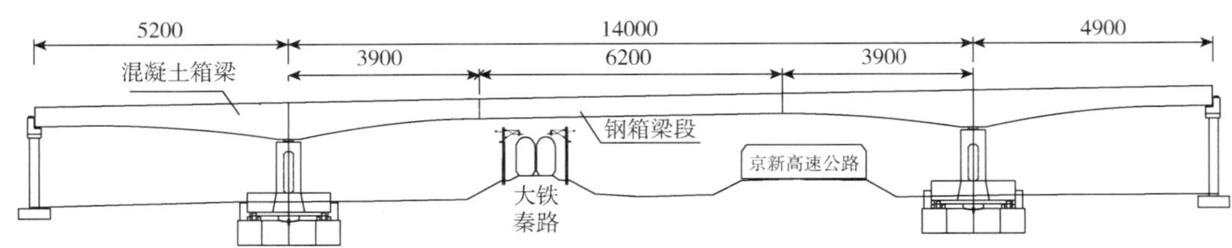

图1 桥梁立面图(尺寸单位:cm)

延崇高速公路上跨大秦铁路及京新高速公路桥钢-混结合段采用部分截面连接承压传剪式,有隔室后承压板构造(图2)。依靠承压钢板以承压的方式传递轴力;在钢梁侧由钢梁的顶板、底板、腹板形成双壁板,在双壁板内部设PBL剪力键,形成钢隔室,钢隔室内填充混凝土。竖向剪力由混凝土断面和连接于承压钢板的PBL剪力键传递。钢-混结合段位于主梁中跨,钢-混结合面距跨中桥墩轴线39m。结合段长度为5.75m,结合面往钢梁侧采用变刚度钢箱结构，长度为3.75m结合面往混凝土侧采用钢隔室钢-混组合结构，长为2.0m。

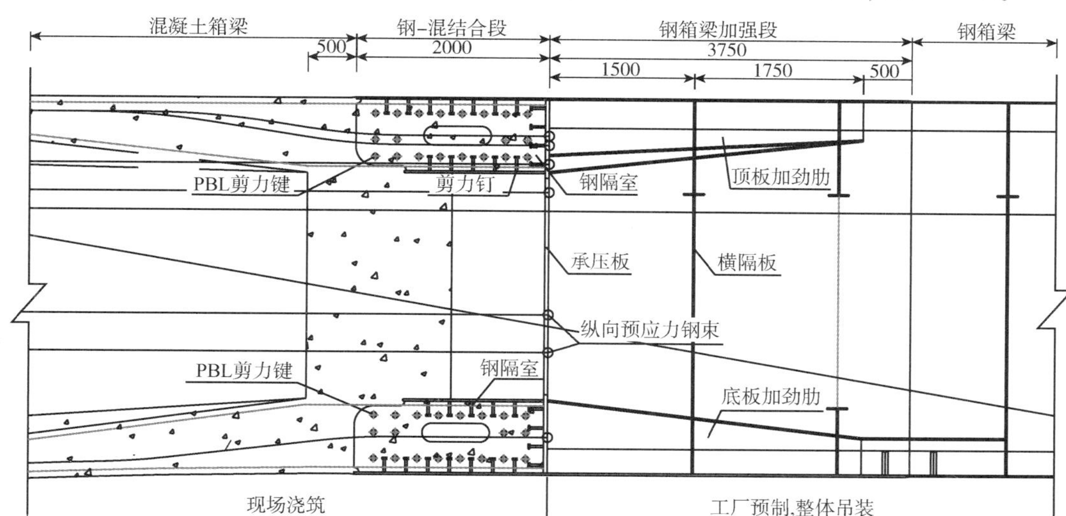

图2　钢-混结合段纵断面图（尺寸单位：cm）

2　钢-混结合段施工技术

2.1　支架设计

根据延崇高速公路上跨大秦铁路及京新高速公路转体桥施工组织设计，梁体采用支架现浇，双侧主墩整幅转体施工。为保证钢-混结合段与混凝土箱梁的一体性，采取整体同步浇筑措施。

钢箱梁段采用工厂预制，施工现场节段整体拼装施工方式，钢箱梁存梁支架一次加载即达到设计荷载。混凝土箱梁经过模板安装→钢筋绑扎→混凝土浇筑等施工过程，施工工序差异，钢箱梁与混凝土箱梁支架荷载周期不同步，导致支架变形不同。支架施工前采用Midas Civil有限元软件进行支架模拟验算及优化，现浇段混凝土箱梁、结合段及钢箱梁采用$\phi 60\times 3.5$mm盘扣式支架，分离式设计，防止钢箱梁与混凝土箱梁支架荷载周期不同引起的沉降差。

支架搭设完毕后，即进行支架预压，目的在于消除支架体系的非弹性变形。钢箱梁及混凝土箱梁预压荷载为支架承受各自全部荷载的1.2倍，记录预压数据，计算架体弹性变形与非弹性变形，调整钢箱梁支架高程。

钢箱梁底布置调节高度千斤顶及固定胎架，可以随时调整钢箱梁高程及空间位置，保证钢-混结合段线形顺畅。

2.2　钢-混结合段吊装与调整

2.2.1　钢-混结合段吊装

钢-混结合段钢箱梁采用工厂预制，整体吊装施工，钢箱梁及吊耳重量为80.6t，节段ZJHDB-1的架设为最不利工况，钢-混结合段设计位置距地面22.8m，吊装半径为31m，无法采用一台起重设备单独起吊。通过模拟计算,选用 QAY500 吊车及 QAY350 吊车协同进行吊装作业。

1 台 500t 和 1 台 300t 吊车钢箱梁吊装最不利工况检算:

500t 汽车吊的工作半径为 31m,主臂长为 16.1m+4m,副臂长为 35m,起重能力为 52.5t;

350t 汽车吊的工作半径为 18m,臂长为 37.7m,起重能力为 58t;

500t 汽车吊的吊钩质量为 1.5t;

350t 汽车吊的吊钩质量为 1.2t;

单个吊耳的质量为 150kg;

ZJHDB-1 的质量为 80t;

500t 汽车吊的负载率=(80/2+1.5+2×0.15)/52.5=79.62%<80%,满足要求。

350t 汽车吊的负载率=(80/2+1.2+2×0.15)/58=71.55%<80%,满足要求。

吊车站位见图 3。

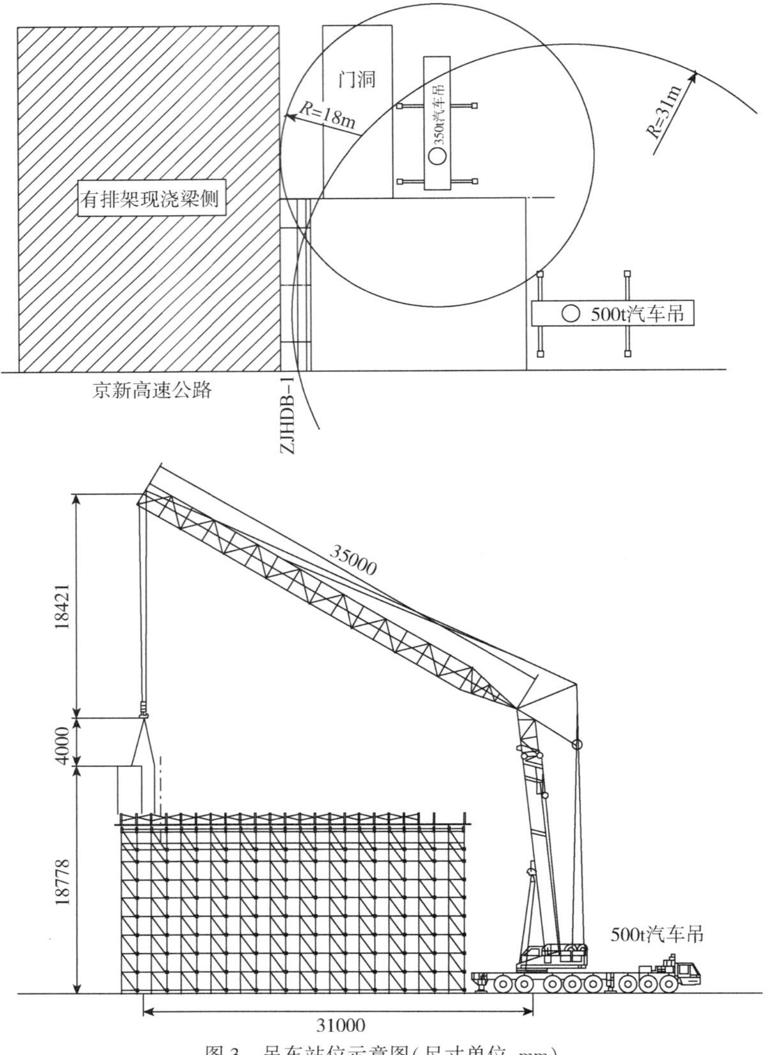

图 3 吊车站位示意图(尺寸单位:mm)

钢梁吊装段设置4个吊装吊点(图4),吊点均位于横隔板或横肋板与边腹板的交点位置,吊耳板与钢梁顶板之间采用焊接连接。

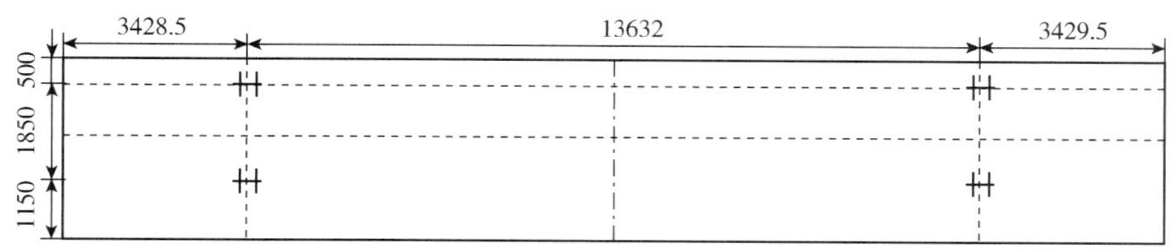

图4 吊点平面位置图(尺寸单位:mm)

钢箱梁吊装时进行空中位置调整较为困难,吊装前建立各节段钢箱梁BIM三维模型,模拟各节段钢箱梁就位姿态及箱梁重心,通过调整吊装时吊索长度,使钢箱梁起吊状态符合就位姿态,从而减小钢箱梁在空中调整的工作量。

2.2.2 钢-混结合段精确定位

钢-混结合段钢箱梁是钢-混结合梁桥钢箱梁安装的起点,其安装精度直接影响后续钢箱梁安装精度及主梁线形,且此次钢箱梁与混凝土箱梁采用桥位同步,两者重心要求一致,以达到主梁内力顺畅传递效果。结合段钢箱梁安装时采用一种位置调整装置对钢箱梁空间位置进行精调,使钢箱梁安装精度达到设计要求。

结合段梁段钢箱梁的空间位置调整顺序为:先调整纵向平面位置,通过全站仪对钢箱梁四个角点定位复核后再调整竖向平面内空间位置,如图5所示。

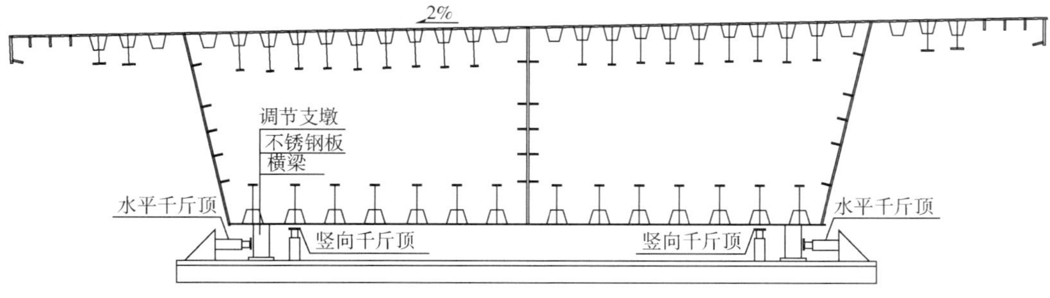

图5 钢箱梁空间位置调整装置示意图

(1)纵向平面位置调整:存梁胎架与钢箱梁上分别焊接调节支墩,支墩间纵向水平设置1台50t千斤顶,通过梁底四角千斤顶的调节,进行钢箱梁纵向平面位置调整。

(2)竖向平面位置调整:首先进行钢箱梁轴线位置调整,调节支墩横向各设置2台50t千斤顶,轴线偏位时,偏位一侧千斤顶出顶顶推,另一侧千斤顶卸载限位。

箱梁横向轴线调整至设计位置后进行竖向位置调整,竖向调整采用4台50t千斤顶,放置在支架顶横梁,分布在箱梁底板四角,同步顶起梁段,通过支垫钢板,将钢箱梁调整到设计高程、纵坡。

(3)锁定:当钢梁精确定位至设计位置后,用型钢将钢梁和胎架焊接连接,竖向千斤顶收回拆除。

2.3 PBL 剪力键安装

结合段钢隔室腹板及腹板剪力板上设有 ϕ60mm 的预留孔，圆孔穿过直径 20mm 的 HRB400 钢筋与进入圆孔的混凝土包裹在一起形成 PBL 剪力键。PBL 连接器由于孔中混凝土的销栓作用，其最终破坏是孔中混凝土的剪切，不存在疲劳问题，且延性好、承载力高。结合段施工时先安装 PBL 键钢筋，以减少剪力键钢筋的接头数量，安装困难区域可对部分钢板进行开口，待剪力键钢筋安装完成后，再将槽口恢复并采取补强措施，最后采用钢筋定位支架将剪力键钢筋固定于预留孔中心。

2.4 钢–混结合段混凝土施工

2.4.1 混凝土性能要求

由于钢–混结合段特殊施工条件，钢隔室内混凝土应具有较好的力学性能、工作性能及施工性能，易于浇筑、抗裂性能好、泵送施工坍落度损失较小。

钢–混结合段混凝土性能要求如表 1 所示。

钢–混结合段混凝土性能要求　　表 1

混凝土性能类别	性能要求
工作性能	①可以实现自密实，坍落度 200±20mm，坍落扩展度 600±50mm； ②针对结合段受力特点，钢隔室混凝土应具有阻裂增韧性能； ③钢隔室为密闭空间，混凝土应具有微膨胀低收缩性能
力学性能	①设计强度 C55，试配强度≥65MPa，7d 强度不低于设计强度的 90%； ②28d 弹性模量≥4.0×10^4MPa
施工性能	①结合现场施工条件，混凝土采用 72m 汽车泵泵送施工，坍落度泵送损失较小； ②混凝土采用集中拌制，运输途中坍落度损失不大于 20mm/h

2.4.2 钢–混结合段混凝土浇筑

(1)钢–混结合段是特殊受力部位，钢隔室钢筋密集、密布 PBL 剪力键、剪力钉及预应力管道，浇筑空间狭小，钢隔室底板的混凝土浇筑振捣困难(图 6、图 7)。混凝土浇筑质量是钢–混结合段施工中控制的关键点。

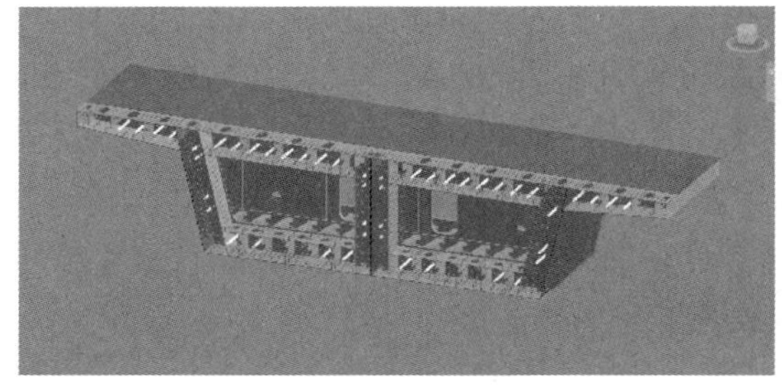

图 6　钢隔室 BIM 模型

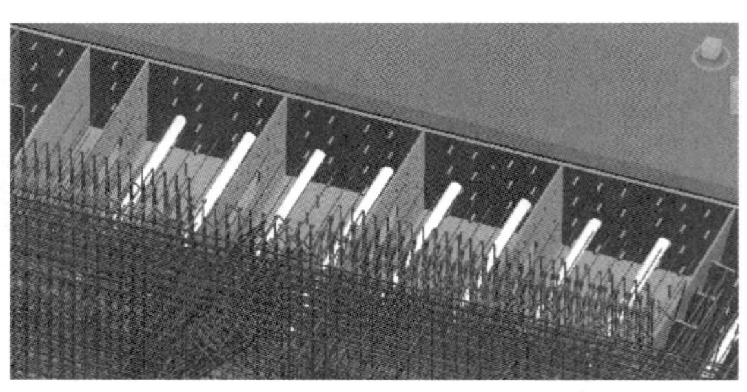

图 7　结合段钢隔室内部构造

(2)配合比设计:结合段混凝土应抗裂性能、良好的施工性能、泵送性能、微膨胀低收缩性能及较小的坍落度损失,针对钢隔室混凝土施工的特点,结合工程实际,通过绝对体积法设计高强自密实混凝土基准配合比,通过调节水胶比、砂率及钢纤维掺量等材料参数,制备CF55 自密实钢纤维混凝土,并进行各项性能试验。自密实钢纤混凝配合比如表 2 所示,其性能如表 3 所示。

自密实钢纤维混凝土配合比 表 2

配比	配合比原材料用量(kg/m^3)									
	水泥	水	碎石	砂	减水剂	粉煤灰	矿粉	膨胀剂	钢纤维	减水剂
A1	364	165	910	775	16.5	51	91	44	30	3%

自密实钢纤维混凝土工作性能与力学性能 表 3

配比	T500(s)	坍落度(mm)	坍落扩展度(mm)	立方体抗压(MPa)	劈裂强度(MPa)
A1	7	240	650	66	—

(3)混凝土足尺模型浇筑试验:根据钢隔室设计图纸,选择 2 个隔室组成一个试验模型单元,PBL 剪力键的数量及间距与设计图纸一致,用于检验自密实钢纤维混凝土的工作性能及填充效果。试验表明,混凝土灌注在一个钢格室时,能顺利地流到另外一个格室内,混凝土施工性能好,未发生离析现象,隔室内混凝土可从排气孔流出,混凝土工作性很好,无需振捣可以达到自密实效果。

混凝土浇筑完成且养护结束后,将试模拆除,混凝土试件表面光滑无气泡,与模板密贴,基本无收缩;采用切割机沿隔板方向将钢隔室混凝土切割,检查自密实钢纤维混凝土对 PBL 剪力键的包裹效果,试验结果表明混凝土对 PBL 剪力键包裹良好,无收缩裂缝。

3 结语

钢-混结合段是混合梁连续梁桥的关键受力部位,其构造及受力均较为复杂。本文以延崇高速公路上跨大秦铁路及京新高速公路(52+140+49)m 钢-混凝土混合连续梁桥为工程背景,总结了钢-混结合段的关键施工技术,主要工作及结论如下:

(1)介绍了钢-混结合段钢箱梁与混凝土箱梁同步施工时支架的搭设方法,解决了混凝土箱梁与钢箱梁不同施工工序重量变化对支架变形的影响,采用特殊设计的存梁支架可以随时调整钢箱梁高程及空间位置,确保钢-混结合段位置精确,桥梁线形满足设计要求。

(2)钢-混结合段受力复杂,为保证钢-混结合段传力的顺畅,对混凝土的浇筑质量要求较高。钢隔室结构复杂,内含加劲板、PBL 剪力键、剪力钉、钢筋及预应力管道,混凝土浇筑空间狭小,普通混凝土难以浇筑,且振捣较为困难。为保证混凝土浇筑质量,施工过程中混凝土配合比设计,研制出具有良好施工性能的 CF55 钢纤维自密实混凝土。通过模拟钢隔室的足尺试模试验,表明该混凝土具有优异的自密实及微膨胀性能,对 PBL 键的包裹性良好,满足施工要求。

延崇高速公路上跨大秦铁路及京新高速公路转体桥钢-混结合段的施工关键技术对同类工程具有参考和借鉴作用。

参考文献

[1] 齐新.无锡市盛新大桥钢-混凝土混合连续梁桥设计与施工[J].城市道桥与防洪,2011(10):54-59+8.

[2] 马明军.渭河特大桥钢-混凝土结合段施工技术[J].铁道建筑技术,2012(3):15-17.

[3] 王振海,李乔,赵灿晖.PBL剪力键破坏形态及极限承载力试验研究[J].防灾减灾工程学报,2011,31(05):0517-522.

[4] 陈群,王灿东,梅刚.中山小榄水道混合梁刚构桥关键技术[J].公路,2015,60(7):132-137.

[5] 陈坚.超大型不规则钢箱梁高架桥定位技术研究[J].建筑施工,2010,32(11):1173-1175.

[6] 李静.混合梁斜拉桥静力分析和局部应力分析[D].成都:西南交通大学,2010.

温泉特大桥连续刚构桥型控制技术

祝　俊[1],张俊义[2],申鹏飞[1],高　昭[1]
(1.中铁十五局集团第一工程有限公司;2.北京市首发高速公路建设管理有限责任公司)

摘要:本文以温泉特大桥连续刚构段的线形控制为例,对连续刚构桥的线形控制进行了介绍。着重对线形控制的原则、方法和内容进行了介绍,并就控制的原则、方法和内容在温泉特大桥连续刚构段线形控制中的具体实现进行了说明。对了解和进行类似桥梁的线形控制具有一定的借鉴意义。

关键词:连续刚构;参数识别;状态预测;立模高程

1　引言

在山区进行桥梁建设时一般采用高墩大跨结构克服山区复杂地形条件的限制。悬臂对称浇筑法在连续刚构桥的施工中运用较为广泛,运用该施工方法能有效避开山区复杂地形对施工的限制。连续刚构桥要经过长期的悬臂施工过程和后期的结构体系转换才能最终成型。在悬臂施工过程中,材料特性、截面尺寸误差、施工荷载、预应力的张拉误差、混凝土收缩徐变、温度、挂篮变形等多种因素都会对施工目标的实现产生或大或小的影响,导致实际状态与预计理想状态间产生较大偏差。当产生偏离时,若未进行有效的相应控制和调整,则随着误差的累积,最终的成桥线形与设计线形间可能会产生较大的差异。在偏差严重的情况下,可能会影响桥梁的顺利合拢。因此在刚构桥的悬臂施工过程中,为保证施工顺利进行和最终成桥质量,实时监控桥梁线形和对误差及时发现和分析识别调整误差至关重要。需要采取相关措施保证线形控制的质量。

本文结合北京延庆山地地区温泉特大桥连续刚构联段,对刚构桥线形控制的原则、线形控制的方法、线形控制的内容进行介绍。

2　工程概况

温泉特大桥位于延崇高速公路(北京段)施工八标工程段,起点桩号 K26+141.458,终点桩号 K27+674.458。本桥在曲线段上,与道路中心线正交。桥梁全长 1533m,桥宽 13m。

桥梁上部结构共 6 联,19 跨:(24m+24m+25m)现浇箱梁+(85m+152m+85m)预应力混凝土连续刚构+(2×60m)预应力混凝土连续刚构+(85m+152m+85m)预应力混凝土连续刚构+(60m+110m+60m)预应力混凝土连续刚构+(65m+3×110m+65m)预应力混凝土连续刚构。

各连续刚构段的上部结构形式类似，以主跨跨度最大的第四联段即 85m+152m+85m 预应力混凝土连续刚构的结构形式为例进行说明。该联段上部结构采用横断面为单箱单室的直腹板箱梁；支点处梁高 9.5m，跨中梁高 3.6m，桥面设 2% 的单向横坡。箱梁高和底板厚均按 1.8 次抛物线变化。箱梁顶宽 13m，底板宽 7m。全桥除在梁端、0 号块和中跨 17 号块设置横隔板外，其余位置均不设置横隔板，其厚度分别为 150cm、100cm、100cm。主梁采用三向预应力混凝土结构，设纵向、竖向预应力及顶板横向预应力。

桥墩：温泉特大桥主墩是 4 号、5 号、9 号、10 号、12 号、13 号、15 号、16 号、17 号、18 号墩；墩身最高的是 12 号墩，为 68.8m；墩身最低的是 18 号墩，为 44.1m；连续刚构主墩采用双薄壁空心墩，单支空心墩最大外轮廓尺寸为 9m×4m；内设 50cm×50cm 倒角，墩底设 2.8m 厚实心段，桥墩横桥向壁厚 1.5m，纵桥向壁厚 1.0m。

3 线形控制的原则

对刚构桥线形进行控制主要是为了保证后期桥梁的顺利合龙和最终成桥线形能尽量接近设计线形，使最终实际成桥状态吻合设计要求。结合温泉特大桥连续刚构段的特点，对该桥的线形进行控制时，主要以控制结构变形为主，控制应力为辅的原则进行。由于结构的变形是一系列相关影响因素共同作用结果的外在表现，控制了线形即可认为相关的影响因素均在合理的变化范围之内，所以将结构的变形控制即保证结构线形平顺放在首位。同时作为桥梁线形控制质量的重要体现，刚构桥悬臂段合龙时合拢段两端的高差应在 2cm 内。而作为线形控制质量的间接体现，应确保桥面铺装厚度增减值的绝对值控制在允许范围内。最终成桥时桥面的预拱度应符合设计的预拱度要求。

4 线形控制的方法

桥梁线形控制的过程主要由桥梁施工过程模拟分析和误差分析、参数识别及状态预测等部分组成，而各部分采取的方法又各不相同。

4.1 施工过程模拟分析方法

正装计算法、倒装计算法、无应力状态法是对桥梁施工过程进行模拟分析时普遍采用的 3 种方法。进行模拟分析时一般采用正装分析法和倒装分析法。本节主要对正装和倒装分析法及温泉特大桥连续刚构段施工过程模拟分析的具体实现方式进行介绍。

对结构进行分析时，根据施工步骤的前后顺序进行的方法称为正装分析法。随着施工进度按照预定顺序不断推进，结构的形式、结构边界上的约束和所受的荷载都会发生相应的变化。因此进行正装分析时，作为当前施工阶段结构分析基础的是上一施工阶段的结构状态。

假定结构某个时刻的状态符合按正装计算时该时刻的状态，则以该状态为起始状态按照与正装分析时相反的顺序进行结构的倒拆分析，得出每去除一个施工阶段时剩余结构状态发生的变化为该阶段施工的理想状态。这种方法称为倒装分析法。

无应力状态法是一种结构分析法，它的特点是进行分析时假定构件的无应力长度及曲率不发生变化。

对各个施工阶段的内力状态进行分析时，运用正装分析能得出较好的结果，而当需要计算施工阶段的预抛高时，运用正装分析法无法得出较好的结果。而运用倒退分析法分析的效果则与正装分析的效果相反，倒退分析能较好地计算出施工阶段的预抛高，但却无法较好的对结构的内力状态进行分析。所以对温泉特大桥连续刚构段的施工过程进行模拟分析时，采取了正装和倒装分析交替进行的模式。以有限元软件 Midas Civil 为平台进行正装和倒装的交替分析，实现对温泉特大桥连续刚构段施工过程的模拟分析。建立的部分模型及施工状态的模型示意图如图 1 和图 2 所示。

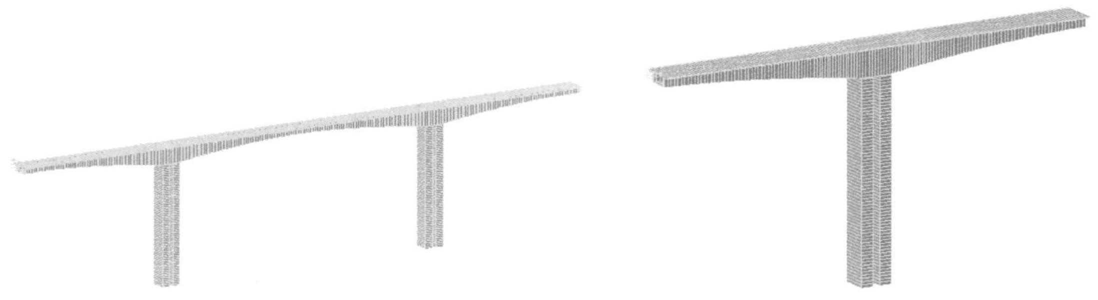

图 1　建立的温泉连续刚构第一联段有限元模型　　　图 2　模拟的最大悬臂模型

4.2　线形控制中的误差分析、参数识别和状态预测方法

一般而言，实际状态与理想状态的偏差是客观存在的。当这些偏差在允许范围内时，可以假定二者是相互吻合的；当偏差在允许范围外时，就需要对二者间的偏差进行误差分析，广义上可以认为线形控制的误差分析包含了参数识别和状态预测。

4.2.1　参数识别方法

当实际状态与理想状态间产生的偏差较大时，就需要进行参数的识别分析，找出对误差起主要影响作用的参数并进行调整。参数的识别就是以实测值为基础，调整相关的主要设计参数，在调整后设计参数的基础上重新进行模拟分析，使得计算理论值尽量接近实测值，减小实际状态与理想状态间的偏差。

一般来说，结构的几何参数、材料特性参数、荷载参数、与时间相关参数、截面特征参数都是导致状态发生偏差的主要参数。对于温泉特大桥连续刚构段线形控制的参数识别，将着重考虑混凝土的收缩徐变，结构构件的容重、施工临时荷载、预应力和混凝土弹性模量。

为对结构产生主要影响的参数进行确定，缩小理论值与实际值间的偏差，对相关参数进行敏感性分析是必要的。一般是通过在一定范围内对设计参数进行相当的变动，根据变动后相应结构控制目标的变化大小判定参数的敏感特性。

对温泉特大桥连续刚构段的参数敏感性进行分析时，变动幅度选择为 10%，将桥梁的跨中挠度选为控制目标。按照控制变量法,根据各参数变动引起的跨中挠度变化幅度大小确定出主要的影响参数。

4.2.2 状态预测方法

状态预测是根据系统当前的状态对系统下一阶段的状态进行预测。具体到桥梁线形控制中则表现为根据当前及以前阶段的理论与实际的误差估计下一阶段的误差,从而在下一阶段的理论值中适当考虑进估计出的误差。

最小二乘法、灰色系统理论法、卡尔曼滤波法是进行状态预测中常用的3种方法。在温泉特大桥连续刚构段线形控制的状态预测中,选择了有效性和适用性都较好的灰色系统理论法进行状态的预测。

灰色系统理论在温泉特大桥连续刚构段状态预测中的具体实现是通过将控制点的理论标高值与实测标高值相减得到误差序列,在误差序列的基础上建立灰色模型GM(1,1),运用建立的预测函数求得下一节可能出现的误差值。并在下一节段的理论标高计算中考虑进该误差值。

对温泉特大桥连续刚构段的线形控制进行误差分析时的思路简要如下:在施工阶段,根据理论挠度值和实测挠度值偏差大小,进行参数识别分析,并将修正后的参数反馈回有限元模型中重新计算得到新的理论挠度值,并根据新的理论挠度值与实测挠度值的偏差,运用灰色系统理论预测下一节段的理论和实测挠度的偏差,并在下一节段的立模标高中将此预测值考虑进去。

5 线形控制的内容

根据线形控制的原则,对温泉特大桥的连续刚构进行线形控制时以“线形控制为主,应力为辅”,所以线形控制的主要内容有高程线形监控和应力监控两部分。高程线形监控的主要内容是立模高程的计算和箱梁挠度的实测;应力控制的内容是应力计的埋设和数据的采集。

5.1 高程线形控制

高程线形控制内容的外在体现主要由两部分组成,即立模高程的计算和箱梁挠度的实际测量。

5.1.1 立模高程的计算

桥梁线形控制的结果是通过立模高程的计算实现的。

立模高程计算公式:

$$H^i_{立模}=H^i_{设计}+f^i_{使用}+f^i_{挂篮}+f^i_{施工} \tag{1}$$

式中:$H^i_{设计}$——i节段设计高程;

$f^i_{使用}$——实际营运时桥梁产生的累计变形,对于温泉桥则为设计方给出的设计预拱度;

$f^i_{挂篮}$——施工i节段时挂篮产生的变形值;

$f^i_{施工}$——由于 i 节段及 i 节段往后的节段施工引起的在 i 节段的累计变形值，一般通过有限元计算所得。$f^i_{施工}$ 计算公式见下：

$$f^i_{施工}=\sum f^i_{梁段自重}+\sum f^i_{预应力}+f^i_{收缩徐变}+f^i_{施工临时荷载} \tag{2}$$

式中：$\sum f^i_{梁段自重}$——i 及其往后节段自重在 i 节段引起的变形总和；

$\sum f^i_{预应力}$——i 及其往后节段预应力张拉在 i 节段引起的变形总和；

$f^i_{收缩徐变}$——i 节段因混凝土收缩徐变引起的变形；

$f^i_{施工临时荷载}$——i 节段因施工临时荷载的存在产生的变形。

当模型计算变形量与实测变形量偏差在允许范围内时就可以认为理论模型与实际较吻合，可以由上述公式计算立模高程，否则须对模型予以调整，并对公式加入调整量值。

5.1.2　箱梁挠度测量

在桥梁线形控制中，理论值与实测值需要交替反馈直至控制结束。箱梁挠度实测值的采集需要对箱梁设置观测点并在特定施工工况下对测点进行观测获得。温泉特大桥连续刚构段箱梁挠度观测点设置如图 3 所示，测点设置在了箱梁截面高程控制点处。

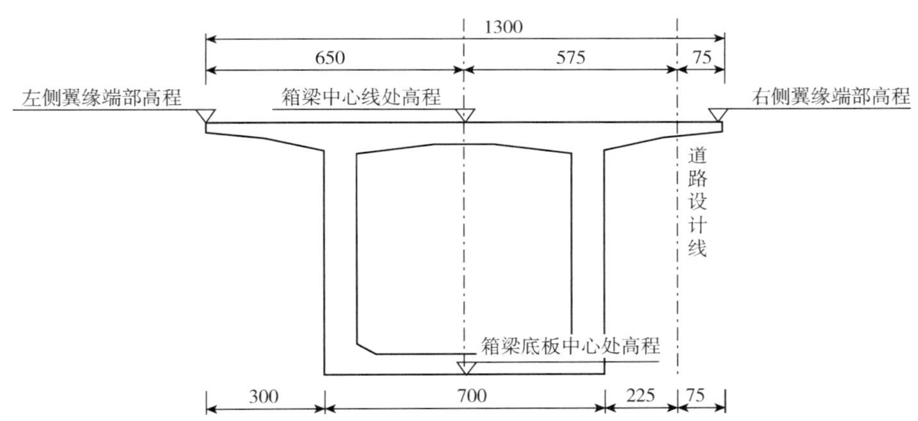

图 3　温泉连续刚构箱梁挠度观测测点示意图（尺寸单位：cm）

结合温泉连续刚构的特点，参照往期线形控制案例，对温泉连续刚构箱梁每个箱梁节段施工时的挠度观测分别在如下工况时进行：

（1）挂篮移动就位，新测点设置完毕时；

（2）混凝土浇筑完后预应力尚未张拉前；

（3）预应力张拉完毕后不久。

在上述工况下进行的挠度观测既能得到关键工况时的变形量值，又能反映出节段施工时各工况下的挠度变化轨迹。

由于在进行箱梁挠度的观测时，挠度的测量结果会随着温度的变化产生较大变动。因此为避免温度变化带来的观测误差，对温泉连续刚构箱梁挠度进行观测时一般选择在早晨或黄昏温度变化较为平缓的时候进行。

5.2 应力控制

在桥梁线形控制中应力的控制一般放在次要的位置,但进行应力控制也是必要的。应力控制主要是应力预警,当关键截面的应力实测值超出允许范围时需提前做出预警,以便及时采取相关措施保证后期施工的安全。应力控制也需要理论值与实测值交替反馈进行,根据实际采集的数据与理论计算值比较分析,对模型做出相应调整以更好的模拟实际应力值。

温泉特大桥连续刚构段应力实际值的获取是通过在箱梁关键截面埋入智能弦式应变传感器并在特定工况进行采集获取该工况下的实际应力值。由于传感器还具备量测温度的功能,所以还能够获取该截面在该工况下的温度。温泉特大桥连续刚构设置应力测点的截面和截面上应力测点的布设分别如图4和图5所示(以第一刚构联段为例)。

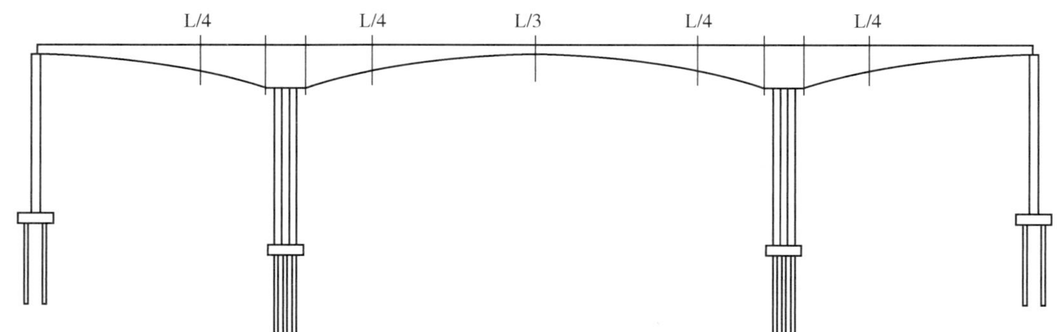

图4 温泉连续刚构测点埋设断面图

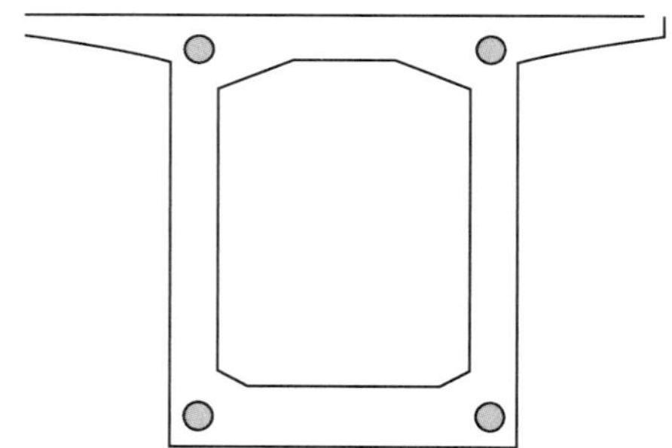

图5 截面应力测点布置图

进行应力数据采集时的工况跟挠度观测时的工况大体类似,具体如下:

(1)混凝土浇筑完后预应力尚未张拉前;

(2)阶段预应力张拉完毕;

(3)下一节段挂篮移动就位。

6 结语

桥梁悬臂施工时进行桥梁的线形控制是必要的。由于线形控制理论本身的复杂性使得运用理论进行具体的数据处理具有易错性,而外部影响控制质量的因素也较多,最大的是人为的测量误差。因此在进行温泉特大桥连续刚构段的线形控制时需要控制人员不断进行学习,提升理论素养;进行数据处理时需反复校核,尽量避免人为计算误差;同时进行现场实测时,也要尽量避免测量误差。

参 考 文 献

[1] 向中富.桥梁施工控制技术[M].北京:人民交通出版社,2001.

[2] 张亚凤.高墩大跨度连续钢构桥施工控制内容与方法研究[J].西部探矿工程,2006(10):254-255.

[3] 刘锡明.高墩大跨连续刚构桥高程线性控制技术要点[J].山西建筑,2012,38(25):188-189.

非对称布置预应力筋理论不动点的计算分析

葛洪峰[1],牛宗胜[2],李　超[1],阿力甫·卖卖提[1]

(1.北京城建集团有限责任公司;2.北京市首发高速公路建设管理有限责任公司)

摘要:预应力的施工质量对于结构的使用寿命起着至关重要的作用,本文按预应力工程的工序顺序进行阐述。

理论伸长值的确定,为预应力张拉双控的重要依据。对于预应力对称布置的结构,理论伸长值的计算较为简单,分段计算至中间处,累计相加即为单端伸长量;但现阶段,很多结构由于受场地限制或功能、外观等需求,采取非对称的方式进行设计,预应力筋的布置也随之呈非对称性布置;在两端同时张拉时,将出现两端伸长值不等的情况。本文依据规范中规定的预应力伸长值计算公式进行分段计算张拉力的衰减率,确定不动点所处曲线段落,通过假设不动点位置列方程,使预应力束两端算至不动点处时张拉力衰减率相同;进而反算推导出不动点的具体位置,即理论不动点所在曲线的拆分点。该公式简单易用,推导逻辑清晰,可快速确定理论不动点位置,对伸长值进行精确计算。

关键词:预应力;伸长值;非对称;理论不动点

1　理论伸长值的基本公式

预应力筋张拉施工前,应对不同类型的孔道进行至少一个孔道的摩阻测试,通过测试所确定的 μ 值和 k 值,宜用于对设计张拉控制应力进行修正;当实测 μ 值超出规范规定的区间时,应与设计单位沟通,确定是否需进行张拉,以调整控制应力。

根据《公路桥涵施工技术规范》(JTG/T F50—2011)的规定,张拉理论伸长值的确定按照式(1)进行计算:

$$\Delta L_L=\frac{P_P L}{A_P E_P}\qquad P_P=\frac{P\left(1-e^{-(kx+\mu\theta)}\right)}{kx+\mu\theta}\tag{1}$$

式中:ΔL_L——理论伸长值,mm;

P_P——预应力筋平均张拉力,N;

P——预应力筋张拉端的张拉力,N;

L——预应力筋的长度,mm;

A_P——预应力筋的截面面积,mm^2;

E_P——预应力筋的弹性模量,N/mm^2;

x——从张拉端至计算截面的孔道长度，m；

θ——从张拉端至计算截面曲线孔道部分切线的夹角之和，rad；

k——孔道每米局部偏差对摩擦的影响因数；

μ——预应力筋与孔道壁的摩擦系数。

在进行理论伸长值计算时，需注意，由多曲线组成的预应力筋或由直线与曲线组成的预应力筋，其伸长值分段进行计算，而后进行叠加。当采取两端张拉的方式进行张拉施工时，需求得理论不动点（对称结构可直接取中点），由两端向该处进行计算时，两侧张拉力算至此处相等，将两侧计算值相加即为理论伸长值。

2 理论不动点的确定

2.1 理论不动点确定的基础依据

本文中所阐述的非对称预应力束理论不动点的确定依据有两项。依据一：张拉伸长值分段计算：在进行曲线段伸长值计算时按式(1)进行；在进行直线段计算时 $P_P=P$，即预应力筋平均张拉力等于预应力筋张拉端的张拉力，即在进行直线段计算时，无张拉力衰减。依据二：在进行曲线段计算时，张拉应力的损失按式(2)进行计算：

$$\sigma_{l1}=\sigma_{con}\left[1-e^{-(kx+\mu\theta)}\right] \tag{2}$$

式中：σ_{l1}——应力损失。

2.2 经过单段曲线后，应力衰减率的确定

根据式(2)进行经过单段曲线后，应力衰减率的推导；应力衰减率在本文中定义为，经过单段曲线后，末端处应力值与始端处应力值的比值。

设衰减率为 V，则：

$$\begin{aligned} V&=\frac{\sigma_{con}-\sigma_{l1}}{\sigma_{con}}\\ &=\sigma_{con}-\sigma_{con}\left[1-e^{-(kx+\mu\theta)}\right]\\ &=\sigma_{con}-\sigma_{con}+e^{-(kx+\mu\theta)}\\ &=e^{-(kx+\mu\theta)} \end{aligned} \tag{3}$$

2.3 理论不动点确定的基本理论

理论不动点确定的基本理论为，从预应力结构单根钢束一端计算至理论不动点处衰减后所剩的张拉力数值，与从另一端计算至理论不动点处衰减后所剩的张拉力数值相等，即两端分别计算至理论不动点处衰减后的应力值相同。

根据本文2.1节所述内容可知，张拉应力的衰减仅与曲线段有关，与直线段无关，所以，理论不动点确定过程的推导以曲线段的计算为主。

2.4 理论不动点所在段落的确定

首先,根据钢束的曲线段数量及每段曲线的折角、弧长,分别计算每段曲线的张拉应力衰减率 V;之后开始进行试算,以较常见的 4 段曲线为例,设 4 段曲线的单段张拉应力衰减率分别为 V_1、V_2、V_3、V_4,试算步骤如下:

若 $V_1 \times V_2 = V_3 \times V_4$,则说明理论不动点处于第二段曲线与第三段曲线之间的直线部分,直接取至该直线的中点即可。

若 $V_1 \times V_2 > V_3 \times V_4$,且 $V_1 \times V_2 \times V_3 < V_4$,则说明理论不动点处在第三段曲线之上。

整个理论不动点段落的确定过程中,曲线段落的数量并不重要,主要是进行分界段落的确定。即该段落之前的总衰减率大于该段落的衰减率乘以之后总衰减率,且该段落之前的总衰减率乘以该段落的衰减率小于该段落之后的总衰减率。公式表述如下:

$$V_a > V_b \times V_c, V_a \times V_b < V_c \tag{4}$$

式中:V_a——理论不动点所在曲线段之前段落的张拉应力总衰减率,即之前各段落的衰减率的乘积;

V_b——理论不动点所在曲线段的张拉应力衰减率;

V_c——理论不动点所在曲线段之后段落的张拉应力总衰减率,即之后各段落衰减率的乘积。

2.5 理论不动点平衡公式的建立

根据本文 2.3 节的论述,按两端分别计算至理论不动点处衰减后的应力值相同,建立平衡方程:

$$V_a \times V_{b1} = V_{b2} \times V_c \tag{5}$$

式中:V_{b1}——理论不动点所在曲线段的始端至理论不动点处张力应力衰减率;

V_{b2}——理论不动点所在曲线段的末端至理论不动点处张力应力衰减率。

具体说明:根据 2.4 节确定了理论不动点所在曲线的具体段落,对该段曲线进行拆分,拆分点即理论不动点;该段曲线的总衰减率为 V_b;拆分后变成两段曲线,每段曲线对应的衰减率分别为 V_{b1}、V_{b2}。

2.6 理论不动点的具体确定

理论不动点的具体确定,并不是专指某个坐标参数,重要的是将其所在的曲线段落进行拆分;而曲线段在进行张拉计算时所体现的特性即为曲线长度及折角的角度。因此,本文中理论不动点的确定,即为理论不动点所在的曲线段落拆分后所形成的两段曲线的各自折角、曲线长度。

由 $V_a \times V_{b1} = V_{b2} \times V_c$ 推出 $V_{b1}/V_{b2} = V_c/V_a$。

根据 $V = e^{-(kx+\mu\theta)}$,推出 $V_{b1} = e^{-(kx_{b1}+\mu\theta_{b1})}$,$V_{b2} = e^{-(kx_{b2}+\mu\theta_{b2})}$。

进而推出 $e^{-(kx_{b1}+\mu\theta_{b1})}/e^{-(kx_{b2}+\mu\theta_{b2})} = V_c/V_a$,则:

$$-(kx_{b1}+\mu\theta_{b1})+(kx_{b2}+\mu\theta_{b2})=\ln(V_c/V_a)$$

即：

$$(kx_{b1}+\mu\theta_{b1})-(kx_{b2}+\mu\theta_{b2})=\ln(V_a/V_c)$$

设理论不动点所在曲线段的折角为 A；拆分后的首段曲线折角为 A_{b1}，则：

$$\theta_{b1}=A_{b1}\times\pi/180 \quad x_{b1}=A_{b1}\times2\pi r/360$$

其中，r 为该段曲线的半径，为已知值。则：

$$\theta_{b2}=(A-A_{b1})\times\pi/180 \quad x_{b2}=(A-A_{b1})\times2\pi r/360$$

代入 $(kx_{b1}+\mu\theta_{b1})-(kx_{b2}+\mu\theta_{b2})=\ln(V_a/V_c)$ 中，则：

$$kA_{b1}\pi r/180+\mu A_{b1}\pi/180-k(A-A_{b1})\pi r/180-\mu(A-A_{b1})\pi/180=\ln(V_a/V_c)$$

推出：

$$k(2A_{b1}-A)\times\pi r+\mu(2A_{b1}-A)\times\pi=180\times\ln(V_a/V_c)$$

则：

$$2A_{b1}-A=180\times\ln(V_a/V_c)/(k\pi r+\mu\pi)$$

则：

$$A_{b1}=[180\times\ln(V_a/V_c)/(k\pi r+\mu\pi)+A]/2 \tag{6}$$

按此公式可精确求出理论不动点所在曲线拆分后的首段曲线折角，进而分别确定该段曲线拆分后的各段弧长及折角，进而进行整束预应力的伸长值计算。剩余计算为常规计算，不再赘述。

3 理论不动点公式的验证

以延崇高速公路项目 83 号盖梁 1 号预应力钢束伸长值计算为例进行验证。

根据图 1 预应力线形图，83 号盖梁 1 号预应力钢束按直线、曲线拆分，共可拆分为 7 段，其中直线 4 段，曲线 3 段。具体线形要素见表 1。

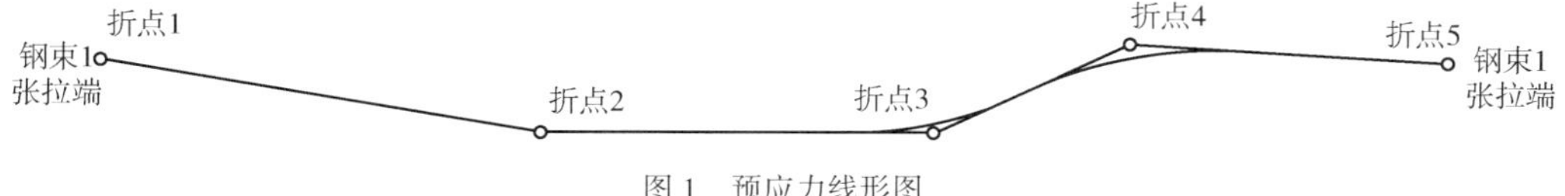

图 1 预应力线形图

线形要素 表 1

序号	段落	类别	转角(°)	半径(m)	长度(mm)
1	线段一	直线	—	—	4589.9194
2	线段二	曲线	9.54913	10	1666.6383
3	线段三	直线	—	—	2873.4931
4	线段四	曲线	24.62357	5	2148.8114
5	线段五	直线	—	—	320.9635
6	线段六	曲线	27.59730	5	2408.3184
7	线段七	直线	—	—	2627.1986

根据本文标题 2 所述理论，张拉应力衰减仅和曲线段有关，先进行不动点所在段落的确定。

根据表 1 及式(3)进行每段曲线的应力衰减率计算，μ 值取 0.25，k 值取 0.0015，π 值取 3.1415926，计算结果如下。

线段二曲线应力衰减率为 0.956795582，线段四曲线应力衰减率为 0.895239671，线段六曲线应力衰减率为 0.883354742。

根据式(4)进行理论不动点所在段落的确定：

$0.956795582\times0.895239671=0.856561362<0.883354742$

$0.956795582>0.895239671\times0.883354742=0.7908142$

则可推断出理论不动点位于线段四。按式(6)可直接推算出理论不动点处拆分后的前段曲线的转角值。

$$A_{b1}=[180\times\ln(V_a/V_c)/(k\pi r+\mu\pi)+A]/2$$
$$=[180\times\ln(0.956795582/0.883354742)/(0.0015\times3.1415926\times5+0.25\times3.1415926)+24.62357]/2=21.196847^\circ$$

则理论不动点后段曲线转角为 $24.62357^\circ-21.196847^\circ=3.426723^\circ$

段曲线长度可直接根据转角与半径的关系进行确定，公式如下：

$$X=\frac{2\pi rA}{360} \tag{7}$$

则：

理论不动点前段弧长 = 2×3.1415926×5×21.196847/360 = 1.8497738(m)

理论不动点后端弧长 = 2.1488118 − 1.8497738 = 0.2990376(m)

根据上述计算结果，分别代入式(2)计算理论不动点前段、后段曲线的衰减率：

理论不动点前段衰减率为 0.909133481，理论不动点前段衰减率为 0.984717525。

则从预应力束始端计算至不动点处的总衰减率为：

$$0.956795582\times0.909133481=0.869854898$$

从预应力束末端计算至不动点处的总衰减率为：

$$0.883354742\times0.984717525=0.869854895$$

可以看出，两端计算至理论不动点的总衰减率几乎完全相同，偏差仅为 0.000000003，产生此偏差的原因为计算过程中的小数位数保留，完全满足预应力理论伸长值计算要求。

在进行公式计算时，可先将各公式输入至 Excel 表中，以减少计算工作量，实现快捷计算。

4 结语

预应力筋张拉以应力计算为主，以理论伸长值作为双控值。伸长值实际上是对预应力筋全长范围内的受力状态所进行的一次复核，出现问题时必须进行分析和处理。本文提供了预应力筋非对称设置、两端同步张拉工况下的预应力筋理论不动点的确定方法，能够精确计算预应力筋每端的理论伸长值。

参 考 文 献

[1] 中华人民共和国交通运输部.公路桥涵施工技术规范:JTG/T F50—2011[S].北京:人民交通出版社,2011.

[2] 中华人民共和国交通部.公路钢筋混凝土及预应力混凝土桥涵设计规范:JTG D62—2004[S].北京:人民交通出版社,2004.

温泉特大桥大悬臂过冬施工监控影响性分析

陈黎明[1],郭　琪[2],黎晚芝[1],武成龙[1]
(1.中铁十五局集团第一工程有限公司;2.北京市首发高速公路建设管理有限责任公司)

摘要:本文以温泉特大桥连续刚构联段为分析对象,根据预计的施工进度计划结合工程所处地理环境情况,分析了该桥悬臂过冬期间可能对施工监控产生影响的各项因素。对各项因素进行荷载分析与组合,并结合有限元建模计算得出了具体的影响值。对该桥悬臂过冬相关措施的制定具有参考意义。

关键词:连续刚构;悬臂过冬;施工监控;有限元建模

1　引言

连续刚构桥一般采用悬臂对称浇筑法施工。在连续刚构桥悬臂浇筑过程中为保证施工安全顺利进行和最终成桥质量,对梁的线形、关键截面应力和T构稳定性进行实时监控至关重要。在我国北方地区,由于冬季温度低,不利于施工的进行,往往会发生施工中断。即使采取相关措施进行了冬季施工,也会在几个特殊的月份由于极端气候原因不能进行施工导致至少2~3个月的施工间歇期。北方地区未能在冬歇前竣工的连续刚构桥一般会出现长悬臂过冬的现象,需要考虑冬季施工间歇期间各项因素对长悬臂线形、应力、稳定性的影响,以便在施工监控中提前做出调整,采取相应的保证措施。本文以延崇高速公路温泉特大桥为分析对象,在预计冬季施工间歇前所能达到的最长悬臂基础上,综合分析冬歇期间各项因素可能产生的影响,以期根据分析结果在施工监控中做出相应的调整。

2　工程概况

温泉大桥位于延崇高速公路(北京段)施工八标工程段上,起点桩号K26+141.458,终点桩号K27+674.458。本桥在曲线段上,与道路中心线正交。桥梁全长1533m,桥宽13m。

桥梁上部结构共6联,19跨:(24m+24m+25m)现浇箱梁+(85m+152m+85m)预应力混凝土连续刚构+(2×60m)预应力混凝土连续刚构+(85m+152m+85m)预应力混凝土连续刚构+(60m+110m+60m)预应力混凝土连续刚构+(65m+3×110m+65m)预应力混凝土连续刚构。

桥墩:下部结构共用墩为盖梁接空心墩,连续刚构柱墩采用双薄壁空心墩,现浇连续梁中墩采用花瓶实心板墩，钻孔灌注桩基础，连续刚构主墩柱径采用 2.2m，共用墩桩径采用 2m，连续梁中墩桩径采用 2m。

桥台：采用桩柱式桥台，桩径采用 1.5m。

温泉特大桥中的连续刚构联段采用悬臂浇筑法施工。施工最快的是第二联段即 85m+152m+85m 的预应力混凝土连续刚构，预计在冬季施工间歇期前能施工至 7 号块。而其他联段的连续刚构在冬季施工间歇期前预计最快只能施工至 0 号块，因此只需考虑第二联段的悬臂过冬。由于采取了冬季施工措施，考虑的冬季间歇期比一般的冬季施工间歇期短，考虑为 2 个月。

3　施工监控影响因素

影响施工监控的因素较多，各因素在不同条件下对施工监控的影响性各不相同。为对悬臂过冬期间施工监控的影响性即线形、应力、稳定性进行分析，需要在一般的施工监控影响因素基础上着重对起主要影响的因素进行分析。

一般而言影响桥梁施工监控的因素主要有以下几个方面：①梁刚度误差；②梁段自重误差；③施工临时荷载；④挂篮；⑤温度；⑥预应力误差；⑦混凝土收缩徐变；⑧风荷载。

在这些影响因素中，梁刚度误差主要是梁截面尺寸及弹性模量的改变引起的，是施工过程中影响主梁挠度的一个主要因素，但在冬季施工间歇期间未进行施工，所起的影响较小。梁段自重误差主要是混凝土超方引起的，其产生的影响在冬季施工间歇期仍然存在，需要给予考虑。施工临时荷载是桥面施工材料、设备、人员产生的，由于施工间歇期间施工材料、设备不可能全都清除，进行分析时需要给予考虑。挂篮对施工监控的影响主要由挂篮重量、刚度、模板定位误差产生，在施工间歇期挂篮重量一直在产生影响，需要考虑其重量。温度对施工监控的影响较复杂，但在冬季施工间歇期间只需考虑其产生的应力，而此时的桥梁结构为静定 T 构，温度变化产生的应力很小可以忽略。预应力误差对施工监控的影响较大，但在施工间歇期间影响预应力的因素较少且产生的影响小，所以分析时以间歇期前的预应力状态为基础分析。混凝土收缩徐变是施工监控主要影响因素之一，与时间的关联度较大，在施工间歇期间需要着重对其进行考虑。风荷载对施工监控的影响主要考虑其对桥梁应力和稳定性的影响；考虑到温泉特大桥桥址处冬季风大的特点，需要考虑其影响。

4　荷载分析及组合

4.1　荷载分析

根据对施工监控影响因素的分析，结合温泉特大桥本身情况，进行施工间歇期施工监控影响性分析时考虑的作用可主要分为四大类：收缩徐变、结构自重、临时荷载、风荷载。

4.1.1　收缩徐变

收缩徐变主要考虑其对桥梁线形的影响。由于计划施工间歇期为 2 个月，所以收缩徐变按2个月考虑。

4.1.2 结构自重

主要包括悬臂梁体自重和墩身自重。但进行考虑时分两种情况:

(1)梁段自重不存在误差,结构对称浇筑,无偏载现象;

(2)梁段不对称浇筑,有偏载现象,悬臂两端不对称偏载最大可达5%左右,不对称系数为1.05。

4.1.3 临时荷载

考虑施工器械、施工人员的堆积及构件坠落情况,取临时荷载为0.3倍的挂篮自重(挂篮重1076kN),即322.8kN,以集中力形式布置于悬臂段端部。

4.1.4 风荷载

延庆地区全年平均风速为3m/s,山区和风口区风速较大,10年内统计冬季最大风速可达18m/s,施工阶段设计风速计算为:

$$v=\eta v_{\mathrm{d}} \tag{1}$$

式中:v_{d}——不同重现期下设计风速,m/s;

η——风速重现期系数,取值见表1。

风速重现期系数取值 表1

重现期	5	10	20	30	50	100
η	0.78	0.84	0.88	0.92	0.95	1

取η为0.84,施工阶段设计风速取15.1m/s。

主梁静阵风荷载计算公式为:

$$F=0.5\gamma v^{2}C_{\mathrm{H}}H \tag{2}$$

式中:γ——空气密度,取1.25kg/m^3;

C_{H}——主梁阻力系数,本桥为箱形截面主梁,取C_{H}为1.9;

H——主梁投影高度。可求得基本风压$W=F/H$,为270.8Pa。

根据梁段的承风面积,计算风荷载大小,进行荷载布置。经计算进行分析时横桥向风压取$W=270.8$Pa,顺桥向取$W=242.2$Pa。

4.2 荷载组合

4.2.1 线形分析荷载组合

进行线形分析时主要变量考虑为收缩徐变,着重考虑其产生的挠度变化值,其他变量视为不变量即等同于间歇期开始前的状态。所以荷载组合为:结构自重+预应力+施工临时荷载+收缩徐变。

4.2.2 关键截面应力及稳定分析荷载组合

(1)组合Ⅰ:主梁悬臂左、右端的重量对称浇筑,临时荷载也对称加载,不存在偏载现象;主梁悬臂左、右端按相同的横向静阵风荷载加载,同时计入桥墩结构自重和横向静阵风荷载。

(2)组合Ⅱ:主梁悬臂左、右端的重量不对称浇筑,不对称系数为1.05,梁体两端临时荷载考虑为一端满布荷载,另一端空载;同时考虑风向和风场的不均匀性,在主梁悬臂左、右端按不相同的横向静阵风荷载加载,不对称系数为0.5,同时计入桥墩自重和横向静阵风荷载。

(3)组合Ⅲ:主梁悬臂左、右端的重量对称浇筑,临时荷载也对称加载,不存在偏载的现象;主梁顺桥向的静阵风荷载转换为集中力的形式加在梁体一端端截面上,同时计入桥墩的自重和顺桥向静阵风荷载。

(4)组合Ⅳ:主梁悬臂左、右端的重量不对称,两端不对称偏载最大考虑为5%,不对称系数为1.05;梁体两端临时荷载考虑为一端满布荷载,另一端空载的情况;主梁顺桥向的静阵风荷载转换为集中力的形式加在梁体一端端截面上,同时计入桥墩的自重和顺桥向静阵风荷载。荷载组合Ⅰ~Ⅳ布置方式如图1和图2所示。

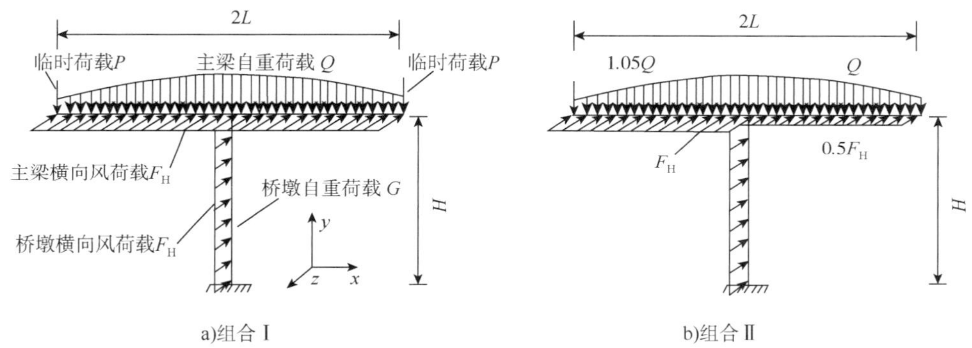

图1 横桥向荷载组合方式(实际为2肢墩)

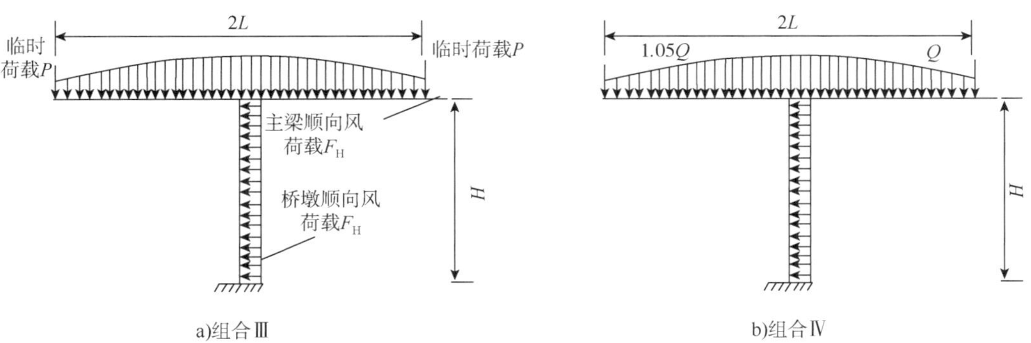

图2 顺桥向荷载组合方式(实际为2肢墩)

5 建模及分析结果

5.1 建模

由于截至施工间歇期前桥梁尚未完成合拢,两个T构施工进度相同,状态相同,因此只

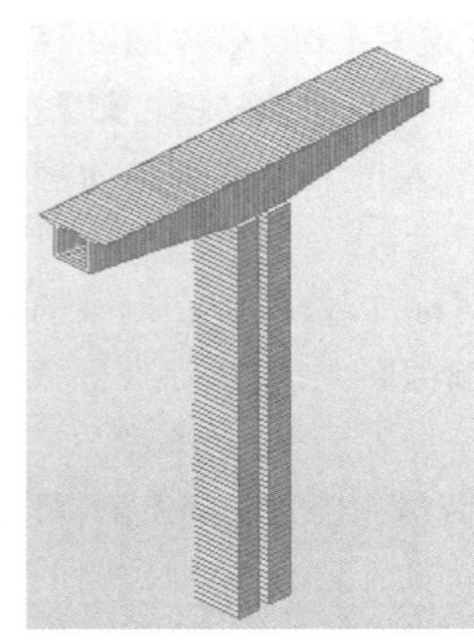

图3　T构Midas模型

选取墩高较高的T构进行建模分析。采用有限元软件Midas Civil建模分析,模拟施工阶段中2个月施工间歇期的收缩徐变,同时根据荷载分析和荷载组合计算分析风荷载、临时荷载、梁段自重误差等因素对关键截面应力和T构稳定性的影响。Midas模型如图3所示。

5.2　分析结果

5.2.1　线形分析结果

线形分析主要是考虑2个月施工间歇期收缩徐变产生的挠度变化,结果如图4所示。

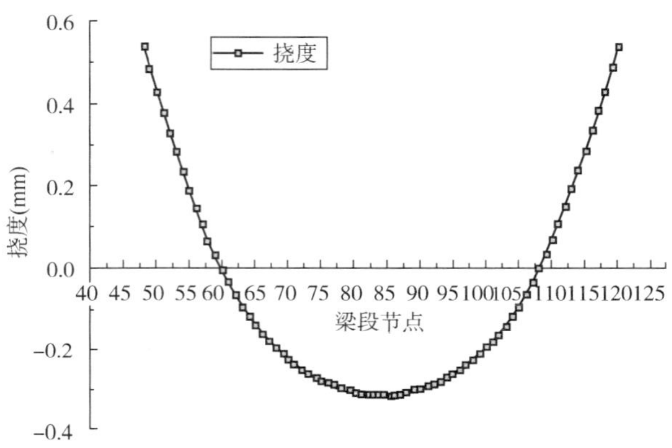

图4　收缩徐变引起的悬臂梁挠度变化

由图可知,由收缩徐变引起的挠度最大为0.54mm,不足1mm。因此2个月施工间歇期的收缩徐变对T构的线形并未产生实质性影响,无需对其做出调整。

5.2.2　应力分析结果

进行应力分析时只选取关键截面处的应力进行分析,进行分析时选取的关键截面分别为:墩梁连接处主梁根部截面、墩梁连接处墩顶截面、墩底截面。

经计算各荷载组合下各关键截面应力值见表2。

关键截面应力(单位:MPa)　　表2

组合	主梁根部截面		墩顶截面		墩底截面	
	上缘压力	下缘压力	最大压应力	最大拉应力	最大压应力	最大拉应力
组合Ⅰ	-8.64	-1.43	-1.30	—	-2.96	—
组合Ⅱ	-8.67	-1.53	-1.33	—	-3.19	—
组合Ⅲ	-8.66	-1.46	-1.30	—	-2.87	—
组合Ⅳ	-8.69	-1.56	-1.38	—	-3.13	—

由表可知控制界面未出现拉应力,压应力也较小。主梁采用 C55 混凝土,混凝土抗压设计强度为 f_c = 25.3MPa,抗拉设计强度 f_t = 2.74MPa。主墩采用 C45 混凝土,混凝土抗压设计强度为 f_c = 21.1MPa,抗拉强度设计为 f_t = 1.80MPa。经过比较冬歇期间结构强度满足要求。

5.2.3 稳定性分析结果

分别考虑荷载组合Ⅰ~Ⅳ下的稳定性,失稳模态阶数考虑为四阶。计算得出各荷载组合下对应各阶失稳模态的特征值(稳定系数),若特征值均大于 1 则可认为在荷载组合Ⅰ~Ⅳ下不会产生失稳现象。经计算在荷载组合Ⅲ下会产生的失稳模态形式如图 5~图 8 所示,计算所得特征值见表 3。

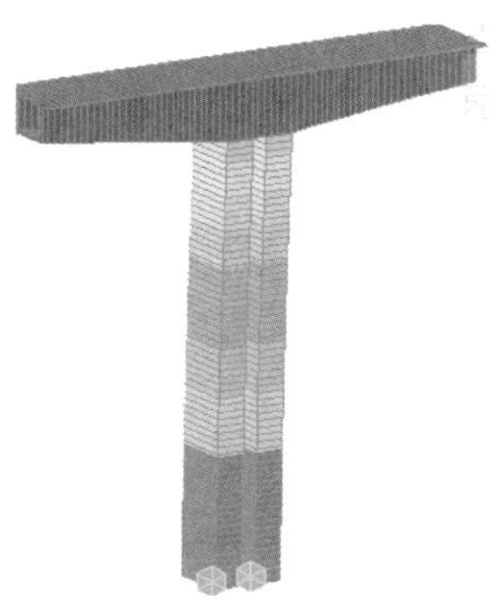
图 5 第一阶失稳模态

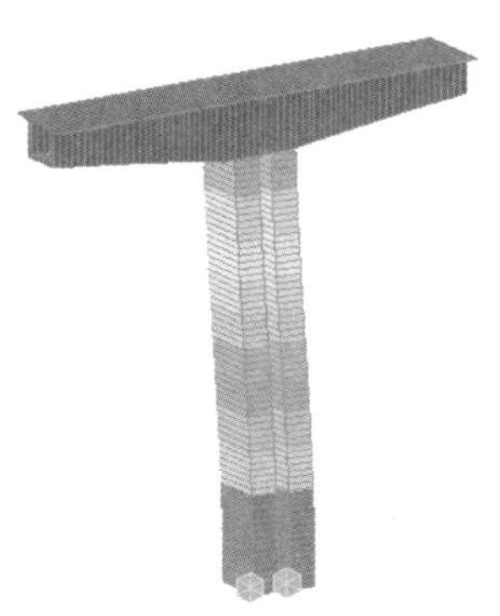
图 6 第二阶失稳模态

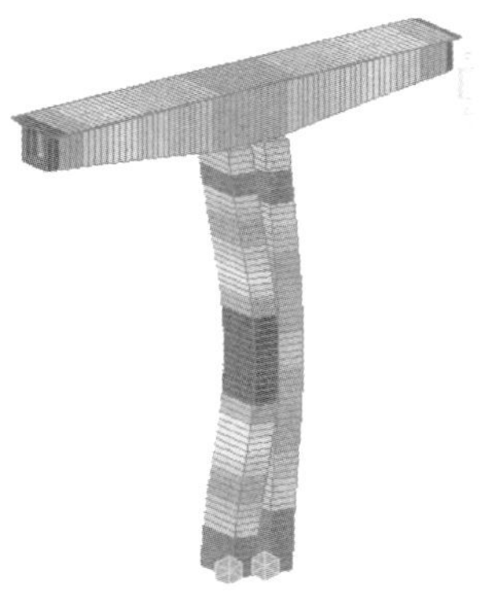
图 7 第三阶失稳模态

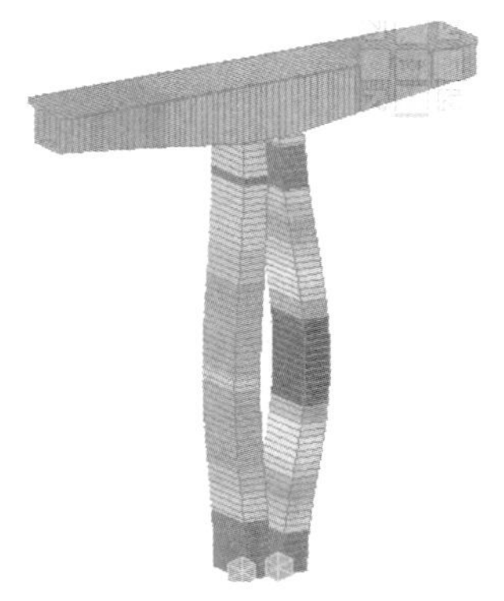
图 8 第四阶失稳模态

悬臂下各组合屈曲计算结果 表 3

阶 次	特征值(稳定系数)			
	组合Ⅰ	组合Ⅱ	组合Ⅲ	组合Ⅳ
1	59.78	60.03	59.78	60.03
2	117.13	117.72	117.13	117.72
3	230.50	227.85	229.91	227.04
4	284.73	291.44	285.66	292.79

由表中计算结果可知,在 4 种荷载组合下最小特征值均大于 1,表明在这 4 种荷载组合下结构具有足够的稳定性。

6 结语

对正在施工的温泉特大桥进行悬臂过冬相关分析后得出如下结论:

(1)在假定冬季施工间歇期前 T 构已施工至第 7 号块并考虑 2 个月施工间歇期的条件下,2 个月的徐变收缩对 T 构的线形影响很小,几乎可以忽略不计。

(2)充分考虑冬季施工间歇期间各种可能荷载并进行组合分析后,结果显示长悬臂 T 构各关键截面应力和 T 构稳定性均在允许范围内,即结构在过冬期间是安全的。

参考文献

[1] 李向旺,康新章,张君健,等.长悬臂过冬对连续刚构桥线形影响的分析研究[J].交通科技,2017(05):32-34.

[2] 赵晓龙,王慧东.松花江大桥大悬臂过冬稳定性分析及安全措施[J].石家庄铁道学院学报(自然科学版),2008(03):49-53+58.

在延崇高速公路工程中盘扣式支架应用的特点

孙　宇，连新增，朱　旭，孟兴业
（北京市政建设集团有限责任公司）

摘要：本文以盘扣式支架在延崇高速公路工程中的应用为例，深入分析了盘扣式支架的施工特点及优点，提出了盘扣式支架施工关键技术、安全措施。

关键词：盘扣式支架；特点及优点

1　盘扣式支架在国内的应用情况及特点

1.1　盘扣式支架在国内的应用情况

盘扣式支架是一种具有较高自由度、灵活性等特性的多功能支架体系。盘扣式支架以立杆作为支撑基础，在立杆部件上按一定的模数间距设置支撑圆盘，通过插销使得整个支架结构体系连成一个牢固稳定的整体。在欧美等国家的建筑市场上，盘扣式支架已经使用40余年。2000年以后，盘扣式支架逐渐引入我国，我国在2010年颁布了《建筑施工承插型盘扣式钢管支架安全技术规程》（JGJ 231—2010）。盘扣式支架作为一种新式的多功能支架，由于其自身的优点和施工技术的成熟，正在被越来越多的施工单位使用，并广泛运用于各类脚手架施工中。

1.2　盘扣式脚手架的特点

（1）盘扣式脚手架的金属部件表面采用热浸镀锌防腐工艺，既做到了表面的美观、漂亮，又提高了部件的使用寿命。

（2）盘扣式脚手架的主要部件采用低合金结构钢材制作，具有较大的荷载承受能力。

（3）同样的荷载下，盘扣式脚手架在用钢量上比普通碗扣式脚手架节省了2/3以上，并解决了各活动零配件容易丢失和损坏的问题，减小了施工单位的成本费用和经济损失。

（4）盘扣式脚手架比传统脚手架安装和拆卸更加简单和方便。一名施工人员按照施工图纸就能够独自完成全部盘扣式支架的安装与拆卸施工。

2　在延崇高速公路工程中盘扣式支架的应用

由于盘扣式支架具有耐久性好、成本低、用钢量节约、拆装极简便等优点，在延崇高速公路桥梁结构施工时,选用了承插型盘扣式钢管支架作为现浇箱梁的支撑体系。

2.1 在施工前编制了专项安全方案

延崇1标项目中共有现浇箱梁44联,长度4074m,盘扣式支架高度4.6~12m。在现浇箱梁支架搭设前编制了专项的支架安全施工方案,并组织了专家论证。专家针对箱梁荷载、支撑形式、材料、支架间距等,结合施工现场情况进行了详细研究,确保方案能够安全实施。尤其是对容易出现的地基承载力不足问题,特别要求增加地基承载力试验。

2.2 支架基础的处理

盘扣式支架的杆件材质采用低合金结构钢(国标Q345B),要远远超出传统脚手架杆件[普碳钢管(国标Q235)]的强度和承载能力。因此,可以设计更大的盘扣式支架搭设时的立杆间距。在实际施工时,施工员受到传统脚手架搭设影响,将两种支架的地基按照同样强度和方法处理。传统钢管支架的每根立杆受力小于10kN,盘扣式支架受力通常要大于80kN,因此在同样面积和荷载下,盘扣式支架的立杆数量要远远少于普通支架的立杆数量。由此导致盘扣式支架立杆的受力荷载较大,因此对于该支架下地基处理的强度要相应增大许多。

在箱梁施工前,通过对盘扣式支架荷载的受力验算,支架基础采用40cm厚的天然砂砾即可满足承载力要求。为保证地基受力时立杆的荷载顺利向地基传导,在每根立杆底托下垫一块20cm宽、5cm厚的木板。为确保地基承载力满足要求,对支架基础按下述方法进行了严格处理:

(1)根据现场情况,对支架施工范围内的现况地面进行清表处理。使用推土机、压路机等机械设备对清表后的地面进行整平、碾压。经过碾压后,确定地面的密实度大于或等于90%。

(2)将支架基础分成2层20cm厚砂石,分别采用压路机进行碾压夯实,确保每一层砂石基础的密实度都达到设计要求,保证地基整体承载力达到使用要求。压实度检测采用压实沉降差方法,支架地基的平均沉降差均小于3mm,满足规范的合格标准。

(3)为避免下雨时,雨水浸入地基,导致地基软化、承载力下降,从而使得盘扣式支架产生不均匀沉降,需提前做好有效的防水措施。向两侧找坡,并在排架地基四周挖设0.3m×0.3m的排水沟。新建排水沟与东侧的现有排水渠连通,将雨水排入该排水渠。

2.3 根据箱梁结构进行支架布置

根据本工程现浇箱梁特点和现场实际情况,采用盘扣式钢支架作为现浇箱梁的下部支撑体系,采用满堂红形式进行支搭。

2.3.1 模架体系的选择

(1)模架体系的选择本着科学、安全、经济、适宜、文明和施工方便的原则进行。

(2)尽量选择方便周转、常见、容易维修保养的模架材料。

(3)选择体系结构形式时,要做到受力简单明确,构造方法达标,易于施工与检测验收。

(4)严格按照国家和行业相关的规范、标准等,进行模架体系的施工。

结合以上选择原则、现场情况和以往工程的施工经验,本工程的模架体系选用A类(60系列)承插型盘扣式钢支架。

2.3.2 技术参数

(1)主要材料材质特性及力学参数。

①盘扣式支架。

本工程中盘扣式支架体系采用的杆件标准为:立杆杆件使用管件材质为低合金高强度结构钢(国标Q345B)的钢管,钢管直径60.3mm、钢管壁厚3.2mm;横杆杆件使用管件材质为低合金高强度结构钢(国标Q235)的钢管,钢管的直径为48.3mm,管壁厚度为2.75mm;斜杆杆件的管件材质为低合金高强度结构钢(国标Q195),钢管直径42mm,管道壁厚度2.75mm。全部管件表面进行镀锌防腐施工。脚手架连接采用立杆上设置圆盘形扣盘与卡钳型楔销锁紧固定的形式,通过立杆上的圆盘形扣盘与楔销,将立杆、横杆以及斜拉杆连接在一起,共同组成脚手架支撑体系。

本工程中所用盘扣式钢管支架主要构配件的材质需满足表1、表2中的各项标准。

盘扣式钢管支架主要构配件的材质标准 表1

立杆	水平杆	竖向斜杆	扣接头	立杆连接套管	可调底座、可调托座	可调螺母	连接盘、插销
Q345B	Q235	Q195	ZG230-450	20号无缝钢管	Q235	ZG270-500	Q235

承插型盘扣式钢管支架的力学性能标准 表2

材料名称	规格	力学性能
支撑架	ϕ60.2 mm,计算取实际壁厚3.2mm	截面抵抗矩 W:7700mm^3
		截面惯性矩 I:231000mm^4
		回转半径 i:20.1mm
		弹性模量 E:2.06×10^5N/mm^2
		强度:300.00N/mm^2

②钢管。

钢管及扣件进场时必须提供营业执照、生产许可证、产品合格证及进场检测报告。由试验员和材料员逐批进行钢管和扣件的外观检验,并做好检验记录,合格后方可进场。

钢管进场后,由试验员会同监理人员采用抽取试样的方式,对其进行力学性能复试,复试合格后才能将该杆件投入使用。

③扣件。

新扣件在进场时,需出示生产许可证、测试报告和质量合格证。新、旧扣件在使用前,必须进行质量检查。扣件在使用前,需对表面进行清理,由施工人员将影响外观质量的毛刺、粘砂、披缝、氧化皮等清理干净后方可使用。扣件在使用前,其表面必须做防锈、防腐处理。

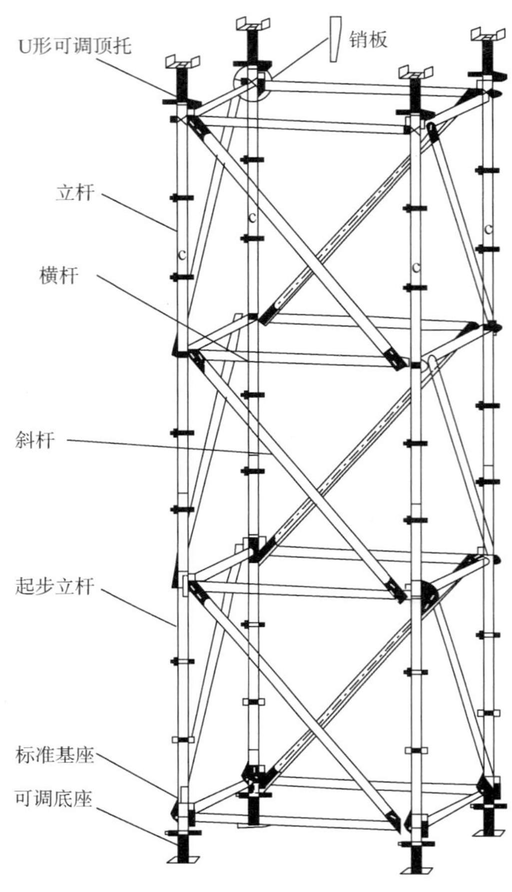

图1 盘扣式支架中各构件的名称

(2)盘扣式支架各构件名称(图1)。

(3)盘扣式支架体系中所用材料的制作质量标准。

①杆件需在专用焊接工艺装备上进行焊接、制作施工,焊接部位必须牢固可靠。

②钢板所制作的连接盘厚度不小于1cm,其允许的尺寸偏差限制在±0.05cm范围内。

③立杆钢管的外表面与杆端扣接头之间需做成良好的弧面形。

④支架杆件楔形插销的斜度能够确保插销楔入立杆上的连接盘以后可以顺利自锁,插销的最小厚度不小于0.6cm,其允许尺寸偏差保持在±0.01cm范围内。

⑤支架立杆的连接套管与立杆间必须设置防拔出销孔,防拔出销孔的孔径不大于1.4cm,允许偏差保持在±0.01cm以内;立杆连接件采用直径为1.2cm的钢管,连接件的允许偏差尺寸保持在±0.01cm以内。

⑥支架立杆可调托座的托板和底座的底板都采用钢板(Q235)制作。钢板厚度≥6mm,允许偏差尺寸保持在±0.2mm范围内。钢板承力面的长度和宽度≥140mm;钢板和与其连接的丝杆按照规范要求,必须采用环焊进行连接。

2.3.3 模架设计

根据现场的地面高程和箱梁底部的高程,本工程中箱梁标准段的盘扣式支架架体搭设高度约10m。

根据施工图纸,在箱梁两边腹板下的支架立杆横桥向间距为0.9m,中腹板下的支架立杆的横桥向间距为1.2m,空箱室下的支架立杆间距为1.5m,在翼缘板下的立杆间距离分别为1.5m和1.2m;箱梁下的支架立杆纵桥向间距以1.2m为主,在跨中处、中隔梁下的立杆间距需加密至0.6~0.9m;在靠近桥墩处的立杆需按照0.3m和0.6m的等倍模数进行排布,立杆间距加密调整为0.9m。翼板和底板下的支架处,横桥向采用6m长、直径48mm的钢管进行拉结,纵向每隔1.2m设置拉结一道。本工程的箱梁采用满堂红支架形式,在支架顶托上依次布置主梁、次梁和模板。箱梁底模板具体布置形式见表3。

箱梁底模板布置

表 3

范围	模　板	次　龙　骨	主　龙　骨
箱梁底	15mm 厚模板	50mm×70mm×2.5mm 矩形钢管顺桥向摆放间距 100/250mm	10 号双槽钢横桥向摆放
翼缘板底	15mm 厚模板	50mm×70mm×2.5mm 矩形钢管顺桥向摆放间距 250mm	10 号双槽钢横桥向摆放

2.3.4　模架验收

对箱梁支架进行以下检查和验收：

(1)斜杆上的销板必须打紧，并与主要立杆的位置保持平行。

(2)横杆的销板与横杆保持垂直。

(3)所有杆件数据必须满足设计和施工方案的要求。

(4)脚手架的所有销板都保持锁紧。

(5)支架上应铺满脚手板，并将上下两层的主杆进行紧密的连接。

(6)不是同一套的支撑架及配件，不可以混合使用。

(7)确保准确搭设支架悬挑杆件，满足设计要求。

(8)支架的所有横杆、斜杆安装时，要保证安全。在安装销板时要进行紧固，以保证其安全和可靠。

2.4　盘扣式支架构造处理

(1)在搭设盘扣式支架顶部的托座时，注意高出顶层横杆位置的钢管长度需小于 50cm，而且立杆上丝杆伸出长度的严禁超过 40cm，托座下钢管插入立杆的长度不得小于 20cm，详见图 2。

(2)盘扣式支架下方底座处的丝杆伸出长度小于 30cm。盘扣式支架最底层横杆距离地面的高度小于 55cm。

(3)架体拉结：因架体立杆间距为 30cm、60cm、90cm、120cm 和 150cm 的模数限制，因此在进行支架平面设计时，需根据支架总体情况，在不符合模数的支架布置处将支撑架体断开。为保证断开后的支撑架架体继续保持稳定，使用直径 48mm 钢管在架体断开位置进行拉结，保证支撑架成为一个整体。根据现场情况，沿高度方向每隔 1.5m 间距采用 48mm 钢管做一道拉结，即使用 ϕ48mm 钢管在断开架体的两侧各拉结两排立杆，使得两排立杆与钢管形成一个整体。

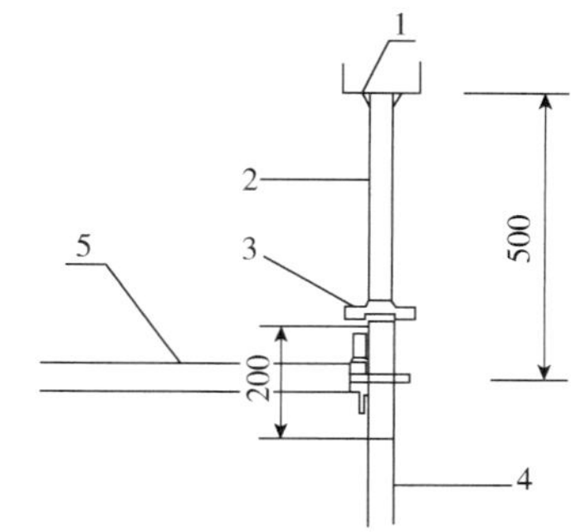

图 2　托座伸出顶层横杆的长度图(尺寸单位：mm)
1-可调托座；2-螺杆；3-调节螺母；4-立杆；5-横杆

(4)抱柱：根据本工程情况，沿墩柱的高度方向，每隔 3m 设置一道抱柱，使支架与墩柱连接成一个整体，并使用扣件扣紧、锁牢。为防止墩柱表面破损，在墩柱和钢管间插入木楔进行保护。

(5)地面坡度较大时,应将地面做成 500mm 模数的台阶,将两侧架体连接,保证架体稳定性,见图 3。

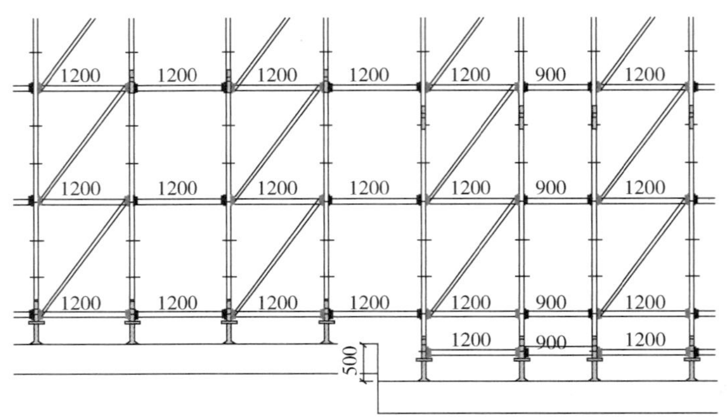

图 3 地基台阶处理措施断面图(尺寸单位:mm)

(6)安全防护设计。

根据现场施工和安全规范要求,在箱梁两侧的翼缘板外侧的支架上方需设置人行通道,通道的宽度不小于 0.9m。在通道的外侧必须搭设安全防护栏和安全防护网,安全防护栏必须高出箱梁混凝土桥面 1.5m 以上,以保证施工人员的安全,见图 4。

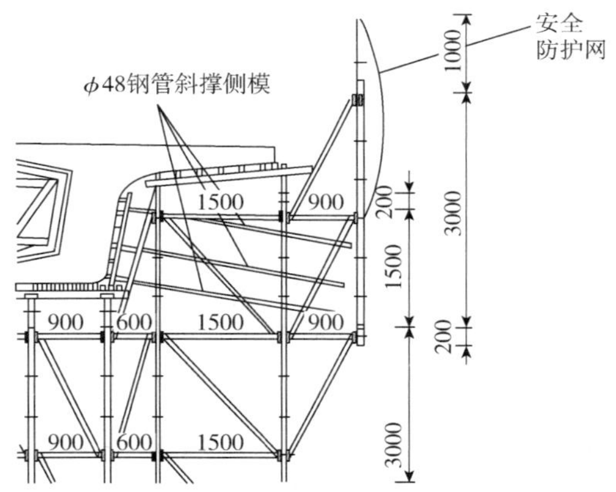

图 4 安全防护示意图(尺寸单位:mm)

3 结语

由于在实际施工中,承插型盘扣式钢管支架比传统支架具有更多的优点,因此越来越多的工程施工中开始使用盘扣式钢管支架。对盘扣式支架在延崇高速公路中的实际应用经验进行总结,为以后类似工程帮助施工管理人员了解盘扣式支架搭设规范,提高施工管理人员在脚手架施工环节的管控能力,帮助现场施工管理人员掌握脚手架的安装与拆卸方法、搭设技巧、安全防护及布置要求。

参考文献

[1] 中华人民共和国住房和城乡建设部.建筑施工承插型盘扣式钢管支架安全技术规程:JGJ 231—2010[S].北京:中国建筑工业出版社,2011.

[2] 中华人民共和国住房和城乡建设部.建筑施工扣件式钢管脚手架安全技术规范:JGJ 130—2011[S].北京:中国建筑工业出版社,2011.

[3] 梁锐.承插盘扣式支架与碗扣式支架的比较分析[J].市政技术,2017.35(1):181-183.

[4] 高占丰,刘学文,姚涛,等.桥梁施工中碗扣式支架与承插盘扣式支架的应用对比[J].建筑技术开发,2015(9):50-52.

温泉特大桥连续刚构施工稳定性分析

欣立庆[1],翁　伟[2],祝　俊[3],刘　盼[3],刘英芳[3]
(1.北京市首都公路发展集团有限公司;2.北京市首发高速公路建设管理有限责任公司;
3.中铁十五局集团第一工程有限公司)

摘要:以温泉特大桥连续刚构联段为分析对象,运用欧拉弹性理论结合有限元分析方法,对温泉特大桥连续刚构联段各施工阶段的空间稳定性进行了分析。着重对主墩封顶阶段、最大悬臂时的T构和成桥阶段进行了多工况下的稳定性分析,对了解该桥及该类型桥梁主要施工阶段的稳定性状况具有参考意义。

关键词:连续刚构;T构;最大悬臂;稳定性

1　引言

在山区进行桥梁建设时一般采用高墩大跨结构克服山区复杂地形条件的限制,连续刚构桥主要采用悬臂对称浇筑法施工,能有效避开山区复杂地形对施工的限制,是山区桥梁建设的主要桥型。进行悬臂施工中的高墩大跨连续刚构桥的高墩T构主要约束仅有墩底的约束,稳定性较差。随着施工的进行,墩高的增大,悬臂的伸长,T构的整体稳定性会发生相应的变化。了解施工各阶段T构的稳定性对施工安全和施工顺利进行保证成桥承载力具有重要意义。本文以北京延庆地区温泉特大桥连续刚构段为分析对象,运用Midas Civil建立空间有限元分析模型,着重对该桥的主要高墩,施工时最大悬臂状态的T构和成桥阶段的稳定性进行分析,以掌握桥梁施工时各主要阶段的稳定性。

2　稳定性分析理论

结构的稳定问题可分为两类:第一类是平衡分支点问题。当结构达到临界荷载时除了原来的平衡状态外,还会出现第二个平衡状态。第二类是极值点失稳问题。当作用在结构上的荷载达到某一极限值时,即使不增加荷载,变形仍将继续增加,致使结构破坏。第二类不会出现新的平衡状态。第一类问题的解往往代表着第二类问题的上限。工程实际中常用第一类问题的解作为结构稳定性分析的重要参考依据。第一类问题的理论分析按下式展开:

$$([K_D]+[K_G])\{\delta\}=\{F\} \tag{1}$$

式中:$[K_D]$——结构弹性刚度矩阵;

$[K_G]$——几何刚度矩阵;

$\{\delta\}$——节点位移;

$\{F\}$——杆件所受内力。

设$\{F\}$增加 λ 倍,则几何刚度矩阵和内力也同步增大 λ 倍,因而有:

$$([K_D]+\lambda[K_G])\{\delta\}=\lambda\{F\} \tag{2}$$

如果 λ 足够大,使结构达到随遇平衡状态,即当$\{\delta\}$变为$\{\delta\}+\{\Delta\delta\}$时式(2)变为:

$$([K_D]+\lambda[K_G])(\{\delta\}+\{\Delta\delta\})=\lambda\{F\} \tag{3}$$

由式(2)、式(3)可得:

$$([K_D]+\lambda[K_G])\{\Delta\delta\}=0 \tag{4}$$

式(4)是进行稳定安全系数计算的特征方程式,若特征方程有 n 阶,则理应存在 n 个特征值$\lambda_1,\lambda_2,\lambda_3\cdots\cdots\lambda_n$和 n 个与特征值对应的失稳模态。但工程问题中一般只取具有实际意义的前几阶特征值,最小的特征值参考意义最大,此时对应的临界荷载值为 $\lambda_1\{F\}$。

3 工程概况

温泉特大桥位于延崇高速公路(北京段)桥梁与八标工程段上,起点桩号 K26+141.458,终点桩号 K27+674.458。本桥在曲线段上,与道路中心线正交。桥梁全长 1533m,桥宽 13m。

桥梁上部结构共 6 联,19 跨:(24m+24m+25m)现浇箱梁+(85m+152m+85m)预应力混凝土连续刚构+(2×60m)预应力混凝土连续刚构+(85m+152m+85m)预应力混凝土连续刚构+(60m+110m+60m)预应力混凝土连续刚构+(65m+3×110m+65m)预应力混凝土连续刚构。

各连续刚构段的上部结构形式类似,以主跨跨度最大的第四联段即(85m+152m+85m)预应力混凝土连续刚构的结构形式为例进行说明。该联段上部结构采用横断面为单箱单室的直腹板箱梁;支点处梁高 9.5m,跨中梁高 3.6m,桥面设 2%的单向横坡。箱梁高和底板厚均按 1.8 次抛物线变化。箱梁顶宽 13m,底板宽 7m。全桥除在梁端、0 号块和中跨 17 号块设置横隔板外,其余位置均不设置横隔板,其厚度分别为 150cm、100cm、100cm。主梁采用三向预应力混凝土结构,设纵向、竖向预应力及顶板横向预应力。

桥墩:温泉特大桥主墩是 4 号、5 号、9 号、10 号、12 号、13 号、15 号、16 号、17 号、18 号墩;墩身最高的是 12 号墩,为 68.8m;墩身最低的是 18 号墩,为 44.1m;第四联段主墩即 9 号、10 号墩高分别为 60.7m 和 62.5m。连续刚构主墩采用双薄壁空心墩,单支空心墩最大外轮廓尺寸为 9×4m;内设 50cm×50cm 倒角,墩底设 2.8m 厚实心段,桥墩横桥向壁厚 1.5m,纵桥向壁厚 1.0m。

4 有限元模型

采用有限元软件 Midas Civil 建立了温泉特大桥连续刚构施工阶段的稳定性有限元分析模型,其中墩体封顶、T 构最大悬臂和成桥阶段的有限元分析模型如图 1~图 3 所示。

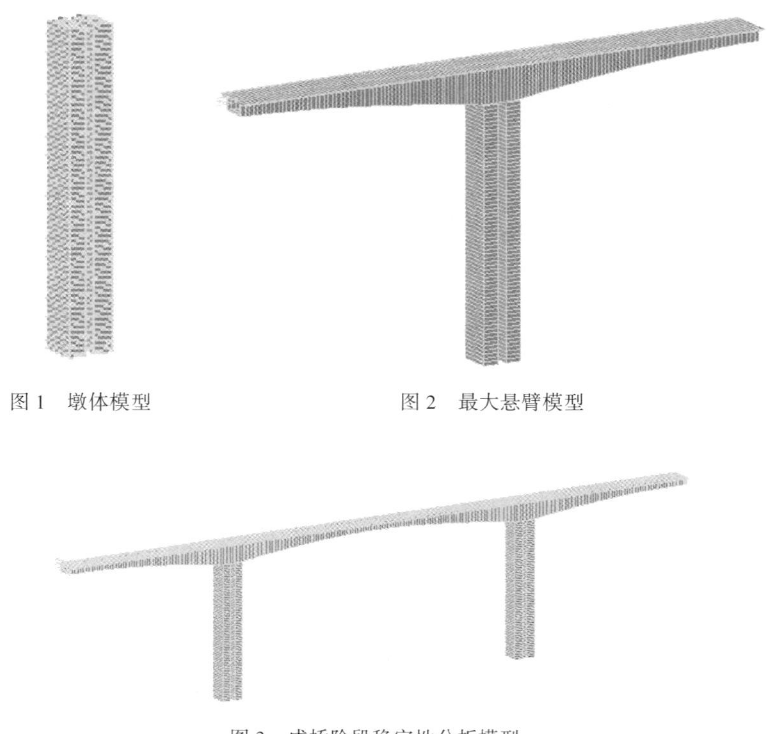

图 1 墩体模型

图 2 最大悬臂模型

图 3 成桥阶段稳定性分析模型

5 墩体稳定性分析

温泉特大桥连续刚构各主墩截面尺寸相同,仅墩身高度有差异。对温泉特大桥连续刚构主墩墩体稳定性进行分析时,先仅考虑墩体自重对各主墩进行墩体稳定性分析,在各主墩仅自重作用下稳定性分析的基础上得出此时稳定性最弱的主墩,而后着重对该主墩进行各种工况下的稳定性分析。

5.1 各主墩仅自重作用下稳定性分析

温泉特大桥各主墩墩身截面尺寸相同,仅墩身高度不同。对封顶状态的各主墩进行有限元建模,进行仅考虑墩体自重作用下各主墩的墩体稳定性分析,结果见表 1。

仅自重作用下各主墩的一阶特征值　　表 1

墩号	4	5	9	10	12
墩高(m)	57.8	60.4	60.7	62.5	68.8
特征值	101	98.5	98.5	81.9	51.5
墩号	13	15	16	17	18
墩高(m)	65.5	62.7	61.4	49.3	44.1
特征值	78.6	82.1	92.8	108	209

由表可知,在仅考虑墩体自重作用下,各主墩的特征值均大于规范参考值4,说明各主墩在仅自重作用时均有良好的稳定性。还可由表发现墩身稳定性具有随墩高增大变弱的特性。稳定性最高的是墩高最小的18号墩,墩高44.1m,特征值为209;稳定性最低的是墩高最大的12号墩,墩高68.8m,特征值为51.5。需着重对墩身最高的12号墩进行多荷载工况下的稳定性分析。

5.2 最高墩各荷载工况下稳定性分析

通过对各主墩仅自重作用下的稳定性分析,发现墩身最高的12号墩在仅自重作用下的稳定性最弱。为确保各主墩的稳定性符合要求,需对最高主墩12号墩进行多工况下的稳定性分析。

5.2.1 考虑的各荷载类型及组合工况

结合施工现场情况,对最高墩进行墩体稳定性分析时荷载类型考虑如下:

(1)墩体自重。

(2)墩顶的施工荷载,墩顶的施工荷载按最高墩0号块自重的0.3倍考虑。

(3)横桥向风荷载。

(4)顺桥向风荷载。风荷载的取值结合桥址处实际情况和桥体结构参照《公路桥梁抗风设计规范》(JTG/T D60-01—2004)进行。墩身上的风荷载按梯形分布考虑,主梁上的横桥向风荷载按均布荷载考虑。经计算横桥向单肢墩墩底单位长度静阵风荷载考虑为0.95kN/m,墩顶为1.7kN/m;顺桥向单肢墩墩底单位长度静阵风荷载考虑为3.8kN/m,墩顶为6.7kN/m;梁体上横桥向风荷载按5.4kN/m的均布荷载考虑。后续的风荷载也按此值考虑。

进行稳定性分析时各荷载类型组合工况如下:

工况1:(1);

工况2:(1)+(2);

工况3:(1)+(2)+(3);

工况4:(1)+(2)+(4)。

5.2.2 稳定性分析结果

对12号墩进行工况1~4下的稳定性分析后结果见表2。

工况1~4下12号一阶特征值 表2

工况	1	2	3	4
特征值	51.5	47.2	47.2	47.2

由表可知最小的特征值为47.2,大于规范参考值4,说明墩体在所考虑工况下的稳定性均符合要求。由工况1和工况2的结果可知墩顶施工荷载对墩身稳定性具有一定的影响;由工况2、工况3和工况4的结果可知风荷载对墩身稳定性的影响较小,几乎可以忽略不计。

6 T构稳定性分析

对正在进行施工的温泉特大桥连续刚构的T构进行施工阶段稳定性分析时本着T构悬

臂最长和墩身最高的原则将分析对象选定为主跨最大的第 4 连续刚构联段的 10 号 T 构和墩身最高的第 5 连续刚构联段的 12 号 T 构。先对悬臂长度最长的 10 号 T 构进行各悬臂施工阶段的稳定性分析以探寻随着施工的进行 T 构稳定性的变化情况,然后根据结论对 10 号和 12 号 T 构各自稳定性最不利施工阶段进行较全的各个工况下的分析。

6.1 T 构施工阶段稳定性分析

根据施工顺序,依次分析了浇筑 10 号 T 构 0 号块、2 号块、4 号块、6 号块、8 号块、10 号块、12 号块、14 号块、16 号块和最终成桥等施工阶段时仅考虑结构自重作用下的稳定性。稳定性计算结果见表 3。

仅自重作用下各施工阶段稳定性计算结果 表 3

施工阶段	一阶特征值	失稳模态
浇筑 0 号块	95	面内
浇筑 2 号块	81.3	面内
浇筑 4 号块	75.9	面内
浇筑 6 号块	62.8	面内
浇筑 8 号块	56.7	面内
浇筑 10 号块	52	面内
浇筑 12 号块	48.5	面内
浇筑 14 号块	45.8	面内
浇筑 16 号块	44.6	面内
成桥	187.7	面内

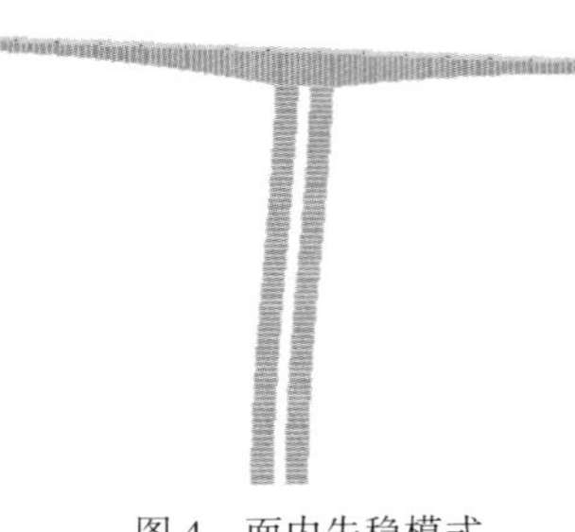
图 4 面内失稳模式

由表 3 可知,仅考虑自重作用时,随着悬臂的增长 T 构的稳定性会逐渐变小;随着桥梁合龙,结构的稳定性又会大幅度的回升;一阶失稳模态都是面内失稳即顺桥向失稳,如图 4 所示。由表可知最长悬臂时 T 构的稳定性最弱,需对此时的 T 构进行多工况下的稳定性分析。对本桥则需要对 10 号和 12 号 T 构进行最长悬臂时各工况下的稳定性分析。

6.2 T 构最大悬臂时各工况下稳定性分析

6.2.1 荷载类型

对最大悬臂状态的 10 号和 12 号 T 构进行各工况下的稳定性分析时结合施工实际考虑的荷载类型如下:

(1)最大悬臂状态时的 T 构自重。

(2)施工机具的不均匀堆放,以在 T 构单侧悬臂施加 8.5kN/m 均布荷载,并在该侧悬臂端部作用 200kN 集中力考虑。

(3)不同步浇筑的梁段,按一侧已浇筑完毕,另一侧仅浇筑一半考虑。

(4)梁体自重的不均匀,按一侧增大 5%,另一侧减小 5%考虑。

(5)施工时考虑动力系数的挂篮自重,以一侧乘以挂篮自重的 1.2,另一侧乘以挂篮自重的 0.8 考虑。

(6)挂篮跌落,此时考虑的是冲击力,按坠落一侧反向施加 2 倍的挂篮自重考虑。

(7)顺桥向风荷载。

(8)横桥向风荷载。

(9)两侧悬臂的不均匀风荷载。

6.2.2 荷载工况

结合实际对所考虑的荷载类型按使 T 构稳定性最不利的原则进行组合,组合后的荷载工况如下:

工况 1:(1)+(2)+(3)+(4)+(5);

工况 2:(1)+(2)+(3)+(4)+(5)+(7);

工况 3:(1)+(2)+(3)+(4)+(5)+(8);

工况 4:(1)+(2)+(3)+(4)+(5)+(9);

工况 5:(1)+(2)+(3)+(4)+(6);

工况 6:(1)+(2)+(3)+(4)+(6)+(7);

工况 7:(1)+(2)+(3)+(4)+(6)+(8);

工况 8:(1)+(2)+(3)+(4)+(6)+(9)。

6.2.3 计算结果

T 构最大悬臂时各工况作用下的稳定性计算结果见表 4。

最大悬臂 T 构各工况特征值 表 4

工况	一阶特征值			
	10 号 T 构	失稳模态	12 号 T 构	失稳模态
1	43.410	面内	46.112	面内
2	43.418	面内	46.200	面内
3	43.415	面内	46.118	面内
4	43.417	面内	46.152	面内
5	42.511	面内	45.531	面内
6	42.515	面内	45.511	面内
7	42.515	面内	45.495	面内
8	42.511	面内	45.514	面内

由表可知最小的特征值约为 42.5 大于规范参考值 4,说明最大悬臂状态时的 10 号 T 构和 12 号 T 构在所考虑荷载工况下的稳定性满足要求。由于 10 号和 12 号 T 构是全桥所有 T

构中稳定性最弱的,所以全桥的T构稳定性均符合要求。由表可知挂篮跌落对稳定性的影响较大;各工况下的失稳均为面内失稳,即顺桥向失稳。

7 成桥稳定性分析

对温泉特大桥连续刚构联段进行成桥稳定性分析时,由于第二和第四联段的主跨跨度相同,而第四联段的墩高较大,所以进行分析时选取了第四、第五和第六连续刚构联段。

7.1 荷载类型及组合工况

所考虑的荷载类型如下:

(1)桥体自重。

(2)二期荷载。

(3)车道及人群荷载,施加在尽量靠近墩顶处。

(4)汽车制动力。

(5)横桥向风荷载。

(6)顺桥向风荷载。

(7)整体升温30℃。

(8)整体降温30℃。

(9)温度梯度升温。

(10)温度梯度降温。

所考虑荷载类型的组合工况如下:

工况1:(1)+(2);

工况2:(1)+(2)+(3)+(4)+(5);

工况3:(1)+(2)+(3)+(4)+(6);

工况4:工况(2)、(3)中最不利+(7)+(9);

工况5:工况(2)、(3)中最不利+(7)+(10);

工况6:工况(2)、(3)中最不利+(8)+(9);

工况7:工况(2)、(3)中最不利+(8)+(10)。

7.2 计算结果

进行成桥稳定性分析的连续刚构联段的稳定性计算结果见表5。

各刚构联段各工况下稳定性计算结果 表5

工况	一阶特征值		
	第四联段	第五联段	第六联段
1	157.06	178.23	266.98
2	151.11	170.27	260.68

续上表

工　况	一阶特征值		
	第四联段	第五联段	第六联段
3	151.13	170.63	261.79
4	56.13	80.17	113.65
5	63.21	95.38	125.72
6	125.71	142.62	227.50
7	125.69	142.59	227.84

由表可知成桥时一阶特征值较大，均大于规范参考值4。表明成桥稳定性满足要求。由工况3、4可知温度对成桥状态的稳定性影响较大，会削弱成桥时桥梁的稳定性。

8　结语

通过以上分析，可得出如下结论：

（1）根据计算所得数据，该桥在各主要施工阶段的稳定性符合要求。

（2）双肢连续刚构T构的稳定性会随墩高的增大而降低，在0号块处会有小幅的回升，之后会随着悬臂的增长而逐渐下降，在最大悬臂时T构的稳定性达到最低，随着桥梁的合拢稳定性会大幅度的回升至正常值。

（3）T构悬臂施工过程中，不均匀堆放的施工机具、梁段浇筑不同步、挂篮跌落等因素会对稳定性产生相应的影响，施工时需确保挂篮的安全，施工机具应按规定堆放。风荷载对T构稳定性的影响较小。

（4）成桥时温度对稳定性影响较大，尤其在系统整体升温时。

参考文献

[1] 蒙佳.高墩大跨径连续刚构桥在施工过程中的稳定性分析[D].石家庄：石家庄铁道大学，2014.

[2] 刘润华，董爱平.高墩大跨度连续刚构桥施工稳定性分析[J].四川建筑，2008(05)：141-142+146.

不等跨钢-混混合连续梁转体施工监控分析

张　江[1],耿联法[2],胡江南[3]

(1.北京市首都公路发展集团有限公司;2.北京市首发高速公路建设管理有限责任公司;
3.中铁六局集团有限公司)

摘　要:在大跨度钢-混混合连续梁转体法成桥过程中,需要经历多次受力体系转换,此外施工精度、材料质量性能、温度及荷载等多方面因素在现实状态与理论状态之间存在的差异,引起连续梁结构的内力、位移发生变化,导致合龙困难。为保证桥梁的施工质量,使连续梁桥的主梁线形和主梁内力达到设计图纸的理想状态,在施工过程中进行有效的施工监控尤为关键。本文以延崇高速公路(北京段)工程上跨大秦铁路及京新高速公路不等跨转体连续梁桥为背景,阐述了大跨度连续梁转体施工监控的具体方法及实施步骤,建模计算值与监测数据的对比结果表明,桥梁在各施工阶段受力合理,合龙精度满足设计要求,可为今后类似工程提供参考。

关键词:钢-混混合连续梁;转体;线形监控;转体施工

1　引言

施工监控是连续梁桥施工过程中的关键工序,而对于不等跨钢-混混合连续梁转体施工这一复杂桥型的成桥过程更为重要。现有文献多是对常规桥型施工监控的研究[1-3],文献[4]也仅是对转体过程中的承台局部进行分析,而尚未见关于不等跨钢-混混合连续梁转体施工监控的研究。本文通过对延崇高速公路上跨大秦铁路及京新高速公路不等跨钢-混混合连续梁的施工监控分析,使桥梁的施工过程得到良好的控制,达到了施工监测和控制的目的。

2　工程概况

延崇高速公路上跨大秦铁路及京新高速公路采用52m+140m+49m钢-混混合连续梁结构,梁体采用支架现浇,双侧主墩整幅转体施工。主桥设计起讫里程为Q1K14+725.7~Q1K14+966.7,全长241m,墩顶采用分幅设计,标准宽度为41m,右幅桥京新高速公路侧设44.96m变宽段,桥梁宽度由41m渐变至42.11m。左右幅间设2cm隔离缝。

跨大秦铁路转体桥跨径为48m(混凝土箱梁)+70.25m(39m混凝土箱梁+31.25m钢箱梁),顺时针转体78.5°;跨京新高速公路转体桥跨径为66.25m(27.25m钢箱梁+39m混凝土

箱梁)+45m(混凝土箱梁),顺时针转体81.5°;单转体最大转体质量22000t,两侧转体就位后支架现浇两侧边跨3.65m混凝土箱梁后浇段,吊装焊接跨中3.5m钢箱梁合龙段,完成主梁合龙。连续梁立面图如图1所示。

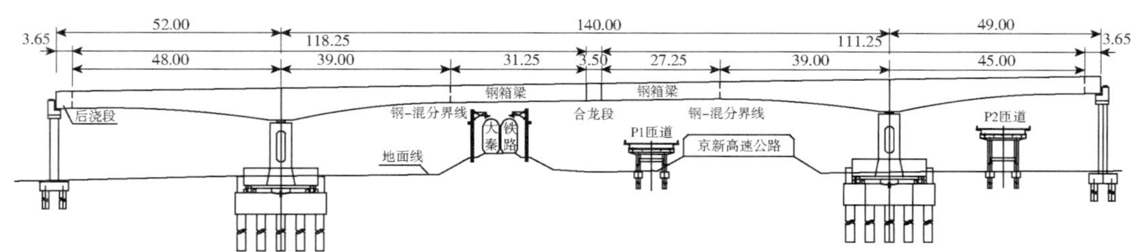

图1　延崇高速公路上跨大秦铁路及京新高速公路连续梁立面图(尺寸单位:m)

3　施工监控结构分析

3.1　施工监控目标

通过对已完成的工程状态和施工过程的监测,收集控制参数,分析施工中产生的误差,通过理论计算和实测结果的对比分析、误差调整,预测后续施工过程的结构形状,提出后续施工过程应采取的技术措施,调整必要的施工工艺和技术方案,以指导后续施工安全、优质、高效地进行,使成桥后结构的内力和线形处于有效的控制之中,并最大限度地符合设计的理想状态,确保结构的施工质量,保证施工过程与运行状态的安全性。

3.2　施工监控结构计算

全桥大致分为7个施工阶段:搭设满堂支架浇筑T构混凝土、张拉预应力、浇筑防撞护栏、拆除支架、边跨现浇、边跨支架拆除、二施工期荷载、收缩徐变。采用Midas Civil有限元软件对桥梁空间构模进行计算(图2),前期计算将按照施工和设计所确定的施工工序,以及设计所提供的基本参数,对施工过程进行正装计算,得到各施工状态以及成桥状态下的结构控制截面应力和变形等控制数据。

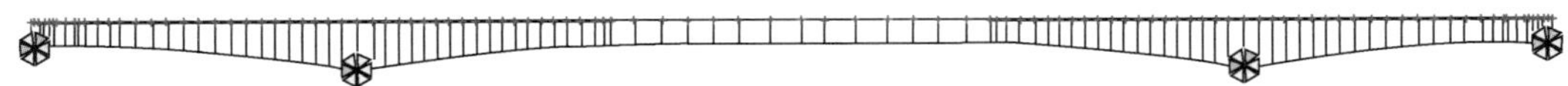

图2　延崇高速公路跨大秦铁路及京新高速公路转体桥连续梁桥有限元模型

3.3　施工过程仿真分析流程

整个施工监控计算分析的流程如图3所示。

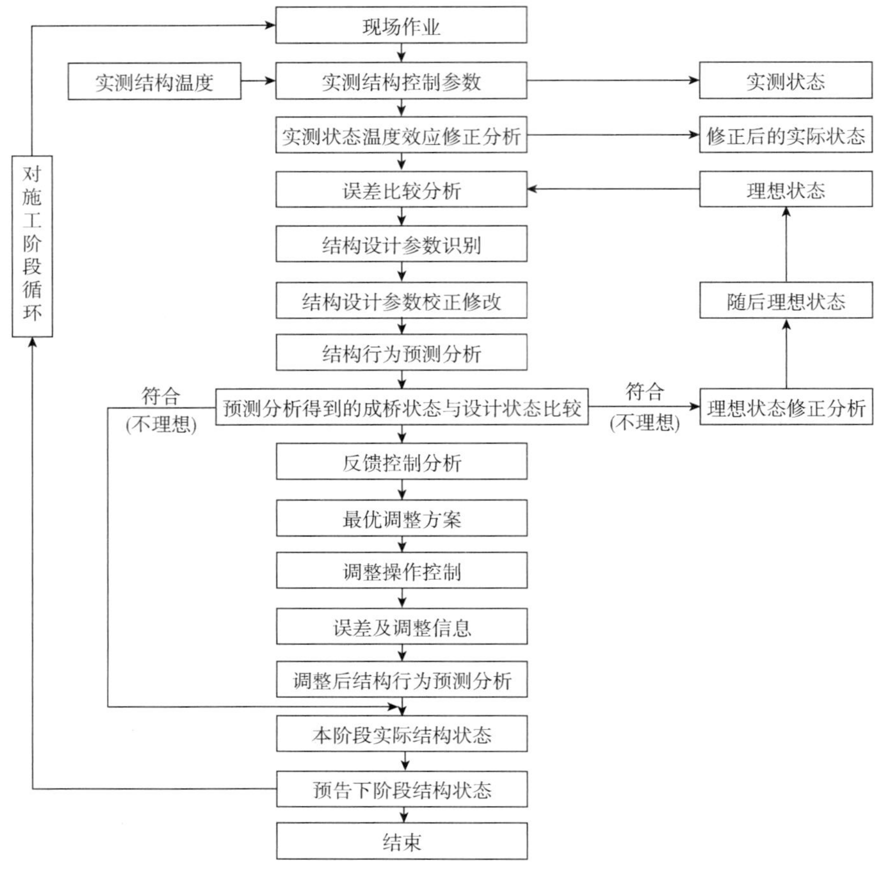

图 3　施工监控计算分析流程图

3.4　梁体应力计算成果

根据设计资料及既定施工方案对该连续梁桥进行分析计算，获取施工过程中主梁的应力及变形状态，图 4 和图 5 分别为拆除支架后 T 构状态下箱梁顶板和箱梁底板的应力分布图，图 6 为该施工阶段主梁的变形图，图 7 和图 8 分别为成桥状态下箱梁顶板和箱梁底板的应力分布图，图 9 为该施工阶段主梁的变形图。

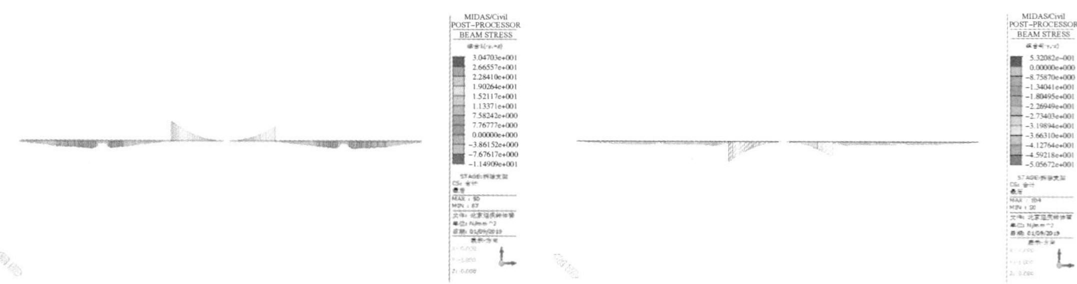

图 4　T 构状态下梁体顶板应力图

图 5　T 构状态下梁体底板应力图

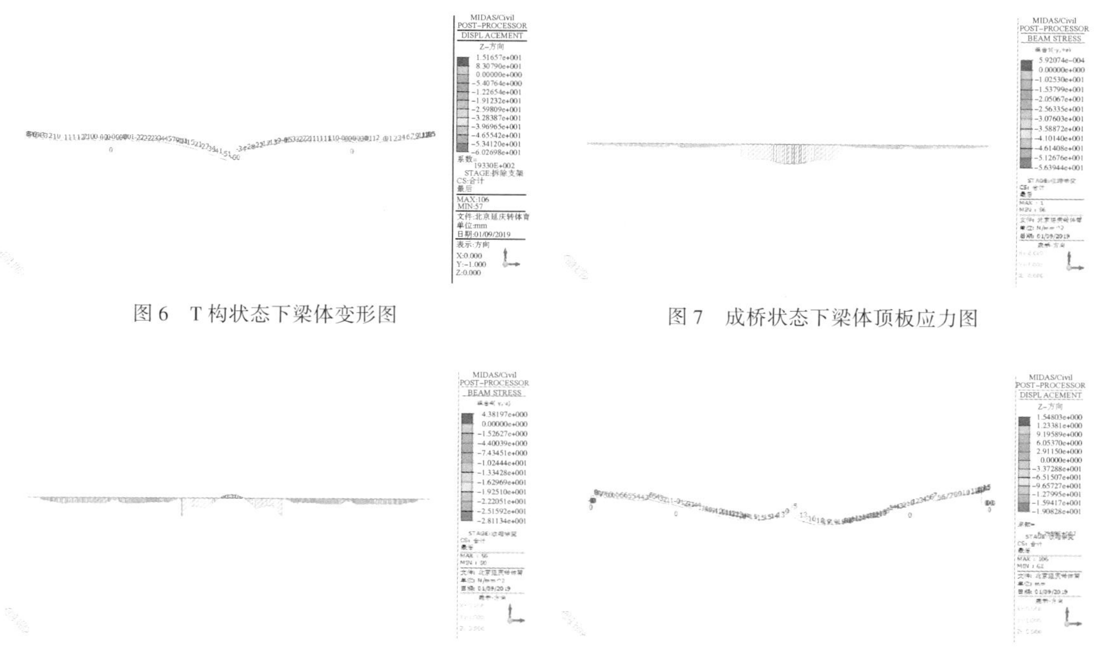

图 6　T 构状态下梁体变形图

图 7　成桥状态下梁体顶板应力图

图 8　成桥状态下梁体底板应力图

图 9　成桥状态下梁体变形图

4　施工监控方案

施工监控主要内容包括结构几何线形、主梁应力监测等内容，根据实测结果，结合理论分析，指导合龙施工。

4.1　结构几何线形监测

4.1.1　立模高程的设定

为使成桥状态满足设计要求，根据目标成桥状态和确定的桥梁施工方案，基于倒装分析流程，采用 Midas Civil 进行结构受力计算，确定各施工阶段桥梁结构的理论目标状态，计算公式如下所示，不同荷载主梁各截面挠度值如图 10 所示。

$$H_{ilm} = H_{isj} + f_{1i} + f_{2i} + f_{3i} + f_{4i} + f_{5i} + f_{gl} \tag{1}$$

式中：H_{ilm}——节段立模高程；

H_{isj}——节段设计高程；

f_{1i}——梁段自重在 i 节段产生的挠度总和；

f_{2i}——张拉应力在 i 节段产生的挠度总和；

f_{3i}——混凝土收缩徐变在 i 节段产生的挠度总和；

f_{4i}——施工临时荷载在 i 节段产生的挠度总和；

f_{5i}——使用荷载在 i 节段产生的挠度总和；

f_{gl}——支架变形值。

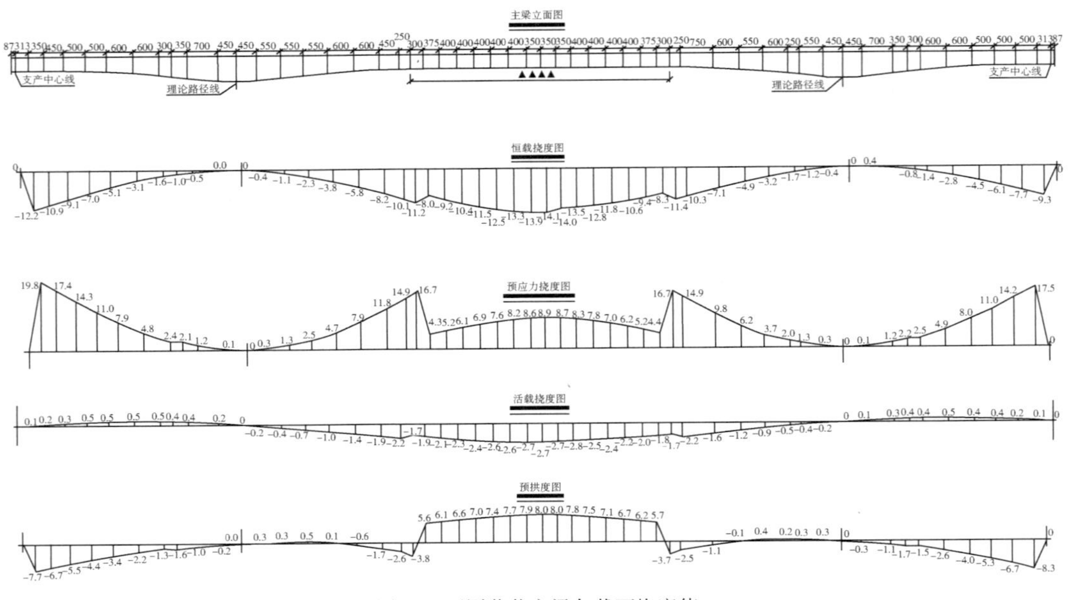

图 10 不同荷载主梁各截面挠度值

4.1.2 主梁线形观测测点布置

在主墩顶截面、边跨各 1/4 跨截面、中跨混凝土梁段各 1/4 跨截面、中跨钢箱梁段各 1/3 截面和梁端各截面布置挠度控制测点，在主墩顶部布置挠度监控基准点。每个截面顶面埋设 3 个测点，分别位于左右两侧腹板顶及梁中线顶板面上，测点采用预埋钢筋头（钢箱梁测点需将钢筋头点焊于箱梁上方），并用红色油漆编号，钢筋头外漏高度控制在 2~3cm 左右。桥轴线上的测点为主控测点（球冠上刻十字丝、监测轴线偏位及高程），左右侧的测点为辅助测点（监测主梁挠度）。图 11 为混凝土主梁高程及挠度测点纵向布置图，图 12 为混凝土主梁高程及挠度测点横向布置图。

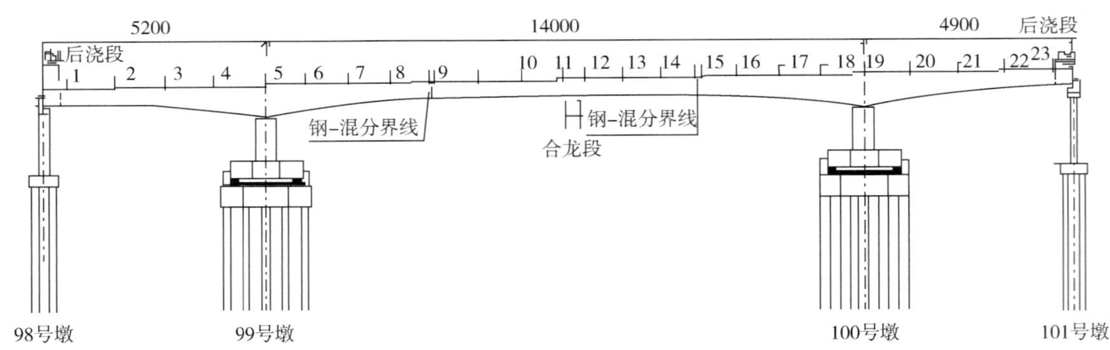

图 11 混凝土主梁高程及挠度测点纵向布置

T 构端部测点作为转体过程测点。

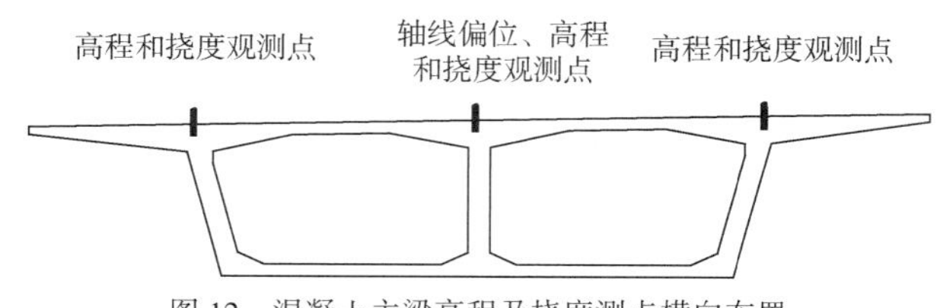

图 12　混凝土主梁高程及挠度测点横向布置

4.1.3　监测仪器及监测内容

主梁立模高程的数据进行温度修正(温度对支架变形影响及主梁高程影响)后使用。线形监测内容方法见表 1。

线形监测内容　表 1

测试设备及方法	使用高精度水准仪对主梁控制点进行高程测量;全站仪对主梁控制点轴向偏位进行测量
监测时间	各阶段上午 6~8 点,可根据当日天气适当调整
关键监测阶段	①对应箱梁浇筑前;②对应箱梁浇筑后;③预应力张拉完;④拆除支架后;⑤转体过程中;⑥转体完成后;⑦边跨现浇完成;⑧全桥合龙后
监测内容	①高程控制点的定期复核及各节段主梁线形控制网测量;②主梁施工阶段线形监测;③转体段高程控制点定期进行测量;④合龙前线形联测;⑤成桥线形测量

4.2　主梁应力监测

延崇高速公路上跨大秦铁路 52m+140m+49m 钢-混混合连续梁结构受力复杂,在主梁的控制截面设置应力观测点,钢-混结合段处监测、断面适当加密,监测施工过程中主梁各断面应力分布及变化情况。

4.2.1　测点布置

应力测试截面为:T 构墩顶部位两侧、混凝土现浇段中部和钢箱梁与混凝土梁结合部两侧,每个转体桥单幅 T 构布置 5 个监测断面,双幅桥 4 个 T 构共布置 20 个断面,其中混凝土箱梁采用埋入式应变传感器。钢箱梁在梁顶缘和底缘布置表贴式应变传感器。转体 T 构主梁应力监测断面布置如图 13 所示。

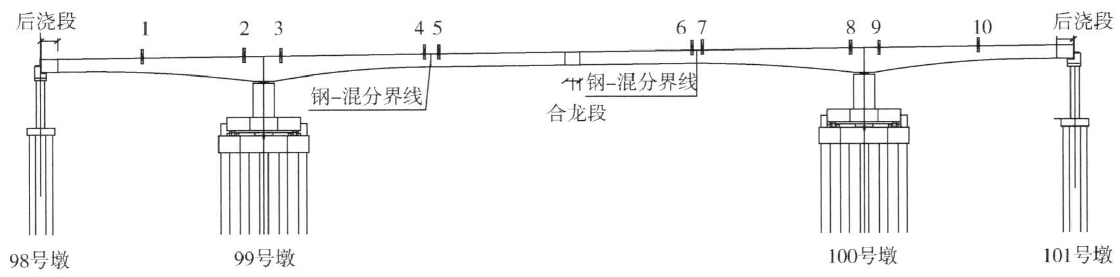

图 13　箱梁应力监测断面布置图

每个监测断面布置6个振弦应变传感器,布置位置在腹板与顶板和底板的交接位置处。主桥采用顶双幅构造,箱梁应变传感器个数共计120个,其中混凝土箱梁采用埋入式共计96支,钢箱梁采用表贴式共计24支。埋设位置不同的应变计记录偏离尺寸,测定的参数进行修正后使用。箱梁各监测断面顶板、底板传感器导线全部引至顶板,并按照测点部位进行编号处理。图14为混凝土箱梁埋入式应变测点布置图,图15为钢箱梁表贴式应变计测点布置图。

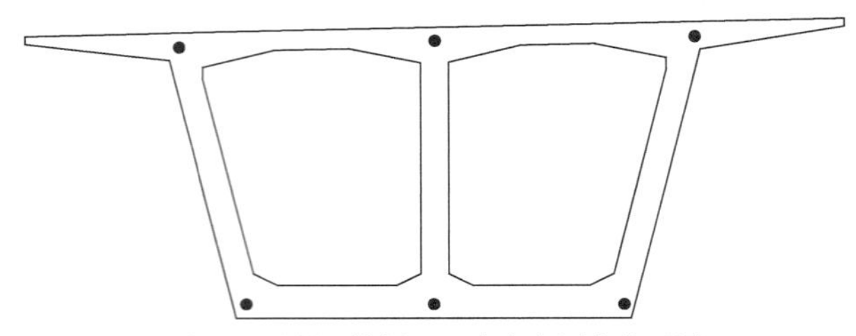

图14 混凝土箱梁埋入式应变测点布置图

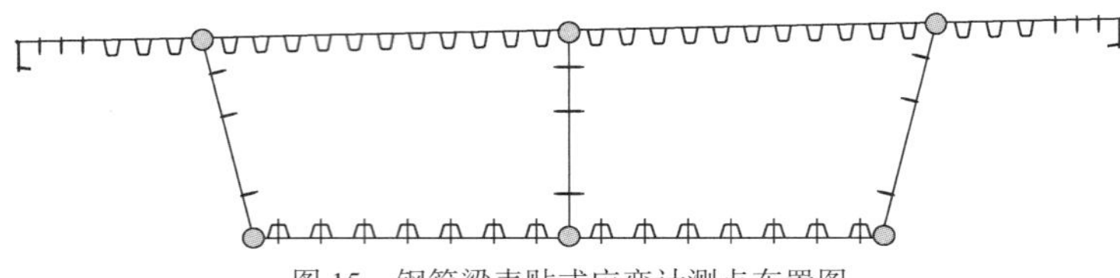

图15 钢箱梁表贴式应变计测点布置图

4.2.2 仪器设备

箱梁混凝土浇筑前,将应变计绑扎在各控制截面相应测试点位附近的钢筋上。为保证箱梁安装的振弦应变计不受损坏,保证应力监测测试精度,需对安装的应变计采取保护措施并在安装时进行多项检查。为防止外界电磁场干扰,测量导线全部采用多股铜芯屏蔽线;应力监测测试周期长,稳定性要求高,且连接线较长,对连接线采用焊接连接,接头位置采用绝缘胶进行包裹,再用703硅胶进行密封;在安装过程中采用固定措施使振弦应变计方向与主梁纵向轴线一致,传感器在安装之前进行标定,确保数据采集的准确性。

4.2.3 箱梁应力应变主要监测工况

转体连续梁应力体系转换过程较多,每个应力阶段均进行主梁应力及变形监测。分别在现浇箱梁预应力张拉前及预应力张拉后测定梁体应力读数,对比预应力施加前后梁体应力变化量。此外分别监测现浇梁支架拆除完成、转体称重前、转体配重后、转体就位后、边跨合龙后、边跨现浇完成后及全桥合龙后等阶段应力状态。

5 施工监控结果对比分析

5.1 线形控制结果

(1)左幅桥不同工况下梁体高程变化对比如图16~图18所示。

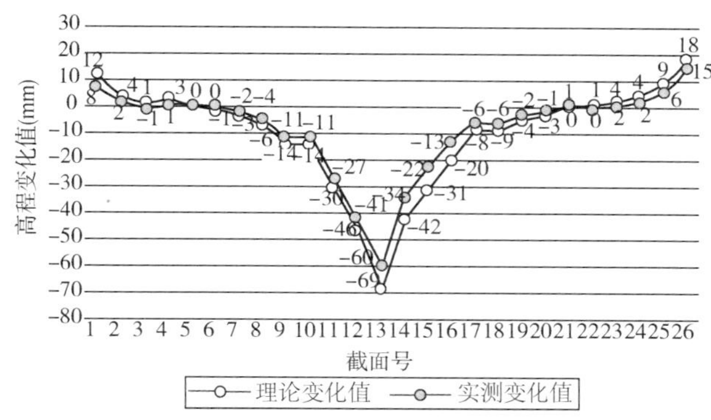

图 16　T 构状态下左幅主梁中线高程变化对比

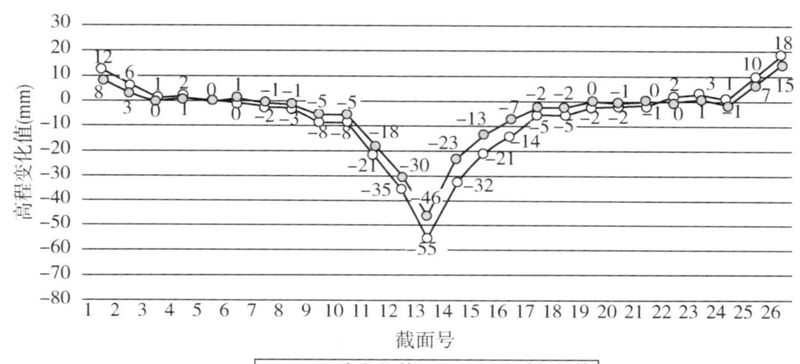

图 17　边跨合龙后左幅主梁中线高程变化对比

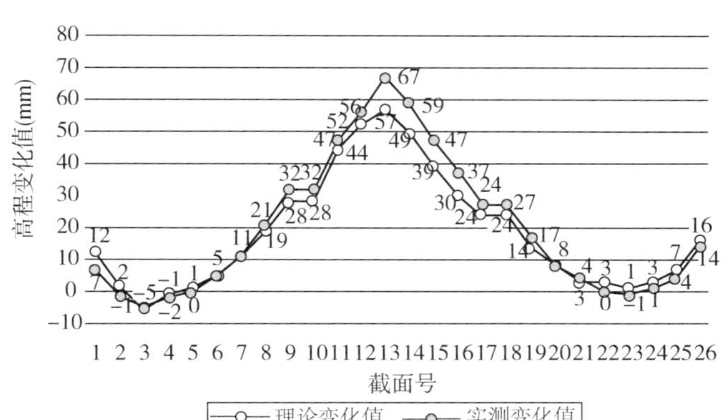

图 18　中跨合龙后左幅主梁中线高程变化对比

(2)右幅桥不同工况下梁体应力变化对比如图 19~图 21 所示。

混凝土浇筑后梁体高程变化实测值与理论值的比较。从图中可以看出,在这些主要施工阶段,箱梁高程的实测变化与理论变化相比控制在±15mm 之内,满足根据《公路工程质量检验评定标准》[5]施工中梁段高程的容许误差值为+20mm 和-20mm 的要求。实测高程变化与理论值反映出的趋势比较一致,桥梁线形控制满足要求。

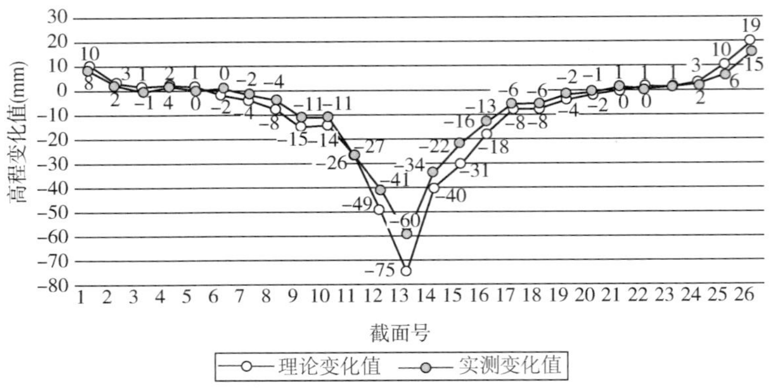

图 19　T 构状态下右幅主梁中线高程变化对比

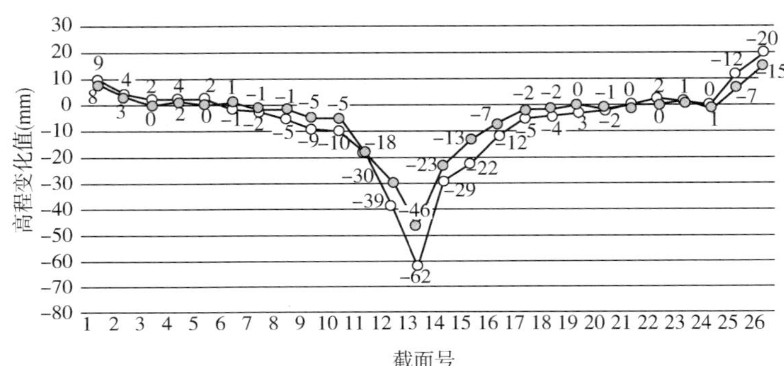

图 20　边跨合龙后右幅主梁中线高程变化对比

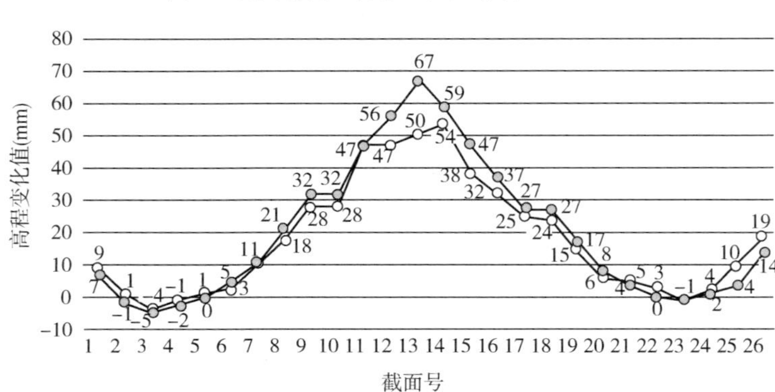

图 21　中跨合龙后右幅主梁中线高程变化对比

5.2　应力监测结果

(1)左幅桥不同工况下梁体应力变化对比如图 22~图 24 所示。

(2)右幅桥不同工况下梁体应力变化对比如图 25~图 27 所示。

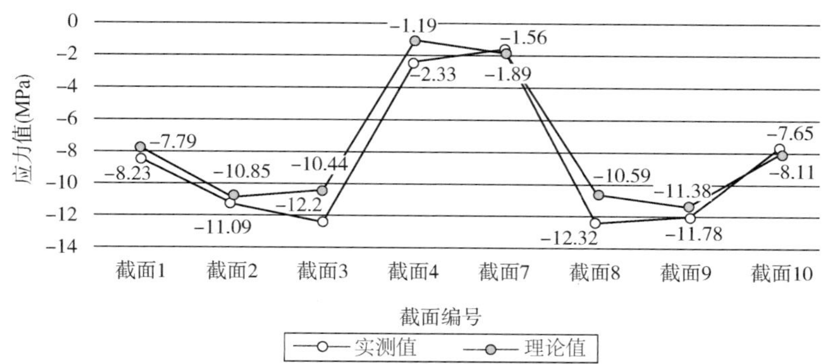

图 22　落架后左幅桥顶板梁体应力图

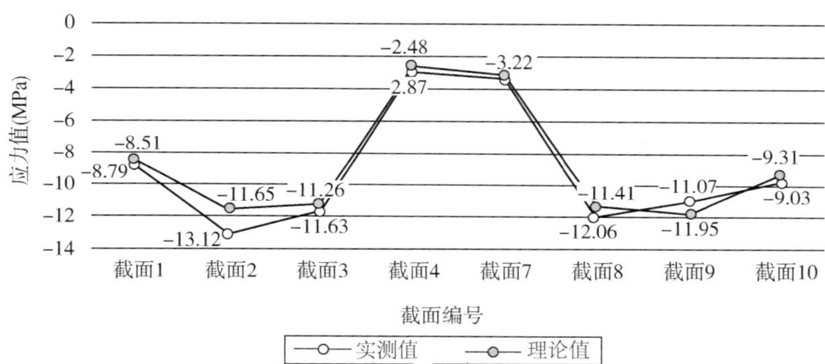

图 23　边跨合龙后左幅桥顶板梁体应力图

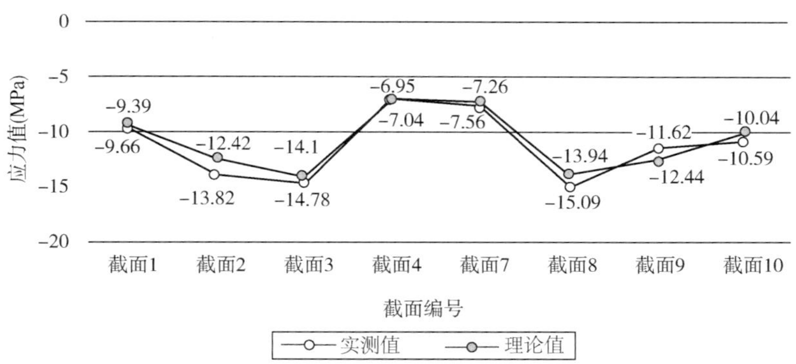

图 24　中跨合龙后左幅桥顶板梁体应力图

整个施工过程中，主桥混凝土箱梁测试断面处于全截面受压状态，测试应力与理论值相比比较接近，桥梁的应力变化趋势与设计相同，整个施工过程混凝土箱梁应力状态处于安全范围之内，T 构最大悬臂阶段测试断面混凝土的实测应力值与理论值（压为负）较吻合，满足设计要求，说明梁体受力合理。

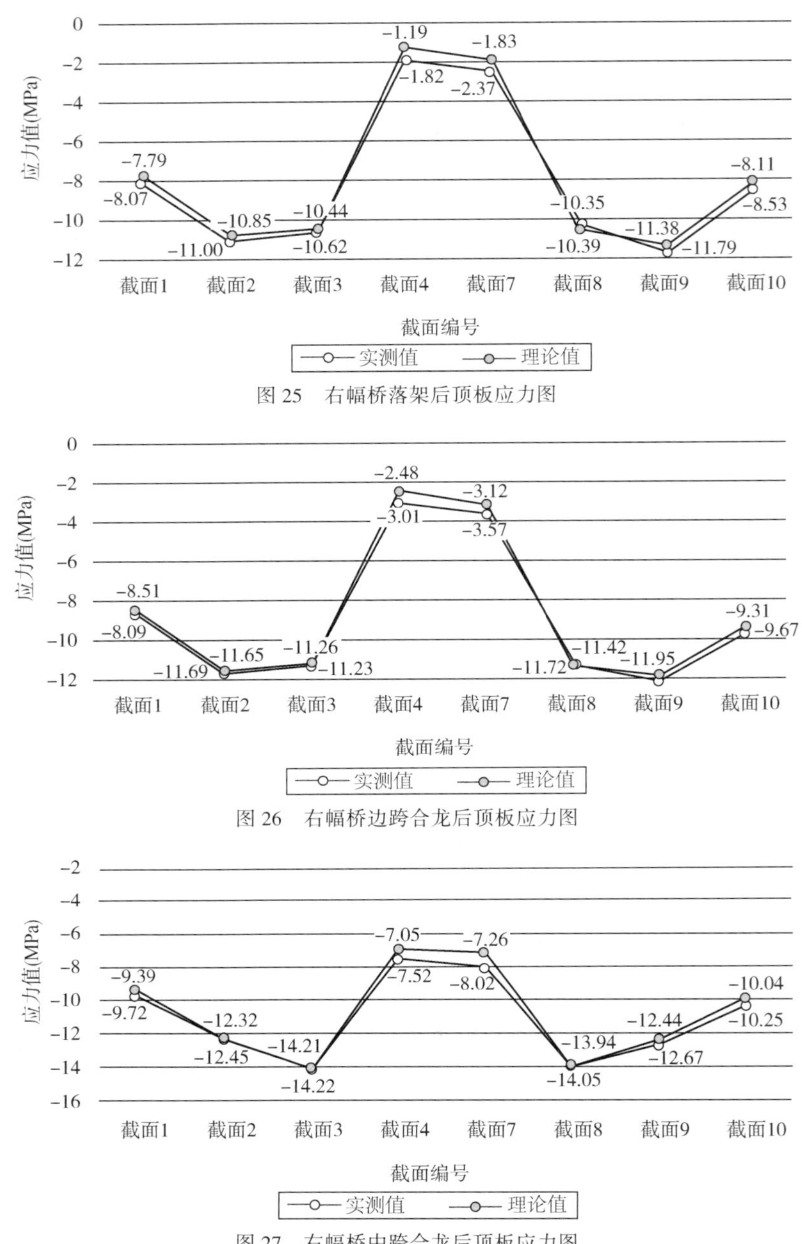

图 25 右幅桥落架后顶板应力图

图 26 右幅桥边跨合龙后顶板应力图

图 27 右幅桥中跨合龙后顶板应力图

6 结语

延崇高速公路上跨大秦铁路转体桥采用钢-混混合连续梁体系,在结构设计、新材料应用及施工工艺上采用多项创新技术,给施工监控工作带来巨大挑战。为保证转体连续梁桥在施工中线形及受力状态可以得到有效控制,施工前运用 Midas Civil 软件建立合理的桥梁模型,采用科学的计算方法确定各施工阶段主梁线形和应力的理论状态,施工过程中通过数据采集和计算机处理，实现了施工期间的全过程监控。施工监测结果表明，施工过程中桥梁处于安全状态，结构变形符合设计预期目标，大桥施工得到良好的控制，达到了施工监测和控制的目的。

参考文献

[1] 杨伟.T型刚构桥大角度同步转体施工控制关键技术研究[D].成都：西南交通大学，2018.

[2] 胡义新，孙艳鹏，孙远，等.T构转体桥精细化施工控制技术[J].土木工程与管理学报.2019，36(04)：108-113.

[3] 张威，杨玉龙，袁绪冲，等.跨大秦铁路特大桥转体球铰施工关键技术[J].工程与建设，2014，28(6)：814-844.

[4] 李亮辉，杨文见，田克，等.超宽大吨位转体梁桥承台在转体阶段的分析研究[J].市政技术，2019，37(05)：79-83.

[5] 中华人民共和国交通部.公路工程质量检验评定标准：JTG-F80－1—2004[S].北京：人民交通出版社，2004.

妫水河隧道基坑开挖施工稳定性仿真分析

李玲玉
(中交路桥建设有限公司)

摘要:本文采用数值仿真试验方法,围绕妫水河隧道基坑开挖过程对桩锚支护结构进行稳定性分析;分析结果与现有成果对比表明土体开挖过程,基坑维护结构安全可靠;同时通过仿真试验找出基坑开挖施工过程潜在风险点,为施工控制提供有力依据。

关键词:长大深基坑;桩锚支护;开挖稳定性;仿真分析

1 引言

岩土体是自然界的产物,具有其独特性和变异性。岩土由三相组成,三相间的不同比例关系及其相互作用,使岩土形成了极其复杂的物理力学性质,它的变异性、不连续性和多相性产生了岩土的强度、变形和渗透三大工程问题。而深基坑工程作为岩土工程的一种,具有很强的区域性。基坑的平面形状、开挖深度、开挖步骤、开挖方式对深基坑的稳定性、变形均有很大影响。基坑工程设计和施工过程中,除考虑交叉施工、外界环境等影响因素外,还应充分考虑基坑工程的时空效应;雷明锋等对长大深基坑施工空间效应研究中提出了黏性土条件下长大深基坑施工空间效应简化计算方法,引入等代内摩擦角概念。此外,长大深基坑施工过程中还应充分考虑岩土体的蠕变效应,特别是软黏土的蠕变性将导致土体强度的降低。基坑工程开挖,将引起基坑周边地下水的变化和土体应力场的改变,导致周边岩土体产生变形,对相邻建构筑物、地下管线等产生影响。此外,土方外运、基坑锚喷等均对周边交通运输、空气质量等产生影响。龚剑等对预应力锚索加固基坑计算机仿真分析进行了探索。本文借助 midas GTS NX 对妫水河隧道基坑开挖桩锚支护结构开挖过程中稳定性进行仿真分析,以期全面掌握基坑支护结构受力及变形规律,指导基坑开挖施工。

2 工程概况

妫水河隧道工程位于北京市延庆区,线路呈南北走向,全长 2044m,设计起止桩号为 K5+826~K7+870。隧道主体结构设计为闭合框架和 U 形槽两部分,其中妫河南岸 U 形槽长 234m,妫河北岸 U 形槽长 140m,闭合框架全长 1670m,均采用明挖法施工。U 形槽部分开挖深度 0~8m,闭合框架部分开挖深度 8~25m,局部泵房处开挖深度 29.2m。全线采用 CFG 桩复合地基加固,U 形槽部分基础下另设置抗拔桩。土体地质为黏土、粉土、粉细砂互层,地下水较丰富,采取帷幕隔水+坑内降水,基坑支护形式有一级放坡、二级放坡、二级放坡+支护桩、二级放坡+支护桩+预应力锚索、内外排支护桩+预应力锚索等。妫水河隧道纵断面示意图如图 1 所示。

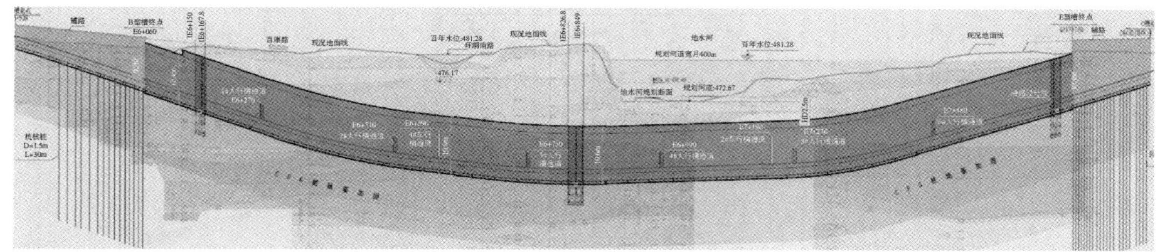

图 1　妫水河隧道纵断面示意图

综合隧道基坑施工段落划分情况,同时考虑计算机分析能力,选取 K6+650~K6+880 段为闭合框架段基坑为计算单元。K6+650~K6+880 段为闭合框架段,基坑形式为内外侧双层基坑,外侧基坑支护形式为排桩(ϕ1m@ 1.5m)+预应力锚索(三道),内层基坑支护形式为排桩(ϕ1.2m@ 1.5m)+预应力锚索(四道)。基坑开口线宽度 85.5~94.5m,开挖深度 22.0~29.0m。内外侧基坑止水帷幕采用旋喷搅拌桩,均设置在支护桩桩间,外侧止水帷幕 ϕ0.9m@ 1.5m,L=14m;内侧止水帷幕 ϕ0.8m@ 1.5m,L=24m。

仿真分析所用工程图如图 2~图 4 所示。

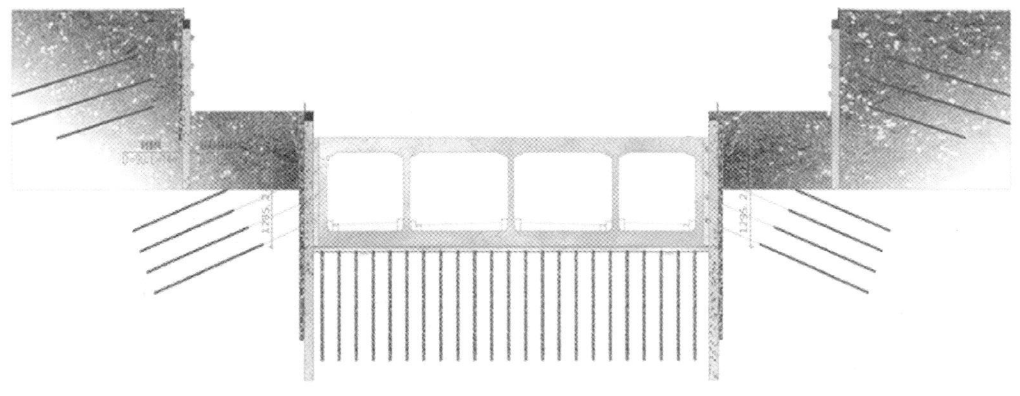

图 2　K6+650~K6+880 段维护结构横断面示意图

3　模型计算条件

采用全模型理念进行建模,采用 midas GTS NX 程序进行计算,将维护结构和地基土完全建立到模型中,两者协调作用。

3.1　参数取值

根据地质勘察报告结合建模需要,建模范围内的土层简化为粉土素填土①、粉质黏土③、粉质黏土④、粉质黏土⑤、粉质黏土⑥、粉质黏土⑦、粉质黏土⑧、有机质黏土⑨。各地层参数见表 1。

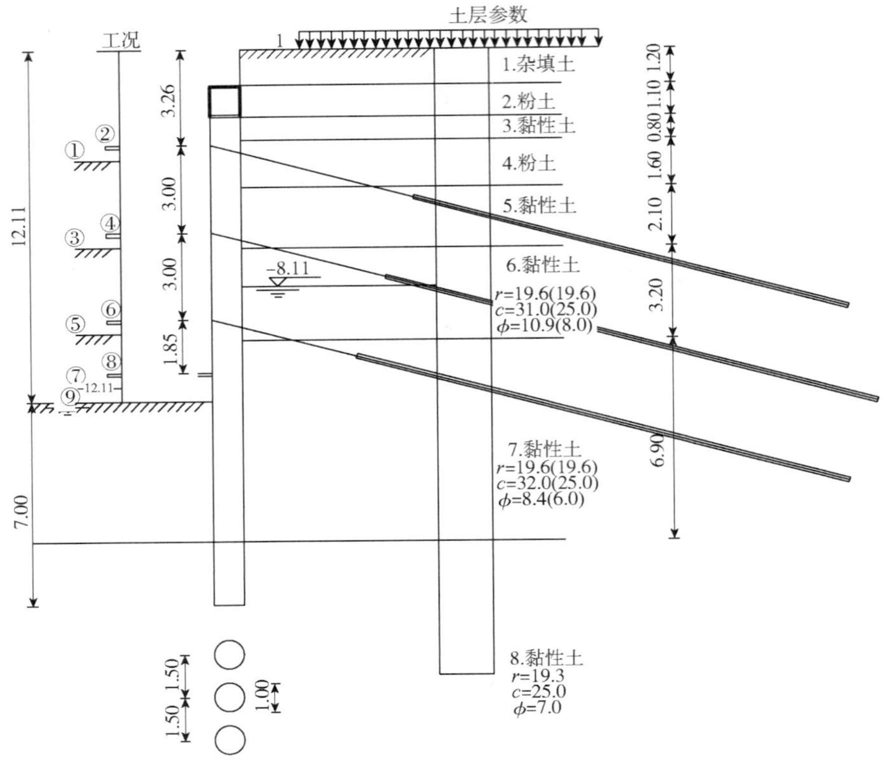

图3 上部坑体围护结构图(尺寸单位:m)

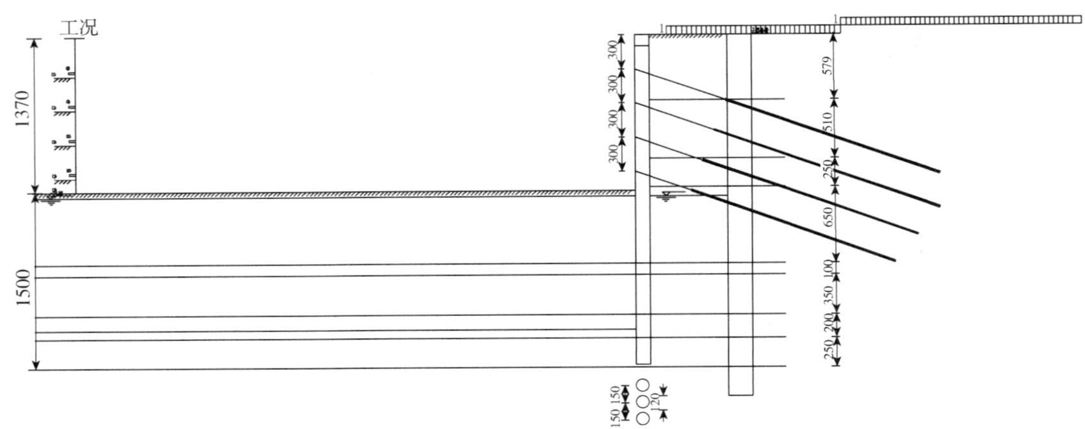

图4 下部坑体围护结构图(尺寸单位:cm)

土 层 参 数 表

表1

土　　层	弹性模量 (kN/m^2)	ν	γ	γ-sat	k_x	k_y	k_z	C	φ
粉土素填土1	367500	0.3	18	21	1.00×10^{-5}	1.00×10^{-5}	1.00×10^{-5}	8	10
粉质黏土3	440000	0.38	19.3	21	4.52×10^{-7}	4.52×10^{-7}	3.10×10^{-7}	30	9.8
粉质黏土4	540000	0.39	19.6	21	7.24×10^{-8}	7.24×10^{-8}	2.31×10^{-9}	31	10.9

续上表

土　层	弹性模量 (kN/m²)	ν	γ	γ-sat	k_x	k_y	k_z	C	φ
粉质黏土 5	680000	0.4	19.6	20.6	3.40×10^{-9}	3.40×10^{-9}	7.60×10^{-10}	32	8.4
粉质黏土 6	790000	0.4	19.3	20.3	2.92×10^{-9}	2.92×10^{-9}	1.14×10^{-8}	29	12.5
粉质黏土 7	970000	0.41	19.4	20.4	6.15×10^{-9}	6.15×10^{-9}	5.08×10^{-9}	42	14.1
粉质黏土 8	1370000	0.33	19.7	20.7	9.31×10^{-8}	9.31×10^{-8}	3.61×10^{-9}	60	17.7
粉质黏土 9	690000	0.36	18.4	19	9.31×10^{-8}	9.31×10^{-8}	3.61×10^{-9}	46	11.8
混凝土	2.80×10^{7}	0.2	25						
钢混	2.85×10^{7}	0.19	35						
钢材	2.00×10^{8}	0.18	78.5						

3.2 验算工况

为验证基坑设计和施工方案的安全性,故将工况设置为初始地应力和基坑开挖施工两部分。按照上述需求,计算步骤为:①原始地应力,位移清零;②外坑围护桩施工;③外坑开挖 1(厚度 2.0m)④外坑开挖 2(厚度 2.0m);⑤外坑开挖 3(厚度 3.0m);⑥外坑开挖 4(厚度 3.0m);⑦外坑开挖 5(厚度 1.5m);⑧内坑和泵房围护桩施工;⑨内坑和泵房冠梁施工;⑩内坑和泵房开挖 1(厚度 4.0m);⑪内坑和泵房开挖 2(厚度 2.5m);⑫内坑和泵房开挖 3(厚度 2.5m);⑬内坑和泵房开挖 4(厚度 2.5m);⑭内坑和泵房开挖 5(厚度 3.4m);⑮泵房开挖 6(厚度 2.7m)。

注:开挖厚度根据预应力锚索设置确定。

3.3 验算内容

按设计和施工方案,随各施工阶段的推进,验算基坑周围土体的变形,坑底隆起、围护桩的受力和变形,冠梁、腰梁、锚索、钢支撑的受力与变形情况等。

3.4 有限元模型

(1)三维模型计算范围:计算范围内的土体采用 Mohr-coulomb 本构模型进行计算,围护桩采用等刚度转换原则,转化为地下连续墙进行模拟,其中地下连续墙用板单元模拟,冠梁、腰梁用梁单元模拟,钢角撑、斜拉梁、横撑采用桁架单元模拟,锚索用植入式桁架单元模拟,且都采用弹性本构计算。为确保模型有足够的计算精度,对计算范围进行了增加,从地表向下取 80m,地表面积值大于基坑开挖面的圣维南原理影响范围,即开挖面的 3 倍,即 730m×295m。

(2)模型的计算荷载:土体和结构物的自重、锚索、内支撑的预应力。

(3)三维模型的计算边界条件:计算模型的底面约束为固定约束,约束 X、Y、Z 三个方向的自由度,X 方向侧面约束侧向 X 方向的自由度,Y 方向侧面约束侧向 Y 方向的自由度,地表为自由面。

(4)计算方法和屈服准则:计算模型采用 midas GTS NX 岩土有限元软件计算,程序实现施工阶段的开挖,土体材料的屈服条件采用 Mohr-coulomb 屈服准则。

(5)网格划分:开挖部位、维护结构等重点关注的部位采用 3m 一个单元,外部土体采用 10m 一个单元,划分方法采用 midas GTS-NX 程序中的混合网格生成器,使得实体网格多以六面体呈现,并混合有部分四面体及五面体。

相关模型如图 5~图 8 所示。

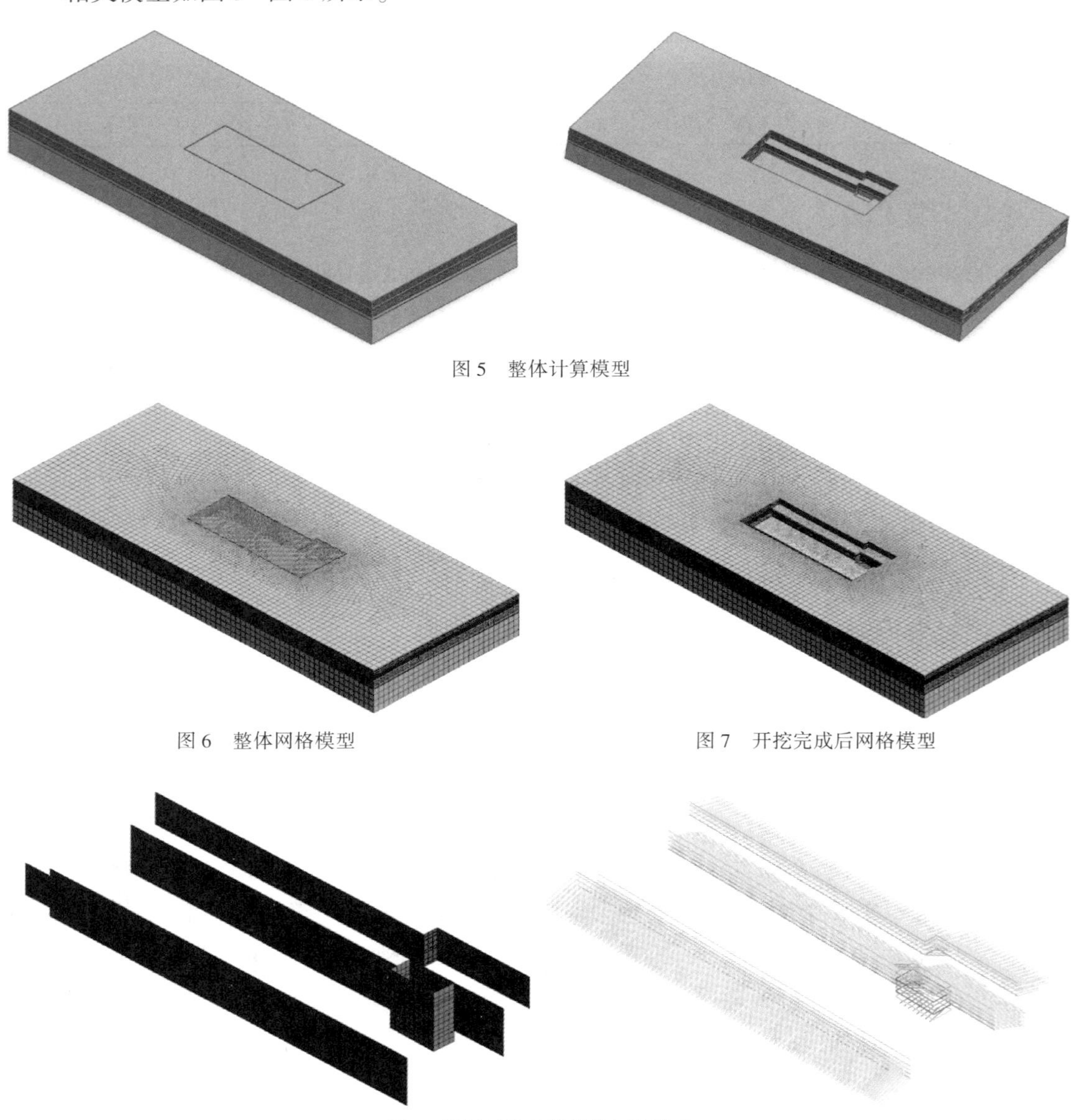

图 5　整体计算模型

图 6　整体网格模型

图 7　开挖完成后网格模型

图 8　围护墙及支护结构网格模型

4 计算结果分析

4.1 最不利工况结果

内坑和泵房第5次开挖完成后变形如图9所示。内坑和泵房第5次开挖完成后，坑底隆起最大值为4.543cm，水平方向最大位移3.607cm，外坑围护结构的最大位移3.593cm，内坑围护结构的最大位移为3.607cm，泵房围护结构的最大位移为1.397cm。

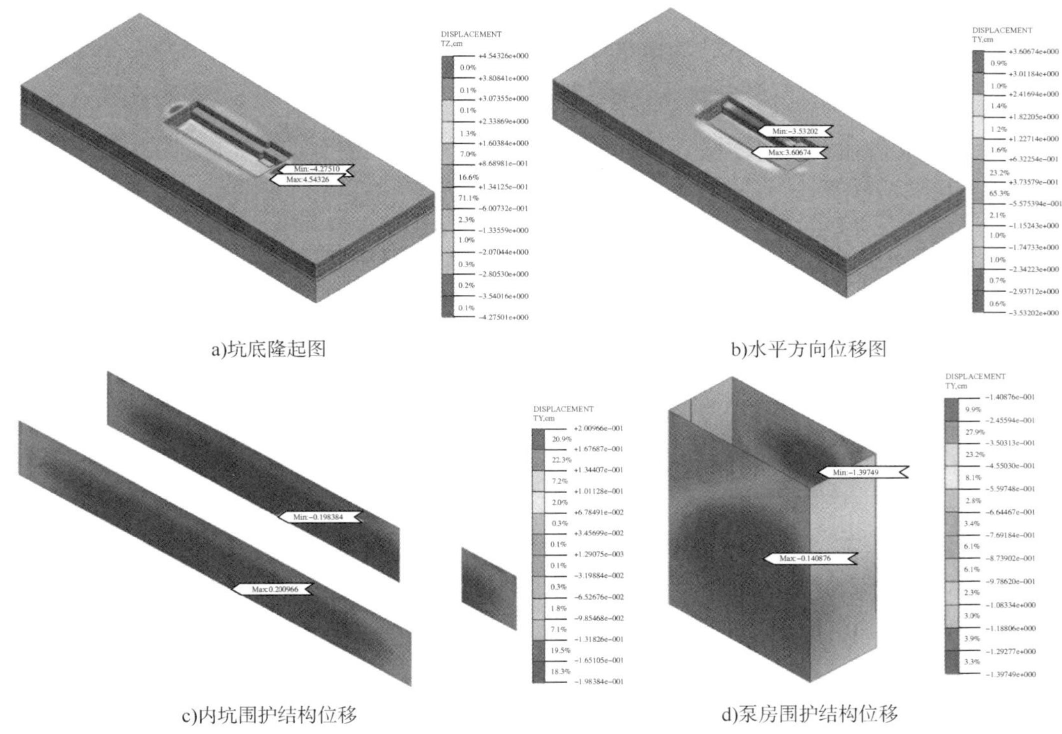

a)坑底隆起图　　b)水平方向位移图

c)内坑围护结构位移　　d)泵房围护结构位移

图9　内坑和泵房第5次开挖完成后变形图(单位:cm)

内坑和泵房第5次开挖完成后弯矩如图10所示。内坑和泵房第5次开挖完成后，外坑围护结构的最大弯矩为509.373kN·m/m，内坑围护结构的最大弯矩为1244.29kN·m/m，泵房围护结构的最大弯矩为134.6kN·m/m；外坑冠梁腰梁的最大弯矩为728.187kN·m/m，内坑冠梁腰梁的最大弯矩为1343.69kN·m/m，泵房冠梁腰梁的最大弯矩为1343.69kN·m/m；泵房第6次开挖完成后，泵房围护结构的最大弯矩为410.683kN·m/m。

内坑和泵房第5次开挖完成后轴力如图11所示。内坑和泵房第5次开挖完成后，外坑冠梁腰梁的最大轴力为661.528kN，内坑冠梁腰梁的最大轴力为997.12kN，泵房冠梁腰梁的最大轴力为980.636kN，泵房角撑、外坑角撑和背拉梁的最大轴力为1918.47kN。泵房第6次开挖完成后，泵房冠梁腰梁的最大轴力为985.221kN。

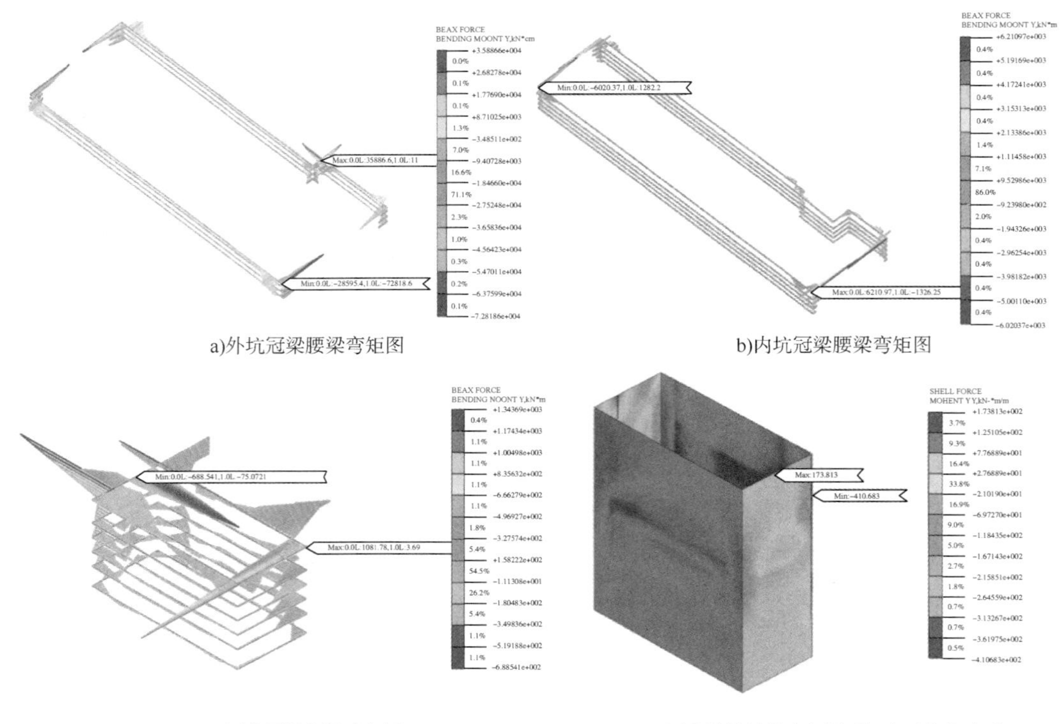

a)外坑冠梁腰梁弯矩图　　b)内坑冠梁腰梁弯矩图

c)泵房冠梁腰梁弯矩图　　d)泵房维护结构弯矩图(第6次开挖完成后)

图 10　内坑和泵房第 5 次开挖完成后弯矩图(单位:kN·m/m)

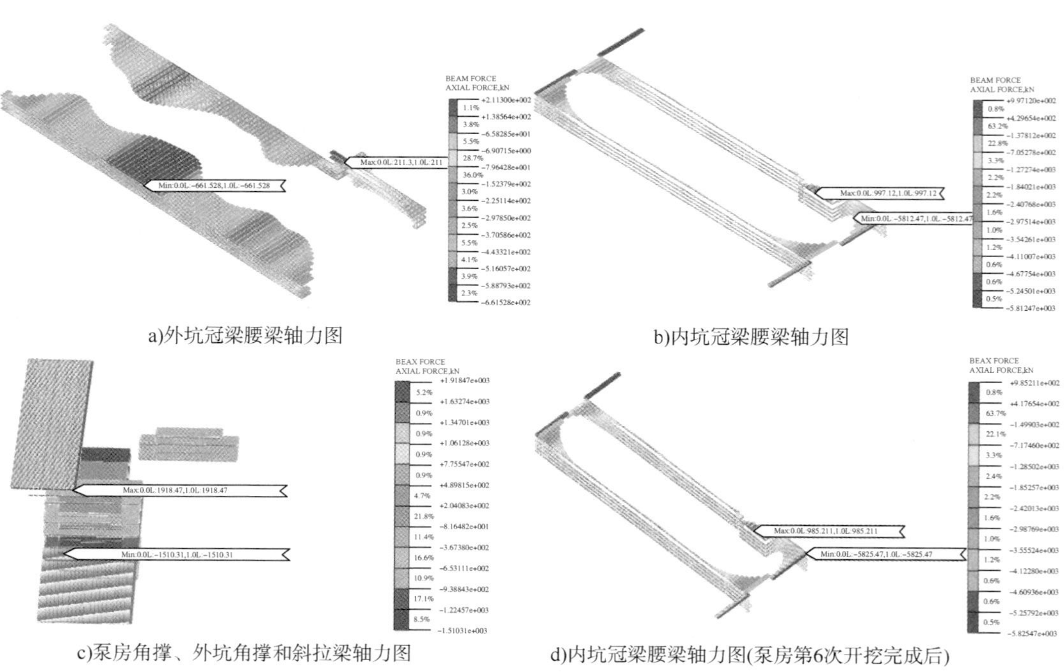

a)外坑冠梁腰梁轴力图　　b)内坑冠梁腰梁轴力图

c)泵房角撑、外坑角撑和斜拉梁轴力图　　d)内坑冠梁腰梁轴力图(泵房第6次开挖完成后)

图 11　内坑和泵房第 5 次开挖完成后轴力图(单位:kN)

内坑和泵房第 5 次开挖完成后锚索轴力如图 12 所示。内坑和泵房第 5 次开挖完成后，外侧锚索的最大轴力为 357.24kN，内侧锚索的最大轴力为 425.038kN，泵房左侧锚索的最大轴力为 405.88kN，泵房第 6 次开挖完成后，泵房左侧锚索的最大轴力为 406.133kN。

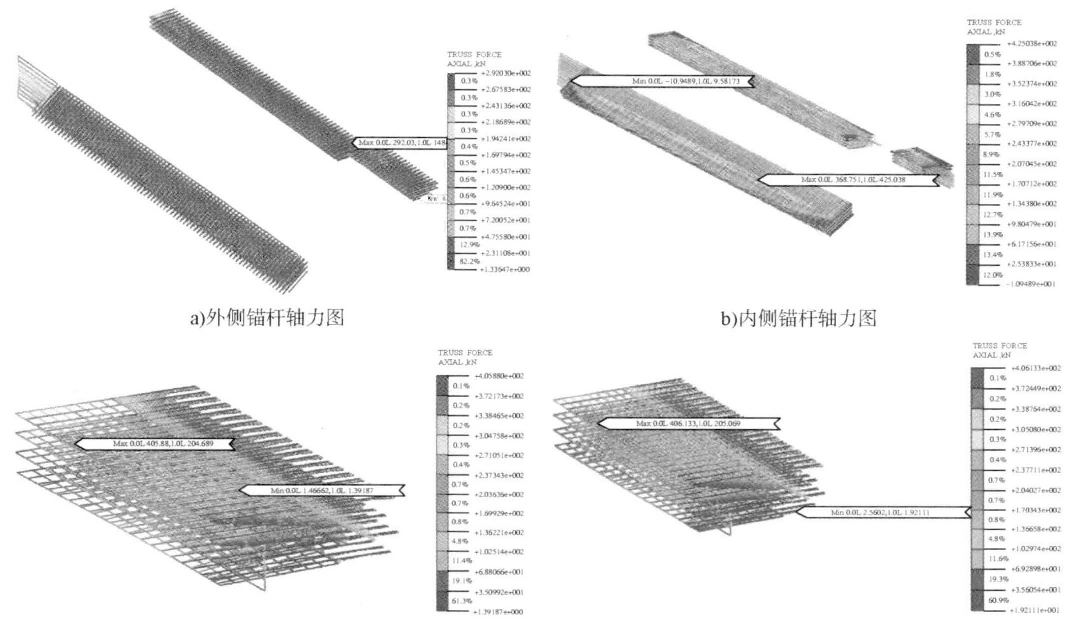

a)外侧锚杆轴力图　　b)内侧锚杆轴力图

c)泵房左侧锚杆轴力图　　d)泵房左侧锚杆轴力图(泵房第6次开挖完成后)

图 12　内坑和泵房第 5 次开挖完成后锚索轴力图(单位:kN)

4.2　计算结果统计

计算结果统计见表 2～表 4。

各工况基坑变形最大值汇总(单位:cm)　　表 2

施工步骤		坑底隆起	水平向	外坑灌注桩	内坑灌注桩	泵房灌注桩
外坑	第 1 次开挖	0.2037	0.037	0.038		
	第 2 次开挖	0.414	0.073	0.076		
	第 3 次开挖	0.695	0.134	0.128		
	第 4 次开挖	0.953	0.224	0.224		
	第 5 次开挖	1.478	0.409	0.409		
内坑和泵房	第 1 次开挖	1.991	0.452	0.452	0.201	0.227
	第 2 次开挖	2.435	0.625	0.535	0.309	0.267
	第 3 次开挖	2.977	0.899	0.899	0.735	0.461
	第 4 次开挖	3.257	1.535	1.535	1.401	0.644
	第 5 次开挖	4.543	3.607	3.593	3.607	1.397
	第 6 次开挖	4.545	3.607	3.594	3.607	1.417

各工况每延米围护墙最大弯矩值(单位:kN·m/m) 表3

施工步骤		外坑灌注桩	内坑灌注桩	泵房灌注桩	外坑冠腰梁	内坑冠腰梁	泵房冠腰梁
外坑	第1次开挖	15.59			20.60		
	第2次开挖	31.20			83.27		
	第3次开挖	63.10			177.62		
	第4次开挖	132.35			249.09		
	第5次开挖	192.94			296.76		
内坑和泵房	第1次开挖	212.18	188.30	134.60	315.65	281.03	281.03
	第2次开挖	231.41	348.61	63.11	331.47	460.78	460.78
	第3次开挖	275.30	489.30	109.83	376.91	636.03	636.03
	第4次开挖	342.67	616.29	200.89	315.65	891.53	891.53
	第5次开挖	509.37	1244.29	134.6	728.19	1343.69	1343.69
	第6次开挖	509.54	1244.23	410.68	358.57	1330.64	1330.64

各工况结构最大轴力(单位:kN) 表4

施工步骤		外坑冠腰梁	内坑冠腰梁	泵房冠腰梁	角撑背拉梁	外侧锚杆	内侧锚索	泵房左侧锚索	泵房横撑
外坑	第1次开挖	36.55							
	第2次开挖	73.87				285.04			
	第3次开挖	125.16				286.16			
	第4次开挖	175.60				288.9			
	第5次开挖	203.73				291.53			
内坑和泵房	第1次开挖	230.44	139.06	243.80	465.04	292.03	269.87	302	
	第2次开挖	261.02	281.52	300.27	458.12	293.71	279.94	322.66	
	第3次开挖	332.11	475.36	475.36	611.96	279.90	280.22	364.58	
	第4次开挖	406.69	672.99	672.99	985.26	309.72	280.26	370.08	
	第5次开挖	661.53	997.12	980.64	1918.47	357.24	425.04	405.88	
	第6次开挖	662.35	985.22	985.22	1919.7	357.28	368.76	406.13	281.1

4.3 计算结果分析

通过三维有限元分析,妫水河隧道 K6+650~K6+880 段明挖基坑施工过程中土体变形和支护结构的受力情况见表2~表4,得到的计算结果分析如下。

(1)基坑开挖过程中,最大的坑底隆起值为4.545cm,水平方向的最大变形为3.607cm。

因此,该隧道施工过程中的变形都是在预警值范围内,但内坑和泵房的第5次开挖,水平向变形突然增大2cm多,施工过程中需加强监测与防护。

(2)外坑灌注桩的最大弯矩出现在内坑和泵房第5次开挖时,最大弯矩值为509kN·m/m;内坑灌注桩的最大弯矩出现在内坑和泵房第5次开挖时,最大弯矩值为1244kN·m/m;泵房灌注桩的最大弯矩出现在在内坑和泵房第6次开挖时,最大弯矩值为410kN·m/m。针对弯矩峰值出现位置,在内坑和泵房第5次开挖时,加强对峰值出现位置灌注桩的监测,制定相应应急预案,必要时采取适当的措施进行加固。

(3)外坑冠梁腰梁的最大轴力为662kN,出现在内坑和泵房第5次开挖时;内坑管廊腰梁的最大轴力为997kN,出现在内坑和泵房第5次开挖时;泵房冠梁腰梁的最大轴力为985kN,出现在内坑和泵房第6次开挖时,开挖过程冠梁、腰梁承载情况符合设计标准。

(4)外侧锚杆的最大轴力为357.28kN,出现在内坑和泵房第5次开挖时;内侧锚杆的最大轴力为368.76kN,出现在内坑和泵房第5次开挖时;泵房左侧锚杆的最大轴力为406.13kN,发生在泵房和内坑第6次开挖时;开挖过程中锚杆的受力状态(均小于781kN)符合设计标准。

综上所述,妫水河隧道基坑开挖施工过程中的各位置变形都是在预警值范围内,结构的受力也在承载力范围内。因此,妫水河隧道K6+650~K7+880段明挖基坑的施工方案可行,施工过程基坑安全可靠。同时,结合计算分析结果,施工时要做好如下工作:基坑开挖施工到第5次内坑和泵房开挖时,注意监测基坑围护结构水平方向的位移,即内坑灌注桩的变形,提前做好应急预案,必要时采取合理措施进行加固防护。

5 结语

深基坑工程设计和施工要因地制宜,不能简单照抄照搬外地工程经验。深基坑工程不仅受场地的工程地质、水文地质条件的影响,同时受基坑周边环境[包括基坑相邻建(构)筑物、道路、地下管线]影响。数值方法在岩土锚固领域发挥越来越重要的作用,其发展必将推动试验技术的发展,也将促进解析方法的进一步发展,同时为岩土工程施工提供可靠参考。应用数值仿真分析,能在有限的试验环境条件下提前掌握岩土工程施工过程中可能存在的风险点,通过制定应急预案,提前采取加固措施,避免安全事故的发生。

参考文献

[1] 刘金波,等.地基基础工程事故概述[J].施工技术,2017(1).

[2] 雷明锋,等.长大深基坑施工空间效应研究[J].岩土力学,2010(5):1579-1584.

[3] 杨校辉,朱彦鹏,郭楠,等.地铁车站深基坑桩锚支护结构内力试验研究[J].岩土力学,2014,35(S2):185-197.

[4] 周赞良,付艳斌,丘建金,等.复杂软土地区深基坑内支撑与锚索共同作用初探[J].岩土工程学报,2014,36(S2):2.396-399.

[5] 龚剑,等.深大基坑首层盆式开挖对基坑变形影响分析[J].岩土力学,2013(2):439-448.

[6] 卢萌盟,等.全长黏结式预应力锚索加固基坑仿真试验研究[J].岩土工程学报,2006(1):92-96.

隧道机械化配套施工技术在佛峪口隧道施工中的应用

李建民[1],鲁子明[2],高元亮[3],高　稳[3]
(1.北京市首都公路发展集团有限公司;2.北京市首发高速公路建设管理有限责任公司;
3.中铁十四局集团第二工程有限公司)

摘要:延崇高速公路佛峪口隧道由隧道架子五队在建施工。佛峪口隧道出京线出口采用机械化配套施工,进京线采用传统工艺施工。通过新旧工艺的对比,阐述了各项新工艺的技术及应用,为山岭隧道由传统工艺向新工艺的转型提供了宝贵经验。

关键词:机械化配套;新工艺;技术应用

1　工程概况

延崇高速公路(北京段)工程第七标段全线位于北京市延庆区境内,出京线起讫桩号(YK21+105～YK26+140)全长5035m,进京线起讫桩号(ZK21+045～ZK26+098)全长5053m。在建的佛峪口隧道右线起止里程为YK22+203～YK23+720,全长1517m,左线起止里程ZK22+157～ZK23+653,全长1496m。

佛峪口隧道穿越太古代密云群变质岩,为坚硬岩,灰绿色,片麻状构造。隧道全线分布23条围岩破碎带,整体围岩较破碎,易出现塌方灾害。围岩分级:全线均为Ⅴ、Ⅳ级围岩,其中Ⅴ级围岩611.78m(21.3%),Ⅳ级围岩2259.22m(78.7%)。

隧道施工设计开挖方法为新奥法,单向双车道,各级围岩均采用复合式衬砌,衬砌结构由初期支护和二次衬砌组成,在初期支护和二次衬砌之间设置防水层,隧道衬砌结构为曲墙带仰拱。

2　机械配置

佛峪口隧道出京线出口采用机械一体化配套施工。采用三臂凿岩机、三臂拱架安装台车、液压式仰拱栈桥、自动挂布台车、喷淋养护台车,实现了隧道开挖到初期支护到仰拱浇筑、防水板铺设再到二衬混凝土养护的机械化配套施工作业。大大提高了施工的效率和安全性,实现了全工序闭合。

3　机械化施工

3.1　开挖

三臂凿岩台车进行钻孔作业的情况如图1所示。凿岩台车由底盘、钻臂、推进梁、3台凿岩机、操作室、液压控制系统、空压机及水泵等组成。钻孔深度3～5m,作业时,钻臂覆盖半径可达 94m^2，钻孔直径范围 42～102mm，可以进行钻爆孔、锚杆孔、注浆孔、管棚施工、装药、安装锚杆、量测等高空作业工作，其行走方式灵活。适用于全断面的Ⅰ～Ⅲ级围岩，台阶法的Ⅳ级较稳定围岩。

3.1.1 施工工艺

（1）断面测量。由测量人员放出开挖轮廓线，确定炮眼数量及间距，由人工在台车吊篮画点，通过爆破效果进行上述指标的调整。

图 1 三臂凿岩机钻孔作业

（2）钻爆包括炮眼施工、锚杆钻孔和爆破。①炮眼根据机械臂数量分区分块施工，首先施工底板眼，再依次施工周边眼、辅助眼、掏槽眼，底板眼施工完成后及时插入 PVC 管封堵，防止上部打孔过程中掉落碎石造成堵孔。周边眼沿隧道设计方案断面轮廓线上的间距误差不大于 50mm，倾斜角度小于 50mm/m，眼底不超出开挖轮廓线 100mm；锚杆钻孔应垂直岩面，角度偏差不应大于 20°，孔位偏差不大于 50mm。②三臂凿岩台车的另一功能就是施作系统锚杆钻孔，提高了钻孔的效率及安全性，确保了初期支护的施工质量。因钻杆可入岩 5m，因此可打超前探孔预知前方围岩情况。③采用水压爆破装药结构，使用乳化炸药和非电毫秒雷管，首先在炮眼底部安装一节水袋，装入适量炸药，封口处安装两节水袋，最后使用两节炮泥进行封口。乳化炸药防水性能较好，能有效地防止炸药因浸水而性能减弱。非电毫秒雷管也具有很好的防水性，塑料导爆管具有很好的抗电能力，交流电和直流电都不可能引爆它去击发毫秒雷管起爆，也不会因受打击或冲击而击发毫秒雷管起爆。

3.1.2 机械化作业优越性

对于较坚硬、完整性较好的围岩，凿岩台车钻孔速度快、单位能耗低、所需人力少、安全指数高、爆破效果好，是机械化施工典范，也是今后隧道施工技术发展的主要趋势。人工钻孔和机械钻孔对比如图 2 和表 1 所示。

a)人工钻孔

b)机械钻孔

图 2 人工钻孔对比机械钻孔

人工钻孔与机械钻孔对比　　表1

项目	人工钻孔	机械钻孔
施工效率	3h,17 人	2.5h,6 人
开挖质量	平均超挖 30cm	平均超挖 25cm
安全性	掌子面作业,安全性较差	作业面距掌子面 10m 以上,安全性高
劳动强度	风枪沉重,体力消耗大	平台远程操控,劳动强度小
环保型	噪声大,粉尘多	噪声小,粉尘较少

3.2 初期支护

图3　三臂拱架安装台车

初期支护拱架安装采用三臂拱架安装台车(图3),台车包含行走系统、夹具系统、回转平台、载人吊篮、液压系统组成,行走系统采用履带式,夹具系统包括一个主臂和两个辅臂,可独立完成排险、安装拱架网片等立架工序,并可选配锚杆施工配件。该设备适用于半断面或全断面的立架施工,加装打设锚杆配件后亦可用于Ⅲ级围岩的挂网、锚杆施工。表2为人工立架与机械立架的对比。

人工立架与机械立架的对比　　表2

项目	人工钻孔	机械钻孔
施工效率	2.5h,8 人	2h,6 人
安全性	作业面在掌子面,有落石及塌方危险	人员分散且目标小,安全性高
劳动强度	拱架沉重,体力消耗大	机械抓举,体力消耗小
施工成本	工薪成本高	工薪成本低

初期支护的施工工艺为:①利用工作框排险;②利用工作框测量放线;③向工作框内放入网片钢筋;④主臂抓举拱架;⑤辅臂抓举拱架在空中连接;⑥定位后开始焊接网片、连接筋。

可见机械立架提高了施工的安全性;机械臂抓举拱架替代人工立架,减轻了人工体力消耗;人员减少2人,作业时间节省0.5h,施工效率有了较显著的提高,实现了拱架安装的机械化作业(图4)。

a)人工立架

b)机械立架

图 4　人工立架和机械立架施工图

3.3　喷射混凝土

佛峪口隧道出京线采用湿法喷射混凝土代替人工喷浆，大大改善了作业环境。混凝土湿喷机械手（图 5）不受施工环境的影响均匀的喷射混凝土，在作业过程中还可调节喷射角度、速度，使其达到最佳状态，有效控制了回弹量。湿喷机械手最大喷射高度可达 17m，最大喷射宽度可达 29m，前方最大喷射距离14.3m，双转台绝对优势，上转台 180°旋转，下转台水平 180°移动更易捕捉隧道轮廓，侧向作业更简便。

图 5　湿喷机械手

3.3.1　施工工艺

（1）初喷：在开挖完成后，应及时进行初喷，使裸露的岩面与空气隔绝防止进一步风化，同时起到支护的作用。

喷射角度：湿喷机械手应垂直于岩面喷射，当角度为 90°时回弹量最小。但由于开挖轮廓凹凸不平，故可根据受喷面进行适当角度调整。

喷射距离：由于风压大，当喷头距离受喷面过近时，已喷射的混凝土会被吹掉或变形，造成材料浪费。而距离过远时会因风压不足造成混凝土不密实或脱落。反复试验过后得出，最佳适宜距离为 1~1.3m。

喷射速度：喷射速度过大会造成回弹量增大造成浪费，喷射速度过小会使喷锚料不能更好地附着在岩面上，经现场反复试验，确定出适宜风压为 0.4~0.6MPa。

（2）复喷的基本要求是喷射混凝土终凝后 3h 内不得进行爆破作业。喷射呈 S 形自下而上进行。

安设钢架、钢筋网段喷射要点是喷嘴与拱架间保持一定夹角，目的是拱架与初喷面之间的间隙填充密实，然后依次自下而上进行喷射。

3.3.2 机械喷锚与人工喷锚对比

(1)安全性:传统喷锚施工工人需在裸露的围岩下进行作业,面对塌方掉块现象较为被动。采用湿喷机械手作业,人员距掌子面 10m 以上,极大地保证了人员机械安全,安全性大大提高。

(2)作业环境:湿喷混凝土具有噪声小,粉尘少的特点。与传统作业人员手持喷枪作业相比,作业区域空气状况得到明显改善,减轻了因粉尘对施工人员健康造成的危害。

(3)施工质量:湿喷机械手采用预搅拌混凝土,自带稳定风压空压机喷射,提高混凝土的密实度、匀质性。传统施工的喷射空洞、强度不足等缺点得到改善。

(4)施工效率:湿喷机的平均喷射效率为 $17m^3/h$,接近传统喷浆机的 3 倍,时间上约为传统作业时间的一半,节省了时间,同时也有利于围岩的稳定。

表 3 为人工喷浆与机械手喷浆的对比。

人工喷浆与湿喷机械手对比　　表 3

项目	人 工 喷 浆	湿喷机械手
施工效率	5.5h,6 人	4.5h,3 人
施工效率	平均 $6m^3/h$	平均 $17m^3/h$
安全性	施工面在掌子面,安全性低	距掌子面 5m 以上,安全性较高
劳动强度	手持喷枪,体力消耗大	遥控控制,体力消耗小
环保型	噪声大,粉尘多	噪声小,粉尘较少

图 6　液压仰拱栈桥

3.4 仰拱作业

根据佛峪口出京线围岩多为Ⅳ、Ⅴ级围岩,较破碎,因而仰拱开挖时相对较易。结合这一特点,项目部引进了液压仰拱栈桥(图 6),并配套拱墙弧形模板、中心水沟模板,主桥长 38.1m,最大施工长度 24m。其特点除施工长度大之外,还可实现仰拱开挖,仰拱浇筑混凝土同时进行,从而加快了仰拱的施工速度。

3.4.1 施工工艺

(1)仰拱开挖:应先将前桥前面挖出 4~5m 距离确保支撑前部支撑,其次剩余未开挖部分应分为两次开挖,左右两部分。

(2)行走栈桥:将前后桥及支撑升起,将栈桥行走至指定位置。

(3)移动栈桥行走到位后,通过进行左右移动,分别清理两侧及中间残留部分,待清理完成后,将移动栈桥移动至隧道中间,进行仰拱清底、初支、钢筋、模板、混凝土施工。

(4)仰拱模板:仰拱栈桥与模板连为一体,通过行走系统移动到指定位置。此过程不影响洞内车辆经过栈桥。

(5)仰拱混凝土浇筑:模板定位加固完成后,进行混凝土浇筑施工。

3.4.2 与传统栈桥对比

表4为液压栈桥与传统栈桥的对比。

液压式栈桥与传统栈桥对比　　表4

项目	传统栈桥	液压式栈桥
安全性	构造简单,易压偏,侧翻	整体结构,避免侧翻,压空
施工效率	最大施工12m	最大施工24m
灵活性	需要机械吊装进行移位	自动化操控,行走定位方便
特点	人力投入大,安全系数低,但相对灵活,耐久性较高	节省劳动力,施工效率较高,但易受外界因素影响,出现故障后维修周期长

由于液压式栈桥线路复杂,同时存在液压系统,行走系统等。因此在仰拱爆破开挖时,容易被炸坏,液压管炸裂等故障。而项目部缺乏专业维修人员,需等待生产厂家维修,这个周期需要2~4d,使仰拱施工滞后。为了解决这一问题,项目部制作了炮被,爆破前挂于栈桥较脆弱部位,有效地保护了栈桥各个系统,但并不能完全解决。因此,机械的保护是下一步项目部需要改进的关键方向。

3.5 防水板铺设

防水板自动挂布台车(图7)包含行走系统、铺展系统、操控系统,台车长6.3m,单次铺设长度最大可达6m。

图7 防水板挂布台车

3.5.1 施工工艺

(1)土工布铺设时,首先将初支表面尖锐物处理平整,防止土工布受损,将土工布由中间穿过卷筒,沿初支轮廓线自下而上完成土工布铺设;然后用射钉固定土工布,垫热熔垫片(呈梅花形布置)。

(2)防水板铺设时,将防水板穿过卷筒,沿初支轮廓线自下而上完成防水板铺设;防水板应与热熔垫片固定要及时,采用超声波焊机焊接;接缝处用爬焊机焊接,避免漏焊,焊焦等现象。

3.5.2 与人工铺设对比

(1)传统防水板铺设台车依靠装载机推进移动,较为笨重;自动挂布台车依靠液压行走系统行走,灵活简便。

(2)由于每卷防水板较重,人工铺设体力消耗大且容易造成松紧度不均匀,自动挂布台车代替人力,只需将防水板穿至卷筒,且机械铺设较为均匀。

(3)相对人工铺设,自动挂布台车在完成时间上有较大优势,每铺设12m,相比人工节省一半的时间。

(4)自动挂布台车作业时所需人员少,节省了人员薪资。

表5为人工铺设与自动挂布的对比。

人工铺设与自动挂布台车对比　　表5

项目	自制台车	自动挂布台车
施工质量	人工难以控制平整度	铺设均匀,松紧适度
施工效率	3.5h	2h
灵活性	需要机械推动移位	自动化操控,行走定位方便
劳动强度	人工搬运铺设,劳动强度大	机械铺设,劳动强度小
人员需求	4人	3人

3.6 衬砌养护

佛峪口隧道出京线出口采用了新型喷淋养护台车进行二衬混凝土养护。它由行走装置、门形承重架及喷淋组件组成,其中喷淋组件包括拱形喷水管和集水槽。

其优点在于:

①拱形喷水管下方设有集水槽,可有效收集台车喷淋过程中洒落的水雾,并且通过回收管回收至储水箱内进行循环利用。

②台车前侧两行走轮外侧设有行进导向装置,配合行走轮轮轴上固定的活动转轴,使得喷淋养护台车在曲线隧道中可以灵活转弯。

表6为人工养护与养护台车养护的对比。

人工养护与喷淋养护台车对比　　表6

项目	人工养护	喷淋养护台车
养护方法	高压水枪	绕衬砌面喷水管
养护效果	易顺衬砌面流水,且不均匀,造成水沿侧墙流至仰拱面	具有适度感应系统,当湿度低于80%(可自行调节)时自动喷淋水雾养护
用水量	用水量较大	喷水雾,用水量小

4 机械化施工的心得体会

(1)培养机械维修保养的专业人员。因机械化配套作业处于前期试用及摸索阶段,现场操作人员对机械的维修保养技能尚浅。机械一旦出现故障,项目部没有专业的人员可以维修。例如液压式仰拱栈桥出现故障需要等生产厂家维修,此过程平均约3~4d,如需更换零件时间则更长,造成现场施工滞后。因此,为减少机械故障,保证施工进度,需专业人员定期维修保养。

(2)提升操作人员理论及操作水平。机械化配套作业在施工质量、施工周期、原材节约等方面都有不同程度的提高,但对操作人员的水平要求较高。例如湿喷操作人员作业,喷射角度、喷射距离、大臂摆动幅度直接影响施工质量,因此,对操作人员的操作水平有较高要求。需要在现有的基础上进一步提升自身水平,才能做到机械化配套作业正常运转,体现其优势。

5 结语

项目部根据佛峪口隧道现场条件,引进几项大型机械设备。通过现场摸索试验,已经总结出一套适合现场的作业方法,为同类型山岭隧道机械化快速施工积累了经验。当然,不同的现场条件(如围岩),需要不同的施工方法,才能适应各类山岭隧道的施工需要。但总体来讲,机械化配套作业在施工进度、施工质量、施工安全性及减少原材料浪费等方面起到了重要作用,是未来山岭隧道施工的重要发展趋势。

参考文献

[1] 中华人民共和国交通运输部.公路隧道施工技术规范:JTG/F 60—2009[S].北京:人民交通出版社,2009.

[2] 中华人民共和国交通运输部.公路隧道施工技术细则:JTG/T F60—2009[S].北京:人民交通出版社,2009.

移动式自撑单侧支架及模板体系施工技术研究

马数懿[1],郭郅威[2]
(1.中交路桥建设有限公司;2.北京市首发高速公路建设管理有限责任公司)

摘要:本文以延崇二标项目妫水河隧道主体结构侧墙模架施工为例,对比分析当前地下工程采用的整体台车模架、自撑单侧支架模架、钢木组合辅助对拉支架等三种模架体系结构特点;分析研究移动式自撑单侧支架及模板体系的适用范围、力学行为、施工控制事项等。

关键词:地下工程;单侧支模; 力学行为;模架体系对比分析

1 引言

随着城市发展,高架道路在噪声、景观方面的不足和对城市造成的人为分割的弱势日趋明显,因此对城市地下工程的建设需要不断增加。

由于施工场地的受限及随着护坡技术的发展,地下工程外墙单侧支模的现象越来越多,因为没有穿墙螺栓来抵抗混凝土侧压力,给施工带来较大困难,同时对墙体的防水型要求非常高。近年来施工中采用了多种方法,但都存在施工烦琐、渗透水严重、用工浪费且时有跑模爆模现象发生。

模板虽然是辅助性结构,但在混凝土施工中至关重要。在地下工程中,模板工程的造价,占钢筋混凝土结构物造价的15%~30%,占钢筋混凝土造价的5%~15%,制作与安装模板的劳动力用量占混凝土工程总用量的28%~45%。对结构复杂的工程,立模与绑扎钢筋所用的时间比混凝土浇筑的时间多很多,因此模板体系的设计与组装工艺是混凝土施工中不容忽视的一个重要环节。

2 工程概况

妫水河隧道(图1)工程,不同于“矿山法”施工的山岭隧道工程,是“北方地区首次以高速公路形式下穿河道的明挖隧道工程”。隧道全长2044m,结构形式分为闭合框架和U形槽两类,其中闭合框架全长1670m,U形槽长374m。隧道纵断面呈“反抛物线形”,最大纵坡3.6%,曲线半径4000m。为保证河流径流要求,跨越妫水河需要组织两期施工。

隧道结构为单箱四室钢筋混凝土框架结构(图2、图3),结构内轮廓一致,净高7.4m,宽度12.7m/9.95m;结构外轮廓根据覆土厚度有所不同,平均高度10m、宽度50m,结构厚度1.1~1.4m。按照变形缝设置隧道结构仓,每仓平均长度40m、钢筋用量1300t、混凝土量6500m^3。

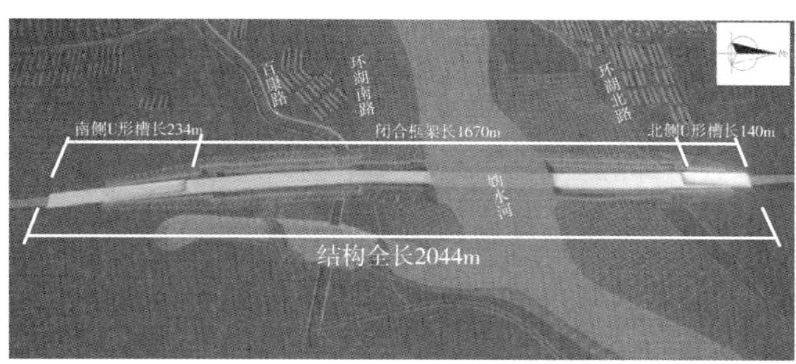

图1　妫水河隧道结构形式划分平面示意图

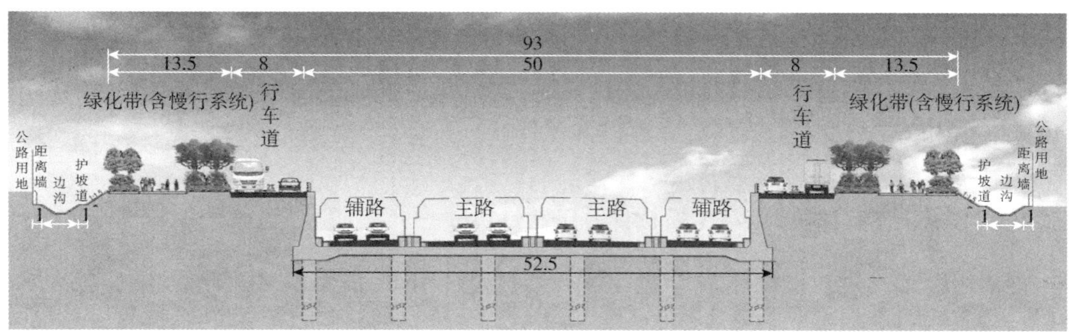

图2　妫水河隧道U形槽横断面(尺寸单位:m)

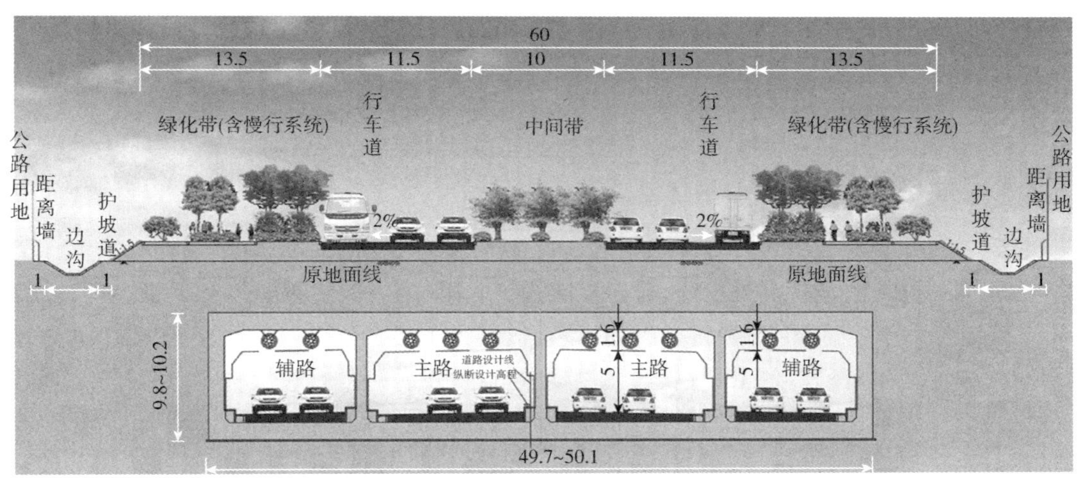

图3　妫水河隧道闭合框架横断面(尺寸单位:m)

3　地下工程常用模板体系介绍

目前在地下工程框架结构应用较多的模架体系主要包括以下三类:

(1)整体台车模架体系:按照加工材料不同分为型钢材质和木梁材质。模板台车及模架系统为一个整体,刚度大、可行走、可操作性强。定位后能有效保证结构尺寸,整体模板变形小。第一次拼装完成后,在下一阶段施工时只对支撑杆件及临时支座进行安拆,模板退出后直接滑移至下一阶段,适用于同一结构尺寸变化不大的多个框架中组织流水施工。

(2)钢木组合辅助对拉支架体系、传统浇混凝土成形的模板以及支承模板的一整套构造体系,包括接触混凝土并控制预定尺寸,形状、位置的构造部分,以及由支持固定模板的杆件、拉杆、背肋、桁架、金属附件等构成的支承体系。

(3)移动式自撑单侧支架及模板体系:单侧支架为单面墙体模板的受力支撑系统,当墙体模板采用单侧支架后,模板无需再拉穿墙螺栓。单侧支架通过一个45°的高强度受力螺栓,一端与地脚螺栓连接,另一端斜拉住单侧模板支架,因斜拉螺栓受斜拉锚力 F 后分为一个垂直方向的力 F_2 和一个水平方向的力 F_1,其中垂直方向的力 F_2 抵抗了支架的上浮力,水平力 F_1 则保证支架不会产生后移。加配万向行走轮,形成可移动式模架体系,除第一次拼装外,无需起吊设备,可使隧道结构施工尽快形成流水节段,加快施工进度。

4 模板体系比选

4.1 隧道结构自身特点对于模板体系分析

钢木组合辅助对拉支架体系,工序比较繁杂、周转困难、占用基坑两侧起重吊装设备时间长、一次浇筑高度受限、混凝土外观模板拼缝多,且对拉螺栓修补效果差,无法满足妫水河隧道主体结构防水要求。

整体台车模架、移动式自撑单侧支架及模板体系,对于隧道内轮廓尺寸一致、断面尺寸大、混凝土外观质量要求高的结构,易于组织流水施工,有利于妫水河隧道工程结构自防水(无需对拉杆)。

4.2 模架体系周转工效

4.2.1 整体台车模架

隧道框架分2次进行混凝土浇筑,第1次浇筑底板,第2次浇筑墙体和顶板。理论周转时间=模板台车安装时间+顶板钢筋时间+混凝土浇筑+养护时间=5+2+10+5=22(d)。整体台车模架如图4所示。各工序施工顺序及功效时间分别见表1、表2。

图4 整体台车模架

整体台车模架单仓工效分析表　　表 1

施工工序	单仓工效	施工工序	单仓工效
7.顶板混凝土浇筑及养护	$3021.6m^3/5d$	3.侧墙钢筋施作	151.3t/4d
6.顶板钢筋和模板施作	674.5t/10d	2.底板混凝土浇筑及养护	$3017.2m^3/5d$
5.侧墙混凝土浇筑	$1146.9m^3/2d$	1.底板钢筋和模板施作	658.3t/10d
4.模板台车	四孔台车/5d		

整体台车模架连续三仓隧道框架结构功效时间(d)分析表　　表 2

1 仓					2 仓					3 仓				
顶板防水	52		56		顶板防水	77		81		顶板防水	102		106	
顶板混凝土	47		61		顶板混凝土	72		76		顶板混凝土	97		101	
顶板钢筋模板	35		44		顶板钢筋模板	60		69		顶板钢筋模板	85		94	
侧墙混凝土	模板台车		45	46	侧墙混凝土	模板台车		70	71	侧墙混凝土	模板台车		95	96
侧墙钢筋	30	34	26	29	侧墙钢筋	55	59	51	54	侧墙钢筋	60	84	76	79
底板混凝土	21		25		底板混凝土	31		35		底板混凝土	41		45	
底板钢筋模板	11		20		底板钢筋模板	21		30		底板钢筋模板	31		40	
垫层	1		10		垫层	11		20		垫层	21		30	

以 1 仓和 2 仓为例，整体台车模板实际周转时间 = 后一单元台车模板使用时间 - 前一单元台车模板使用时间 = 55 - 30 = 25(d)。以 1 仓和 2 仓为例，2 单元侧墙钢筋需要在 1 单元混凝土浇筑完成后施作，2 号单元侧墙钢筋施工闲置时间 16d(51d - 35d = 16d)，整体台车模板优势发挥不明显。

4.2.2　移动式自撑单侧支架及模板体系

移动式自撑单侧支架及模板体系、顶板现浇支架分别如图 5、图 6 所示。

图 5　移动式自撑单侧支架及模板体系

图 6　顶板现浇支架

分3次进行混凝土浇筑,第1次浇筑底板,第2次浇墙身,第3次浇筑顶板。各工序施工顺序及功效时间分别见表3、表4。

单侧模架单仓工效分析表

表3

施工工序	单仓工效	施工工序	单仓工效
8.顶板混凝土浇筑及养护	3021.6m³/5d	4.侧墙混凝土浇筑	1100m³/5d
7.顶板钢筋和模板施作	674.5t/13d	3.侧墙钢筋及模板施作	151.3t/7d
6.顶板现浇支架搭设	200t/8d	2.底板混凝土浇筑及养护	3017.2m³/5d
5.侧墙混凝土浇筑	1146.9m³/2d	1.底板钢筋和模板施作	658.3t/10d

单侧模架连续三仓工效时间(d)分析表

表4

<table>
<tr><td colspan="5">1仓</td><td colspan="5">2仓</td><td colspan="5">3仓</td></tr>
<tr><td>顶板防水</td><td colspan="2">64</td><td colspan="2">68</td><td>顶板防水</td><td colspan="2">74</td><td colspan="2">78</td><td>顶板防水</td><td colspan="2">84</td><td colspan="2">88</td></tr>
<tr><td>顶板混凝土</td><td colspan="2">59</td><td colspan="2">63</td><td>顶板混凝土</td><td colspan="2">69</td><td colspan="2">73</td><td>顶板混凝土</td><td colspan="2">79</td><td colspan="2">83</td></tr>
<tr><td>顶板钢筋模板</td><td colspan="2">46</td><td colspan="2">58</td><td>顶板钢筋模板</td><td colspan="2">56</td><td colspan="2">68</td><td>顶板钢筋模板</td><td colspan="2">66</td><td colspan="2">78</td></tr>
<tr><td>侧墙混凝土</td><td colspan="2">顶板支架</td><td>33</td><td>37</td><td>侧墙混凝土</td><td colspan="2">顶板支架</td><td>43</td><td>47</td><td>侧墙混凝土</td><td colspan="2">顶板支架</td><td>53</td><td>57</td></tr>
<tr><td>侧墙钢筋模板</td><td>38</td><td>45</td><td>26</td><td>32</td><td>侧墙钢筋模板</td><td>48</td><td>55</td><td>36</td><td>42</td><td>侧墙钢筋模板</td><td>58</td><td>65</td><td>46</td><td>52</td></tr>
<tr><td>底板混凝土</td><td colspan="2">21</td><td colspan="2">25</td><td>底板混凝土</td><td colspan="2">31</td><td colspan="2">35</td><td>底板混凝土</td><td colspan="2">41</td><td colspan="2">45</td></tr>
<tr><td>底板钢筋模板</td><td colspan="2">11</td><td colspan="2">20</td><td>底板钢筋模板</td><td colspan="2">21</td><td colspan="2">30</td><td>底板钢筋模板</td><td colspan="2">31</td><td colspan="2">40</td></tr>
<tr><td>垫层</td><td colspan="2">1</td><td colspan="2">10</td><td>垫层</td><td colspan="2">11</td><td colspan="2">20</td><td>垫层</td><td colspan="2">21</td><td colspan="2">30</td></tr>
</table>

模板理论周转时间=侧/中墙模板安装时间+侧/中墙混凝土浇筑及养护时间=5+5=10(d)。

支架理论周转时间=支架搭设时间+顶板钢筋安装时间+顶板混凝土浇筑时间+混凝土养护=8+13+4+7(混凝土龄期)=32(d)。

移动式自撑单侧支架及模板体系实际周转时间与理论时间一致。单元间形成流水作业,施工班组(钢筋班、混凝土班、模板支架班)工作连续。

4.3 经济性分析

4.3.1 整体台车模架费用

整体台车模架销售价格统计见表5。

整体台车模架销售价格统计表 表5

序号	名　称	单位	数量	单价(元)	总价(元)	备　注
1	钢模板	套	1		9844380	四孔 40m
2	木梁模板	套	1		6918262	四孔 40m

4.3.2 移动式自撑单侧支架及模板体系

(1)顶板模板支架费用对比(表6、表7)。

盘扣式支架租赁价格统计表 表6

服务项目	单　位	单价	金额	备　注
架体租金	元/(d·t)	10元		40m节×4孔约用架体196t
H型钢	元/(d·t)	6元		40m节×4孔约用H型钢26t
合计		元	63480	每月30d租赁价格

盘扣式支架销售价格统计表 表7

服务项目	计价单位	单价	金额	备　注
架体	元/t	6500元		出厂价按原材料市场价做调整
150H型钢	元/t	6500元		
合计		万元	144.3	40m节×4孔

(2)顶板面板费用对比(表8)。

顶板模板销售价格统计表 表8

序号	名称/规格	单位	数量	单价(元)	总价(元)	备　注
1	国产面板/21mm	m^2	2170	550元/m^2	1193500	国产面板,周转10次
2	竹胶板/15mm	m^2	2170	150元/张	109345.6	周转4次
3	竹胶板/18mm	m^2	2170	170元/张	123925.1	周转4次
4	方木/90cm×90cm	m^3	73.386	1850元/m^3	135764.1	间距20cm布设

(3)侧模板费用对比(表9、表10)。

木梁(侧)模板(**40m**节段)销售价格统计表 表9

序号	名　称	单位	标准用量	单价(元)	总价(元)	备　注
1	侧墙模板	套	2		2330458	国产面板
2	中墙模板	套	3		1104656	
3	合计				3435114	

钢(侧)模板销售价格统计表 表10

序号	名　称	单位	用量	单价	总价(元)	备　注
1	侧墙模板	t	105	7000元/t	735000	40m节×4孔
2	中墙模板	t	315	7000元/t	2205000	40m节×4孔
3	合计	元			2940000	

4.4 模板体系分析总结

移动式自撑单侧支架及模板体系对于非标准段(泵房、加宽段)适用性和连续作业性更好。

与隧道结构连续3仓相比,移动式自撑单侧支架及模板体系施工时间88d,少于整体台车模架106d,便于组织劳务班组连续作业。

通过经济性比选,侧墙钢模板价格低于木模板,移动式自撑单侧支架及模板体系价格低于整体台车模架费用(考虑折旧或变卖)。对于以河为界、需要多工作面同时施工的情况,整体台车模架数量、费用更高。

结合工期、经济性、现场施工组织、结构适用性等方面,拟采用移动式自撑单侧支架及模板体系。

5 移动式自撑单侧支架及模板体系力学行为

用Sap2000对单侧支架进行受力分析(图7~图12),单侧支架按间距800mm布置。只考虑标准荷载,软件计算设置取荷载分项系数1.2倍恒荷载和1.4倍活荷载,单侧支架主要承受混凝土侧压力,取混凝土最大浇筑高度为6m,有效压头高度$h=1.86$m,按照侧压力取$F=46.48\text{kN/m}^2$进行验算分析。

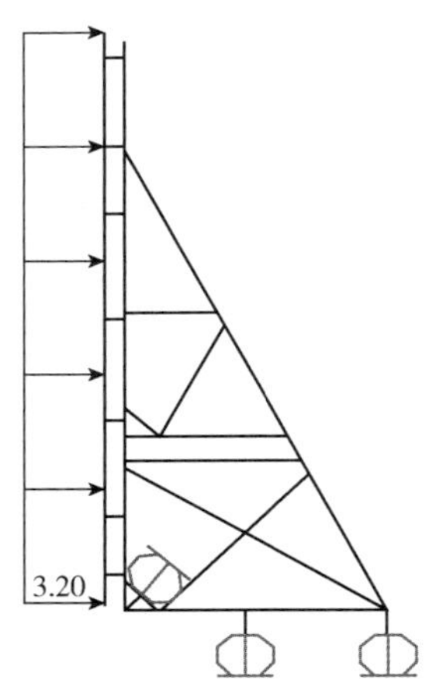

图7 活荷载施加(单位:kN)

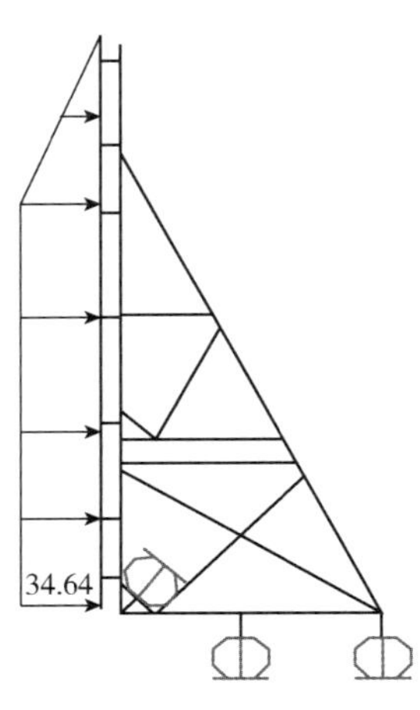

图8 恒荷载施加(单位:kN)

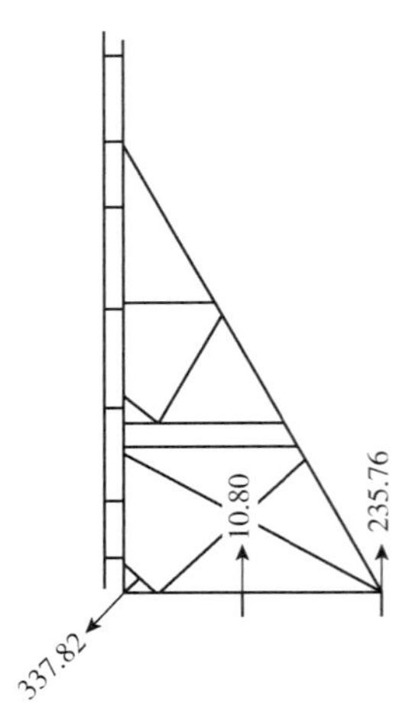

图9 支座反力(单位:kN)

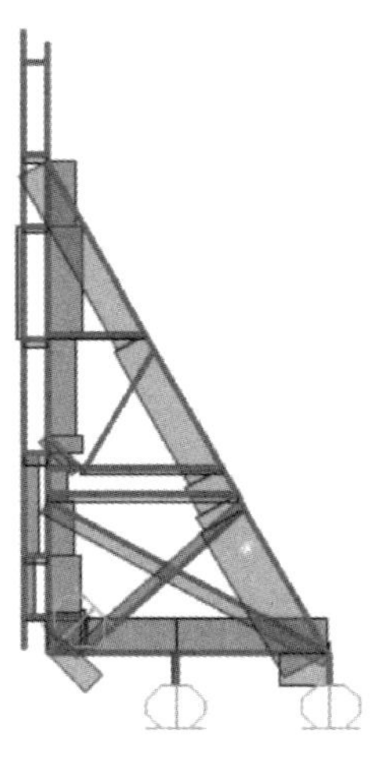

图 10　支座反力

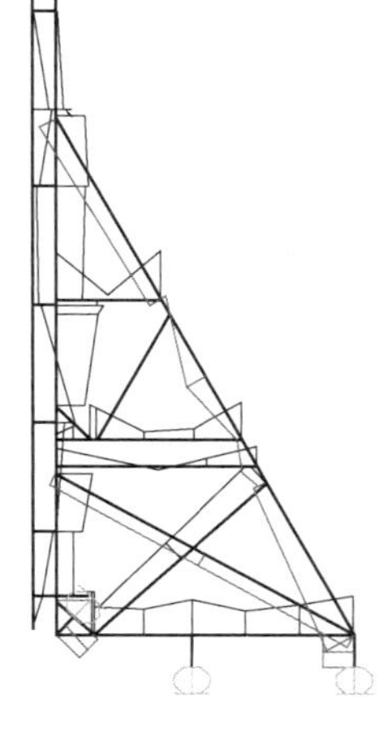

图 11　杆件轴力(单位:MPa)

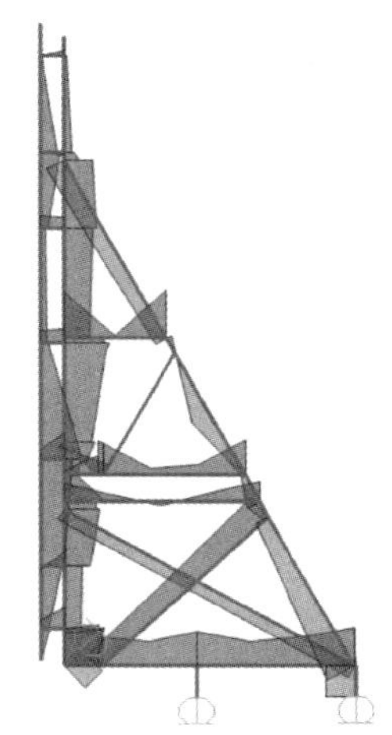

图 12　杆件应力

移动式自撑单侧支架及模板体系在无对拉杆情况下,所有混凝土侧压力通过面板、背肋、2 道斜支架传递到后锚固点位置,其中以后锚固点为主。各支架之间斜边受力最大,也决定了单侧支架浇筑的最大高度。

6　移动式自撑单侧支架及模板体系实践经验与力学分析

(1)通过隧道墙体(等比例)线外试验段验证,在混凝土浇筑过程中,模架体系受力随着浇筑高度增加而增加,整体稳定性较好。后锚固点在浇筑中有松动显现,施工时需要专人负责跟踪检查、加固。

(2)浇筑完成,进行外观检测,墙体顶部胀模 3mm,与计算预拱基本一致,墙体中间部位平整度略大于顶部和底部,但满足规范要求。移动式自撑单侧支架在单侧支模浇筑混凝土应用方面高度不宜过大。

(3)面板与基础结构密贴处存在空隙,需要增强施工缝位置连接。

(4)结构自行走配重不少于 300kg,同时在纵坡较大部位增加限位装置。

7　结语

妫水河隧道采用的移动式自撑单侧支架及模板施工技术,模板及支架制作、安装、调整简单,施工后墙体没有对拉螺栓孔,有效防止了渗漏水现象的发生。与传统的施工方法相比,在工期、质量、安全、造价等技术经济效能等方面均有明显的先进性和新颖性,还具有施工速度快、质量可靠、节约成本、环保节能特点,经施工实际使用验证后,将取得良好的社会效益。

综合移动式自撑单侧支架及模板体系特点,在保证有操作空间的前提下(最高单侧支模占用空间 3.7m),可适用于任何单侧墙体,例如地铁车站侧墙、地下室外墙、管廊外墙、污水处理厂墙、明挖框架结构墙体等,推广前景广泛。

参 考 文 献

[1] 中华人民共和国住房和城乡建设部.钢结构设计标准:GB 50017—2017[S].北京:中国建筑工业出版社,2018.

[2] 中华人民共和国住房和城乡建设部.混凝土结构工程施工规范:GB 50666—2011[S].北京:中国建筑工业出版社,2012.

[3] 中华人民共和国住房和城乡建设部.建筑工程大模板技术标准:JGJ/T 74—2017[S].北京:中国建筑工业出版社,2018.

[4] 中华人民共和国住房和城乡建设部.建筑施工模板安全技术规范:JGJ 162—2008[S].北京:中国建筑工业出版社,2008.

高速公路长大隧道浅埋段控制爆破施工技术应用

钟月建[1],金海林[2]

(1.中铁十六局集团有限公司;2.北京市首发高速公路建设管理有限责任公司)

摘要:高速公路隧道洞口爆破施工中,根据隧道爆破振速及沉降控制的需要,以分次分段开挖、小药量爆破、延期爆破为基本原则,实现控制爆破的目的。长大隧道中要在极短的时间里完成爆破过程,但是控制爆破相邻间隔时间长,因此实行控制爆破,需要测量震动速度、位移等,调整设计爆破的参数,以确定最适宜的开挖方式。结合延崇高速公路玉渡隧道,针对隧道控制爆破的设计施工方法及相关的监测措施进行探讨。

关键词:隧道;浅埋段;控制爆破;振动

1 引言

随着高速公路大规模建设,复杂地质条件隧道的施工项目也日益增多,隧道碰到不良地质条件,如隧道穿越地震断裂带或者各种软弱围岩泥层地带,尤其是隧道紧挨着既有建筑物,在隧道浅埋段开挖施工,常会造成拱顶下沉,地表震动,由此带来的人身伤害、财产损失及工期延误等是无法估量的,因而必须采用控制爆破。本文以延崇高速公路玉渡隧道进口浅埋段施工为例,重点介绍了复杂地质条件下隧道控制爆破施工技术。

2 工程概况

2.1 隧道概述

我项目部承建的玉渡隧道为延崇高速公路(北京段)重难点工程,该隧道进京段起止桩号为 ZK16+358~ZK20+965,中心里程为 ZK18+661,全长 4607m;出京段起止桩号为 YK16+342~YK21+022,中心里程为 YK18+682,全长 4680m;隧道位于曲线上,全隧为 2.6%单面上坡。玉渡山隧道为双线分离式隧道,隧道洞身Ⅲ级围岩 423m,Ⅳ级围岩 4057m,Ⅴ级围岩 4807m。

2.2 隧址地质

玉渡山隧道位于延庆西部的张山营镇境内,地势北高南低,穿越松山自然保护区内,沿线地形起伏大,山高谷深,植被较茂密,地下水丰富。隧道以白云岩为主,白云岩属可溶性岩层,可能会有岩溶伴生。隧道穿越地层主要为蓟县系雾迷山组,岩石类型以灰色燧石条带白云岩夹澡团白云岩、泥质白云岩为主,植被较发育。隧道施工技术难度大,存在着各种不良复杂地质状况,主要包括:地表浅埋段、铁矿采空区、断层破碎带、地下岩溶富水区,以及广泛分布的软岩、软黏土、断层角砾岩等特殊岩土类型。

2.3 隧道浅埋段状况

玉渡山隧道进口段原地形较为破碎,地表覆盖浅土层;其中 ZK16+365~ZK16+385 段浅埋,最小埋深 4.6m(图 1)。浅埋段设计为Ⅴ级围岩,隧道拱顶至原地面深度为 4.6~25m。针对洞口位置埋深较浅的情况,拟采取对洞口上方进行地面深孔注浆加固地层的方法配合超前大管棚进洞的措施确保暗洞施工安全。并在隧道地表东侧处有房屋,施工时应采用控制爆破,并对该段地面构筑物进行监测,以保证安全。

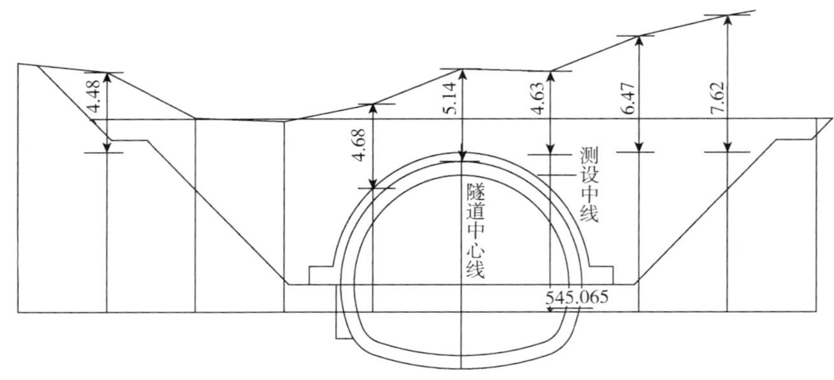

图 1 隧道洞口浅埋段示意图(尺寸单位:m)

3 工程的重难点及风险点

(1)重点和难点就是如何控制爆破优化设计及浅埋段地表构造物的防护,要求根据控制爆破设计确定的钻爆参数进行现场爆破试验,以取得合理的爆破参数。

(2)风险点是长大隧道爆破与爆破振动的控制,需监测该隧道节理裂隙内是否有有害气体溢出,避免发生爆炸事故;爆破振动可能引起隧道拱顶下沉、浅埋段垮塌,爆破振动破坏居民房屋,带来极大的安全隐患。

4 隧道浅埋段弱振动控制爆破需要采取的措施

(1)隧道弱振动控制爆破采取分次分段法爆破,避免大面积振动爆破,在确保高质量的隧道开挖断面同时,将爆破振动控制在允许范围,以保证爆破对地表构筑物的安全。玉渡隧道浅埋段采用三台阶七步法开挖,对浅埋段软弱围岩地段采用短进尺掘进,及时支护封闭呈环等手段,保证隧道拱顶安全。

(2)采取有效的控制爆破技术,总的设计思路是拱部及边墙采用光面爆破,核心采用控制爆破,掏槽采用抛掷爆破的综合控制爆破技术,以尽可能减轻对围岩的扰动,维护围岩的整体性,达到良好的轮廓成形。

(3)雷管选用微差毫秒雷管,跳段使用,相邻间隔时间为 40~50ms,避免地震波的叠加,减轻振动。

(4)选择合理装药结构,采用小直径药卷不耦合装药和串状间隔装药结构,加强了堵塞质量,控制堵塞长度进行防护。

(5)周边眼炸药选择低爆速、低猛度、高爆力的炸药。

(6)严格控制掏槽眼、周边眼的装药量,部分炮眼借助水袋、炮泥进行间隔装药,使药量沿炮眼均匀分布,以确保隧道周边成形良好。

(7)最大单段装药量的控制。根据现场隧道爆破开挖实测质点振动速度的波形图中发现:一般情况下,掏槽爆破的振动强度比其他部位炮眼爆破时的地震动强度都要大,故掏槽眼装药为最大单段装药量,在爆破时控制振动量非常重要。

因此在长大隧道浅埋段中采用控制爆破必须把上述施工措施有效地结合起来,优化爆破施工工艺,合理调整参数,才能解决复杂地质条件下的隧道爆破设计施工。

5 长大隧道控制爆破主要施工工艺及技术措施

5.1 开挖工法与爆破方法

(1)开挖方法。隧道开挖采用新奥法设计原理,玉渡隧道浅埋段V级围岩采用三台阶七步法方法开挖施工。隧道洞口浅埋段开挖按照密打眼、弱爆破、短进尺、控振动的原则进行施工。

(2)爆破方法。根据隧道浅埋段爆破相关的控制措施,结合长大隧道要求极短的时间里完成爆破过程,对于隧道的掏槽眼(装药量最大的段落)和辅助眼采取控制爆破,周边眼采取光面爆破,形成规整的轮廓壁面,并尽可能多的保留半边眼痕迹和减少对围岩的扰动。

5.2 爆破开挖振动与装药量控制

本隧道采用保护对象所在地质点峰值振动速度作为爆破振动判据的主要物理量指标,按下式计算爆破时产生的地面质点峰值振动速度:

$$V = K(Q^{\frac{1}{3}}/R)^{\alpha} \tag{1}$$

式中:V——地面质点峰值振动速度,cm/s;

Q——炸药量,kg,延迟爆破为最大一段药量;

R——观测(计算)点到爆源的距离,m;

K、α——与爆破点至计算点间的地形、地质条件有关的系数和衰减指数(表1)。

爆区不同岩性的 K、α 值与岩性的关系 表1

岩　性	K	α
坚硬岩石	50~150	1.3~1.5
中硬岩石	150~250	1.5~1.8
软岩石	250~350	1.8~2.0

根据玉渡隧道浅埋段围岩地质情况调查,结合安全爆破规程控制指标,根据爆破振动速度总结出 $K=160$,$\alpha=1.6$。

经过场实地调查,隧道上方主要建筑物为8栋砖房房屋,故根据爆破安全规程中爆破振动安全允许标准规定:一般民用建筑物安全允许质点振动速度,选取 $v=2.5\text{cm/s}$ 计算。

根据现场测量班检测数据,地表最不利 R 值为砖房垂直埋深距离 30m,得出最大一段装药量 Q 为 10.014kg。

5.3 爆破器材的选择

长大隧道施工时考虑施工风钻用水和地下水渗出,炸药采用了猛度较低且防水性能较好的乳化炸药,中间部位炸药药卷的重量 0.2kg,药卷直径为 32mm。为了减小爆破振动,周边眼采用了药卷直径 25mm、长 20cm 的小药卷,重 0.15kg。雷管选用毫秒雷管 1~5 段,毫秒雷管末段延期时间为 125ms。毫秒延期雷管段别使用有 5 段级别,雷管脚线长度为 5m,起爆雷管用瞬发电雷管。玉渡隧道控制爆破为了减小掏槽眼的振动爆破,隧道上台阶断面辅助眼炮孔较同排的掏槽眼主炮孔延迟 40~50ms 起爆,因此毫秒延期雷管段别采取瞬发、2、3、4、5 段。

5.4 控制爆破主要设计措施

(1)炮眼需布置合理。隧道各部位的炮眼均应尽量按照浅密原则布置。即一次爆破深度(规模)不宜太大,炸药尽可能均匀地分布在布置较密的炮眼中,这样可避免装药过于集中.又能减少爆破振动。

采用楔形掏槽。掏槽眼开口宽度为 2.6m,排距 0.6m。周边眼沿隧道开挖轮廓线布置。取 $E=45\text{cm}$,$W=60\text{cm}$。内圈眼间距 a 和排距 b 和单孔装药量有关,取 $a=70\text{cm}$,$b=80\text{cm}$。辅助眼布置与内圈眼相同,取 $a=80\text{cm}$、$b=80\text{cm}$,如图 2 所示。

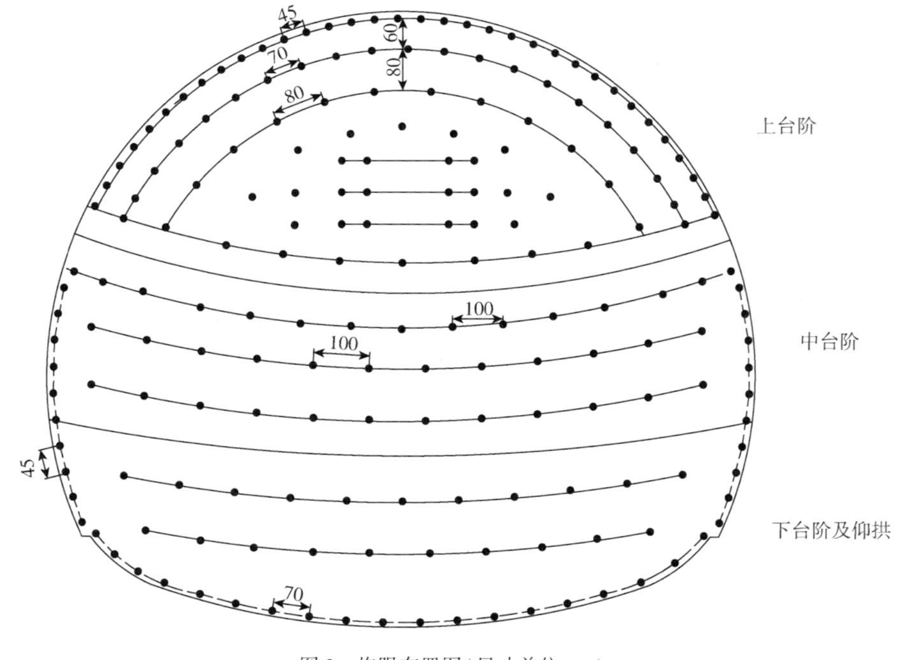

图 2 炮眼布置图(尺寸单位:cm)

(2)单孔装药量的选择。掏槽眼在满足填塞长度要求的前提下,尽量多装药,以保证良好的掏槽效果。掏槽眼线装药密度0.80kg/m,掏槽眼设计长度为110cm,据此确定掏槽眼的单孔装药量为0.8kg。一般掏槽眼的药量为最大单段装药量,经计算12个孔×0.8kg=9.6kg。

本隧道取光面爆破周边眼装药集中度为0.15kg/m,周边眼的单孔装药取0.15kg。

内圈眼装药密度0.40kg/m,内圈眼的单孔装药取0.4kg。

辅助眼线装药密度0.60kg/m,辅助眼的单孔装药取0.6kg。

(3)最大单段装药量的控制经上述计算,掏槽眼的装药量为最大单段装药量,掏槽眼线装药密度0.60kg/m,单孔装药量为0.8kg,12个孔总计9.6kg,小于最大一段装药量控制值10.014kg。

长大隧道控制爆破参数见表2。

隧道浅埋段V级围岩装药参数表　　表2

炮眼类型		炮眼深度(m)	炮眼数量(个)	雷管段位	单孔装药量(kg)		段位药量(kg)	装药结构
					卷数	重量		
上台阶	掏槽眼	1.1	12	瞬发	4	0.8	9.6	间隔
	辅助眼	0.9	18	2	2.5	0.5	9	集中
	内圈眼	0.9	22	3	2	0.4	8.8	集中
	周边眼	0.9	34	4	1	0.15	5.1	集中
	底眼	0.9	13	5	3	0.6	7.8	间隔
中台阶	第一排	0.9	13	1	2	0.6	7.8	集中
	第二排	0.9	12	3	3	0.6	7.2	集中
	第三排	0.9	12	4	3	0.6	6.6	集中
	周边眼	0.9	16	5	1	0.15	2.4	集中
下台阶及仰拱	第一排	0.9	12	1	3	0.6	7.2	集中
	第二排	0.9	11	2	3	0.6	6.6	集中
	周边眼	0.9	10	3	1	0.15	1.5	集中
	底眼	0.9	18	4	2	0.4	7.2	间隔

5.5 光面爆破参数的确定

光面爆破就是将周边眼范围内的岩石爆下来,形成规整的轮廓壁面并尽可能多保留半边眼痕迹和减少对围岩的扰动。

岩石抛掷出来主要与最小抵抗线(W)、装药集中度(q)有关。

隧道断面轮廓效果主要与周边眼密集系数(m)、最小抵抗线(W)有关。

“保留半边眼痕迹和减少围岩扰动”主要与不耦合系数(D)有关。

因此光面爆破效果做好下列数据的选择:炮眼间距(E)、周边眼密集系数(m)、最小抵抗线(W)、不耦合系数(D)和装药集中度(q)。

玉渡隧道光爆的基本参数同上控制爆破,周边眼密集系数为0.75,不耦合系数为1.68,装药集中度为0.16,炮眼痕迹率达到75%,获得了良好的光爆效果。

周边炮眼按光面爆破设计,为了减小振动,玉渡隧道在两装药孔间加打空眼以减振。

5.6 装药结构控制措施

浅埋段开挖工作面采用正向装药结构,禁止反向装药,结合水压爆破工艺,玉渡山隧道浅埋段装药结构如图3所示。

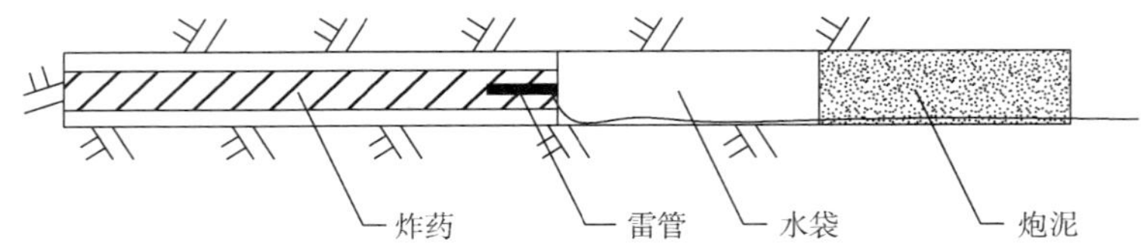

图3 长大隧道控制爆破装药结构

电雷管全部插入药卷内,严禁将电雷管斜插在药卷的中部或捆在药卷上。在碳质页岩层内爆破,装药长度要做到小于炮眼深度的1/2,所有炮眼的剩余部分均采用水袋和炮泥堵塞,孔口炮泥长度为20~30cm。

5.7 起爆网路设置

使用非电毫秒雷管微差起爆,掏槽眼最先起爆,最靠近掏槽眼的一排辅助眼炮孔较其他主炮孔延迟40~50ms起爆,辅助眼、周边眼、底板眼的主炮孔依排序先后间隔微差起炮。

爆破网路需采用串联联结方式,严禁将瞬发电雷管与毫秒电雷管在同一串联网络中使用。炮眼只能串联,不能并联,只能正向装药,禁止反向装药,禁止放连珠炮。

5.8 起爆

起爆使用防爆型电力发爆器洞外一次正向起爆。浅埋段起爆顺序为:掏槽眼→辅助眼→周边眼→底板眼。

6 地表沉降及爆破振动监测

根据玉渡隧道进口浅埋段地质条件,周边环境,隧道埋深、断面尺寸、开挖方法及设计要求等条件,确定了玉渡隧道进口段监测项目。主要采用了洞内洞外观察、地表沉降观测、拱顶下沉、净空收敛、位移、爆破振动速度等手段和方法。

通过对地表山体边坡及地表房屋的观察,洞顶及周边未出现裂缝、危石的部分异常情况出现;洞内拱顶下沉、洞周净空收敛均在允许范围之内;通过现场观察,洞口段地表未发生沉降,居民房屋未发生裂缝破坏;通过监测,洞口最大爆破振动速度为1.209cm/s,有效地控制在2cm/s以内,确保了房屋财产的安全。

7 结语

(1)玉渡隧道浅埋段开挖利用多打眼、弱爆破、短进尺、控振动的原则,优化爆破设计,通过监测,最大爆破振动速度在可控范围之内,既保证了隧道的正常开挖,也有效地减少了对地表构筑物及隧道围岩的扰动和破坏。

(2)通过上述措施降低长大隧道爆破施工风险因素,减小了爆破振动速度,从而指导山岭地区长大隧道洞身浅埋段的安全施工。

参考文献

[1] 中华人民共和国交通运输部.公路隧道设计规范 第二册 交通工程与附属设施:JTG D70/2—2014[S].北京:人民交通出版社,2014.

[2] 全国安全生产标准化技术委员会非煤矿山安全分技术委员会.爆破安全规程:GB 6722—2014[S].北京:中国标准出版社,2015.

[3] 中华人民共和国交通运输部.公路隧道施工技术细则:JTG/T F60—2009[S].北京:人民交通出版社,2009.

[4] 郑炳旭.中国爆破新技术Ⅱ[M].北京:冶金工业出版社,2012.

[5] 中华人民共和国交通运输部.公路工程质量检验评定标准 第一册 土建工程:JTG F80/1—2017[S].北京:人民交通出版社股份有限公司,2018.

[6] 中华人民共和国交通运输部.公路工程施工安全技术规范:JTG F90—2015[S].人民交通出版社股份有限公司,2015.

自进式锚杆在隧道断层角砾岩段超前支护中的研究及应用

陈代昆,王　岩,薛建领,刘必胜

(北京住总集团有限责任公司)

摘要:隧道断层角砾岩段围岩施工一直是影响隧道施工安全及进度的重要因素,自进式锚杆代替超前小导管,是保证隧道施工安全以及进度的方法之一。本文通过试验段的超前支护效果确定自进式锚杆的合理支护参数、注浆压力以及相应的施工方法,为今后隧道断层角砾岩段围岩段施工提供可借鉴的施工经验。

关键词:自进式锚杆;隧道;施工技术;超前支护

1　引言

目前研究散体介质破碎围岩地质条件下隧道超前支护控制技术方法主要有超前小导管,利用注浆浆液将小导管周围的破碎围岩固结起来;由于存在易塌孔,导管安装困难,不能有效满足松散体介质条件下隧道围岩控制的要求[1-6]。为此笔者对玉渡山隧道原支护参数进行优化,配合注浆技术,改善破碎岩体的结构,提高围岩的整体稳定性及力学性能,达到控制目标,解决散体破碎围岩支护难题。

2　工程概况

2.1　工程简况

延崇高速公路玉渡山隧道起讫桩号进京线 ZK16+346.6~ZK20+965,设计长度 4618.4m;出京线 YK6+342~YK21+022,设计长度 4680m;隧道单洞建筑限界 11.0m×5.5m,为分离式隧道。

玉渡山隧道采用复合式衬砌,即初期支护采用锚网喷混凝土和钢拱架,在地质条件较差的地段(Ⅴ级、Ⅳ级围岩)辅以超前小导管支护,二次衬砌为模筑混凝土和钢筋混凝土。

2.2　隧道地质状况

隧道进京线 ZK16+415~ZK16+620 段范围内发育 6 条断层,如图 1 所示。本区段围岩由强风化断层角砾岩构成,在构造应力作用下破碎成角砾状,沿延矾断裂、F3 断裂面线性分布，伴生断层泥、碎裂岩，胶结疏松，多为泥质、钙质胶结，散体状结构，粒径多为 3~60mm，破碎—极破碎，无自稳能力，是隧道施工中最易造成塌方的不良岩体，断层角砾岩颗粒级配筛分曲线如图 2 所示。

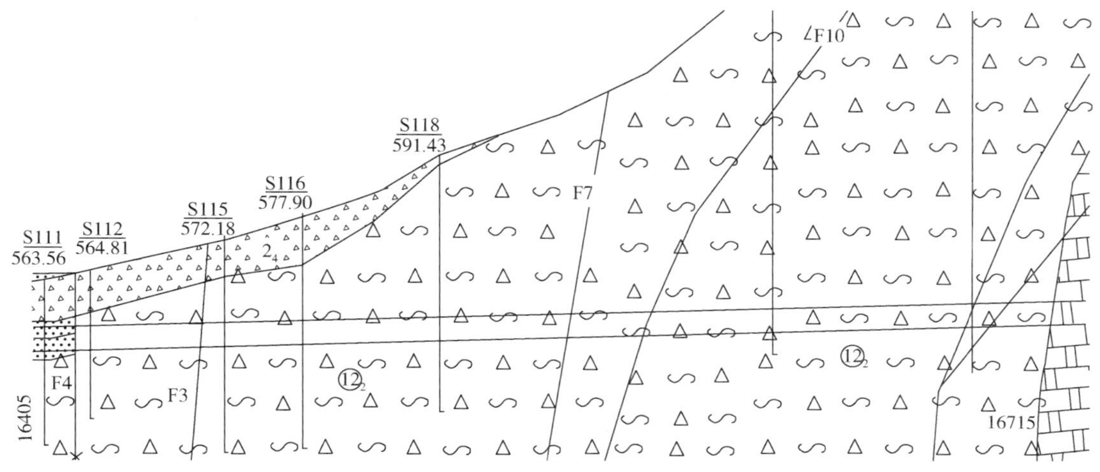

图 1 ZK16+415~ZK16+620 段纵断面图

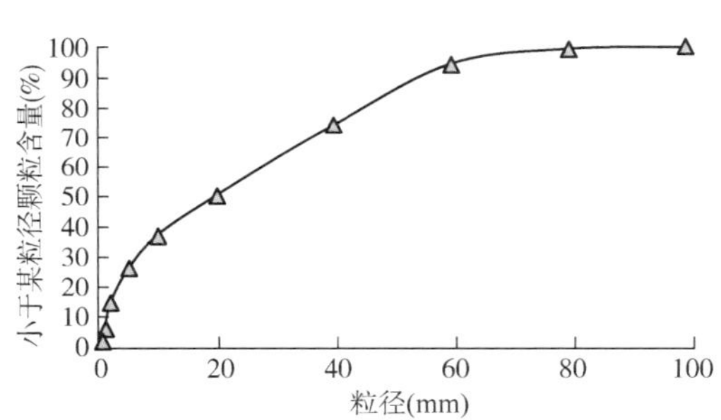

图 2 断层角砾岩颗粒级配筛分曲线

2.3 超前支护设计参数

设置在隧道洞内无长管棚支护的Ⅴ级、Ⅳ级围岩地段，采用外径 50mm，壁厚 5mm，长 450cm 的热轧无缝钢管，在钢管距尾端 50cm 范围外钻 ϕ8mm 压浆孔。钢管环向间距 40cm，外插角控制在 12°左右，尾端支撑于钢架上，也可焊接于系统锚杆的尾端，每排小导管纵向至少搭接 1.0m。

2.4 施工现场存在问题

按设计要求在断层角砾岩段采用小导管进行超前支护，实施过程中发现存在以下问题：该地层难以成孔、钻孔后钻杆拔出困难、拔出钻杆后因出现塌孔无法插入小导管，导致隧道开挖掌子面超前支护效果差，平均每 10 延米塌方 17.7 次，累计塌方量 62.3m^3，现场塌方如图 3 所示。

a)掌子面塌方

b)塌方空洞

c)塌方塌落物

图 3 隧道塌方现场图

3 散体介质隧道围岩塑性区分析

采用散体介质力学,对断层角砾岩塑性区范围进行分析。首先,根据现场情况建立散体介质隧道塑性区力学分析模型,如图 4 所示,选取粒状岩石中半径为 a 的圆形隧道,在无穷远处均匀压力场,围压为 P_∞,$r=a$ 处施加正压力 p 来模隧道支护强度。采用轴对称方式进行分析,则模型中位移是纯径向的。

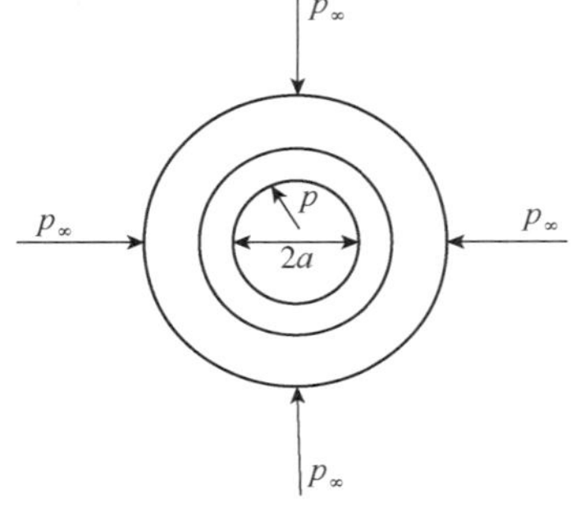

图 4 散体隧道围岩力学模型

可知,当半径为 a,塑性区的半径 s 为

$$s = a\left[\frac{2p_\infty}{(k+1)p}\right]^{\frac{1}{k-1}} \tag{1}$$

式中:k ——三轴应力因子。

则满足

$$2k^{\frac{1}{2}} = (1+k)\cos\theta \tag{2}$$

解得

$$k = \frac{1+\sin\theta}{1-\sin\theta} \tag{3}$$

根据现场情况以及相关地质勘察资料,确定隧道圆形等效半径为 a =6.5m,岩层初始参数 θ = 27°,则 k = 2.663,由式获得塑性圈半径 s 与 p/p_∞ 的变化曲线,如图 5 所示。

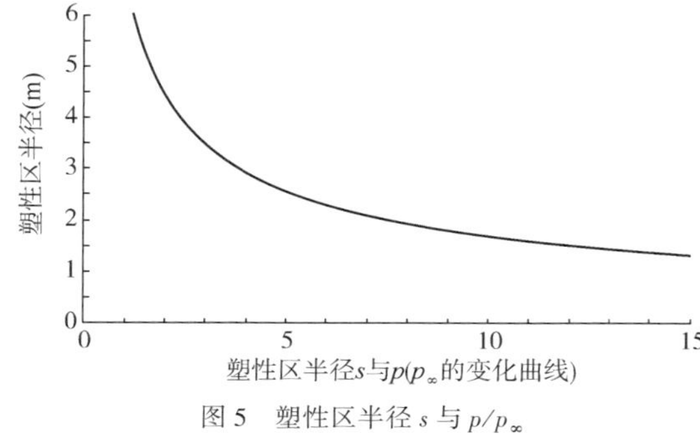

图 5 塑性区半径 s 与 p/p_∞

由图 4 可以看出:塑性区的半径 s 随初始支护强度与初始应力比值的增加而逐级减低,且减低幅度逐渐减小并逐渐地最终趋于平稳。这说明通过增加初始支护强度在一定程度上可以控制隧道围岩塑性区的扩展,但塑性区范围仍然很大。

在散体隧道围岩情况下，由于采用超前小导管超前支护，容易出现塌孔，导致无法安装小导管，不能为后续注浆工艺创造条件，不利于提高围岩的物理力学性能。因此，必须采取其他有效措施来抑制隧道围岩塑性区的扩展。

4 试验段确定合理的支护参数

4.1 改造自进式锚杆

针对隧道进京线 ZK16+415~ZK16+620 段层角砾岩散体介质开挖后围岩无自稳能力，应着手予以改变岩体结构及力学性能为主的锚注一体的超前支护技术方案，即采用"自进式锚杆"超前支护技术，不仅可以固结松散破碎的断层角砾岩，同时也能保证快速改善围岩的物理力学性能。

4.2 自进式锚杆参数选取

根据隧道施工现场实际情况、塌落物的粒径，类似工程的施工经验，自进式锚杆常用杆径、长度如表 1 所示。

自进式锚杆常用杆径、长度　　表 1

序　号	管径(mm)	长度(m)	壁厚(mm)
1	25	3	5
2		4	5
3		6	5
4	32	3	5
5		4	5
6		6	5
7	51	3	5
8		4	5
9		6	5

根据现场试验：ϕ25mm、ϕ32mm 长 6m 自进式锚杆因自重导致挠度变形较大，且钻进时受挤压作用力可看到杆体明显有弯曲变形，钻孔时抖动过大，不易控制，无法钻进，如图所示。ϕ51mm 自进式锚杆用现有施工机械无法钻进，用履带式钻进机械则钻进功效低。

因此，将长度 6m，管径 ϕ51mm 的自进式锚杆排除掉。

4.3 试验段支护方案

为使得松散岩体力学参数得到增强，同时保证合理的注浆时间，采用单因素控制法，首先确定合理的注浆压力。在每环自进式锚杆注浆过程中，分别采用 1、4、7……，2、5、8……，3、6、9……三个循环，采用锚杆管径 ϕ25mm，长度 3m，环向间距 30cm，纵向间距 1.0m，注浆压力分别为 0.5~1.0MPa、1.0~1.5MPa、1.5~2.0MPa。

对试验段九环锚杆的注浆量、注浆时间进行统计,如图 6 所示。

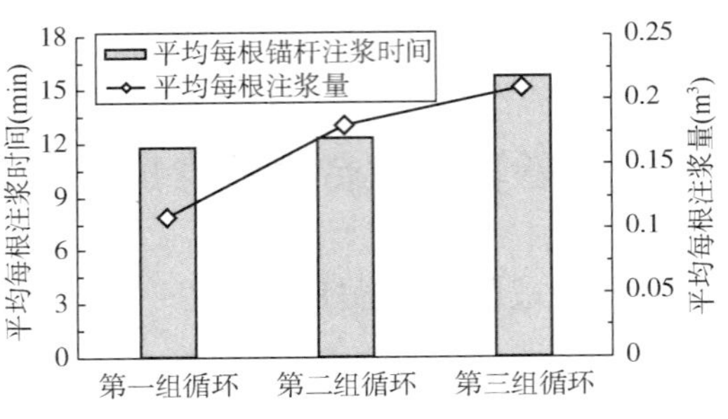

图 6 试验段九环锚杆的注浆量、注浆时间

第一组循环(0.5~1.0MPa)由于注浆压力最低,浆液使得钻孔近距离的裂隙快速“闭合”,影响浆液扩散,导致锚杆注浆时间最短,注浆量达不到设计注浆量(0.14m^3)。

第二组循环(1.0~1.5MPa)注浆量超过设计注浆量(0.14m^3),平均每根锚杆注浆时间较短,为 12.3min。

第三组循环(1.5~2.0MPa)注浆量超过设计量(0.14m^3),钻孔周边的裂隙在较大的注浆压力,近距离的岩石裂隙可能先“张开”,形成通道,使得注浆量向钻孔周围远处的裂隙通道扩展,导致注浆量增大,注浆时间最长为 15.7min。

通过对注浆量和注浆时间的综合比较,可知注浆压力在 1.0~1.5MPa 最合适。

为了确定断层角砾岩超前支护自进式锚杆的合理参数,根据试验断面实施情况,本标段决定根据试验段从以下 4 种方案中确定最佳方案。方案(一):ϕ25mm、长 3m 自进式锚杆,纵向间距为 1.0m,方案(二):ϕ25mm、长 4m 自进式锚杆,纵向间距为 1.5m,方案(三):ϕ32mm、长 3m 自进式锚杆,纵向间距为 1.0m,方案(四):ϕ32mm、长 4m 自进式锚杆,纵向间距为 1.5m,如图 7 所示。

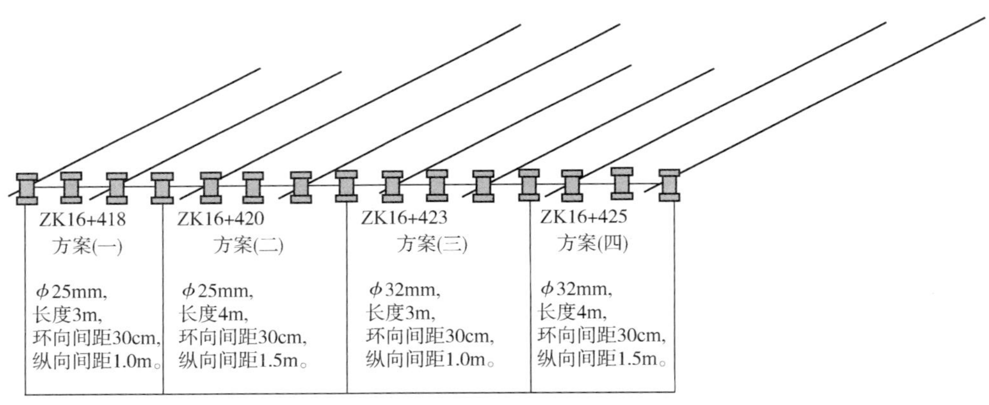

图 7 试验段自进式锚杆不同方案锚杆参数

方案(一)掘进里程为 ZK16+418~ZK16+420,用时 41.4h,共施工 2 个循环,总进尺 2m,平均施工进度为 1.16m/d;打设自进式锚杆循环用时长、功效低,不满足每月进尺不小于 45m 的施工进度要求。

方案(二)掘进里程为 ZK16+420~ZK16+423,用时 51h,共施工 2 个循环,总进尺 3m,平均施工进度为 1.41m/d。ϕ25mm 自进式锚杆注浆存在小部分堵管现象,因此无法注浆。现场施工由于打设方向、角度等原因,注浆效果不能达到扩散要求,开挖时拱部有掉渣现象。

方案(三)掘进里程为ZK16+423~ZK16+425,用时32.5h,共施工2个循环,总进尺2m,平均施工进度为1.48m/d(图8)。施工过程中出现拱部掉块、局部小规模坍塌,开挖风险高,坍塌处需进行喷混封闭,再进行注浆回填,从而导致功效降低、成本增加。因上部堆载导致自进式锚杆杆体局部出现较小的弯曲(挠度变形)。

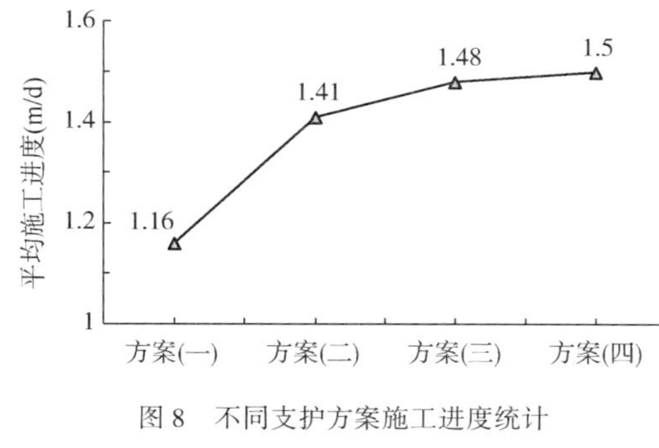

图8 不同支护方案施工进度统计

方案(四)于2017年10月15日6:30开始实施,至2017年10月17日6:30完成,掘进里程为ZK16+425~ZK16+428,用时48h。施工2个循环总进尺3m,平均施工进度为1.5m/d。ϕ32mm自进式锚杆长4m,现场开挖注浆效果良好,可保证施工进度要求。

因此,ϕ32mm×5mm自进式锚杆,长度4m,纵向间距1.5m,环向间距30cm为最佳的参数。

5 效果检查

ZK16+428~ZK16+528段依照"超前支护采用ϕ32mm×5mm自进式锚杆,长度4m,环向间距30cm,纵向每三榀打设一环,外插角10°~15°,注浆压力1.0~1.5MPa,注浆浆液采用水泥浆(重量比,水:水泥=1:1)"进行施工,对隧道关键断面开展了洞内顶部沉降连续观测,拱顶最大沉降最终稳定在8mm附近,周边最大收敛最终稳定在7~8mm之间,均符合规范要求。

监测结果表明,玉渡山隧道断层角砾岩自进式锚杆超前支护参数合理可行,达到了预期围岩控制目的与施工进度要求。

6 结语

在隧道断层角砾岩段岩体粒径在2~60mm之间采用自进式锚杆(ϕ32mm×5mm,长度4m)进行超前支护,以加快施工进度、减小施工安全风险。

参考文献

[1] 何玉龙.双层自进式锚杆在碎石堆积体隧道中的应用[J].公路,2019,64(01):295-299.

[2] 杨其海.隧道工程富水段自进式锚杆施工技术[J].四川水利,2018,39(04):66-68.

[3] 马文明.自进式锚杆结合小导管注浆通过隧道浅埋段施工技术[J].长江工程职业技术学院学报,2016,33(03):19-21.

[4] 魏杰.自进式锚杆管棚在隧道塌方中的应用[J].山西交通科技,2014(06):52-54.

[5] 崔博.自进式锚杆在隧道不良地质段施工中的应用[J].山西交通科技,2014(06):71-73+76.

[6] 史东志,王建光,乌呢日.自进式锚杆在松散堆积体隧道施工中的应用[J].铁道勘察,2014,40(03):79-81.

无工作室大管棚在隧道浅埋段开挖支护加固中的应用

高　星,张洪欣

(中铁十四局集团第二工程有限公司)

摘要:为丰富隧道浅埋段开挖支护加固施工的多样性,以佛峪口隧道浅埋段超前支护施工为例,通过有工作室和无工作室大管棚两种方案对比,现场决定采用无工作室大管棚施工,研究讨论无工作室大管棚在隧道浅埋段开挖支护加固施工中的应用,得出无工作室大管棚具有更高的经济性、适用性和实用性。

关键词:延崇高速佛峪口隧道;浅埋段;超前支护;方案比选;无工作室大管棚

1　工程概况

1.1　工程简介

延崇高速公路位于北京市西北部,工程起点为北京市延庆区大浮坨村西侧,与兴延高速公路相接,终点在张家口市崇礼区太子城,其中山区段的佛峪口隧道位于松山自然保护区海坨峰南侧,为双向四车道,单洞建筑限界为 11m×5.5m,设计速度 80km/h,抗震设防烈度为Ⅷ度。

1.2　地质水文和气候

延崇高速公路穿越地区地质构造为密云群地层,主要有大漕组的黑云变粒岩、榴辉黑云变粒岩、榴辉变粒岩及浅粒。

穿越场地内地下水有第四系孔隙水、岩溶水、基岩裂隙水及深层地下水等,主要接受大气降水补给,以蒸发和向下越流补给的方式排泄。第四系孔隙水主要分布于第四系非黏性土地层中,多以潜水为主。岩溶水主要分布于灰岩、白云岩等可溶蚀岩类中,有承压的也有不承压的。基岩裂隙水主要分布于岩石较破碎地区,一般为强风化-中风化岩石中,强风化基岩厚度较大地区地下水丰富,多以潜水形式出现。

延庆属于大陆性季风气候区,风向更替明显,降雨主要集中在夏季。全区多年平均降水量为 436mm。多年平均气温 8.7℃,7 月平均气温 23.2℃,1 月平均气温为-8.8℃,最高气温 39℃,最低气温-27.3℃。年无霜期平原区 180~190d,山区150~160d。

根据前期勘探情况(图1),浅埋段位于V形山谷处,两侧边坡角度37°坡面植被发育,该处地质为强风化片麻岩。隧道地质说明揭示佛峪口隧道出京线浅埋段围岩由含粉质黏土碎石、块石和强风化—中风化密云群变质岩构成,岩石为较坚硬—坚硬岩,灰绿色,粒状变晶结构,片麻状构造,碎裂状结构。发育三组节理,节理面与线位呈大角度相交关系。结构面间距为10~15cm,结构面间填充物为泥质或岩屑,张开度2~12mm,结合程度较差,Jv=25~32条/m^3,岩体完整性为破碎~极破碎。

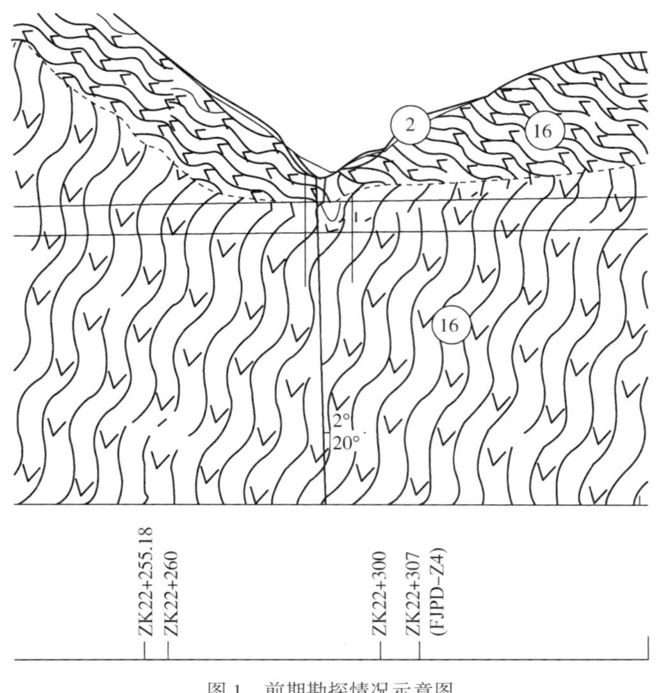

图1 前期勘探情况示意图

1.3 工程难点

(1)佛峪口隧道穿越浅埋段,围岩以强风化片麻岩为主,总体呈现块状碎裂结构,裂隙发育,岩体松散,结构面多张开,裂隙间夹杂泥沙质填充物,结合较差,自稳能力弱,隧道拱顶易产生大的掉块;少部分区域没有硬质岩体,为泥沙质填充物,结合度差。

(2)由于佛峪口浅埋段埋深浅,且表层腐殖土层厚,极容易造成坍塌及陷落,对出洞的支护刚度和强度要求高。

(3)隧道穿越浅埋段施工时正值雨季,降雨量集中,约为全年降雨量的80%。降雨量较大时容易诱发山洪或者山体滑坡,对施工安全和进度有严峻考验。

(4)浅埋段位于佛峪口隧道进洞100多m位置,隧道内多个作业面同时进行,管棚施工空间有限,受到的限制和制约较多。

2 大管棚支护

2.1 大管棚简介

大管棚是沿地下工程断面的一部分或者全部,以一定的间距环形布设,形成的钢管棚护结构,属于一种技术性较强超前支护形式,施工难度和要求相对要高。

管棚根据长度可分为大(长)管棚和短管棚,大管棚多采用直径较粗的钢花管,支护长度一般在 10~45m;通常为了保证强度和刚度,管内装设钢筋笼并配合注浆以达到支护目的。大管棚支护一次超前量大,单个钻孔及钢管安装作业时间长但是次数少,不用每个开挖循环都支护,减少对开挖作业的干扰,常被用于隧道洞口或者浅埋区域;短管棚采用直径较小的钢管,长度多小于 10m,一次超前量小,占用每循环时间比重大,但是钻孔速度快,安装简单快捷,常被用于隧道深埋区域与开挖施工交替进行。

2.2 支护原理

大管棚支护原理是利用前方围岩和管棚钢管作为纵向支撑,掌子面围岩或者初期支护的钢拱架作为横向环形支撑,构成纵、横向整体,起到超前加固的作用,而且它不仅沿隧道纵向具有梁式结构的作用,在横断方向还具有拱形结构支护效果。

管棚安装完成后需要通过注浆来对周围岩层进行固结,提升围岩自身承受能力,使之与结构形成一个整体,从而改善结构的受力条件。

2.3 大管棚的作用和优点

(1)梁拱效应:大管棚依靠掌子面前方围岩和后方拱架或者套拱作为梁式结构的支撑点,钢管作为中间的受力结构,形成纵向梁式、环向拱式的结构,该结构受力稳定,可以很好支撑围岩,并保护内部正常的开挖施工。

(2)环槽效应:掌子面在爆破时产生的瞬间爆炸冲击波、气压非常猛烈,会对周围岩体产生巨大扰动和破坏,不利于隧道开挖和正常支护施工。当管棚施工完成后,爆破振动扩散和气压传播在碰到环形布设的钢管后被反射、吸收或者削弱,从而减少对周围岩石扰动和破坏。

(3)加固效应:注浆液体经大管棚溢浆孔压入周围围岩裂隙中,对破碎围岩进行胶结和固结,使其黏结成为一个整体,从而提升围岩的稳定性和承重能力,以达到加固周围围岩的目的。

(4)确保安全:由于管棚的刚度和稳定性足够阻挡破碎围岩或者软弱围岩的变形和沉降,并且可以在掉块或坍塌时起到缓冲和遮挡作用,为地下正常施工提供了安全保障。即便管棚失稳,其破坏和变形程度也比较缓慢,有足够的时间安全撤离或者采取加固措施。

3 大管棚施工方案比选

针对佛峪口隧道浅埋段施工情况，由于浅埋段没有修建便道进入，机械、人员和材料进场困难，在隧道外部即浅埋段反向施作大管棚的方案难以实现，所以决定施作隧道洞内大管棚。项目部制定两种大管棚方案，一种是常规的有工作室大管棚施作（图 2）：首先在隧道内按照预留核心土发进行扩挖，留出施工套拱的空间，再施作混凝土套拱并预留导向管，然后施作超前长管棚，最后在管棚支护下开挖，达到安全出洞的目的。

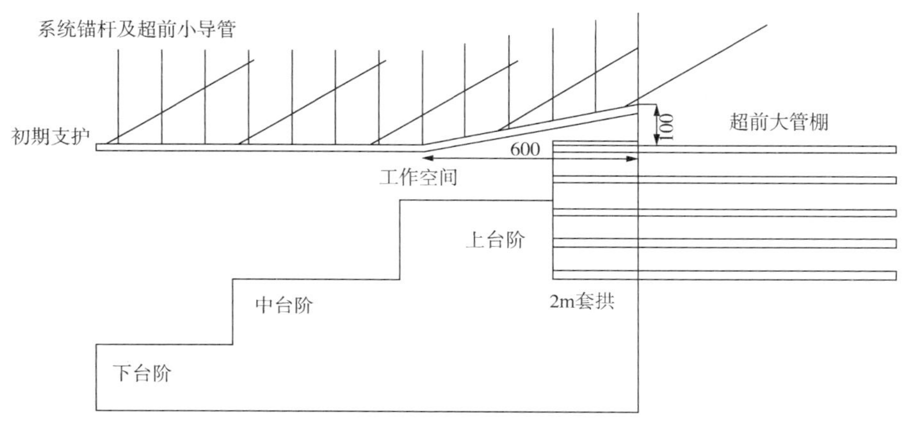

图 2 有工作室大管棚示意图（尺寸单位：cm）

另一种是无工作室大管棚法方案（图 3），即在有工作室大管棚施工方案基础上取消工作室，利用中下台阶作为工作平台，对掌子面封闭做止浆墙，然后依托一榀带孔钢拱架进行管棚施工。

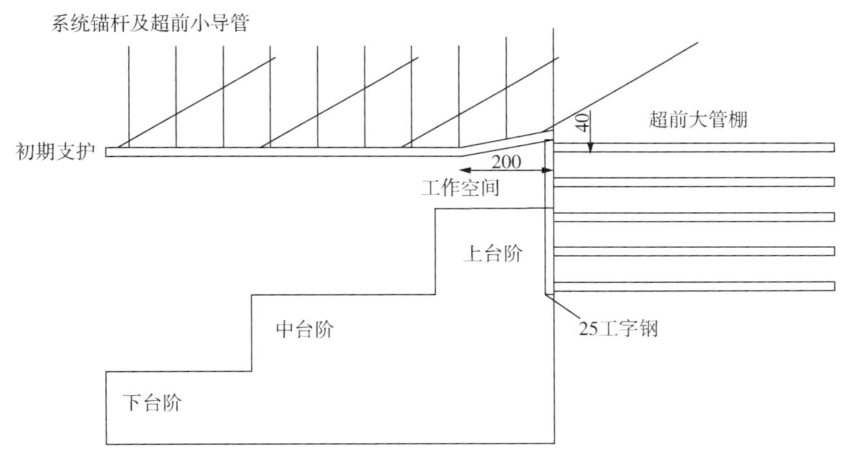

图 3 无工作室大管棚示意图（尺寸单位：cm）

两种方法对比(表1):

(1)有工作室的大管棚方案需要6~9m的工作室施工空间,拱顶部位需要在正常开挖轮廓线外扩挖1m以上,这与隧道开挖尽量不破坏原有地质结构的原则不相符。在软弱围岩中大范围开挖极大地破坏了原有地层结构,对于软弱围岩的扰动很大,降低了围岩自稳能力,无法保证安全,且断面的变化对前期支护与后期处理都提出了严峻的考验,支护参数和加固措施都要做出相应的改变;无工作室大管棚只需要在正常开挖轮廓线外40~50cm,大大减少了对围岩的破坏程度,与正常开挖断面变化不大,对周围扰动较小,施工灵活,安全得到保障,不必改变支护参数和加固措施。

有工作室和无工作室大管棚主要工程量对比 表1

对比内容	单位	有工作室大管棚	无工作室大管棚
工作空间长度	m	6~9	1~2
扩挖范围	m	≥1	0.4~0.5
扩挖方量	m^3	70~104	4~9
回填混凝土方量	m^3	56.5~90.5	4~9
套拱混凝土方量	m^3	13.5	0
钢拱架	t	5.5	0.5
导向墙素喷混凝土	m^3	7.3	7.3
超前钢管长度	m/根	32	30.3

(2)有工作室大管棚大范围扩挖,一方面使开挖土石方量增加,增加了运输成本;另一方面为了保证安全,需要对扩挖部位进行环向的锚杆支护和径向注浆来对开挖轮廓线的围岩进行加固,这样就导致工作烦琐,工程量巨大,衬砌混凝土用量增加,混凝土回填量增多,加大了成本投入。

(3)有工作室大管棚需要施作套拱,套拱施工需要先做钢拱架支撑,然后安装木模板并加固,这在洞内施工比较困难,且对导向管的安装准确度要求很高;无工作室管棚施工只需要依托一榀带有导向孔的工字钢施工,无需做导向墙,工序简单,施工方便,效率提高。

(4)由于常规有工作室大管棚需要扩挖的长度长、范围大,衬砌混凝土厚度达到1m以上,对于衬砌模板刚度要求高,隧道正常段的模板可能难以达到要求,需要重新订制模板;无工作室大管棚不需要大量扩挖,普通钢模板就可以满足施工要求。

(5)有工作室大管棚需要的场地大,与洞内交叉作业相互制约,影响进度;而无工作室大管棚对场地需求小,对洞内其他作业面的施工影响也小很多。

(6)有工作室大管棚每根钢管需要增加2m套拱的长度,且套拱需要预埋直径134mm的导向管,无工作室大管棚每根钢管仅需增加一根工字钢宽度和10~20cm的外漏长度,节省材料。

从方案上的对比可以看出,无工作室大管棚显然更加适用佛峪口隧道进京线浅埋段施工,所以项目部决定采用配备专业管棚机的无工作室大管棚方案。

4 无工作室大管棚施工

4.1 无工作室管棚施作方案

在里程 ZK22+278～ZK22+308 段施作无工作室大管棚超前支护以便固结岩体，达到安全出洞目的。无工作室大管棚需要在隧道里程 ZK22+278～280 开挖轮廓线向外扩挖 40cm，长度为 2m，作为顶进管棚钢管的施工空间。在初支外侧 10cm 处，通过架立的一榀 I25 钢拱架上的预留孔，按要求采用外插角 1°～3°开孔，并进行管棚孔钻设。钻孔完成后将管棚与钻杆连接逐节推入孔内，在管内推入钢筋笼，最后封堵管口并进行注浆。管棚采用直径 108、长 30.3m、环向间距 40cm 钢管，在拱顶 120°范围内与线路中线平行布设，数量为 37 根，内置钢筋笼，封闭注浆。

4.2 施工技术要点

4.2.1 大管棚施工及注浆工艺流程

扩挖段施工→施作止浆墙→架立带孔的 I25 工字钢→C25 混凝土封闭钢架→修筑钻孔机操作平台→钻孔→装管→装钢筋笼→安装止浆阀→泥浆制备→管棚注浆。

4.2.2 施工准备

(1)掌子面处理。当扩挖段施工至里程 ZK22+278，此时轮廓线扩挖 40cm，掌子面进行喷射混凝土施工作为止浆墙，同时使掌子面平整，防止掌子面围岩松散垮塌，也便于管棚钻孔安装导向管，以提高钻孔精确度。

(2)测量放线。采用全站仪测量，在掌子面按正常段开挖轮廓线扩大 10cm 安装带有预留孔的 I25 工字钢，两边拱脚用混凝土固定，拱墙和拱顶部位采用直径 25 的螺纹钢作为锚杆固定。I25 工字钢的弧形半径比正常段开挖轮廓线大 10cm，预留孔一共 37 个，孔径 135mm，沿工字钢拱顶 120°范围的中间位置，按照环向间距 40cm 均匀布设，复合无误后标记序号。

4.2.3 管棚钻孔

钻机场地平整，在钻机就位后，先调整好机身和钻杆角度，然后对准工字钢孔位开始钻孔。钻头采用直径 120mm 的十字形钻头，以提高钻孔效率和成孔率。在钻孔施工时，为保证孔位精准度，利用全站仪进行精确定位，并用测斜仪进行钻孔偏斜度控制，严格控制好管棚的方向。钻孔完成后用高压风枪进行吹孔，防止孔内掉落的小石子影响后续管棚安装。

4.2.4 成孔测试

管棚钻孔完成后用 35m 长直径 32mm 的 PVC 管测试成孔，如果出现塌孔现象，应进行注浆固结，再次进行钻孔施工，以避免出现地层塌孔导致管棚长度达不到设计要求的废孔现象。

4.2.5 超前大管棚安装

管棚钢管(图 4)采用直径 108mm 壁厚 6mm 热轧无缝钢管，节长 4～6m，分节钢管采用 15cm 丝扣对口连接，外套直径 114mm 壁厚 4mm 钢管；管头 10cm 做成锥形，管身布设溢浆孔，直径 12mm、间距 15cm，梅花形布置，管尾部 2m 做成止浆段。管内设钢筋笼(图 5)，钢筋笼主筋为 4 根直径 16mm 钢筋,采用直径 50mm×4mm 钢环做固定环,固定环节长 5cm,与钢筋笼主筋焊接。

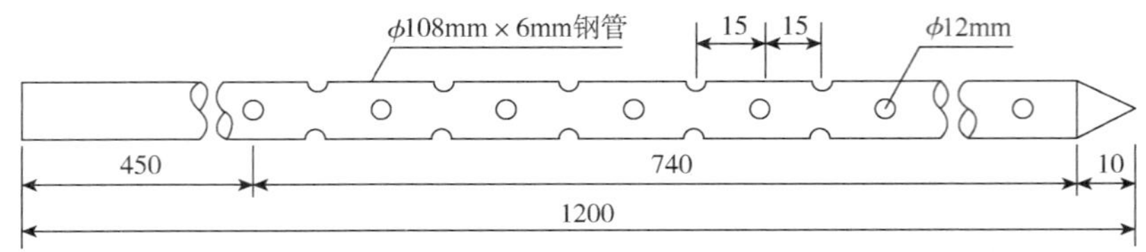

图 4 钢花管设计图(尺寸单位:cm)

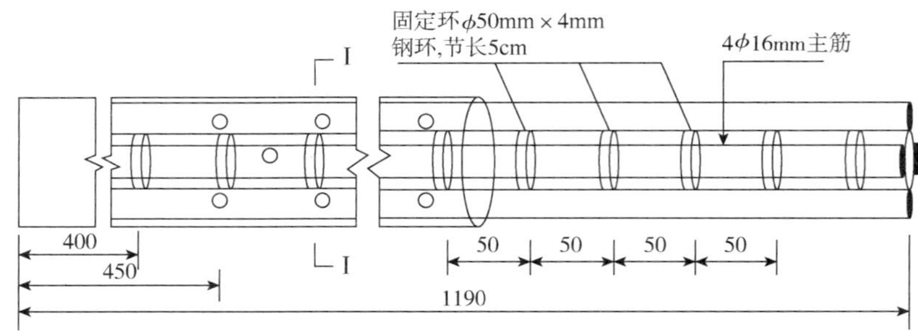

图 5 钢筋笼设计图(尺寸单位:cm)

管棚机钻孔完成后,退回钻杆,取下钻头,在钻杆上安装管棚连接器,将管棚钢管与钻杆连接逐节低速旋转推入孔内,严格控制顶进速度及压力。安装到最后带止浆阀钢管,需要安装钢筋笼和回气管(直径 2cm 的 PVC 管即可),长度与钢管等长,之后安装上止浆阀和排气阀。用麻布条封堵钢管与孔间隙,回气阀要与回气管相连接。后用环形楔环顶紧,最后用电焊将楔形环焊接在管棚上。

将钢筋笼推送入钢管内,主筋焊接连接,以增强刚度与强度。

4.2.6 注浆作业

管棚钢管的尾口要安装止浆塞、止浆阀和回气阀。检查注浆机和注浆回路,搅拌水泥浆,现场进行注浆试验,试验得出水灰比重为 0.6~1,注浆压力 0.5~1Mpa,最大压力 2MPa,终压为 1MPa。注浆原则:从下往上、先两侧后中间,隔空注浆,防止串孔。

5 技术重点与关键

(1)钻机的角度和方向必须准确控制,保证孔向正确,每钻完 1 个孔,检查合格后便顶进 1 根钢管,在钻孔过程中也需要用测斜仪器测定钢管倾斜度,发现偏斜有可能超限,应及时纠正,避免影响开挖和支护。

(2)由于岩石破碎,裂隙夹杂泥沙较多,钻孔过程极易出现卡钻、塌孔等现象,保证成孔率是钻孔难点之一。

(3)顶进管棚钢管困难,钢管前端需要做成锥形,钻机宜具备连接钢管设备,在钻杆的旋转作用下缓缓顶进孔内,不可蛮力冲击钢管,易造成钢管变形等废孔现象。

(4)大管棚钻孔和注浆应采取隔孔钻隔孔注浆的方式,以防止串孔或串浆。

(5)由于管棚角度朝上,在注浆时常常出现管内空气排不出去而压力过大,在成注浆不满,无法起到固结周围岩体作用,所以在钢管安装完成后一定要安装回气管和回气阀门。

6 结语

通过采用无工作室大管棚技术,实现了佛峪口隧道进京线浅埋段施工安全出洞,根据现场施工经验,得出以下结论:

(1)无工作室大管棚从扩挖开始到钻孔再到所有孔位注浆结束,整个过程用时8d,非常高效且安全可控,具有良好的社会效益。

(2)在破碎围岩和软弱围岩中的超前支护手段中,无工作室大管棚施工能够达到安全进洞的目标,证明无工作室大管棚施工满足浅埋段隧道的安全要求,符合于不良地质的施工要求。

(3)无工作室大管棚施工相比较有工作室大管棚施工而言更加简单可靠,更具有经济性、安全性、适用性和实用性,更加满足当下快速便捷的施工要求。

参考文献

[1] 中华人民共和国交通运输部.公路隧道施工技术规范:JTG/F 60—2009[S].北京:人民交通出版社,2009.

[2] 中华人民共和国交通运输部.公路隧道施工技术细则:JTG/T F60—2009[S].北京:人民交通出版社,2009.

[3] 张志秀.堆积体浅埋隧道超前支护大管棚施工方法[J].山西建筑,2009,35(34):333-334.

[4] 马登科,成志勇,胡爱珍.全风化花岗岩隧道围岩注浆施工方法:201110364355.5[P].2012-04-25.

提高隧道洞内导线测量精度的方法

李世英[1],冷　鹏[1],方　睿[1],常国亮[2]
(1.北京市首发高速公路建设管理有限责任公司;2.中交一公局集团第五工程有限公司)

摘要:本文根据现场实际操作总结而来,主要阐述了几种产生测量误差的原因,并针对性的论述规避以上误差的方法以及原理,结合本人的工作经验,内容涵盖了测量工作中的准备工作、点位布置、对中整平和平差分析等环节的注意事项,供大家参考。

关键词:长大隧道;测量;洞内导线

1　引言

我国隧道施工测量技术现已趋于成熟,现代化高精度测量仪器的应用也十分广泛,然而在长大隧道施工中,想使洞内掌子面贯通误差远小于规范要求却并不容易做到,在实际测量工作中有许多容易被忽略掉的细节,而这些细节恰恰是成败的关键,鉴于洞内导线测量的重要性,结合延崇高速公路第九标段(北京段)工程松山隧道洞内导线测量的情况,对长大隧道洞内导线测量中遇到的细节问题进行分析,并总结几点提高隧道洞内导线测量精度的方法。

2　工程概况

延崇高速公路主体为松山隧道,松山隧道总长9.2km,为双线隧道,其中北京段隧道长度4.6km,河北段隧道长4.6km,对向掘进施工。设斜井3处,示意图如图1所示。

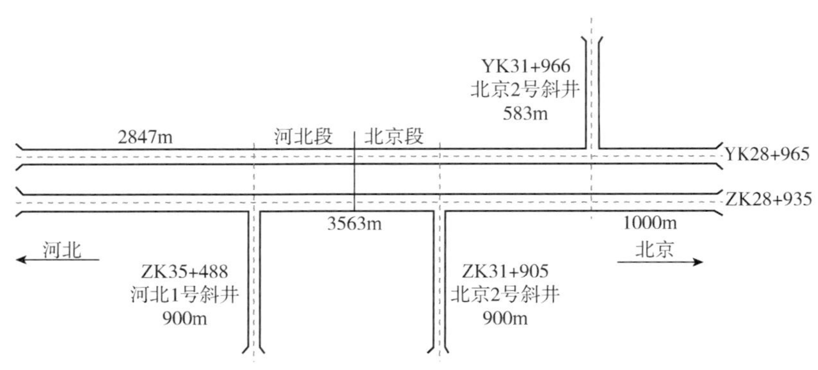

图1　松山隧道示意图

由于总体长度长，穿越山岭且地形复杂，导致控制测量难道系数加大，任务繁重，且北京段和河北段是由不同的设计院进行设计和交桩，两家中标单位分别施工，这又给施工单位的控制测量工作带来了更大的难度和挑战。为了使贯通误差在规范要求之内，我标段多方吸取经验，并在实际测量操作中采取了许多减小误差的方法，得到了一定的成效。

松山隧道北京段2号斜井与河北段1号斜井最大贯通长度 $L_G=900m+900m+3563m=5363m$，按照规范中规定当 $3000m\leqslant L_G<6000m$ 时对应测量等级为三级。横向贯通中误差应小于或者等于±80mm。

2.1 准备工作

（1）提高测量精度第一要素就是仪器本身的精度，即标称精度，本项目使用的全站仪为徕卡TS09plus-500，测角精度为1″。为摩擦制动的一类测量仪器。但标段洞内环境极其恶劣，2号斜井掌子面岩层水系分布较多，每天大概产生 $3\times10^4m^3$ 裂隙水，就像水帘洞一样。考虑隧道洞内，水蒸气、施工机械尾气、岩层中的有害气体，加之长大隧道工期一般都在两年以上，而全站仪的横轴是无法封闭的，在测量作业时空气中的水蒸气、含油脂的汽车尾气会通过缝隙侵蚀横轴电子度盘，影响精度，原本1秒的全站仪通常在2~3年之间精度会低于2秒级全站仪精度，再加上正常使用时会造成原件磨损，也会导致全站仪的测角精度和自身稳定性直线下降，针对此种情况，为了保持全站仪的性能，决定采用徕卡售后专员的建议：①在每次洞内测量结束后，要将仪器置于干燥的室内开箱放置2h以上，充分挥发掉侵入仪器内部的水蒸气以及含有油脂的施工车辆尾气；②每次施测之前利用仪器自身的校正功能进行指标差和标准差的调校，使仪器2c值小于2″以内、补偿器指标差保持在1.5″以内；③如果经过反复调校仍不能达到第2条的要求则应对全站仪进行一次返厂保养，包括检测仪器硬件性能是否达标、重新配置全站仪的出厂参数、各个旋转轴和制动盘之间重新上油等；④最后还不能保证精度只能更换仪器，保证测量精度。

（2）在全站仪和后视基座的整平对中过程中，应反复对中，在一侧对中整平之后要多变换角度旋转仪器，观察是否有偏中现象，如果有则应该反复调整直至最佳状态；如果脚架螺丝松弛就会导致对中基器不能准确对中，且对中之后只要稍旋转仪器就会发生仪器横轴与水平面不平行、偏中的现象，脚架如果不稳固，会大幅度影响观测精度，因此在测量之中重要的也是最容易被忽略的就是检查脚架是否紧固。开始测量之前要把脚架上的每一个螺丝都拧紧，不能让脚架有松散的感觉，同时也不要过紧，产生应力。调整脚架螺丝松紧要保证架腿稍有阻力感即可。

（3）对后视棱镜基座的对中偏心情况进行检查，通常使用的棱镜基座的对中标定误差为小于60″2mm，但这个值对于长大隧道来说还是比较大。而且对中误差属于偶然误差，没有规律，对测角的精度影响极大，在高精度测量中对中误差将成为主要的误差来源，产生误差后无法通过计算抵消，且越累积越大。所以减小后视基座的对中误差也极为重要，在开始进行导线测量之前要组织立后视基座人员进行专项培训，在操作过程中要仔细检验对中偏心误差。应将对中基座对中整平后反复旋转检测对中，一般对中之后再旋转基座都会有少量偏中,量取偏心值,小于 0.5mm 为合格,大于等于 0.5mm 则不能直接使用。如果经过反复调整旋转 90°仍然存在较大的误差的要及时更换基座。降低对中棱镜的架设高度可有效减少对中器角度偏中产生的对中误差。

(4)利用仪器自身校准功能调校仪器,全站仪配置的校准功能非常强大,应经常对仪器进行校正以保持全站仪的性能和测角精度。校准功能分为标准差、指标差、补偿器指标差和竖盘倾斜,标准差可以调节仪器 2c 差,指标差可调节仪器竖轴和水平面的垂直度,当全站仪电子气泡不能精平时调整指调整后的标差应不大于 1.5″,调整完指标差后校正补偿器指标差,调整后补偿器标差也应不大于 1.5″。

(5)当隧道内空气湿度较大时会在反射棱镜表面形成一层水雾,影响瞄准,正确的做法是使用软布反复擦拭棱镜表面,直到不再形成水雾为止。

2.2 控制点布设

由于隧道工程的特殊性,隧道施工控制点布设有其独有的特点,与路基桥梁工程有很大区别,路基与桥梁工程可在施工之前一次性布设,通常采用静态或附合导线的方法。而隧道工程则是随着掌子面的深入,先在掌子面两侧拱腰处做施工转点供掌子面开挖放样,仰拱回填之后又在回填层顶面布设临时控制点,最后调平层施工完毕再在调平层上布设永久控制点,随着掌子面进尺的深入向前布设。掌子面的点只能由后方的永久控制点推算,严禁使用掌子面的施工转点作为后视点继续做施工转点。松山隧道为双线隧道,左右的设计线距离约 35m,北京段主洞口的控制点为 GP06、GP07、GP10,是由设计院提供的 GPS 点,均按照城市 B 级的测量标准进行观测的,中央子午线为 117°高程投影面为 700m。以 GP06、GP07 为起点向洞内进行导线测量,导线方式选用主、副导线闭合环的方法进行导线观测,最后通过车从左洞闭合至右洞,效验最远端横向偏差。主副导线闭合环的方法具有闭合导线的优点,能够通过角度闭合差检验测角精度,通过平差分配误差提高最前方控制点的横向精准度,缺点是当隧道进尺较深时最远端的误差较大,为了减小水平贯通误差,我标段对同一条导线多次进行测量,把结果进行对比,每一次的结果都会有一点差别,但都分布于一定的范围之间,最后根据误差分布曲线的原则,采纳最近中值的导线计算结果。具体计算结果如图 2 所示。

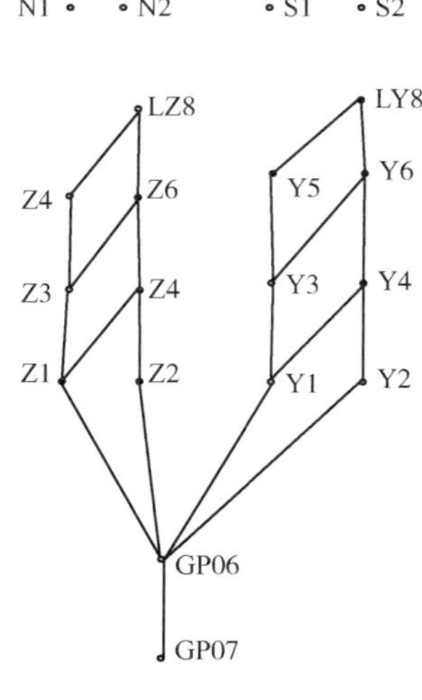

图 2 计算结果

Z1 ~ Z6 为左洞调平层上的永久控制点,LZ8 为仰拱回填面上的临时控制点,N1、N2 为侧壁上的施工转点,由于 N1、N2 位于侧壁上,且只能采用极坐标法测得,所以此点精度较低,只供掌子面开挖和初支立架使用,二衬施工不得使用。Y1 ~ Y6 为右洞调平层上的永久控制点,LY8 为仰拱回填面的临时控制点,S1、S2 为施工转点,GP07、GP06、Y1、Y4、Y2 为第一闭合环 Y1、Y3、Y6、Y4 为下一闭合环,依次延续,取点号是基数的点为主导线,偶数的点为辅导线,主导线既测边又测角,辅导线只测角不测边，用于计算角度闭合差。隧道每 250m 设有人行横通道一处，每 750m 设有车行横通道一处，遇到车通时将左洞导线向右洞进行一次方位角复核测量，进一步核验导线的可靠性。点位布设距离控制在 150～240m 之间，辅洞内的曲线段最小不小于 70m，测量视线与障碍物之间不小于 20cm，测量标志点选用不锈钢材质，严禁使用铁质及镀锌材质标志点，因为隧道内长时间的有水潮水环境会对标志点造成腐蚀，导致点位对中困难。调平层上的永久测量标志点顶面要略低于周围混凝土面，以防止十字丝或中点被施工车辆碾压。

2.3 观测方法及注意事项

（1）严格按照测量规范要求进行观测，每站测量之前输入温度、高程、气压等，开箱要静置仪器 20min，以适应温度。如果在洞外要避免强光照射仪器，可使用遮阳伞或在阴天进行测量。

（2）每站观测 8 个测回，右角测 4 个测回之后改用左角测 4 个测回，每测回采用后、前、前、后的观测顺序进行观测，测距精确到 0.1mm，测角精确到 0.1″，记录要书写工整、规范，当出现个别测回与其余测回互差较大时要注意观察环境是否发生变化，或者检查仪器是否平整，调整之后重新观测。

（3）每测回结束之后要检查仪器对中整平是否合格，全站仪电子气泡竖轴偏差大于 2″会影响仪器 2c 互差和归零差，对测角精度影响也很大，因此当竖轴偏差大于 2″时应停止测量，调整仪器后再测。

（4）隧道环境封闭，施工车辆尾气无法快速排开，观测视线要避免经过汽车尾气产生的热浪，且隧道内施工车辆一般自重较大，对周围扰动明显，有车辆经过时要停止测量。

2.4 测量时间

（1）由于洞内与洞外的温度、空气湿度都不同，且受光线折射影响较大，回归计算复杂，为避免光在不均匀介质间传播产生折射，一般洞外 GPS 控制点与洞内导线点联测应在阴天或夜间使用手电进行测量。

（2）进入到洞里要将全站仪开机静置 20min 以上，一方面是使仪器与环境温度相适应，防止测量过程中由于仪器自身温度变化影响测量精度，另一方面防止仪器温度低于隧道内空气温度而在目镜处形成冷凝水，影响观测质量。

（3）由于延崇高速公路的特殊性，工期极度紧张，要求各施工工序衔接，不能因为导线测量而停工，结合隧道施工的特点，即一般情况每循环转孔 2～3h，装药爆破 1.5～2h，出渣 4～5h，Ⅳ及围岩立架 4～5h，三级围岩不立拱架，喷浆 3～4h。转孔、装药和立拱架期间洞内空气较好，且无车辆扰动，宜在此期间进行测量工作，喷浆和出渣时通视情况差，空气混浊，且车流量大，不宜进行测量。每次测量之前注意先洒水除尘并提前移动干扰视线的车辆。

2.5 平差计算

（1）每次完成外业必须当天整理所观测数据，有超限或者不符合规范要求的要及时补测。

(2)由于设计提供控制点坐标的高程投影面为700m,是综合6~9标的平均高度,而标段主体工程的设计高度在830~910m之间,所以要把每次的测距边长度归算到700m投影面上再进行导线计算。改正值计算参考如下公式:

$$\Delta h=-\frac{H_m+h_g}{R_n}D+\left(\frac{H_m+h_g}{R_n}\right)^2D \tag{1}$$

式中:D——测距边水平距离,m;

H_m——测距边高出大地水准面(黄海平均海水面)的平均高程,m;

h_g——该测距地区大地水准面对于参考椭球面的高差,m;

R_n——延测距方向参考椭球面法截弧的曲率半径,m。

(3)由于主副导线的特点,每一站的角度都会对最远端的横向精度产生影响,而坐标增量闭合差平差后会改变已知边的方位角,因此在平差计算的过程中只进行角度的平差,不进行坐标增量闭合差的平差。

3 提高测量精度的意义

隧道贯通误差控制和超欠挖控制是隧道施工永恒的主题,长大隧道横向贯通误差超限对于一条隧道来说是毁灭性的灾难,减小长大隧道贯通面横向贯通误差一直是测量工作者不断追求的目标,也是每个隧道测量工作者最重视的课题之一,然而业内普遍关注的内容更多的是导线方法的选择,而关于细节的探讨却不多,容易被人忽视,本文结合延崇高速公路(北京段)工程松山隧道的洞内导线测量工作,着重对洞内导线测量从开始准备直到结果计算中容易产生误差的细节进行了深入分析,并围绕减小贯通面横向贯通误差的主题对施工测量操作进行探讨,有不足之处还望各位前辈、同行指正批评。

参考文献

[1] 刘培文.道路与桥隧测量技术[M].北京:北京交通大学出版社,2013:533-534.

[2] 中华人民共和国住房和城乡建设部.城市测量规范:CJJ/T 8—2011[S].北京:中国建筑工业出版社,2012.

[3] 中华人民共和国建设部.工程测量规范:GB 50026—2007[S].北京:中国计划出版社,2008.

[4] 中华人民共和国交通部.公路勘测规范:JTG C10—2007[S].北京:人民交通出版社,2007.

延崇高速公路松山隧道进口边坡滑塌分析及治理

张　志，姜　瑜，陈鸿睿
（北京市首发高速公路建设管理有限责任公司）

摘要：针对边坡冻融病害，本文结合延崇高速松山隧道进口边坡滑塌实例，在构建滑塌力学计算模型的基础上，对冻融边坡滑塌机理和稳定性进行了分析，并运用数值分析的手段，对冻融次数和冻融深度两个因素进行了研究，揭示了冻融作用对边坡土体的劣化过程。最后根据冻融边坡的失稳破坏形态与机理，提出了合理的边坡永久治理措施，供同行借鉴参考。

关键词：路堑边坡；滑塌；冻融；稳定性分析；治理

延崇高速公路地处北京市延庆山区，是华北平原向张北高原的过渡区域，具有高寒、高地应力、水文地质条件极其复杂的特点，工程建设中边坡问题比较突出。本文针对延崇高速公路松山隧道进口边坡在建设期每年春融期间反复出现的浅表层滑塌，为避免通车运营后再次出现滑塌，造成不必要的损失，因此对该边坡滑塌的内在因素进行正确分析和判断，并拟定出有效的永久防护措施十分重要。

1　工程概况

松山隧道进口左侧 ZK28 + 764.5 ~ ZK28 + 960 段为挖方路基，边坡高度约 14m，为粉质黏土层边坡，原设计为二级坡，采用拱形骨架防护，路基挖方于 2017 年 3 月开始施工，5 月施工完成。2017 年已施工完成的边坡在经历一个冬季后，在 2018 年 4 月由于天气降雨因素发生第一次塌陷，塌陷长度为 15m，最大塌陷深度为 1m，拱圈内的土发生滑移，造成拱圈脱空，滑塌形态如图 1 所示，经临时修复后的边坡在 2019 年 3 月至 4 月期间在降雨诱因下又陆续发生了几次浅表层滑塌，塌陷长度约 40m，最大塌陷深度约 1.5m。

图 1　边坡浅表层滑塌

2 工程地质条件

2.1 地形地貌

松山隧道进口边坡位于北京市延庆区松山国家自然保护区内,场地地貌上属低中山山前坡麓地貌,现状地形整体南北两侧高,中间低,场地地形起伏较大。

2.2 地层岩性

根据地质调查及钻孔资料,边坡垂向分布地层由新到老依次为:①杂填土,为施工场地,水泥地面开孔,以碎石和砂为主,含建筑垃圾,层厚0.5~2.1m。②一般第四纪坡洪积粉土,黄褐色,稍湿,主要矿物成分为石英、云母,含大量碎石及砂砾,层厚6~7.5m。③一般第四纪坡洪积粉质黏土,黄褐色,稍湿~湿,可塑~硬塑,含氧化铁、氧化锰,局部含大量碎石及砂砾,层厚5.4~6m。④碎石,杂色,密实,碎石呈棱角状,一般粒径在2~15cm,最大粒径20cm,碎石含量占50%~75%,局部含大直径块石。⑤燕山期强风化花岗岩,肉红色,细粒~粗粒结构,块状构造,岩芯呈碎块状,局部呈短柱状,节长3~10cm,节理裂缝较发育。

2.3 气象水文

项目区位于延庆西北部山区,属大陆季风气候区,由于海拔较高,地形呈口袋形向西南开口,冬季干冷,夏季多雨,春秋两季冷暖气流接触频繁,对流异常活跃。延庆区多年平均气温8.7℃,7月平均气温23.2℃,1月平均气温-8.8℃,最高气温34℃,最低气温-27.3℃,全区多年平均降雨量约436mm,年内降水主要集中在汛期6—9月,地下水类型主要为孔隙潜水及裂隙潜水,受大气降水明显。

3 边坡滑塌成因分析

延崇高速公路地处山区,不同季节温差较大,边坡受坡向、植被、土壤性质及含水率等影响,在冬春季节气温反复变化易产生季节性冻融效应,松山隧道进口段边坡处于阴坡面,日照时间短,受冻融循环作用更为明显,从该边坡的每次滑塌季节及破坏形态看,受冻融作用影响较大。季节性冻土的主要受影响位置为地表浅层,当气温在零下时开始发育。由地表开始向土壤内部(边坡内部)发育。一般时间为11月下旬至次年1月中旬。季节性融土主要在春季开始,早春时期,气温在零度左右波动,随着空气温度不断升高,土层开始融化。由于春季降雨量大,进一步影响边坡内土层温度,边坡上层的土体基本处于饱和状态,随着含水率的增大,土的抗剪强度急剧下降,从而造成边坡的滑塌。

根据现场地形条件及周边水文地质环境,该边坡位于东、西两条冲沟与主沟兰角沟交接部位,边坡南侧为山体,正常情况下,一部分地表水流入两条冲沟后再汇入主沟兰角沟内或直接流入兰角沟内,一部分下渗形成浅层地下水,同时山体基岩裂隙水从上往下渗流,受隧道施工以及堆渣的影响,山体地表水进入兰角沟渠道受阻,大量地表水下渗形成浅层地下水,冬季由于坡面受冻,坡体内地下水位较高,春融季节边坡表层土体解冻后,融化深度范围内的土体顺着坡面向下滑动,造成路堑边坡滑塌。

4 边坡稳定性分析

4.1 滑塌力学模型分析

根据边坡冻融滑塌的破坏原因分析及实际滑塌面现场调查,为便于进行稳定性计算分析(图 2),将冻融滑塌的受力分析进行如下简化:①边坡的破坏模式按直线形破坏,且与边坡的坡面平行(图 3)。②滑体处于饱和状态,滑动面是相对隔水层,滑面以下仍处于冻结状态。③此类破坏多属于浅表层破坏,滑动土体厚度远小于坡长,因此边坡受力分析时可不考虑坡长因素。④每个单元土柱垂直面上作用的水平力大小相等,方向相反。

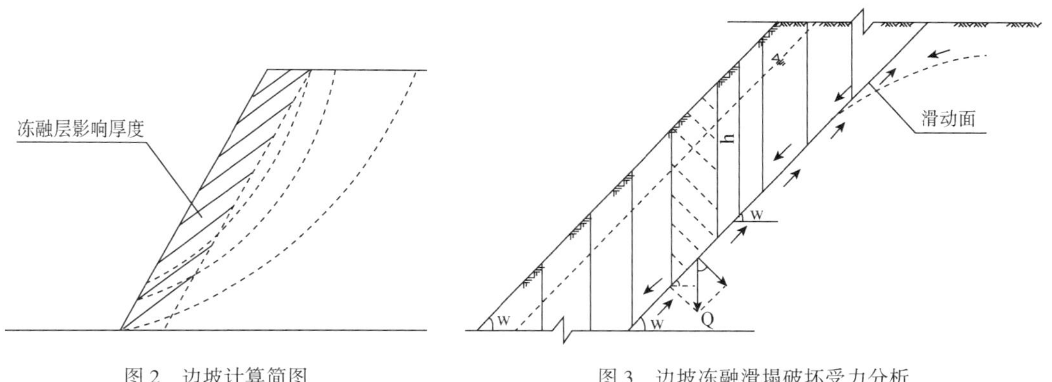

图 2 边坡计算简图　　图 3 边坡冻融滑塌破坏受力分析

直线形破坏模式下边坡稳定系数:$K = \dfrac{R}{T}$

由于假定滑动土体处于饱和状态,根据饱和土体的有效应力原理,饱和土体内由于存在孔隙水,将产生孔隙水压力,导致土的有效应力减小,边坡稳定性下降,因此边坡的受力计算应采用有效应力法,此时土的抗剪强度可表示为:

$$R = c + (\sigma - u)\tan\varphi$$

其中 $\sigma = Q\cos\omega = \gamma_{sat} h_s \cos^2\omega$, $u = \gamma_w h_s \cos^2\omega$

边坡滑动面上产生的剪应力为:

$$T = Q\sin\omega = \gamma_{sat} h_s \cos\omega\sin\omega$$

则稳定系数:

$$K = \frac{(\gamma_{sat} - \gamma_w) h_s \cos^2\omega\tan\varphi + c}{\gamma_{sat} h_s \cos\omega\sin\omega}$$

式中：Q ——土体单元重；

c ——以有效应力表示的黏聚力；

φ ——以有效应力表示的内摩擦角；

ω ——边坡坡角度；

σ ——总应力；

u ——孔隙水压力；

γ_{sat} ——土的饱和密度；

γ_w ——水的密度；

h_s ——滑动土体的平均厚度。

4.2 边坡稳定性计算

松山隧道进京线 K28+870～K28+935 段左侧边坡补充勘察共完成钻孔 7 个，计算用剖面 3 个，其中 2-2 剖面作为计算控制性剖面，该边坡土质主要为可塑～硬塑状粉质黏土，原设计边坡坡率为 1∶1，春融季节边坡失稳破坏前土体处于饱和状态，滑带土 c、φ 值参考同类地层残余抗剪强度经验数据，结合稳定性反算成果综合确定，滑体土密度值：饱和密度取 $\gamma_{sat}=20\text{kN/m}^3$；稳定性计算采用的抗剪强度指标为：黏聚力平均值 $c=8.3\text{kPa}$、内摩擦角 $\varphi=15.5°$。根据几次滑塌现场情况调查，滑塌体平均厚度约为 1m。根据上述公式计算稳定性结果见表 1。

稳定性计算成果表　　表 1

计算剖面	饱和密度 γ_{sat}(kN/m³)	强度指标		稳定性	
		c(kPa)	φ(°)	稳定系数(K)	稳定性评价
主滑剖面 2-2	20	8.3	15.5	0.97	不稳定

稳定系数 $K=0.97<1$，边坡处于不稳定状态，表明边坡在春融季节边坡饱水条件下，原设计坡率 1∶1(边坡坡角为 45°)是不稳定的，根据此思路，可以设定稳定系数反求出边坡临界坡率，如设定：

$$K=\frac{(\gamma_{sat}-\gamma_w)h_s\cos^2\omega\tan\varphi+c}{\gamma_{sat}h_s\cos\omega\sin\omega}=1$$

代入已知参数，求出 $\omega=41°$(坡率 1∶1.15)，即当边坡坡率为 1∶1.15 时，边坡处于极限平衡状态。

根据《公路路基设计规范》(JTG D30—2015)要求边坡的稳定系数应大于 1.2，同样反求出 $\omega=29.8°$(坡率 1∶1.75)，即当边坡坡率缓于 1∶1.75 时，该挖方边坡基本能自稳并满足规范安全系数要求，如边坡设计坡率陡于上述坡率时，需对边坡进行加强支挡并辅以边坡土体排水措施。

5 冻融循环效应对边坡稳定性的影响分析

5.1 模型的建立

为揭示冻融对边坡土体的劣化过程，以及对边坡整体稳定性的影响。本部分采用数值分析的手段，对冻融次数和冻融深度两个要素进行研究（图4）。模型采用 Midas/GTS 建立，材料采用 Mohr-Coulomb 破坏准则，地层严格按勘察报告划分，共分为5个地层。模型物理力学参数见表2。

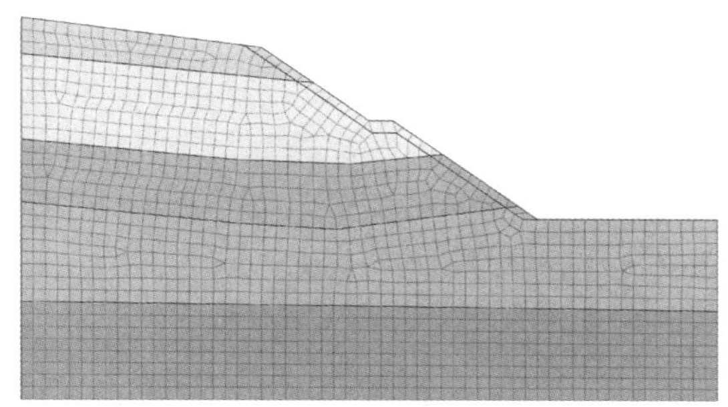

a)正常工况

b)冻融工况

图4 不同工况边坡数值模拟

边坡土体物理力学参数 表2

地层编号	弹性模量 E(MPa)	泊松比 v	密度(kg/m^3)	黏聚力 c(kPa)	摩擦角(°)
1	4.5	0.33	1900	5	5
2	5	0.30	2000	12	20
3	8.5	0.28	1990	28	15
4	16	0.22	2100	25	21
5	35	0.20	2100	40	35

计算流程分3个施工步：

（1）施加重力作用，并进行初始地应力平衡，位移清零。

（2）进行正常工况边坡稳定性分析。

（3）通过改变单元材料属性来改变冻融影响深度坡表土体参数，进行冻融条件下的边坡稳定性分析。

5.2 结果分析

5.2.1 不同坡率

坡率为1∶1条件下边坡稳定性分析结果如图5所示。

坡率为1∶1.5条件下边坡稳定性分析结果如图6所示。

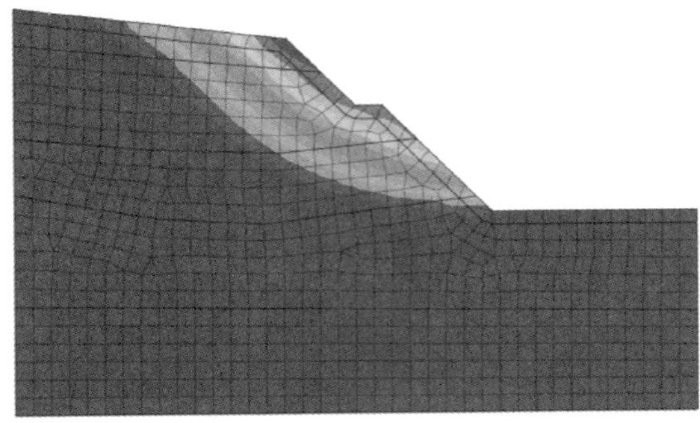

a)正常工况(K=1.36)

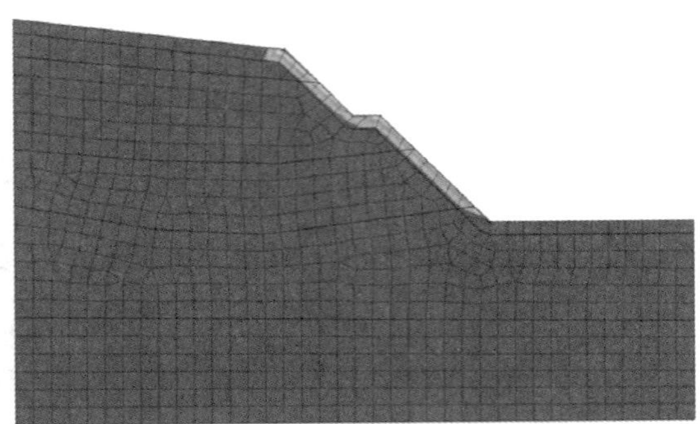

b)冻融工况(K=0.86)

图 5　坡率为 1：1 边坡计算结果

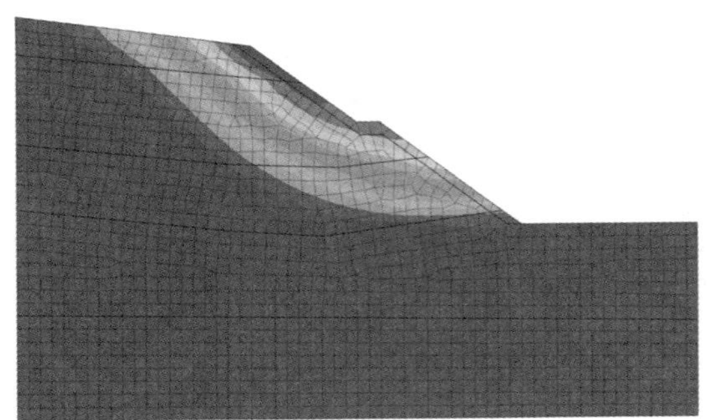

a)正常工况(K=1.45)

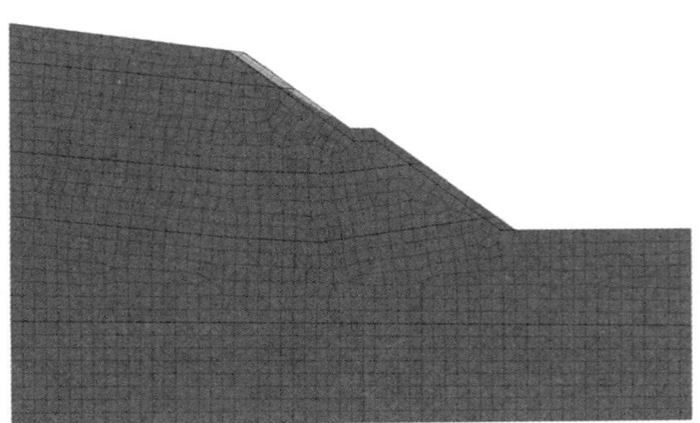

b)冻融工况(K=0.95)

图 6　坡率为 1：1.5 边坡计算结果

坡率为 1：1.75 条件下边坡稳定性分析结果如图 7 所示。

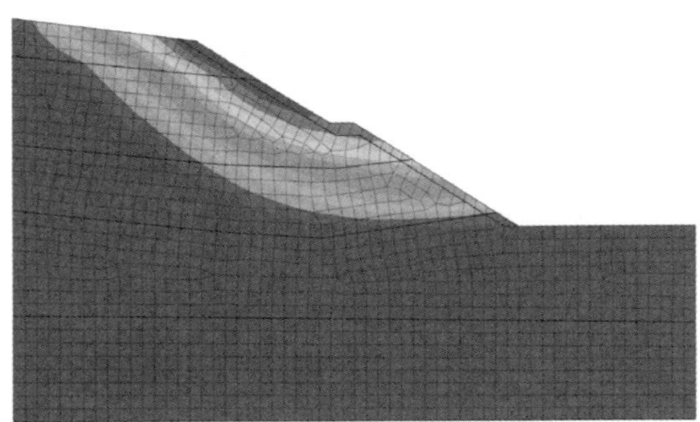

a)正常工况(K=1.62)

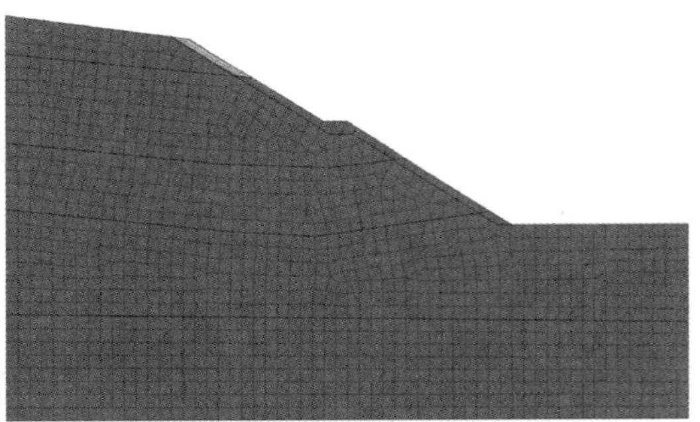

b)冻融工况(K=1.34)

图 7　坡率为 1：1.75 边坡计算结果

从分析结果可看出，随着坡率的减缓，边坡安全系数显著增大，从 1.36 增加到 1.62。同一坡率下，冻融使边坡稳定性造成影响。稳定性的影响程度还需进一步研究。

5.2.2　不同冻融循环次数

通过室内试验，得到了不同冻融循环次数条件下边坡土体的强度参数，并通过数值模拟，分析了不同冻融循环次数条件下边坡的稳定性，分析结果见表 3。

不同冻融循环次数下边坡安全系数 表 3

冻融循环次数	1 : 1	1 : 1.5	1 : 1.75
0	1.36	1.45	1.62
1	1.31	1.39	1.59
2	1.27	1.23	1.51
3	1.06	1.19	1.47
4	0.91	1.06	1.39
5	0.86	0.95	1.34

从图 8 可看出，随着冻融循环次数的增加，边坡安全系数逐渐下降。坡率越陡，安全系数下降越快。且在冻融循环的前期，下降幅度稍缓，到第 2 个循环，下降幅度开始增大，后期又减缓。这与边坡表层土体的劣化过程基本保持一致。边坡坡率放缓到 1 : 1.75 才能保证冻融条件下还处于安全状态。从图 7 可看出，随着冻融循环次数的增加，边坡安全系数逐渐下降。坡率越陡，安全系数下降越快。且在冻融循环的前期，下降幅度稍缓，到第 2 个循环，下降幅度开始增大，后期又减缓。这与边坡表层土体的劣化过程基本保持一致，边坡坡率放缓到 1 : 1.75 才能保证冻融条件下还处于安全状态。

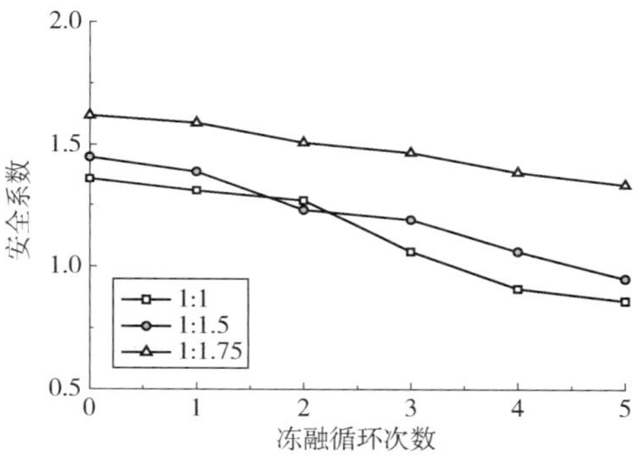

图 8 不同冻融循环次数下边坡安全系数

5.2.3 不同冻融深度

根据工程所在地气象数据，该地冻土深度约为 1m。为研究边坡土体冻融深度对边坡稳定性影响。通过数值模拟，分析了0.25m、0.5m、0.75m、1.0m、1.25m 条件下边坡的稳定性，分析结果见表 4。

不同冻融深度下边坡安全系数 表 4

土体冻融深度(m)	1 : 1	1 : 1.5	1 : 1.75
0(无冻融影响)	1.36	1.45	1.62
0.25	1.28	1.39	1.58
0.50	1.13	1.27	1.51
0.75	1.06	1.12	1.46
1.00	0.86	0.95	1.34
1.25	0.71	0.89	1.21

从图 9 可看出，随着冻融深度的增加，边坡安全系数逐渐下降。坡率越陡，安全系数下降越快。坡率为 1 : 1 和 1 : 1.5 工况下，极限冻融深度分别为 0.75。坡率为 1 : 1.75 在冻融深度达到 1.25m 时仍能保持安全状态。

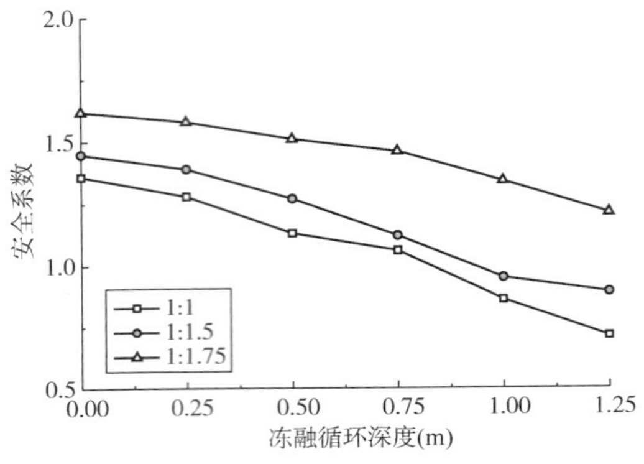

图 9 不同冻融深度下边坡安全系数

6 处治措施

针对该边坡在施工期间经临时修复后也不断出现滑塌破坏的现象，永久方案设计遵循“一次根治，不留后患”的原则，采用如下措施进行整治：①根据前文分析的结论，通过放缓坡率提高边坡的稳定性，结合现场地形及实际可行性情况，将边坡坡率放缓至 1：1.5，并增强边坡防护强度，采用钢筋混凝土拱形护坡。②为减轻坡面受冻融影响，坡面绿化采用袋装腐殖土的方式，降低边坡冻融深度并有利于促进边坡植被恢复。③为了加强坡面及坡体内排水设计，拱形骨架护坡窗孔内填铅丝石笼，渗水通过排水管汇集进入道路路面下的暗排系统排出。治理后的边坡如图 10 所示。

图 10 治理后的边坡

7 结语

(1)对于高寒山区的路堑边坡，在边坡设计时应充分考虑冰冻地区的特点，边坡高度很低的路堑边坡在受冻融影响下往往也会发生滑塌。

(2)冻融滑塌的破坏以直线形为主，厚度一般约 1m，基本属于浅表层滑塌。

(3)随着冻融次数及深度的增加，边坡安全系数逐渐下降。坡率越陡，安全系数下降越快。坡率为 1：1 和 1：1.5 工况下，极限冻融深度为 0.75。坡率为 1：1.75 在冻融深度达到 1.25m 时仍能保持安全状态。

(4)寒区边坡设计建议采用放缓边坡坡率并加强边坡地下水引排的设计思路，并充分考虑山区冬季严寒对导排水设施的不利影响。

参 考 文 献

[1] 中华人民共和国交通运输部.公路路基设计规范：JTG D30—2015[S].北京：人民交通出版社股份有限

公司,2015.

[2] 武鹤,高伟,王国峰,等.寒区公路土质路堑边坡滑塌原因及其防治[J].自然灾害学报,2006(03):66-70.

[3] 杨天军,川藏公路 102 道班滑坡整治保通工程实践与效果分析[J].中外公路,2019,39(2):1-4.

[4] 刘红军,王丕祥. 公路土质边坡冻融失稳稳定性分析[J].哈尔滨工业大学学报,2006(05):764-766.

[5] 冯守中,闫澍旺,崔琳.严寒地区路堑边坡破坏机理及稳定计算分析[J].岩土力学,2009,30(S1):155-159.

[6] 韩继国,王选仓,时成林,等.季节性冰冻地区公路边坡侵蚀破坏模式[J].长安大学学报(自然科学版),2008,28(1):41-45.

[7] 程永春,葛琪,何锋.季冻区土质边坡滑动界面临界深度的试验研究[J].岩土力学,2010,31(4):1042-1046.

[8] 李广信,张丙印,于玉贞.土力学[M].北京:清华大学出版社,2013.

[9] 程鹏,杨军海,张亚卿.黄土地区季节性冻融触发滑坡的机理分析[J].中外公路,2017,37(1):6-9.

[10] 张鹏元.公路隧道洞口滑坡分析与综合治理[J].中外公路,2018,38(1):43-46.

[11] 文桃,曹亚鹏,应赛,等.多次冻融循环条件下硫酸盐渍土盐-冻胀特性试验研究[J].中外公路,2018,38(2):49-54.

玉渡山隧道采空区处理技术研究

朱纯慧,钟月建,李建旺
(中铁十六局集团有限公司)

摘要:玉渡山隧道出口工区采空区是铁矿开采后所遗留下的地下空间,由于隧道出口工区铁矿开采历史久,采空区的地下分布十分不规则,使得高速公路在建设和营运过程中面临很大的安全问题,所以必须采取有效的采空区处理措施。

关键词:高速公路;采空区;隧道工程

1 引言

采空区是人为挖掘在地表下面产生的空洞。玉渡山隧道出口工区采空区是铁矿开采后所遗留下的地下空间,由于隧道出口工区铁矿开采历史久,采空区的地下分布十分不规则,使得高速公路在建设和运营过程中面临很大的安全问题,所以必须采取有效的采空区处理措施。

2 工程简介

2.1 工程概况

延崇高速公路(北京段)工程第六标段进京段起点 K15+602.064,终点 K21+045,全长 5443m,出京段起点 K15+604.065,终点 K21+105,全长 5501m。其中玉渡山隧道为重难点工程,玉渡山隧道为双线分离式隧道,隧道洞身以Ⅳ级、Ⅴ级围岩为主,Ⅲ级围岩较少,其中加高加宽带 542.4 m,紧急停车带 600m,Ⅲ级围岩 81m,Ⅳ级围岩 2452m,Ⅴ级围岩 5623m。经过现场地质勘探,在隧道出口工区大里程段洞口处发现铁矿采空区。

2.2 洞口铁矿采空区的形态特征

矿层及采空区的分布规律为,该铁矿的矿层主要为顺层面的分布,主要位于变质岩中,其矿层顶底板多为变质石英砂岩,矿层厚度大概为 1.2~1.5m,床层产状与岩层产状一致,即 180°~210°∠40°,实际采矿过程中采取的是留设隔墩的巷道式开采,由下而上分多层巷道开采,直至山顶。现有的采空区在隧道的出口段形成了一道厚约 1.5m 的类似断层带的薄弱岩体段,也是隧道施工及运营的安全隐患点。

根据物探及现场调查所掌握的采空区空间分布特征，当隧道穿越采空区段，在采空区的(矿层类似断层带)下盘(隧道位于采空区以下段)，即隧道北侧小里程段受采空的影响相对较小。但是在采空区的上方(隧道位于采空区以上段)其危害将更大，一方面由于施工过程扰动导致掌子面穿越采空区时，可能在上方可能出现一定规模的掉块，同时在运营期的车载等作用下，可能使得采空区进一步坍塌。预计隧道拱顶受到采空区的影响范围为洞跨 $3\times B$ (B 为隧道开挖宽度)即为 42m 之内，拱顶以上 $3B$ 范围外的采空区不需要做处治措施。另一方面，应岩层产状与出口段的边坡坡向基本一致，采空区的存在及受外界因素的触发而活化，则可能诱发出口段边坡的局部失稳，进一步影响行车安全，尤其是强地震作用下，其稳定性将进一步弱化。

3 采空区处理方法

玉渡山隧道左线隧道 ZK20+965～ZK20+940 段落采空区为隧道开挖揭露段，ZK20+940～ZK20+880 采空区范围地表做灌注孔，ZK20+880～ZK20+860 采空区范围地表做灌注孔；右线隧道 YK21+022～YK21+002 段落采空区为隧道开挖揭露段，YK21+002～YK20+952 采空区范围地表做灌注孔，YK2+0+952～YK20+931 采空区范围地表做灌注孔段穿越铁矿地层。采空区布置如图 1 所示。

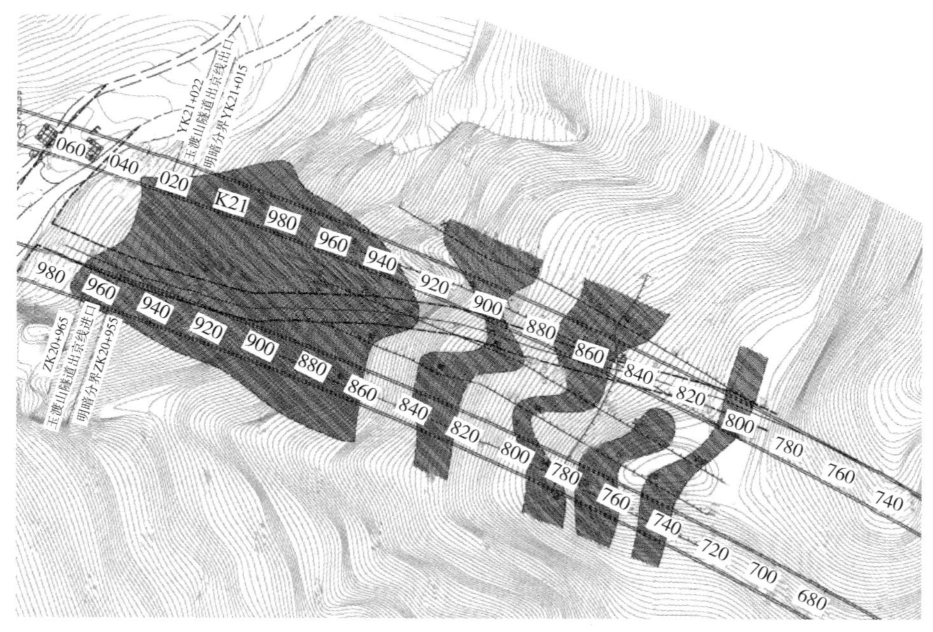

图 1　采空区处治平面布置图

针对开挖揭露段在开挖后在一定范围进行泵送 C15 混凝土充填；对于采空区空洞处治，在采空区范围地表做灌注孔，用 $\phi89$ 钢管泵送 M5.0 水泥砂浆对采空区进行填充，灌注孔间距为 5m×5m；依据相关隧道施工经验，对于隧道拱顶以上 $3\times B$ 范围外的采空区暂时不做处治，但施工期间须观测地表变形，必要时另行处理。

4 施工方案及技术要求

4.1 现场准备及平面布置

(1)根据建设单位提供的建筑红线控制桩和水准点,进行场地控制网测设和自然地面高程的测量,并做好初测记录及验收记录。

(2)施工临电引入10kV高压线架设至洞口,后配置2台800kVA变压器,洞内采用可移动配电盘进行配电施工。

(3)施工用水由小河屯供水管道采用增压泵引至洞口高位水池,满足施工需求。

(4)施工便道从古龙路硬化至出口工区隧道洞口处,便道硬化平均宽度为5m,可满足材料设备运输需要。

(5)场地布置:为满足施工,洞外场地平台位置设置空压机房、发电机房、水箱、材料库房、值班室等临建设施。

(6)对施工人员做好技术、质量、安全等全方面的交底,并形成文字记录。

4.2 开挖揭露段混凝土施工

玉渡山隧道ZK20+965~ZK20+940段,YK21+022~YK21+002段落采空区为隧道开挖揭露段,采空区在此处横穿隧道。在隧道开挖支护施工前,采空区在隧道两侧一倍跨径长度范围内泵送C15混凝土充填,回填高度以充满整个采空区为止。

4.3 帷幕止浆墙施工

注浆前先在进京线ZK20+940、出京线YK21+002断面采用帷幕孔泵送C20混凝土形成2m厚的止浆墙。

4.3.1 钻孔施工

(1)施工部署:本项目隧道采空区帷幕孔钻孔采用"跟管"钻工艺。

(2)测量放样:利用在施工现场设置测量控制网,采用全站仪进行测量施工控制,根据图纸所给的帷幕孔点位精确放样出各钻孔中心点,用白石灰画出圆圈轮廓线做标记。

(3)钻机就位:为方便钻孔注浆施工,采用仰坡开挖土回填成作业平台。从隧道洞口北侧修筑缓坡便道,便于材料及设备配件运至作业平台。洞顶仰坡平缓处采用潜孔钻机进行钻孔,仰坡陡峭处采用小型钻孔机钻孔。钻孔机进场后在隧道洞口进行安装并调试,然后通过25t汽车吊调至隧道拱顶洞门处,然后再移至作业平台处。

(4)施工工艺(ϕ89钢管钻孔跟管注浆工艺流程):钻机脚手架搭设→孔位放样→钻机安装→钻具安装→钻孔→跟管钻进→走完动力头一段行程→退钻、接管→继续钻进→退钻、卸杆、卸钻具→钢管注浆→验收。

钻孔完毕后对成孔进行检测,确保管道底部进入采空区,管内畅通无堵塞。

4.3.2 混凝土灌注

(1)泵送混凝土水泥采用强度高,耐磨性强收缩性小的水泥,碎石要求质地耐久、坚硬,有良好级配性能,细集料要求洁净、坚硬、并具有良好级配,粉煤灰的性能要利于泵送。

(2)帷幕孔的灌注混凝土掺入水泥用量2%的速凝剂,使灌入的采空区混凝土尽快凝固,以便快速形成帷幕,防治砂浆的流失。

(3)灌注混凝土的水灰比通过现场试验调配,采用适当的水灰比保证止浆墙的成型。

(4)浇筑混凝土前通过设计图纸提供的参数,计算出所需混凝土的方量数,确保采空区止浆墙的厚度不小于2m。

(5)帷幕孔采用C20混凝土灌注,混凝土运输至现场,采用输送泵泵送至帷幕孔顶部,直接灌注孔内,灌注顺序由线路外侧向中间灌注,混凝土再经过预埋的管道灌入采空区,由底部逐步灌至采空区顶部,形成的混凝土止浆墙必须饱满。

4.4 注浆加固区施工

4.4.1 相关参数及施工技术要求

(1)对隧道拱部存有采空区范围进行施作ϕ89灌注孔,在ZK20+940~ZK20+860、YK21+002~YK20+931处拱部位置用ϕ89钢管泵送M5.0水泥砂浆对采空区进行填充注浆加固,浆液采用M5.0水泥砂浆灌注,配合比为水泥:中砂=1:5.5。

(2)水泥砂浆稠度按照100mm控制,可结合现场实际钻孔间距情况进行调整,保证水泥砂浆的流动性,采空区充填率按照90%控制。

(3)采空区注浆灌注压力按照1~1.5MPa控制,可现场灌注情况进行调整。

4.4.2 注浆加固范围

在采空区范围做地表灌注孔,用ϕ89钢管灌注M5.0水泥砂浆对采空区进行填充,内部孔呈梅花形布置。进京线ZK20+940~ZK20+880、出京线YK21+002~YK20+952采空区地表做灌注孔,灌注孔间距为5m×5m,加固区总长度60m,平均宽度70m,钻孔深度沿着山坡由浅到深为10.15~27.58m;进京线ZK20+880~ZK20+860、出京线YK20+952~YK20+931采空区地表做灌注孔,灌注孔间距为10m(纵向)×5m,加固区总长度21m,平均宽度70m,钻孔深度沿着山坡由浅到深为8.34~29.16m。

4.4.3 注浆区钻孔

(1)施工部署:根据现场施工条件、围岩情况及施工图指导意见,采取洞口地表钻孔、钢管采空区顶部注浆加固的措施。经过研究决定本项目隧道采空区注浆钢管施作采用跟管钻孔工艺。

(2)测量放样:利用在施工现场设置测量控制网,采用全站仪进行测量施工控制,根据图纸所给的注浆孔位点精确放样出各钻孔中心点,用白石灰画出圆圈轮廓线做标记。

(3)钻机就位:为方便钻孔注浆施工,采用仰坡开挖土回填成作业平台。从隧道洞口北侧修筑缓坡便道,便于材料及设备配件运至作业平台。洞顶仰坡平缓处采用潜孔钻机进行钻孔,仰坡陡峭处采用小型钻孔机钻孔。

(4)施工工艺(钻孔跟管注浆工艺流程):搭设钻机操作脚手架→测定孔位→钻机安装就位→安装钻具→钻孔→跟管钻进→走完动力头一段行程→退钻、接管、接管→钻进继续→退钻、卸杆、卸钻具→注浆→验收。

4.4.4 注浆施工

(1)注浆前先在进京线 ZK20+940、出京线 YK21+002 断面采用帷幕孔泵送 C20 混凝土形成 2m 厚的止浆墙。注浆时先注最下面一排形成止浆帷幕,再注中间位置。

(2)注浆前先冲洗管内沉积物,由低至高顺序进行。灌浆顺序先两侧的后中间、先低位的孔后高位的孔,必要时采取分层注浆。灌浆应采取隔孔注浆的方式,间隔的时间应为 12h 左右,直至孔内灌满。

(3)注浆材料为水泥砂浆,采用泵送,水泥砂浆配比为水泥∶砂∶水=1∶5.5∶1,注浆压力为 1.0~1.5MPa,最大压力不得超过 2MPa。注浆压及浆液配合比可通过现场的试验确定。

(4)施工时先进行加固区的最外侧灌注孔注浆,然后进行内部的孔注浆,浆液应掺加水泥重量的 2%~3%的速凝剂,使孔内的注浆液尽快凝固形成帷幕,以防止浆液的流失。

(5)注浆施工应认真的填写注浆记录,及时分析改进作业,注意观察施工的支护工作面状态。

4.5 注浆结束标准

注浆的结束标准以注浆的终压和注浆量来确定。前期的注浆孔宜采用单孔的注浆量控制,当单孔的注浆量达到设计值时,可结束注浆。后期注浆孔宜采用注浆的终压来控制,达到设计值且注浆孔注入率小于 20L/min 时,再延续 20~30min 即可结束注浆。

4.6 注浆效果检查

通过对注浆施工参数的信息进行收集、分析,对注浆效果进行定性、定量评价,采取钻探与物探相结合的手段进行采空区处理效果的检测。通过钻孔取芯检测、察看取出的注浆样品,判定注浆效果;通过地质雷达的物探方法对采空区处理后的地质结构进行检测,判定注浆效果。

5 结语

在本次的隧道采空区处理施工中,在实施前进行了专项方案的专家论证,从现场实际情况出发,考虑到施工特点、工程质量及安全把控、工程经济及进度等各方面的因素,经过现场施工证实此方案可行,经济合理、安全可靠,为保证隧道结构的稳定性及耐久性提供了保障。

参 考 文 献

[1] 张高青.大运公路介休至霍州段灵石隧道采空区处理技术研究[D].西安:长安大学,2010.

[2] 中华人民共和国交通运输部.公路隧道施工技术细则:JTG/T F60—2009[S].北京:人民交通出版

社,2009.

[3] 中华人民共和国交通运输部.公路隧道设计规范　第二册　交通工程与附属设施:JTG D70/2—2014[S].北京:人民交通出版社股份有限公司,2014.

[4] 中华人民共和国交通运输部.公路隧道施工技术规范:JTG F60—2009[S].北京:人民交通出版社,2009.

[5] 中华人民共和国交通运输部.公路工程质量检验评定标准　第一册　土建工程:JTG F80/1—2017[S].北京:人民交通出版社股份有限公司,2018.

[6] 中华人民共和国交通运输部.公路工程施工安全技术规范:JTG F90—2015[S].北京:人民交通出版社股份有限公司,2015.

第四篇 管　理　篇

阪泉服务区多功能平面布局研究

秦向东[1],黄　辰[1],王赠皓[2],沈若松[2]
(1.北京市首发高速公路建设管理有限责任公司;2.中国公路工程咨询集团有限公司)

摘要:高速公路服务区是体现高速公路服务能力的重要环节,一般而言服务区仅针对高速公路日常状况下的驾乘人员进行服务,当高速公路服务区兼顾了社会的部分功能时,研究服务区的多功能平面布局,使服务区兼顾高速公路的服务功能和社会的服务、应急功能,具有重要的现实意义,能够从理论上提高服务区的使用效率与服务能力。

关键词:高速公路服务区;多功能;平面布局

1　引言

伴随着我国汽车保有量的不断提升,民众对出行的要求不断提高,通达性已经不再是人们关注的唯一焦点,出行感受和服务质量越来越被重视。高速公路服务区是体现出行感受、服务能力的重要环节。传统意义的服务区仅仅对驾乘人员在出行过程中提供必要的停靠、休息、如厕、就餐等服务。一般为封闭运营,不对非公路使用功能开放,当服务区设置位置位于有社会功能需求的地段时,服务区中的服务功能实际上形成了社会资源的浪费。当高速公路服务区兼顾了社会的部分功能时,研究服务区的多功能平面进行布局,使服务区兼顾高速公路的服务功能和社会的服务、应急功能,具有重要的现实意义,能够从理论上提高服务区的使用效率及服务能力。本文结合延崇高速公路(北京段)工程阪泉服务区,对高速公路服务区多功能平面布局进行研究。

2　项目情况概述

延崇高速公路(北京段)工程延康路至阪泉服务区段设置辅路与沿线地方路网衔接,长度约9km,是北京2022年冬奥会的主要通道。阪泉服务区位于主线桩号K12+664处,延庆区蔡家河村,设置在野鸭湖湿地公园内。由东、西两侧停车服务设施组成,规划用地面积6.5万 m^2,建筑面积6500m^2。

3　形成服务区多功能原因的分析及多功能的必要性分析

3.1　形成服务区多功能的原因

高速公路是目前交通出行的主要构成部分。目前我国大对数服务区的设置是为解决常规可预见的高速公路出行提供服务。将高速公路服务区常规服务功能以外,服务于非高速公路普通出行的其他功能的部分称为社会服务功能。

作为整个交通组成的一部分,特殊出行不可避免地会出现在部分高速公路中,如地方重大活动的交通服务功能,军队转场服务功能,临时突发事件的截停、检查功能,临时避难功能,旅游服务功能等。

目前我国服务区一般设置功能有停车、餐饮、购物、如厕、住宿等,这些功能不仅高速公路的使用者才有需求,社会中对这些功能的需求也十分旺盛。

高速公路为这些社会功能提供服务,不但可以使高速公路进一步融入整个社会的服务体系,还可以为地方节约重复建设成本,同样可以提高高速公路的服务质量及运营收入。

延崇高速公路作为北京 2022 年冬奥会(以下简称冬奥会)的主要通道,阪泉服务区不可避免地需要担负冬奥会期间为冬奥会转场服务的功能,而阪泉服务区本身又位于野鸭湖湿地公园内,周边旅游资源丰富,承担部分旅游功能也要在考虑范围内。短期服务冬奥会转场,长期服务野鸭湖湿地公园旅游的两种社会功能需要在阪泉服务区的设置中体现。

3.2 服务区社会功能服务分类

将社会服务功能分为短期社会功能、长期社会功能两种。

3.2.1 短期社会功能

短期社会功能包含临时性服务功能需求及非频繁使用的其他需求等。

临时性服务功能是指一次性可预见的重大的社会活动的需求。如阪泉服务区在冬奥会期间为冬奥会提供转场等服务的功能。

非频繁使用的其他功能是指可提供服务功能,但不可预见使用时间,非一次性但使用频率非常低的功能,如军队转场,突发社会事件的截留、检查,突发灾难避难等。

3.2.2 长期社会功能

长期社会功能包是指结合服务区所在地,可以为社会长期提供服务的功能。如阪泉服务区为野鸭湖湿地公园提供旅游服务的功能,为社会提供停车功能,将服务区购物、餐饮、住宿对社会开放的功能。

4 服务区多功能平面布局的研究分析

延崇高速公路作为冬奥会的主要通道,阪泉服务区设置短期功能。冬奥会转场等功能。根据阪泉服务区地理位置,阪泉服务区设置长期功能:野鸭湖旅游服务功能。这些功能均对服务区传统的平面布局造成影响,根据这些功能,对服务区的平面布局进行如下分析。

4.1 服务区传统功能平面布局概述

根据服务区传统功能有停车、如厕、购物、餐饮、住宿、加油、汽修等,服务区平面布局一般分为道路区域、停车场区域、综合服务区域、汽修区域、加油(加气、充电)区域。

4.2 服务区设置短期功能平面布局分析

4.2.1 临时性服务功能

临时性服务功能，一般存在于重大社会活动，冬奥会的服务功能为典型的临时性服务功能。对于这种功能的需求，应结合活动主办方的需求，同时应结合“永临结合”的思路，本着提供优质服务同时节约造价的思路，进行平面功能布设。

当服务区为重大社会活动提供服务时，以冬奥会为例：

阪泉服务区为赛时提供截留换乘服务，由阪泉服务区至延庆赛场路段，在服务区截留后，换乘专业车辆进入赛场。该服务功能分解为截留停车功能、换乘停靠功能、司乘服务功能。司乘服务功能为服务区固有功能，因此不做分析。

(1)截留停车功能。

为保证服务质量，满足功能需求，需对截留车辆的使用群体、种类、数量、进行调查了解，一般重大活动时会有活动主办方，这些数值应以活动主办方提供的数值为依据。调查完成后，首先应对服务区的用地规模进行对比，核实是否可以满足要求。当不能满足要求时，应根据需求提出补充用地的规模。阪泉服务区的规划用地为 6.5 万 m^2，不能满足截流换乘的需求，因此提出了增加用地的需求。

将截留人员按照群体分类可分为观众、运动员、媒体、官员来宾 4 个群体，在截留停车时，应对这 4 个群体进行分区域停靠，每个区域设置采用绿化带或其他软隔离方式区分(图 1)。区分时应注意考虑“永临结合”的思路，充分考虑赛时的截留停车功能与赛后的使用功能的综合方案。

(2)换乘停靠功能。

根据活动主办方的需求，由阪泉服务区至延庆赛场间，在阪泉服务区截留后，将换乘主办方提供的车辆至赛场，阪泉服务区需要设置换乘车站。换乘车站的布设，由其功能分析，应类似于小型汽车站的功能。其组成为到达区域、落客区域、回转区域、待发区域、出发区域、候车区域 6 个区域。换乘车辆为阪泉服务区—延庆赛场的区间运行，与小型汽车站不同的是，高速公路无法设置掉头车道，需要在两侧服务区间设置车辆回转掉头的功能，这就将到达、落客区域与待发、候车、出发区域分开由回转通道联通(图 2)。同时应考虑截留停车区域至换乘停靠站的人行流线。

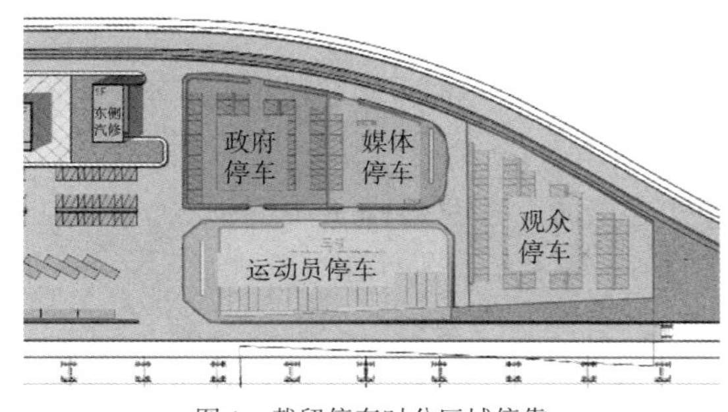

图 1 截留停车时分区域停靠

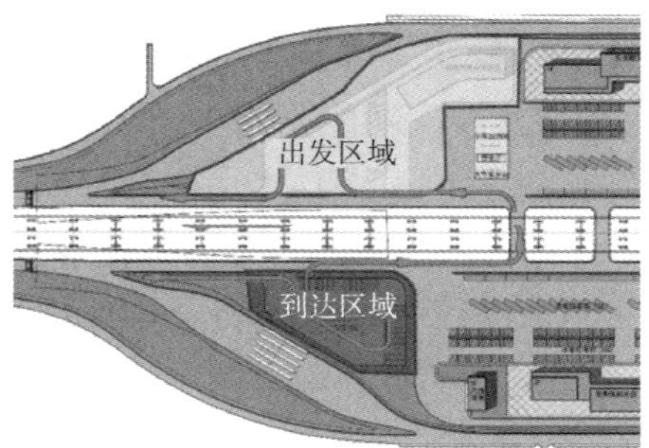

图 2 到达区域、出发区域由回转通道联通

临时性服务功能布局的重点在于“永临结合”,即在满足需求的同时,应考虑临时需求结束后的使用功能。

4.2.2 非频繁使用的其他需求功能

当高速公路或服务区位于一些特殊位置时,如重要的军事运输通道、省界、紧邻城市等,虽然没有使用者提出需求,但在布局时应考虑特殊的需求。

(1)位于特殊位置:重要的军事运输通道。

应考虑到部队转场是军事设施的停靠。对于军事设施大规模转场停靠的情况,无法明确预料时间、数量等内容,在平面布局是无“规划设计条件”,这时在适当增加停车位数量的基础上,应考虑在停车场出入口设置临时封闭措施,在短时间内封闭停车场。要注意,封闭停车场不能等同于封闭服务区。在无明确要求的前提下,可以短时不提供停车服务,但应保证加油、汽修服务。

(2)位于特殊位置:省界。

当服务区为省(自治区、直辖市)界服务区时,应考虑到突发事件的治安防暴功能需求,平面布局时应考虑:车行及人行流线应尽量简单明确,不宜设置多出口;场区围界应完整,不宜采用低矮、间距大的围界;宜设置过渡停车区域。

(3)位于特殊位置:紧邻城市。

当服务区设置在紧邻城市(会城市内)时,即便规划中没有要求,也宜考虑应急避难场所的设置。在平面布局时,尽量将建构筑物与开阔区域分开布置(即采用综合楼后置式的布局,或将建构筑物设置在一侧)。在开阔处设置存、用水点。

4.3 服务区设置长期功能平面布局分析

服务区的长期非传统功能一般会存在于服务区位于旅游景区内,服务区位于机场、车站附近,服务区紧邻城市,建设方有其他需求等情况。结合延崇高速公路实际情况,本文仅分析当服务区位于景区内的情况。

首先,应考虑服务区的布设尽量减小对景区环境的破坏,应尽量使服务区布局景观化;受服务区功能限制,无法与景观融合时,应在平面布局中考虑采用高大乔木进行遮挡。

其次,宜与景区管理部门协商,考虑在服务区设置连通景区的人行通道,使服务区同时兼顾景区停车、与景区连接等服务功能。

(1)景区停车功能:在平面布局时应注意,车辆往往停放时间长,宜将这部分停车位设置在服务区的角落,同时应考虑停车收费的问题。

(2)与景区连接功能:服务区设置景区停车功能时,应同时设置通往景区的人行道路,并在服务区综合楼中增置票务、咨询等功能,使服务区完全具备景区服务功能。

以阪泉服务区为例,其位于野鸭湖湿地公园内,在结合冬奥会的临时设施基础上,在服务区一侧布设停车区域,可供景区停车;在服务区紧邻景区一侧布置供人行的出入口(图3);在综合楼内设置贯通出入口,供游客出入。

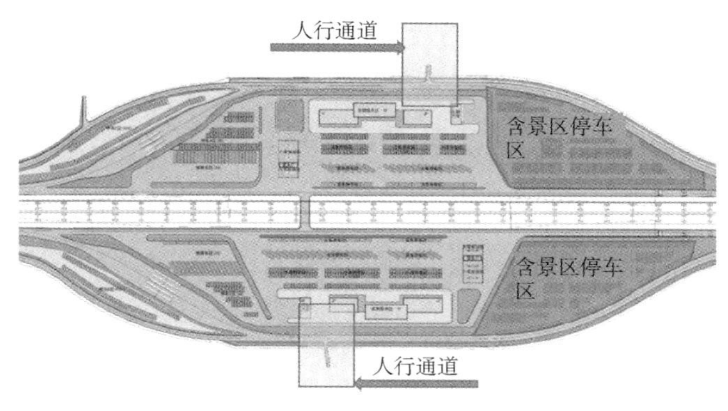

图3　人行出入口

4.4　服务区多功能综合平面布局分析

将为高速公路使用者提供服务的功能称为服务区基础功能，而前文论述的所有的短期、长期功能称为扩展功能。基础功能+扩展功能形成了服务区的多功能服务需求。在多功能服务需求中，最终大部分体现在服务区的平面布局中。

服务区多功能平面布局的重点在于，调查了解需求、基础功能与扩展功能相结合。

4.4.1　调查了解需求

在规划设计之初，对项目进行充分调查，明确是否存在扩展功能，存在哪些扩展功能。

4.4.2　基础功能与扩展功能相结合

服务区基础功能包含停车、住宿、餐饮、购物、如厕、汽修、加油等。根据前文分析，扩展功能的使用者对这些功能均有需求，但主要集中在停车功能上，所以服务区多功能布局时首要考虑的因素是停车区域的布局。

扩展功能中，停车需求往往存在停车时间长、流量大、偶尔会有区域独立的需求，所以当服务区有扩展功能的需求时，应尽量将建构筑物设置在服务区一侧（宜采用后置式服务区布局），使停车区域相对集中。

停车区域布设完成后，应重点考虑当存在短期功能时的“永临结合”的方案。短期功能伴随着短期流量的特点，其使用后对基础功能而言会造成浪费。这时应主动寻找其他长期扩展功能，提高其使用率。如阪泉服务区在冬奥会后可结合地方旅游资源，为旅游需求提供停车位等；也可结合城市使用功能设置城市停车场，或在短期使用后，将服务区设置的购物、餐饮、住宿等功能对社会开放。

5　结语

结合扩展功能综合设置服务区后，会显著提高服务区的服务能力。以延崇服务区为例，结合冬奥会、旅游功能需求综合布设后，服务区的停车接待能力提高120%，服务品质将显著提升。

随着小康社会的建成，人民群众对于生活品质、出行品质要求的提高，高速公路服务区所担负的功能将会不断提高,在服务区的布设时应多方位、多角度进行思考,为驾乘人员提供更优质的出行服务。

参 考 文 献

[1] 中华人民共和国交通部.高速公路交通工程及沿线设施设计通用规范:JTG D80—2006[S].北京:人民交通出版社,2006.

三臂凿岩台车施工与人工钻爆成本分析

徐成林[1],刘学恒[2],王　默[1]
(1.中交一公局集团第五工程有限公司;2.北京市首发高速公路建设管理有限责任公司)

摘要:随着我国交通事业的迅猛发展和国家交通运输中长期发展规划的实施,高速公路建设中必然会修建大量长大隧道。作为公路隧道施工中机械化施工重要设备之一的三臂凿岩台车,受到较多的关注和重视。通过对开挖过程中施工情况和成本的分析,并与人工钻爆进行对比,从数据上分析三臂凿岩台车和人工钻爆的成本情况。为推进实施隧道机械化施工、控制机械化施工成本提供借鉴。

关键词:三臂凿岩台车施工;人工钻爆;成本分析

1　引言

近年来,我国公路隧道建设具有工程建设工期短,施工质量要求严格,施工安全与环保要求高等特点。为了适应我国国情,实现公路隧道施工机械化,北京延崇项目执行公司隧道施工机械化配套管理标准,引进和选用一些国内外先进隧道施工设备,以此深入研究隧道机械化的相关施工技术。

根据松山隧道的项目概况,在实施隧道机械化施工的原则下,选用隧道施工“八台套”作为施工设备。基于此,本文主要以其中的2台三臂凿岩台车作为研究对象,将其与人工钻爆进行对比,进行成本分析。

2　工程概况

延崇高速公路松山隧道全长9203m,我标段负责进口段4590m,设置有2座斜井。标段起讫桩号为:K28+060~K32+820(进京),K28+040~K32+800(出京)。标段全长4.86km,主要工程为松山隧道及部分路基、路面、防护排水工程等。

3　三臂凿岩台车与人工钻爆成本对比分析

北京延崇项目桩号为:K28+040~K32+800(出京)主线左洞采用全断面爆破开挖,选用2台三臂凿岩台车作为主要施工设备,台车于2018年3月份开始用于施工,选取其中5—10月份的施工进程进行成本分析。

3.1 维修、保养和消耗成本对比分析

经统计,三臂凿岩台车的维修、保养和消耗成本见表1。

三臂凿岩台车的维修、保养和消耗成本　　表1

左右洞	时间段	数量(m^3)	损耗品		设备维修、保养		耗能	
			合计金额(元)	每 m^3 单价(元)	合计金额(元)	每 m^3 单价(元)	合计金额(元)	每 m^3 单价(元)
左洞	5月	10071.22	46506.59	4.62	8191.18	0.81	8143.60	0.81
	6月	9462.68	39840.91	4.21	7289.47	0.77	12700.80	1.34
	7月	12281.39	40118.41	3.27	46600.50	3.79	13633.60	1.11
	8月	12447.13	36273.22	2.91	9993.17	0.80	14330.00	1.15
	9月	10788.30	31982.65	2.96	8901.36	0.83	14322.80	1.33
	10月1—10日	3955.71	17572.50	4.44	4271.64	1.08	6300.00	1.59
左洞合计		59006.43	212294.28	3.60	85247.32	1.44	69430.80	1.18

三臂凿岩台车损耗品为钻头、钻杆和钎尾,钻头选用国产捷盛,钻杆和钎尾均采用进口原装,保证设备的工作性能。每月损耗品成本如图1所示,其中台车损耗品的每 m^3 成本单价为3.60元。

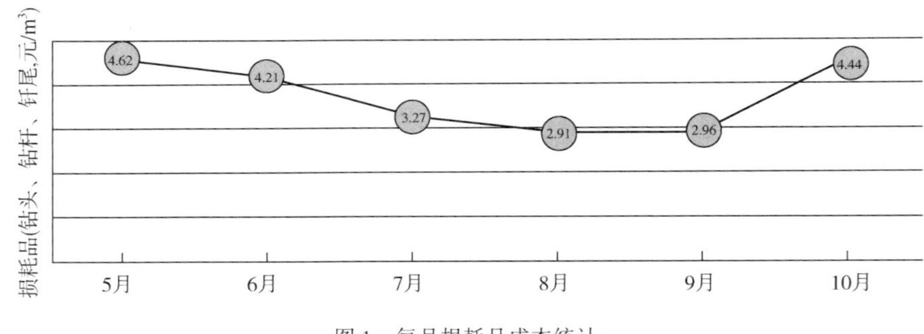

图1　每月损耗品成本统计

经统计,台车共计消耗钻头300个、钻杆38根、钎尾19支。在5个多月的施工时间内,主线左洞施工486.66m,平均钻孔数量170个,共计钻孔深度82732.20m,每个钻头平均钻孔深度275.77m,每延米需要消耗0.62个钻头,每个钻头平均能进尺1.62m;平均每根钻杆钻孔深度2177.16m,每延米需要消耗0.078根钻杆,每根钻杆平均进尺12.81m;平均每支钎尾钻孔深度4354.33m,每延米需要消耗钎尾0.039支,每支钎尾平均进尺25.61m。

三臂凿岩台车的设备维修主要是对台车一些易损件(油管、扶钎套、钢丝绳、连接套等)进行更换维修,保养主要是台车的润滑(消耗机油、润滑脂、液压油等)。每月设备的维修保养成本如图2所示。台车的设备维修、保养成本为1.44元/m^3。

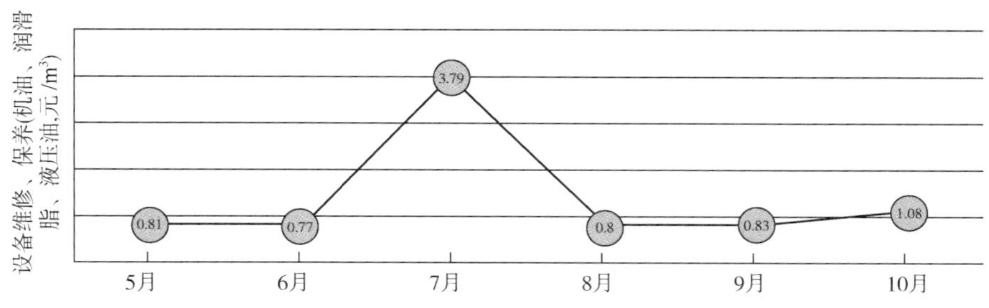

图 2　每月设备维修保养成本统计

三臂凿岩台车的耗能主要有电和柴油。其中柴油用于行走和简单操作供能,电用于钻孔。设备每月耗能成本如图 3 所示。台车总装机功率为 200kW,其中 3 个电动机功率各为 55kW,故在施工时,台车工作 2 小时便消耗 300 度左右电。台车的耗能(电、柴油)成本核算为 1.18 元/m^3。

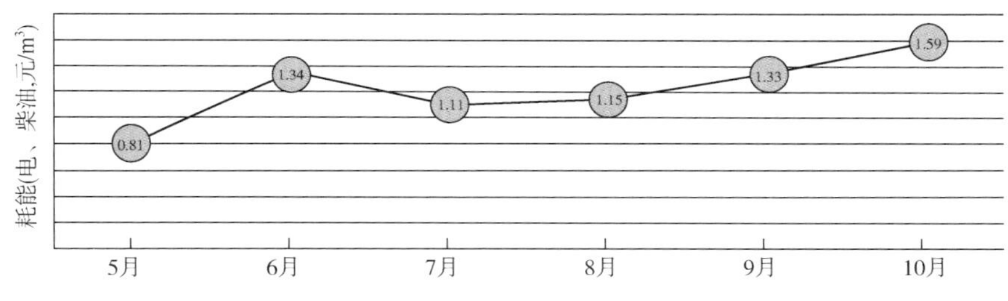

图 3　每月耗能成本统计

三臂凿岩台车的损耗品(钻头、钻杆、钎尾)、设备维修、保养(机油、润滑脂、液压油)和耗能(电、柴油)成本总计 6.22 元/m^3;而人工钻爆经统计,设备维修、保养和消耗等成本为 4.03 元/m^3,可见三臂凿岩台车比人工钻爆施工成本高 2.19 元/m^3。由于三臂凿岩台车的配件费用较高,并且关键部件选用原厂进口,台车成本较高。

3.2　人员成本对比分析

北京延崇项目部对于三臂凿岩台车设备配备以下人员:延崇项目大型设备管理设部长 1 名、日常统计分析报表人员 2 名、凿岩台车操作手 4 名、凿岩台车学徒 2 名、维保及配件管理人员 1 名,装药爆破人员 6 人,爆破技术员 1 名。

人工钻爆由协作队伍进行负责,配备钻孔人员 15 名(两班),管理人员 2 名,装药爆破人员 6 名,爆破技术员 1 名。

经统计,人工钻爆投入人员成本为 18.8 万元/月,三臂凿岩台车为 15.21 万元/月。人工钻爆投入人员成本比三臂凿岩台车高 3.59 万元/月。

根据两种施工人员配置,对比情况如表 2 所示。

施 工 人 员 配 置　　表 2

<table>
<tr><td>项目</td><td colspan="2">人 工 钻 爆</td><td colspan="4">三臂凿岩台车</td></tr>
<tr><td rowspan="2">开挖钻孔</td><td colspan="2">钻孔人员(人)</td><td>操作人员(人)</td><td colspan="2">配合人员(人)</td><td>维修人员(人)</td></tr>
<tr><td colspan="2">15(两班)</td><td>4</td><td colspan="2">2</td><td>1</td></tr>
<tr><td rowspan="2">装药爆破</td><td>装药人员(人)</td><td>技术员(人)</td><td colspan="2">装药人员(人)</td><td colspan="2">技术员(人)</td></tr>
<tr><td>6</td><td>1</td><td colspan="2">6</td><td colspan="2">1</td></tr>
<tr><td>管理人员</td><td colspan="2">2</td><td colspan="4">3</td></tr>
<tr><td>总计</td><td colspan="2">24</td><td colspan="4">17</td></tr>
</table>

3.3 爆破材料成本对比

根据统计(表 3),得出不同围岩等级每方消耗,三臂凿岩台车施工条件下,在围岩等级Ⅳb 时,消耗火工用品比人工钻爆每 m^3 炸药多 0.14kg,雷管每 m^3 少 0.13 发;在围岩等级Ⅳc 时,消耗火工用品比人工钻爆每 m^3 炸药少 0.31kg,雷管每 m^3 少 0.36 发。

人工钻爆与三臂凿岩台车钻爆爆破材料对比　　表 3

围岩等级	炸药用量对比(kg/m^3)			雷管用量对比(发/m^3)		
	人工钻爆	三臂凿岩台车钻爆	用量对比(三臂凿岩台车-人工钻爆)	人工钻爆	三臂凿岩台车钻爆	用量对比(三臂凿岩台车-人工钻爆)
Ⅳb	0.71	0.84	0.13	0.71	0.59	-0.12
Ⅳc	1.21	0.90	-0.31	1.03	0.67	-0.36
合计	1.92	1.75	-0.17	1.74	1.25	-0.49

根据统计计算,得出炸药、雷管在人工钻爆中的爆破成本为 13.31 元/m^3,而三臂凿岩台车炸药雷管的爆破成本为 13.00 元/m^3;在爆破方面,三臂凿岩台车爆破成本要比人工钻爆成本低 0.31 元/m^3。

三臂凿岩台车钻爆和人工钻爆的爆破成本不仅含有炸药、雷管的费用,还含爆破运输、保管和服务费用,爆破服务费用每月需 105500 元/掌子面,炸材运输费用为 14 万元/月,炸材库房保管费用为 3 万元/月。最后核算为人工钻爆的爆破成本每方单价 38.81 元/m^3,三臂凿岩台车钻爆的爆破成本为 37.90 元/m^3。三臂凿岩台车施工比人工钻爆节省 0.91 元/m^3,其主要体现在雷管材料的节省上。

3.4 设备摊销成本对比

三臂凿岩台车每台的购置成本高达 776.07 万元,折算后台车摊销费用为 11.69 元/m^3;人工钻爆需配置空压机、开挖台车、钻机等施工设备,综合设备摊销仅为 0.80 元/m^3。三臂凿岩台车的摊销费用比人工钻爆设备摊销多 10.89 元/m^3。

3.5 人才培养

为逐步建立和优化人员配置,形成实践与培训相结合的教育模式,为推行机械化提供后备力量，公司于 2017 年 12 月、2018 年 3 月各分配 1 名三臂凿岩台车学徒到北京延崇项目培训。其中 1 名学徒的操作水平已经达到项目熟练操作人员的 80%。公司于 2018 年 8 月新分配机械专业应届生 2 名，10 月项目接收台车操作实习生 7 名。建立健全后备人才储备，为实现公司的人才梯队提供有力支撑。

三臂凿岩台车施工由项目部管理，人工钻爆由协作队伍负责，因此对人工钻爆未投入人才进行培养。

3.6 前期准备

由于人工钻爆前期不需要高压进洞，故前期高压进洞仅为三臂凿岩台车的准备费用（表 4）。

前 期 准 备 费 用　　表 4

序　号	项　目	单　位	数　量	单　价	金　额
1	进洞 10kV 高压电缆	总额	1	500000	500000
2	变压器改造	总额	1	100000	100000
3	低压电缆	总额	1	686428	686428
4	水罐	总额	1	31000	31000
5	预计后期电缆投入	总额	1	500000	500000
6	其他	总额	1	100000	100000
小计					1917428

台车的高压进洞费用为 1917428 元，其中包含还未投入的后期电缆等费用，经计算，台车的前期准备费用为 8.07 元/m^3。

4 结语

4.1 施工成本对比

三臂凿岩台车钻爆施工与人工钻爆施工成本主要由损耗品、设备维修、保养、耗能、投入人员、爆破材料、钻孔设备摊销、人才培养以及前期准备组成。其中爆破材料和投入人员占施工总成本的很大比例。三臂凿岩台车钻爆与人工钻爆的成本对比见表 5。

三臂凿岩台车钻爆与人工钻爆成本对比表　　表 5

序号	分　项	人 工 钻 爆	三臂凿岩台车钻爆	成本对比（三臂凿岩台车-人工钻爆）
1	损耗品（钻头、钻杆、钎尾）	4.03	3.60	2.19
2	设备维修、保养（机油、润滑脂、液压油）		1.44	
3	电、柴油		1.18	
4	投入人员	17.40	13.75	-3.65

续上表

序号	分　　项	人工钻爆	三臂凿岩台车钻爆	成本对比(三臂凿岩台车-人工钻爆)
5	爆破材料	38.81	37.90	-0.91
6	钻孔设备摊销	0.80	11.69	10.89
7	人才培养	0.00	0.25	0.25
8	前期准备	0.00	8.07	8.07
合计		61.04	77.88	16.84

注:本表核算数据只含钻孔设备及台车摊销、钻孔、装药和爆破成本,未含出渣及后续工序成本。

人工钻爆施工总费用为61.04元/m^3,三臂凿岩台车的费用为77.88元/m^3。三臂凿岩台车钻爆比人工钻爆高16.84元/m^3,这是符合机械化施工客观规律的。同时两台三臂凿岩台车属于新设备,没有发生较大故障,维修成本现在还处于较低的水平,为了降低后期维修成本,在工作中应尽力做好日常保养,降低设备损坏几率,延长使用寿命。

4.2 机械化探讨

随着施工技术的发展,劳动力成本的不断提升,隧道传统人工钻爆开挖已逐渐不能满足国内对环保、经济性和安全性的要求。而三臂凿岩台车作为隧道钻爆法施工的先进设备,能够满足业主对工程安全、施工质量和工期的要求,也成为专业化隧道施工队伍做大做强的必备装备。

先进机械设备在施工中应用,能够大幅降低人工劳动强度、改善作业环境、充分提高施工效率,具有明显的施工优势,符合现代隧道施工趋势,是今后隧道施工实现机械化发展的必然。虽然目前凿岩台车开挖成本相比于人工钻爆成本较高,但是随着社会大趋势的发展,人工成本将不断大幅度增长,对环境、安全等各方面的要求也会越来越严格;科技的不断发展,施工机械的不断创新,会使机械化施工作业的成本降低,未来机械化作业成本势必会低于人工作业。

参考文献

[1] 顾晶彪.公路隧道不同钻爆法对施工进度的影响研究[D].重庆:重庆交通大学,2012.

[2] 袁雪戡.秦岭终南山特长公路隧道关键技术研究[M].北京:人民交通出版社,2010.

[3] 李小青.隧道工程技术[M].北京:中国建筑工业出版社,2011.

[4] 黄成光.公路隧道施工[M].北京:人民交通出版社,2001.

[5] 刘瑞波.隧道施工机械选型技术分析[J].科技视界,2012(18):289-290+266.

[6] 蔚艳庆.电脑凿岩台车快速施工技术研究[D].成都:西南交通大学,2007.

延崇高速公路桥梁及妫水河隧道的安全监理管理

张忠俊[1],腾　达[2],黄　涛[1],苑　亮[1],申智涛[1]
(1.北京逸群工程咨询有限公司;2.北京市首发高速公路建设管理有限责任公司)

摘要:在工程项目施工中,不仅要保证施工质量,更要保障施工过程的安全。以延崇高速公路(北京段)工程为背景,阐述了项目安全专项方案审批与管理过程,说明了施工安全组织管理及安全保障措施,针对工程中桥梁和隧道两个施工重点,给出了安全监理管理要点。

关键词:安全监理管理;安全专项方案;管理要点

1　引言

工程项目施工安全是开展施工工作的前提和基础,它对于维护施工人员的生命安全以及工程项目的财产安全具有重要的保障作用,而且也会影响到社会的稳定。当前,伴随社会经济的不断发展,我国的工程建设项目数量和规模不断增加。调查发现,大多数施工单位都偏于重视施工质量、施工工期和施工成本。而忽视了施工安全监理管理工作[1-5]。

文章依托延崇高速公路(北京段)工程项目,简要分析了项目安全专项方案审批与管理过程及施工过程的安全监理管理。

2　工程概况

2.1　延崇高速公路平原段桥梁工程

延崇高速公路(北京段)工程第1标段,设计起点位于兴延路营城子立交北侧;设计终点位于小大路北侧,标段全长5.32km。主要工程内容包括妫川路互通式立交、高架桥、延康路互通式立交、延康铁路分离式立交,路基路面及排水涵洞等。

本标段内高架桥盖梁结构尺寸为12.35m×2m×1.6m(图1),采用C45混凝土现浇。

延康路互通式立交主线桥墩柱系梁结构尺寸为0.531(1.645、1.781、3.029、3.086、4.333、4.525、5.451)m×2.4m×1.8m、0.531(1.781)m×2.6m×1.8m,如图2~图5所示,采用C45混凝土现浇。

根据《公路工程施工安全技术规范》(JTG F90—2015)的要求,本工程需对高架桥盖梁、延康路互通立交主线桥墩柱系梁的模板排架安装编制专项安全施工方案。

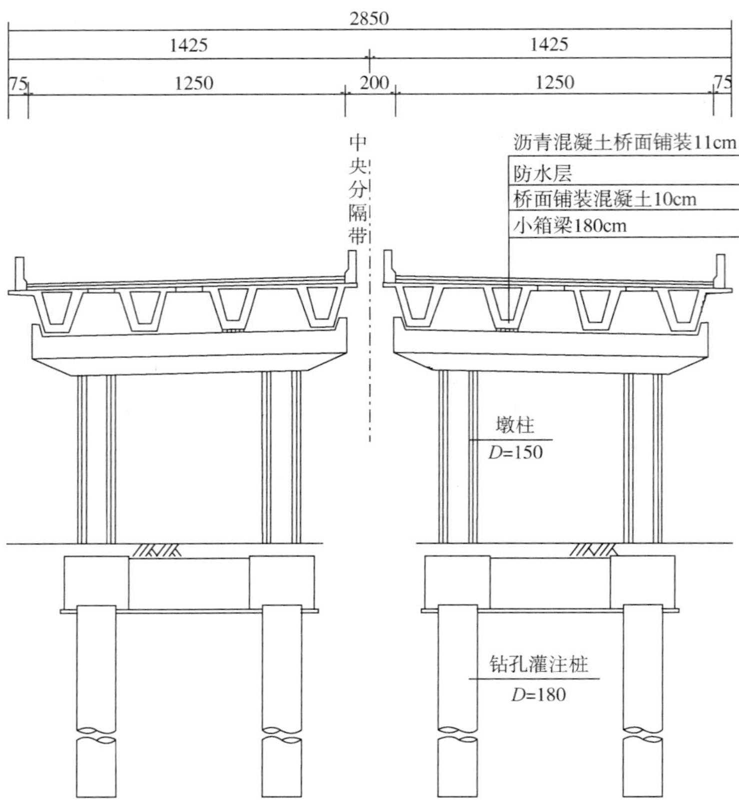

图1 高架桥断面图(尺寸单位:cm)

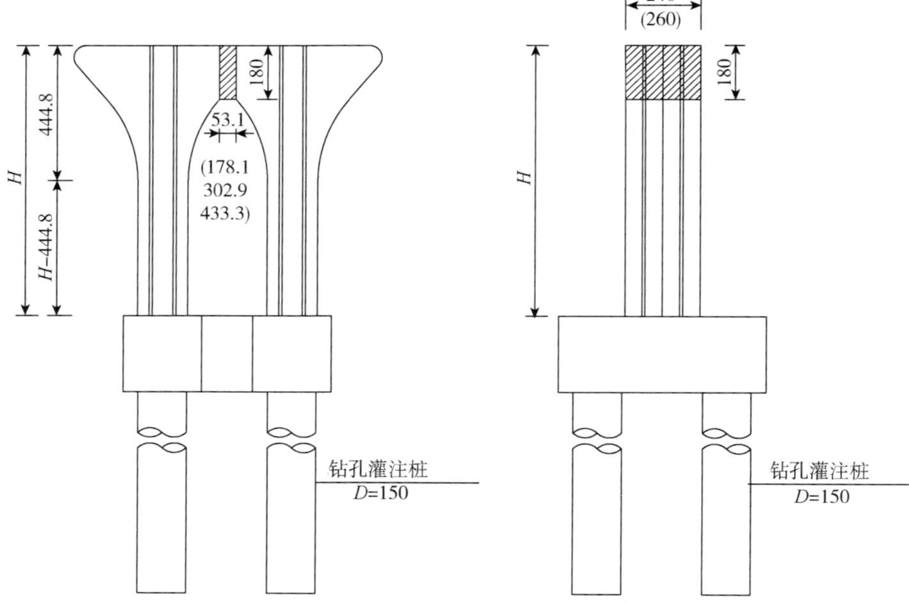

图2 延康路互通式立交主线桥墩柱系梁立面图和侧面图(尺寸单位:cm)

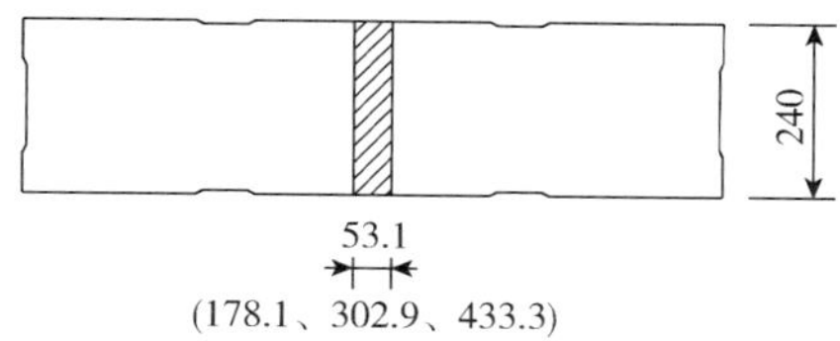

图 3　延康路互通式立交主线桥墩柱系梁平面图(尺寸单位:cm)

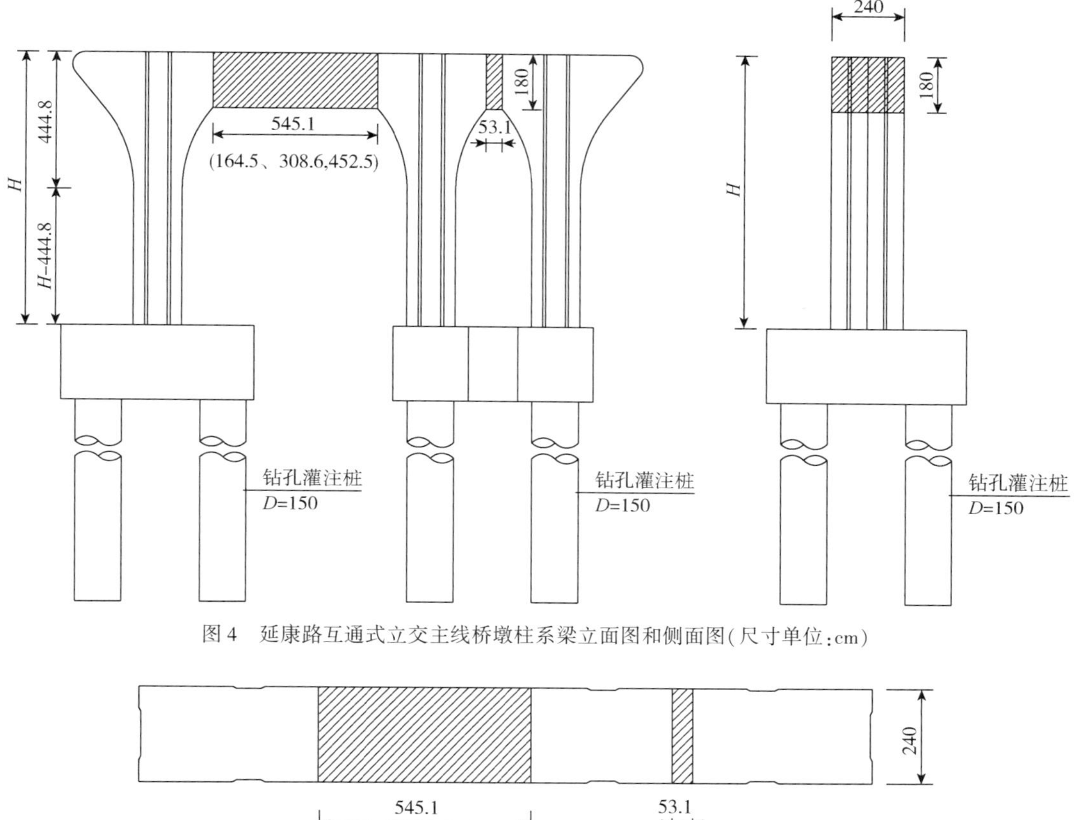

图 4　延康路互通式立交主线桥墩柱系梁立面图和侧面图(尺寸单位:cm)

图 5　延康路互通式立交主线桥墩柱系梁平面图(尺寸单位:cm)

2.2　妫水河隧道工程

妫水河隧道位于北京市延庆区,线路呈南北走向,全长 2044m。设计起点位于小大路北侧,设计终点桩号位于 011 县道南侧,于中间段下穿妫水河主河道。

妫水河隧道是“北方地区首次以高速公路形式下穿河道”的工程,是高速公路、市政、水务相融合的项目。工程体量大、工期紧、沿线环水保要求高。且隧道施工是高危作业,需要对其编制专项安全施工方案。

妫河隧道主体结构分闭合框架和 U 形槽两部分,其中妫河南北岸 U 形槽长合计 374m,

闭合框架全长1670m,均采用明挖法施工。河岸自然地面高程479.29~484.78m,河床高程约472.67m,基坑开挖线宽62.34~155.79m,U形槽部分开挖深度0~8m,闭合框架部分开挖深度8~25m,局部泵房处开挖深度29.2m。全线采用CFG桩复合地基加固,U形槽部分基础下另设置抗拔桩。

土体类型为黏土、粉土、粉细砂互层地质,地下水较丰富,结合帷幕隔水+坑内降水,基坑支护形式有一级放坡、二级放坡、二级放坡+支护桩、二级放坡+支护桩+预应力锚索、内外排支护桩+预应力锚索等多种形式。

3 安全专项方案的审批与管理

3.1 方案审批

(1)施工单位编制的安全专项方案必须经过严格的审查论证,这一审查论证过程需由施工单位组织5名及以上的专家组,并设一名组长。

(2)专家组成员应根据相关的工程建设标准,结合本项目施工条件等综合对安全专项施工方案的具体内容详细审查,并论证其完整性;对方案中提及的数学模型、验算依据、计算数据等进行仔细核对,并论证其准确性以及总体方案是否符合相关要求。最后,专家组应开会讨论,整合各专家的意见并统一,形成审查论证报告,并以书面形式提交施工单位。报告书中应包含全体专家组成员签字名单,并承诺对审查结论负责。

(3)审查论证报告提交后,施工单位应根据审查结论一一核对并修改完善安全专项方案。新方案形成后需经建设单位项目负责人、监理单位总监理工程师及施工单位技术负责人三方签字后,方可公布实施。若项目实行施工总承包,施工总承包单位技术负责人还需对方案进行审核并签字,方可实施。若审查结论中提出安全专项方案有明显错误或者不合理的地方需要进行重大修改的,在新方案形成后生产单位应再次组织专家组对新方案进行审查论证,直到专家组给出满意的结论。

(4)最终形成的安全专项方案应包含专家组书面审查论证报告(以附件形式出现),施工单位在项目实施过程中,必须严格按照安全专项方案开展作业。

3.2 方案管理

(1)对已经定稿并发布的安全专项方案,各生产单位必须严格执行,任何人员不得擅自修改经过审批的安全专项方案。

(2)施工单位方案编制人员或技术负责人应在实施安全专项方案前,向工程项目的施工、技术、安全管理人员等进行安全技术交底工作,要求施工操作人员严格按照安全专项方案和安全技术交底内容执行,确保安全专项方案在施工过程中的贯彻落实。

(3)在实施安全专项方案的过程中,针对安全专项方案的落实情况,各生产单位的施工、技术、安全、设备等有关部门应定期检查。此外应确定专职安全生产管理人员在现场监督方案的落实情况,并制止一切不按照安全专项方案施工的作业行为。

(4)各生产单位应建立健全安全专项方案实施情况的验收制度。针对审查论证报告中专家给出的危险性较大的分部分项工程,各生产单位的施工、技术、安全、设备等有关部门应严格组织验收。若某分部分项工程验收不合格的,应立即整顿问责,并不得进行下一道工序。

(5)危险性较大的分部分项工程应提前制作安全警示牌,并在施工现场醒目位置挂牌公示,公示内容应包括:危险性较大的工程的名称、部位、防范措施、施工期限、危险区域、安全监控责任人和举报电话等。

4 施工过程的安全监理管理

4.1 施工安全监理管理组织

认真贯彻"安全第一,预防为主、综合治理"的方针,建立健全以项目经理为责任人的安全保障体系,制定完善的管理制度,项目部设专职安全监督员,各施工队伍设专职安全员。确保无重大工伤事故,杜绝死亡事故,轻伤频率小于3‰以内,施工现场达到北京市文明安全工地验收合格标准,平安工地达到验收合格标准。

4.2 桥梁墩柱、盖梁和箱梁的安全监理管理

(1)定期或随时对从事高处作业人员进行体检,一是保证所有操作人员在作业时应保持良好的健康状态,二是一律不准患有不宜登高病症(如精神病、癫痫病、高血压、视力和听力障碍等)的人员从事高处作业施工。

(2)不得穿拖鞋或硬底鞋进行高处作业施工。高处作业前应准备齐全所需材料,所有工具应置于工具袋内,不得随意往下扔东西。

(3)应安排专人负责统一指挥高处作业人员与地面的必要联络,或给高处作业人员配备通信设备,方便联系。所有操作人员要有明确分工,参加吊装的起重工需要持证上岗,确保其专业性,并要熟练掌握吊装作业的安全要求。

(4)墩柱及盖梁、桥台、台帽搭设的脚手架应采用扣碗脚手架或ϕ40钢管脚手架或门架式脚手架,搭设方案需经过监理工程师确认签字批准后方可实施。脚手架下部地基应密实,具有一定的承载力,设有方木垫板。45°斜向剪力撑每隔5m设置一个,顶部作业平台在每个桥墩灌注混凝土前设置,防护栏杆、挂设安全网在四周搭设。

(5)依照制定的安全措施进行拆除模板作业,拆除模板按顺序分段进行,难以拆除的模板禁止硬砸或用机械大面积拉倒,松动或悬挂的模板应及时清理。拆除3m以上的大型模板应用绳索拉住或用起重设备拉紧,并缓缓送到地面。拆除模板时不得双层作业,避免下层作业人员被砸伤。

(6)应设专人指挥吊斗提升以浇注混凝土。升降吊斗时,下面的所有人员必须远离,上面的施工人员不得倚在施工平台栏杆上推动吊斗。整个过程禁止吊斗与模板及脚手架发生碰撞,造成模板破坏,脚手架垮塌等。

(7)需给高处作业人员提供安全稳定的操作平台。安装模板时施工人员应有安全可靠的落脚点进行操作,操作平台应避免上下在同一垂直面。

(8)操作人员不得站在支撑上进行支模操作,为方便操作人员站立应设置立人板,立人板应用木质中板为宜,并将其与脚手架适当绑扎固定。

(9)由于长时间支模,施工人员需稍作休息时,应先钉牢支撑、搭头等。在拆模过程中需要休息时,应先运走或妥善堆放已活动的模板、支撑等,防止施工人员因踏空、扶空而坠落,避免模板、支撑等坠落。

(10)当模板的支承部分安装在基土上时应加设垫板,且必须保证基土坚实有足够的承载能力并已经安设好排水措施。

(11)模板及其支架在安装过程中,随时检查其牢固稳定性并设置防倾覆的临时固定设施。

(12)应指派专员统一指挥起重吊装梁体作业,参加吊装的起重工要求熟练掌握吊装作业的安全规程,其他操作人员应细致分工。在吊装作业前必须针对起重设备各部件的可靠性和安全性进行严格检查,并进行试吊,确保梁体吊装作业万无一失。在梁体起升或降下过程中,保持速度均匀、平稳,注意保持起重机体稳定,防止重心倾斜、机身倾覆。

(13)全面、合理地配置人员,应该针对梁板安装的技术设备操作等,对相关人员安排适当的安全培训。

(14)在吊装施工前,全面检修所有起重、运输工具设备,特别要加强检修起重吊装设备,对于重型吊装机械需要经过荷载试吊,试吊合格后方可正式使用,所有作业需要专人统一指挥。

4.3 隧道深基坑的安全监理

隧道施工质量是确保安全的最重要的保障。在施工过程中,监理工程师要狠抓质量监察,同时做好隧道内监控量测等工作,实时掌握隧道围岩变形动态特征,及时反馈给施工单位,确保隧道内施工安全。

(1)施工场地应作出详细的部署和安排,根据现场地形地质条件合理规划平面布置图。妥善布置出渣路线、进料路线及材料堆放场地等重要工作的配套设施。为了响应“绿水青山就是金山银山”的号召,做到生态环保施工,不应在堵塞河流、污染环境、毁坏农田的地段设置弃渣场地,做好弃渣的防护管理工作,并及时处理弃渣。在开挖前对风、水、电、路等设施作出统一安排,并提前完成。

(2)应建立健全完善的交接班管理制度,严格管理隧道施工中各班组交接班工作,并监督班组组长将施工、安全等情况在交接班的记录簿内记录。交接班情况应有工地值班负责人定期认真检查,发现问题及时上报,并要求整改。

(3)积极配合建设单位做好施工用地及范围内必须保护的管线移交工作,并签署移交文件。

(4)加强对周围建筑物、构筑物的监控量测,掌握建(构)筑物的动态沉降信息,发现问题,及时向总监办安保部汇报。本标段周边建(构)筑物较少,据现场调查,环湖南路基坑西侧约 33m 涉及一处一层建筑—延庆区骑行协会。对该一层建筑物进行监控量测,获得其动态沉降信息,并根据量测数据及时调整施工方案,减少施工和降水对该建筑物的影响,控制该建筑物的不利沉降,此外还应对隧道基坑周边土体位移进行监测控制。

(5)由于土质隧道,采用人工开挖,开挖过程中操作人员应保持必要的安全作业距离,且应相互配合,达到高效挖掘。同时监督基坑开挖安全保障措施的落实。

(6)首先对开挖的基坑进行防护隔离,施工过程中,不得利用基坑防护设施靠立施工机械机具,堆放材料,以免发生意外。

(7)隧道基坑采取分段、分层的方法开挖,边开挖边施作预应力锚索等支护系统,确保基坑围护结构的稳定。

(8)内、外层基坑外边缘 2m 范围严禁堆放料具和弃土,临时荷载不大于 20kPa,且严禁 2m 范围车辆行驶。

(9)在使用挖掘机开挖基坑时,要按照有关机械操作规程和规定的信号,专人指挥操作,监督开挖的全过程,吊机扒杆和土斗下面严禁站人。

(10)遇到涌水、涌砂、边缘坍塌等异常情况时,必须在采取相应的防护措施后,方可继续施工。

4.4 塔吊的安全监理

在塔吊设备拆装和使用过程中,安全事故频繁发生,因此,必须要对塔吊在施工过程中进行安全监理。

4.4.1 塔吊安装

(1)施工单位安装塔吊设备必须请专业队伍进行安装,确保塔吊作业的安全性。所有操作人员需持证上岗,确保其专业性。

(2)在施工场地平面布置时应结合施工实际情况具体考虑好塔吊机械设备布置场地,必须保证整个隧道基坑施工区域被塔吊吊运范围全面覆盖,若场地内塔吊较多时,为确保多台塔吊同时高效工作,应保证塔吊之间留有足够的安全距离,且在其转动幅度范围内,不会影响周边建(构)筑物,避免发生撞击。

(3)在塔吊机械设备说明书中明确规定施工范围内,确保所有建(构)筑物都有安全可靠的锚固部位。

(4)应提前考虑好隧道基坑施工完成后,在塔吊拆除时预留有足够的空间提供拆卸作业。

(5)若多台塔吊同时进行施工,应综合考虑各塔吊间的高度差以及锚固时间差。

(6)在塔吊使用过程中,还应该做好塔吊避雷工作。为保证夜间施工的安全,提示夜间飞行的航班等,并为施工现场提供充足的照明,应在塔吊和两臂上安装照明设备和红色障碍灯。

4.4.2 塔吊拆卸

(1)与塔吊安装一样,施工单位需要请专业队伍进行塔吊拆卸施工,确保塔吊拆卸的安全性。所有参与塔吊拆卸施工的操作人员需持证上岗,并且必须经过严格的安全技术培训,确保其专业性。

(2)在隧道基坑施工完成后,塔吊设备拆卸前,施工单位应提前制定好塔吊安全拆卸施工的严格审批制度,此外,还应综合分析现场施工环境、机械设备特性等,制定具体的塔吊设备安全拆卸方案,最后经由塔吊所属单位以及施工单位技术负责人审批该方案,并经由监理工程师确认签字后,方可进行拆卸作业。

(3)塔吊安全拆卸方案审批完成后,开始拆卸作业之前,首先需要拆卸技术员确认方案中的拆卸安全技术并签字,然后组织安排具体施工人员进行技术交底,逐级明确分工。此外,为了保证塔吊拆卸的地面安全,应划定危险区域,并拉警戒线警示,安排专人监督控制无关人员远离。

(4)所有操作人员应严格遵循施工规定操作塔吊的升节和降节,顶升施工时必须保证空载运转,并且控制顶升套架滚轮与塔身标准节之间的间隙,进行合理调整。禁止塔吊设备在顶升时进行回转作业。特别需要注意的是,若塔吊设备还未拆卸至允许悬臂高度,则禁止拆卸附墙杆。

4.4.3 塔吊的正确使用和科学管理

(1)施工单位应该对所有进场的塔吊设备进行严格的质量检测,确保设备的安全性,保证满足施工安全使用要求。

(2)塔吊设备起重臂禁止在使用过程中在周边道路上空回转,塔吊施工过程中要避免高空坠物并做好安全防护工作。

(3)若在塔吊设备使用过程中发生如下情形:起升机构制动器失灵,则应将吊臂转至无人安全区,并降低重物落地速度;突然停电,则应将电源开关立即切断,同时归零控制器,立即疏散吊臂周边施工人员,以人工盘动回转电动机的方式,将吊臂转动至无人安全区,然后松开制动器;遇到恶劣天气,则应综合考虑实际情况决定是否暂停施工。

4.5 施工用电的安全监理

(1)应由取得电工上岗证的专职电工对现场临时用电线路的安装、维修、拆除等进行操作,确保用电安全。

(2)应按照"三相五线制"布置所有用电线路,必须按照"一机一闸一箱一漏保"规定设置机电设备。

(3)当现场电路出现问题,发生停电等情况需要检修电气设备时,必须保证停电作业,并在电源控制处挂"电路检修,严禁关闸"的警示牌并安排专人监管。当必须进行带电操作时要经电力专业负责人批准,操作人员必须严格按照带电安全规定开展作业。

(4)严禁使用裸导线架设现场的电力线路。临时敷设的电力线路,必须安设绝缘支承物,严禁挂在钢筋模板和管架上。

(5)应使用橡胶电缆作为移动的电气设备的供电线,当电力线路需从地面穿过场内行车道时,应穿管保护并埋地敷设,严禁使用破损电缆。

5 结语

工程项目建设施工中,桥梁和隧道施工属于高危作业。为保障工程平稳顺利进行,安全监理管理必不可少。文章基于延崇高速公路(北京段)工程项目。

(1)总结了安全专项方案的审批与管理过程;

(2)总结了施工安全组织管理;

(3)总结了桥梁和隧道两个重点工程施工过程中的安全监理管理要点。

参 考 文 献

[1] 杜龙.浅析土建施工安全监理管理措施[J].化工管理,2017(11):262.

[2] 张维华.有关建筑施工安全监理管理问题解决措施的探索[J].智能城市,2016,2(10):174.

[3] 田国光.建筑工程施工监理管理要点分析[J].建材与装饰,2016(16):142.

[4] 张殿英.建筑施工中安全监理的问题与解决措施[J].住宅与房地产,2016(27):207.

[5] 李晓玲.建筑工程施工安全监理的风险管理与防范措施研究[J].信息化建设,2016(01):329-332.

玉渡山隧道质量监理重难点分析及对策

刘金梅[1],白鹏飞[2],马 涛[1],张志强[1],张湖龙[1],苏 佳[1]
(1.中咨公路工程监理咨询有限公司;2.北京市首发高速公路建设管理有限责任公司)

摘要:玉渡山隧道地质构造复杂,地质条件不利,岩土工程发育特殊。有采空区、岩溶水和岩溶水、浅埋、地震断层破碎带、危岩崩塌、岩堆、滑坡,以及盐角砾岩、软岩、石膏、软黏土、盐岩等特殊岩土。本文主要针对玉渡山隧道复杂地质情况,通过对隧道施工阶段监理工作方式与监理质量管理的探究,说明如何加强隧道质量控制,确保工程合格。

关键词:玉渡山隧道;复杂地质;监理质量管理

1 工程概况

1.1 工程概况

玉渡山隧道位于延庆区西部的张山营镇。北高南低,西高东低,经过松山自然保护区。施工区南部为山前平原区,北部为延庆最高峰海坨山,海拔2241m。隧道沿线地形起伏较大,山体为高谷深,植被茂密,地下水丰富。

玉渡山隧道为双线分离式隧道,进京线全长4607m,出京线全长4680m,全隧位于曲线上且2.6%单向坡,隧道主要由Ⅳ级和Ⅴ级围岩构成,Ⅲ级围岩较少,地质条件复杂。

1.2 工程地质特征

延崇高速公路(北京段)工程山区段出露的主要地层有太古界(Ar)、长城系高于庄组(Chg1、Chg2、Chg3)、大红峪组(Chd)、团山子组(Cht)、串岭沟组(Chc1)、常州沟组(Chc1、Chc2、Chc3)、上侏罗系髫髻山组(J3t1)、蓟县系雾迷山组(Jxw4)、第四系上更新统洪积物(Qp3p1)及岩浆侵入岩体。由于本工程分布范围大,延庆西北部所有的岩性都有分布,沿线沉积岩、变质岩、火山岩、火山沉积岩、熔岩,部分地段岩溶严重。

其中玉渡山隧道以白云岩为主,地质结构复杂,不利的地质和特殊的岩土有多种,有采空区、岩溶水和岩溶水、浅埋、地震断层破碎带、层理、危岩崩塌、岩堆、滑坡、以及盐角砾岩、软岩、石膏、软黏土、盐岩等特殊岩土。

2 隧道工程重、难点

玉渡山隧道地质复杂,施工风险极高,其工程重、难点主要表现在以下四个方面:

(1)玉渡山隧道进口端方向穿越地震延矾断裂段,易产生坍塌、开裂变形,开挖支护施工难度大。如何保证隧道施工安全,保证隧道施工质量符合设计要求和规范要求,是本项目的施工重点。

(2)玉渡山隧道进京线隧道 ZK20+965~ZK20+860 段、出京线隧道 YK21+022~YK21+002 段拱顶以上出现铁矿采空区,隧道开挖施工时质量安全风险极大。

(3)玉渡山隧道出口原地形较为破碎,地表覆盖浅土层,在进京线 ZK20+465~ZK20+530、出京线 YK20+515~YK20+580 段为浅埋段,易产生坍塌、冒顶。

(4)玉渡山隧道进京线 ZK16+800~860、出京线 YK20+320~260 段根据 EH4 物探结果,该区段为物探异常段,地质描述为断裂碎带,揭露有地下富水区。玉渡山隧道围岩以白云岩为主,白云岩属于可溶性岩层,可能会有岩溶伴生,在该段落施工中应重点进行勘察,尤其调查溶洞水位的高度。

3 隧道工程监理质量管理重点、难点

(1)围岩的未知和不稳定因素是隧道施工中最困难的部分。

(2)在隧道施工期间及时进行测量和监测,这是保证隧道施工质量和安全的必要条件。

(3)地质因素的客观存在,只有在施工过程中才能进一步认识和准确把握,采用适合围岩的开挖方法和支护措施是隧道施工成败的关键。

(4)隧道工程是一个隐蔽项目,内部质量控制很困难,围岩开挖、锚喷、多道防水、衬砌等是保证施工质量的不可忽视的环节。

(5)玉渡山隧道地质构造复杂,不良地质及特殊岩土发育多样,施工安全风险极高,加强不良地质段施工质量的监控管理是项目管理重点。

4 玉渡山隧道施工监理工作方式与质量管理措施

玉渡山隧道施工过程中,针对监理质量管理重点、难点,控制的关键项目及工序为超前地质预报、进洞的质量管理、超挖和欠挖质量管理、隐蔽工程质量管理、监控量测等。隧道施工中的任何问题都会直接影响到工程后期的质量,应引起监理人员的重视,在监理工作中,要加强隧道工程各施工环节的质量管理,及时发现问题,加以纠正,消除质量隐患,实现质量目标。

4.1 实现隧道工程施工质量的事前预控

在玉渡山隧道施工前期,监理工程师重点做好以下 7 点事前预控:

4.1.1 确定质量标准,明确质量要求

工程项目都是围绕质量目标来开展,工程初期,监理、施工单位均应依据合同文件确定项目质量目标,制定相应的质量管理体系和措施,确保质量目标的实现。

4.1.2 建立健全质量保证体系,全面落实工程质量责任

监督单位应当建立自己的质量保证制度,明确项目质量责任,成立以负责人为主的质量

管理机构，确保质量保证体系有效运行，才能对施工单位实行有效监管。

除此外，监督施工单位建立健全工程质量管理体系，并由具备相应资质的专业人员进行质量管理，审查施工单位提交的质量保证体系，在施工过程中定期对其进行查看。

4.1.3 审查施工单位提交的施工组织设计、各项专项施工方案

监理工程师认真审查施工单位提交的施工组织设计和各种专项施工方案，作为施工管理的重要依据。编制的施工组织设计由施工单位组织专家评审，报监理工程师批准后实施。隧道浅埋段、偏压、采空区等不良地质地段应制定专项施工方案并组织专家论证，监理单位和建设单位应共同参与专家论证会，通过专家论证，确定合理施工工法及施工方案，有效预控质量安全风险。对超前地质预报、监控量测专项方案进行审核批准，作为一个必要施工管理工序，它被纳入施工组织管理中。

4.1.4 质量风险预防管理

玉渡山隧道地质条件复杂多变，支护形式及参数也在不断变化和调整。工程开工前，要求施工单位制定质量风险清单及应对措施，对于存在质量风险的地方，对施工作业人员进行施工技术、施工安全交底，事前防范，从强化质量的事前预控来消除工程质量风险隐患。

4.1.5 原材料进场质量控制

原材料质量控制贯穿整个施工过程，原材料进场前的准入工作也是控制材料质量的首要环节。首先，根据施工单位上报的材料准入申请，监理工程师应该核准是否为交通产品认证中心报送的获证产品，审查原材料厂家的资质和检验报告；其次，监理单位要组织各方对材料厂家进行联合考察，并取样进行检验，各项要求符合国家强制性标准后准许准入。

4.1.6 落实首件工程认可制

工程开工前，监理单位制定首件工程实施办法，明确首件工程项目、验收程序、标准和内容，作为首件工程审核的依据。

首件工程施工完成后，监理单位应当组织设计单位和施工单位共同进行验收，对首件工程实体质量进行全面检测，并组织现场会议，总结施工经验，及时发现和解决问题，调整施工工序，评价其质量是否达到要求，其工艺是否可以推广，从而使各分项工程整体质量100%合格，切实提高工程项目整体施工管理水平和工程质量。

4.1.7 严格开工程序，核查开工条件

开工准备完备是保证质量的前提，施工开始前，监理工程师应当按照批准的施工组织设计进行现场检查，核查施工单位开工准备是否符合国家强制性标准、相关规范及施工组织设计要求，条件满足后方能允许开工。

4.2 加强关键工序及重要项目的质量控制

隧道施工的整体过程中所涉及的地质情况是很复杂的，玉渡山隧道质量管理重点体现在隧道进洞及洞口段质量管理、超前地质预报、超挖和欠挖质量管理、隐蔽工程质量管理、监控量测等，为了确保使用有效的质量监督来确保项目的质量，具体从以下七个方面加强监理工作：

4.2.1 加强超前地质预报管理，及时进行围岩判定，确定适宜的措施

监理单位严格要求施工单位委托有相应资质的第三方对隧道实行超前地质预报管理，对第三方超前地质预报单位资质进行审核，对超前地质预报成果进行核查。施工开挖过程中，每掘进25m，监理单位连同设计单位、勘测单位、施工单位，结合地质预报结果，对前方围岩进行现场判定，及时确定合理的开挖方法及支护形式；在围岩出现异常情况时，监理单位及时通知其他四方现场核查，确保隧道施工质量及安全。

4.2.2 通过监控量测管理，掌握动态信息，指导施工作业

监测测量是施工过程中的一个重要环节，应贯穿施工全过程，监理单位应将该部分纳入日常重点管理项目，严格按照施工规范及批复的监控量测方案对施工单位进行监督管理。并督促施工单位将量测结果及时反馈，方便联合研究、分析测量资料、确认或修改设计参数，实现动态设计、动态施工。

4.2.3 通过材料检验控制工程质量

原材料和混合料的质量是决定工程质量的关键因素。

原材料进场，监理工程师检查所用材料是否与报批的样品一致、是否按规定频率进行了检测，对原材料试验报告、出厂证明或质量证明书、合格证等资料进行审核，并按规定频率进行独立抽检。对检测出的不合格原材料，由监理工程师督促施工单位清理出场，防止不合格品用于工程。

玉渡山隧道所用水泥混凝土采用商品混凝土，因此，监理重点是加强商品混凝土拌和站的管理。施工过程中，要求施工单位实行混凝土开盘通知制度，对混凝土开盘通知进行确认，确保混凝土配合比符合要求；随时或不定期对商品混凝土拌和过程进行巡视、检查，及时掌握混凝土生产质量，并加强对到场混凝土的抽检；混凝土到场后，对混凝土的和易性进行检测，不符合要求清退回厂。通过巡视、检查、抽检，有效保证混凝土质量。

4.2.4 通过施工工艺控制避免工程质量存在隐患

监理工程师对施工工艺和施工方案进行审查，重点审查方案中技术措施、施工工艺能否保证质量，质量保证体系是否健全、有效，是否符合质量控制要求。开工前，对重要分项工程或关键施工工序进行监理交底，明确质量目标、旁站项目、控制重点、验收标准。施工过程中通过旁站、检查和取样，及时纠正施工单位在施工中的不规范行为，防患于未然，减少损失，不留死角，不留隐患。

监理工作中，根据规范规定进行独立抽检，并采用各种试验检测手段真实采集各种数据，凭客观真实的数据说话，做到科学公正。

4.2.5 通过隐蔽工程检查验收，确保工程质量满足要求

加大对隧道隐蔽工程的检查和验收，是确保隧道工程质量的重要部分。隧道超挖和欠挖、锚喷支护、防水、衬砌钢筋等每一道工序都会被下一道工序所掩盖，每道工序施工质量的好坏直接决定隧道整体质量。日常工作中，监理工程师对隐蔽部位通过旁站、巡视、检测、验收等手段确保工程质量满足设计和规范要求。

玉渡山隧道隐蔽工程实行四方验收制。隐蔽工程施工完成后，监理单位应当组织设计

和施工单位共同验收,确认隐蔽工程合格进行签认后,准许施工单位进行下一道工序施工,并要求隐蔽工程的关键部位、关键过程的验收必须留有影像资料。

4.2.6 加强问题跟踪,落实问题闭环

监理工程师要对施工中出现的质量问题加以重视,并确保问题闭环。监理工程师督促施工单位及时分析存在的问题,实施整改,制定防范措施,并通过巡视、检查、见证等方式,审查施工单位的整改情况,确保问题得到整改,防范措施落实有效。

4.2.7 通过成品检验控制工程的内在质量和外观质量

工程质量应做到内实外美,完工后,监理工程师对工程的实测项目进行实测实量,检查工程的外观质量、几何尺寸、表面状况和颜色均匀性等。对分部、分项工程做出质量评定,不合格者必须返工。

5 结语

对于隧道工程施工,质量就是生命,监理的质量管理尤为重要。为确保项目达到要求的质量目标,监理在质量管理中要加大监理工作力度,通过旁站、巡视、检测与验收等各种手段,切实保障监理管理的有效性,并在隧道施工监理管理中不断总结经验,提高监理管理水平,有效控制隧道施工质量。

参考文献

[1] 中华人民共和国交通运输部.公路工程施工监理规范:JTG G10—2016[S].北京:人民交通出版社股份有限公司,2016.

[2] 中华人民共和国交通运输部.公路隧道施工技术规范:JTG F60—2009[S].北京:人民交通出版社,2009.

山区高速公路隧道弃渣用于高填路基的施工探讨

田　克[1],李　寅[1],李建伟[2],武子荐[2],周小峰[2]
(1.北京市首都公路发展集团有限公司;2.北京市政建设集团有限责任公司)

摘要:延崇高速公路工程利用隧道弃渣作为路基填筑材料的做法,在保证路基质量的前提下,节省了公路建设成本,缩短了建设工期,合理、有效平衡了自然资源,为今后高速公路施工提供了一条新的思路。

关键词:山区;弃渣;路基

1　引言

当前我国正在大力开展环境保护并严禁自然资源浪费,在高速公路建设中对环境保护和资源利用的要求日益提高。高填方路基对填筑材料的高要求和自然资源的紧张问题与超长、大孔径隧道施工的洞渣弃存问题,成为山区高速公路施工过程中日益突出的矛盾。

2　概述

在高速公路的建设中,路基填筑是高速公路建设非常重要的施工环节。路基作为整个公路的重要基础结构,不仅需要承受自身的重力,还需要承受上层路面结构的自重和后期使用过程中的行车荷载,因此,要求路基必须有足够的强度,良好的水稳性和耐久性。其中,路基土石方填筑施工作为工程建设的关键施工环节,其施工质量是否达到规范与设计要求,直接影响后续施工项目的顺利进行,所以,对高速公路路基土石方填筑技术与质量进行控制具有重要意义。本文结合延崇高速公路工程实例,对以隧道弃渣作为路基填筑材料,从施工工艺、质量控制和工期经济效益等方面进行探讨。

延崇高速公路(北京段)工程山区段共有隧道 11 座,单洞总长 28.2km,共产生洞渣约 100 余万 m^3,平原段共有填方 90 余万 m^3,填方主要集中在妫川路互通式立交范围。主线采用整体式双向四车道,设计速度 80km/h,路基最大顶面宽度 35m,最大填筑高度约 12m。

妫川路互通式立交主线标准横断面(图 1)宽为 28m,即 0.75m(土路肩)+4.25m(硬路肩)+2×3.75m(行车道)+0.5m(路缘带)+2m(中央隔离带)+0.5m(路缘带)+2×3.75m(行车道)+4.25m(硬路肩)+0.75m(土路肩)。

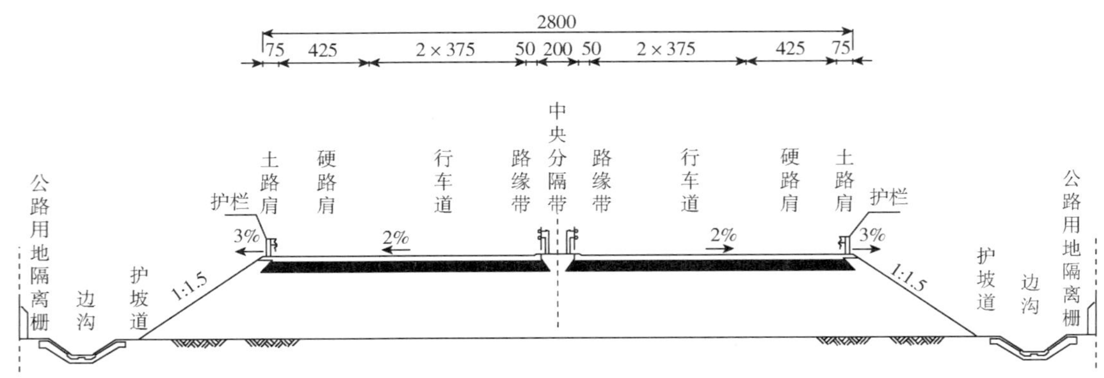

图1 妫川路立交段主线标准横断面图(尺寸单位:cm)

3 施工工艺保证

3.1 施工工艺流程

填石路基施工工艺流程见图2。

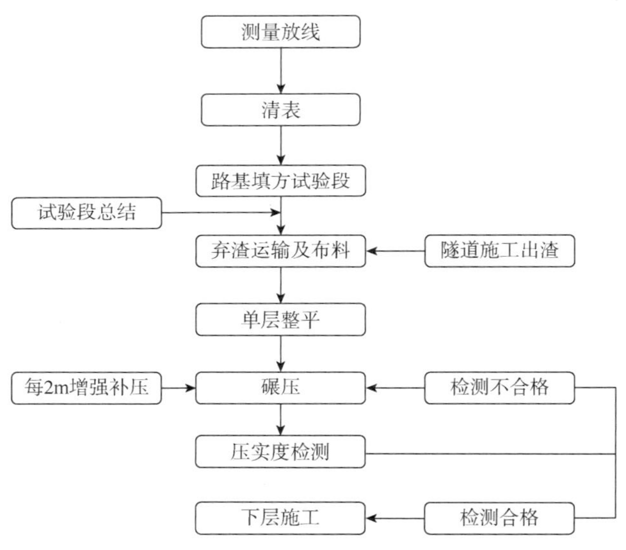

图2 填石路基施工工艺流程图

3.2 隧道弃渣摊铺、整平

由于隧道弃渣粒径大小不一,为满足填石路基施工规范要求,弃渣临时存放场地装车时,弃装粒径大于50cm的洞渣,运至现场后对粒径大于30cm的隧道弃渣现场采用破碎炮进行破碎,使粒径不大于层厚的2/3。

填料用自卸车运至现场,按水平分层,白灰布设方格网,卸料时利用方格网控制卸土间距，先低后高，先两边后中间，推土机配合挖掘机整平，其后人工用细石块或石屑找平。采用55cm填料松铺筑厚度进行铺筑，填石路堤边坡与路基填筑同步进行。整平以后测量各点摊铺后高程。每侧路基填筑宽度比设计宽出不小于50cm，使压路机能碾压到路肩边缘。

3.3 碾压

采用26t振动压路机进行碾压。碾压时，按照“先边缘后中间、先慢后快、先静压后振动”的顺序进行操作。第一遍静压，然后先慢后快，由外到内，由弱至强，由外向内，纵向进退式进行。碾压作业时，行间（横向）重叠半幅轮迹，碾压区段间（纵向）重叠1.0~1.5m以上，做到无偏压、无死角、碾压均匀。

碾压方式为静压1遍，弱振1遍（1~2km/h），强振2遍（2~3km/h），在强振第1遍以后即开始测压实高程。

4 质量保证措施

4.1 单层填石路基压实度保证

4.1.1 基本要求

修筑填石路堤时，进行地表清理，逐层水平填筑石块，摆放平稳。填筑层厚及石块尺寸应符合设计和施工规范规定。填石空隙用石渣或石屑嵌压稳定，采用振动压路机分层碾压，压至填筑层顶面石块稳定，自重≥26t压路机振压两遍，无明显高程差异。

4.1.2 压实度测定

在先前选择测点位置放置一块10cm×10cm钢板，然后每强振一遍均测一次压实高程，并做好记录，并计算每碾压一层以后的平均沉降差和均方差，直至每个点的沉降差均达到要求。

填石路基采用压实沉降差进行压实检测：测量人员在线外架设水准仪，在碾压第3遍时，在原来选定测点位置放好钢板，再用振动压路机强振一遍（速度≤4km/h），测量点位高程，以后每压实一遍测量一次高程。当各点在振动前后的沉降差平均值不大于3mm，标准差不大于3mm时即为合格。

石方路基实测项目见表1。

石方路基实测项目　表1

项次	检查项目	规定值或允许偏差		检查方法和频率	权值
		高速公路 一级公路	其他公路		
1	压实	层厚和碾压遍数符合要求		查施工记录	3
2	纵断高程(mm)	+10，-20	+10，-30	水准仪：每200m测4断面	2

续上表

<table>
<tr><th rowspan="2">项次</th><th rowspan="2" colspan="2">检 查 项 目</th><th colspan="2">规定值或允许偏差</th><th rowspan="2">检查方法和频率</th><th rowspan="2">权值</th></tr>
<tr><th>高速公路
一级公路</th><th>其他公路</th></tr>
<tr><td>3</td><td colspan="2">中线偏位(mm)</td><td>50</td><td>100</td><td>经纬仪:每 200m 测 4 点,弯道加 HY、YH 两点</td><td>2</td></tr>
<tr><td>4</td><td colspan="2">宽度(mm)</td><td colspan="2">符合设计要求</td><td>米尺:每 200m 测 4 处</td><td>2</td></tr>
<tr><td>5</td><td colspan="2">平整度(mm)</td><td>20</td><td>30</td><td>3m 直尺:每 200m 测 2 处×10 尺</td><td>2</td></tr>
<tr><td>6</td><td colspan="2">横坡(%)</td><td>±0.3</td><td>±0.5</td><td>水准仪:每 200m 测 4 个断面</td><td>1</td></tr>
<tr><td rowspan="2">7</td><td rowspan="2">边坡</td><td>坡度</td><td colspan="2">符合设计要求</td><td rowspan="2">尺量:每 200m 测 4 处</td><td rowspan="2">1</td></tr>
<tr><td>平顺度</td><td colspan="2">符合设计要求</td></tr>
</table>

注:土石混填路基压实度或固体体积率可根据实际可能进行检验,其他检测项目与石方路基相同。

4.2 高填段填石路基压实度保证

由于延崇高速公路工期紧张,90%的填方量集中在妫川路互通式立交,路基填方采用隧道弃渣填筑,填方最大高度 11.87m,没有充分的时间采取堆载预压等减小路基工后沉降的传统措施。为进一步提高路基承载能力、增加路基回弹模量、最大限度减少工后差异沉降,为面层建设提供均匀、稳定的路基基础,对填石路基采用蓝派冲击压实技术进行检测性增强补压,每填高 2m 实施一次。在检测性增强补压试验段采集路基沉降数据,见表 2。

检测性增强补压路基沉降数值表(单位:cm) 表 2

测 点	振压 5 遍	振压 10 遍	振压 15 遍	振压 20 遍	振压 25 遍
1	1.2	30.9	-0.3	0.4	0.1
2	5.8	14.2	2.4	1.0	-0.6
3	2.4	22.2	2.3	-0.3	0.3
4	10.1	-1.4	0.8	1.7	0.8
5	-9.2	21.5	1.7	-0.8	1.1
6	8.5	1.4	1.3	0.4	0.2
7	15.3	-6.6	2.9	2.4	0.3
8	6.2	9.9	3.4	-0.5	0.7

根据试验数据,增强压实作业后所获得的沉降量很大,起始 10 遍最大沉降量达 30cm,15~20 遍平均沉降达 1.8cm,冲击效果明显。20~25 遍平均沉降 0.5cm,20 遍后平均沉降≤2cm,满足《公路冲击碾压应用技术指南》中路基增强补压试验冲击碾压后平均沉降≤3cm 的要求。

从而确定每填高 2m 采取一次(20 遍)增强性压实措施。

5 工期及经济效益

5.1 工期效益

延崇高速公路地处延庆山区，素土资源稀缺，若采用传统填土路基，土方供应将十分困难，路基施工进度难以保证；且北京北部山区夏冬季降水均较多，不适宜开展土方作业。妫川路互通立交共有填方 90 万 m^3，按常规土方施工并考虑天气、土源、运输、施工等因素影响，预计需要工期 6 个月。

因洞渣填筑路基不受降水、低温等天气影响，且较素土填筑其有成活快、施工机械种类较少、施工布置简单等特点，其日完成量大于素土填筑日完成量。以妫川互通标准断面为例，两种材料每天均可填筑一层，场地长 200m、宽 28m，面积 $5600m^2$，素土每日填筑量为 $5600m^2 \times 0.2m = 1120m^3$，洞渣填筑量为 $5600m^2 \times 0.5m = 2800m^3$ 是素土填筑量的 2.5 倍。考虑到洞渣供应及山区道路运输困难的影响，洞渣填筑量为素土填筑量的 2 倍，工期可缩短一半为 3 个月。

5.2 经济效益

由于延庆当地可用于路基填筑的素土资源稀缺，外购素土价格为 7.5 元/m^3，运费 20 元/m^3，碾压成活 18 元/m^3，综合成本 45.5 元/m^3，总成本 90 万 $m^3 \times 45.5$ 元/m^3 = 4095 万元。

洞渣填筑材料费 0 元/m^3，运费 22 元/m^3，碾压成活 15 元/m^3，综合成本 37 元/m^3，总成本 90 万 $m^3 \times 37$ 元/m^3 = 3330 万元。与填筑素土相比节约成本 765 万元，同时节省洞渣处置费 90 万 $m^3 \times 50$ 元/m^3 = 4500 万元，综合节约成本 5265 万元，且免征建筑垃圾处置用地 100 余亩，即保护了当地有限的土地资源，又创造经济效益。

6 结语

通过对延崇高速公路隧道弃渣进行路基石方填筑的技术研究，石方路基施工比传统的土方路基施工有着工艺简单方便，快速灵活、对周边环境影响小、对自然环境无破坏、减少成本等特点。路基填弃渣与填土相比，具有以下优势：

(1)与传统的素土填筑材料相比，隧道弃渣填筑不受雨雪天气影响，能够增加有效工期。

(2)石方填筑有效缩短了路基填筑的施工周期，一定程度上降低了施工成本。

(3)通过蓝派冲击压实技术进行检测性增强补压及液压振动平板夯，有效提高了路基施工质量。

(4)采用破碎炮破碎超粒径弃渣。

在保证道路结构质量安全的前提下，采用隧道弃渣替代素土作为路基填筑材料取得了很好的经济、社会效益。采用隧道弃渣填筑，可以保护耕地，减少取土场、消纳场的设置，快速施工，提高道路路基承载能力，且较小工后沉降，对道路总体质量及寿命周期有着十分重要的意义。工程实践证明，在山区与平原段高速公路修建中，隧道弃渣石方填筑施工效果突出,具有施工工艺简单、现场质量易于控制、施工速度快、节省施工费用的优势。

参考文献

[1] 王朝江,李天飞.浅析公路施工中填石路基施工技术[J].黑龙江交通科技,2014(1):68-70.

[2] 程昊. 山区隧道施工弃渣的资源化利用技术研究[J]. 交通建设与管理,2009(9):110-112.

[3] 王龙飞,黄永军,王迎兵. 宝天高速公路弃渣综合利用与弃渣场环境保护研究[J]. 交通建设与管理,2014(22).

[4] 李哲,李苗,梅华.改性隧道弃渣的强度特性试验研究[J].交通节能与环保,2013.

新监理规范在延崇高速公路中的应用实践

王 雷[1],邱德峰[2],苑 亮[1],张忠俊[1]
(1.北京逸群工程咨询有限公司;2.北京市首发高速公路建设管理有限责任公司)

摘要:依据《公路工程施工监理规范》(JTG G10—2016)(简称"新监理规范")内容,重点阐述监理计划、监理细则、监理模式、巡视记录、旁站记录、抽检记录、监理日志和监理资料等内容的变化及应用,指导监理人员在实际监理工作中进一步熟悉和掌握规范的使用。

关键词:监理规范;模式;程序;表格

1 新监理规范简介

新监理规范于2016年10月1日起实施,原2006版《公路工程施工监理规范》同时废止,新监理规范的颁布与施行,不但体现了与时俱进、顺应时代的需求,也对现实的监理工作内容予以明确、高效的指导作用。结合现场监理实际工作需要及以往监理经验,本文将以变化的内容进行阐述,新规范变化的主要内容总结如下:

①明确了总监办、驻地办的定义及设置要求,确定了总监理工程师和驻地专业监理工程师的岗位职责。

②对监理计划、监理细则和施工组织设计的编制内容和审批程序进行了明确。

③监理旁站内容做了较大修正,增加了施工过程中监理巡视记录、旁站记录、抽检记录和监理日志表格,规范上述表格的格式和填写内容。

④新版监理指令单代替2006版的监理通知表格。

⑤确定了监理内业资料内容及归档要求。

2 总监办、驻地办的定义、设置规定及监理模式简介

2.1 定义

在项目施工现场设立的履行监理责任的组织机构应包含总监理工程师办公室和驻地监理工程师办公室,前者简称为总监办,后者简称为驻地办;总监理工程师(简称总监)负责全面履行项目监理职责,也是项目监理机构的管理者;驻地监理工程师是经过总监授权、担任履行驻地办监理职责的管理者。

2.2 设置规定

公路工程项目监理必须设置总监办,100km 以上的高速公路和一级公路可以设置驻地办。延崇项目监理机构未设置驻地办,采用一级监理模式。

2.3 监理模式及优缺点简介

延崇高速公路(北京段)工程平原段监理范围为 1~5 号标段,总监办设立了 5 个标段组:第 1 标段组担任 1 号标段施工监理工作,起止桩号:K0+406.895~K5+730;第 2 标段组担任 2 号标段施工监理工作,起止桩号:K5+730~K7+870;第 3 标段组担任 3 号标段施工监理工作,起止桩号:K7+870~K11+689.625;第 4 标段组担任 4 号标段施工监理工作,起止桩号:K11+689.625~K14+424.359;第 5 标段组担任 5 号标段施工监理工作,起止桩号:K14+424.359~K15+604.025。

根据招标文件要求和延崇高速公路项目的特点成立了延崇高速公路(北京段)工程第一总监理工程师办公室,采用一级监理模式,总监办内设"三部两室",即工程部技术部、合约部、安保部、试验室和办公室;总监办总人数为 50 人,其中总监理工程师 1 人、技术负责人 1 人、工程技术部 20 人(道路、桥梁专业工程师 15 人,测量工程师 4 人,交通安全设施工程师 1 人)、合约部 3 人、安保部 4 人、试验室 4 人、办公室 2 人、监理员 15 人。

延崇高速公路(北京段)工程履行总监理工程师负责制,全面负责监理人员及施工监理管理,总监办采用一级监理模式,未设置驻地组或驻地办,所有专业监理工程师纳入三部两室集中办公;为方便现场施工监理和验收,结合施工标段划分和施工内容,1 号、3 号、4 号、5 号标段分别设置 1 名桥梁专业监理工程师负责标段监理工作的管理,2 号标妫水河明挖隧道设置 1 名隧道专业工程师负责该标段监理的管理,每个标段配备 3 名监理员进行现场旁站、巡视及资料整理等内容;安保部负责全线安全、文明施工及环保等工作,测量工程师和道路、桥梁专业监理工程师按施工标段采取分片分段划分。

(1)该模式的优点。

①体现了监理工作的扁平化管理,缩短管理线路和通道,指令传达迅速,避免了因多头指令而带来的信息传达偏差和超时弊端,所有人均对总监负责,总监的指令、决策和效率有较大提升。

②节省人员投入,一级监理模式取消了驻地组或驻地办机构,节约了因设置驻地组(办)而带来的人员增加。

③节约成本,该模式的扁平化管理特点,既节约了住房、交通工具、办公设备等资产的投入,同时提高了资产的使用效率,真正做到物尽其用。

(2)该模式的缺点。

①监理人员管理能力需求高;近年来监理行业众多,从业者的综合水平和业务能力参差不齐,一级监理模式会形成高素质人员雇佣困难而低素质人员不能满足监理工作需求的矛盾。

②人员稳定性要求高;管理者为了适应一级监理模式需要,确保工作的连续性和人员替补情况,总监理工程师往往会无条件挽留员工,造成团队凝聚力涣散,导致消极怠工现象出现。

③人才储备成本增加;企业为确保监理工作连续性和顺利展开,对于停工待业的间断期,避免高素质员工流失,通长采用高薪厚遇的方式进行人才储备,造成成本大大增加。

3 监理计划、监理细则、施工组织设计的编制内容和审批程序

3.1 监理计划的编制内容和审批程序

(1)编制内容。

①工程概况。

②监理工作依据、范围、内容及目标。

③项目监理机构的组织形式、监理人员的岗位职责、监理人员和设备及进退场计划。

④监理程序、监理工作制度及工作用表。

⑤工程质量、安全、环保、费用和进度等监理工作方案,应确定施工过程中巡视、旁站、抽检和验收等详细计划要求。

⑥合同事项管理及信息管理工作方案。

⑦品质工程。

⑧监理设施等。

(2)审批程序:监理计划由项目总监理工程师主持编写,经监理单位审核后报送建设单位审批。当工程监理实施情况发生较大变动时,监理计划应及时修改。

3.2 监理细则的编制内容和审批程序

(1)编制内容。

①工程内容和特点。

②监理工作流程。

③监理工作要点。

④监理工作方法和措施。

⑤巡视、旁站和抽检等计划。

(2)审批程序:监理实施细则应由专业监理工程师编写,经总监审批后报送建设单位备案。监理实施细则应根据工程实际变动情况进行补充和修改。

3.3 施工组织设计的编制内容和审批程序

(1)编制内容。

①施工组设计的编审程序。

②质量、安全、环保、费用和进度等目标。

③质量、安全、技术和环保等保证体系。

④安全技术措施、专项施工方案及施工现场临时用电方案。

⑤桥梁、隧道施工的安全风险评估工程项目清单。

⑥施工人员、资金、主要材料和机械设施等资源供应方案。

⑦施工总平面布置、交通导改方案及事故应急救援预案。

(2)审批程序:施工组织设计应由施工单位编写,经施工单位各部门审核后上报总监办,经总监审批后报送建设单位备案。施工组织设计应根据工程实际变动情况进行补充和修改。

4 巡视记录、旁站记录、抽检记录和监理日志表格说明及应用

4.1 巡视记录表

________________工程项目

巡 视 记 录

编号:________

施工单位		合同段	
巡视人		巡视时间	年 月 日
巡视范围			
主要施工情况			
质量、安全、环保等情况			
发现的问题及处理意见			

(1)表格说明。

①巡视人:具有公路工程监理工程师资格,须从事项目监理工作的监理工程师。

②巡视时间:监理工程师应不定期的巡视施工现场或按照规定计划定期巡视,对施工的主要工程每天不少于1次巡视,每月一本成册。

③审核人:应为各级项目监理机构(总监办、驻地办)的负责人。

④巡视范围:明确巡视的具体段落或桥区桩号,避免只写起止桩号。

⑤主要施工情况:写清施工现场具体施工内容和人机料数量,相同类型施工内容要进行桩号汇总;人员包括质量安全管理人员与特种作业人员持证上岗情况;材料与机械包括使用的原材料或混合料、构配件与主要施工机械和批准的方案是否保持一致等。

⑥质量、安全、环保等情况:施工内容是否按设计规范要求、工程设计文件、审批的方案施工,施工标准化和质量、安全、环保措施是否落实到位,施工自检和各道工序交接是否符合规定要求。

⑦发现的问题及处理意见:对人机料、质量、安全、环保和施工标准化等方面的问题进行阐述,同时需记录问题的整改及闭合时间。

（2）表格应用：在延崇项目监理过程中，5个标段监理工程师每月记录一本巡视记录，按照上面表格说明内容进行填写，月末经总监审核确认。总监办进行每季度检查、收集、归档。

4.2 旁站记录表

________工程项目

旁 站 记 录

编号：________

施工单位		合同段	
旁站人		旁站时间	年 月 日
旁站项目			
施工过程简述			
旁站工作情况			
主要数据记录			
发现的问题及处理结果			

（1）旁站项目及人员（表1）。

旁站项目及人员 表1

单位工程	分部工程		分项工程	旁站项目	旁站人员
路基工程	土石方工程		土方路基 石方路基	试验段	路基监理工程师 标段监理工程师
路面工程	路面工程		基层、底基层	试验段	路面监理工程师 标段监理工程师
			沥青面层	试验段	
			水泥混凝土面层	试验段、摊铺	路面监理工程师、标段监理工程师、监理员
桥梁工程	基础及下部结构		桩基	试桩、钢筋笼安放、首盘混凝土浇筑	标段监理工程师或监理员，试桩和首件由标段监理工程师旁站
	上部结构	预制和安装	预应力筋加工和张拉	试验工程，首次张拉、首次压浆	标段监理工程师或监理员，首次由标段监理工程师旁站
			转体施工梁、拱	桥体预制、接头混凝土浇筑	桥梁监理工程师、标段监理工程师、监理员
		现场浇筑	预应力筋加工和张拉	张拉、首次压浆	标段监理工程师或监理员，首次由标段监理工程师旁站
	桥面系及附属工程		桥面铺装	试验段	桥梁监理工程师 标段监理工程师
			大型伸缩装置安装	首件安装	

续上表

单位工程	分部工程	分项工程	旁站项目	旁站人员
交通工程	交通安全设施混凝土护栏		首段混凝土浇筑	交通安全设施工程师 标段监理工程师
	机电工程:监控、通信、收费、配电、隧道机电设施的主要分项工程		首件施工	
附属设施	服务区、收费站等建筑工程的地基与基础、主体结构		首件施工	桥梁监理工程师 标段监理工程师

(2)旁站记录表格的应用:依照上表,总监办制定了监理旁站方案,明确了旁站项目和责任人,新规范虽然取消了全过程旁站内容,但增加了混凝土浇筑过程中的巡视内容,对监理工程师的现场掌控和熟悉程度及业务水平提出了更高的要求,明确监理工程师要随时对混凝土施工部位进行全面巡视,增加了监理工程师要的过程质量责任,确认了监理工程师应具有不可推卸的连带责任。在实际施工过程中,总监办明确了所有桥梁主体结构的混凝土浇筑部位均须填写旁站记录,保证混凝土浇筑过程处于受控状态。

4.3 抽检记录表

____________________工程项目

抽 检 记 录

编号:________

施工单位		合同段	
抽检人		抽检时间	年 月 日
工程部位			
抽检项目			
检查结果			
检查结论			
处理意见			
审核人		审核日期	年 月 日

表格应用。

总监办应在施工单位自检合格的基础上进行抽检,抽检频率和内容如下。

①试验室对钢筋、水泥、沥青、石灰及碎石等原材料和水泥混凝土、沥青混合料、无机结合稳定材料等混合料进行抽检,抽检频率按批次不低于规定施工检验频率的10%。

②监理工程师对分项工程中关键项目及结构主要尺寸进行抽检,抽检频率应不低于规定施工检验频率的20%,总监办要求按施工检验频率的30%进行抽检;关键项目一般是验评标准中带有"△"的项目。

4.4 监理日志

________________工程项目

监　理　日　志

编号：________

监理机构			
记录人		日期	年　月　日
审核人		天气情况	
主要施工情况			
监理主要工作			
问题及处理情况			

(1)表格说明。

监理日志是反映监理机构履行监理职责的重要过程记录资料;监理日志由监理机构每日按照规定的格式和内容要求进行填写,各标段监理工程师应负责记录本标段的监理日志,每标段每月一本。

(2)表格应用。

①监理日志要求连续反映监理工作状况,每天一页,如记录人不能在岗时,必须注明并写明代管人。

②监理日志中涉及建设单位、施工单位或监理单位有关人员时,须写全称和职务。

③监理日志要全方面记录每天的监理工作情况,如版面限制不能详细记录情况时可记录在附页。

④主要施工情况应包括:在施工程部位、所涉及工程材料、所投入施工机械数量和型号、所采用的施工工艺、施工单位作业及管理人员投入、安全、环保、文明施工等情况。

⑤监理主要工作包括:具体工作部位、具体时间和工作内容(包括验收、旁站、会议、培训交底、抽检、检测见证、工程量现场确认、计量支付、开工审批、方案审批、安全管理等)、具体地点和相关人员等。

⑥问题及处理情况一栏须写清事由、处理方法和完成时间,同时在此事件处理完成的当天予以说明,确保闭合。

5 监理资料的归档

5.1 监理资料内容

项目监理资料应包括监理管理文件、质量监理文件、安全监理文件、环保监理文件、费用与进度监理文件、合同事项管理文件、监理日志、巡视记录、旁站记录、监理月报、监理工作报告等其他监理文件和施工过程中影像资料。

5.2 资料归档原则

资料整理归档按照“五控两管两协调”内容分类进行存放,施工过程中,施工过程资料按照分项(工序)进行归档,每一部位每一分项(工序)相关全部资料作为该分项(工序)的整体资料存档;竣工阶段,所有分项资料按照单位工程中桥梁和道路部位及资料类别分别集中归档,顺序为从下到上、桩号从小到大。

参 考 文 献

[1] 中华人民共和国交通运输部.公路工程施工监理规范:JTG G10—2016[S].北京:人民交通出版社股份有限公司,2016.

[2] 周绪利.《公路工程施工监理规范》实施手册[M].北京:人民交通出版社股份有限公司,2016.

北京市高速公路竣工资料全过程管理分析

郑仲明[1],徐　梅[2],张　滨[2]

(1.北京市首都公路发展集团有限公司;2.北京市首发高速公路建设管理有限责任公司)

摘要:高速公路工程竣工资料,不仅是高速公路项目建设全过程的真实反映,也是运维阶段养护、维修的重要依据,具有重大的保存价值。因此,加强项目全过程资料的管理,可为竣工资料顺利通过验收并入馆创造良好条件,也为后期查阅资料提供便利。本文结合北京市政府投资道路建设项目审批流程,通过时间、人物、工作内容三个维度,对建设全过程中资料的管理进行梳理,提出以建设单位为资料管理的核心,制定资料全过程管理措施,实现档案工作与工程施工同开展,档案工作交付与工程竣(交)工同验收。本文所提思路可为同类工程提供参考。

关键词:高速公路;资料;编制;归档;管理

目前,工程资料管理文献[1-3]中,多是在竣(交)工阶段以总承包单位对资料管理进行分析,或是对资料整理过程中遇到的局部问题提出对策[4]。虽然高速公路工程的竣工资料仅在竣(交)工时验收,但资料的形成涉及项目建设全过程,其中,建设单位作为项目管理的核心,还充当着资料全过程管理的核心。本文结合北京市政府投资道路建设项目审批流程,通过“时间、人物、工作内容”三个维度,对建设全过程中资料的管理进行梳理,明确各阶段各单位资料管理的职责及成果,梳理建设过程中需要办理的手续,并从建设单位角度提出资料全过程管理的措施。

1　不同阶段的资料管理工作

前期阶段主要包括规划方案阶段、项目建议书(工可)阶段、勘察设计阶段、征地拆迁阶段和开工前准备阶段。其中,规划方案阶段的工作主要包括规划方案、设计方案及附属设施设计方案、市政管线项目综合、铁路立交设计方案、电力拆改方案等审批;项目建议书(工可)阶段的工作主要包括项目建议书、节能审查、招标方案核准、水影响评价、环境影响报告书、防洪影响评价、社会稳定风险评估、土地利用规划调整、用地预审、压覆矿产报告、地质灾害危险性评估报告、地震安全性评价、文物勘察等专题咨询的报告的编制及审查;勘察设计阶段的工作主要包括勘察设计招标、初步勘察测量、初步设计文件及概算、市政管线设计综合、铁路立交初步设计文件、电力拆改初步设计文件、详细勘察测量、施工图文件等的编制及审查批复;征地拆迁阶段主要包括拆迁许可办理、林木采伐许可、建设工程规划许可的相关手续办理;开工前准备阶段主要包括施工许可证办理、施工监理招标等工作。以上前期阶段工作形成的正式文件及批复,由建设单位收集整理归档。

实施阶段是形成工程实物形态,实现投资决策目标。该阶段工作量最大,项目管理难度最大,资料管理亦是。通过梳理工作内容,明确责任方,利于资料的收集和管理。建设单位主要负责整理的过程资料包括:工程开工前的原貌、主要施工过程、竣工新貌照片及录音录像资料。施工单位主要负责整理的过程资料包括:试验表格、施工记录表格、工程照片、安全资料、声像档案。监理单位主要负责整理的过程资料包括:监理规划、监理实施细则、监理月报、监理会议纪要、监理日志、监理工作记录等。

交工阶段的资料管理是项目全过程中最重要的阶段,是对实施过程的综合反映,也是下一阶段竣工资料专项验收的基础。本阶段外业工作较少,但资料内业工作繁重,应重视资料的管理工作。建设单位整理形成基建文件,主要包括:工程竣工验收及备案文件、公路工程项目执行报告、工程交工验收证书、项目质量管理人员名册(建设单位)、监督检测报告及交工验收检测意见、监理移交证书(按标段编制)、各参建单位工作报告、监理单位的工程质量评估报告、工程数量总表、工程项目的 1∶20000 平纵面缩图、建设单位工程项目档案自检报告、监理单位的工程项目档案质量审核报告、施工单位的工程项目档案编制情况报告。施工单位本阶段需要完成的资料包括:施工总结(合同段、单位工程)、项目大事记、公路工程交工验收申请表、公路工程(合同段)交工验收证书、竣工表格目录(《北京市公路工程质量保证资料管理办法》规定表格)、工程质量检验评定表目录(评定标准及表格参照现行《公路工程质量检验评定标准》)、预制钢箱梁厂及大型混凝土预制构件生产厂家应提供的竣工资料、竣工图、光盘(时间为 10min)。施工单位本阶段需要完成的资料包括:监理工作总结(监理工作报告)、竣工移交证书、工程质量评估报告等。

2 资料手续办理过程

建设单位作为项目管理核心,不仅需要对资料的编制归档进行管理,还需履行向相关档案管理部门登记等程序。以北京市为例,建设单位在办理建设工程规划许可证后,必须到北京市城建档案馆办理工程档案登记,交工后 3 个月内申请档案预验收,交工后 6 个月内完成工程档案的验收和移交;对于列入北京市重点建设项目计划的重点建设项目还需在开工 3 个月内向北京市档案局办理新建项目档案管理登记,每年 9 月底前完成在建项目的档案管理登记,交工验收后 1 个月内办理竣工项目档案管理登记工作。

3 资料全过程管理措施

通过以上对项目全过程的资料内容梳理与手续办理,明确了建设单位在资料全过程管理的核心地位,并提出以下 5 点措施,确保档案管理工作落到实处。

3.1 档案工作组织管理体系

建设单位应重视档案工作,并要求各有关部门和单位落实责任,切实抓好工程档案管理工作,明确工程档案工作的主管领导,配备专职档案管理人员,并伴随工程进展,从制度、人员、监督、指导等方面持续加强对档案工作的管理。组织机构方面,由建设单位为主导,监理单位、施工标段各设专职档案员 1 名,使档案管理形成一个全方位组织网络。

3.2 建立健全项目档案管理制度体系

依据交通运输部下发的《交通建设项目档案管理登记办法》《交通建设项目档案专项验收办法》《交通档案进馆办法》《关于印发公路建设项目文件材料立卷归档管理办法的通知》《关于印发公路工程竣交工验收办法实施细则的通知》,以及《北京市公路工程质量保证资料管理办法》《北京市市政基础设施工程资料管理规程》等为要求进行管理。结合实际,制定完善了《工程建设档案管理办法》《工程技术资料档案管理办法》《工程资料管理实施细则》,规定了各参建方的档案管理职责,明确了对档案的收集、归档范围及整理规范。通过建立健全项目档案管理制度体系,为开展档案管理工作提供指导,提高档案工作的标准化和规范化。

3.3 完善监督指导体系

将档案管理要求纳入合同条款,提高工程档案管理工作的约束力。建设单位在与施工、监理单位的招标文件中,明确各单位必须配备专职资料员,资料员必须具备工程师或岗位资格证书的要求,并规定了其向各相关档案管理部门提交档案的相关要求,在取得城建档案馆、建设单位档案馆出具的档案移交书后,方可支付相应的档案资料编制费。

3.4 强化过程控制

为保证工程档案工作与工程建设同步开展,在工程建设过程中,档案人员应全过程参加工程建设,强化档案的过程控制。

(1)在项目前期文件的管理上,档案部门与项目前期工作部门共同梳理工作流程,划定相关部门归档责任、归档范围及各类文件归档的时间,使档案管理的有关规定能够与各职能部门实际工作紧密结合,准确反映管理工作流程。

(2)施工现场档案管理方面,为体现出档案管理在企业建设中的重要地位,档案人员直接参与到工程建设工作中。要求档案人员做好"四参加"工作,认真做好归档资料的收集、整理工作。工程开工前,档案人员负责及时向北京城建档案馆办理工程备案手续。开工后,档案人员根据工程进展情况邀请北京市道路工程质量监督站、城建档案馆相关专家对专、兼职档案人员进行业务培训。在工程实施过程中,建设单位不定期对各参建单位的档案工作进行指导、检查,把档案工作渗透到项目管理和其他工作的全过程,做到相互依存、相互发展,增强档案管理在企业建设中的主动性。档案人员直接参与工程竣(交)工验收工作。通过以上"四参加",将档案工作贯穿全过程,确保档案实现与施工进度同步,档案交付与竣(交)工同步。

3.5 坚持“安全第一,人人有责”的方针,做好档案安全保管工作

(1)为确保档案安全,建立了《档案安全保管制度》《档案突发事件应急预案》,开展经常性的安全保密教育,使全体人员档案安全意识不断增强,切实落实各项管理制度,排除安全隐患,确保档案安全。

(2)配备符合要求的档案保管条件。施工过程中,在条件有限情况下,档案安全工作做到人防和技防相结合。档案移交后,配置适宜安全保存档案的专用库房;配备必要的档案安全保管设备设施,档案装具符合标准。做到防火、防盗、防潮湿、防高温、防光、防尘、防有害气体、防有害生物等“八防”措施安全有效,确保档案实体的安全。

4 结论

(1)本文在现有基础上,通过时间、人物、工作内容三个维度,对项目全过程资料的工作内容进行梳理,明确了在不同阶段各参建单位的资料管理内容,可为同类工程提供参考借鉴。

(2)本文梳理了工程资料在管理过程中需要办理的程序,为建设单位管理提供指导。

(3)从建设单位角度,提出了组织管理体系、制度保障、监督指导、过程控制、档案安全五个方面的资料全过程管理措施,可为建设单位资料管理提供借鉴。

参考文献

[1] 张悰. 浅谈施工总承包项目竣工资料管理[J]. 公路, 2017,62(12):20-22.

[2] 杨春艳. 浅析公路工程竣工资料的整理和编制[J]. 四川水泥,2017(6):194.

[3] 王志凤. 轨道交通工程资料管理控制要点分析[J]. 市政技术,2011,29(3):140-142+145.

[4] 赵玉贤,蔡泉华,魏健. 浅谈高速公路工程竣工资料常见问题及对策[J]. 公路,2010(9):165-167.

第五篇 绿色公路篇

延崇高速公路(北京段)绿色公路探索与实践

李　智[1],张　骐[1],周　盛[2]

(1.北京市首都公路发展集团有限公司;2.中交公路规划设计院有限公司)

摘要:在交通运输部大力推进绿色公路建设的行业背景下,延庆—崇礼高速公路被列为第一批绿色公路典型示范工程中的首个项目。笔者基于区域自然、人文环境特点,根据延崇高速公路(北京段)建设需求,设计了五大理念,共25项绿色、生态环保新技术,以缓解延崇高速公路(北京段)建设对周边生态环境的影响。绿色、生态环保新技术的应用可为北京市及全国绿色公路建设探索与实践创新提供依据和参考。

关键词:延崇高速公路;绿色公路;节能环保;智慧创新

1　绿色公路建设背景

自1988年中国大陆第一条高速公路建成以来,我国高速公路建设得到了飞速发展,并倍受世界瞩目;截至2017年末,我国高速公路以13.26万km的总里程位居世界首位,平均每年建成高速公路4.5万余km[1]。已有研究表明,大型跨省跨地区高速公路建成后,破坏了公路沿线生态环境,给沿线环境造成了严重的损失。例如:改变了沿线原有土地利用方式、植被类型;破坏了当地稀有物种原有的栖息地类型,降低了区域生物多样性等[2-5]。

如何从绿色、生态的角度出发,结合现代先进科学技术,来缓解高速公路建设对沿线生态环境的破坏,成了绿色公路建设中的重点问题[6-8]。国外主要从评价系统入手,提出了缓解高速公路建设对周边环境产生的影响,例如美国提出的《绿色公路评价系统》和《基础设施可持续性评价系统》,加拿大提出的《路面可持续评价系统》和《加拿大道路建设者道路节能指南》[9-11]。国内主要发布了绿色公路建设的系列通知,如交通运输部发布的《关于开展绿色公路典型示范工程建设的通知》和《关于实施绿色公路建设的指导意见》。

延崇高速公路被我国交通运输部列为第一批绿色公路典型示范工程中的首个项目,是服务于2019年北京世园会、北京2022年冬奥会重要赛场的联络线。该研究综合项目区自然环境特征,分析冬奥会、世园会和绿色公路建设需求后,构建了由五大理念共25项绿色、生态环保新技术组成的延崇高速公路生态环保技术实践体系,力求运用诸多绿色、生态环保新技术,缓解高速公路建设对沿线生态环境的影响,为绿色公路建设和持续发展打下良好基础。

2 项目概况

延崇高速公路(北京段)位于北京市西北部,道路起点位于京藏高速公路营城子互通立交,接兴延高速公路,终点位于张山营镇京冀界,全长约33.7km,桥隧比高达92%,是北京通向河北张家口、山西大同、内蒙古等地区的交通要道。项目沿线植被较茂密,地下水资源丰富,道路沿线穿越北京松山国家级自然保护区,毗邻官厅水库一级水源保护区、野鸭湖国家湿地公园、妫水河一级水源地保护区、佛峪口水库、玉渡山风景区、蔡家河湿地、汤泉观温泉等众多生态环境敏感点,环保要求高,建设周期短,建设难度大。

3 延崇高速公路绿色公路建设实践探索

结合项目区自然、人文环境特征及《关于实施绿色公路建设的指导意见》中涉及的技术,分析项目建设前期、建设期和运营期可能对沿线生态环境产生的影响后,分别从生态引领、低碳集约、景观和谐、服务共享、智慧创新五大理念,设计应用了25项绿色、生态环保新技术(图1),用以缓解延崇高速公路(北京段)建设对沿线声环境、水环境及重点野生动植物保护区等的影响。

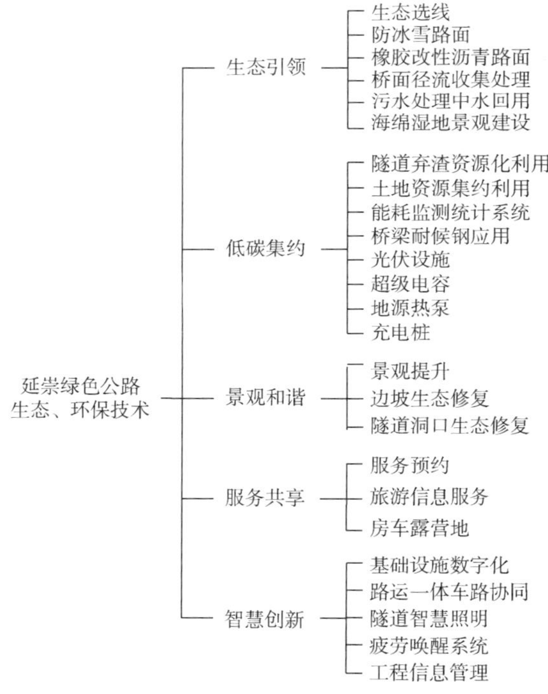

图1 延崇高速公路生态、环保技术实践体系

3.1 生态引领

项目从生态选线、防冰雪路面、橡胶改性沥青路面、桥面径流收集处理、污水处理中水回

用、海绵湿地景观建设六大类别实现生态引领。

(1)生态选线:为避让生态环境敏感区,对拟建路线进行生态选线。平原段避绕妫水河一级水源地保护区、野鸭湖国家湿地公园;山区段避绕松山国家级自然保护区的核心区和玉渡山风景区(图2)。

(2)防冰雪路面:项目研发了有机盐类抗凝冰,在妫水河隧道两侧大纵坡路段试验铺设防冰雪路面675 m(图3),降雪后路面饱水状态下盐分随水析出,通过降低路表水冰点来防止凝冰,提高冰雪天气下过往车辆的行驶安全度,减少了人工除雪的成本和无机盐类添加剂对动植物、结构物、土壤的影响。

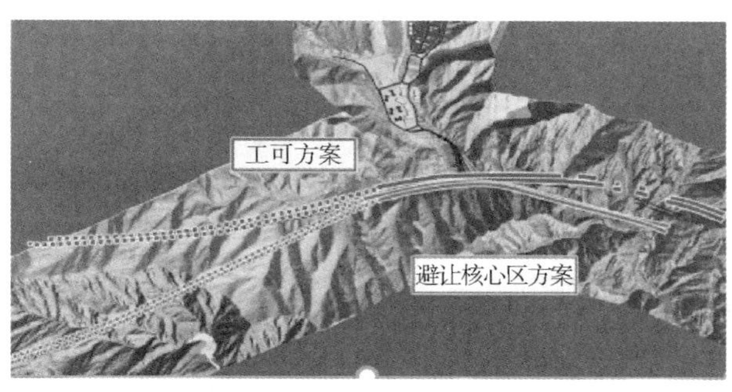

图2 避让松山国家级自然保护区的核心区

图3 防冰雪路面效果图

(3)橡胶改性沥青路面:将废旧轮胎加工成细小颗粒,经过一系列物理、化学反应,制成橡胶改性沥青,平原段主、辅路各采用橡胶改性沥青路面8km和5km,山区段全线采用橡胶改性沥青路面,有效降低车辆行驶中的噪声,并消耗废旧轮胎。

(4)桥面径流收集处理:在项目水环境敏感区(官厅水库、温泉大桥)设计桥面雨水收集系统,并在桥下收集池中设计径流收集池和生态滤床,确保桥面径流达标排放。

(5)污水处理中水回用:在妫川路管理养护区(K0+940.580)、山区隧道管理所(K15+548.168)、妫水河隧道管理所(K5+997)和阪泉服务区(K12+664)设计污水处理、中水循环利用系统,实现污水"零排放"。

(6)海绵湿地景观建设:结合自然地形,在京新高速公路—国道110立交桥桥区构建梯级雨水海绵湿地工程。海绵湿地占地约25hm^2,汇水面积41hm^2,桥区新建雨水收集设施的有效容积为8400m^3。在收集雨水资源的同时,增加了雨水的消纳和净化,减少了高速公路建设对周边水文环境的不利影响。

3.2 低碳集约

项目建设过程中,通过集约利用土地资源,合理使用隧道弃渣,应用耐候钢桥梁、光伏设施、超级电容路灯、地源热泵、充电桩和能耗监测统计系统等达到低碳集约的目的。

(1)隧道弃渣资源化利用:项目隧道出渣约600万m^3,路基填筑利用约320万m^3,剩下弃渣作为建材资源,供冬奥会、世园会及沿线有关乡镇使用。

(2)土地资源集约利用:项目桥隧比高达92%,较公路用地指标少占地约100hm^2,减少对土地占用。

(3)桥梁耐候钢应用:上跨大秦铁路转体桥采用耐候钢钢箱梁,减少涂装对环境的影响,并降低后期养护成本。

(4)光伏设施:综合美国宇航局(NASA)卫星观测资料和METEONORM太阳能辐射资源数据,得出项目所在地年辐照量可达5169.6MJ/(m^2·a),资源水平属于2类地区,适合开发建设光储充项目。在起点管理区餐厅屋顶、车棚及花架棚顶,蔡家河服务区东西两侧停车服务设施和设备用房,山体隧道管理所和隧道间遮阳棚等位置设计光伏设施,为道路沿线照明、服务区电动汽车充电桩及其他用电设备提供电能。

(5)超级电容路灯:项目试验段设计1km超级电容路灯,共55杆,具备快速充电、超宽工作温度、深度充放电、低电压和低内阻等特性,突破了光伏照明的传统储能技术瓶颈,无需利用市电,达到运营期节能减排效果。

(6)地源热泵:在阪泉服务区内预设地源热泵系统,具有环境和经济效益显著、节省空间、维护简单、污染小等优点。

(7)充电桩:在阪泉服务区内设计充电桩,为新能源汽车提供电能,支持新能源汽车的发展和推广应用。

(8)能耗监测统计系统:项目在能耗设备上加装了分级计量设备及数据传输系统,准确计算高速公路路基、路面、桥梁、隧道、互通、机电、房建等工程建设期的能耗,实时动态展示耗能与污染物以及车流量情况,实现精细化管理及服务水平的提升和功能分析。

3.3 景观和谐

结合项目区域文化特征,通过沿线景观提升、边坡生态修复、隧道洞口生态修复实现沿线景观和谐,并设计地域化门户景观展示地域文化。

(1)景观提升:基于景观生态学、景观美学和行为心理学理论,将长城、冬奥、古崖和山戎文化融入隧道洞口、服务区、养护区房建设计等方面,满足城市居民旅游出行的城际高速要求,带动沿线旅游资源的开发利用,促进生态型公共产品的输出。

(2)边坡生态修复:项目自主研发了植被混凝土和多孔质建筑混凝土边坡生态修复技术,结合传统拱形骨架护坡、六棱花饰护坡、SNS主动防护网和锚杆框架结构等方式,在自然保护区和生态环境敏感区,对沿线边坡进行生态修复,构建沿线完整的绿色生态廊道。

图4 妫水河隧道洞口效果图

(3)隧道洞口生态修复:基于景观生态学理论,结合地域文化,对沿线隧道洞口进行生态修复和地域文化融入。例如,妫水河隧道洞口融入了长城文化(图4)。

3.4 服务共享

延崇高速公路坚持"以人为本"的原则,通过增设预约服务、旅游信息服务、房车露营地，提升高速公路服务水平。

（1）预约服务：项目设计了车位、滑雪及周围景点门票预约服务系统，服务区内设计有智能售卖和信息服务机器人，提高高速公路人性化服务水平。

（2）旅游信息服务：公路沿线增设观景台、停车区、小型服务站、旅游信息指示与引导等游憩服务设施，充分展示“景观视廊”，为游客和驾乘人员提供便捷、舒适的乘车体验。

（3）房车露营地：阪泉服务区内拟布设房车露营地，支持阪泉郊野公园旅游开发，为公众提供旅游服务。

3.5 智慧创新

通过基础设施数字化、路运一体车路协同、隧道智慧照明、疲劳唤醒系统、施工期环境监测和工程信息管理等内容，提升延崇高速公路全线智能化设计。

（1）基础设施数字化：选取社会影响大、安全风险高的大跨高墩桥梁 2 座（温泉大桥、上跨大秦铁路转体桥）、长大隧道 3 处（妫水河隧道、玉渡山隧道、松山隧道）、超高边坡 3 处（2 个路堑边坡和填方路基）和保护区水质 1 处（妫水河和松山保护区），通过 Web 端、PC 端和手机 App 端，对桥梁高墩的跨中挠度、隧道外围断面收敛、边坡表面位移指标、水资源水质状况进行监测和管理。

（2）路运一体车路协同：试验段设计车路协同、自动驾驶系统，实现多场景下的人车路有效协同，保证交通安全，提高通行效率，建成安全、高效、环保的延崇高速公路交通系统，西沙屯车路协同及无人驾驶测试场地如图 5 所示。

（3）隧道智慧照明：采用智能化高精度、高效率的光能调控技术，隧道内色温、亮度可根据隧道外（天气、时段）自然光的变化而变化，解决“黑洞”或“白洞”效应，满足驾驶员安全舒适视认的要求，解决隧道洞口驾驶员眼部适应问题，同时达到节能减排的效果，其效果如图 6 所示。

图 5　西沙屯无人驾驶测试场地

图 6　隧道智慧照明

（4）疲劳唤醒系统：研究表明，驾驶员在进入长隧道内约 3.8km 处易产生疲劳，蓝、紫、青光对疲劳唤醒程度最高，唤醒刺激时间以 6~7s 为宜（景观段长度为 150~200m）。在松山、玉渡山特长隧道内试验设计疲劳唤醒系统，通过景观和颜色的变化调节激素水平，起到唤醒作用。

4 结语

延崇高速公路(北京段)通过践行生态文明和交通强国战略,结合世园会和冬奥会的绿色环保要求,构建了延崇高速公路生态环保技术实践体系,对带动京津冀地区绿色公路的建设、促进高速公路的绿色发展转型升级积累了宝贵的经验,发挥着重要而积极的意义。建议:①在高速公路前期设计阶段,结合实地情况,重点考虑避让生态红线区、自然保护区、饮用水水源保护区和重点野生动植物栖息地,探索生态环保新技术在项目中的应用;②在高速公路施工阶段,重点考虑并控制施工噪声、生活污水、施工机械扰动等对周边环境产生的影响;③在高速公路运营阶段,考虑桥面径流初期雨水、环境风险事故的影响,并重点考虑基础设施的节能减排管理。

参考文献

[1] 席悦.我国高速公路发展历程[J].中国物流与采购,2018(18):35-36.

[2] KOEMLE D,ZINNGREBE Y,YU X H.Highway Construction and Wildlife Populations:Evidence From Austria [J].Land Use Policy,2018,73:447-457.

[3] Coffin A W.From Roadkill to Road Ecology: A Review of the Ecological Effects of Roads[J].J Transp Geogr, 2007,15(5):396-406.

[4] Paukert C,Schloesser J,Fischer J,*et al*.Effect of Instream Sand Dredging on Fish Communities in the Kansas River USA: Current and Historical Perspectives[J].Journal of Freshwater Ecology,2008,23(4):623-633.

[5] CHEN Y S,VIADERO R C,WEI X C,*et al*.Effects of Highway Construction on Stream Water Quality and Macroinvertebrate Condition in a Mid-Atlantic Highlands Watershed,USA[J].Journal of Environmental Quality, 2009,38(4):1672.

[6] 王莉.生态护坡在云南高速公路建设中的应用[D].昆明:昆明理工大学,2009.

[7] 吴芬.漳梅高速公路建设的环境影响与对策研究[D].福州:福建农林大学,2015.

[8] 舒翔,杜娟,曹映泓,等.生态工程在高速公路岩石边坡防护工程中的应用[J].公路,2001(7):86-89.

[9] 樊友庆,王吉庆,张琦.赣南山区公路建设节能环保技术体系构建初探[J].公路,2017(2):167-170.

[10] 张琴.基于可持续发展理念的绿色公路评价研究[D].重庆:重庆交通大学,2011.

[11] 黄裕婕,沈毅,秦晓春.绿色公路定量研究的构思[J].公路交通科技(应用技术版),2010(10):304-307.

“低影响开发”理念在公路排水系统设计上的应用

邓卫东，崔　亮，宫　凯，李芃抒
（北京市市政工程设计研究总院有限公司）

摘要：公路排水系统是由拦截、汇集、输送、排放公路用地范围内地表水和地下水的设施组成的系统。由于公路的建设，在公路用地范围内对原水环境影响最大的因素是地表径流系数的加大，即增加了降雨时地表径流过程的峰值和径流量。“低影响开发”理念就是指在场地开发过程中采用源头、分散式措施维持场地开发前的水文特征。本文主要阐述在延崇高速公路（平原段）地表水排水系统设计中，采用“低影响开发”设计理念，在高速公路用地范围内对各种排水设施较以往常规设计稍加改动，在不明显提升投资的情况下，减少公路用地范围内产生的雨水径流量及峰值，避免由于高速公路的建设，破坏其周边水环境。

关键词：低影响开发；高速公路；排水系统；应用

1　引言

本文主要阐述在延崇高速公路（平原段）地表水排水系统设计中，采用“低影响开发”设计理念，在高速公路用地范围内对各种排水设施较以往常规设计稍加改动，在不明显增加投资的情况下，减少公路用地范围内产生的雨水径流量及峰值，避免由于高速公路的建设破坏其周边水环境。

2　设计原则

充分利用桥下空间、桥区空间、边沟排水设施空间，结合绿化工程，建设有一定体积的，在排水系统的各个环节对雨水径流发挥渗、滞、蓄、净等功能的设施。

3　设计标准及技术路线

路面和路肩表面排水设计降雨重现期为5年一遇；路界内坡面排水设计降雨重现期为15年一遇。

为了应对公路建设带来的水环境问题，制定以下排水工程设计技术路线（图1），主要采用渗、滞、蓄、净等方式对路面雨水径流进行消减和净化，减少对周边水环境的不利影响。

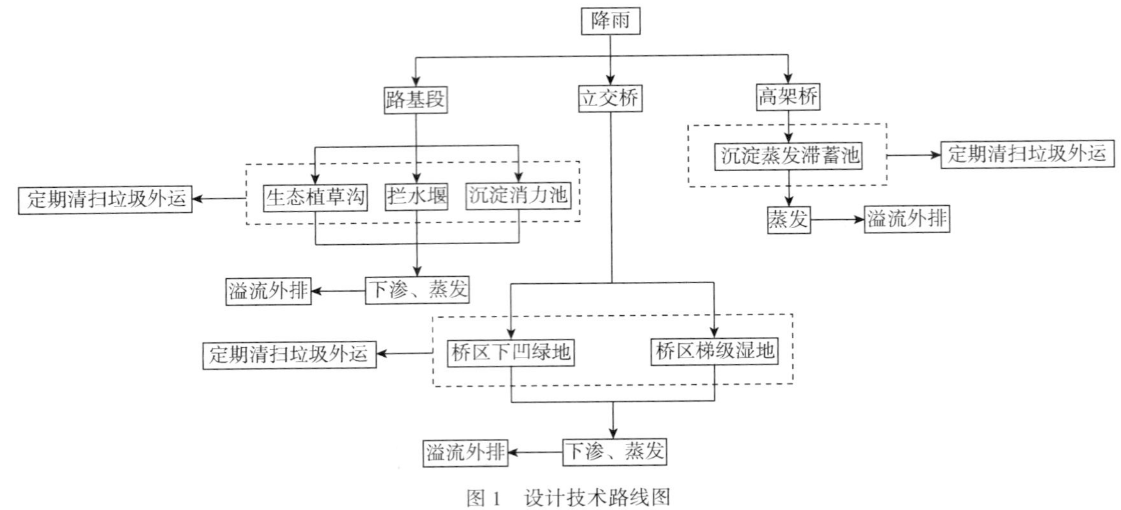

图 1　设计技术路线图

4　路基段排水工程设计

降雨至路面,经路面汇水至路边侧设置的急流槽,排至道路两侧设置的生态边沟,在急流槽接入生态边沟处,设置消力池。生态边沟采用生态护坡设计,并根据坡度设置多处拦水坝,利用生态边沟积蓄雨水。多余雨水排入周边下游水系。整个排水系统可以起到对路面雨水削减外排的径流总水量,同时具有一定的水质净化作用。

4.1　急流槽消力池设计(图 2、图 3)

在急流槽接入道路边沟的底部,设置一个消力池,有效容积 $V=0.25m^3$。其作用如下:

①有效缓冲急流槽下泄水流对生态边沟的冲刷。

②具有一定的体积,增加对雨水的滞蓄效果。

③沉淀雨水中的杂质。

④滞缓特殊情况下危险品的扩散。

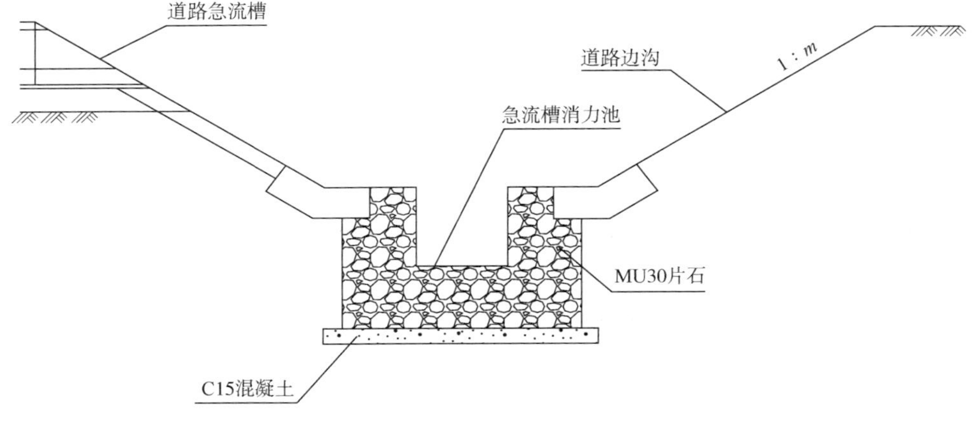

图 2　道路急流槽消力池设计示意图

图 3　道路急流槽消力池实景照片

4.2　生态边沟设计

生态边沟的结构设计(图 4、图 5),主要是考虑在防冲刷和结构稳定的基础上,边沟结构对水可以渗透,并利于植物生长。其设计优点如下。

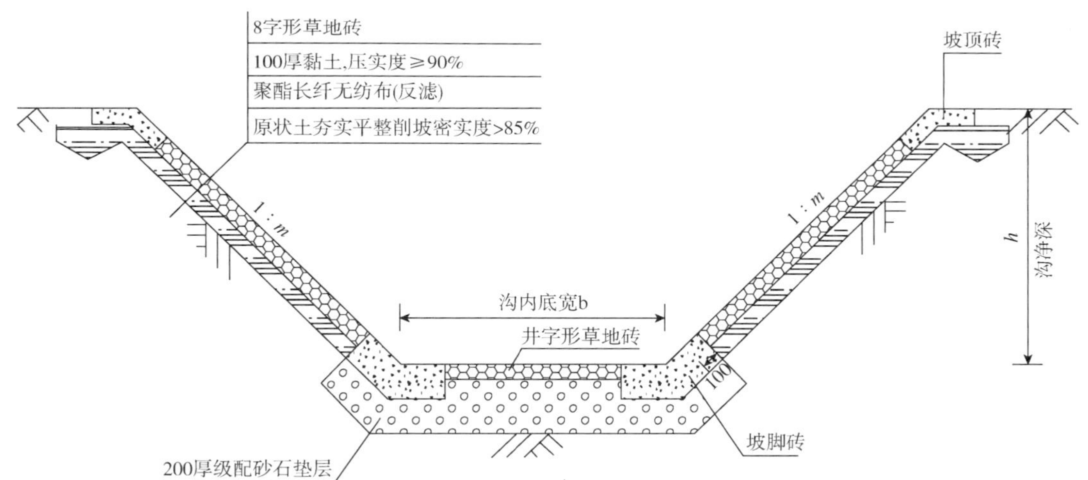

图 4　生态边沟结构设计示意图

图 5　生态边沟实景照片

①流入边沟中的雨水可以有效地渗入周边土壤中,对雨水就地消纳起到一定作用。

②由于边沟表面的糙率较大,可以有效地降低沟中水流的速度,对沟中雨水起到"滞"的作用。

③沟中可以生长绿色植物,改善道路边沟的景观效果。

④雨水经过植物的吸收、过滤后渗入土壤中,对雨水起到一定的净化作用。

⑤边沟下铺设无纺布,减少雨水长期冲刷带走泥土的可能性,保证边沟的稳定。

4.3 生态梯形边沟挡水堰设计

根据生态边沟的设计坡度(图6~图8),每隔一定距离,在沟底设置一个高度为150mm的碎石挡水堰,其作用如下:

①利用生态沟的空间对雨水进行滞蓄,可以加大雨水的渗透量和蒸发量,减少雨水的流速,防止对边沟的冲刷,增加雨水停留时间。

②对雨水中的杂物进行拦截和过滤,防止其流入自然水系中,对雨水起到一定的净化作用。

③对特殊情况下危险品的扩散有一定的滞缓作用。

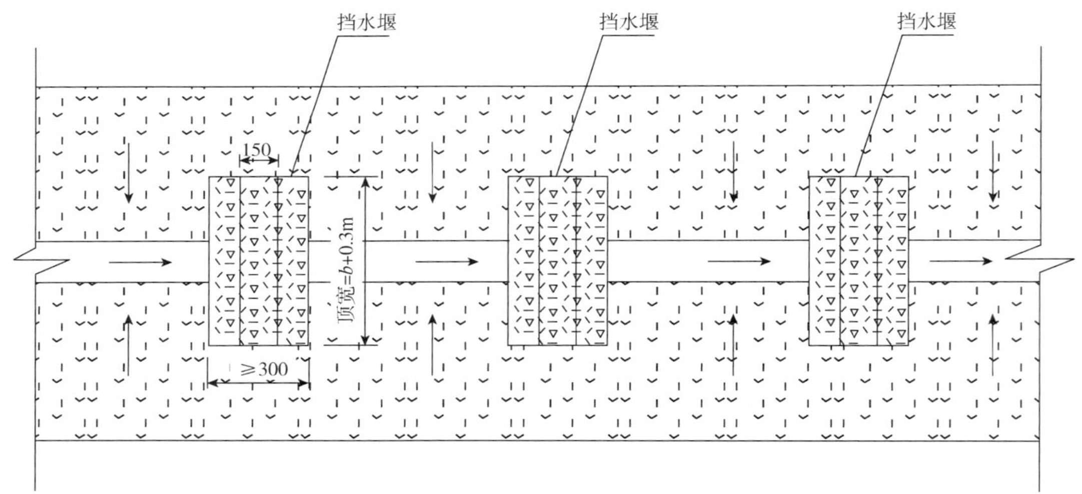

图6 生态边沟挡水堰平面设计示意图

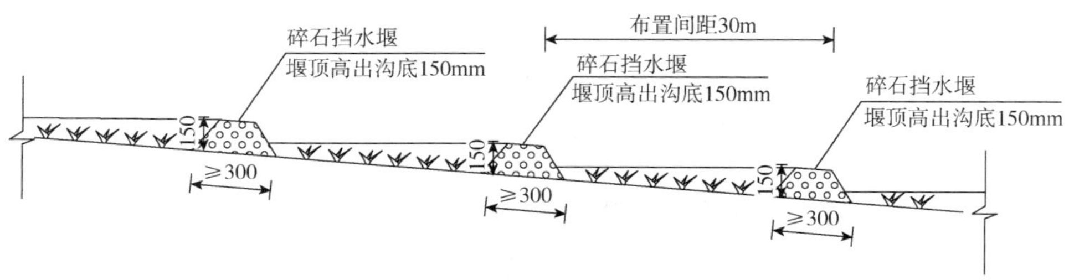

图7 生态边沟挡水堰纵断面设计示意图

图 8　生态边沟挡水堰实景照片

5　立交桥区段排水工程设计

降雨至路面，经路面汇水至路边侧设置的急流槽，排至道路两侧设置的生态边沟，在急流槽接入生态边沟处，设置消力池。以上与路基段排水工程设计技术路线相同。雨水经过消力池后流入设置在桥区内低点的生态滞留塘，利用生态滞留塘对雨水的“渗、滞、蓄、净”等作用。多余雨水排入周边下游水系。整个排水系统可以削减外排径流总量，同时具有一定的水质净化作用。

立交桥区生物滞留塘（图 9），利用桥区匝道围合形成的地形设计，溢流出水涵洞适当抬高，使在桥区围合区域形成一个低洼区域，储水深度在 0.5～1.0m。里面种植绿化植物，平时形成绿化景观，降雨时储存道路雨水，使其在滞留塘中下渗、蒸发。超标雨水通过溢流涵洞排至下游雨水系统。设置桥区生物滞留塘有以下优点：

图 9　立交桥区生物滞留塘实景照片

①充分利用立交桥区的绿化面积，设置生物滞留塘，对桥区雨水进行滞蓄，减少雨水外排量。

②利用下渗及蒸发作用，对雨水进行消纳。

③利用生物滞留塘对雨水进行净化，保护环境。

6　高架桥段排水工程设计

降雨至桥面，经桥面汇水至桥上排水管道（立管），排至桥下设置的消力池，经消力池消力后，排入桥下生态滞留塘。利用高架桥下绿化空间建设生态滞留塘，生态滞留塘起到对雨水的“渗、滞、蓄、净”等作用。多余雨水排入周边下游水系。整个排水系统可以削减外排径流总量，同时具有一定的水质净化作用。

高架桥下生物滞留塘(图 10、图 11),充分利用桥下空间,结合绿化工程,建设有一定体积的通过植物、土壤和微生物系统滞蓄、净化雨水径流的设施。具有一定的截留危险品扩散的功能。

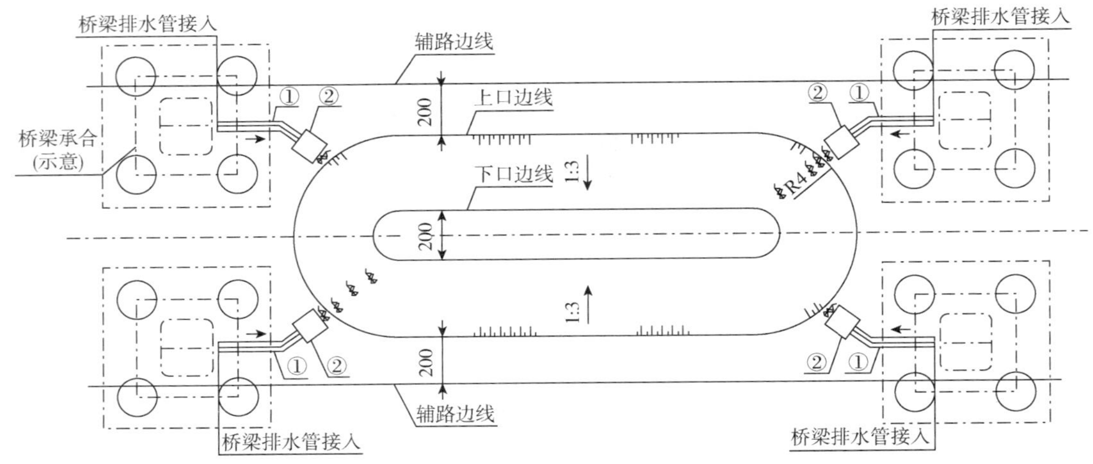

图 10　高架桥下生物滞留塘平面设计示意图(尺寸单位:cm)

(注:图中①为预制 U 形槽,②为沉泥槽)

图 11　高架桥下生物滞留塘实景照片

塘壁结构:

◇石笼结构;

◇干砌片石结构;

◇防渗结构:黏土防渗。(注:若需要)

塘底结构:

◇现场表层土回填;

◇防渗结构:黏土防渗。(注:若需要)

具有以下功能:①充分利用高架桥下闲置面积,设置生物滞留塘,对桥区雨水进行滞蓄,减少雨水外排。②利用下渗及蒸发作用,对雨水进行消纳。③利用生物滞留塘对雨水进行净化,保护环境。

7 立交桥区湿地改造

延崇上跨京新高速公路和国道110处，为组合立交区。桥区处于北部山区山脚处，整个桥区地形北高、南低，平均坡度3%；桥区北半部地形坡度较陡，平均坡度为4.4%；桥区南半部地形坡度较缓，平均坡度为1.2%，占地面积约$25×10^4m^2$。本桥区负担国道110北部山区的降雨及本桥区产生的径流，由于京新高速公路及其南部没有明显的排水沟，所以每逢雨季，京新高速公路北侧会形成大片积水。为了防止由于高速公路的建设，加重雨季积水的情况，决定将设计桥区地形进行湿地改造。首先将原地形坡度减缓，利用本工程隧道开挖的废弃石材和妫水河开挖的废弃土方，采用梯田的形式，减缓地形坡度。在地块中采用下凹式地坪设计，可以调蓄雨水，增加雨水的下渗和蒸发；堤坝具有过滤雨水的作用，并利用种植的绿化植物的生物净化功能，进一步净化雨水。图12为湿地堤坝结构设计横断面示意图。

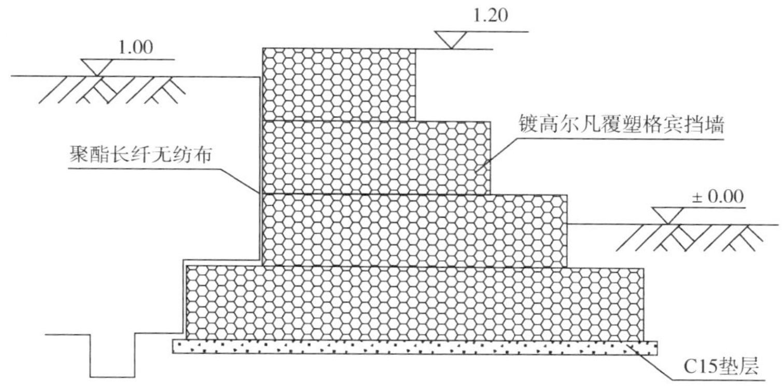

图12 湿地堤坝结构设计横断面示意图(高程单位:m)

通过对桥区地形的改造，可以减少由于地形坡度过大造成的水土流失；打造湿地公园，对雨水进行滞蓄和净化，防止由于高速公路的建设，对当地的水环境造成破坏。

从图13可以看到，堤坝之间的土地，可以种植绿化植物，可以对降雨进行滞蓄，利用蒸发和下渗消纳降雨径流，对雨水进行净化。

图13 湿地效果图

8 结语

“低影响开发”(海绵城市)是一种设计理念,而不是某种工程类别,我们要做的是在任何一个工程项目中,落实“低影响开发”设计理念。如同国务院办公厅《关于推进海绵城市建设的指导意见》中明确指出:“海绵城市是指通过加强城市规划建设管理,充分发挥建筑、道路和绿地、水系等生态系统对雨水的吸纳、蓄渗和缓释作用,有效控制雨水径流,实现自然积存、自然渗透、自然净化的城市发展方式。”“低影响开发”设计理念,虽说讲的是雨水,但需要各个专业在具体项目中落实。

参考文献

[1] 李贺,张雪,高海鹰,等.高速公路路面雨水径流污染特征分析[J].中国环境科学,2008(11):1037-1041.

[2] 赵剑强,闫敏,刘珊,等.城市路面径流污染的调查[J].中国给水排水,2001(01):33-35.

[3] 中华人民共和国住房和城乡建设部.建筑与小区雨水控制及利用工程技术规范:GB 50400—2016[S].北京:中国建筑工业出版社,2017.

人工湿地系统在延崇高速公路管理区污水“零排放”中的应用

田路强，翟　鹏

（北京市首发天人生态景观有限公司）

摘要：高速公路管理区通过建立人工湿地的方式，选择合适的湿地植物，可以解决管理区在后期运行中产生的污水外排问题，并能形成良好的湿地景观，对于净化水质、保护生态环境具有重要的意义。

关键词：人工湿地；高速公路管理区

1　引言

高速公路在建设过程中，需要配套管理区，为道路管理人员、收费人员等提供工作及住宿的场所。在人员工作、住宿等过程中，污水排放是一个难以避免的问题，而高速公路管理区往往远离城市，建在市政管网不成熟的区域，产生的污水不能便利地排进市政污水系统中。污水外排后即使处理，也会对生态环造成一定的破坏，如何将污水对周边环境的影响降到最低，实现污水零外排，逐渐引起社会的关注。

本文结合延崇高速公路管理区人工湿地的建设、湿地植物的选择、后期的运行维护以及对景观效果的影响，展开探讨，为今后高速公路建设中污水处理方式提供借鉴。

2　人工湿地技术及作用

人工湿地是由人工建造和控制运行的，类似于沼泽地的水体。人工湿地技术的功能是：将污水、废水经过处理或直接排进人工湿地系统内，依靠植物、微生物、土壤等通过吸附、滞留、过滤、生物分解、吸收利用等过程，降低或消除污水中的有害物质。

本技术施工过程涉及土方作业、电气作业、管道作业。施工流程为：定点放线→土方开挖→垫层回填→商混浇筑→管道安装→设备安装→设备运行→绿化栽植等。其作用机理包括吸附、净化、沉淀、微生物分解、转化、蒸腾水分和养分吸收等综合作用，具体实现功效如下。

2.1　净化污水中的有机物

污水中的有机物主要分为固体有机物和可溶性有机物。人工湿地系统通过土壤、砂石、植物自身等介质吸附或滞留固体有机物，之后有机物被有氧微生物分解成水和二氧化碳，被厌氧微生物分解成水和甲烷。可溶性有机物可以通过被植物吸收、微生物分解等途径进行降解。人工湿地对 BOD5(五日生化需氧量)、COD(化学需氧量)的去除率可以达到 85%。

2.2 净化水中的氨氮

人工湿地系统通过基质吸附比重较大的蛋白质颗粒,微生物可以通过硝化和反硝化作用分解有机氮,植物可以通过吸收利用无机氮等,消除水中的氨氮污染物。

2.3 净化水中的磷

水生植物在生长过程中将会吸收大量的磷酸盐,喜磷的细菌和微生物可以分解转化水中的有机磷,土壤等也具有一定的吸附磷的作用。

2.4 消除水中的悬浮固体

湿地系统的土壤、砂层等可以通过吸附作用,消除大量的污水悬浮物;植物根系能对固体污染物进行截留,有效消除 SS 中的可沉降部分。

3 建设人工湿地的必要性

延崇高速公路管理区位于延庆区八达岭镇大浮坨村延崇高速公路起点处营城子收费站南侧,场地面积 24990m^2、建筑面积 11386.85m^2。正式投入使用后,每天污水排放约为 100m^3。根据环评报告要求,场区污水不得直接排入沿线水体,要实现零排放。因此通过建立人工湿地系统,既能实现对污水的就地净化消纳,又能增添湿地景观。

3.1 人工湿地的运行

高速公路管理区的污水排放为污水、废水混排,有机物和氨氮浓度较高,并且随季节变化较大,因此要求有相应的污水处理工艺和设备。延崇高速管理区的污水先经过污水管道排至化粪池,经过化粪池初步处理后排至污水处理设备。经设备处理后,春夏秋三季污水经处理达到中水回用标准后,回收的中水可以用于道路冲洗、绿化灌溉等,富余的中水通过溢流管排至室外人工湿地。人工湿地将水储存起来,在湿地中人工种植芦苇、水生鸢尾等耐粗放管理的植物;春夏秋季节,通过物理吸附、生物净化吸收、微生物降解等方式,进一步优化水质。湿地系统中的水通过下渗、植物蒸腾、自然蒸发等再次进入生态系统,实现自然循环。冬季经过回收处理后的中水及部分污水可以排入湿地系统,储存起来,用于来年湿地植物生长需要,经过湿地的储存和净化,最终实现污水零排放。

春夏秋季节,湿地中的水生植物需要人工进行简单的维护,冬季为了景观效果和防火安全进行人工割除地上枯萎的枝叶。湿地系统的土壤、砂层等过滤、吸附介质等无需专人负责,约需 10 年左右清理更新一次即可。

3.2 人工湿地的植物选择

水生植物是组成人工湿地的重要元素,它可以通过滞留、吸收、降解水中的污染物,从而净化水质。同时,合理的植物搭配,能形成优美、稳定的植物群落,还可以和水鸟、游鱼等形成一道靓丽的景观。不同的地区有不同的适宜的植物品种,并且不同的植物在对水质、水深、净化污水的能力、景观效果上也不相同。在人工湿地建设过程中,要因地制宜,选择合适的水生植物,合理搭配,既能实现水体净化能力,又便于后期养护管理,形成良好的湿地景观。

由于本项目湿地四季水位变化较大,因此选择的湿地植物以芦苇为主。芦苇是湿地植物中最重要的植物,具有生长迅速、自繁效果好、对水位的要求不是很严格等特点,并且水质净化能力很强,被称为湿地净化器。芦苇具有很强的吸附、过滤、吸收污物的能力,尤其是富营养化的污水通过芦苇群落后,可去除水体中 90.9%的氮污染物,对磷污染物的去除率为 84.85%,对 COD 的去除率为 82.6%。芦苇对水体中的重金属污染物也具有很强的吸附能力。

为了营造稳定的植物群落,并形成良好的湿地景观,同时选用的有千屈菜、水生鸢尾、花叶芦竹等。这些湿地植物对水位的要求比较宽泛,既能适应水湿的生长环境,又能抵抗一定的干旱,在水分不是太充足的环境中也能正常生长。千屈菜花色艳丽、花期较长,水生鸢尾花大色艳,花叶芦竹茎叶美观,它们可以和芦苇共同形成优美的湿地景观。

3.3 人工湿地的实现效果

延崇高速公路管理区,由于远离市政污水管网系统,因此因地制宜建立人工湿地,通过滞留、净化等消纳污水,实现污水零排放。人工湿地系统处理污水与污水处理厂相比,具有前期建设费用投资少、建设周期较短等优点。由于主要是靠湿地植物和微生物等分解污染物、净化水体,因此在运行过程中与污水厂的化学净化水体相比,具有生态环保、维护简单、运行成本低等优点,更加经济环保。人工湿地还可以通过选择多样性的水生植物,科学配置,营造出美好的湿地景观。

4 结语

高速公路管理区通过建立人工湿地的,选择合适的湿地植物,可以解决管理区在后期运行中产生的污水外排问题,并能形成良好的湿地景观,对于净化水质、保护生态环境具有重要的意义。

在项目的后期运行中,将会继续观察人工湿地的污水净化效果,在技术上不断改进,为今后的高速公路管理区、服务区,甚至一般的村镇在污水排放和净化处理上,提供科学的参考经验。

参 考 文 献

[1] 过江洋,吴慧芳.人工湿地的发展及在海绵城市建设中的应用[J].市政技术,2017,35(6):143-145+149.

[2] 温耀华.浅析人工湿地污水处理技术和应用现状[J].低碳世界,2018(11):19-20.

[3] 杨宝玲,胡卫霞,马爱军,等.人工湿地植物的选择与配置[J].现代农业科技,2018(21):147-148.

[4] 田立民,王晓英.芦苇和香蒲对富营养化水体的净化效果[J].江苏农业科学,2010(4):409-411.

乡土树种在山区高速公路景观绿化中的应用

钟　弘[1],刘　磊[2]

(1.北京国道通公路设计研究院股份有限公司;2.北京市首都公路发展集团有限公司)

摘要:随着京津冀协同发展,北京高速公路建设已经“跑步”进入新征程,人们对公路景观建设的重视程度也越来越强,乡土树种在城市园林绿化中具有重要的作用。本文结合延崇高速公路山区段景观设计,分析乡土树种的特点,以及在山区高速公路景观中的应用,营造出协调、共生、和谐的高速公路生态景观,从而达到生态平衡的目的。

关键词:乡土树种;高速公路;山区;景观绿化;应用

1　引言

近年来,随着林业建设和城市环境建设的快速发展,城市绿化面积和规模逐渐扩张,特别是近几年京津冀协同发展,连接京津冀的高速路网正在织密,京津冀交通一体化主骨架将形成。如服务于世园会、冬奥会的延崇高速公路、兴延高速公路将大大提升京西北通道通行能力。绿水青山就是金山银山,保护生态环境就是保护生产力,“绿色公路”的理念贯穿在首都高速公路建设过程中。作为京津冀交通一体化的重点项目,延崇高速公路研究更好的生态选线方案,调整了自然保护区附近的隧道入口和立交位置,将线路巧妙地由核心区迁至缓冲区,从而避开了生态环境敏感区,植物品种强调乡土化、生态化,以迅速恢复山体植被为目标,与周围环境的协调、共生、和谐。

2　乡土树种的特点

乡土树种是指本地区天然分布树种或者已引种多年且在当地一直表现良好的外来树种。具体指的是原产于本地区或通过长期引种、栽培和繁殖,被证明已经完全适应本地区的气候和环境,生长良好的一类植物。乡土树种分布具有一定的地域性,有些分布的范围较广,在全国多地均可见到。而有些乡土树种则因对温度、湿度、土壤等自然条件因素较为敏感,只能是属于一定地域范围内的乡土树种。有些树种尽管不是当地土生土长的原产树种,是外来树种经长期驯化栽培后的归化树种,但它们已经具备了乡土树种的特性,因而也把其视为乡土树种。

近年来,随着林业建设和城市环境建设的快速发展,城市绿化面积和规模逐渐扩张,特别是近几年京津冀协同发展、冬奥会和世园会等的筹备,人们对公路景观建设的重视程度越来越强。目前在许多景观绿化建设中,绿化树木的种类更替频繁,部分园林绿化设计者、决策者更喜欢引进异地树种,却忽视了性能较好的乡土树种,这不仅使绿化的成本提高,也可能会导致本地固有植物种类的结构被破坏,削弱了本土特色。乡土树种在公路景观绿化中具有很多的优势。

2.1 文化底蕴丰富

乡土树种具有地域文化内涵,是表达乡土情怀、表现乡土风情风貌的重要载体,能凸显地方特色、产生情感共鸣,更容易形成独特的当地城市景观风格。运用当地乡土树种,按照"重特色、有创新"的思路,可以打造出不同主题的高速公路景观环境。

2.2 生态适应性强

乡土树种是在一个地区特定环境条件下,稳定的植物群落。它们土生土长,千百年来在当地生长发育,繁衍后代,对当地的生长环境具有很强的适应性和抗逆性,特别对当地的极端因子抵御非常强,如极端低温和高温。且由于适宜的环境,植物的各种生理、生化、生态功能都能正常运转,能充分地展示出它的观赏性能。具体表现在植株生长茂盛、枝叶浓密、花朵艳丽、果实丰硕,可发挥最大的观赏效果。

高速公路景观的立地条件相对于园林景观较差,路侧有效绿化空间较窄,且大量的填挖方边坡,因此高速公路景观应选择耐旱、耐瘠薄、抗逆性强、生长发育正常、病虫害少以及易繁殖的乡土树种,边坡树种应具有水土保持能力,在遵循适地适树原则上达到景观的舒适性。

2.3 经济效益好、管养便利

乡土树种具有很高的经济效益。乡土树种经过自然长期选择的结果,绿化景观表现稳定,在较为恶劣的环境以及简单、粗放的管理条件下仍能充分表现出树种的生物学特性和良好的观赏效果。且当地群众对乡土树种比较了解,有丰富的栽培经验和管理经验,因此实用性强、易栽植、见效快、对水肥的消耗低、后期管理方便,易达到预期的观赏效果,能最大限度地发挥自身特性满足绿化效果。

高速公路景观受环境、交通的影响较大,特别是山区公路海拔较高,苗木运距较长,喷灌设置较困难等。山区乡土树种种源丰富,针叶、落叶阔叶林茂密,可以就地取材,做到随起随运随栽,减少了很多中间环节,降低了栽植成本。存活率高,可以有效治理林地绿地中的裸露土地,还能进一步提升林地绿地生态功能和景观效果。

2.4 恢复当地潜在植被

乡土树种中相当一部分在目前处在濒危状态,是珍贵稀有植物,列为国家重点保护对象。日本著名植被生态学和环境保护学家宫胁昭博士创立的宫胁造林法,提出用乡土树种在当地重建森林,由于采用的树种为当地的优势种类,土壤动物也得到恢复,在目前世界环境仍然继续恶劣,森林仍然遭到破坏的情况下,单靠自然恢复太慢,而缩短时间就是加速环境改善,提高造林质量,形成种类多样、结构完整、发育良好、功能强大的半自然状态的环境保护林。

延崇高速公路山区段地处玉渡山和松山南麓等自然环境敏感点。根据多方调查、参考保护区科考报告以及有关文献,工程地处玉渡山沿线记录到的有植物 57 科 192 种,以及松山保护区内丰富的天然油松林、落叶阔叶次生林为主的温带森林生态系统。

本项目需穿越松山国家级自然保护区,为减少对自然环境的破坏,秉承绿色公路理念,以地形选线、地质选线、环保选线为原则,比较优化线位,线位全部绕开自然保护区的核心区,路线外露线位(桥梁和路基段)绕开保护区的缓冲区。如其中一段线位原设计方案穿越了的缓冲区和实验区,采用了路基和隧道形式,其中路基部分需要开挖,对环境破坏大,考虑生态选线对方案进行调整,调整后的线位整体向山体外侧平移约 250m,移出缓冲区,只进入实验区,设计中加大了桥隧比例,本工程桥隧比约 92%,其中隧道占比约 78%,大大减少了路基开挖对周围山体的影响。景观设计中又引用了当地多样性植物,加速繁殖作为绿化材料,既保护发展了珍稀树种资源,又能提高人们的生态环境意识,从而恢复当地潜在植被。

3 乡土树种在延崇高速公路山区段景观绿化中的应用

3.1 项目背景

3.1.1 自然特征

延崇高速公路(北京段)工程位于延庆松山自然保护区内,主峰海坨山为境内最高峰,海拔 2241m,佛峪口至松山林场段,地形起伏不大,沿线植被较茂密,地下水丰富,主要为微风化岩石;松山林场至西大庄科段,大部分路段山沟河道开阔;西大庄科至终点段,路线起伏较大,道路边坡大部分为碎石夹土,部分为强风化岩石。土壤类型主要为褐土、棕壤和草甸土。地质条件较复杂,在场地东部 K3+700 附近有一较大深断裂呈近南北向通过。该区处于暖温带大陆性季风气候区,属半干旱、半湿润的过渡带。受海拔和地形条件的影响,与县城相比,气温偏低、湿度偏高,形成典型的山地气候,具有冬寒、夏凉、春秋短促的气候特点,是延庆区的低温区域之一。

从自然特征中可以分析出,本项目立地条件差,气候寒冷,因此在景观恢复树种选择中应耐寒、耐旱、耐瘠薄、易成活、管理粗放、兼顾生态景观效果的乔木、灌木及地被等乡土树种,营造出良好的自然生态环境。

3.1.2 植被资源

延庆区的植被区划上属于我国东部华北暖温带夏绿落叶阔叶林区的北缘,地处东北、华北、内蒙古植物区系交汇的过渡性地带,植被的组成具有明显的过渡色彩,具有多植物区系和广泛引种成功的可能性。

通过对现场实地勘察,以及相关文献资料记载,分析出延庆区的原始植被类型为天然油松林森林生态系统和温带落叶阔叶林森林生态系统。

保护区内天然油松林森林生态系统分布较为集中的区域为北部核心区南侧区域及周边的缓冲区和实验区，本工程占地不涉及上述区域，因此工程建设对油松林生态系统影响较小。工程合计占用油松林的面积为 $5000m^2$，保护区内油松林现存面积为 $398.86\times10^4m^2$，工程占用面积较小，比例较低（0.13%）。

工程地面设施沿线并非阔叶林生态系统集中分布区，该区域阔叶林生态系统的特点为斑块小、分布零星，而保护区内的阔叶林生态系统主要分布于西部核心区、缓冲区，北部核心区和缓冲区的北侧。工程合计占用落叶阔叶林的面积为 $9680m^2$，落叶阔叶林生态系统现存面积 $3331.58\times10^4m^2$，工程占用面积小，占用比例低（0.029%）。

保护区内工程以桥梁、隧道为主，隧道工程仅在出入口小范围内对生态系统造成破坏，桥梁工程对生态系统的破坏主要发生于桥墩，对森林生态系统整体影响较小。

3.2　乡土树种的应用

延崇高速公路山区段景观绿化主要内容为隧道口仰坡植被修复、立交桥区和桥下空间绿地进行景观补偿、路基段填挖方边坡绿化等。

隧道共有 10 个端口，开挖后破坏了原有的植被，利用乔灌木混交的形式对仰坡遭破坏的环境进行修复。树种有蒙古栎、栾树、刺槐、白蜡、元宝枫、榆树、桧柏、侧柏、油松、山桃、山杏、紫丁香、连翘、黄栌等。

松闫立交为本次项目的大面积绿地范围，设计采用自然混交林的方式，山坡背景林进行补偿与完善。本处景观点位于松闫路上，桥区匝道由于高程较高，对桥区景观不敏感，基本观察不到桥区内的景色。其中乔木混交林有刺槐与榆树、栾树与桧柏、蒙古栎与栾树、蒙古栎与红丝柳、刺槐与白蜡、核桃楸与榆树等，以及对白桦树和核桃楸进行补植；乔灌木混交林有山杏、山桃与核桃、刺槐与山桃、油松与山桃、刺槐与黄栌等。以及桥区内灌木、地被的恢复。沿线涉及的主要植物配置见表 1。

主要植物配置表　　　表 1

序号	植物名称	学　名	种　类	生态习性
1	油松	Pinus tabuliformis Carrière	松科、松属	强阳性，喜光、深根性树种，耐寒，耐干旱
2	桧柏	Sabina chinensis(L.) Ant.	柏科、圆柏属	喜光树种，较耐荫，喜温凉、温暖气候
3	侧柏	Platycladus orientalis(L.) Franco	柏科、侧柏属	喜光，稍耐荫，适应性强
4	白皮松	Pinus bungeana Zucc.ex Endl.	松科、松属	喜光树种，耐瘠薄土壤及较干冷的气候
5	云杉	Picea asperata Mast.	松科、云杉属	耐阴、耐寒、生长缓慢，浅根性
6	元宝枫	Acer truncatum Bunge	槭树科、槭树属	耐阴，喜温凉湿润气候，耐寒性强
7	栾树	Koelreuteria paniculata Laxm.	无患子科、栾树属	喜光，稍耐半阴，耐寒，不耐水淹，耐干旱
8	蒙古栎	Quercus mongolica Fisch. ex Ledeb.	壳斗科、栎属	喜温暖湿润气候，稍耐寒和干旱，不耐水湿

续上表

序号	植物名称	学　名	种　类	生态习性
9	白桦	Betula platyphylla Suk.	桦木科、桦木属	喜光,不耐荫,耐严寒
10	刺槐	Robinia pseudoacacia Linn.	豆科、刺槐属	阳性,适应性强,浅根性,生长快
11	沙地柏	Sabina vulgaris	柏科、圆柏属	喜光,耐寒、耐旱、耐瘠薄,不耐涝
12	红丝柳	Salix babylonica	杨柳科、柳属	喜光,喜温暖湿润气候,较耐寒,特耐水湿
13	白蜡	Fraxinus chinensis Roxb.	木犀科、梣属	喜光,常见于平原或河谷地带
14	核桃	Juglans regia	胡桃科、胡桃属	喜光,耐寒,抗旱、抗病能力强
15	核桃楸	Juglans mandshurica Maxim.	胡桃科、胡桃属	喜冷凉干燥气候,耐寒,不耐荫
16	紫叶李	Prunus Cerasifera Ehrhar f. atropurpurea(Jacq.) Rehd	蔷薇科、李属	喜光,喜温暖湿润气候,抗旱
17	丁香	Syringa Linn.	木犀科、丁香属	喜光,稍耐阴,耐寒,耐旱
18	连翘	Forsythia suspensa(Thunb.) Vahl	木犀科、丁香属	喜光,稍耐荫,耐寒,耐干旱瘠薄,怕涝
19	马蔺	Iris lactea Pall. var. chinensis (Fisch.) Koidz.	鸢尾科、鸢尾属	耐盐碱、耐践踏,根系发达
20	鸢尾	Iris tectorum Maxim.	鸢尾科、鸢尾属	耐寒,喜光,耐寒,耐半阴
21	玉簪	Hosta plantaginea (Lam.) Aschers.	百合科、玉簪属	耐寒,喜阴湿,不耐强烈日光照射
22	榆树	Ulmus pumila L.	榆科、榆属	阳性,喜光,耐旱,耐寒,耐瘠薄
23	火炬	Guzmania'Torch'	漆树科、盐肤木属	喜温暖湿润气候,喜半阴
24	山桃	Amygdalus davidiana (Carrière) de Vos ex Henry	蔷薇科、桃属	喜光,耐寒,耐干旱、瘠薄,怕涝
25	黄栌	Cotinus coggygria Scop.	漆树科、黄栌属	喜光,耐半阴,耐寒,耐干旱,不耐水湿
26	金银木	Lonicera maackii(Rupr.) Maxim.	忍冬科、忍冬属	喜光,耐半阴,耐旱,耐寒
27	山杏	Armeniaca sibirica(L.) Lam.	蔷薇科、杏属	喜光,根系发达,耐寒、耐旱、耐瘠薄
28	新疆杨	Populus bolleana Lauche	杨柳科、杨属	喜光,耐寒,耐干旱,深根性,生长快

本项目大部分为桥梁与隧道,路基路段范围较小,绿化内容主要为边坡绿化,填方边坡(拱形骨架)内种植小灌木(沙地柏)进行防护性绿化,能够很好地防止水土流失,冬季能够形成良好的景观效果。挖方边坡(锚杆框架梁)边坡较陡,为岩石边坡,内部设置生态袋和厚层基材喷播进行绿化。

本次桥梁高程较高,对桥下的植物采光不会造成影响,但桥墩开挖后周围的植被全部遭到毁坏,对开挖后的边坡设置生态袋和厚层基材喷播的方式进行绿化恢复。其中对于边坡高度多为24m以上、坡度1∶0.75的高挖方区域,采用厚层基材喷播技术进行绿化设计,主要通过人工辅助营造植物生育基础,依靠植物自身的自然恢复力对边坡进行植被恢复。从而稳定边坡、恢复生态环境和改善坡面景观效果。主要植物配置见表2。

厚层基材喷播主要植物配置表

表 2

序号	植物名称	学　　名	种　　类	生 态 习 性
1	刺槐	Robinia pseudoacacia Linn.	豆科、刺槐属	阳性,适应性强,浅根性,生长快
2	榆树	Ulmus pumila L.	榆科、榆属	阳性,喜光,耐旱,耐寒,耐瘠薄
3	臭椿	AilanthusDesf.	苦木科、臭椿树属	喜光,不耐阴,生长迅速,萌蘖力强
4	构树	Broussonetia papyrifera (Linn.) L' Hér.ex Vent.	桑科、构属	喜光,适应性强,耐干旱瘠薄,耐烟尘
5	山桃	Amygdalus davidiana (Carrière) de Vos ex Henry	蔷薇科、桃属	喜光,耐寒,耐干旱、瘠薄,怕涝
6	山杏	Armeniaca sibirica(L.) Lam.	蔷薇科、杏属	喜光,根系发达,耐寒、耐旱、耐瘠薄
7	圆柏	Sabinachinensis(Linn.) Ant.	柏科、圆柏属	喜光,稍耐荫,耐寒、耐热,抗性强
8	侧柏	Platycladus orientalis(L.) Franco	柏科、侧柏属	喜光,稍耐荫,适应性强
9	紫穗槐	Amorpha fruticosa Linn.	豆科、紫穗槐属	喜干冷气候,抗旱、耐涝,再生性强,耐盐碱
10	胡枝子	Lespedeza bicolor Turcz	豆科、胡枝子属	喜光,稍耐阴,耐寒,耐旱,耐瘠薄
11	荆条	Verbenaceae	马鞭草科、牡荆属	喜光,性强健,耐寒、耐旱,耐瘠薄
12	酸枣	Ziziphus ju juba var.spinosa	鼠李科、枣属	温暖干燥气候,耐旱,耐寒,耐碱
13	小叶锦鸡儿	Caragana microphylia Lam.	豆科、锦鸡儿属	喜光,耐旱性较强,生长速度慢
14	紫花苜蓿	Medicago sativa L.	豆科、苜蓿属	抗逆性强,再生性强
15	沙打旺	Astragalus adsurgens Pall.	豆科、黄芪属	防风固沙能力强,耐盐碱
16	高羊茅	Festuca elata Keng ex E.Alexeev	禾本科、羊茅属	性喜寒冷潮湿、温暖气候
17	波斯菊	Cosmos bipinnata Cav.	菊科、秋英属	喜光,耐贫瘠,忌炎热,忌积水,不耐寒
18	野菊花	Dendranthema indicum	菊科、菊属	喜凉爽湿润气候,耐寒

除了以上植物之外,在 ZK27+655~ZK27+770 段有一处坡高 72m 的九级高陡边坡,也是华北地区最高的边坡,为最大限度减少对保护区的环境影响,将“近自然修复”理念应用到边坡的生态修复中,通过技术手段,结合自然保护区周边的植被情况,将原生的锦鸡儿、雀儿舌头、六道木、野葡萄、绣线菊等一系列本土植被、苗木“回家”,还原原有植被层群落,保证原有的生态面貌。同时还在土建开山前,对该区域原有的六道木、孩儿拳头、南蛇藤、野葡萄等原生苗木进行采集,并加以扦插培育,在生态修复环节再移植回原处,以减少外来植物对当地生态群落造成的入侵与危害。

从表 1、表 2 可以看出,本项目景观绿化选用的树种中除火炬、高羊茅以外,其他均为当地乡土树种,如杨树、榆树、栎树、桦树、蒙古栎等优良乡土树种非常适应延庆区山区的恶劣环境,乡土树种在广泛分布的区域内对当地环境有极强的适应性,尤其在防止风沙、防止水土流失、抗旱等方面具有明显的优势。火炬虽为外来树种,经过长期引种驯化已在当地山区恶劣的景观环境中使用,主要用于荒山绿化兼作盐碱荒地风景林树种,但不可大范围的使用,避免破坏当地生态系统。植物品种的选用上,本项目景观绿化强调乡土化、生态化,坚持以“乡土树种为主,外来树种为辅”的原则,以迅速恢复山体植被为目标,形成当地富有生物多样性的顶级生态系统,其本身生态系统的稳定性和可持续发展,能大大增加绿地的绿量,提高绿地的总体生态效益。

4 结语

今后在景观绿化树种的应用上要继续坚持以乡土树种为主,外来树种为辅,速生乡土树种与慢生乡土树种相结合,做到适地适树,因地制宜。而外来树种对丰富本地植物景观起了积极的作用,我们应正确的认识外来树种,更多地从维持绿化,维持生态系统自我更新的角度来看待问题,引种外来植物时应充分考虑其生态习性等特点,先做可行性研究,在引种、育种、驯化基地小面积引种成功后,方可推广。合理的配置乡土树种资源,分析乡土树种良好的观赏性、实用性,以及在当地独特的优势,尊重生态本身的规律,其实就是尊重我们自己,从而不断地促进高速公路景观绿化产业的可持续发展。

参 考 文 献

[1] 严志乾.乡土树种保护存在的问题及解决措施[J].中国工程,2015:23-25.
[2] 江桂湘.乡土树种在城市绿化中的作用[J].工程建设与档案,2001(1):11-11,14.
[3] 李福双,魏红杰.乡土树种在园林绿化中的应用探讨[J].防护林科技,2012,31(9):155-156.
[4] 潘标志.生态园林绿化中乡土树种的应用分析[J].江西林业科技,2013,32(8):99-100.

高速公路大型桥区绿地雨水收集系统技术探讨

夏　宇[1],张大兴[2]
(1.北京市首发天人生态景观有限公司;2.北京市首发高速公路建设管理有限责任公司)

摘要:随着海绵城市建设的推进发展,雨水综合利用越来越广泛,但是高速公路尤其立交桥区雨水收集利用工程至今还没有成熟的案例。高速公路立交桥区占地面积很大,每年绿地灌溉都需要大量的自来水或地下水。有的桥区不具备打井的条件,需要水车长距离运水浇灌,存在安全系数低、运营成本高等问题,可见雨水收集利用有很大价值。本文系统介绍了京新高速公路与国道110互通立交桥区雨水利用系统的相关情况,以期起到推广作用。

关键词:立交桥区;雨水初沉池;水质控制;雨水储存及处理;数据采集

1　引言

过去二三十年间,我国经历了城镇化高速发展过程,在取得巨大成就的同时,也带来资源、环境和生态等诸多方面的问题,尤其是在城市发展规模和基础设施建设等方面,产生所谓的"(大)城市病"。快速城镇化导致不透水面积率大幅增加,带来雨水系统的诸多问题。雨水资源合理利用既能有效缓解城市内涝,又能一定程度上解决水资源紧缺问题。2015年10月,国务院办公厅进一步明确了推进海绵城市建设的工作目标和基本原则。海绵城市建设也被列为未来城市建设的重要内容。以下对京新高速公路与国道110互通立交桥区雨水利用项目进行系统介绍。

2　雨水收集处理回用技术

延崇高速公路的京新高速公路与国道110互通立交桥区,道路及护坡面积约12万m^2,是良好的雨水汇集面,具有面积大、径流系数大、径流量多等特点,利用价值极高。作为新建高速公路,配套设施中建设有相关的输水渠及输水管道,汇聚进入蓄水池、折叠水带等,实现雨水资源的收集处理回用。

雨水储存设施为一座成品钢筋混凝土装配式蓄水模块水池。水池采用成品钢筋混凝土单元模块组合水池,附件主要包括进水井、出水井、鼓风通气系统。模块混凝土连接在一起,组成水池骨架。进水井为沉沙井型,水池进水管从水池池体进入,管口设截污罩。鼓风通气系统用于水质保洁,进气管从水池侧面下部进入。透气帽设于水池顶部。

收集的雨水,用雨水管送入水池进水沉沙井,在沉沙井中,雨水中大颗粒的泥沙沉积下来。进入沉沙井用水池进水管与模块组合水池池体相连,水池进水管装有进水三通,水池充满后多余的雨水从溢流管溢出。蓄水池向折叠水带供水时,启动设于水池出水井内的供水泵,打开压力供水管上的阀门,并将水池排污管上的排污阀关闭。当混凝土模块组合水池装配成渗透水池使用时,一场降雨过后,流入水池内的雨水,透过包裹在水池侧面的透水土工布及水池侧面填砂层向土壤中渗透,涵养地下水源。水池出水管在水池出水井内的阀门平时打开,检修供水泵或清理出水井时关闭,阻止水池内的雨水涌入井内。水池内部清洗时,开启空气压缩机向压缩空气管曝气系统供气,冲起池底的沉泥,泥渣水由水池出水管汇入出水井内,开启水池出水井内的供水泵,打开水池排污管上的排污阀将泥渣水排除,此时水池供水管关闭。低位透气帽、高位透气帽有利于水池水面上部空间的空气流动,防止水池水质恶化。水池顶板的铺砂层用于维持土工布的土工性能,水池地面的找平砂层用于保证水池池体均匀受力。

本项目通过在排水沟渠末端位置设置的蓄水池,并在蓄水池后连接多个折叠水袋及桥区内绿化浇灌管线,不仅大大增加了该系统的储水能力,且在枯水期将水用于桥区内绿化苗木的浇灌,实现雨水的收集、存储和回用。

3 水质控制技术

本项目为了有效控制雨水的水质,采取了一系列的措施,如安装路面雨水截污装置、初期雨水弃流装置以及雨水净化装置等。在后期检测中发现,通过雨水收集系统弃流装置、三级沉沙池、旋流沉沙井的作用,主排水管到清水池,水质 COD(化学需氧量)、BOD5(五日生化需氧量)、浊度、总磷、氨氮分别下降了 86.2%、88.6%、77.9%、60%和 98%;从排水管Ⅴ类水降低到清水池Ⅱ类用水,符合北京市再生水灌溉水质要求。

项目中采取的水质控制及处理的措施有:雨水初沉池(沉淀池)、初期雨水弃流口、旋流沉沙井、物理过滤等。本项目采用工艺流程如图 1 所示。

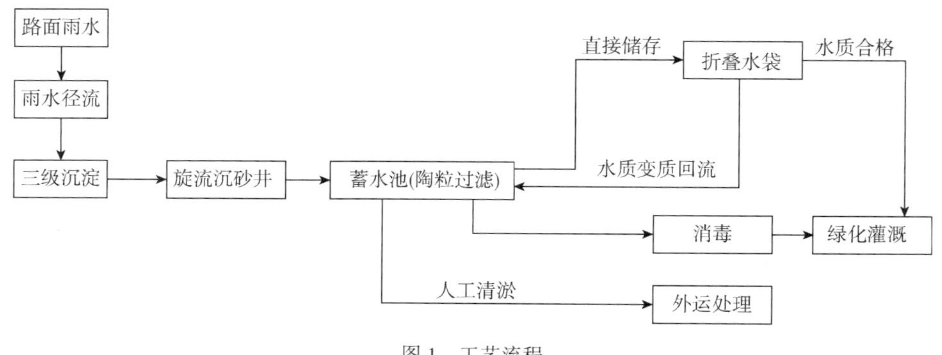

图 1 工艺流程

雨水在流动和汇集过程中不可避免地会混入泥砂,如果不进行处理将会给后期清理带来非常大的困难,所以,在方案设计中一定要增加初期弃流和雨水初沉池(沉砂池)。雨水弃流和初沉池可根据项目实际情况调换位置,本项目雨水初沉池设置在弃流的前面。初沉池设置在管网(梯形边沟)的末端;初沉池是水质控制的有效措施,根据水量大小设计不同数量的初沉池,每条边沟的末端设计了3个初沉池,初沉池的图纸如图2所示。

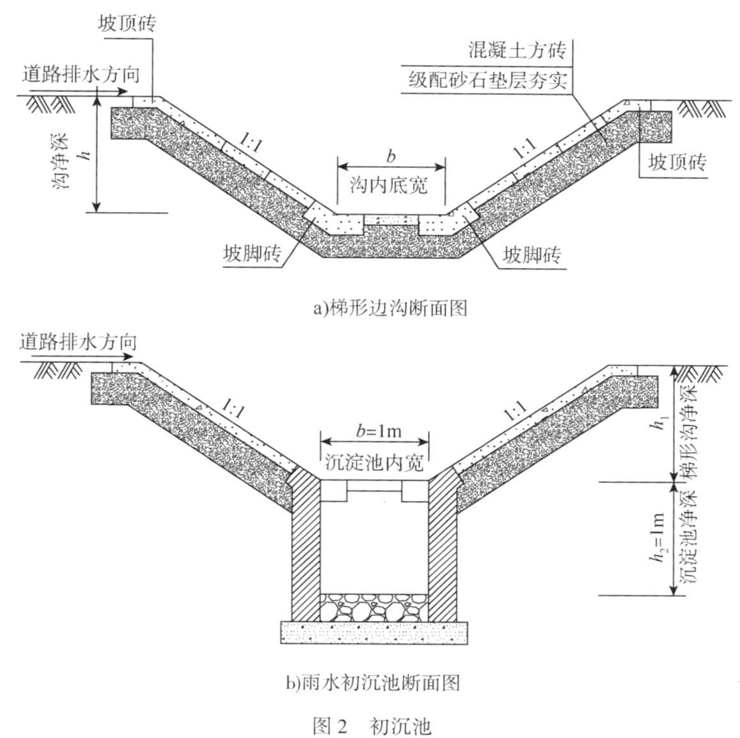

a)梯形边沟断面图

b)雨水初沉池断面图

图2 初沉池

考虑项目实际情况,为了减少后期运行中的维护,初沉池设计成底部渗透形式的,具体的做法是底部中砂不低于300,在中砂上面覆盖不低于200的级配碎石。

雨水经过初沉池后,还要弃流一部分初期流量较小但污染较严重的雨水,这样会对水质的提高有更好的帮助。较为洁净的雨水在进入雨水储存池前进入旋流沉沙井进一步净化,为后期雨水处理减轻压力。

4 数据采集监控系统技术

本项目在施工设计外,增设远程嵌入式监控设备,实现自动化数据采集监控,实时、直观地监控系统运行情况及水量、水质等情况。

数据采集处理监控系统的主要功能:①对设备现场数据的实时监测、采集,例如单次降雨总量、年降雨总量等;②对采集数据的汇总、统计分析;③用户可在监控平台监控,也可以通过网络利用PC端进行监控;④在页面上设置查询控制按钮,监控设备识别用户指令并进行相应动作;⑤监控平台对采集数据自动定期备份。

数据采集处理监控系统用到的主要硬件设备有:数字雨量计、电磁流量计、液位传感器。数据采集处理监控系统对桥区全年雨水收集和利用的效率、雨水收集的水质变化、雨水回用在绿化养护的影响等多方面进行持续观测,全面分析系统的运行效率,形成成熟技术推广方案,为高速公路立交桥区雨水收集利用项目的建设工作提供经验和数据支撑。

5 结语

京新高速公路与国道110互通立交桥区雨水综合利用项目,一方面实现雨水的循环利用,另一方面也在一定程度上减缓雨季积水对高速路的影响。雨水的收集和利用解决的并不仅仅是水的问题,它还可以减轻日益明显的供水压力等问题。

绿地雨水收集利用系统可以提高北京市大型桥区雨水收集利用技术,使桥区雨水收集利用技术成为"绿色高速"建设体系的重要组成部分。

推进绿地养护提质增效。利用土壤检测数据和灌溉检测数据,为桥区绿地施肥浇水等工作提供数据支撑。

为"绿色高速"提供技术服务支持。桥区雨水收集系统可为绿地等"海绵型城市"建设工作提供运行数据支撑。

高速公路立交桥区雨水利用,对解决水资源短缺、防治水环境污染和防洪减灾等方面,具有重大的社会效益和环境效益,是水资源可持续利用的有效途径。

参 考 文 献

[1] 焦健,苏德荣,宋桂龙.高速公路立交桥雨水径流水质状况及利用模式分析[J].灌溉排水学报,2014,33(Z1):295-300.

[2] 李贺,张雪,高海鹰,等.高速公路路面雨水径流污染特征分析[J].中国环境科学,2008(11):1037-1041.

[3] 赵剑强,闫敏,刘珊,等.城市路面径流污染的调查[J].中国给水排水,2001(1):33-35.

[4] 中华人民共和国住房和城乡建设部.建筑与小区雨水控制及利用工程技术规范:GB 50400—2016[S].北京:中国建筑工业出版社,2017.

颗粒物在线监控系统在明挖隧道施工中的应用研究

陈建峰[1],马数懿[2],孙双磊[1]
(1.北京市首发高速公路建设管理有限责任公司;2.中交路桥建设有限公司)

摘要:本文简述颗粒物在线监控系统在妫水河隧道明挖基坑施工过程中应用的主要方法和原理,进行因地制宜、因时而定、节能低耗、高效长效地制定扬尘治理方案。同时,结合颗粒物在线环保监测系统,有针对性地落实各项措施。

关键词:环保;颗粒物在线监测;明挖基坑;降尘措施

1 引言

建筑工程环保技术创新,是企业在施工中环保发展面临的重大挑战。只有拥有先进适用技术,企业才能在竞争激烈的市场中占有一席之地。在国家垂直监管改革、第三方运营和智慧环保等政策引导下,污染源监测、生态系统监测、监测网络建设将在施工领域得到快速发展。

2 工程概况

延崇高速公路(北京段)工程第二标段位于北京市延庆区康庄镇、延庆镇,线路呈南北走向,起讫桩号 K5+730~K7+870,全长 2140m。主要工程为妫水河隧道工程,是“北方地区首次以高速公路形式下穿河道”的工程,南北走向,全长 2044m,是高速公路、市政、水务相融合的项目,工程体量大、工期紧、沿线环水保要求高。工程周边环境如图 1 所示。

图 1 工程周边环境平面示意图

隧道采用明挖法施工,基坑周长约 4545m,面积约 23.6 万 m^2,开挖深度 1.8~29.2m,基坑开口宽度 62.34~155.79m,土方开挖量约 240 万 m^3。

基坑支护形式有一级放坡、二级放坡、二级放坡+支护桩、二级放坡+支护桩+预应力锚索、内外排支护桩+预应力锚索等。支护桩采用钻孔灌注桩,桩内侧采用挂网喷混凝土进行桩间防护。

本基坑工程主要采用帷幕隔水+内坑降水方案,全线在坡顶外侧设置止水帷幕桩,桩长21~30m,内层基坑及外层基坑局部采用灌注桩+桩间止水帷幕结构。

3 颗粒物在线监控系统

颗粒物在线监控系统整体采用"物联网+云平台"的技术架构,包含三个层级,即感知层、平台层和应用层。感知层包含各类监测终端和监控实施,采集各类环境参数、辅助气象参数和视频监控。前端的各种传感设备构成物联网的感知层,感知层可以进行三个方面的信息采集:①可以对环境的各类参数进行监测监控。②可以对污染源的违规行为进行视频在线自动取证。③对监管人的监管行为进行在线记录(如记录监管人员何时何地对被监管体进行了监察监测)。平台层为该系统的核心层,采用先进的云计算和大数据技术,负责数据的通信、存储、分析和处理,提供丰富的向上(面向应用层)和向下(面向传感器)的接口和扩展协议,方便接入多种传感单元。应用层面向终端客户(企业管理者、城市管理者和公众),开发多屏应用程序(如 Web 应用、IOS App、Android App 等),帮助公众及时了解环境状况、企业管理者自查自纠、城市管理者提供监管水平。

在线颗粒物监测及系统构成如图 2 所示。

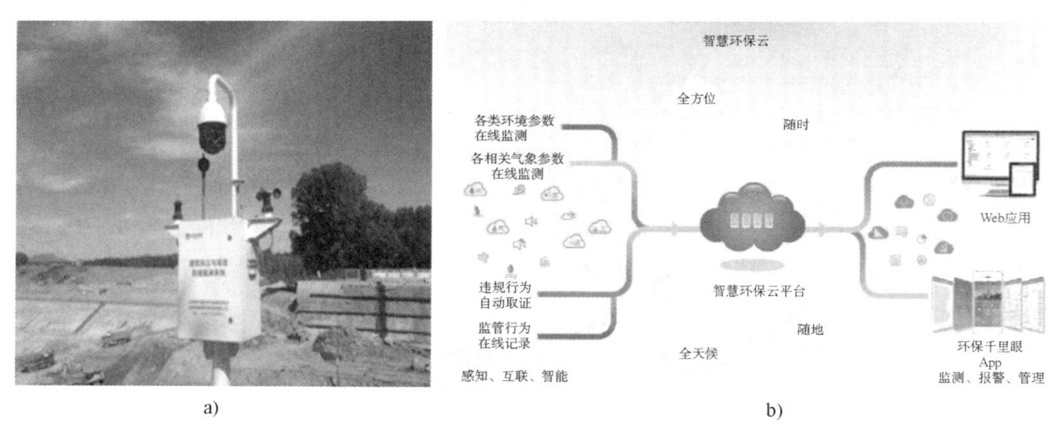

a) b)

图 2 颗粒物在线监测及系统构成

系统由环境在线检测仪、数据采集和传输系统、视频监控系统、后台数据处理系统、信息监控管理平台组成。

(1)环境在线监测仪:进行连续自动地在线监测,收集实时数据,传输到系统平台。

(2)数据采集和传输系统:采集、存储各种监测数据,按后台服务器指令定时向云平台传输监测数据和设备工作状态,并按后台指令调控各前端设备的参数,传输通道采用 3G/4G 网络。

(3)视频监控系统:采用 3G/4G 网络传输视频,不依赖于现场的有线网络环境,加快了实施速度,并可以规避被监控方有意拔网线的风险,支持视频在线预览和回放。

(4)后台数据处理系统:对获取的监测数据进行判别、检查和存储,并按照各类统计口径进行数据处理。

(5)信息监控管理平台:实现基于 Web 的污染源实时数据在线监测监控、污染源超标报警,以及面向不同管理层的各种管理与统计分析。

客户可以通过 iPad、iPhone、安卓手机等移动终端或桌面设备,通过公网访问本系统,实现实时在线监控、统计分析、管理监督等工作。

4 根据监测数据分析制定施工环保措施

4.1 围挡上安装喷雾降尘系统

(1)围挡上全面设置喷淋系统,保证围挡喷淋全覆盖。

(2)必须保持内场地清洁,经常洒水。

(3)应保证作业人员的安全,且要求围挡美观不破损。

(4)施工区域内裸露场地应采用防尘网全面覆盖,加强扬尘防治。

围挡喷雾降尘效果如图 3 所示。

a)

b)

图 3 围挡喷雾降尘效果图

4.2 挖掘机挖斗加装喷雾降尘系统

挖掘机挖斗(钻头)喷雾降尘系统,是在原有的挖掘机挖斗(钻头)基础上安装一套喷淋装置。该喷淋装置由喷嘴、水箱基座、入水管和电源线组成,喷淋装置的电能由挖掘机提供,喷射水流通过外置增压泵加压。这种多功能挖掘机结构设计合理,功能独特,其挖斗(钻头)上增设的喷淋装置可对挖掘区域实施喷淋操作,可降低挖掘区域空气中的粉尘含量,有效实现降尘的目的(图 4)。

4.3 塔式起重机上安装喷雾降尘系统

塔式起重机喷雾降尘是指将水分散成雾滴喷向尘源的抑制和捕捉粉尘的方法与技术。

其原理是利用塔式起重机主臂上的水管喷嘴产生的喷雾,能迅速吸附空气中的各种灰尘颗粒,在塔式起重机主臂的旋转覆盖范围内形成有效降尘效果(图5),适用于安装塔吊的工地。

图4 挖机喷雾降尘效果图

图5 塔式起重机喷雾降尘效果图

4.4 基坑明挖阶段和运输路线便道上使用雾炮车

根据标段土方施工运输特点,在明挖基坑两侧选用多功能雾炮车,在土方开挖装土卸土过程中,采取实时湿法作业方式降尘(图6)。土方运输过程中,对所经过的路线道路进行定期喷雾洒水,防止道路扬尘产生。

a)

b)

图6 雾炮车降尘效果图

4.5 车辆冲洗措施

(1)应严格控制车辆冲洗装置冲洗水压,严格控制冲水时间。

(2)每天按时填写车辆冲洗台账,并签字。

(3)设置车辆冲洗沉淀池,采用循环用水,定期进行清理。

(4)冲洗装置应全过程保留,及时进行设备维修,保证正常使用。

车辆冲洗效果如图 7 所示。

a)

b)

图 7　车辆冲洗效果图

4.6　待建场地的控尘措施

（1）对待建场地做好主要道路、材料堆场、生活办公区域铺设混凝土路面工作，实行场地硬化处理，同时为了响应绿色施工，在不能硬化的位置均绿化，确保无一处露土现象，以达到控尘要求。

（2）对场地内施工便道和建筑材料堆放地进行硬化处理，浇筑混凝土。安排专人经常清洁、洒水降尘。

（3）在施工场地内，设置车辆清洗设施以及配套的排水、泥浆沉淀设施；工地出入口配置冲洗用水和设备，对运输车辆带泥轮胎冲洗干净后，运输车辆方可驶出工地。

防尘覆盖效果如图 8 所示。

a)

b)

图 8　防尘覆盖效果图

4.7　存放物料的控尘措施

（1）设置专用池槽堆放砂石，控制进料数量，做到随到随用，不大量囤积。堆放时做到堆积方正、底脚整齐干净,并将周边及上方拍平压实,然后用密目网罩进行覆盖。砂石料如过于干燥,应及时进行洒水。

(2)施工用的砖、砌块必须在指定场地进行堆放。进场后及时进行洒水湿润,定时由专人对堆放场地进行清扫。

(3)砂浆拌制扬尘污染的控制。对混凝土、砂浆搅拌操作间四周进行封闭围挡,以控制和减少水泥扬尘对大气造成的污染。袋装水泥设置封闭的库房进行堆放,安排专人进行管理,定时进行清扫,保持库内整洁,地面无积灰现象。

5 结语

颗粒物在线监测系统在施工的主要优势如下。

(1)精细化监管:实现对污染源扬尘排放的量化管理。系统提供每分钟一组的颗粒物浓度、温度湿度、风速风向实时数据,并自动计算小时均值、日均值等统计数据。

(2)多维监控:监测数据与视频监控相结合。单纯的视频监控费钱费力,且达不到预期的管理效果,本系统将视频监控与监测数据进行联动,当颗粒物浓度超标时自动进行视频录像,真正做到有的放矢。

(3)系统平台优势:该平台支持各种终端,如计算机(PC)、平板电脑和手机等。该平台具有在线实时监测、视频监控、统计分析、超标报警、设备管理等功能,为管理部门提供排序管理、对比分析和现场取证功能。

(4)提供大数据:根据该项目的实施,通过获取不同时期的有效数据,为该项目的扬尘治理方案改进提供有力的数据支撑。

颗粒物在线监测分析曲线如图9所示。

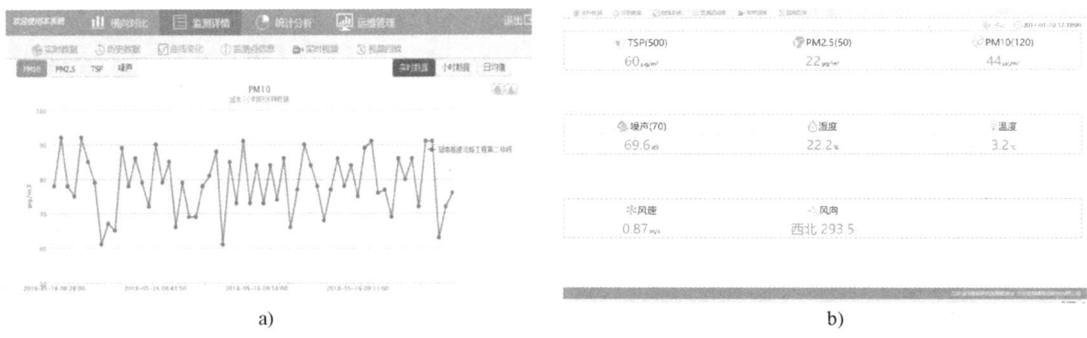

a)　　b)

图9 颗粒物在线监测分析

同时,结合日常、月度、季度环保巡查邀请环保专家、环保局工作人员,对环保技术、环保政策、环保管理等进行培训,普及环保相关知识,分析扬尘污染浓度曲线变化,总结不同季节、不同施工阶段的控尘方案等,建立扬尘治理工作的长效机制。

山岭隧道弃渣再加工利用技术的研究

刘伟强，孙庆斌
（中铁十四局集团第二工程有限公司）

摘要：温泉隧道是延崇高速公路位于北京市延庆区松山自然保护区的一条重要隧道，地处风景区腹地，由于地理位置限制没有永久弃渣场，隧道产生的大量弃渣需要无公害利用。项目部对洞渣的利用召开专项方案研讨会，引进德国进口的移动式碎石加工设备，对碎石进行加工、筛选分类，用作混凝土粗细集料，避免了洞渣对生态环境的破坏，同时也解决了地材供应紧张、价格不断上涨、供应困难的问题，取得了良好的社会效益和经济效益，具有较好的推广与应用价值。

关键词：山岭隧道弃渣；无公害利用；碎石加工；环保

1 工程概况

延崇高速公路七标段线路全长 5035m，主要工程有三隧两桥，其中温泉隧道双线总长约 4700m。根据现场勘察，延崇高速公路（北京段）第七合同段沿线 300m 范围内无民房、建筑物等重要保护对象，最近的民房距爆破施工点距离超过 560m；根据项目总包方实际勘察，沿线无地下管线、地面供电线路等重要保护设施。此外，温泉隧道崇礼端位于松山自然保护区内，其他处于保护区外，作业周边环境较好。本次研究延崇高速公路（北京段）工程山区段隧道洞渣无公害的利用。

2 工程地质及水文情况

2.1 地质构造

该段植被覆盖率为约 85%，海拔高程在 812～1168m 之间，进洞口处最低，向西逐步升高，线路基本沿兰角沟南侧山坡延伸，地形起伏较大。

2.2 水文情况

延庆区属大陆季风气候区，四季分明，冬季干冷，夏季多雨，春秋两季冷暖气团接触频繁，对流异常活跃，天气与气候要素波动大，多风少雨。

3 工程地质评价

温泉隧道出京线洞口 20m 深度范围内均为第四系冲洪积成因的碎石、块石等,隧道出京线洞口穿过地层主要为第四系冲洪积、坡积块石②层及其夹层。洞口附近分布的第四系冲洪积、坡积块石②层较厚,以块石为主,局部含碎石,充填黏性土,工程性质较差。

按照《公路隧道设计细则》(JTG/T D70—2010)中围岩基本指标定性分级方法,结合已有类似地质条件工程经验,将隧道洞口围岩级别划分为Ⅴ级,围岩成洞性很差,基本无自稳能力。

4 弃渣无公害利用探讨

4.1 变废为宝的构思

一个好工艺,一套好设备,一条好建议,足以推进工程建设提质增效实现高质量发展。绿水青山就是金山银山,若对洞渣进行再利用,不仅绿色环保还能降低施工成本。温泉隧道位于北京市西北部松山森林风景区腹地。温泉隧道左线起讫里程为 ZK23+756~ZK26+132,全长 2376m,共计产生洞渣 60 万 m^3。隧道出口为温泉度假村,项目地处北京松山风景区,对环保要求相对比较高,防止隧道产生的洞渣对环境、林木造成破坏;而且从项目本身考虑,洞渣的“无公害利用”能产生一定的经济效益,为项目节省很大一部分资金。

4.2 碎石场选址与建设

由于项目施工地点地属北京,地方政府不允许设立拌和站及碎石场,因此项目将拌和站及碎石场设在河北境内。碎石场地应选择远离市区、交通发达的地方,碎石场及材料分拣场地必须全部进行硬化,硬化场地厚度一般控制在 20~25cm 之内。硬化场地时应规划好场地排水系统,排水终端应设置三级沉淀池,防止因雨水或生活污水直接排放至河道污染河道。必须采用二级以上破碎,二级破碎选用反击式破碎机,能大大提高生产的碎石的粒径合格率,必要时可增加碎石整形机以保证生产碎石的合格率。根据以上要求,延崇项目碎石场建设于河北省张家口市怀来县东花园镇羊儿岭村。距该项目隧道洞渣渣场平均大概 28km,和项目拌和站相邻。经过多方协调和实地考察,延崇项目部引进德国进口的移动式碎石加工设备,在河北怀来建立起了集碎石加工、混凝土拌和于一体的混凝土供应中心,既避免了隧道洞渣对生态环境的破坏污染,能变废为宝,又解决了地材供应紧张、价格不断上涨、延庆商混供应困难的问题。项目自产混凝土与喷锚料方量约 45 万 m^3,可结余资金 1000 万余元。

4.3 洞渣的分类应用

温泉隧道产生的洞渣主要为辉绿岩、中风化花岗岩,质地较坚硬,洞渣 $Rc = 80 \sim 90\text{MPa}$,$BQ = 320 \sim 350$ 之间,适合碎石加工,用于混凝土的原材。

隧道产生的洞渣首先应由实验室进行检测,对符合生产要求的原材,进行现场交底,通过检测试验进行筛选、分类,将生产出的碎石分门别类按碎石强度应用于路基或者混凝土原材。

洞渣转运时应去除生活垃圾、树枝、树根等杂物，洞渣转运时必须经现场管理人员确认，否则不允许运至碎石加工场，按要求每车签单，以保证渣土来源的准确性。

碎石加工时，实验室应按碎石生产进度的快慢进行抽检，按照碎石抽检质量的不同进行分类存放、运输；分别用于本项目的路基填筑、拌和站混凝土原材、中心水沟碎石回填。对于生产不合格的碎石坚决不准出厂，设立碎石出厂台账，制定相应的规章制度。

4.4 碎石场加工碎石的质量控制

碎石在装车前必须要过筛，把沾染油污，粒径不满足要求等受不符合要求的碎石去除，以保证出厂碎石的合格率。

下雨天禁止石料的加工，且下雨时应尽量对洞渣进行覆盖，雨后也应等石块表面干燥后再进行生产，能够减小碎石的含泥率。

破碎后的碎石，由传送带运送至振动筛分机进行筛分，粒径不符合要求的应再次返回至破碎机进行二次破碎，筛网必须按项目部提供的规格尺寸进行制作，生产前由现场负责人进行验收。

为防止生产的碎石产生二次污染，必须做到加工现场集料的“日产日销”，并对现场施工场地进行不间断洒水，以减少运输集料产生的扬尘。

4.5 碎石的检测和粒径控制

4.5.1 碎石的检测频率

(1)实验室每天需要将抽检的碎石含泥量，抗压强度等检测报告上报到项目部，由项目部设立台账进行每日统计汇总。

(2)现场抽检不合格频率若超过规定允许次数，则应停止碎石生产，将该批次不合格碎石清运出现场，并抽检碎石原材，直到抽检原材合格后才能继续生产加工碎石。

(3)项目部、总监办、中心试验室联合制定碎石抽检频率，原则按照 1500T 抽检一次。

(4)生产出的碎石按照级配分类存放(图 1)，对出厂粒径不同的碎石，原则上按照百分百抽检，对于不符合要求的需要重新筛分，直到满足要求方可出厂。

图 1 碎石生产、分类

4.5.2 碎石的粒径与级配

(1)碎石加工场所用筛网的尺寸必须按项目部提供的尺寸进行定制：生产前须经项目部技术人员确认。

(2)在水泥稳定碎石配合比和沥青配合比已定的情况下，通过调整转子的转速、板锤数量，使格挡碎石通过率接近设计配合比要求比值为止。

(3)加工的格挡料级配要稳定，波动不能大，合成级配的关键筛孔 26.5mm、4.75mm、

2.36mm、0.075mm,通过率必须与配合比设计级配基本一致,误差范围为±3%,如有变化,需及时调整配比和加工工艺。

生产不同规格碎石筛网要求见表1。

筛网要求(单位:mm)　　表1

水稳筛网要求	29	22	11	6	—
对应碎石规格	20~25	10~20	5~10	0~5	—
沥青筛网要求	29	22	11	6	3
对应碎石规格	10~25	10~20	5~10	3~5	0~3

4.5.3　碎石的指标检测和频率

(1)粗集料的级配筛分、针片状、0.075mm含量、压碎值指标每天1~2次。

(2)密度指标每两天1次。

(3)细集料的小于0.075mm含量每天1~2次。

(4)液限、塑性指标每两天1次。

4.6　碎石加工的污染控制

4.6.1　弃渣场的环境及水土保持

温泉隧道地处北京西北部松山森林风景区,地形复杂,隧道围岩主要由中等风化片麻岩、中风化花岗岩、辉绿岩构成,山谷植被覆盖率约为90%,海拔高程在812~1168m之间,因此环保及水土保持要求显得尤为重要。

洞渣的存放及运输对环保及水土保持的主要措施表现在:

(1)选择一处植被树木相对较少的低洼场地,尽量多的存储洞渣,减少对当地生态环境的破坏,常青树木需要移栽的必须移栽,临时用地须满足当地政府各项要求。

(2)弃渣场地尽量选择距离洞口近,高差较小的地方,减小运输洞渣对大气造成的污染,提高经济效益。

(3)弃渣时须洒水降尘,弃渣完成后立即对渣场进行覆盖(图2)。

(4)临时弃渣场使用完后应对渣场进行复耕,恢复原有的植被(图3)。

图2　渣场全覆盖

图3　温泉隧道出口践行绿色生态文明建设

(5)弃渣场地应避开泄洪沟。

(6)洞渣转运的自卸车应满足当地道路交通运输要求,自卸车应对洞渣进行全覆盖,减少扬尘对大气的污染。

4.6.2 碎石加工的噪声污染控制措施

破碎机在加工生产碎石时会产生高于人体承受能力的噪声,因此需要对加工碎石产生的噪声进行优化,达到减小噪声分贝的目的。主要控制措施如下:

(1)碎石加工场地尽可能地选择在远离市区,没有人口居住的地方。

(2)由项目部统一采购最先进的碎石机,多家公司进行比选,从噪声大小,生产碎石快慢,生产的质量,碎石机磨损率等方面考虑,采用性价比最高的碎石机。

(3)碎石机震动大的位置可以添加橡胶或者缠绕一部分减震泡沫等材料,达到降低噪声的效果。

(4)在碎石机周边设置声屏障或者围挡,阻挡声音的传播扩散,扰乱居民的生活。

4.6.3 碎石加工的空气污染控制

弃渣用于碎石时会产生大量的粉尘,对大气造成严重的污染。碎石加工可以有效降低粉尘产生的方法主要有:

(1)原材的全覆盖。场地堆放的洞渣需要用绿网或伪装网进行全覆盖(图4),降低大风天气下产生的扬尘。

(2)碎石生产时启用雾炮机等设备,进行洒水降尘,碎石生产时要在周围启用雾炮机或者喷雾装置进行洒水降尘。

(3)生产合格的碎石出厂时,必须对转运车辆进行覆盖,由门岗值班人员检查合格后才能放行。

图4 洞渣原材全覆盖

4.6.4 碎石加工的水污染控制

由于碎石生产时采用大量的水进行生产、降尘以及生活用水,产生的废水不能直接排放到湖泊或河流中,需要对废水进行处理才能排放。

设置三级沉淀池。碎石加工场地内所有的污水统一汇聚到一起,设置一个三级沉淀池,污水统一由三级沉淀池过滤后再进行排放到外部。每个沉淀池的尺寸控制在长×宽×高不小于3m×5m×2m,一、二、三级沉淀池内部分别填大颗粒碎石、小颗粒碎石、中粗砂。对三级沉淀池内部的杂物要定期更换。经过沉淀池过滤经检测合格后方才能够排到湖泊、河流。

4.7 弃渣应用的其他用途

通过筛选后和试验后的弃渣,可以用来作路基的填筑、浆砌片石的砌筑、隧道里的衬砌施工及仰拱回填等。对于用来作路基填料的弃渣,应注意其强度和风化程度和粒径是否满足要求,达到要求后方可用来石方路基的填筑。浆砌片石的砌筑需要对弃渣进行挑选,选择块状匀称,色泽良好块石。隧道里的衬砌施工对混凝土材料的要求相对严格,需要对弃渣进行的再生碎石料进行试验级配才能使用。弃渣生产出的机制砂需符合建筑用砂规范中关于分类和规格的要求,使用弃渣加工好的碎石,规格应在 10~30mm。

4.8 弃渣用于碎石加工的安全措施

(1)延崇项目部制定严格的班前交底制度,对上岗作业人员进行专门培训,下发安全技术交底,发放劳保用品,让每一位机械操作员做到心中有规章,安全记心间。

(2)在碎石加工场安排专职安全员盯控,作业人员应戴安全帽及防护服,夜间施工时照明设施应保证良好状态,如遇下雨雷电狂风等恶劣天气,应立即停止作业。

(3)碎石场周边设着"施工场地,闲人免进"等警告标识标牌,拒绝拾荒、玩耍等闲杂人员进入施工现场。碎石场进出场道路两边设置防撞墩,反光警示柱等。

(4)设立巡查监督制度,定期进行对碎石场安全检查。

(5)对于弃渣场周边,要经常巡视四周安全及有无边坡失稳现象,因为弃渣场干扰了原地表状态,使得渣场区域处于临界状态;在运输弃渣时,必须有专职安全员指挥作业,防止渣场边坡失稳。机械车辆按照顺序装渣,避免出现拥堵等意外现象发生。

(6)要加大安全宣讲力度,在施工现场设置安全警示标语,安全作业指导书。定期进行上岗作业人员安全教育培训。

5 结语

通过对弃渣无公害利用的研究,探讨了弃渣的利用。实现资源的回收和利用,对于建筑工程的发展和绿色生态文明建设具有重大意义。弃渣通过技术的创新和应用使得材料物有所值,物有所用,在实际的建筑施工中还有很多利用的价值值得去探究。

参 考 文 献

[1] 中华人民共和国交通运输部.公路路基设计规范:JTG D30—2015[S].北京:人民交通出版社股份有限公司,2015.

[2] 中华人民共和国建设部.普通混凝土用砂、石质量及检验方法标准:JGJ 52—2006[S].北京:中国建筑工业出版社,2006.

[3] 中华人民共和国环境保护部.排污许可证申请与核发技术规范 总则:HJ 942—2018[S].北京:中国环境科学出版社,2018.

第六篇 品质工程篇

延崇高速公路(北京段)品质工程示范创建综述

孙　波,李亮辉,张　志
(北京市首发高速公路建设管理有限责任公司)

摘要:本文以延崇高速公路(北京段)工程为例,对打造"优质耐久、安全舒适、经济环保、社会认可"的品质工程创建历程和创建成果进行梳理,重点围绕工厂化加工、智能化建造、智慧工地、耐久性提升、景观融入、绿色施工、智慧创新、世园会及冬奥会服务保障等方面开展品质提升工作,制定品质工程实施方案,组建品质工程示范创建领导小组,统筹组织、策划、督导活动开展,使品质工程示范创建工作稳步推进,并形成一套可推广可复制的创建方法,可供同类型工程参考借鉴。

关键词:品质工程;智慧工地;绿色施工;可复制可推广

根据交通运输部《关于打造公路水运品质工程的指导意见》及相关政策文件要求,北京市交通委员会于2017年8月30日,发布了《关于印发公路品质工程创建工作实施方案的通知》,正式在北京市范围内启动品质工程示范创建活动,并将延崇高速公路(北京段)确定北京市上报交通运输部的省级示范创建项目。2017年9月5日,首发集团发布了《关于印发〈首发集团打造高速公路品质工程专项实施方案〉的通知》。2017年9月15日,首发建设公司发布了《关于贯彻落实"品质工程"相关要求的通知》,下发了《延崇高速公路(北京段)工程品质工程示范创建实施计划》,正式开启了延崇高速公路(北京段)工程品质工程示范创建工作。

1　品质工程创建历程

首发建设公司组织各参建单位结合自身特点、难点,编制了品质工程创建的实施细则,结合项目实际,本项目分三个阶段开展品质工程创建工作:

1.1　第一阶段(项目开工—2018年6月)

项目参建单位依据品质工程创建方案、实施细则,以及品质工程指导意见、评价标准,围绕品质工程创建重点工作,开始品质工程创建工作。于2018年6月启动了第一阶段品质工程自评价及成果总结工作,各参建单位提交了第一阶段品质工程自评报告,建设单位和咨询单位梳理了第一阶段品质工程创建中存在的问题,制订了整改措施,形成了第一阶段品质工程创建成果总结报告。

1.2 第二阶段(2018 年 7—12 月)

项目参建单位依据品质工程创建方案、实施细则,以及品质工程指导意见、评价标准,根据第一阶段品质工程自评价中发现的问题和整改措施,围绕品质工程创建重点工作,深入推进品质工程创建工作。于 2018 年 12 月启动了第二阶段品质工程自评价及成果总结工作,各参建单位提交了第二阶段品质工程自评报告,建设单位和咨询单位梳理了第二阶段品质工程创建中存在的问题,制订了整改措施,形成了第二阶段品质工程创建成果总结报告。

1.3 第三阶段(2019 年 1 月—项目通车)

项目参建单位依据品质工程创建方案、实施细则,以及品质工程指导意见、评价标准,根据第二阶段品质工程自评价中发现的问题和整改措施,围绕品质工程创建重点工作,进一步深入推进品质工程创建工作。于 2018 年 8 月启动了第三阶段品质工程自评价及成果总结暨北京市公路品质工程试评价工作,各参建单位分别依据《公路水运品质工程评价标准》《北京市公路品质工程评价指南》开展了自评价工作,提交了第三阶段品质工程自评报告以及对《北京市公路品质工程评价指南》的修改建议,建设单位和咨询单位深入总结了第三阶段品质工程创建成果,形成了项目品质工程创建成果总结报告和自评价报告。

2 品质工程创建成果

2.1 工厂化生产、工业化建造,实现由“工地”向“工厂”的转变

工厂化生产、工业化建造,大力推行流水线作业模式,使用产业工人,减少工点现场的人员操作,可极大提升工程质量和安全保障水平。延崇高速公路(北京段)工程建设之初即编制了《总体标准化方案》,大力推进工程建设标准化,从设计标准化、驻地建设标准化、施工场站标准化、施工工艺标准化、安全防护标准化等方面系统开展了标准化建设工作,推动传统施工向“工厂化作业”转变、“农民工”向“产业工人”转变和现场施工向规模化、产业化作业转变。

具体包括:高标准建设两区三厂;标准化设计,推动工厂化预制和装配化施工;推行标准化施工作业;推行标准化安全防护;班组建设标准化,培育产业工人。

图 1　墩柱混凝土养生标准化

高标准建设两区三厂:包括项目部驻地建设、标准化钢筋加工场建设、按照标准化厂房建设拌和厂、预制厂建设。

标准化设计,推动工厂化预制和装配化施工:包括设计过程标准化、设计技术指标规范化。

推行标准化施工作业:包括预制梁生产标准化、钢筋加工标准化、混凝土养生标准化(图 1)、隧道施工标准化。

推行标准化安全防护:全面推行施工现场安

全防护设备设施工具化、定型化、装配化。

班组建设标准化，培育产业工人：包括施工班组实名制，提升班组队伍素质，施工班组现场管理（6S 和“六步走”），文化建设人性化，班组作业合格确认制和清退制度。

2.2 机械化、自动化、数字化施工，探索智能建造

项目综合利用建筑信息模型（BIM）技术、精密测控技术、安全监测技术、工厂化预制加工等技术，并引进新型数控设备、成套大型机械等，全过程、全方位探索、实践智能建造，为传统施工向智能建造的转变积累了重要经验，提升了工程质量，保障了本质安全。

具体包括：BIM 三维协同设计和图纸校核；场地布设优化；可视化数字模型技术交底；隧道机械设备集成化应用；数字化钢筋加工厂；预应力智能张拉压浆。

BIM 三维协同设计和图纸校核：项目设计过程中采用 BIM 技术，开展三维协同设计、设计优化、碰撞检查等工作；对复杂结构进行设计复核；实现了基础设施数字化；建立西大庄科隧道部分区段土建、机电设备、管道管线、通风设备等的精细化 BIM 模型等。

场地布设优化：项目施工前期建立主体结构及临时设施的 BIM 三维模型，对施工现场进行合理规划，选择最优施工路线；通过虚拟建造进行经济比选，选择最优方案。

可视化数字模型技术交底：项目温泉特大桥建立 BIM 模型（图 2），利用 3D 信息模型对设计图纸进行校核、统计工程量，优化了设计方案，并使用 BIM 模型进行了施工交底；基于松山隧道 BIM 模型，进行松山开挖爆破施工方案模拟，模拟隧道土方开挖过程等。

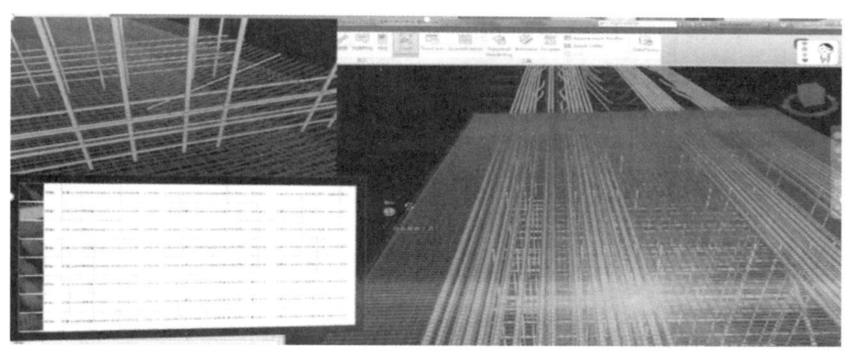

图 2　采用 BIM 进行精细化协同设计

隧道机械设备集成化应用：促进隧道施工质量提升，极大减轻工人劳动强度，保障本质安全。

数字化钢筋加工厂：采用钢筋数控弯曲机、滚笼机、钢筋网自动排焊机、型钢冷弯机、液压联合冲剪机、二氧化碳保护焊、等离子切割机等先进设备，形成完整的流水化作业等。

预应力智能张拉压浆：有效减少人为误差，可提升预应力张拉及压浆质量，从而保证施工质量等。

2.3 信息化管理,打造智慧工地

项目积极探索“互联网+智慧工地”发展新思路,创新运用人员管理系统、智能化门禁系统、视频监控系统、结构风险监控预警系统、扬尘与噪声监控系统、施工过程管理平台等信息化管理系统和设备(图3),实现施工进度、人员、质量、安全、环境的全面、实时监控和管理,整体提升工程管理信息化水平,实现建设、施工、监理、监管部门等单位互通互联的高效协同办公,为高速公路建设管理信息化创新提供了一种新模式。

图3 施工过程信息交互系统

具体包括:隧道安全监控系统;BIM施工过程管理平台,实现进度、质量、安全一体化管理;质量监控管理系统及二维码技术;绿色高速能耗、环境监测系统。

隧道安全监控系统:隧道建设中应用全方位监测系统,设置人车分流的智能化门禁系统,洞内掌子面等重点部位安装视频监控系统等。

BIM施工过程管理平台,实现进度、质量、安全一体化管理:项目建立的BIM施工过程管理平台,为施工过程的进度、质量、构件跟踪等进行信息化管理奠定基础。

质量监控管理系统及二维码技术:绿化施工时使用单兵监控系统实行现场实施监控;运用布控球、无人机同步收集现场施工的影像资料并留存;应用质量监控管理系统及二维码技术生产过程进行管理等。

绿色高速能耗、环境监测系统:针对水质、能耗、环境监测,建立了专门的监测系统,联网运行,实时监测。

2.4 景观融入,打造服务世园会、冬奥会之路

延崇高速公路(北京段)工程位于北京总规中生态涵养区内,其景观建设要与当地生态景观充分融合。项目立足文化展示,凸显冬奥会、世园会特色,充分挖掘沿线自然山水、历史文化、奥运文化、世园文化等深厚的文化底蕴,凸显奥运主题,赋予公路文化色彩和美学价值。全线绿化设计、隧道洞口景观、房建区景观设计均配合冬奥会和世园会场地的整体景观要求,工程设计融入冬奥文化和世园文化,积极对接长城文化等地域文化。根据不同路段的

建设需求选择无痕化处理或特色景观营造，构筑起一条畅通、安全、舒适、美观的生态景观高速公路。

具体包括：景观设计理念；平原段世园会特色景观；山区段冬奥会特色景观；地域文化特色景观；海绵湿地建设；世园会和冬奥会服务保障。

景观设计理念：景观设计本着“环保、自然、乡土、融合”的设计理念，充分考虑当地植物群落类型和植物品种，结合植物色彩、季相和水土保持等因素，进行综合设计，如图4所示。

图4 隧道口景观方案

平原段世园会特色景观：南部平原段以展现世园会城市景观为主。

山区段冬奥会特色景观：北部山区段以展现冬奥会草原冰雪风貌为主。

地域文化特色景观：项目景观设计充分汲取了具有北京特色的历史文化元素，遵循工程建设与人文景观协调统一的理念，赋予公路以丰富的文化内涵和美学表达。

海绵湿地建设：为防止由于高速公路的建设加重雨季积水的情况，决定将设计桥区地形进行湿地改造。

世园会和冬奥会服务保障：延崇高速公路（北京段）工程为世园会和冬奥会的顺利召开起到重要的交通保障作用。

2.5 绿色施工，践行“绿色发展”理念

延崇高速公路（北京段）部分路段穿越松山国家级自然保护区和玉渡山自然保护区，毗邻官厅水库一级水源地保护区，沿途经过的延庆区旅游资源丰富，对外开放的景区景点30余处，其中A级以上景区16处，包括八达岭长城、龙庆峡、康西草原、国家自然保护区松山森林公园、千古之谜古崖居、国家级湿地保护区野鸭湖等，国家AAAA景区“百里山水画廊”，形成四季兴旺的旅游格局。沿线敏感的自然环境及珍稀动植物资源对延崇高速公路（北京段）工程建设的环保要求极高，本项目在建设期坚持绿色施工，多举措并举，确保不破坏沿线敏感的生态环境，守护“绿水青山”。

具体包括：工程生态选线，避让敏感环境核心区；安装在线环境监测系统，实时监测绿色施工状态；严格落实施工作业现场的生态环境保护措施，减少施工对环境的影响；合理选线，永临结合，节约用地；生产生活污水及桥面径流全面收集处理及出水水质监控，实现污水零排放；隧道洞渣综合利用，无永久弃渣；光伏与超级电容应用；隧道自然风利用的技术，减少

能耗。

工程生态选线,避让敏感环境核心区:本工程采用“绿色公路”设计理念,通过合理选线,尽量减少对自然环境的破坏。

安装在线环境监测系统,实时监测绿色施工状态:针对水质、能耗、环境监测(图5),建立了专门的监测系统,开展了严格的监控。

图5 颗粒物在线监测设备

严格落实施工作业现场的生态环境保护措施,减少施工对环境的影响:现场施工作业严格按照环境保护方案、水土保持方案实施。

合理选线,永临结合,节约用地:以桥隧代替路基建设、服务区近远期场地结合建设、永临结合建设、场地集中建设、桥下场地综合利用等。

生产生活污水及桥面径流全面收集处理及出水水质监控,实现污水零排放:包括桥面径流收集处理系统,阪泉服务区、大浮坨养护管理工区污水处理中水回用系统,大浮坨养护管理工区人工湿地建设,施工污水处理回用。

2.6 智慧创新,建设“智慧公路”示范

延崇高速公路(北京段)工程从业主到各施工单位均建立了完善的科技创新管理制度,大力推进科技创新,以创新促品质。为解决工程建设中的各类难题,推动工程技术提升,已开展23项科技攻关项目,推广应用63项“四新技术”,并推出了一大批微创新技术。项目通过奖励、征集等实际行动,大力推动工艺、装备等的微创新、微改进,通过微创新,不断提升工艺、装备的可靠性、先进性,使得施工和管理智能化、信息化、自动化水平显著提升。

在工程建设技术创新之外,延崇高速公路(北京段)工程还致力于高速公路智能化、智慧化技术的创新。项目按照“统筹规划、创新引领、需求导向、以人为本”的思路,加快高速公路智能化系统建设,引领全国智慧公路发展。

具体包括:BIM+GIS技术运用,打造“数字延崇”;路运一体化车路协同示范应用;智慧照明和疲劳唤醒系统,改善驾驶员视觉疲劳,保障行车安全;智慧隧道监控管理平台,实现隧道智慧管理。

BIM+GIS技术运用,打造“数字延崇”:为本项目的交通运行状态监测、高速公路设施三

维可视化巡查及高速公路三维综合信息展示提供交互操作平台。

路运一体化车路协同示范应用:本项目结合“路运一体化车路协同”的试点要求和项目自身特点开展了智能车路系统一期工程的示范应用。

智慧照明和疲劳唤醒系统,改善驾驶员视觉疲劳,保障行车安全:实现对隧道各段高精度、高效率调光等。

智慧隧道监控管理平台,实现隧道智慧管理:依托延崇高速公路妫水河隧道,自主研发了以三维 GIS+BIM 为基础(图 6),基于 BIM、智能分析、智能管理等新技术和新方法的智慧隧道监控管理平台,整体提升了隧道监控的自动化程度,提高监控管理效率,实现了隧道综合监控的可视化、智慧化。

图 6　数字模型

3　品质工程创建总体

项目以打造“优质耐久、安全舒适、经济环保、社会认可”的品质工程为目标,重点围绕工厂化加工、智能化建造、智慧工地、耐久性提升、景观融入、绿色施工、智慧创新、世园会及冬奥会服务保障等方面,制定品质工程实施方案,组建品质工程示范创建领导小组,统筹组织、策划、督导活动开展,使品质工程示范创建工作稳步推进。项目建设过程中,建设管理单位通过现场推进、宣贯、交流、媒体宣传等方式,加大动员和宣传力度,积极引导,在建设管理单位的带领下,各参建单位积极响应品质工程创建活动,科学制定、逐步完善工程管理各项制度,优化方案、创新工艺,严格落实和控制各项指标,并及时总结经验做法与实施效果。延崇高速公路(北京段)项目品质工程创建过程,处处体现了全体参建者的智慧,使本项目在工程设计、工程管理、科技创新、工程质量、安全保障、绿色环保、软实力等七大方面都有新的突破和收获,取得一系列创新成果和特色经验。

延崇高速公路山区段品质工程设计实践

燕　斌,孙建林,卢　钢,蔡文雅,顾大鹏

(北京国道通公路设计研究院股份有限公司)

摘要:论文结合延崇高速公路(北京段)山区段设计实践,以《公路水运品质工程评价标准(试行)》为指导,从生态环保设计、景观设计、灾害防御设计、创新设计等方面,介绍本项目的品质工程创建工作,相关成果可供其他工程参考。

关键词:品质工程;评价标准;工程设计;创新设计

打造品质工程是建设质量强国、交通强国的必由之路。2017 年 12 月,交通运输部印发《公路水运品质工程评价标准(试行)》(简称《评价标准》),以深入推进公路水运品质工程创建工作,引领和带动公路水运工程质量安全水平全面提升。针对工程设计,《评价标准》从系统设计、安全设计、生态环保设计、工程美学、人性化设计、设计服务水平等六方面进行指标分解。延崇高速公路(北京段)山区段设计以《评价标准》为指导,对标各指标要求,切实提升工程品质。本文对项目品质工程设计实践进行总结,相关成果可供其他工程参考。

1　生态环保设计

生态选线方面,项目采用"绿色公路"设计理念,通过合理选线(图 1),尽量减少对自然环境的破坏。穿玉渡山自然保护区路段的线位绕开保护区的核心区和缓冲区,采用隧道从

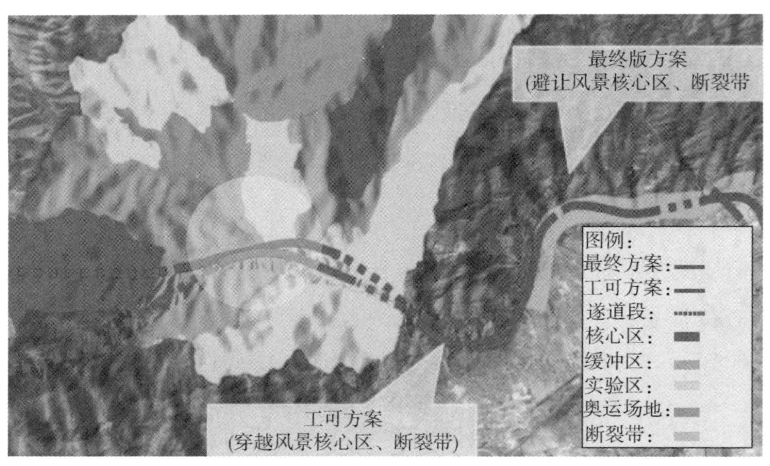

图 1　生态选线

保护区的试验区穿过;穿松山自然保护区路段的线位避开保护区的核心区,路线外露线位(桥梁和路基段)绕开保护区的缓冲区,通过隧道穿过保护区的缓冲区。同时,通过加大桥隧比降低对环境的影响,做到低影响开发,极大减少路基开挖对周围山体的影响。

生态防护方面,项目采取科学的生态防护技术,改善和保护生态环境。对于边坡采用厚层基材与生态袋绿化方式,对于桥梁承台开挖采用"一台一景"的方式进行恢复,对佛峪口水库上游佛峪口沟和兰角沟位置的桥区通过设置排水沟和沉淀池实现净化初期雨水的效果。

2 景观设计

项目景观设计主题为"回归自然、拥抱绿色",让道路与自然和谐共生。隧道工程根据地形特点,合理确定隧道洞门形式,加强隧道洞口景观设计,打造具有浓郁地方特色的长城城墙式洞门样式(图2),其中松山隧道根据地形采用削竹式洞门,与自然和谐统一,同时也积极对接北京2022年冬奥会,根据冬奥标志、标准和吉祥物等情况协调洞门造型的变化。

图2 长城城墙式洞门

绿化工程本着"环保、自然、乡土、融合"的设计理念,选择适合本地气候的乡土树种。沿线路段主要为开山边坡的绿化景观恢复,绿化与工程相结合,在防护工程的基础上进行绿化恢复,植被选用当地耐寒、耐旱的灌木及地被种子进行混播。隧道口周边绿化根据隧道洞口的具体形式采用不同的处理方式,做到洞口构筑物与植被完美契合,弱化硬性构筑物的不良景观。立交桥区内的绿化景观采用"原生原还"的理念,对遭到破坏的植物进行恢复,并且与四周原生的植被相一致,形成良好的生态群落。

3 灾害防御设计

防灾措施方面,项目根据工程地质灾害、自然灾害、环境灾害等特点采用科学预防方案。对于地震断裂带,玉渡山隧道通过加强衬砌结构设计、采用钢筋混凝土洞门、增加变形缝数量等措施降低其不利影响,玉渡山桥上部结构采用质量较轻的钢-混组合梁结构,降低传至桥梁下部结构与基础的地震作用。对于采空区,玉渡山隧道在腰身处采用抛石泵送混凝土进行封闭加固,拱顶处通过地表注浆进行填实处理。对于火灾,利用桥下既有地方道路作为防火通道,隧道全线设有火灾及有害气体检测警报系统、干湿灭火器及应急电话,隧道路面上面层掺有阻燃剂,隧道结构表面采用专用无机防火涂料。对于雷电,桥梁在防护网和灯杆位置处设置防雷接地系统。对于积雪,松山大桥和温泉特大桥设置桥面积雪预警系统。对于化学污染,通过在桥下设置应急池予以收集处理。对于光污染,隧道群之间设置遮光棚,立交区采用低位照明技术。对于噪声,温泉特大桥设置声屏障。对于运营安全,在松山隧道、温泉特大桥和回音崖高路堑段预埋监测设施。对于行车安全,在特长隧道内设置景观色彩提醒(图3)。

图3 隧道内景观色彩提醒

应急救援方面,项目科学设置了功能齐全的应急救援设施。隧道中设置车行横洞、人行横洞等逃生通道。在玉渡山隧道、温泉隧道和松山隧道均设置斜井,可作为逃生通道。在玉渡山隧道和松山隧道小桩号侧,洞口路基段设置连接通道,以供应急抢险使用。隧道内侧壁设置消火栓、水成膜泡沫灭火装置及灭火器,逃生横洞设置消防卷帘门和防火门等消防设施。在长大下坡路段设置避险车道,避免交通事故。

4 创新设计

新理念方面,项目采用“绿色公路”“智慧公路”理念进行设计,采用生态选线理念,降低对自然保护区的影响,融入世园文化和冬奥文化,积极对接长城文化等地域文化。

新技术方面,针对温泉特大桥和松山特长隧道应用建筑信息模型(BIM)技术(图4),解决实际工程的设计协同问题,采用绿色公路专题的土方综合利用技术,对隧道出渣等工程自有地材进行综合利用,采用低位照明技术,有效控制光照溢出,集中针对路面进行辅助照明,降低了对外界环境的光污染。

图 4　BIM 技术应用

新材料方面，道路设计采用橡胶沥青碎石封层作为防水层，增强路基的防水效果，桥梁抗震设计采用防落梁摩擦摆支座，提高桥梁的抗震性能，隧道设计采用了高密度聚乙烯(HDPE)高分子自粘胶膜防水卷材，增强防水效果。

5　结语

延崇高速公路(北京段)山区段工程设计以《评价标准》为指导，秉承生态选线理念，坚持"不破坏就是最大的保护"，注重生态防护原则，坚持"哪里有开挖、哪里有复绿"，对接冬奥文化、世园文化、长城文化，用工程抒发情怀、用技术畅想时代，采用"四新"技术，设计中融入 BIM 技术、低位照明技术，以及自主研发的抗震专利技术，为项目的品质工程创建奠定了良好基础。

松山特长隧道品质工程施工实践

牛延昭,袁迪桑
(中交一公局集团第五工程有限公司)

摘要:随着交通运输部印发《品质工程攻关行动试点方案(2018—2020年)》,明确开展为期3年的品质工程攻关行动以来,各省(区、市)公路建设市场纷纷开展品质工程建设。延崇高速公路(北京段)工程作为北京市品质工程示范项目,积极推行"信息化、机械化、标准化"建设,使品质工程理念深入人心,逐步形成品质工程标准体系和管理模式,创建公路品质工程示范项目,形成一批可复制可推广的施工经验。本文以延崇高速公路松山特长隧道施工为例,对隧道品质工程创建进行简要论述。

关键词:品质工程;特长隧道;经验可复制可推广

1 项目简介

延崇高速公路(北京段)工程位于北京市延庆区,为河北省张家口市与北京市沟通的一条重要道路,也是北京2022年冬奥会的重要赛场联络线,中交一公局承建的第九标段位于北京市延庆区张山营镇松山国家级自然保护区内,主要结构物为9203m的松山特长隧道,我标段负责进口段4590m的施工任务。

2 品质工程所采取的主要措施

2.1 "两区两厂"施工安全标准化

为提高隧道施工工厂化水平,解决生产散、设备小、效率低、质量不一等问题,将传统理念的"场区"转变为"厂区",着力改善生产生活环境。

2.1.1 生活区和办公区

根据就近、规划合理原则,项目选择距离施工现场3km的地点设置生活区、办公区。两区分离设置,各类设施及标志标牌依据部、市标准化指南和《中交视觉识别系统》布设,不仅具备合理功能、安全保障,而且体现了企业特色,设置休闲区让员工愉快工作、快乐生活。

2.1.2 钢筋加工厂

考虑环保要求,钢筋加工厂采用全封闭管理,使用钢结构搭建厂房满足施工空间及采光需求,厂内根据施工流程及工艺合理划分功能区,各功能区分离管理。

项目注重提高机械化作业程度，引进了自动网片加工机、拱架自动弯曲机等智能化加工设备，在提高产品质量的同时减少了劳动力。努力将劳务作业人员转变为产业工人，使得钢筋加工标准化、规范化、流程化。

2.1.3 拌和厂

项目位于松山国家级自然保护区内，环保要求严格，拌和厂外部采用全封闭管理，设置三级沉淀池、洗车池与自动冲洗设备，对运输车辆冲洗，做到清洁上路，同时清洗用水循环利用，不仅大大降低了粉尘及噪声污染，还节约了水资源。

2.2 开展隧道施工质量安全管控能力提升攻关行动

以隧道施工"八台套"、BIM（建筑信息模型）技术、视频监控系统为抓手提升工程整体安全质量管控能力，建立标准化管理体系"。

2.2.1 机械作业标准化

项目推进危险作业"机械化换人、自动化减人"，项目严格执行公司隧道施工机械化配套标准，推行全工序机械化，实现机械化换人。

（1）三臂凿岩台车具有以下特点：

①成孔速度较传统手持式风钻快。单孔成孔时间 2.5～3min，传统人工凿岩单孔成孔时间 8～10min，总体施工进度比人工开挖每循环快 2.5h，减少了钻孔作业时间。

②单循环进尺较传统手持式风钻大，施工工期有保证。人工钻孔深度一般为 3.6m，四级围岩每月进尺在 120m 左右，每循环进尺约为 3.2m，而凿岩台车一般钻孔深度约为 4m，有效进尺约为 3.6m，每循环进尺多 0.3m；以Ⅲ级围岩为例，凿岩台车每月进尺较传统方式增加 12m。

③安全性高。三臂凿岩台车开挖作业面人员少，其主要作业人员在距离掌子面 12m 外的操作室中进行操作，操作室位于初期支护已经完成的段落，且操作室顶棚可抵抗 50kN 的冲击力，能够保障钻孔作业者的安全。

④施工质量高。能够有效保障钻杆水平角度，与人工钻孔相比大大提高钻孔质量，减少开挖量，有效控制超欠挖。

（2）三臂拱架安装台车能够独立完成抓举拱架并连接等工作；可进行高空排险作业；可进行激光定位作业；并能进行拱架间网片焊接作业；可为装药、安装锚杆、铺钢筋网、找顶等高空作业提供平台，从测量放线结束到最后一榀焊接网片钢筋结束，约在 3.5h 之内，与人工立拱相比，具有时间短效率高、安全性好等特点，能有效减少工人人数，大幅度降低劳动力强度。实现了隧道施工过程中拱架安装的全过程机械化作业，将施工人数由 9 人减少至 5 人。

（3）防水板挂布台车可以针对隧道断面进行设计，还可以通过液压装备对断面进行调节，适应不同加宽断面的隧道，防水板挂设过程中可以通过调节液压装置从而对防水板等进行提升，减少了劳力投入，且可以提高防水板挂设质量。

（4）传统的施工方法一台喷浆机每小时喷射方量为 5～7m^3，湿喷机械手每小时最快喷射方量为 30m^3，平均喷射速率为 18m^3/h。然而应用湿喷机械手后松山隧道实施工中的回弹率约为 12%,回弹率比传统的人工喷射降低约 20%。

(5)隧道仰拱施工时,仰拱厚度很难保障,用小模板拼装费时费力而且线性也不理想,为此项目在原有液压栈桥上加装仰拱模板,使得仰拱施工快速高效、振捣密实。

2.2.2 信息化管理

项目积极探索“互联网+交通基础设施”发展新思路,推进大数据与项目管理系统深度融合,逐步实现工程关键信息的互联共享。推进 BIM 技术,积极推广人员管控系统、洞外气体扬尘监测系统在施工管理中的集成应用,推行“智慧工地”建设,提升项目管理信息化水平”。

(1)将 BIM 技术应用于质量管理、安全管理、进度管理和成本控制。

①质量管理。通过三端一云将交底、方案、图纸等资料上传至云端,现场技术人员可通过手机端进行下载、查看,使资料达到共享效果,让不同岗位的人员浏览到与之相对应的内容。

通过移动端可以方便快捷地进行质量问题上报和闭合,拍摄照片,通过编辑功能进行标注,填写质量问题的问题描述发送至云端,相关责任人会收到消息提醒,责任人以文字和照片的形式进行质量问题闭合。

通过 BIM 模型中每个已完成的构件信息,可实现质量可追溯性。

②安全管理。通过手机移动端可以将安全问题进行上报与闭合,整体流程与质量问题流程相同。

安全步距通过定点巡视功能来实现,上报人将每日步距信息发送给相关负责人,使步距处于可控状态。如果安全距离显示超标,系统将发送安全提示消息至工区负责人。

③进度管理。使用 Project 编制网络计划,在 BIM5D 中使构件与计划的关联,通过技术员每日上报进度,将实际进度计度与相关模型关联,采用 3D 图形方式展示,清晰的展示项目进展情况。

④成本控制。通过 BIM5D 定点巡视功能,进行任务派分,将每次的爆破数据发送给负责隧道超欠挖工作的负责人,及时进行爆破参数优化,减少隧道超挖量。

后续 BIM 应用中,计划将合同清单、人机料实际成本导入 BIM5D 中,通过软件自动汇总实现成本日报、成本月报等功能,提升项目成本管控手段。

(2)项目部开发了隧道监控及人员信息管理系统,主要包含人员进出洞管理系统(含人脸识别系统)、翼闸门禁系统、LED 屏系统、作业状态告示系统等 15 个子系统,项目管理人员可以使用手机终端实时查看洞内外及洞内施工人员情况(包括洞内人员分布情况)。

(3)通过气体扬尘监测系统,可以实时监测 PM2.5 扬尘等情况,气体扬尘超标后会自动向有关人员手机 App 终端发送信息,相关人员根据预案采取相关措施。

2.3 开展工程质量安全技术“微创新”攻关行动

为营造项目全员参与“微创新”的氛围,借此重点攻关解决隧道施工中工艺改进的难题,项目广泛开展设备微改造、工艺微改进、工法微改良活动,并鼓励管理人员和施工班组积极参与,设置"微创新"奖励机制,营造全员创新氛围,鼓励全员创新,目前正在申请专利2项。

2.3.1 设备微改造

(1)利用BIM技术、云计算和移动互联网技术与智能化钢筋加工设备进行无缝对接,通过智能化拱架加工设备自身扫码功能完成数据录入与输出并启动自动化生产。

(2)项目针对拱架焊接翻转问题对拱架焊接设备进行了微改造,在传统的拱架加工平台上加设了两个翻转卡具,两名工人就可以通过卡具可轻松完成拱架翻转。

2.3.2 工艺微改进

采用衬砌边墙滑槽逐窗入模浇筑技术,改变了传统的衬砌混凝土浇筑模式,可以有效消除质量隐患,解决混凝土强度不足、冷缝等质量问题。

2.3.3 工法微改良

引进了三臂凿岩台车、三臂拱架安装台车替代传统的开挖台车,每次同时对上下台阶进行打眼作业,加快了施工进度,每循环可节省1.5h左右。

2.4 开展施工现场安全防护设施标准化攻关行动

施工现场安全警示、安全防护和安全监控等严格按照《公路水运工程施工安全标准化指南》和《北京市公路工程平安工地标准》中的要求进行布置,推行信息化、定型化安全防护设施,提高现场安全可靠性。

2.4.1 人员安全防护用品

项目统一对洞内作业人员配备安全防护用品,其中安全帽内设有网络芯片,可实现人员定位,芯片内含有报警系统。此外每个作业班组制定1名人员配备手持式气体检测设备,可有效实现人员的提前撤离,消除物的不安全状态。

2.4.2 临时用电安全防护

设立专职电工对施工区域内的电力情况进行排查,一级配电箱采用统一的防护围栏,并配备遮雨棚及用电警示标志。

2.4.3 台车防护

隧道台车门洞用闪烁灯带将门洞轮廓进行标识,防止进出车辆碰撞台车;同时采用可拆卸的定型化防护栏杆对施工平台进行有效防护,防止发生坠落事故;防水板、二衬等台车的通道顶部,采用钢板进行满铺,防止出现坠物。

2.4.4 逃生管道设置

隧道逃生管道采用内径为80cm的高分子聚氯乙烯管道,排放位置一端距离掌子面不大于20m,一端延伸到二衬附近,拼接处采用螺栓加抱箍进行连接,内部穿设安全绳或软梯,以便人员顺利安全脱险。

2.4.5 沟槽边缘的防护

隧道内沟槽边缘采用反光立柱进行警示防护,防止视线不明导致人员、车辆的滑入。

2.4.6 "一人一表一哨"措施

项目根据施工各工序的危险源,编制了对应安全检查表,详细列出了安全检查要点清单,每个风险点配备1名现场安全员,对照工序检查表进行安全监督,一旦发现安全隐患,立即吹哨,及时制止、整改,待安全符合要求后再进行后续施工,保证各环节施工安全形势可控。

2.5 开展施工班组规范化管理攻关行动

通过抓班组建设、标准化建设、抓细节监督、抓运行规范,实现班组管理规范化。完善班组“质量责任全员化、制度建设规范化、现场管理精细化、教育培训常规化”等内容,提高班组队伍素质。过程中项目对施工班组进行直接管理,在四个方面开展规范化管理。

(1)建立合理班组结构。根据隧道施工特点划分了开挖初支及二衬防排水两大任务模块,并根据现场管理模块成立开挖、初支、二衬、钢结构集中加工、混凝土拌和运输5个功能班组。

(2)注重作业工人岗位技能培养。项目不定时地进行技能培训与考核,制定奖励措施、对表现突出的班组及个人颁发荣誉证书及奖金。

(3)增强班组人员质量安全责任意识。项目执行班前10min诫勉教育制度,帮助班组人员树立质量安全责任心。

(4)落实针对班组的管理制度。班组作业按“8372”标准执行落实。

①八个管理制度:交接班制度、班前十分钟教育、岗前培训考核、安全技术交底、班组检查考核、人员信息归档及变更、班组首件准入、现场6S管理。

②三项要求:布置统一、整齐划一、工种专一。

③七步走工作流程:班前提示、班前检查、班中巡查、班后清理、班后交接、班后小结、总结整改。

④两个重要考核制度:末位淘汰制、一票否决制。

2.6 项目特色管理

2.6.1 安全

项目根据施工各工序的危险源,编制了各工序安全检查表,详细列出了安全检查要点,增设现场安全员,每天对照工序检查表进行安全检查表,对发现的安全隐患,立即吹哨,及时进行制止、整改,待安全条件符合要求后再进行施工,保证各环节施工安全,严防死守,确保安全生产形势可控。

2.6.2 质量

积极推广光面爆破技术,同时注重控制隧道超欠挖问题,项目同北京工业大学合作对爆破参数进行优化。每次爆破完毕后及时组织项目技术人员、北京工业大学技术人员、爆破单位技术人员、工队带班进行控制爆破会议对爆破参数进行优化,爆破控制效果良好。

2.6.3 绿色施工

项目地处国家级松山森林保护区内,生态环保尤为重要。项目以此为切入点,注重施工区域内的生态环保,特别是隧道洞口的生态环保问题,项目积极探讨施工方法。根据“零开挖”原则,在施工中选择合理的支护手段,发挥围岩和支护的共同作用,使得隧道具备零开挖进洞条件,最大限度保护山体;裸露土方及时覆盖,并安装扬尘监测系统,粉尘超标立即采用水车、雾炮等方式进行降尘,同时合理设置三级沉淀池,维持原生态平衡。

2.6.4 临建标准化

项目在临时建设时充分考虑永久设计与临时建设相结合,洞口两侧边坡防护及时按设计图纸施工,洞口场地硬化顶标高与底基层顶标高一致,避免了重复施工带来的浪费。

3 结语

建成优质耐久、安全舒适、经济环保、社会认可的公路水运工程基础设施网络,是交通强国的重要标志之一。延崇项目松山隧道依托品质工程示范活动,解决施工中突出问题,开展品质工程攻关创新,提炼、推广先进工程技术管理经验,全面提升了项目工程质量安全管理水平。

参考文献

[1] 中华人民共和国交通运输部.公路水运品质工程评价标准(试行):15114·2819[S].北京:人民交通出版社股份有限公司,2018.

延崇高速公路 BIM-5D 技术研究与应用

乔培贞[1],冯新兆[2],孙爱田[2],王宏哲[2],马瑞祥[2]
(1.北京市首发高速公路建设管理有限责任公司;2.中铁六局集团有限公司)

摘要:本文以延崇高速公路上跨大秦铁路及京新高速公路钢–混混合连续梁桥工程为例,介绍全桥 BIM 模型结合 Luban 信息平台增加进度控制与成本控制,集合时间、合同、质量、安质、物资于一体实行协同动态管理,对三维模型进行更深层剖析,大幅度提升施工质量。

关键词:BIM;管理;协同;进度;成本;安全;质量

1 工程概况

延崇高速公路(北京段)工程五标段设计起点桩号为 Q1K14+424.360,位于蔡家河南侧,设计终点桩号为 Q1K15+601.964,位于国道 110 北侧。本标段全长 1.18km,左右分幅设计,采用连续高架的方式,由南至北分别上跨蔡家河、大秦铁路、京新高速、国道 110,到达本标段设计终点;匝道桥分 A、B、C、D、E、P1、P2,共 7 条,全长 3.30km,其中 A、B、C、D、E 匝道实现延崇高速公路与国道 110 的进出,P1、P2 匝道实现延崇高速公路与京新高速公路的互通。

本标段地形基本为平原,地势基本呈现北高南低,高速公路主线最大纵坡 3%,最小纵坡 1.5%,最小坡长 532.275m,最小凹曲线半径 14000m。桥梁专业模型和结构专业模型如图 1 所示。

图 1 桥梁专业模型和结构专业模型

本项目云协同施工平台为信息集成与协同管理提供信息平台支撑。根据项目建设进度建立和维护的各个专业BIM模型,统一上传到云协同平台,平台汇总各参建方所有的桥梁工程信息,消除项目中的信息孤岛,并且将得到的信息结合BIM模型进行整理和储存,为项目全过程中项目各相关利益方随时共享并进行数据交换。项目信息集中存储,项目参建各方可以随时调用权限范围内的项目集成信息,可以有效避免因为项目文件过多而造成的信息难以获取的问题。

2 应用措施

本项目采用国内外相关资料收集、BIM应用软件的分析、模型建设、进行协同设计、碰撞分析、4D和5D模拟分析等措施。

(1)在熟悉国内外BIM相关标准、规范及应用软件、设计文件的情况下,进行分析调研,为制定BIM技术应用实施方案搜集的相关资料有:BIM软件应用选择、数字模型建设、设计资料、碰撞分析方法、4D、5D模拟分析方法、协同设计等资料。

(2)编制BIM技术应用实施方案:突出模型、协同管理、模拟等。

(3)按拟定的方案进行模型建设,进行协同设计、碰撞检查、4D和5D模拟施工,进行相关的方案调整,进行项目实施的动态控制,并进行数据收集。

(4)根据BIM应用结果,提出建设管理的建议;对于项目全周期管理从立项、规划设计阶段、项目实施阶段、运维管理阶段实施延伸管理。

(5)在充分调研及借鉴相关项目应用及成果的基础上,开展本项目的BIM技术应用。

(6)应用措施路线:熟悉相关标准、规范、设计文件→BIM软件的选择→编制BIM实施方案→建设BIM数字模型→协同设计→碰撞分析→4D、5D模拟→进度、质量、方案的动态调整→优化设计、改进工艺→延伸应用分析。

本项目当前处于施工建造阶段,可充分利用BIM技术在施工阶段发挥作用,实现设计与施工无缝衔接。对项目进行更精细化的实时管理,从而达到控制建造成本、控制建造工期、提高建造质量、提高建造安全的项目目标。

3 协同管理

BIM-5D在三维模型基础上进行操作,结合工程、安质、经营、物机协同管理,各部门在统一平台运转,形成一条全面的工作链(图2),保证在4D(时间维度)基础上快速反映当前可能存在问题并及时做出决策。

利用BIM协同管理应用将工程部、安质部、物资部与现场员工紧密结合在一起。一线技术人员和安全员手机上均安装有管理平台手机移动端(图3)。按照工点,每天由工点技术人员上传进度照片,并对进度照片予以详细描述,具体到部位,同时输入日工程量和作业人数及设备投入情况。

质量、安全模块包括巡检任务下达。技术人员通过下发方案、交底、变更、整改时,现场员工只需在线上传工程状态,技术人员即可随时查看施工情况、施工工艺、质量标准等内容,减少了信息传递的流程,缩短了时间,从而加快了施工进程。

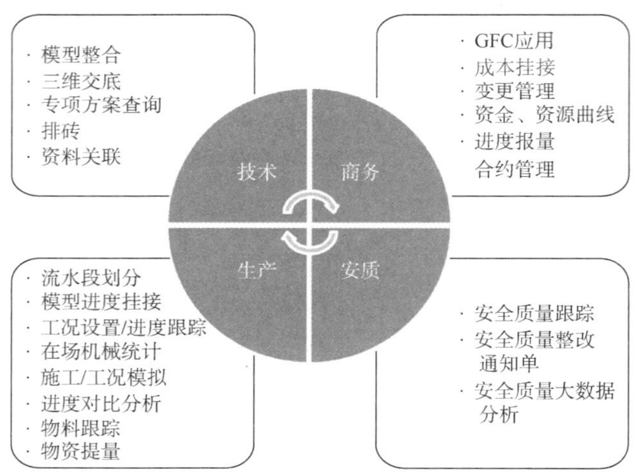

图 2　各部门协同

图 3　BIM 协同管理

通过 BIM 移动端可以方便快捷地进行质量问题及安全问题上报和闭合。第一步拍摄存在安全隐患或质量问题的照片,通过照片编辑功能对照片进行框选或者文字标注,然后选择发生质量问题及安全问题的流水段。第二步填写质量问题、安全问题、责任单位、责任人、问题分类、可见范围等信息,填写完毕后发送至云端,项目领导和问题责任人会收到消息提醒。责任人通过点击通知消息进入问题整改界面,并以文字和照片的形式进行质量安全问题闭合(图 4)。深入挖掘使用 BIM 管理平台,与施工现场紧密结合在一起。

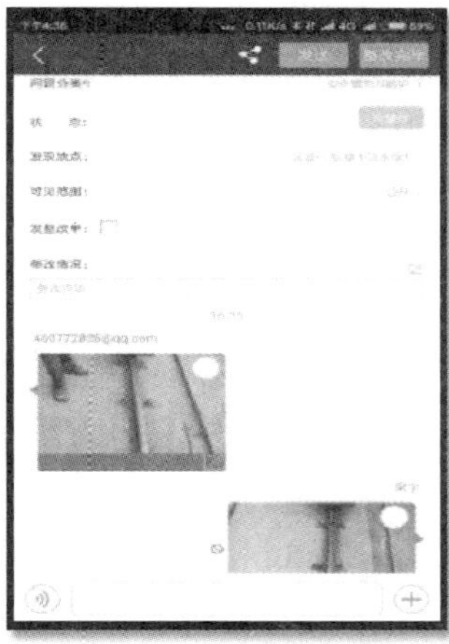

图 4　各部门协同内容

各部门人员在三维模型数据下运转，上传文件内容可快速定位至模型中所表达位置，其他人员依照模型构造并进行详细数据查看、统计和分析以及项目不同阶段施工进度对比，可快速了解内容并实行，最大限度保证了工作效率及质量(图 5)。

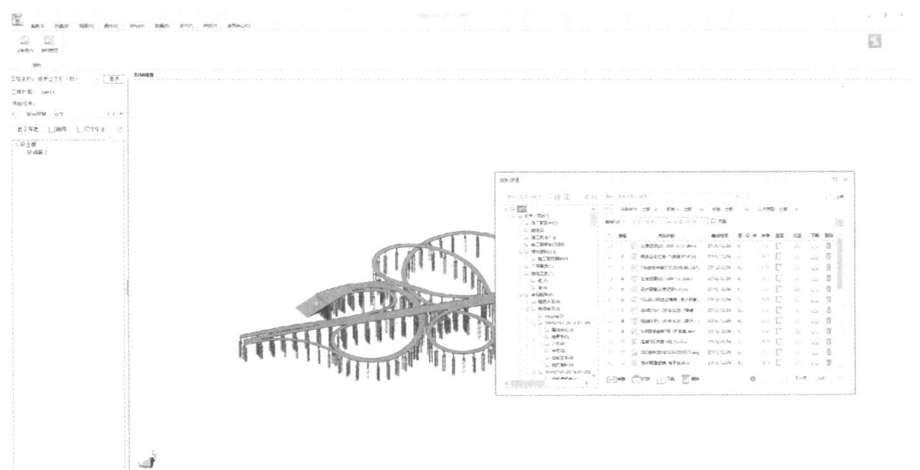

图 5　平台文件上传

4　4D 进度管理

三维可视化功能再加上时间维度，可以进行包括任意施工形式的施工模拟。同时有效协同工作，实现多方无障碍信息共享，让不同的团队可以共同工作，通过添加时间轴的 4D 变形动画可以准确判断转体工程的变形趋势，让工程施工阶段的任意人群如施工方、监理方、甚至非工程行业出身的业主及领导都能掌握工程实施的形式以及运作方式。

施工过程的可视化，使 BIM 成为一个便于参与施工的各方交流的沟通平台，进度对比模拟通过将进度计划与实际施工情况不断对比，调整进度规划值，完善进度控制能力，使本项目的施工进度控制管理工作得到全面控制。延崇高速公路具有“时间紧,任务重”等特点,4D 进度管理尤为重要,管理者可直观调查一段时间施工情况及时作出回应(图 6),若发现施工缺陷,便可追溯前一日内容并及时修改方案;同时依据当前工作内容及时调整计划,保证了施工在合理的程序下顺利进行。

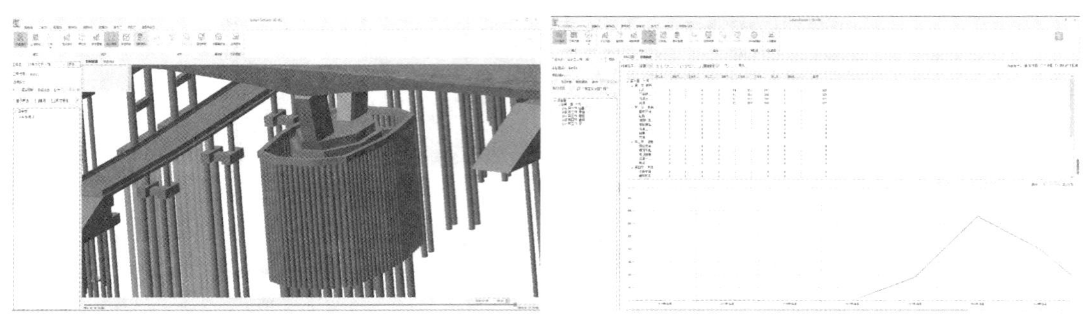

图 6　转体施工进度查询

5　成本管控

BIM 平台集成工程 BIM 模型、进度计划、资源计划、资金计划等多维信息,同时能够准确表现立体交叉作业的过程,能够与进度同步体现建造过程相关的时间、人、材、机、资等工程数据的动态变化,更直观地展示建造过程。

将一份成本预算导入至平台,经模型与成本关联运转,成本紧密结合进度,随着施工进行导致的不确定因素,管理人员可迅速做出决定。同时管理者可以就某一时间段的资金、物资情况进行反复调查,对比实际投入情况,使整个项目运营在一个科学合理的环境中。

通过鲁班平台 Luban Govern 软件分析出工程方量、产值计划、施工物资等数据,进行集中管理、查看、统计和分析以及项目不同阶段的多算对比;使用者通过将工程信息模型汇总,形成一个汇总的项目基础数据库,企业不同岗位都可以进行数据的查询和分析,为项目部管理和决策提供依据,为项目部的成本管理提供依据。

利用 BIM 平台可使材料追溯、定位精准,对施工原材料进行管理;每个构件均具有原材料的详细信息,一旦材料出现问题,可通过快速检索,准确追溯到问题材料的构件信息,从而提高了人员的办公效率。

变更管理在项目竣工后,本变更管理模型将作为变更归档模型保存,实现了变更档案的电子化,为日后的查阅提供了极大的便利。BIM-5D 技术可直接在变更部位模型进行修改,平台自动更新相应工程量及造价信息,克服以往人工对点核算造成的浪费时间及计算不准确等情况,实现了资源动态化分析,有利于减少合同纠纷。

6　BIM 5D 现场管理措施

6.1　二维码管理

为方便管理人员、机械等、现场构建等信息,小组成员决定通过定制生成管理人员、机械车辆、试验设备、混凝土等不同种类的二维码,方便人员查询信息,使管理更加清晰、方便快捷。

6.2 利用移动端添加 App 通过移动互联网

施工过程中,利用移动端添加 App(图 7),通过移动互联网,随时可以在移动端展示现场模型并能添加想要展示的属性,和施工进度对比,使现场施工人员随时随地查阅施工信息,现场管理人员可及时收到管理人员在 PC 协同端上传交底、变更等并采取措施,结合三维信息更加清晰、准确,极大增加施工效率,减少返工率、便于现场技术人员指导施工。

图 7 BIM 移动智能终端

7 结语

BIM 5D 可保证结合现场具体情况,解决现场与内业配合问题,从而加快信息化的推进,减少沟通成本,加快了施工进程。同时结合 4D 流水性分段性统计、变更、结算满足成本优化、物资优化要求,进一步保证现场安全管理,解决工程实际问题。

参 考 文 献

[1] 许超,靳萧夷.基于 BIM 5D 工程造价全过程管理[J].四川建材 2016,42(04):258-259.

[2] 刘钊,袁胜强,黄虹.上海沿江通道越江隧道工程中的 BIM 技术应用[J].土木建筑工程信息技术,2016,8(3):20-25.

[3] 杨京鹏,袁胜强,顾民杰.宁波梅山春晓大桥 BIM 应用[J].土木建筑工程信息技术,2017,9(1):14-20.

[4] 袁胜强,胡程,欧阳君涛.智慧城市云平台构建研究[J].土木建筑工程信息技术,2018,10(1):22-26.

松山特长隧道“五化”管理模式的探索与应用

边海滨[1],牛延昭[2],戚永林[2]
(1.北京市首发高速公路建设管理有限责任公司;2.中交一公局集团第五工程有限公司)

摘要:随着我国高速公路行业的快速发展,项目的管理模式越发呈现多元化,但同时制约项目管理的因素也越来越多,本文依托延崇高速公路管理(北京段)工程松山隧道施工探索特长隧道“五化”管理模式,即标准化、机械化、信息化、智能化、工厂化管理模式,为后续隧道施工管理积累宝贵经验。

关键词:五化;探索;应用

1 工程简介

延崇高速公路(北京段)工程第九标段位于北京市延庆区张山营镇松山国家级自然保护区内,标段起讫桩号分别为:ZK28+803~ZK33+525.248(进京),YK28+830~YK33+549.493(出京)。标段全长4.722/4.719km,标段内主要工程为松山隧道及部分路基、路面、防护排水工程等。主要结构物为松山隧道,主洞左洞长4590.248m,右洞长4584.203m,松山隧道设置2处斜井,1号斜井位于北京范围内长583m,与右线右侧相交里程YK29+960处;2号斜井位于河北范围内长900m(河北段施工),与左线左侧相交里程ZK31+900处;洞口段路基长132/135m。

2 选题理由

按照品质工程示范创建相关要求及部署,项目全力推行“五化建设”,即标准化、机械化、信息化、智能化、工厂化管理模式,以“提效率、提质量、提水平、提素质、提形象”为目标,打造亮点,树施工典型,提高品牌价值。

3 “五化”管理创建

3.1 标准化建设

项目设置合理的职能部门,配备完善的设施和人员组织构架。建立健全的规章制度,不断完善施工管理体系。以规章制度为准绳,以管理体系为依托,提高标准化施工管理水平,全力推动项目管理各项工作。

(1)建立规章制度,完善施工管理体系,提高标准化施工管理水平。

①编制项目管理制度,为项目管理保驾护航。

②完善保证体系,编制各项管理办法。

③明确关键控制点,施工管理有的放矢。

(2)促进交流和改进,确保质量管理体系运转有效。

①实行首件认可制制度,树立样板工程,加强项目各班组之间的交流学习,预见和化解潜在影响工程质量的各种因素。

②严格执行三检制度,抓好施工全过程的管控。

③加大管理力度,强化施工安全、质量、文明、环保的管理,树立“零容忍”理念,使管理体系的应用常态化、精细化、规范化。

④组织技术比武、知识竞赛等活动,全面形成比、学、赶、超的工作学习氛围,培养一批“留得住、用得上、推得出”的技术人才。

(3)狠抓落实,确保现场施工有序可控。

现场管理标准化是整个管理过程标准化的集中体现,是标准化管理的核心。对施工现场标准化管理以作业规范化为抓手,从教育培训、人员佩戴、场地布置、标志标牌等方面入手,细化规范现场管理行为的具体标准,不断促进现场管理质量的提升。加强技术管理,确保现场作业标准化。以文明施工为抓手,强化对施工人员的管理,主抓现场文明施工及环境保护,促进施工现场标准化管理稳步开展。

(4)打造亮点,树立品牌,建造全线标准化场地。

项目通过前期策划,决定把松山隧道打造为延崇全线临建标准化亮点,项目成立了 BIM(建筑信息模型)应用小组(图 1),应用 BIM 技术对厂区提前进行规划与模拟试验,确保各项功能的正常使用与布局的合理性,最大限度地避免设计上的失误。由此开展了一系列有序的临建规划与建设,目前松山隧道已经作为延崇全线临建标准化亮点接受了兄弟标段及各相关政府部门的参观学习(图 2)。

图 1　BIM 效果图(规划图)

图 2　施工现场平面图

3.2 机械化施工

以“机械化换人、自动化减人”为理念,根据工程特点及状况,采取一些工程相适应的组合机具,从而减轻或解放人工体力劳动,使完成的工程实体更标准,效率更高。松山隧道位于北京市延庆区,政治敏感性较高,平均施工有效工期约为9.5个月。隧道施工的全自动化,在机械的质量提高和工艺革新上应着重考虑。

在工艺的选择上,传统的钻孔掘进效率一般很低,大量的人员投入增加了成本,在机械质量和工艺上改进,如三臂凿岩台车、湿喷机械手、液压栈桥施工,大大提高工作效率,人员上增加管理人员即可,也可科学分析围岩的变化,及时提供可靠的数据。总体来讲,松山特长隧道在工效上的革新是加快进度的一个重要方面,只有加快速度才能保证按期贯通。

3.3 信息化建设

考虑绿色文明安全示范发展要求,延崇高速公路(北京段)工程第九标段就隧道施工信息化管理,结合两家电子科技公司,在隧道施工监控及环境监测方面相结合,依托结合后的智能监控系统,努力打造绿色文明安全工地。

延崇高速公路(北京段)工程第九标段主要以隧道施工为主,隧道全长4590m(单向),最大埋深超过500m,施工中通风能力要求高,施工环境恶劣,由此造成施工及安全管理难度较高,本标段智能监控系统的应用,将有效结合隧道洞内外的监控系统。安吉达公司主要负责洞内实时监控及环境监测工作,通过实时监控及环境监测系统(图3),出现气体超标等现象后,及时采取相关措施,如雾炮降尘、湿喷机改善施工环境等;欧禄森公司主要负责洞外环境监测工作,如扬尘与噪声等监测,通过相关措施及时消除超标现象,据此展开应用。

a)洞内人员信息

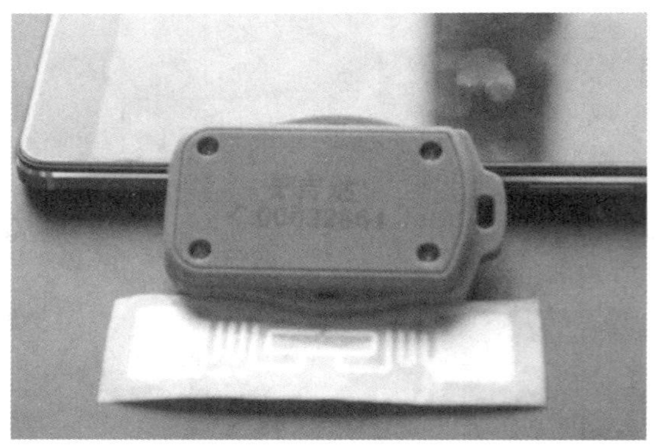

b)人员定位及门禁芯片

图 3

c)值班室监控

d)总监控室

e)高清监控

f)台车监控

g)扬尘噪声检测系统

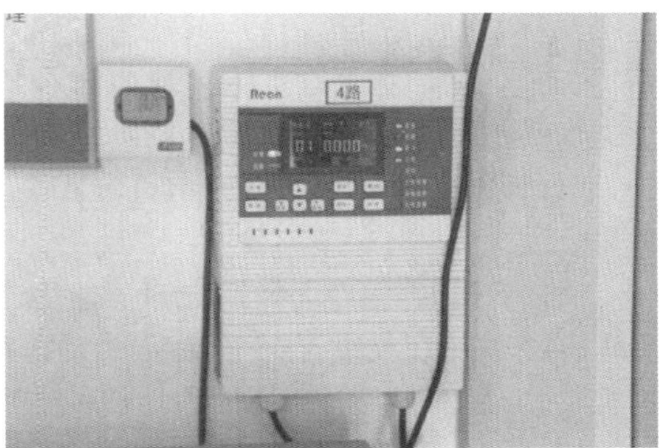

h)有害气体检测

图3　监控及环境监测系统

利用人员信息管理流程,实现人员交底及安全教育全覆盖。

针对项目施工人员比较集中的特点,结合门禁系统及考勤机系统,形成一套特有管理系统,管理流程如图4所示。

主要效果如下:

① 确保人员安全。覆盖所有的施工人员,可以通过本系统可清楚地知道施工人员在施

工现场的工作轨迹,保证施工人员在施工场地内的安全。如果工人进洞后 12h 未出洞则自动报警,人员 3d 未出现则视为离场。

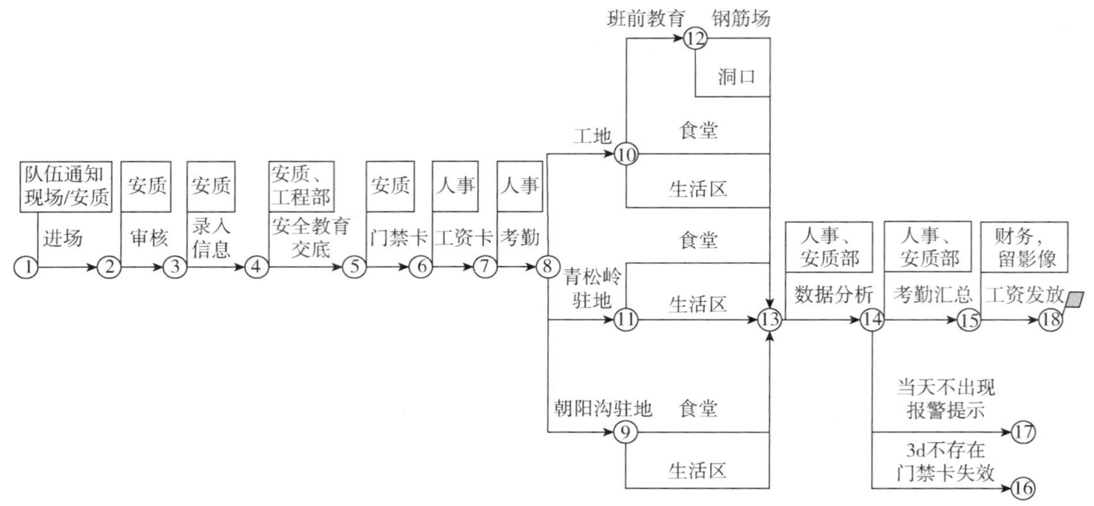

图 4 管理系统流程图

②实现交底及安全教育全覆盖。人员未经过交底及安全教育则无法办理门禁卡,未办理门禁卡则无法进入施工现场,通过此过程做到交底及安全教育全员覆盖。

③保证农民工工资发放。对完成交底及安全教育的人员办理工资卡,通过考勤分析,直接对农民工发放工资,同时留存好相应的资料,可有效避免拖欠农民工工资现象。

3.4 智能化建设

根据五公司隧道管理标准,本项目属于 I 类隧道项目,依据该标准项目进行了 I 类配套,推行机械化作业,用以提升项目质量效益,实现危险作业“机械化换人、自动化减人”的效果。

项目依托机械化“八台套”推动智能化建设,“八台套”为:三臂凿岩台车、三臂拱架安装台车、自行式液压栈桥、湿喷机械手、自动挂布台车,自动喷淋养生台车、电缆沟台车、新型二衬台车。

项目部单独成立设备部,负责机械管理、数据收集、人才培养等工作。目前已制定了 14 条机械管理制度,统计分析了 310 个循环相关数据,正在培养 6 名三臂凿岩台车操作人员。

智能化隧道成套机械化施工应用,改变了传统隧道施工高强度、高风险、高污染、高能耗的局面,极大减轻工人劳动强度,提高隧道施工质量。

3.5 工厂化建设

钢结构加工中心总占地面积为 1450m^2,承担着项目钢结构供应任务,日生产能力约为

50t。根据生产需要设有钢拱架加工、网片加工、钢筋加工三条生产线，每条线包括原材料存放区、加工区、半成品区，各功能区分离管理，现有生产人员5人。钢结构加工中心采用工厂化管理、智能化加工、物流化配送，由施工工区提交任务单，钢结构中心按单加工完成后配送至施工作业面。

并与BIM技术相结合，利用BIM模型中自动生成二维码信息功能，通过云计算、移动互联网技术与设备对接，同时赋予设备扫码功能，完成加工数据的录入与输出，通过BIM技术生成下料单，可自动化生产各类钢筋网片、勾筋、钢拱架。

4 "五化"管理模式效果分析

4.1 社会效益

本项目的"五化"管理模式得到了社会各方的认可，目前正在全国范围进行推广。

4.2 工期效益

三臂凿岩台车：全断面作业时，159个炮孔人工钻孔时间约为3h50min，而双机作业仅用时约2h20min，每循环比人工钻爆节约1.5h（表1、表2）。

两种钻孔方式对比表　　表1

施工方式	单孔钻孔用时(min)	炮孔数(个)	钻孔总计时间(h)	钻孔深度(m)	循环进尺(m)
人工钻孔	8~10	159	3.833	3.6	3.3
一台三臂凿岩台车	2.5~3	159	3.667	4.0	3.6

手持干喷与湿喷机械手工作量对比　　表2

施工方式	人工投入(个)	速率(m^3/h)	喷混凝土时间(h)	1天强度(MPa)
手持干喷	5	7	3.6	5~6
湿喷机械手	3	14	2.4	15~16

湿喷机械手：湿喷机平均喷射速率为$14m^3/h$，比干喷每小时多出$7m^3$。

预计可以节约工期2个月。

4.3 管理体会

"五化"管理最大的优点在于始终让"高标准严要求"的施工理念贯穿于施工的全过程，其宗旨就是使管理有质的提升，是在传统管理的基础上，将管理进一步细化，

"五化"管理模式作为一个全新的、全面的能够真正指导工程建设项目不断推进的管理模式，怎么做好"五化"，成为我们今后工作中的研究对象。

以往的工作中，我们无论从管理方面还是在技术方面都做了很多细致的工作，我们不断地总结和归纳，为日常的管理工作奠定了一定的基础。如今，项目的"五化"管理模式更能确切地反映出一个系统、完善的工作机制，由此，我们要以"五化"工作为契机，将日常工作查漏

补缺,将其系统化和程序化,更能有利于日常工作的管理和落实。

“五化”管理模式给我们一种探索和思考的工作理念。我们要循序渐进,勇于探索,在工作中思考,在工作中总结,从而进一步完善工作机制和管理模式。为此,不断探索革新和学习。没有一成不变,只有不断超越,这样才能给我们的工作注入新鲜的血液和力量,才能让我们不断完善。

参考文献

[1] 林志,谭忠,郝理.山岭隧道施工的分步式与整体式机械化[J]. 科学技术与工程,2019,19(36):62-72.

[2] 梁伟坚.关于隧道施工管理标准化的探索[J].人民交通,2019(07):66-68.

信息化管理系统在高速公路施工安全管理中的应用

刘学仕[1],李　伟[2]
(1.中铁十四局集团第二工程有限公司;2.北京市首发高速公路建设管理有限责任公司)

摘要:由于各地交通日益发达,对高速公路的要求也越来越高,随着计算机技术的不断发展,信息施工方法在高速公路工程中的应用越来越多。本文结合延崇高速公路工程实例,分别介绍了信息化施工运行体系架构,最后提出了信息化施工关键措施。

关键词:高速公路;信息化施工;运行体系架构;关键措施

1　工程概况

延崇高速公路(北京段)工程七标全线位于北京市延庆区张山营镇境内,沿线有 X012 县道、康张路、古龙路,出京线(YK21+105~YK26+140)全长 5035m,进京线(ZK21+045~ZK26+098)全长 5053m。本标段主要工程:隧道单线总长 9627m,温泉隧道斜井长 472.9m,。根据现场勘察,延崇高速公路(北京段)第七合同段沿线 300m 范围内无民房、建筑物等重要保护对象,最近的民房距爆破施工点距离超过 560m;根据项目总包方实际勘察,沿线无地下管线、地面供电线路等重要保护设施,此外,温泉隧道崇礼端位于松山自然保护区内,其他处于保护区外,作业周边环境较好。

2　信息化施工重难点

2.1　管理难点

通常情况下信息化施工在管理方面表现出三类困难点:第一,实际施工与工程设计差异性比较大。工程项目实际施工与前期预估之间必然会存在一定差异性,这是一种无法完全避免的情况,因此在施工中相关施工单位往往需要根据实际情况做出适当的调整,由此自然也造成降低变更量的困难度增大。

第二,注重监测过程,缺乏有效分析。在实际的信息化施工管理中,常表现出这样一种情况:在施工之前过于注重对相关监测设备的布置,希望以此来获得更加详细的现场施工数据信息。但是在通过这些监测设施完成数据采集之后,却缺乏对这些数据信息的有效分析,不能与施工队伍现场勘测信息相结合,对施工管理工作形成安全可靠的指导,以致造成较多的人力、物力浪费。

第三，超前预报技术可靠性不足。虽然随着当前科学技术的快速发展，超前预报技术在应用方面取得较大的进步，但是从实际施工应用来看，其中仍旧表现出较多的问题，不仅在应用的方式上较为单一，而且在准确性上也显得不足。

2.2 技术难点

在开展信息化施工时，从中也表现出较多的技术难点，首先，监控量测技术应用存在问题。在初期支护施工中，采用监控量测技术来判断当前应用支护参数是否合适，由此得出的参数信息数值可能会对后期施工开展造成不良影响，不仅浪费较多的资源，增大施工费用，而且也对施工安全性造成影响。

其次，超前地质预报技术应用存在问题。当前在该项技术的应用上主要分为两种：地质法和地球物理法。这两种方法在适用范围上存在一定差异，在实际应用中需结合现场情况灵活应用。但是从当前实际的施工情况来看，许多施工单位在施工中片面追求进度和造价控制，在超前地质预报技术应用上只采用一种技术进行，从而造成超前预报地质的准确性受到影响，较容易因此引起地质灾害问题。

最后，在现场地质素描工作上存在问题。通过现场地质素描能够较为准确的判断掌子面围岩级别，同时为超前地质预报做好基础性工作，但是当前施工单位对该项工作开展却不够重视，从而影响到基础工程的建设施工。

3 信息化建设总体方案

3.1 电子标签监控

电子标签监控系统(图1)由出入口监控、定位系统、显示设备、网络和系统软件6个部分组成。

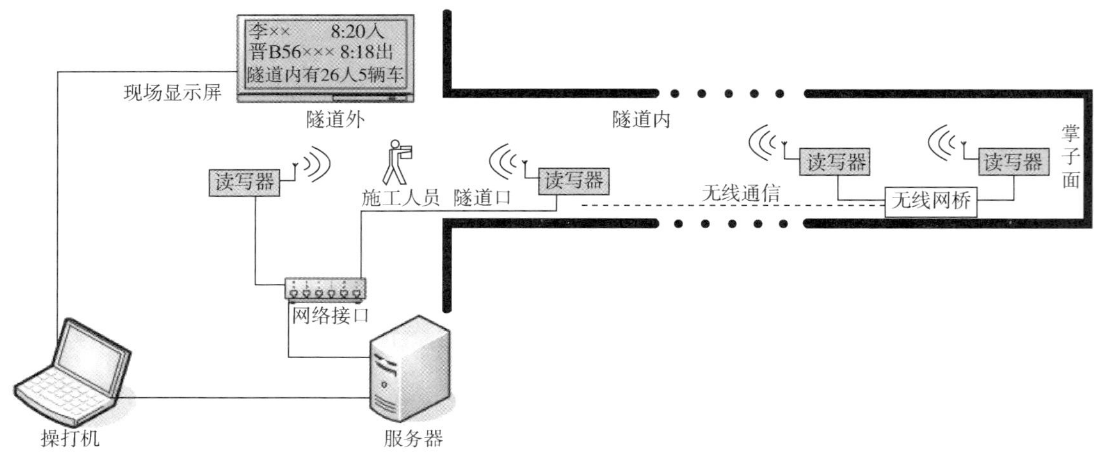

图1 电子标签系统设计图

(1)出入口监控:在隧道的出入口位置布设监控设施,对车辆设备出入、施工人员出入的信息进行实时监控。通常施工人员和机械设备都会配备相应的电子标签,当进出隧道时,隧道口监控设施中的读写器能够对电子标签做出探测,并将相关信息录入到系统之中,显示具体的进入或离开信息。若隧道为双洞单线隧道,虽然两个隧道口是并排的,但是为了区分施工人员进入到哪条隧道当中,需要在每一个隧道口均放置2台读写器。

(2)掌子面监控:掌子面附近安装一台读卡器,实时探测附近相关施工人员,并通过网络传输到值班室。

(3)闸机:闸机用于车辆出入口通行使用;对于允许进入车辆,予以放行,对于不允许车辆,要核实后处理。对于双洞单线的情况而言,并排的两个掌子面之间并不联通,因此每一个掌子面均需要一套定位设备。

(4)显示:通过相关的显示设备,能够在屏幕上将车辆设备出入、施工人员出入的信息显示出来,以方便管理工作开展。

(5)网络:采集到的数据信息传输需要网络来完成。

(6)系统软件:对传输到系统中的数据信息进行自动分析,然后并按照特定的程序输出结果,由此能够实现人员考勤、监控的作用。

3.2 视频监控

视频监控系统框架如图2所示。

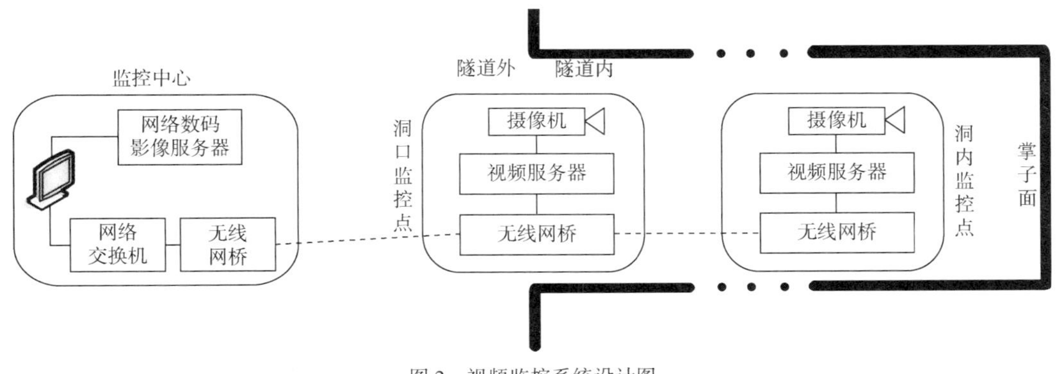

图2 视频监控系统设计图

4 信息化施工关键措施

4.1 隧道作业人员自动登录及定位系统

隧道作业人员自动登录及定位系统(图3)采用室内短距离无线通信技术手段对进出隧道口的施工人员进行读卡识别、记录及分析报表,达到考勤目的,并采用相应的室内定位技术,对风险较大的掌子面区域进行人员定位,在隧道口的服务器上能够随时记录整个隧道内施工人员及掌子面施工人员情况。隧道作业人员自动登录及定位系统主要由考勤定位管理系统、现场基站、识别卡、显示屏、客户端等组成。定位方式可采用隧道口区域和掌子面区域的区域定位法(不要求全隧道精确定位)。

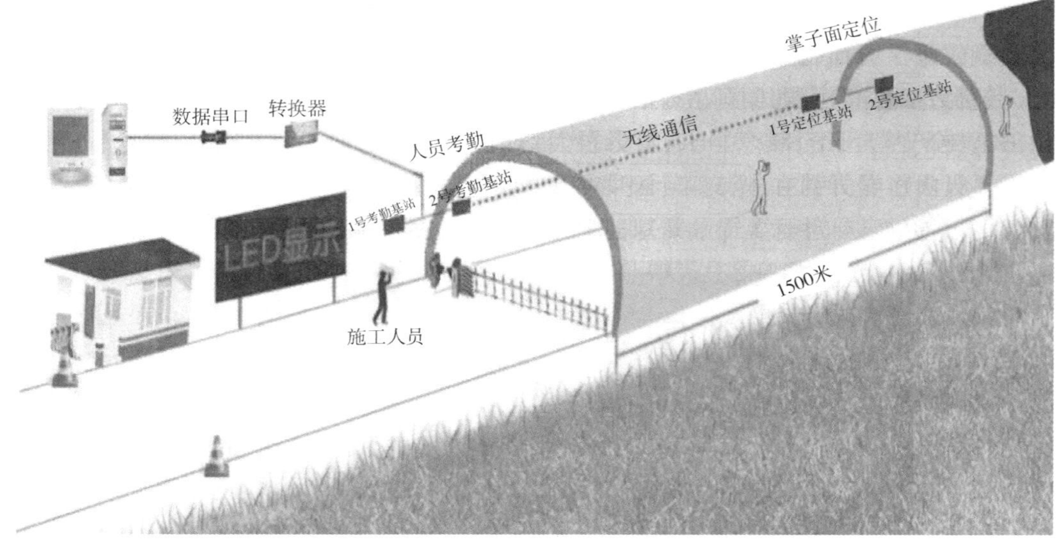

图3 隧道作业人员自动登录定位系统

4.2 人员及车辆道闸系统

为了管理有序,可在每个隧道口安装人员道闸及车辆道闸。每个隧道口可考虑安装两台单机芯和一台双机芯道闸,组成一套双向进出的人员通道。人员道闸的门禁卡可与人员考勤定位的识别卡共用,人员进出时可将安全帽摘下后对着人员道闸刷卡操作。

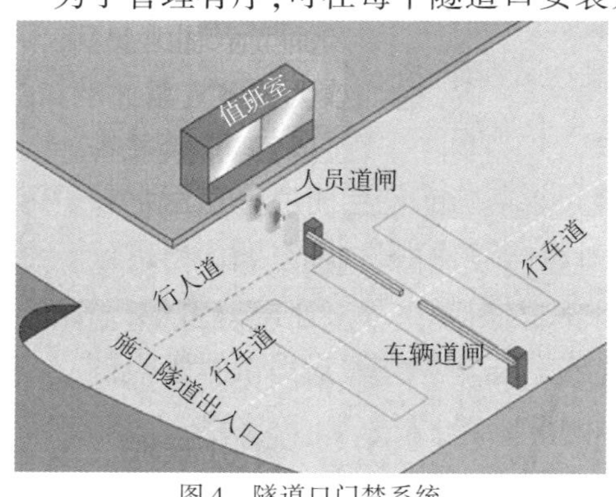

图4 隧道口门禁系统

车辆道闸:由两台单层栅栏式车辆道闸组成,可通过无线遥控和手动控制开关。施工现场实现人车分流,提高施工人员进场秩序及安全,同时也加强现场的施工标准化管理。系统构成见图4。

4.3 超前地质预报信息系统

隧道施工超前地质预报属于重要的基础工程项目,可加强对其信息化监控,建立对应的信息化管理系统,将数据信息采集、分析、预报结果输出等工作环节在信息化管理系统中完成。将超前地质预报信息数据及时反馈到远端分析技术人员,由其对数据做出分析和决策,以此能够有效提升超前地质预报的工作效率。

超前地质预报采集的数据包括：钻孔资料、数码图像、波形图、判释结论、预报报告和地质描述报告等。根据《铁路隧道工程施工信息化技术规程》规定，高度及以上风险的铁路隧道工程实行超前地质预报信息化管理。

4.3.1　TSP

（1）测试仪器及探测步骤。本次超前地质预报采用设备型号为TSP203。探测施工首先在隧道中合理布设钻孔点，然后据此开展钻孔施工，并在此过程中收集相关的数据信息，最后依据收集到的数据信息完成报告。在探测过程中测线、测点布置是施工的关键性环节，其主要采用小型爆破的方式，作用于隧道洞壁一侧，最终得到24个孔距1.5m、孔深1.5m的爆破孔。这些炮孔应适当保持向下倾斜，倾斜度一般为15°~20°，以此能够方便施工后期采用灌水堵孔。通常探测接收器点位设置在距离最末端爆破点15~20m的位置处。

在进行实际探测的过程中，按照事前设定的引爆顺序，逐一引爆炸药，由此将产生较为轻微的地震波，当地震波在传播的过程中遇到异常的地质界面时，会形成对应的反射波，该反射波被事前设置的接收器接受，接收器根据接受反射波的强弱情况以及传送时间，可大致分析出探测界面的地质情况。然后利用特定的电脑软件对反射波数据做出处理，由此能够获得隧道的影响点图，相关技术人员据此判断隧道前方的情况。

（2）分析与处理。在对收集数据信息分析中，对岩层的划分工作根据P波资料来完成，并采用横波资料对之做出解释。解释中主要应注意以下几点：①正反射振幅应和硬岩层对应，负反射振幅应和软岩层对应。②当获取到的S波反射强度相对更高时，则说明前方的岩层中含有较多地下水。③探测中发现 Vp/Vs 数值增大，一般为前方地质存在流体。④如果探测中发现 Vp 数值降下降，则说明前方地质存在空隙增大。

（3）预报结果分析。实际探测中，设置24个爆点，只激发了其中的22个，预估探测深度设置为隧道掌子面前方90m。预报结果显示如图5所示，由此可分析出前方围岩的具体情况，在30m范围内有着较为良好的条件，而在30~60m范围内的围岩条件相对较差，在施工时可能存在安全隐患；在60~90m范围内的围岩条件逐渐转好。

因此，在实际施工中需注意结合地质雷达对前方围岩情况做进一步探测，并在此过程中发现大约位于掌子面前方45m处的围岩确实存在条件较差的情况，在开挖时可能会出现塌方、掉落等不良情况，在施工中需对之引起注意。由此，也证明超前预报结果具有较高的准确性。

4.3.2　地质雷达

（1）测试仪器及探测流程。本工程采用地质雷达型号为SIR-3000。探测注意事项：①探测前对需要探测围岩的情况做详细了解，并记录相关信息。②完成探测设备的连接工作。③在数据采集过程中尽可能避免电磁干扰。

（2）预报结果分析。采用与该设备配套的处理软件完成数据处理。本次工程中采用地质雷达探测检测到的异常情况，如图6所示。

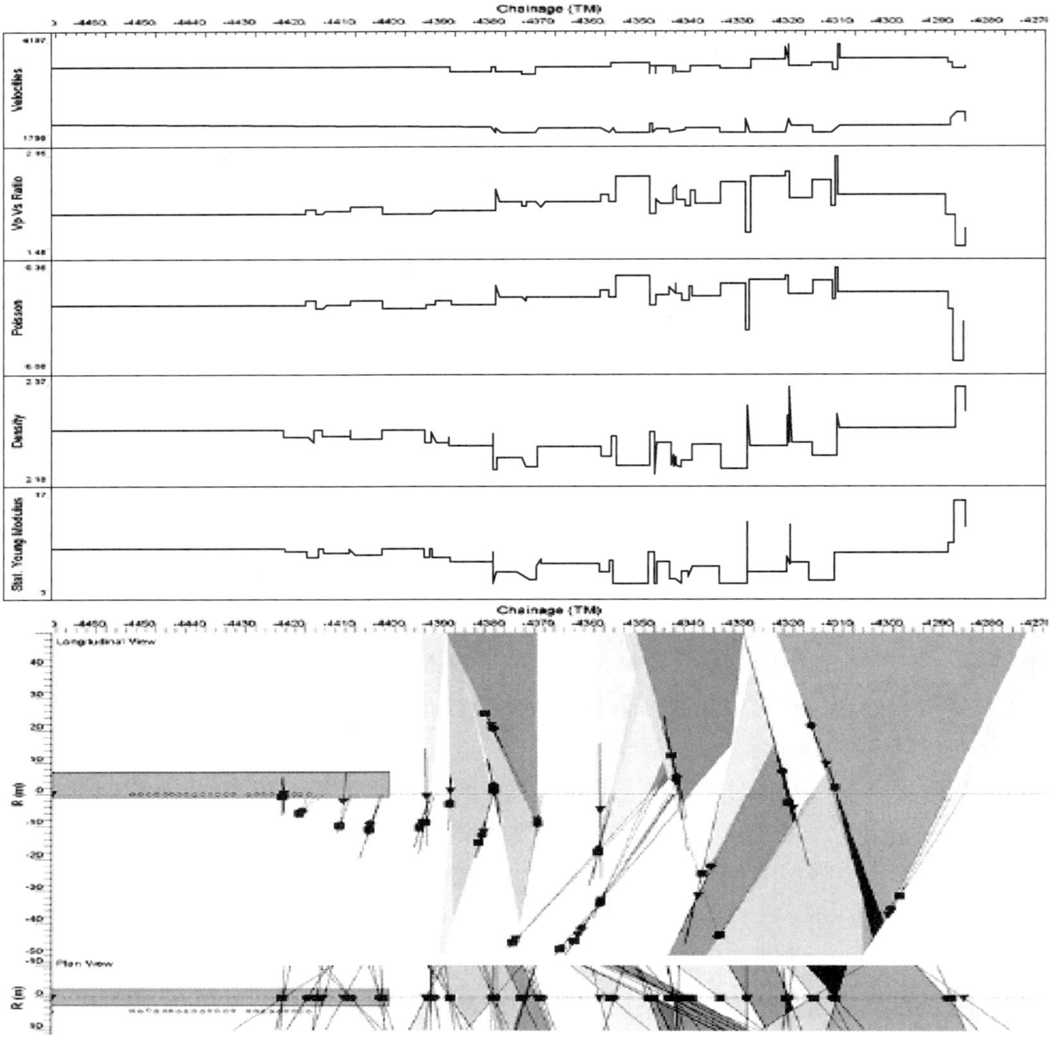

图 5 SP 探测岩体物性图

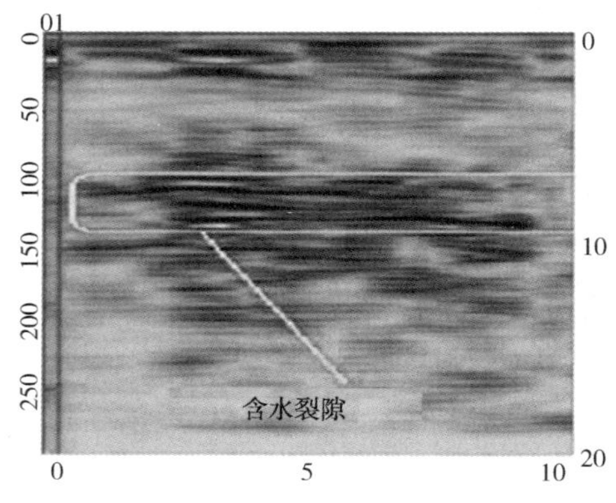

图 6 地质雷达成果解译图

从数据信息分析的结果来看,在地质雷达预测的范围内,存在围岩条件较差的情况,岩体呈现破碎状。此外在距离掌子面大约 10m 的位置处存在含水裂隙,在实际开挖时挖深约 9m 时掌子面出现强度较大的渗水,由此证明此次预测结果准确。

4.4 隧道围岩监测量测系统

隧道围岩监控量测系统可实现对隧道开挖断面变形速率超标和累计变形量的监测。具体包括:地表沉降、拱顶下沉、净空变化等。通过手持终端或手机 App,蓝牙连接全站仪实现数据的自动采集与完整发送至平台,超标短信报警,闭环处置,降低隧道施工安全风险,提升风险管控能力。围岩量测系统包括专业软件和硬件设备。

专业软件应满足的功能要求,包括:查询原始数据;输出日报、周报或月报,绘制单点、多点数据趋势图;预测可能最大变形量,根据监控量测管理登记自动发布预警信息,记录预警处理结果等功能;测点埋设处初期支护侵限提醒。具备监控量测工作进度管理功能;能生成监控量测汇总表。隧道围岩量测信息系统和相关装备的技术要求如表 1 所示。

信息系统和相关设备的技术要求 表 1

序号	类别	技术要求
1	全站仪	支持蓝牙或者串口(接蓝牙转换器);数据返回格式为 xyz 坐标形式
2	网络配置	各隧道内要实现网络信号全覆盖,网络信号要随隧道开挖及时跟进至掌子面,便于洞内量测数据及时上传和下载。保证基础网络通信(无线或者有线),数据可以通过网络及时上传平台
3	终端采集	处理器:主频不低于 1.5GHz;内存:容量不低于 2GB;存储卡:不得低于 8GB;操作系统:支持 Android4.3 及以上操作系统,屏幕尺寸 5.0 寸以上,数据上传应具备断点续传功能,传输过程采取加密方式

5 结语

坚持科技兴安战略,安全生产离不开安全科技,防事故、除隐患以及事故发生后的应急救援工作,都亟须安全科技进步。高速公路施工信息化建设前景广阔,但在实际施工过程中也存在许多困难。把信息技术与公路建设相结合是一项长期而艰巨的任务。它需要不断实践和总结经验来发展和完善,只有不断改进工作,才能在今后的工作中有更大的突破。

参考文献

[1] 李国红,王冰鑫.信息化施工在高速公路中的应用研究[J].价值工程,2017,36(10):21-23.
[2] 张少飞.信息化技术在公路工程施工中的应用[J].交通世界(运输、车辆),2015,(10):24-25.
[3] 和士丹.隧道信息化施工中综合超前地质预报技术讨论[J].中国新技术新产品,2018,(05):110-111.

延崇高速公路阪泉服务区色彩环境研究

聂　永[1],任雨生[1],王赠皓[2],沈若松[2]
(1.北京市首发高速公路建设管理有限责任公司;2.中国公路工程咨询集团有限公司)

摘要:论文以延崇高速公路阪泉服务区为例,通过对色彩的选取、搭配以及不同颜色对人视觉产生的感受的详细论述与探讨,得出适用的配色方案,为今后的工程建设提供参考。

关键词:服务区;色彩;感受

1　引言

随着高速公路行业的迅猛发展和居民生活水平的不断提高,驾车出行已然成为人们非常普遍同时也是非常重要的一种出行方式,服务区作为为驾乘人员提供休息的场所,其品质升级刻不容缓。

2　服务区色彩环境需求分析

服务区的色彩环境由服务区物理空间中的各个构成要素及依附其上的色彩所构成,也即服务区公共空间色彩面貌的总和。延庆地区服务区色彩环境的构成要素包括:

(1)服务区主体建筑物的空间分布、形体组合、墙体及屋面的材质与色彩。

(2)服务区配属构筑物的空间分布、形体组合及构筑材质与色彩。

(3)服务区广场与道路铺装的材质及其色彩。

(4)服务区公共设施与交通设施的分布及其色彩。

(5)服务区标识系统的分布与色彩。

(6)服务区景观绿化的分布与色彩。

不同空间位置的不同色彩搭配,分别构成不同环境的色调。同时,色彩环境按照其时效性也可划分为恒定性色彩环境和非恒定性色彩环境。如图1所示,服务区室外色彩环境即由服务区主体建筑的墙体材质及配色、入口雨棚的色彩、广场铺地的色彩、路灯的色彩、广告标识的色彩共同构成;图2室内色彩环境即由铺地瓷砖的色彩、吊顶的色彩、局部吧台的活跃色彩和商品的杂色所构成。同时,图1中也包含了建筑物墙面、雨棚、广场铺地等恒定性色彩和路灯、广告标识等非恒定性色彩;图2中包含了吊顶、铺地等恒定性色彩和吧台、沙发、商品等非恒定性色彩。

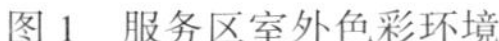
图1　服务区室外色彩环境

图2　服务区室内色彩环境

服务区色彩环境各构成要素间有着千变万化的色彩搭配方案和截然不同的色彩搭配效果，国内高速公路服务区的色彩环境多根据功能或习惯形成，少数案例取材于地域文化，缺乏整体规划设计研究。而延庆地区服务区作为北京2022年冬奥会的重要驿站，其色彩环境不仅直观反映了服务区整体的环境品质，也是京西北地域文化的重要载体和表现窗口。同时，由于色彩环境直接作用于人的心理感受，对阪泉服务区色彩环境进行设计研究也具备一定的生态价值和经济价值。

3　色彩环境的文化作用

延庆地区位于京西北方向，地处燕山山脉中央，介于北京与张家口中央，属于华北平原农耕文化与塞北草原文化的过渡地带，也是《北京城市总体规划（2016年—2035年）》中规划的长城文化带中重要的交通走廊。作为北京2022年冬奥会的重要表达窗口，延庆地区服务区色彩环境的规划设计具有相当的文化作用，应体现北京地域建筑的文化特征与冬奥会的时效特征。具体而言，分以下几点：

（1）以服务区室外恒定性色彩要素也即主体建筑物的墙体、屋面材质及用色体现北京地区传统建筑文化特征。

（2）以服务区室外及室内非恒定性色彩要素也即交通设施、标识系统的用色体现冬奥会的时效特征。

（3）以服务区配属构筑物的结构体用色衬托与调和上述两种特征的选材用色。

4　色彩环境的生态作用

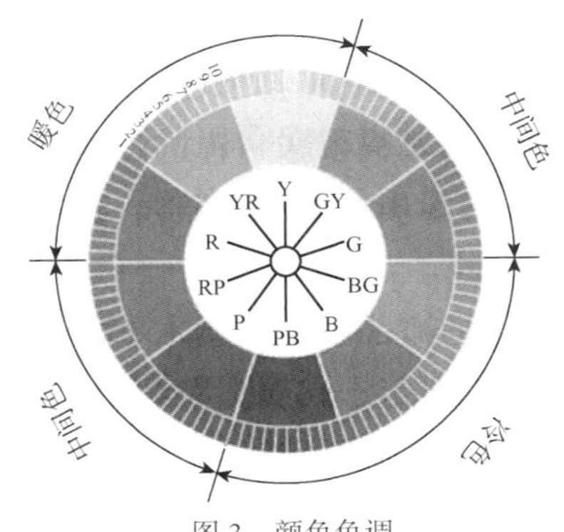

图3　颜色色调

色彩的不同搭配会带给人以不同的心理感受，人类在不断的进化过程中不断积累，最终形成一种普遍的认知习惯。橙色调被称为暖极，是最暖的颜色，蓝色调被称为冷级，是最冷的颜色。国内外目前研究结果普遍认为：黄色、红色、橙色是暖系色调，蓝紫色、蓝色、蓝绿色是冷系色调（图3）。颜色判别常用的孟塞尔颜色体系中的十个色相大致被分成六个冷暖色区。不同颜色的色彩其给人带来的冷暖感会随着彩度的降低而减弱。而彩度不高的中性色系中,白色因其反射率较高,往往会给人带来冷的感觉,黑色则相反。

我们在做建筑外立面设计时,其色彩设计广泛使用不同的应用场景,其目的是带给人以不同的心理感受。究其原因,这既有不同地域文化中历史传承的原因,也有人为刻意为之的结果。普遍来讲,暖色调广泛应用于北京地区,冷色调大面积应用于南方城市。图4所示为北京地区常见建筑用色。

a)

b)

图4 北京地区常见建筑用色

延庆地区服务区地处京西北山区,年平均温度较北京市平原地区低1.6~6.6℃,1月平均气温较平原地区低2~5℃,且不受城市热岛效应影响,冬季体感温度较低。因此,服务区室外色彩环境适宜以暖色调色彩搭配温润的木色,室内色彩环境适宜以明快的暖色调为主,以此达到提升人的体感温度的目的,可以在一定程度上降低服务区使用者的采暖需求。

同时,建筑主体墙面采用低明度低反射度的色彩,搭配以挑檐和遮阳格栅的设计形式,在冬季太阳入射角度较低时建筑可在日间吸收更多日照热量,在夏季太阳入射角度较高时可遮挡部分日照,形成冬暖夏凉的节能效果。

5 色彩环境的经济作用

服务区经营收益除受车辆日均驶入量、建筑面积、经营能力等因素影响外,还受服务区商业空间室内色彩环境的影响。延庆地区服务区作为冬奥会和野鸭湖湿地公园重要换乘枢纽,其商业空间对色彩环境的需求高于一般服务区,需进行主题化色彩设计,以提升其经济收益。由于瞬时换乘人流带来的商业需求较大,其整体色彩基调应营造较为轻松、明快的色彩氛围,采用恰当的色彩突出商品。商业空间的配色不超过3种,色相以暖色为主,辅以少量中低明度无彩色系;杜绝采用大面积撞色设计,以免使消费者产生视觉疲劳和心理躁动。

6 结语

通过细致论述与研究,延崇高速公路阪泉服务区外立面色彩以灰色和木色为主,主题为"灰墙木廊,亮彩冬奥",灰色为北京传统色调,大气不失优雅,木色在寒冷地区给人以温暖舒适的感觉;市内装修以淡黄色为主,同样给人以温馨的感受。

参 考 文 献

[1] 高速公路交通工程及沿线设施设计通用规范:JTG D80—2006[S].北京:人民交通出版社,2006.

[2] 翟永宏.色彩在室内设计中的作用[J].边疆经济与文化,2011(11):138-139.

[3] 温晓倩.城市建筑色彩规划设计的分析[J].大经贸,2018(7).

第七篇 科技创新篇

BIM 技术在延崇高速公路温泉特大桥设计中的应用研究

李　智[1]，顾大鹏[2]，梁　磊[2]，沈伯昭[2]，刘　龙[3]
(1.北京市首都公路发展集团有限公司；2.北京市国道通公路设计研究院股份有限公司；
3.北京道天诚技术发展有限公司)

摘要：温泉特大桥位于延崇高速公路(北京段)上，是北京2022年冬奥会项目的主赛场通道，也是“绿色公路”“品质工程”“智慧公路”“旅游公路”示范项目。温泉特大桥全长出京1533m/进京1546m，共有墩柱36个，其中连续刚构主墩22个，平均墩高59m。大桥穿越松山自然保护区，重山叠岭，设计、施工难度大。本研究拟基于三维点云技术，建立精确地形地物模型，及时发现设计不合理问题，精确进行工程量统计；通过BIM碰撞检测及三维可视化校核技术，快速排查设计施工过程中可能遇到的墩、梁连接部位无法正常衔接、上部结构预应力钢筋碰撞等问题；研究三维快速出图技术，并提出适用于桥梁设计阶段的出图标准和方法，规范三维出图格式，更直观有效进行设计交底，实现项目设计全过程的精细化、信息化，为BIM技术在北京公路行业应用发展做好样板。

关键词：BIM技术；设计校核；三维点云；碰撞检查；三维出图；工程量复核

1　概述

社会与经济的高速发展，给建筑行业带来高速发展机遇的同时也带来了众多的挑战。项目的复杂程度日益增加，业主要求越来越高，市场竞争越发激烈，这都要求各大工程项目单位进行变革突破，提升核心竞争力，迎接挑战。在这一背景下，近年迅速发展起来的建筑信息模型(Building Information Modeling，BIM)这一理念被广泛认可为未来设计行业的发展趋势[1]。2002年，工程建设行业开始采用BIM这一词语，目前在美国、欧洲、日本、韩国、新加坡等国家和地区BIM的发展和应用都达到了一定水平，全球化进程越来越快[2-4]。

特别是在2016年，交通运输部在《关于实施绿色公路建设的指导意见》与《交通运输重大技术方向和技术政策》中对交通基础设施在规划、设计、施工和运营中应用BIM技术提出了明确要求[5]。

而BIM技术在公路交通运输行业应用目前尚处在起步阶段，究其原因：一方面现有BIM软件平台对公路交通运输行业支持通用性较差，单一软件无法完成项目的全部工作；另一方面是由于公路交通运输行业特有的大范围带状分布特点，以及复杂的工程情况，施工进度影响因素繁杂，管理难度大等特点造成。而且现在没有一个统一的标准与搭载平台，以及具体的应用价值点。由于公路行业不同于工业与民用建筑的规整建筑,所以应用于工民建的一套 BIM 技术方法不能完全照搬,需要根据公路行业自身的特点,研究建模方法和 BIM 技术应用价值点。

延崇高速公路温泉特大桥穿越松闫路及两侧沟谷和山峰,松闫路两侧沟谷内有常年流水,河两岸及底部均为碎石、块石,水面最大宽度约 3m,水深约 0.5m,流向为自西北向东南,地形跌宕起伏,项目环境复杂,给施工场地布置和施工组织带来很大困难。由于跨山谷施工,桥墩高度较高,最高的达到 60 多 m,这对下部结构的施工带来了更大的挑战。施工方法和技术方案的选择都需要严格论证。本文拟从项目的设计、施工过程中的重、难点出发,开展基于 BIM 技术的三维点云技术、三维设计校核、审核、三维出图以及标准等内容的研究。从设计阶段解决因工程量核算不准、预应力钢筋和普通钢筋碰撞、二维图纸技术交底困难等问题,探索出适用于特大公路桥梁工程设计中的 BIM 应用价值点和方法,实现 BIM 技术在桥梁设计过程中的应用。

2 模型设计复核

2.1 精确的三维模型构建

温泉大桥依山而建,穿越松闫路及两侧沟谷和山峰,松闫路两侧沟谷内有常年流水,河两岸及底部均为碎石、块石,水面最大宽度约 3m,水深约 0.5m,施工难度大。应用 BIM 技术辅助设计施工,前提是需要有高精度的地理信息模型和满足施工图深度的公路桥梁模型。

为了建立真实准确的三维模型,本项目采集了高精度的三维点云数据,将勘测导入 Civil 3D 进行优化处理,并在 Infraworks 中将高精度的卫片数据与地形曲面数据整合,得到高精度的山体地理信息模型。在 Revit 中根据结构设计图纸建立 BIM 详细桩基承台模型,包括位置、大小和高程等,在 Infraworks 中将桩基础模型和山体模型对接,进行模型整合,清晰表达桩基础和山体关系相对位置和空间关系。温泉特大桥地理信息模型如图 1 所示。

图 1 温泉特大桥地理信息模型

传统的基础开挖过程中,承台体积横向向外扩 0.5m 作为施工面,一般承台顶埋深 0.5m,直接按照平均附土 0.5m,计算过程为手动计算,计算较为粗略,很难给出准确的填挖方量,造成施工单位在人、材、机组织方面不能给出合理的依据。应用 BIM 技术，选用测绘数据以及人工测量的高程点数据建立精确三维地模，根据承台高程，以及平面图中的位置关系，对承台进行定位，随后以相同的坡度向地形曲面进行放坡，计算放坡体积和承台区块挖方体积，此种方法更加接近现场实际施工原理，土方量也更加准确，因此可以利用 BIM 技术手段辅助相关方制定合理开挖方案，辅助施工单位对人、材、机用量的准备工作。

2.2 设计图纸校核

传统桥梁二维设计过程中，桥梁的上部结构、下部结构往往是不同的设计人员设计的，在设计阶段因缺乏有效的沟通，难免会造成设计的对接偏差，利用 BIM 技术，校核设计过程中很难发现的隐蔽设计偏差。

2.2.1 高程校核

在对温泉特大桥的主墩 4 号墩和 0 号块进行设计校核中发现：箱梁高程表箱梁底板中心处高程为 758.579m；桥型总布置图高程为 693+66.579 = 759.579m；按照 0 号块截面高度 950cm 计算，箱梁底部高程为 768.289－9.5 = 758.789m（图 2）；同一位置，三种不同算法得出结果完全不同。最后经过设计的反复核对，对设计图纸进行了修改。

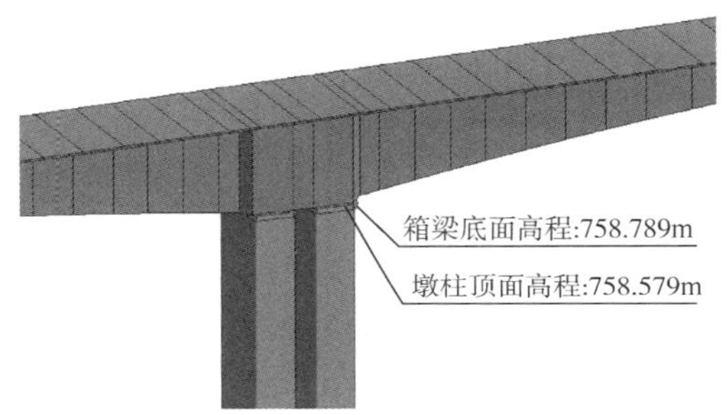

图 2　温泉特大桥三维设计模型

在建模过程中通过高程校核，还发现墩、梁固结位置斜角尺寸存在偏差，如果未能及时发现此问题，难免会造成现场施工过程中的质量问题。通过三维可视化的形式对二维图纸进行优化，很好地解决了类似问题，辅助对设计图纸的合理性进行校核，将问题消灭在设计阶段，提高设计图纸质量。

2.2.2 齿块位置校核

按照齿块轮廓尺寸创建 Revit 轮廓族，并创建齿块三维模型。通过三维模型，直观发现齿块端部与箱梁顶板出现不接触的问题，如图 3 所示。在图中可以看出，BT2、BT3 处齿块端部与箱梁顶板存在缝隙，无法准确衔接。

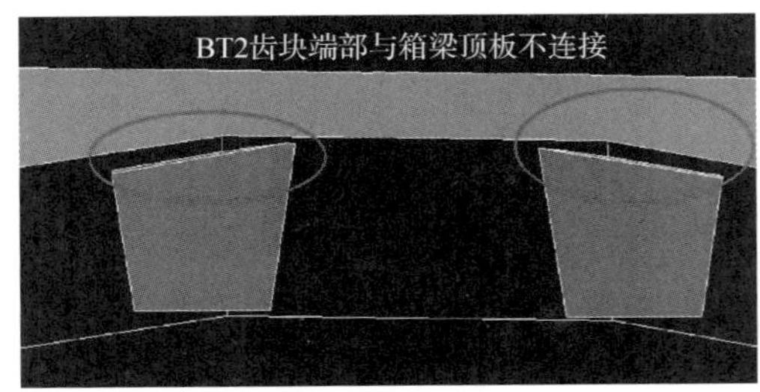

a)BT2处齿块

b)BT3处齿块

图 3　齿块端部与箱梁顶板位置关系三维图

其他类型的齿块随着桥的线形和齿块位置的变化也会出现类似问题。因此,在建模过程中,保持图 4 中加粗直线斜率不变,适当扩大虚线轮廓,以使齿块能与梁体相连,图 4 所示方形中的 35 为轮廓定位点,以预应力中线终点为齿块轮廓放样起点进行齿块建模。建模完成后进行三维设计出图,辅助施工技术交底,确保施工质量。

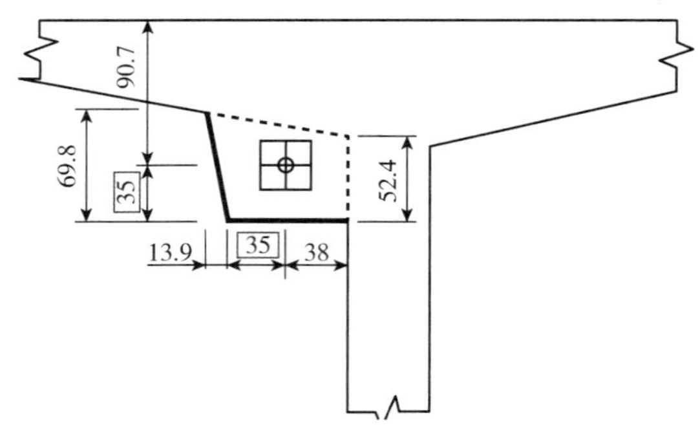

图 4　齿块端部与箱梁顶板位置关系示意图

2.3　工程量复核

温泉特大桥桥梁上部结构共 6 联,采用现浇箱梁+预应力混凝土连续刚构。桥墩下部结构共用墩为盖梁接空心墩,连续刚构柱墩采用双薄壁空心墩,现浇连续梁。中墩采用花瓶实心板墩,钻孔灌注桩基础,重要节点繁多,材料统计精准度不高。

因此,本工程采用 BIM 技术对现浇混凝土箱梁、预应力混凝土连续刚构、墩柱、模板、横竖纵向预应力钢筋以及主要节点的主筋进行精细化建模,按照施工节段进行拆分,如图 5 为温泉特大桥主跨。在此模型基础上对上、下部结构的现浇混凝土量进行核算,对纵向预应力钢筋的参数化建模,对模板周转使用量、预应力筋和普通钢筋的碰撞检查等进行设计校核。

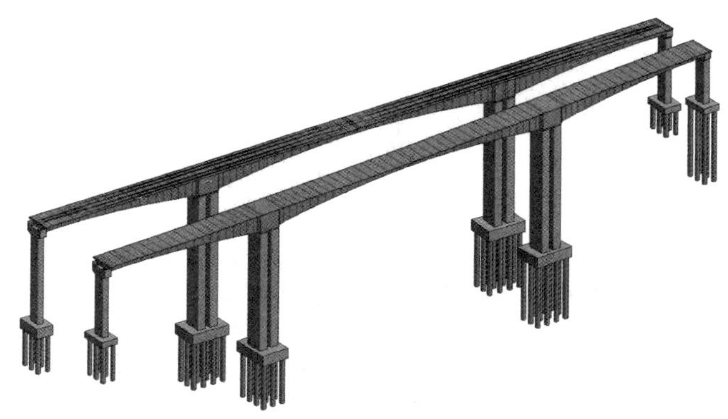

图 5　温泉特大桥主跨

由于桥梁整体处于曲线位置,平曲线半径较大,上部结构共 6 联的平弯段和曲线段。利用 BIM 技术建立真实的道路路线,包括平弯和纵坡,再利用截面法进行放样,最终生成混凝土连续钢构桥梁模型,完全还原设计意图,这种计算将更加准确,通过 BIM 软件从模型中自动提取工程量,避免人为误差,更加高效、准确。

将设计工程量和模型工程量进行对比分析，从对比分析结果（表1）可以看出：模型工程量和设计量较为接近，整体偏差在0.17%左右，单体构件最大偏差（出京侧0号块）3.67%。究其原因，0号块内部结构复杂，横隔板较多，传统计算方式较为粗略，进而造成人工计算误差。

上部结构工程量对比　　表1

构件位置	进京侧上部结构体积(m^3)		出京侧上部结构体积(m^3)	
	模型量	设计量	模型量	设计量
YCGS-S-Z-3#-0	830.76	847.2	819.23	847.2
YCGS-S-Z-3#-1	88.96	85.5	89.25	85.5
YCGS-S-Z-3#-2	82.81	81.6	82.86	81.6
YCGS-S-Z-3#-3	78.01	78	78.27	78
YCGS-S-Z-3#-4	84.9	84.9	84.93	84.9
YCGS-S-Z-3#-5	80.61	80.6	80.96	80.6
YCGS-S-Z-3#-6	76.59	76.6	77.37	76.6
YCGS-S-Z-3#-7	72.79	72.8	73.17	72.8
YCGS-S-Z-3#-8	77.84	77.7	78.05	77.7
YCGS-S-Z-3#-9	73.61	73.7	73.69	73.7
YCGS-S-Z-3#-10	68.46	68.3	68.51	68.3
YCGS-S-Z-3#-11	62.1	61.9	62.02	61.9
YCGS-S-Z-3#-12	56.32	56.4	56.46	56.4
YCGS-S-Z-3#-13	52.88	53	53.11	53
YCGS-S-Z-3#-14	51.71	51.6	51.74	51.6
YCGS-S-Z-3#-15	50.56	50.6	50.71	50.6
YCGS-S-Z-3#-16	49.92	50	50.05	50
YCGS-S-Z-3#-17	22.15	22.2	22.34	22.2
YCGS-S-Z-3#-18	118.42	115.6	124.2	115.6
合计	2079.4	2088.2	2076.92	2088.2

注：其中构件位置中的YCGS-S-Z-3#0的“3#0”代表图中所示3区间的0号块。

利用类似方法，对下部结构进行工程量自动提取，将设计工程量和模型工程量进行对比分析得出表2所示结果。墩柱、承台、桩基础工程量几乎相等，由于盖梁部分属不规则形状，工程量相差较多，最大偏差在6.45%。

下部结构工程量对照表　　表2

位置		盖梁(m^3)		墩柱(m^3)		承台(m^3)		桩基础(m^3)	
		模型	设计	模型	设计	模型	设计	模型	设计
出京侧	3号	93.1	90.9	330.3	330.2	324.7	324.7	567.4	565.5
	4号	—	—	2930.7	2930.1	1264.8	1264.8	1008.3	1003.6
	5号	—	—	3059.8	3059.2	1264.8	1264.8	1373.2	1368.5
	6号	63.1	60.2	248.1	248	324.7	324.7	510.8	508.9

续上表

位置		盖梁(m^3)		墩柱(m^3)		承台(m^3)		桩基础(m^3)	
		模型	设计	模型	设计	模型	设计	模型	设计
进京侧	3号	93.1	87.8	457.4	457.4	324.7	324.7	699.3	697.4
	4号	—	—	3312.8	3312.3	1264.8	1264.8	1053.9	1049.2
	5号	—	—	3107.2	3106.6	1264.8	1264.8	1236.4	1231.6
	6号	63.1	60.2	357.9	357.8	324.7	324.7	228.1	226.2
总计		312.5	299.1	13804.1	13801.6	6358.1	6358.1	6677.3	6650.9

所以,利用BIM技术核算工程量是行之有效的方法,此方法更加准确和快速,能够很好地辅助设计人员进行设计校核。

3 设计方案校核

3.1 BIM技术审图

Revizto可以无缝轻量化多种格式的三维BIM模型,并将BIM模型、PDF图纸、DWF图纸上传到云端,供项目参与人员查看、审核、批注、沟通,实现异地多人实时协同。

通过Revizto editor将模型导入云端进行多方协同设计交互,在问题交流过程中可以不断修改设计方案,并用Revizto editor更新模型。在完成协同交互后,Revizto云端模型可通过Revit、Navisworks导出,同时保留所有BIM对象数据和MEP。

通过Revizto对温泉特大桥设计方案进行审核(图6),更形象直观发现设计问题,并及时进行设计方案多专业讨论,及时进行设计变更及信息交互,减少因沟通不及时产生的设计问题。

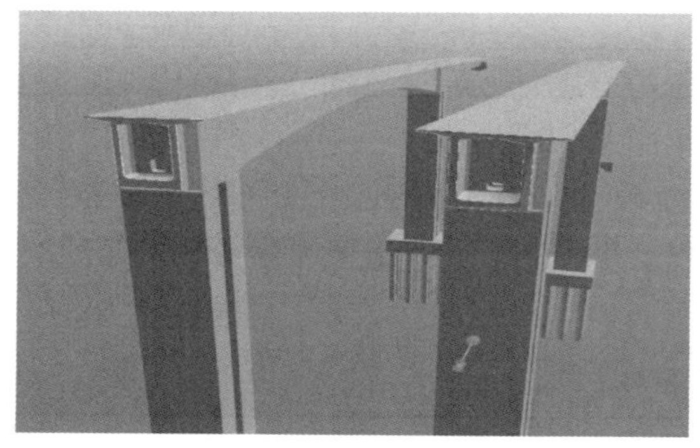
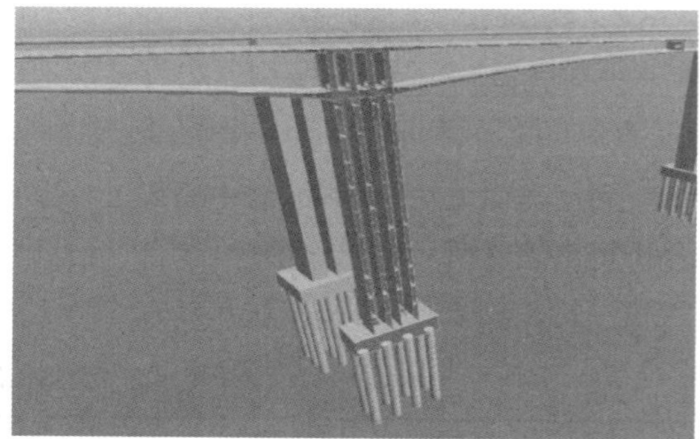

图6 温泉特大桥Revizto查看校核

3.2 碰撞检查

在传统设计过程中,上部结构的纵向预应力筋和普通钢筋难免会造成碰撞问题,通常做法为现场调整普通钢筋,如果主筋调整不了,就会调整预应力钢筋的位置,破坏原有设计结构,可能会给后期桥梁施工或实际使用埋下隐患。

通过 BIM 技术对温泉特大桥的主要节点进行预应力和普通钢筋精细化建模,进行碰撞检查,可以精确定位碰撞的位置和 ID。进而辅助设计人员进行设计校核,对钢筋布置进行优化,避免现场造成二次返工,节约工期和成本。

依据碰撞结果,BIM 平台会自动输出碰撞分析报告,如图 7 所示。通过分析,及时发现温泉特大桥设计图纸中存在的碰撞问题,保证施工质量和工期。

AUTODESK®
NAVISWORKS®

碰撞报告

测试2	公差	碰撞	新建	活动的	已审阅	已核准	已解决	类型	状态
	0.001m	317	317	0	0	0	0	硬碰撞	确定

							项目1				项目2			
图像	碰撞名称	状态	距离	说明	找到日期	碰撞点	项目ID	图层	项目名称	项目类型	项目ID	图层	项目名称	项目类型
	碰撞1	新建	-0.017	硬碰撞	2018/6/4 07:34	x:2120.219、y:756.577、z:192.741	元素*ID*: 1628437	±0.000 高程	进京侧预应-纵向	实体	元素*ID*: 1387963	<无高程>	钢筋-HRB335	实体
	碰撞2	新建	-0.017	硬碰撞	2018/6/4 07:34	x:2121.659、y:762.424、z:192.877	元素*ID*: 1628437	±0.000 高程	进京侧预应-纵向	实体	元素*ID*: 1387142	<无高程>	钢筋-HRB335	实体
	碰撞3	新建	-0.017	硬碰撞	2018/6/4 07:34	x:2120.386、y:756.400、z:192.726	元素*ID*: 1628437	±0.000 高程	进京侧预应-纵向	实体	元素*ID*: 1387967	<无高程>	钢筋-HRB335	实体
	碰撞4	新建	-0.016	硬碰撞	2018/6/4 07:34	x:2119.679、y:763.130、z:192.937	元素*ID*: 1628437	±0.000 高程	进京侧预应-纵向	实体	元素*ID*: 1307100	<无高程>	钢筋-HRB335	实体

图 7　碰撞检查报告

4　三维设计出图

4.1　三维出图

4.4.1　三维模型出图

在传统施工过程中的施工质量问题一部分原因是由于对设计图纸的理解不清,没有完全理解设计者的设计意图,造成施工质量问题。二维设计图纸的缺陷,总结起来主要有以下几个方面：

(1)设计图纸表达不清，技术交底难度大。

(2)同一桥梁构建，不同视图，尺寸不统一。

(3)图纸修改过程中，多视图造成尺寸漏改。

(4)专业间乃至专业内部不能协同设计。

利用 BIM 技术进行三维直接出图，能够很好地解决上述问题。在前期建模精度不低于 LOD300 模型基础上，直接进行剖切，通过三维可视化的形式对温泉特大桥完成三维出图。这样可以更直观表达复杂节点尺寸位置关系，快速排查潜在的设计问题。利用三维图纸进行设计交底，沟通效率将更高，更容易从图纸上获得设计信息。

三维出图尤其适用于复杂的设计节点，如温泉特大桥的 0 号块箱梁外形。0 号块本身内部结构复杂，横隔板较多，而且需要和主墩柱连接，设计要求高。传统的二维设计图纸很难清晰地表达设计信息，需要利用二维图纸构想三维形状，识图难度大，而且图纸较多，即使经验丰富的专业技术人员也需要一定时间去理解设计信息，图纸交底过程效率不高。

利用传统二维平、剖面配以三维视图，就能够清晰地表达复杂节点的内部结构，即使是不懂设计图纸的施工人员也能够快速识图，不论是设计单位向施工单位交底，还是施工单位向班组交底，都能大大提高效率，并且能够做到真正的理解设计意图。图 8 所示为 0 号块三维外形图。

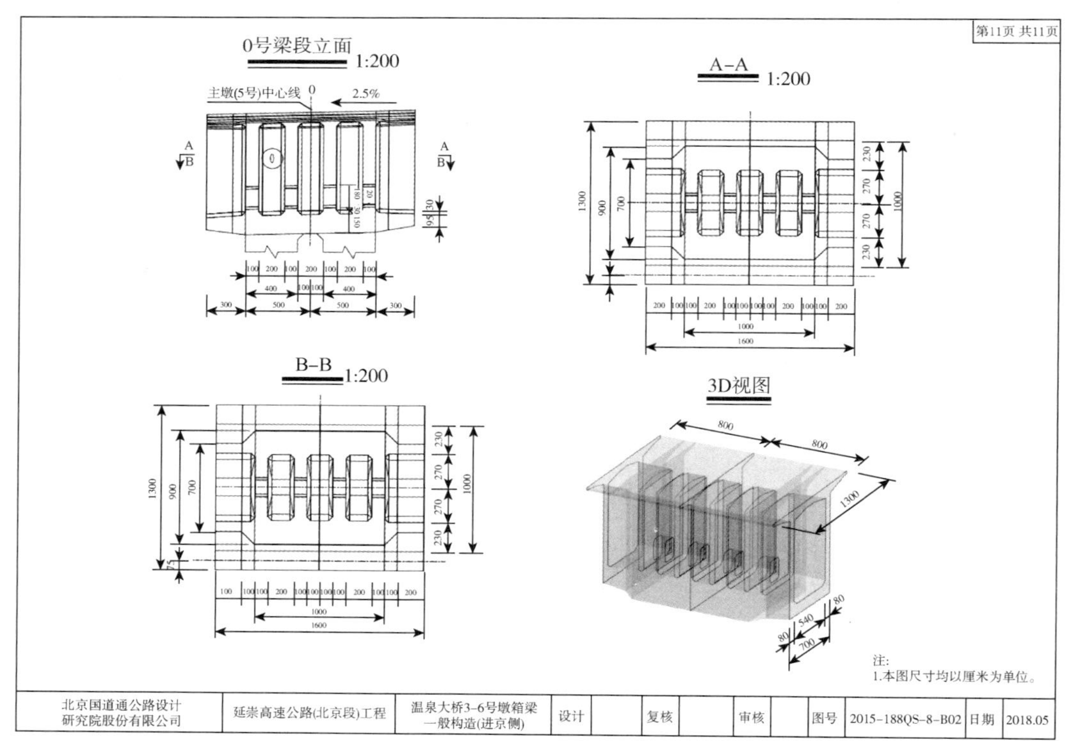

图 8　0 号块三维外形图

三维出图所有的尺寸都是基于模型，保证同一构建的同一位置，尺寸在不同视图能够保持一致。即使发生设计变更，进行模型修改，所有视图对应尺寸自动修改，不再需要对每个视图进行尺寸校核，规避了传统方式的人为修改误差，同时提高了出图效率。

4.1.2 三维出图样式及方法

在三维出图过程中，通过不断的总结和优化，为了实现图纸的通用性，对出图形式做出了调整。为了更清楚地表达图纸信息，在三维视图中辅以重要定位尺寸，如图 9 所示。此种出图方式结构尺寸更加清晰，更加通俗易懂。

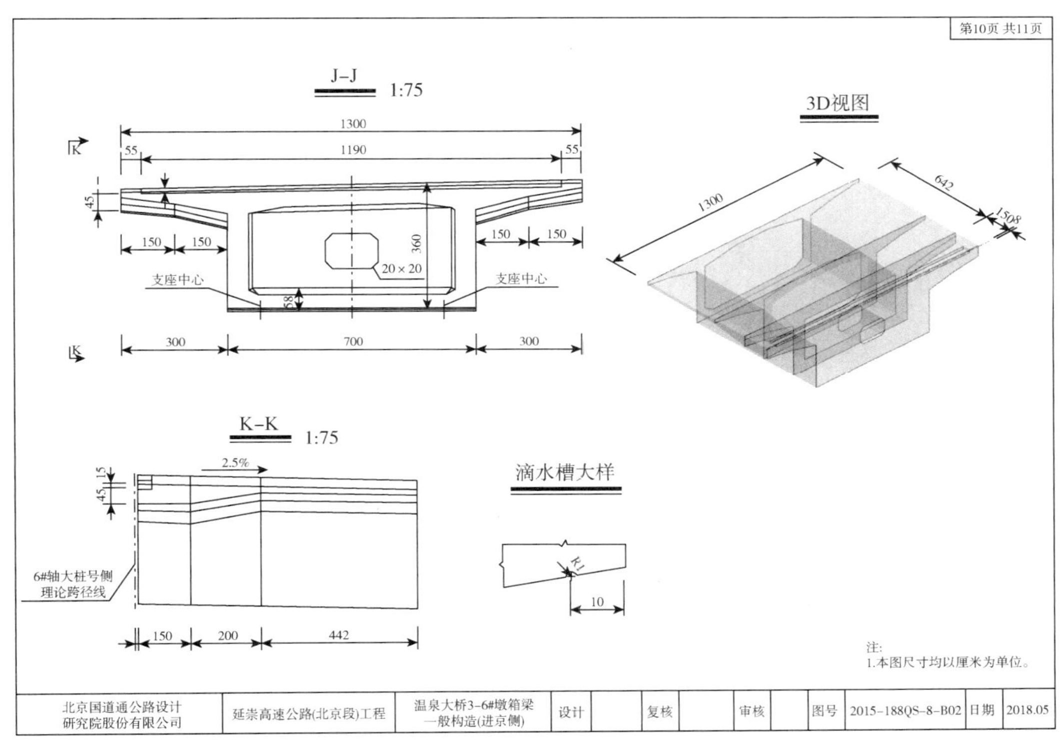

图 9 箱梁一般外形图

基于上述理念，对温泉特大桥的总体布置图、箱梁外形图、0 号块横竖预应力钢筋、箱梁纵向预应力都进行了三维出图。

桥梁上部结构的重中之重便是预应力钢筋和普通钢筋，一旦设计出现问题或者安装定位不准确，都会造成施工质量问题。传统二维设计图纸通常由平面布置图+剖面图+坐标表组成，但是很难在同一张图纸中表述出预应力钢筋、普通钢筋在箱梁中的空间位置关系。

基于上述问题，利用 BIM 技术对预应力钢筋采用 Revit+Dynamo 参数化建模，从中自动提取坐标表和工程量。在三维视图中对预应力钢筋进行区分，给出其空间位置关系，配以三维坐标表的形式给出具体的放样定位尺寸，这样就可以清晰地表达预应力钢筋的空间位置关系和定位，进而指导现场施工。

图 10 所示为预应力钢束布置图。

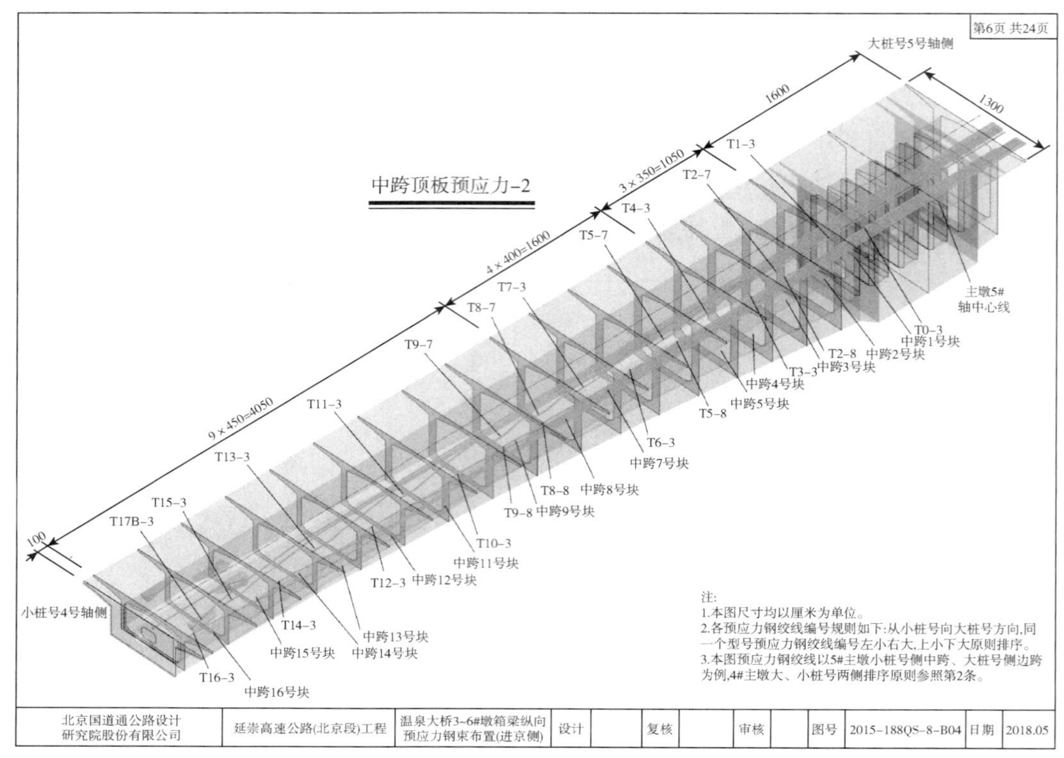

图 10 预应力钢束布置图

4.1.3 协同设计出图

传统的桥梁设计通常采用 2D 平面设计,各专业和专业内部通常以定期、定点提资料的方式进行,在数据交互过程中经常会造成交互不充分、理解不完整的问题,很难满足多项目的需求[6]。

利用 BIM 技术,基于 Revit 平台,建立协同设计工作制度,主要包括专业之间以及专业内部的协同设计。在协同设计过程中,采用统一的中心文件(图 11)和出图标准,所有修改都在统一模型上进行。不同的设计人员基于中心文件模型建立自己的本地文件,这样在做好分工的前提下,在自己的本地文件上完成自己的设计内容,最后将修改部分同步到中心文件,进行协同设计。

4.2 三维出图标准制定

在公路设计行业还没有统一的三维制图标准,根据项目的实际需求,现阶段主要基于二维制图要求订制三维出图样板和标准。

4.2.1 项目样板的一般规定

在出图之前由 BIM 相关负责人先把项目样板设置好,所有设计人员必须在同一项目样板进行三维图纸设计。定制内容主要包括项目单位,线型及样式,字体样式及大小、标注的

样式等内容。具体设置如下：

(1)项目单位：尺寸单位为cm，高程单位为m。

(2)使用单一高程：统一采用±0.000为基准高程。

(3)通用线性的设置：主要包括构建轮廓线、中心线、虚线等。

(4)通用字体和标注样式，表3为一些常用字体的设置。

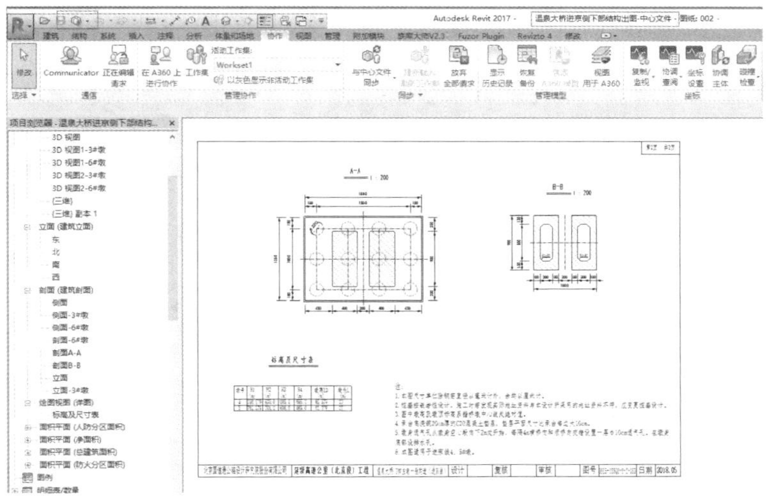

图11　三维中心文件

字体标准设置　　表3

字体名称	颜色	线宽	背景	引线箭头	文字字体	文字大小	宽度系数
字高7	黑色	1	透明	箭头30度	仿宋	7	0.8
字高5	黑色	1	透明	箭头30度	仿宋	5	0.8
字高3.5	黑色	1	透明	箭头30度	仿宋	3.5	0.8
字高2.5	黑色	1	透明	箭头30度	仿宋	2.5	0.8

(5)三维图框的制作。温泉特大桥项目图框统一采用A3(420mm×297mm)尺寸大小。将所有的项目标准设置好后，制定统一的项目出图样板文件，从而规范三维设计出图。图12为定制好的出图模板。

4.2.2　项目设置

项目的设置通常包括以下内容：

(1)对象样式的设置。

(2)项目参数的设置。本模板中只设置了各专业共用的共享参数，主要包括：项目代号、工程名称、专业名称、构建类型，各专业独有的共享参数需要使用的时候单独加载。

(3)材质的设置。

(4)通用族的添加、设置。桥梁的下部结构如桩基础、承台、墩柱、盖梁、桥台、标注标牌、护栏等，通用构建不要设置过多，以免造成项目模板过大。

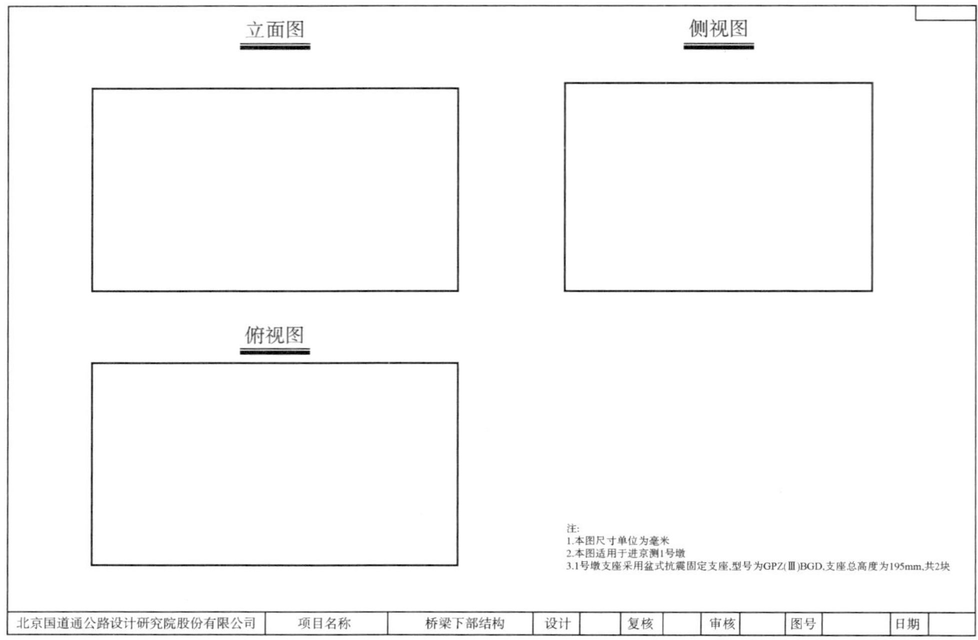

图12　三维出图项目模板

(5)中心文件工作集的命名方式。工作集命名规则为:专业名称-构建名称(如:桥梁-箱梁,隧道-门窗,道路-路基)。

(6)打印设置(图纸输出)。打印范围设置为当前窗口或者所选视图/图纸,设置中纸张尺寸选择相应规格,页面设置选择中心,缩放选择匹配页面。

4.3　三维设计出图的展望

4.3.1　现阶段三维出图问题

现在三维设计出图还处于探索阶段,而且属于逆向设计。所谓逆向设计,即在传统二维设计施工图纸出来之后,通过翻模的形式对原有二维设计图纸进行校核以及三维出图。并且模型不能做到和桥梁的常规计算软件进行数据交互。

4.3.2　三维出图发展方向

(1)在初步设计阶段就建立三维模型,将三维设计模型导入桥梁设计计算软件(如桥梁博士、Midas 等),通过数据交互,利用三维模型直接进行受力计算。而且模型的修改和计算能够进行联动。

(2)经过受力计算后的三维模型,直接进行三维出图,免去翻模的过程,真正做到桥梁图纸正向设计。

5　结论

通过对 BIM 技术在延崇高速温泉特大桥设计过程的应用研究得出以下结论:

(1)提出利用点云数据进行 BIM 三维建模的设计流程,建立精确的三维地理信息模型,清晰表述桩基础和山体空间的位置关系。

(2)在设计校核方面:提出基于模型自动提取工程量,进行工程量核算,将更加准确和高效;对三个方向预应力筋和主筋进行碰撞检查,优化配筋排布,并准确校核了设计图纸存在的问题。

(3)提出通过三维模型剖切,快速进行三维出图,在图纸校核过程中做到联动修改,辅助相关责任单位直观有效进行技术交底。

(4)提出适用于桥梁设计阶段的出图标准和方法,包括三维出图样板和图框的定制等,规范三维出图格式。

综上,通过 BIM 在温泉特大桥中的应用,有效排查设计问题,保证设计图纸质量,实现项目设计全过程的精细化、信息化,为 BIM 技术在北京公路行业应用发展做好样板。

参 考 文 献

[1] 欧阳东,李克强,赵瑗琳.BIM 技术:第二次建筑设计革命[M].北京:中国建筑工业出版社, 2013.

[2] 欧阳东, 王春光, 曹颖,等. 新加坡 BIM 技术应用考察报告[J]. 建筑技艺, 2016(7):92-95.

[3] 杰里・莱瑟林, 王新. 美国 BIM 应用的观察与启示[J]. 时代建筑, 2013(2):16-21.

[4] 汪逊.BIM 在亚洲三国的发展应用现状[N]. 建筑时报,2014-08-07(007).

[5] 2016—2020 年建筑业信息化发展纲要[J].工程质量,2017,35(3):89-92.

[6] 王磊, 余深海. 基于 Revit 的 BIM 协同设计模式探讨[A]. //天津大学,天津市钢结构协会.第十四届全国现代结构工程学术研讨会论文集[C].天津大学,天津市钢结构协会:全国现代结构工程学术研讨会学术委员会,2014.

主动型绿色环保融冰雪添加剂的制备及性能研究

贾辰辰,崔亚萍,宁瑞林,郝建军

(北京奥科瑞检测技术开发有限公司)

摘要:为满足延崇高速公路“绿色高速”建设需求,提高路面融冰化雪能力,本文研究了一种主动型绿色环保有机盐类融冰雪添加剂。试验采用主剂+辅剂造粒的方法,将添加剂制备成颗粒型,提高了添加剂的耐久性能。结果表明,融冰雪添加剂使用寿命达8~10年,其残留稳定度较规范值提高3.5%,冻融劈裂强度较规范值提高1.25%,抗车辙性能较规范值高39.5%,低温性能较规范要求数值大12.8%,各项指标均满足规范要求,应用前景广阔。

关键词:延崇高速公路;绿色环保;主动型;融冰雪添加剂

低温条件下,降雪极易在路表面形成冰层,减小轮胎和路面的摩擦力,造成安全隐患乃至交通事故。目前常用的除冰雪方式多为被动式,包括撒布融冰雪盐、人工除冰雪及机械除冰雪[1-4],这些方式或效率低下或对路面结构产生不可逆影响,难以大面积推广使用。20世纪60年代,瑞士的融冰雪材料V-260拉开了主动型融冰雪添加剂研究的序幕[5]。市面上的主动型融冰雪添加剂鲜少考虑环保因素。延崇高速公路穿越重要环境保护区,且属于北京2022年冬奥会配套道路,提倡“绿色高速”建设理念,因此有必要研究一款对动植物、结构物及土壤影响相对较小的主动型有机盐类融冰雪添加剂。

1 融冰雪添加剂研发

1.1 主剂选择

主剂作为融雪路面添加剂的主要融雪成分,除对其水溶液冰点有限制需求外,还需考虑挥发点、熔点等与沥青路面工艺相关的技术参数。此外,市面上有机盐类造价较高,难以大量应用于道路工程。综合考虑上述条件,筛选SHM、JSN、JSJ三种有机盐类,与NaCl、KCl、MgCl、$CaCl_2$四种无机盐类开展比对试验,试验结果见表1。

测试结果表明:JSJ有机盐类具有极佳的抗凝冰性能,但其熔点(192℃)过低,且高温条件下存在挥发性刺鼻气味,难以满足环保要求,因此不采用。JSN有机盐类工业化产品价格偏高,难以适用于道路工程。SHM具有与无机盐类近似的抗凝冰性能,且其熔点≥253℃,沸点360℃,与沥青路面施工工艺环节相匹配,且其纯物质密度达1.92g/cm^3,与集料密度近似,因此选择 SHM 作为有机颗粒型融雪添加剂主剂。

主剂筛选表　　表 1

盐　类	凝冰点(℃)	对应冰点浓度(%)	不同温度条件融冰所需量(g/g)				
			-2	-5	-10	-15	-20
NaCl	-21.2	23.3	24	13.3	7	4.4	3.5
KCl	-10.6	19.7	15.7	9.1	4.4	0	0
MgCl	-33.6	20.6	26.8	11.5	7.3	5.7	4.8
$CaCl_2$	-49.8	30.5	21.7	9.9	6.1	4.6	3.9
SHM	-33.6	44	12.2	5.1	3	2.2	1.7
JSN	-16	21	19	9	4.7	3.1	0
JSJ	-55	50	15.7	7.5	4.3	2.9	2.2

1.2　辅剂选择

SHM 有机盐类工业化产品为粉末状,应用于道路工程中难以保证其耐久性,因此本研究致力于颗粒型融冰雪添加剂技术。通过复配组分,辅剂与主剂 SHM 有机盐类复合造粒,融冰雪添加剂颗粒遇水后缓慢溶解,达到延长融冰雪路面有效使用期限的目的,提高有机颗粒型融冰雪添加剂的缓释性能。

造粒是指把粉末、溶液、块状物等状态的物料进行处理,使其形成具有一定形态和大小的颗粒(粒子)的过程,造粒工艺主要应用于医药工业中,通过造粒可以调整物料形状、硬度、缓释速率等。造粒常用辅料可分为黏合剂、增量剂、功能剂等,黏合剂的作用是使颗粒成型,其性能决定了颗粒的强度、高低温性能;增量剂的作用是使颗粒均匀成型并作为掺配物质中间体;功能剂通常有崩解剂、缓释剂等品种,其性能主要决定了颗粒遇水后的反应形式,或酸碱度不同体系内的反应状态。

本研究选用 4 种辅剂,分别测定其溶出特性,用以评估其缓释性能,试验结果如图 1 所示。

根据测试结果选择 A、B、D 三种组分作为复配辅剂。

2　试验设计

为避免重复试验并减轻试验量,采用正交试验进行复配试验设计。正交试验设计是研究多因素多水平的一种设计方法,具有效率高、快速、经济等特点。它是根据正交性从全面试验中挑选出部分有代表性的点进行试验,这些有代表性的点具备“均匀分散,齐整可比”的特点。

根据外加剂的性能要求和组分特性,将 A、B、D 三种组分作为主要研究因素,辅剂 A 包含 D1、D2、D3 三个水平,辅剂 B 包括 5、10、15 三个水平,辅剂 D 包括 1.2、1.6、2 三个水平。按正交试验方案,设计完成 9 种试验配比,具体见表 2。

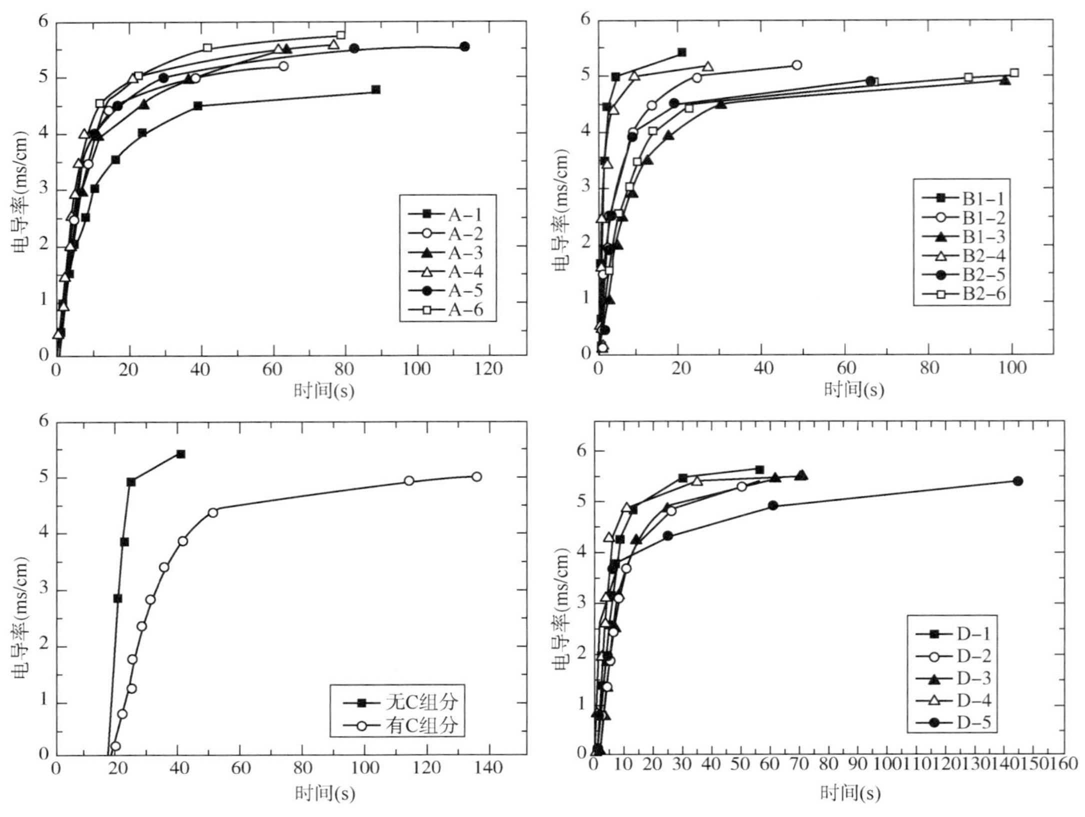

图 1 辅剂溶出特性试验结果

正交试验方案表 表 2

试 验 号	A	B	D
1	D2	5	1.2
2	D2	10	1.6
3	D2	15	2
4	D1	5	1.6
5	D1	10	2
6	D1	15	1.2
7	D3	5	2
8	D3	10	1.2
9	D3	15	1.6

添加剂材料干燥成粒后，添加至混合料中制备旋转压实试件。采用《公路沥青路面施工技术规范》(JTG F40—2004)规定的 AC-13 矿料级配范围进行试验，油石比为 4.8%，9 种复配比例颗粒按外掺量 5%掺入试件中，同时设置外掺量 5%的 V-260 对照组，制备 AC-13 沥青混合料试件。

3 缓释性能试验结果

通过动水冲刷试验开展缓释性能测试,试验结果如表 3 和图 2 所示。

缓释性能试验结果汇总表 表 3

冲刷(次)	时间(min)	电导率(ms/cm)									
		V-260	复配 1	复配 2	复配 3	复配 4	复配 5	复配 6	复配 7	复配 8	复配 9
20	1	0.86	0.96	1.23	0.51	0.34	0.39	0.43	0.72	0.61	0.48
40	2	1.18	1.31	1.69	0.69	0.47	0.54	0.59	0.98	0.84	0.66
60	3	1.41	1.57	2.01	0.83	0.56	0.64	0.71	1.18	1.01	0.78
80	4	1.58	1.76	2.26	0.93	0.63	0.72	0.79	1.32	1.13	0.88
100	5	1.69	1.88	2.41	0.99	0.68	0.77	0.85	1.41	1.21	0.94
120	6	1.80	2.00	2.57	1.06	0.72	0.82	0.90	1.50	1.29	1.00
140	7	1.84	2.04	2.63	1.08	0.74	0.84	0.92	1.53	1.31	1.02
160	8	1.96	2.18	2.80	1.15	0.78	0.89	0.98	1.63	1.40	1.09
180	9	2.09	2.32	2.99	1.23	0.84	0.95	1.05	1.74	1.49	1.16
200	10	2.17	2.41	3.10	1.28	0.87	0.99	1.09	1.81	1.55	1.21
220	11	2.88	3.20	4.11	1.69	1.15	1.31	1.44	2.40	2.06	1.60
240	12	2.88	3.20	4.11	1.69	1.15	1.31	1.44	2.40	2.06	1.60
260	13	3.08	3.42	4.40	1.81	1.23	1.40	1.54	2.57	2.20	1.71
280	14	3.18	3.53	4.54	1.87	1.27	1.45	1.59	2.65	2.27	1.77
300	15	3.26	3.62	4.66	1.92	1.30	1.48	1.63	2.72	2.33	1.81
600	30	3.76	4.18	5.37	2.21	1.50	1.71	1.88	3.13	2.69	2.09
900	45	4.55	5.06	6.50	2.68	1.82	2.07	2.28	3.79	3.25	2.53
1200	60	5.04	5.60	7.20	2.96	2.02	2.29	2.52	4.20	3.60	2.80
1500	75	5.34	5.93	7.63	3.14	2.14	2.43	2.67	4.45	3.81	2.97
1800	90	5.85	6.50	8.36	3.44	2.34	2.66	2.93	4.88	4.18	3.25
2100	105	5.90	6.56	8.43	3.47	2.36	2.68	2.95	4.92	4.21	3.28
2400	120	6.21	6.90	8.87	3.65	2.48	2.82	3.11	5.18	4.44	3.45
2700	135	6.51	7.23	9.30	3.83	2.60	2.96	3.26	5.43	4.65	3.62
3000	150	6.55	7.28	9.36	3.85	2.62	2.98	3.28	5.46	4.68	3.64
3300	165	6.86	7.62	9.80	4.04	2.74	3.12	3.43	5.72	4.90	3.81
3600	180	7.06	7.84	10.09	4.15	2.82	3.21	3.53	5.88	5.04	3.92
3900	195	7.14	7.93	10.20	4.20	2.86	3.25	3.57	5.95	5.10	3.97

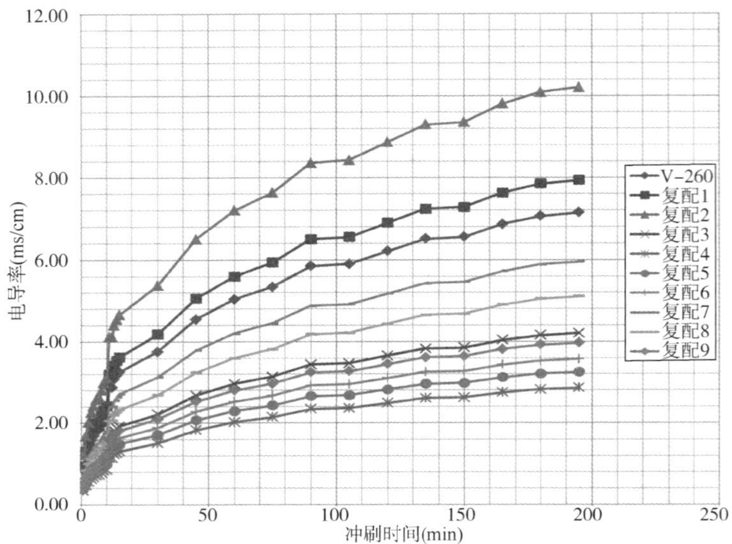

图 2 缓释性能试验结果汇总图

研究经验表明:在北京地区降雨条件下,颗粒型无机盐 V-260 有效使用时间为 4~5 年,从上述测定结果分析,复配配方 3 和 9 缓释性能位于 V-260 的中值附近,即可预估其有效使用寿命为 8~10 年,这与实际沥青路面使用寿命相一致,因此选择复配配方 3、复配配方 9 作为优选配方。通过外观观察,复配配方 9 表观粗糙度较大,判断其原因为黏合组分不足,复配配方 3 外表致密光滑,因此确定复配配方 3 为测试基础配方。

4 混合料性能试验

将复配配方 3 颗粒掺入 AC-13 沥青混合料中,制备马歇尔试件、车辙试件,检测其水稳定性、高温稳定性、低温抗裂性能。

4.1 水稳定性

掺加 5%复配配方 3 颗粒与 V-260 颗粒测定残留稳定度及冻融劈裂残留强度对比如图 3 所示。

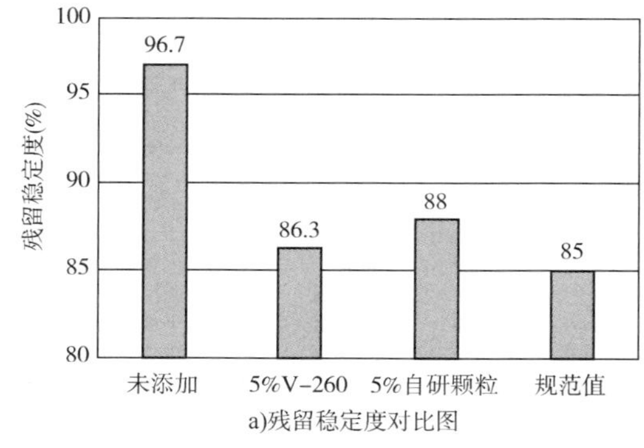

a)残留稳定度对比图

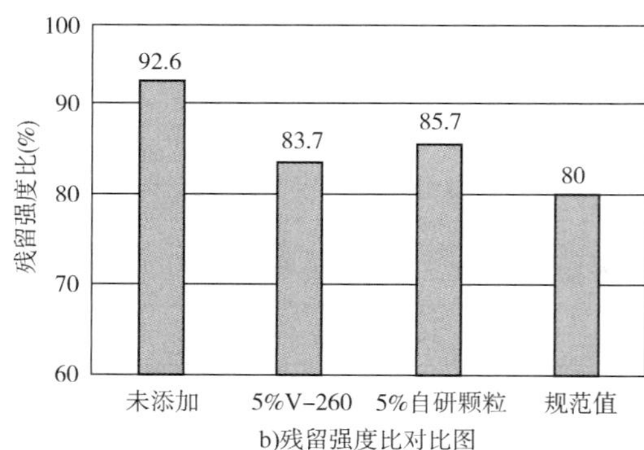

b)残留强度比对比图

图 3 水稳定性试验结果图

由数据可见,掺加复配配方 3 试件水稳定性能相比 V-260 有所提高,其原因为配方 3 缓释性能优于 V-260,因此测试期间浸泡饱水时水解相对较少,表现在混合料上即为水稳定性能有所提高。掺加 5%复配配方 3 颗粒的试件,其残留稳定度较规范值提高 3.5%,冻融劈裂强度较规范值提高 1.25%。

4.2 高温稳定性

掺加 5%复配配方 3 颗粒与 V−260 颗粒测定高温稳定性试验结果如图 4 所示。由图可得,掺加复配配方 3 后,混合料车辙动稳定度数值与空白组、V-260 基本持平,掺加 5%复配配方 3 颗粒试件的抗车辙性能较规范值高 39.5%。复配配方 3 所制备颗粒硬度大,充当集料填充至混合料中后,对混合料高温稳定性无负面影响。

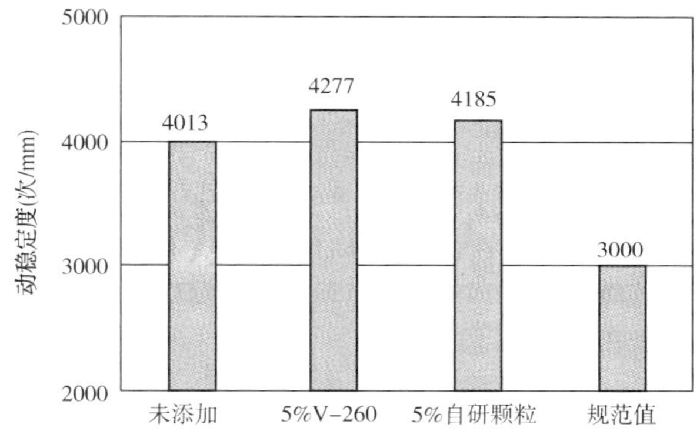

图 4 抗车辙性能试验结果图

4.3 低温性能

根据《公路工程沥青及沥青混合料试验规程》(JTG E20—2011)中的规定,掺入复配配方 3 颗粒及 V-260 颗粒试件采用干切法,普通沥青混合料试件采用湿切法,测定尺寸为 25cm×30cm×35cm 的棱柱体小梁破坏时的最大破坏应变,测试结果如图 5 所示。

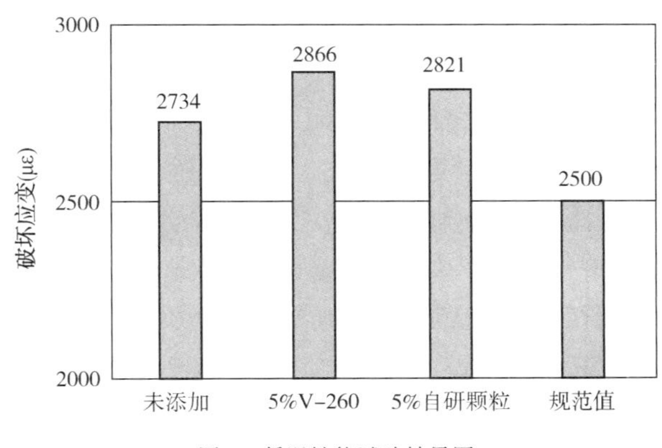

图 5 低温性能试验结果图

由上述试验结果可得,掺加复配配方3颗粒较掺加V-260颗粒对沥青混合料低温性能影响小,混合料低温性能无明显衰减,较规范要求数值大12.8%。

5 结语

(1)试验以主剂+辅剂造粒方法,制备出一款绿色环保主动型融冰雪添加剂,预估有效使用寿命为8~10年,与实际沥青路面使用寿命相一致。

(2)掺量为5%的颗粒添加剂成型试件,其残留稳定度较规范值提高3.5%,冻融劈裂强度较规范值提高1.25%,抗车辙性能较规范值高39.5%,低温性能较规范要求数值大12.8%,各项指标均满足规范要求,应用前景广阔。

参考文献

[1] 李福普,王志军.长效型主动融雪沥青混合料路用性能试验[J].公路交通科技,2012,29(3):7-11+21.

[2] 付靖宜,彭超,赵之杰,等.雨水对蓄盐沥青路面自融冰性能影响研究[J].武汉理工大学学报,2015,37(2):50-54+62.

[3] 黄玮,杨贺群,丛玉凤,等.沥青路面用融雪抑冰材料性能的研究[J].应用化工,2016,45(7):1215-1219.

[4] 邵明玉.除冰雪蓄盐沥青混合料的制备与性能研究[D].西安:长安大学,2015.

[5] 韩立军,董继先,张星.高等级公路冬季机械除雪养护方法的探讨[J].交通科技与经济,2004(3):14-16.

延崇高速公路上跨大秦铁路及京新高速公路钢-混混合连续梁桥双幅同步转体施工技术

滑会宾[1],黄庆春[2],刘奉良[1],胡江南[1],张延旭[1]

(1.中铁六局北京铁路建设有限公司;2.北京市首发高速公路建设管理有限责任公司)

摘要:本文以延崇高速公路上跨大秦铁路及京新高速公路钢-混混合连续梁桥工程为例,主要介绍不等宽、不等跨双幅同步转体的施工过程,对转体桥施工中的重点及难点进行分析,通过转动体系、自平衡T构称重、转体转动等工序关键施工技术应用,确保转体施工的顺利完成,为今后同类转体桥梁施工提供一些可借鉴的经验。

关键词:钢-混混合连续梁;双幅同步转体;转动体系;自平衡

1 工程概况

延崇高速公路上跨大秦铁路及京新高速公路采用(52+140+49)m 钢-混混合连续梁,梁体采用支架现浇,双侧主墩整幅转体施工。主桥设计起点为 Q1K14+725.7,设计终点为 Q1K14+966.7,桥梁全长 241m,桥梁分幅设计,标准宽度为 41m,右幅在京新高速公路侧有 44.96m 的变宽段,桥梁宽度由 41m 渐变至 42.11m。左右幅间设 2cm 的缝,小桩号 99 号墩、大桩号 100 号墩转体部分跨径分别为 48m+70.25m,66.25m+45m,与大秦铁路交叉里程 K254+363.052=公路 Q1K14+826.027,交叉角度 100.21°;与京新高速公路交叉里程 K75+102.453=公路 Q1K14+883.318,交叉角度 98.5°。

本工程大秦铁路南侧转体桥为 48m(混凝土现浇箱梁)+39m(混凝土现浇箱梁)+31.25m(钢箱梁)。京新高速公路北侧转体转体桥为 45m(混凝土现浇箱梁)+39m(混凝土现浇箱梁)+27.25m(钢箱梁)。转体 T 构最大长度为 118.25m,转体重 220000kN,小里程侧 99 号轴转角 78.5°,大里程侧 100 号轴转角 81.5°,顺时针转体。转体所用球铰水平投影直径 5.2m,上球铰、下球铰之间安装聚四氟乙烯滑动片;转台直径为 16m,转台高度为 0.8m,转盘内预埋 2 束 25-ϕ15.24 高强度、低松弛钢绞线作为转体牵引索,预埋端采用 P 型锚具,预埋长度不小于 4.5m。

转体桥与大秦铁路及京新高速公路位置关系如图 1 所示。

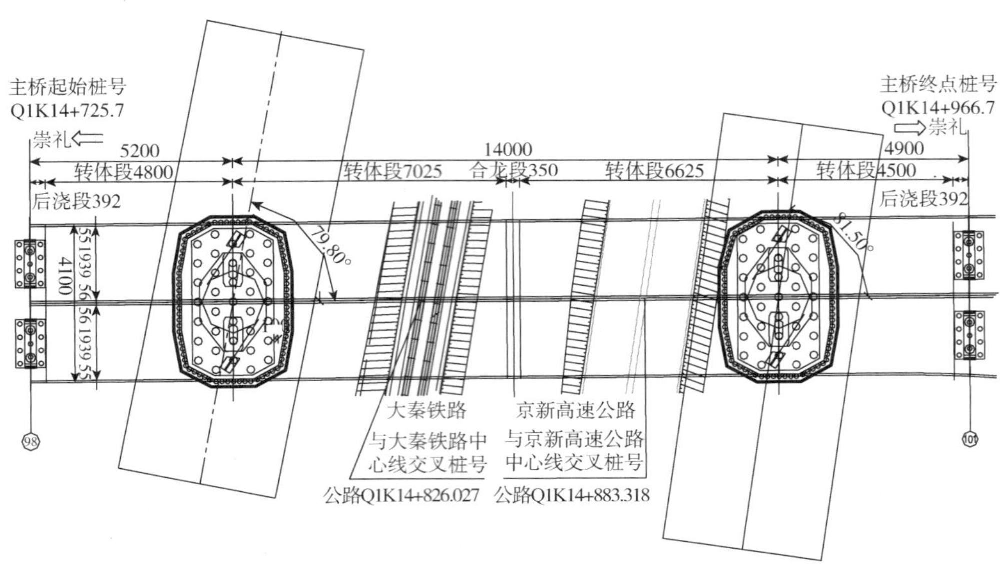

图 1　转体桥与大秦铁路及京新高速公路平面位置图(尺寸单位:cm)

2　转体施工关键技术

2.1　转体施工关键技术研究

本工程为(52+140+49)m 钢-混混合连续梁,采用双幅桥不对称同步转体施工,在国内外尚属首次采用,填补了这一类桥梁在我国应用的空白。本工程施工特点如下:跨越能力大,中跨跨径 140m,一孔跨越大秦铁路及京新高速公路;铁路及高速公路行车密度大,重载、繁忙,电气化铁路运营安全要求高,安全压力大;桥梁下方为大秦铁路电气化设备,接触网硬横梁与梁底净距小;工期紧,交叉作业多,组织协调困难。图 2 为 T 构转体立面布置图。

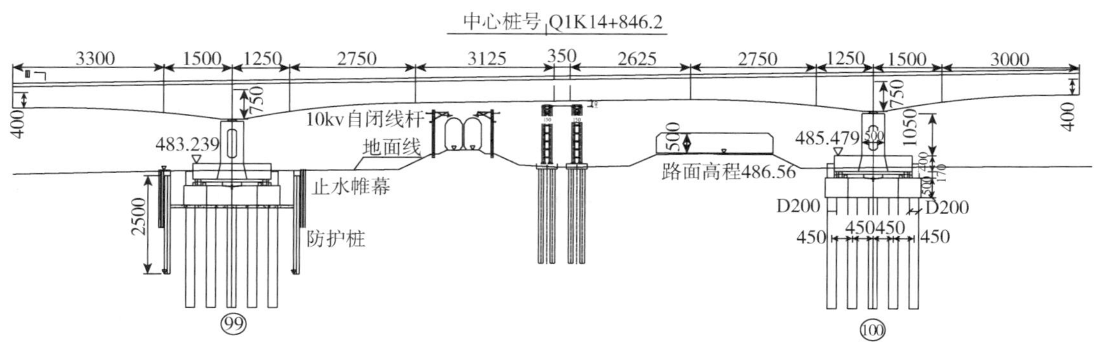

图 2　T 构转体立面布置图(尺寸单位:cm)

2.1.1　转体系统的施工控制

转体系统由转盘、球铰、撑脚、环形滑道、牵引系统等部分组成,大吨位转体球铰采用整体钢球铰,球铰由底座板、下球铰、销轴、聚四氟乙烯滑动片及上球铰共 5 部分组成。每个球铰的2336块聚四氟乙烯滑动片在工厂内编号，现场根据编号对应安装，滑动片间涂抹黄油四氟乙烯粉，减小球铰间摩擦力。上转盘采用纵、横、竖三向预应力，在结构内形成套箍效应，防止结构开裂，保证了复杂工况下的结构安全。砂箱内填充密目石英砂，采用自制预压反力架对砂箱内石英砂进行压实，保证转体在施工期间受力稳定。钢撑脚下设置钢垫板，确保成交于滑道间间隙一致，保障了转动系统的灵活性。

2.1.2 变宽不等跨转体T构的施工控制

通过耐候钢箱梁的空间三维调整精确定位技术、混凝土结构尺寸的精确控制及配重混凝土的准确浇筑实现了不等跨钢-混结合T构的自平衡。

2.1.3 转体施工控制

两侧转体分别进行试转，测定不同点动时长下转体梁端位移状态，转体就位前根据试转参数设计点动组合，指导转体精确就位。

2.2 转体施工流程

转体施工流程如图3所示。

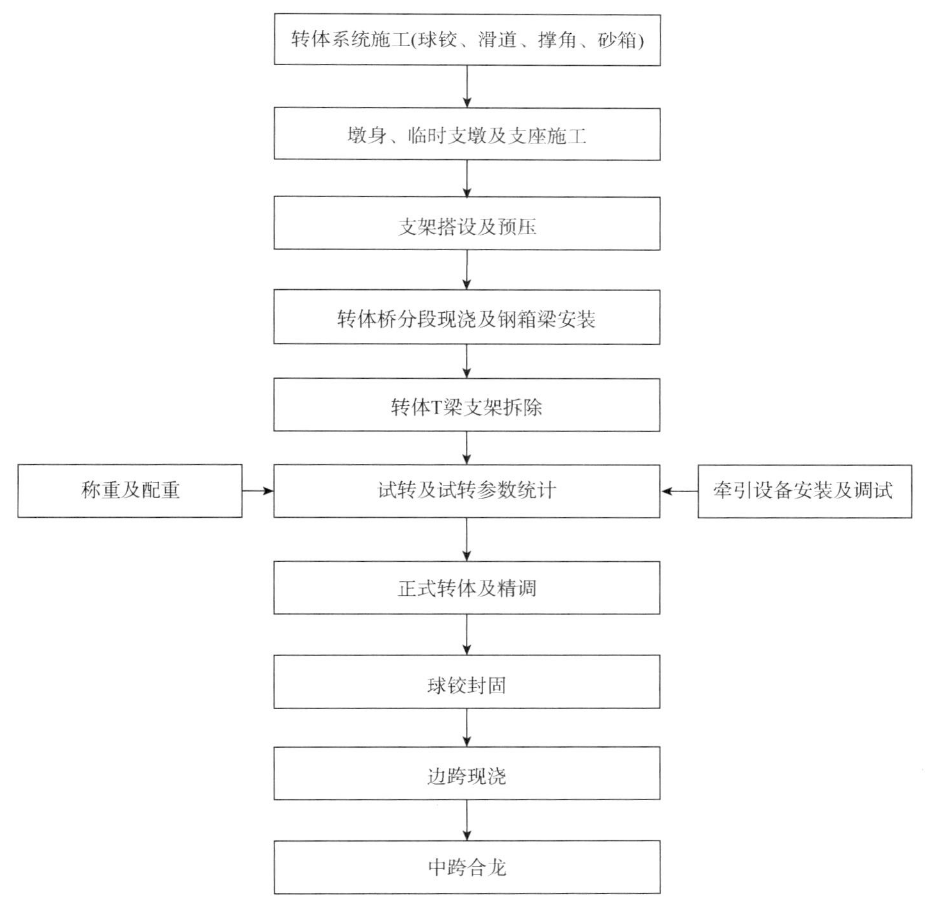

图3 转体施工流程图

3 转体系统施工

3.1 转体结构

转体结构设置在承台内部,由转体下转盘、球铰、上转盘、转动牵引系统组成,如图 4 所示。球铰模拟图如图 5 所示。

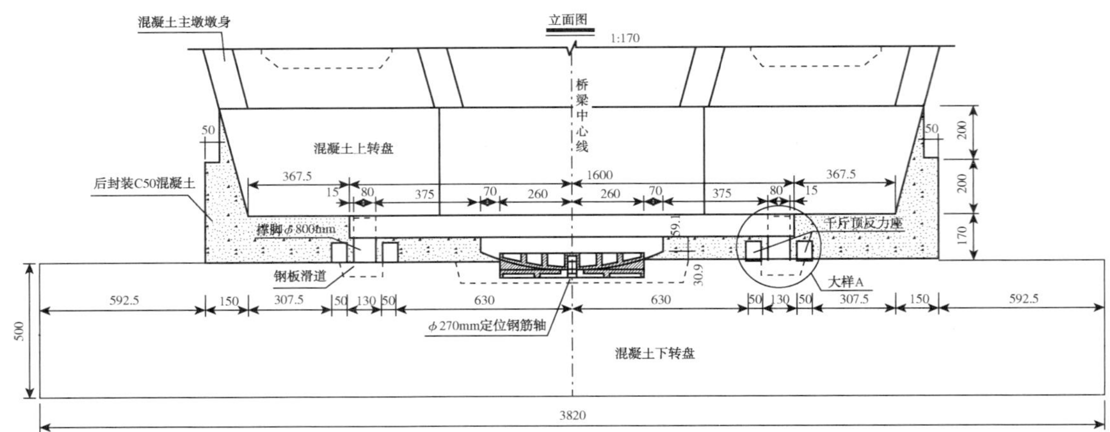

图 4 转体结构立面图(尺寸单位:cm)

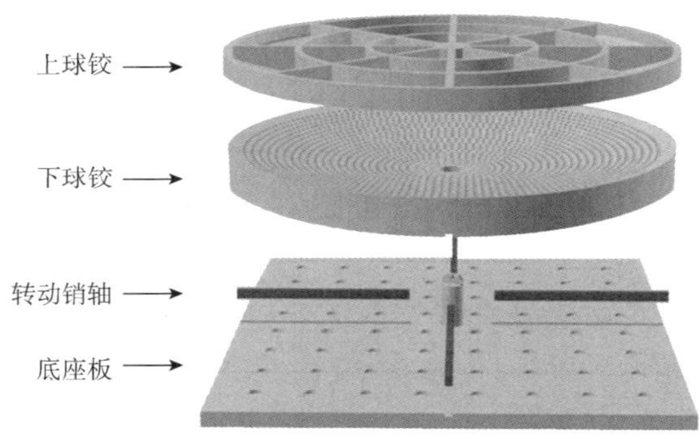

图 5 球铰模拟图

3.2 转体系统安装

3.2.1 球铰制作安装精度

球铰由中国船舶重工集团公司第 725 研究所专业厂家成套生产,本次施工球铰设计承载能力为 220000kN,球铰直径 5.2m,整体高 0.903m 作为转体系统的核心结构,制作及安装精度要求很高,必须精心制作及安装。

球铰制作及安装精度见表 1。

球铰加工精度　表1

序号	检查项目	设计精度	进场检查结果
1	球铰和接触球面表面粗糙度	≤Ra12.5μm	合格
2	球面各处的曲率相误差	≤2mm	合格
3	球面边缘各点的高程差	≤1mm	合格
4	球铰球面的水平截面椭圆度误差	≤1.5mm	合格
5	各镶嵌四氟板块顶面高程差	≤1mm	合格
6	下球铰滑片顶面与设计高程差	≤1mm	合格
7	上、下球面形心轴与球铰转动中心轴偏差	≤1mm	合格
8	上下球铰钢管倾斜度	≤3‰	合格

3.2.2　滑道安装

滑道由下至上依次由钢骨架、钢板及不锈钢板组成。滑道采用工厂分部预制，现场拼装整体吊装方式施工(图6)。

下承台封底混凝土浇筑并养护完成后，承台顶面进行凿毛处理，调整滑道支点高程，调整完毕后，采用吊车将滑道整体吊入基坑。滑道骨架在基坑内安装过程中，采用精密水准仪监控滑道顶面高程，调整完成后将滑道骨架与预埋角钢焊接牢固(图7)。

图6　滑道组装完成

a)

b)

图7　滑道安装

滑道钢板表面焊接3mm厚不锈钢板作为滑道顶面，不锈钢板是滑道组成的重要部分，必须保证与滑道钢板焊接牢固、密贴，防止在转体施工时将其不锈钢磋坏造成磨擦因数增大；铺设完成后的不锈钢板任意点相对高差不大于0.5mm。

3.2.3　底座板安装

下承台混凝土第一次浇筑前,预埋底座板支撑骨架(图8),使用螺母精确调整支撑骨架顶面高程,使用铁楔子固定。底座板尺寸为5.2m×5.2m×0.18m,质量为22.5t,支撑骨架高程调整完毕后,吊装底座板并复核底座板顶面高程,高程复核后将骨架与底座板焊接牢固。底座板各点高差≤1mm,轴向偏差:顺桥向±1mm,横桥向±1mm。

图8　球铰支撑骨架安装

底座板及滑道安装完成后再进行混凝土浇筑,为保证底座板下混凝土浇筑密实,底座板与承台密贴,底座板上开设64个直径15cm的排气孔(图9),混凝土的浇筑顺序由中心向四周进行。

a)底座板吊装

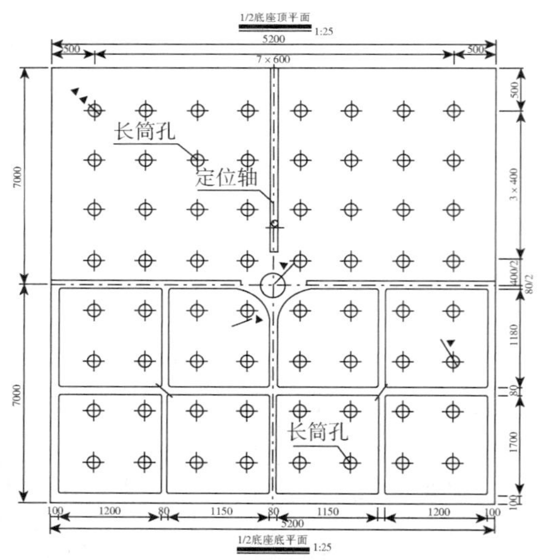

b)底座板浇筑孔布置图

图9　底座板吊装及浇筑预留孔布置

3.2.4　下球铰安装

底座板混凝土达到设计强度之后,安装下球铰。下球铰为底平、上凹的圆柱状体,球体直径为5.2m,高0.45m,质量为49.6t,下球铰通过销轴与底座板固定。施工采用十字线对中法对球铰平面位置进行精调,保证销轴套管竖直。球铰顶面位于同一水平面上,顶面各点相对误差不大于 1mm，下球铰精密对位后进行锁定。

下球铰安装完成后，进行混凝土浇筑，下步施工前混凝土接合面应进行凿毛处理，承台顶面混凝土低于下球铰顶面 1cm。灌混凝土完毕后清理下球铰凹球面，清除凹坑中的混凝土和水，防止球面生锈。进行混凝土养护，防止混凝土面开裂。

3.2.5　聚四氟乙烯滑动片安装

下球铰混凝土浇筑完成，将转动中心轴 ϕ270mm 钢棒放入下转盘预埋套筒中，校正垂直度，倾斜度不大于 3‰，然后进行下球铰聚四氟乙烯滑动片的安装（图 10）。聚四氟乙烯滑动片安装前，先将下球铰顶面清理干净，球铰表面及安放滑动片的孔内不得有任何杂物，并将球面吹干。四氟乙烯滑片在工厂制作完成后进行标号，现场安装时，根据滑片编号由内向外对应放入下球铰镶嵌孔中，四氟乙烯片 ϕ60mm×18mm，每个球铰布置共计 2336 块，总面积 66049cm^2，设计压力为 33.2MPa，允许应力不小于 100MPa。

a)下球铰清理

b)聚四氟乙烯片安装

图 10　聚四氟乙烯片安装

各镶嵌四氟乙烯滑动片顶面应位于同一平面上，其误差不大于 1mm。检查合格后，在球面聚四氟乙烯滑动片间涂抹黄油聚四氟乙烯粉（图 11），填充高度略高于滑动片顶面，保证

a)

b)

图 11　润滑脂涂抹

滑动片顶面有一层聚四氟乙烯粉黄油。滑片安装过程严禁杂物掉入球铰内,并尽快安装上球铰。

3.2.6 上球铰安装

上球铰为顶平、下凹的球冠状体,直径 5.2m,高 0.58m,质量为 20.2t,转动销轴及四氟乙烯滑动片安装完毕后,进行上球铰吊装(图 12a),将上球铰吊装到位,套进中心销轴内,用倒链微调上球铰位置,使之水平并与下球铰外圈间隙垂直。

上球铰安装完毕后,利用全站仪和电子水准仪检查上球铰顶面中心位置和高程,检查完毕后进行顺时针方向及逆时针方向人工试转(图 12b),检查上球铰转动过程中顶面点位高程的相对变化和中心偏移情况,使球铰间多余的黄油溢出。试转完毕后在上下球铰吻合面外周用胶带缠绕密封,防止泥沙或杂物进入球铰摩擦部。

a)上球铰吊装

b)人工试转

图 12 上球铰安装

3.2.7 撑脚安装

上盘撑脚即为转体时支撑转体结构平稳的保险腿,转体时保险撑脚可在滑道内滑动,保持转体结构平稳。每个上转盘下设有 10 个撑脚,撑脚为双圆柱形,下设 3cm 厚钢板,全桥撑脚钢管内填充 C55 微膨胀混凝土,撑脚底与滑道间设置 35mm 间隙。撑脚中心线的直径为 7.45m。撑脚在工厂整体制造后运至工地,在下盘混凝土浇筑完成上球铰安装就位时安装撑脚。

3.2.8 砂箱安装

为减小转体转动之前中心球铰及撑脚压力,保证转体结构的稳定性,在上转盘下部设置 10 组临时砂箱,每组 2 个。砂箱设置于撑脚之间,采用直径 1m 无缝钢管制成,沙箱内填充堆积密度较大、孔隙率较小、流动性较大的石英砂。砂箱直接坐落在滑道上,安装前采用自制预压支架对砂箱进行预压;砂箱在主梁现浇支架拆除后转体称重之前拆除,使中心球铰及撑脚受力。砂箱安装及预压设备如图 13 所示。

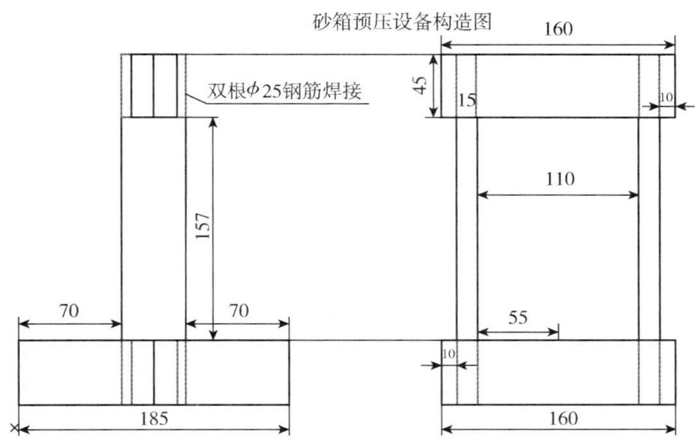

图 13 砂箱预压设备构造图(尺寸单位:cm)

4 转体称重及配重

4.1 称重前预配重

本次双侧主墩转体 T 构均为不等跨结构,其中 99 号轴转体跨度为 48m+70.25m,100 号轴转体跨度为 66.25m+45m,纵向均存在理论不平衡弯矩,100 号轴转体右幅边跨主梁右侧与引桥相接,设加宽段,存在较大的横向不平衡力矩。转体称重前桥上防撞护栏、施工防护屏施工完成,经计算,T 构支架拆除后桥墩处反力及不平衡弯矩见表 2。

理论不平衡弯矩 表 2

力 学 参 数	99 号桥墩	100 号桥墩
转体重量(kN)	223596	221233
纵向不平衡力矩(kN · m)	5680	27231
横向不平衡力矩(kN · m)	0	14099

为了保证拆除支架后结构受力合理,在拆除支架前,根据实际工程量,修正计算模型,并根据计算结果对 T 构进行预配重。

99 号轴转体 T 构施加预配重 106t,配重位置为边跨侧悬臂端端部,距离墩顶中心线 45m;100 号轴转体 T 构施加预配重 240t,配重位置为转体桥边跨侧悬臂端 43m 处。

4.2 转体称重

4.2.1 称重试验测试原理

本工程双幅转体 T 构为不等跨、不等宽非对称结构,中跨侧为钢混混合梁结构,边跨侧为混凝土箱梁加设预配重实现转体 T 构自平衡。现浇梁施工过程中,由于球铰的制作、安装误差、梁体尺寸偏差以及主梁纵向预应力张拉差异,导致两侧梁段段刚度不同,质量分布不同,悬臂梁段挠度不同,导致转体T构产生不平衡力矩,影响转体施工安全。因此转体结构在转动之前需进行称重试验,根据试验结果,对转体结构进行平衡配重,以确保转体施工顺利实施。

本桥采用球铰转动法进行称重试验,该方法基于刚性位移突变原理,受力明确,并且只考虑刚体作用,而不涉及其他影响因素,精度较高,同时可以获取较多的球铰参数信息。梁体可以绕球铰发生刚体转动,当桥梁整体拆架完成后,转体结构的状态为以下两种情况之一:

(1)转动体的不平衡力矩(MG)大于球铰摩阻力矩(MZ)。梁体绕球铰发生转动,直到撑脚参与工作,转体结构的平衡由不平衡力矩、球铰摩阻力矩和撑脚对球铰中心的力矩所保持。

(2)转动体的不平衡力矩(MG)小于球铰摩阻力矩(MZ)。梁体不发生转动,转体结构的平衡由球铰摩阻力矩和转体不平衡力矩所保持。

4.2.2 千斤顶及测点布置

转体称重前,根据桥梁模型及预配重可以计算出理论不平衡力矩,参考计算结果选择合理的称重设备,并预估称重顶升力,并将称重结果与理论计算结果进行数据对比。

现浇转体桥支架脱空后,解除两T构的撑脚约束,发现撑脚均未触地,说明球铰摩阻力矩(MZ)大于转体不平衡力矩(MG)。称重试验在上、下转盘之间进行,根据初步理论估算,称重设备选用4台500t千斤顶、配套压力传感器4个(量程500t)及百分表6只,布置位置见图14。为了校核梁体是否发生刚体转动,同时在T构的悬臂端进行高程观测,实时观测转体是否发生转动。

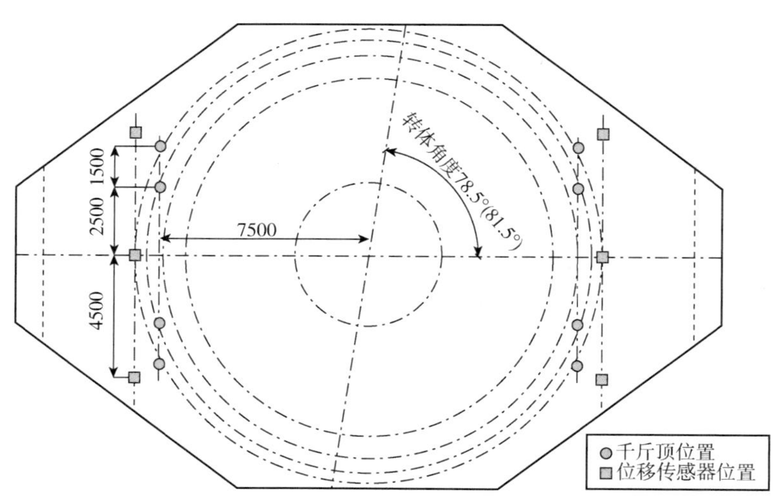

图14 千斤顶及传感器平面布置图

4.3 转体二次配重

根据称重结果,双幅转体桥预配重后悬臂端不平衡重较理论计算值大大减小,但仍然存在,说明实测数与模型理论计算值存在偏差(表3),但偏差较小,大吨位转体偏心距均小于常规转体 15cm(表 4),可以进行转体施工。

不平衡力矩理论值与称重试验实测值对比　　表 3

轴　向	理论计算不平衡力矩(kN·m)		称重试验值不平衡力矩(kN·m)	
	99 号轴	100 号轴	99 号轴	100 号轴
纵向	5680	27231	3799	6267

预配重后转体偏心距　　表 4

部　位	配重量(t)	配 重 位 置	偏心距(cm)
99 号	104	边跨悬臂端内 2m	4.7
100 号	240	边跨悬臂端内 2m	7.8

转体 T 构就位后根据预配重及称重结果,在边跨侧浇筑永久压重混凝土进行二次配重,确保成桥后梁体受力合理。

5　转体施工

转体的基本原理是主梁重量全部转移于中心球铰,通过埋设在上转盘的牵引索、转体连续作用千斤顶的牵引力,克服上下球铰之间及撑脚与下滑道之间的动摩擦力矩,使桥体转动到位。转体施工包含试转、正式转体和姿态调整 3 个过程。

两侧转体分别配置一套自动连续张拉转体系统,自动连续张拉转体系统由一个 QKDT2-3N3 主控台、两台 QYD4500S 型 450t 连续张拉千斤顶和两台 QYB35×2A 液压泵站组成,每套连续张拉千斤顶公称牵引力(前后顶)4500kN,额定油压 20MPa。该自动连续张拉转体系统可以提供转体结构启动后所需全部扭矩。

5.1　试转

两座转体桥箱梁长度和不平衡力矩不同,在正式转体之前进行试转,其一是为了充分检验转动系统的工作状态,其二是收集转体桥转动的各项参数,为后续正式转体及精确就位提供指导。

试转监测参数:

(1)每分钟转速:监测每分钟转动主桥的角度及悬臂端所转动的水平弧线距离,检验是否满足转体时间要求。

(2)点动位移:采取点动方式操作,测量出每点动一次悬臂端所转动的水平弧线距离,作为转体初步到位后,精确定位的操作依据。

(3)惯性位移值:停止牵引后梁体惯性移动数据。

(4)启动时顶力:实际启动拉力后,相应牵引千斤顶产生的顶力。

(5)转动时顶力:实际持续转动时,相应牵引千斤顶产生的顶力。

试转参数见表 5、表 6。

小里程侧试转参数表 表5

序号	检测项目	数据	单位	备注
1	启动顶力	1310	kN	均数
2	转动顶力	1010	kN	均数
3	转速	0.84	°/min	均数
4	5s 点动位移	0.06	m	混凝土梁端位移、均数
5	10s 点动位移	0.12	m	混凝土梁端位移、均数
6	20s 点动位移	0.24	m	混凝土梁端位移、均数
7	20s 点动惯性位移	0.01	m	混凝土梁端位移、均数

大里程侧试转参数表 表6

序号	检测项目	数据	单位	备注
1	启动顶力	1200	kN	均数
2	转动顶力	980	kN	均数
3	转速	0.85	°/min	均数
4	5s 点动位移	0.06	m	混凝土梁端位移、均数
5	10s 点动位移	0.11	m	混凝土梁端位移、均数
6	20s 点动位移	0.22	m	混凝土梁端位移、均数
7	20s 点动惯性位移	0.01	m	混凝土梁端位移、均数

5.2 正式转体

试转结束后,根据测定的试转参数修正转体实施方案,双幅转体采用同一套数据采集系统,转体过程中指挥人员通过监测数据统一进行协调指挥。

(1)双幅同步转体控制。同步张拉牵引千斤顶,采取分级加载,由于各千斤顶间的进油腔并联,油压相等,所有泵站溢流阀限压调成一致,两幅转体采用相同牵引设备。

(2)转动过程中,通过观测上转盘刻度转动角度及钢绞线进尺长度分析双幅转体速度是否一致。

(3)梁体顶面悬臂端箱梁中心线距设计位置1m时,千斤顶控制调整为手动状态下的点动操作,每点动操作一次,测量人员测报轴线走行现状数据一次,反复循环,直至转体轴线精确就位。

5.3 精调对位

梁体中线到达设计位置后,利用千斤顶进行梁体姿态调整,保证梁体精确就位,并在撑脚与滑道钢板之间采用铁楔楔紧、固定,防止梁体在外力作用下摆动,并在边墩现浇段支撑体系处采用倒链及箱梁底板钢筋将梁体两端固定在支撑体系上,保证整个结构的稳定性。

5.4 合龙段施工

合龙段为钢箱梁,两端焊接合龙。跨中合龙位置搭设临时墩(图15),墩顶采用千斤顶上顶合龙口处钢箱梁,依据预测预抛值控制合龙口两侧实际高程,使两侧高程均满足合龙要求。顶梁期间采用高程与顶力双控措施,以高程为主要控制因素,顶力校核梁体受力状态。

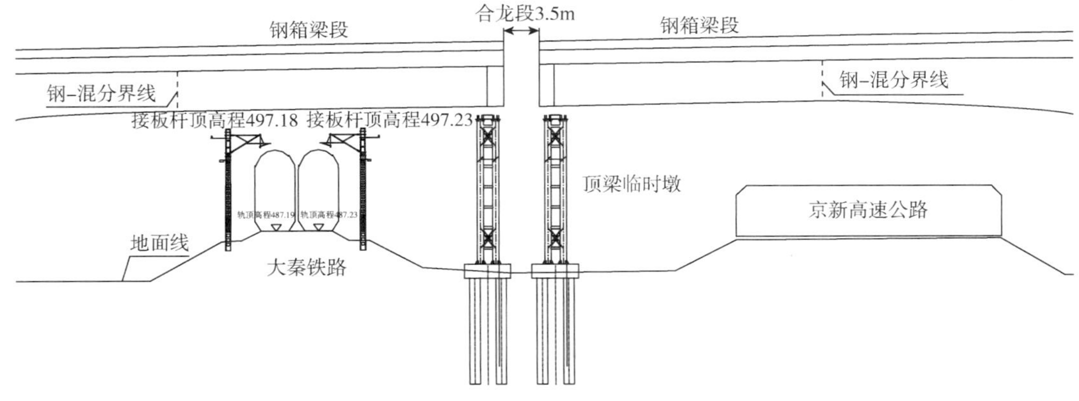

图 15 临时墩布置图

为消除钢箱梁安装过程的累积误差,利于全桥顺利合龙,合龙段两侧均预留加工余量,在安装合龙段前,保证与合龙段两侧相接部分的钢箱梁准确定位,测量合龙段所在位置实际长度,对合龙段二次下料后,再运送到位进行安装。

6 结语

在延崇高速公路上跨大秦铁路及京新高速公路转体桥施工过程中,通过对球铰的精确定位安装,上下转盘的合适施工,转体 T 构的科学称重及配重等一系列关键施工技术的应用,克服了施工场地狭窄、跨越线路多、转体自重大、施工精度高等技术问题,保证了转体施工的顺利施工,延崇高速公路钢-混混合连续梁桥双幅同步转体的顺利实施为大跨度、大吨位、不等跨、不等宽 T 构转体桥的施工积累了宝贵经验。

参 考 文 献

[1] 薛军,任文祥.T 形刚构大纵坡弯斜箱梁桥水平转体施工技术[J].铁道标准设计,2005(8):33-37.

[2] 白石磊.转体桥跨京沪铁路双幅同步转体施工技术[J].铁道建筑技术,2010 (9):13-15.

[3] 郭启周.跨铁路预应力混凝土 T 型刚构桥平转施工技术[J].中国科技信息,2011(6):63-64.

[4] 余常俊,刘建明,张翔,等.客运专线上跨既有繁忙干线铁路连续梁水平转体施工关键技术[J].铁道标准设计,2009(12):46-51.

[5] 张军平.跨既有线转体桥转体系统关键施工技术[J].工程建设与设计,2016(17):183-186.

[6] 霍雷声.廊涿高速公路跨京广铁路、107 国道大桥双转体箱梁预制施工方案[J].交通世界(建养、机械),2009(9):86-88.

[7] 董国亮.京石客运专线滹沱河特大桥跨京广铁路连续梁桥转体施工技术[J].铁道标准设计,2011(7):69-73+77.

超宽大吨位转体梁桥承台在转体阶段的分析研究

李亮辉[1],杨文见[2],陈 博[2]
(1.北京市首发高速公路建设管理有限责任公司;2.中国铁路设计集团有限公司)

摘要:延崇高速公路上跨大秦铁路和京新高速公路,上跨桥梁孔跨布置为1联(52m+140m+49m)钢-混凝土混合连续梁结构,布置有99号、100号桥墩处2个转体,转体段标准桥宽达到41m,两个转体的重量达到了22000t,为超宽大吨位不平衡孔跨转体桥。该桥转体的下部尺寸较大,有必要采用更精细化的软件进行分析研究。因此采用大型通用有限元软件ANSYS对上转盘、桥墩进行建模模拟,分析上转盘的结构受力情况,以指导施工,对下承台以及桩基进行建模模拟,对大尺寸承台的受力分析提供有益的参考。

关键词:桥梁;大吨位转体;上转盘;下承台;梁式体系

1 引言

目前,有关桥梁转体设计和施工的相关技术已较为成熟[1-4],特别是跨越既有线铁路的桥梁也多采用转体方案,但对于同时跨越既有线铁路和高速公路的复杂现场条件,转体重量达到22000t的超宽大吨位不平衡孔跨转体桥梁的设计和施工尚未见相关文献报道。因此,笔者通过对超宽大吨位转体梁桥承台在转体阶段的精细化研究分析,得到一些结论可为今后同类设计和施工提供参考。

2 工程概述

延崇高速公路于铁路里程K254+363.052处上跨大秦铁路,交叉处公路里程Q1K14+826.027;于延崇高速公路里程Q1K14+883.318处跨越京新高速公路。延崇高速公路上跨大秦铁路桥工点为该项目的一个控制性节点。桥梁跨越位置平面关系如图1所示。

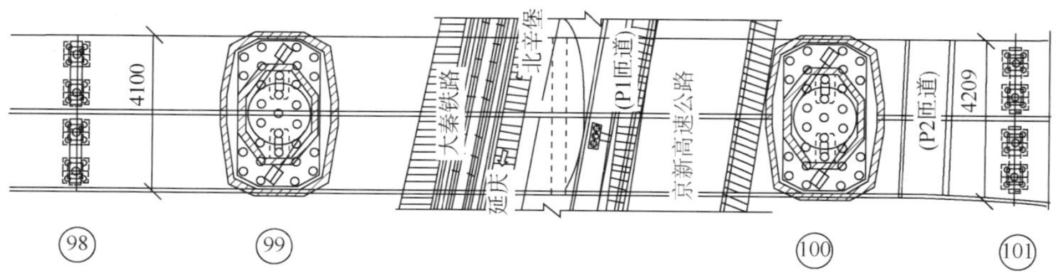

图1 桥梁跨越位置平面关系示意(尺寸单位:cm)

该桥全长241m，桥梁分幅设计，桥梁标准宽度为41m，左右幅间设2cm的缝。中跨钢箱梁理论长度为60m，其余部分主梁采用预应力混凝土箱梁。99号、100号主墩处均转体施工，99号、100号墩转体部分跨径分别为48m+70.25m，66.25m+45m，为不平衡转体孔跨，通过结构配重实现转体自平衡。中跨合龙段长度3.5m，钢混结合段长度均为2m，两边跨端部现浇段长度均为3.65m。

上转盘是转体的重要结构，在整个转体过程中形成一个多向、立体的受力状态；上转盘布有纵、横、竖三向预应力钢筋。下转盘（即下承台）为支承转体结构全部重量的基础，转体完成后，与上转盘共同形成基础。钢球铰直径为ϕ5200mm，转体球铰整体高度为903mm，分上下2片，是平转法施工的转动体系，而转动体系的核心是转动球铰，它是转体施工的关键结构，制作及安装精度要求很高，必须精心制作，精心安装。

3 上转盘结构分析

3.1 建立模型

该桥桥墩采用有倾斜的箱形截面，墩顶通过横梁联结。该桥为超宽大吨位的转体，上转盘顶上有2个墩的作用，转体节段的受力较为复杂。为确保转体结构安全，并保证结构模拟的准确性，采用大型通用有限元软件ANSYS对上转盘进行空间有限元分析研究。

转台、上转盘、桥墩、下承台均用四面体实体单元模拟。边界条件：下承台底部、球铰接触面约束按照接触单元分析时将上、下球铰定义为“接触对”。加载方式：上部恒载按照面荷载施加在桥墩墩顶垫石上，面荷载作用面积以垫石面积为准。上转盘有限元模型如图2所示。

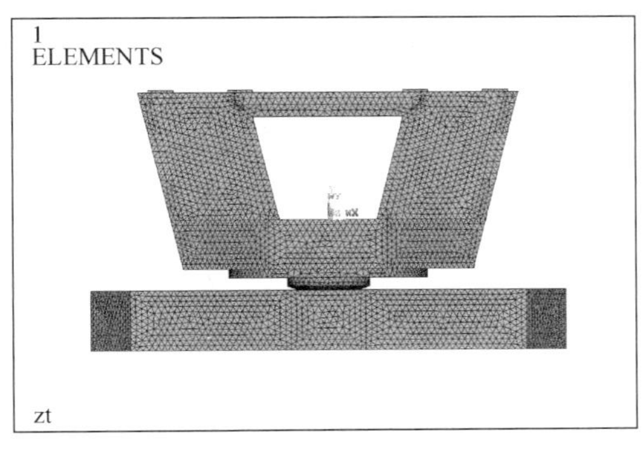

a)转台有限元模型

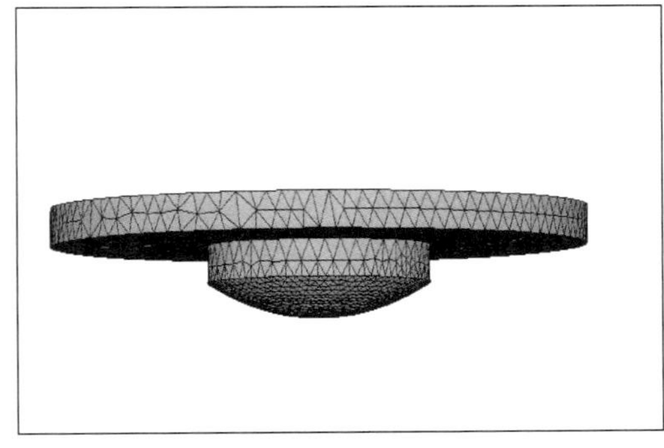

b)球铰有限元模型图

图2 上转盘有限元模型图

3.2 主要应力结果分析

（1）上转盘采用三向预应力体系。由于上转盘受力较为复杂，所以预应力设置较多。横桥向应力云图如图3所示，横桥向拉应力云图如图4所示。

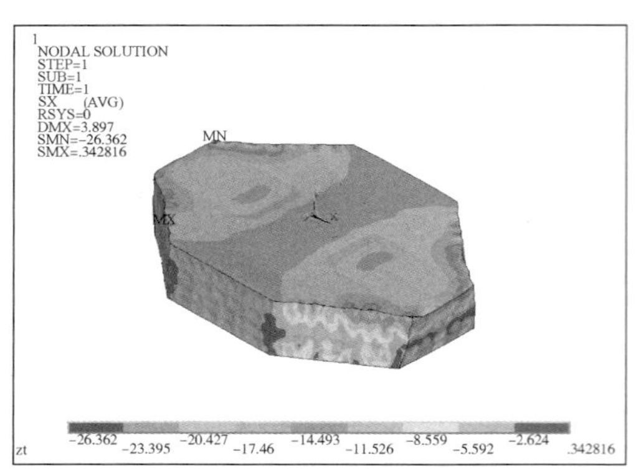

a)上转盘顶面横桥向应力云图

b)上转盘底面横桥向应力云图

图 3　横桥向应力云图(MPa)

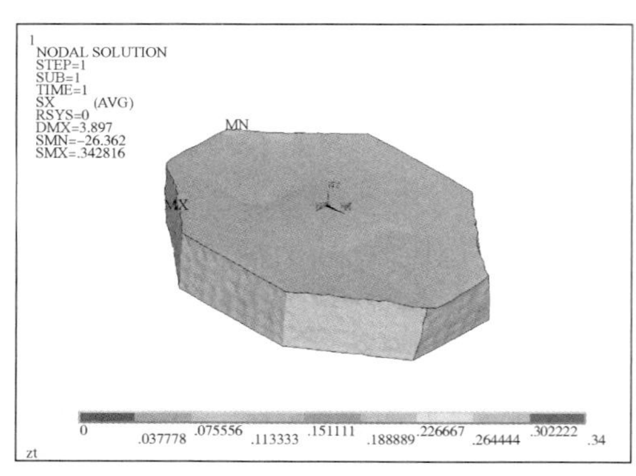

a)上转盘顶面横桥向拉应力云图

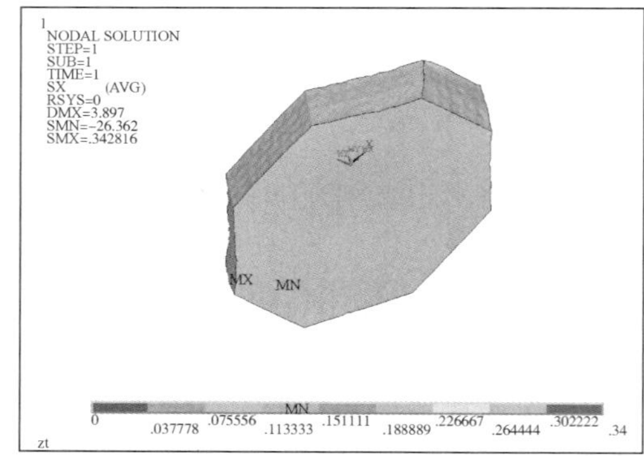

b)上转盘底面横桥向拉应力云图

图 4　横桥向拉应力云图(MPa)

(2)上转盘横桥向混凝土不出现拉应力;压应力基本为 5.6~11.5MPa,主要分布于球铰位置和与墩相接的部位。拉压应力均满足规范要求。顺桥向拉压应力云图如图 5 所示,顺桥向拉应力云图如图 6 所示。

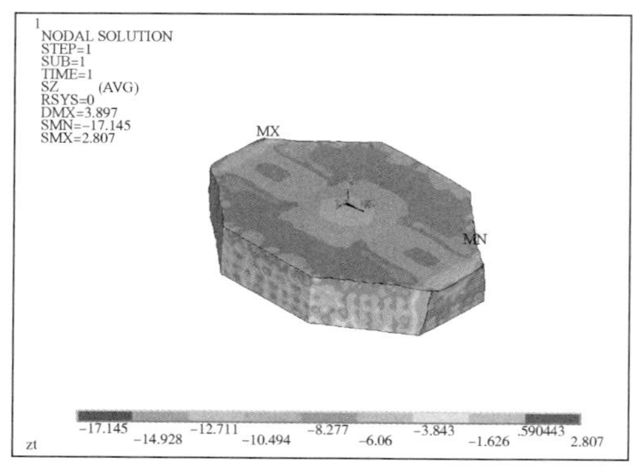

a)上转盘顶面顺桥向拉压应力云图

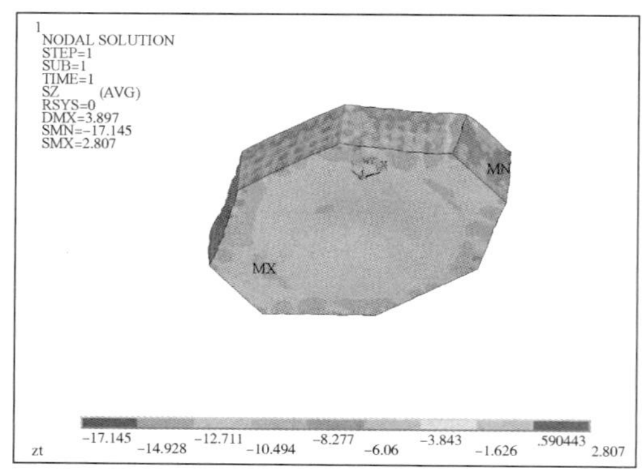

b)上转盘底面顺桥向拉压应力云图

图 5　顺桥向拉压应力云图(MPa)

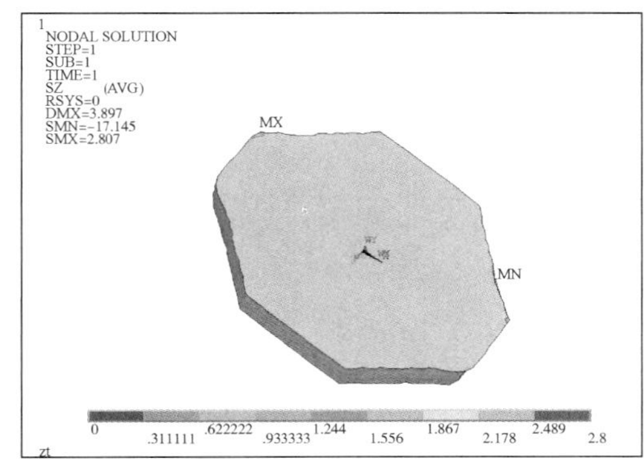

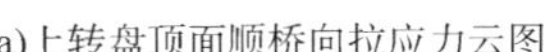
a)上转盘顶面顺桥向拉应力云图

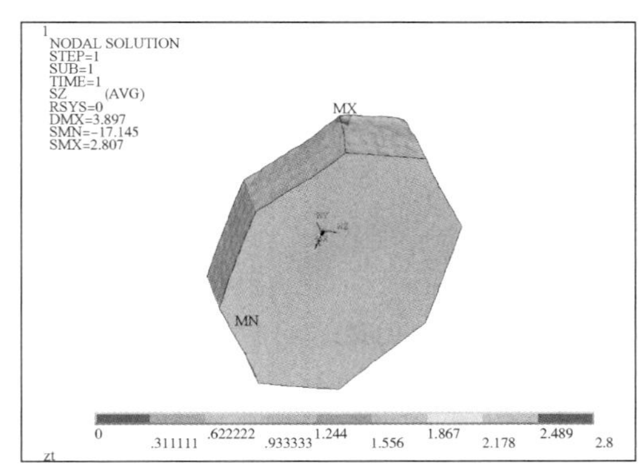

b)上转盘底面顺桥向拉应力云图

图6　顺桥向拉应力云图(MPa)

(3)剔除预应力锚固处的应力集中所引起的拉应力,顺桥向混凝土无拉应力;压应力基本为3.8~8.4MPa。拉、压应力均满足规范要求。竖向拉压应力云图如图7所示,竖向拉应力云图如图8所示。

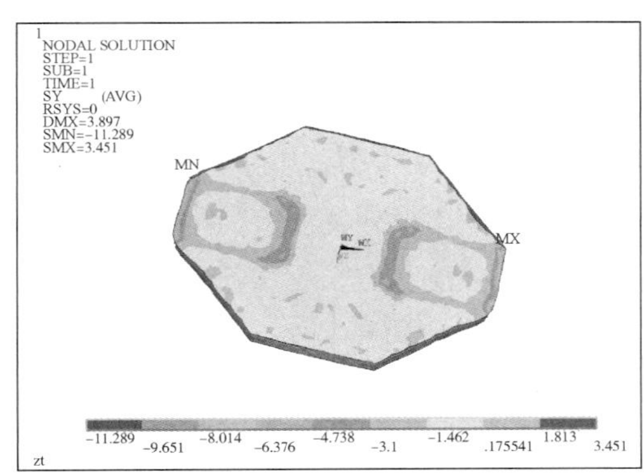

a)上转盘顶面竖向拉压力应力云图

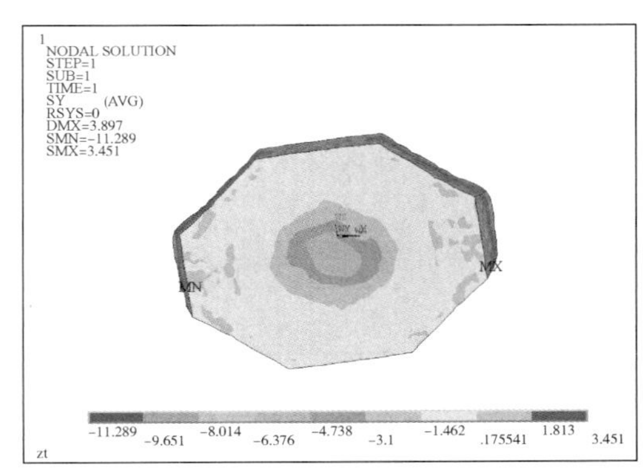

b)上转盘底面竖向拉压应力云图

图7　竖向拉压应力云图(MPa)

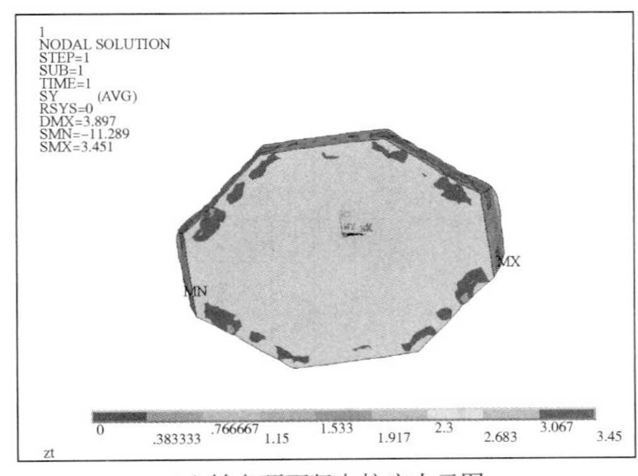

a)上转盘顶面竖向拉应力云图

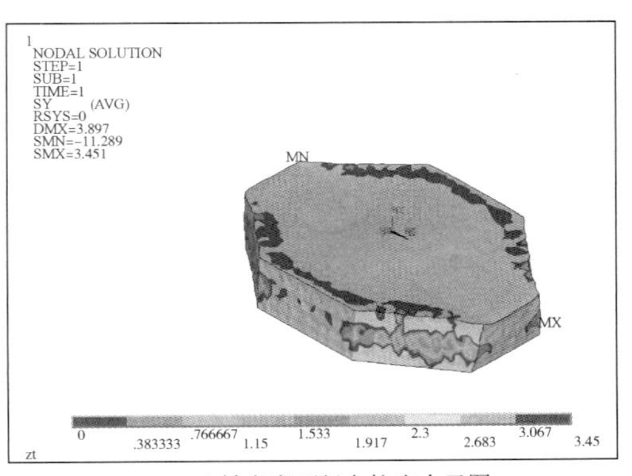

b)上转盘底面竖向拉应力云图

图8　竖向拉应力云图(MPa)

(4)剔除预应力锚固处的应力集中所引起的拉应力，竖向混凝土拉应力基本小于1.15MPa；压应力为8.0MPa，主要分布于球铰位置。拉、压应力均满足规范要求。

从以上计算结果可以看出，上转盘应力计算结果满足要求。

该桥上转盘设置预应力束较多，所以预应力分2批张拉，即：第1批在上转盘浇筑完成后；第2批在桥墩施工完毕后。

4 下承台结构分析

考虑到该桥的下承台规模较大，尤其是横桥向的长度较长，达到了38.2/2=19.1m，在参照《公路钢筋混凝土及预应力混凝土桥涵设计规范》(JTG D62—2004)[5](以下简称《公预规》)8.5.2条后，承台纵横桥向正截面抗弯承载力按照悬臂梁“梁式体系”计算。

笔者采用大型通用有限元软件ANSYS模拟转体施工过程中下承台和桩基的受力模式，其中下承台采用实体单元solid45模拟，桩基采用beam4模拟，土对桩基的作用采用弹簧单元combin14单元模拟。

笔者约定垂直于横桥向的断面为横桥向，垂直于顺桥向的断面为顺桥向。

4.1 建立模型

下承台立面图如图9所示，下承台平面和桩基编号如图10所示。

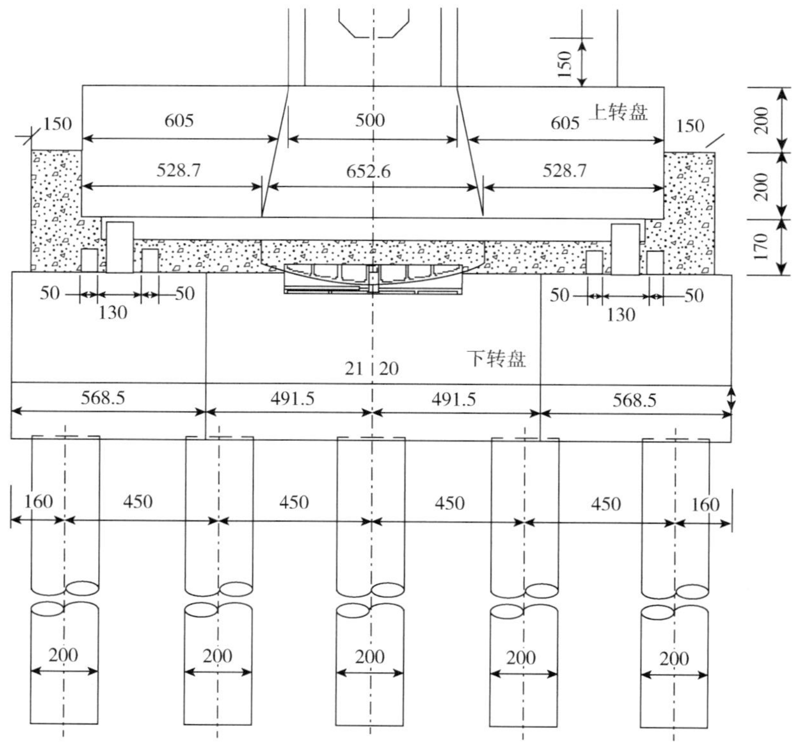

图9 下承台立面图(尺寸单位:cm)

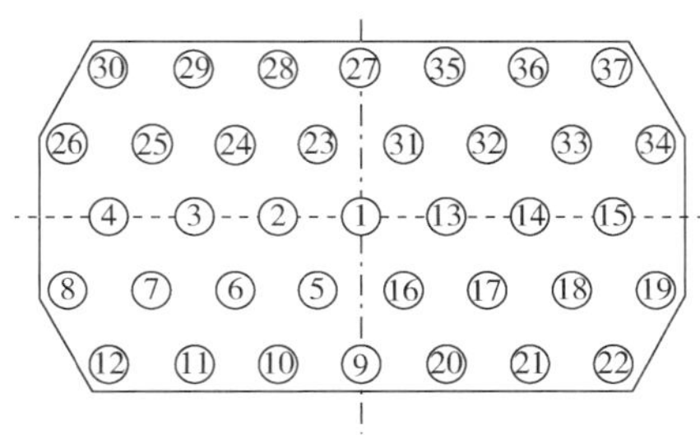

图 10　下承台平面和桩基编号图

土对桩基的作用采用 combin14 单元模拟，其中单元实常数即为土对桩基的弹簧刚度值，水平刚度计算公式[6]为：

$$K_i = b_1 \lambda m z_i \tag{1}$$

式中：b_1——桩基计算宽度；

m——地基水平抗力系数；

λ——节段长度；

z_i——自地面至第 i 个集中弹簧的距离。

桩底竖向弹簧总刚度值[6]为：

$$\sum K_{\mu} = A_{尖} m_0 h_{尖} \tag{2}$$

式中：$A_{尖}$——群桩桩端承压面积；

$h_{尖}$——桩端埋深；

m_0——桩端处的地基竖向抗力系数的比例系数。

模型中桩基与承台的连接，是将桩顶节点与承台底位置处桩顶截面对应的所用节点进行连接，桩底位置进行固结。在承台顶中心位置取半径 2.6m 范围内节点施加的转体阶段下承台顶荷载（施加的荷载值为转体的质量，并取 1.1 倍的放大系数）。模型桩基与承台连接图如图 11 所示，模型桩基与承台连接局部放大图如图 12 所示，承台顶荷载加载图如图 13 所示。

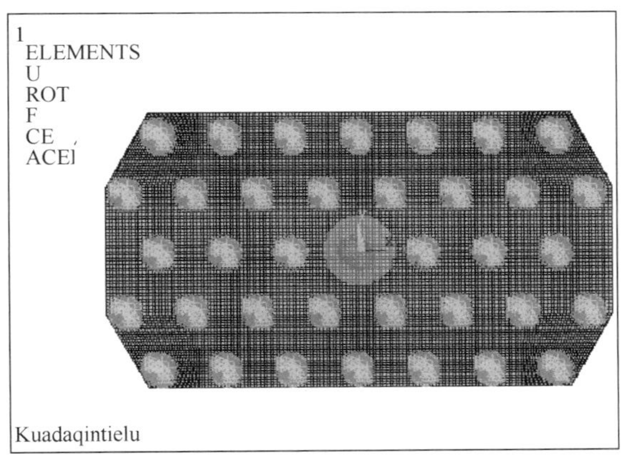

图 11　模型桩基与承台连接图

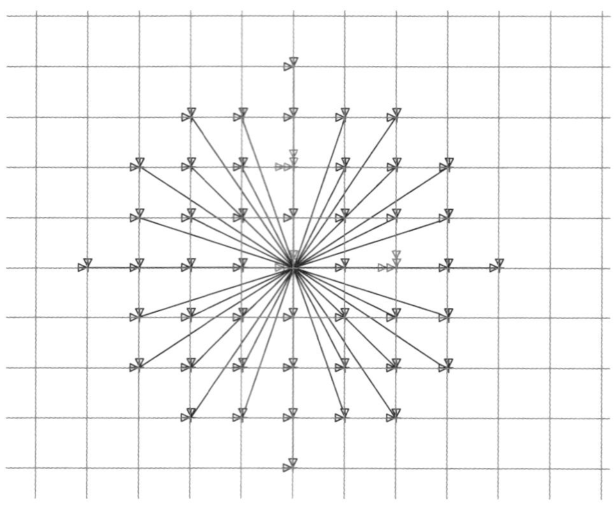

图 12 模型桩基与承台连接局部放大图

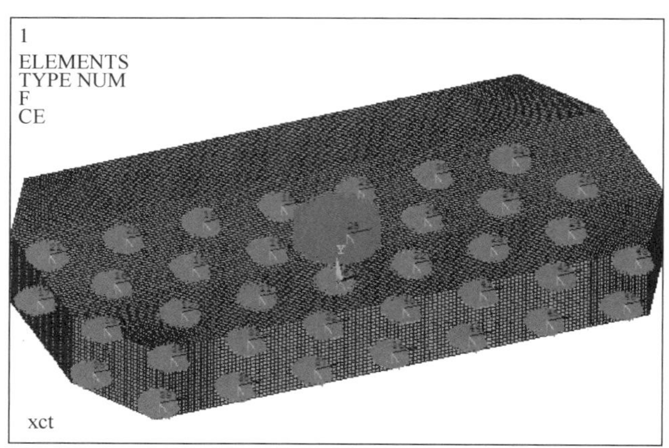

图 13 承台顶荷载加载图示

4.2 结果分析

4.2.1 桩基分析

根据桩基的计算结果,列出计算的各桩桩顶内力值(表 1)。同时约定桩基位置 X 向为竖向,Y 向为顺桥向,Z 向为横桥向。

桩顶内力表(单位:kN) 表 1

桩基编号	轴力	桩基编号	轴力	桩基编号	轴力
1	-14369.0	4	-6074.7	7	-7351.7
2	-12378.0	5	-12714.0	8	-4480.0
3	-9154.1	6	-10315.0	9	-11468.0

续上表

桩基编号	轴　力	桩基编号	轴　力	桩基编号	轴　力
10	-10478.0	20	-10478.0	30	-5471.5
11	-8166.8	21	-8166.8	31	-12714.0
12	-5471.5	22	-5471.5	32	-10315.0
13	-12378.0	23	-12714.0	33	-7351.7
14	-9154.1	24	-10315.0	34	-4480.0
15	-6074.7	25	-7351.7	35	-10478.0
16	-12714.0	26	-4480.0	36	-8166.8
17	-10315.0	27	-11468.0	37	-5471.5
18	-7351.7	28	-10478.0		
19	-4480.0	29	-8166.8		

从表1可以得出，转体施工阶段1号桩基桩顶反力最大，最大值为14369kN，且位于承台底正中心；8、19、26和34桩基桩顶反力最小，最小值4480kN，且距离承台中心最远。

由此可见，承台中心附近桩顶反力与按照《公预规》8.5.1条计算的结果相差较大，有必要检算转体节段承台中心附近桩基的承载能力。同时需要注意，桩顶反力相差很大，在桩顶反力作用下承台不能按绝对刚性考虑。

4.2.2　下承台应力分布

下承台局部坐标系约定：以承台中心为原点，横桥向为 X 方向，顺桥向为 Z 方向。

为了剔除由桩基与承台连接引起的边界条件应力集中现象，选取下承台底向上0.25m位置处（相当于钢筋合力作用点位置）提取出下承台底截面应力图，下承台底横桥向应力图如图14所示，下承台底顺桥向应力图如图15所示。

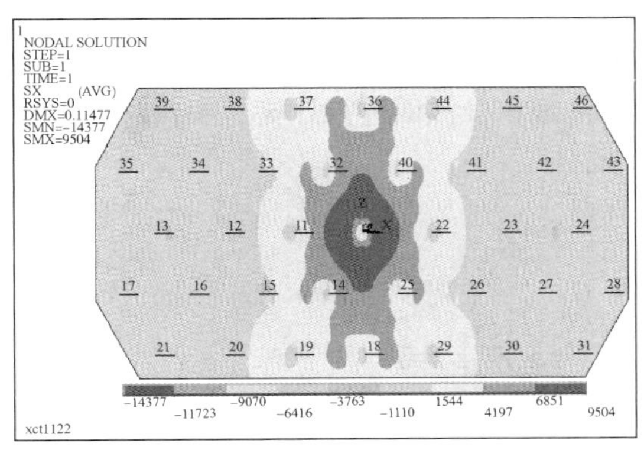

图14　下承台底横桥向应力图

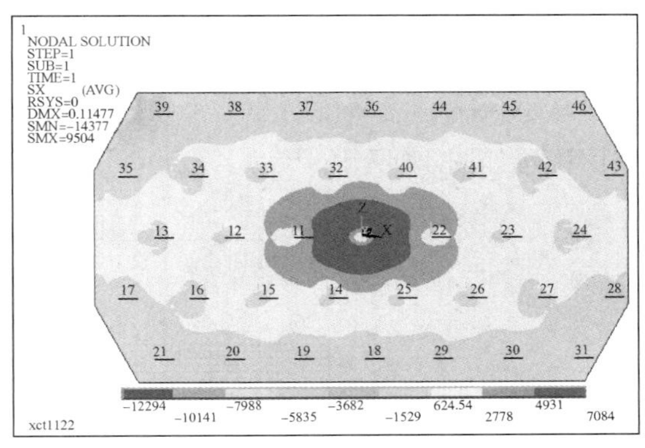

图15　下承台底顺桥向应力图

从图14、图15可以看出，横桥向正应力从下承台中心位置沿顺桥向逐次递减，顺桥向应力从下承台中心位置沿横桥向均匀递减。故实际下承台底部配筋时，按照从下承台中心位置到远离中心位置依次递减是合理的。在实际操作中，按规范要求进行抗弯检算且通过以后，可适当增加下承台中心附近的底部纵筋配筋率。

4.2.3 下承台位移结果

承台竖向变形如图16所示。

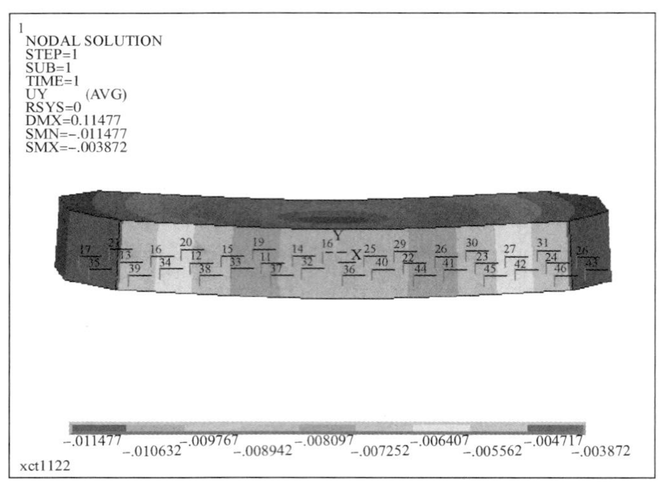

图16 承台竖向变形图

从图16可以看出,下承台为不完全刚性,横桥向受弯后中部会出现下挠,下承台最大相对下挠值为7.605mm。可见,下承台和下承台底土体存在着脱空的可能性,不考虑下承台底部土体的承载能力是合理的。

4.2.4 承台截面内力计算结果

按2种方法分别对承台截面内力进行计算。

方法1:由ANSYS提取的桩顶反力,按照《公预规》8.5.2条,对相应截面取矩计算截面内力值;

方法2:在ANSYS中直接对截面积分取出截面内力值。

从承台中心沿横桥向和顺桥向向外侧每隔0.5m取1个截面进行计算。承台内力计算截面位置如图17所示。

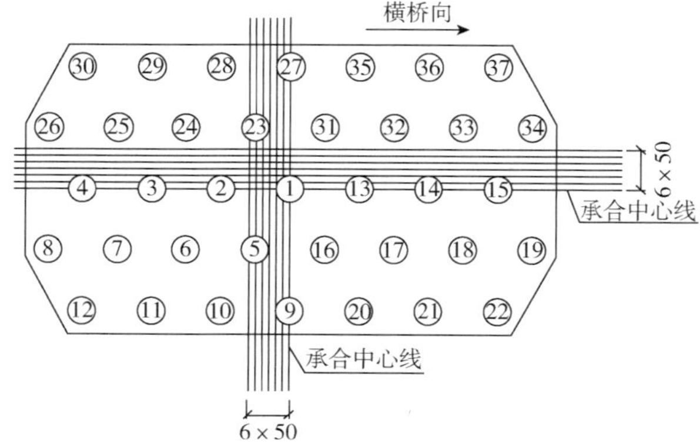

图17 承台内力计算截面位置

按方法1,在截面距离承台中心2.25m处取顺桥向、横桥向弯矩最大值。其中,在横桥向上:从模型提取桩顶反力计算横桥向弯矩最大值为908188.2kN·m;将承台作为刚体,承台顶荷载均分到每根桩基,计算所得横桥向弯矩最大值为1225940kN·m。从模型提取桩顶反力计算顺桥向弯矩最大值为559852.2kN·m;将承台作为刚体,承台顶荷载均分到每根桩基,计算所得顺桥向弯矩最大值为607155kN·m。由此可以得出结论:将承台作为刚体计算截面内力的方式是正确并且偏安全的。

按方法2,承台截面积分后的截面弯矩值见表2。

承台截面积分后的截面弯矩值　　表2

截面距离承台中心距离/(m)	横桥向弯矩/(kN·m)	顺桥向弯矩/(kN·m)
0	567909.9	438153.4
0.50	567547.9	437433.8
1.00	576261.5	453371.7
1.50	551641.3	436915.5
2.00	506084.8	404314.7
2.25	479870.7	384046.5
2.50	455654.3	361637.7
3.00	415195.9	314194.1

对比方法1和方法2中截面弯矩计算结果可以看出,将下承台按照“梁式体系”进行截面内力计算是偏安全的。

5　结语

(1)在转体节段的大悬臂下承台中,桩顶反力从承台正中心位置向承台边缘逐次递减;承台中心附近桩顶反力与按照《公预规》8.5.1条计算的结果相差较大,因此有必要检算转体节段承台中心附近桩基的承载能力。

(2)在转体节段的大悬臂下承台中,承台底正应力从下承台中心位置向外逐次递减。故实际下承台底部配筋时,数量按照从下承台中心位置到远离中心位置依次递减是合理的。在实际操作中,按规范计算抗弯检算通过以后,可适当增加下承台中心附近的底部纵筋配筋率。

(3)转体节段的大悬臂下承台不是完全刚性的,横桥向受弯后中部会出现下挠,下承台和下承台底土体存在着脱空的可能性,从而不应考虑下承台底部土体的承载能力。

(4)转体节段的大悬臂下承台,按照“梁式体系”将下承台作为刚体计算截面内力是正确且偏安全的。

参考文献

[1] 姜保利.V型刚构桥双幅同步转体施工设计研究[J].市政技术,2015,33(1):55-57.

[2] 常学力,周志亮,李文会.转体施工的小半径曲线桥设计[J].市政技术,2013,31(3):45-47.

[3] 高光品,何乔东.京张高铁土木特大桥连续梁墩顶转体施工技术[J].桥梁建设,2018(6):1-5.

[4] 鹿红雷,李玉川.既有线路上方箱梁桥转体合龙施工技术[J].市政技术,2015:4.

[5] 中华人民共和国交通部.公路钢筋混凝土及预应力混凝土桥涵设计规范:JTG D62—2004[S].北京:人民交通出版社,2004.

[6] 邵旭东,程翔云,李立峰.桥梁设计与计算[M].2版.北京:人民交通出版社,2012.

耐候钢表面稳定锈层处理技术分析

展　飞[1],刘奉良[2],胡江南[2],张海虎[2],吴连好[2]
(1.北京市首发高速公路建设管理有限责任公司;2.中铁六局北京铁路建设有限公司)

摘要:延崇高速公路上跨大秦铁路及京新高速公路采用钢-混混合连续梁结构,中跨采用免涂装耐候钢箱梁。为减少耐候钢在裸露施工中的锈液流挂、飞散等问题,减少对铁路及高速公路的运营影响,耐候钢在使用前采用表面锈层稳定剂进行促锈处理。本文介绍了耐候钢的锈层结构与耐蚀机制,分别分析了耐候钢在大气自然条件下及处理剂促锈条件下锈层的生成机理,重点阐述处理剂的施工流程及喷涂工艺。应用结果表明,处理剂有助于耐候钢表面快速生成致密、连续且稳定的保护性锈层,锈层均匀,外表美观。

关键词:免涂装耐候钢;锈层;处理剂

1　引言

耐候钢,即耐大气腐蚀钢,是在普碳钢添加少量铜、镍、钛等耐腐蚀元素而成,是介于普碳钢和不锈钢之间的低合金钢系列。耐候钢暴露在大气中,其表面能够生成与基体结合性良好的保护性锈层,从而无需进行表面防护处理即可以在自然环境中直接使用。但是在自然环境下裸露使用时,形成稳定锈层的周期较长,同时在形成稳定锈层之前钢板表面会发生锈液流挂、飞散等现象,造成环境污染;同时锈液中含有的大量铁离子会对铁路的电气设备与设施产生严重的安全隐患。特别是在含有 Cl^- 的大气中,由于 Cl^- 的作用,耐候钢表面的保护性稳定锈层生成会更加困难,所需时间将会更长。对耐候钢表面进行锈层的稳定化处理,可以缩短耐候钢早期使用阶段形成稳定化锈层的时间,解决了耐候钢在自然环境下免涂装使用所出现的问题。

2　工程概况

延崇高速公路上跨大秦铁路及京新高速公路桥采用(52+140+49)m 的钢-混凝土混合连续梁桥,主线桥梁采用支架整体现浇,双侧主墩整幅转体施工。由于受大秦铁路、京新高速公路及 P1/P2 匝道位置限制,转体连续钢构在跨中位置设置 60m 耐候钢箱梁,以充分发挥钢结构自重轻跨越能力大以及结构强度高等优点。考虑绿色环保因素及减少后期运营维护工作等要求,钢箱梁采用免涂装的 Q345qENH 高性能低合金免涂装耐候桥梁钢,全桥用量 1800t,除桥面板 U 型肋采用高强螺栓连接外,其余均采用焊接连接。耐候钢表面锈层稳定化技术通过在耐候钢表面喷涂促锈剂,利用不同元素之间电位的差异性,在钢箱梁表面快速形成一层致密均匀的锈层,减少使用期间锈液流挂现象的出现,消除了对大秦铁路的铁路路基与电气设备的影响,提高了钢梁段桥在全寿命周期内的经济性和环保性。

3 耐候钢的锈层结构与耐蚀机制

3.1 耐候钢锈层结构

耐候钢稳定后的锈层分为内外两层:

(1)在腐蚀初期形成的锈层疏松多孔,并没有保护性,此时耐候钢的腐蚀行为与碳钢没有显著差异。

(2)在经历一段时间(在自然大气环境中可长达几年)的腐蚀后,在耐候钢疏松的外锈层下会逐渐形成富集了合金元素的致密内锈层,内锈层稳定性好且组织细小(微毫米)致密,除了可以有效地隔离腐蚀介质与钢基体的接触,阻止水和酸根的侵入外,同时因为其具有极高的阻抗,极大地减缓了腐蚀阳极区和阴极区之间的电子迁移,从而降低了电化学反应的速度,抑制内部钢材的腐蚀,耐候钢的保护性主要来自内锈层。

在内锈层致密化的过程中,会生成一系列腐蚀产物(如 γ-FeOOH、δ-FeOOH、β-FeOOH、α-FeOOH、Fe_3O_4 等)的形成与转化,一般将热力学稳定相 α-FeOOH 的数量作为锈层稳定形成的“理论”衡量指标。

3.2 大气自然锈蚀耐候钢锈层生成机理

金属材料暴露在空气中,和空气中的腐蚀性介质发生化学和电化学反应而引起的腐蚀称为大气腐蚀,参与金属大气腐蚀过程的主要组分是氧和水。

氧在大气腐蚀中主要是参与电化学腐蚀过程。空气中的氧溶于金属表面存在的电解液层中作为阴极去极化剂。而金属表面的电解液层主要由空气中水汽组成,正是由于这层电解液层的存在,具备了电化学腐蚀的条件,使金属受到明显的大气腐蚀。

阳极反应:

$$Fe \rightarrow Fe^{2+} + 2e^- \tag{1}$$

阴极反应为氧的去极化剂的反应:

$$O_2 + 2H_2O + 4e^- \rightarrow 4OH^- \tag{2}$$

在碱性条件下:

$$12Fe^{2+} + 3O_2 + 6H_2O \rightarrow 4Fe(OH)_3 + 8Fe^{3+} \tag{3}$$

Fe^{3+}作为强氧化剂会和基体发生反应,促使反应(1)的发生生成 Fe^{2+},而 Fe^{2+} 的增加又会促进反应(3)的进行,周而复始循序进行。

上述反应需要有 H_2O 的参与,为了保证锈层的产生,空气中水含量影响反应进程,水干涸后反应将停止,因此锈层产生的周期长;由于大气雨水冲刷不均匀造成箱梁整体锈层分布不均,影响整体视觉美观;强氧化剂 Fe^{3+}溶解到水溶液中随水溶液流淌,对铁路的铁路路基以及接触网杆等电气设备产生严重的安全隐患。

3.3 处理剂作用下耐候钢锈层生成机理

$$Ni^{2+} + 2e^- \rightarrow Ni \quad \phi0 = -0.25V \tag{4}$$

$$Ti^{2+} + 2e^- \rightarrow Ti \quad \phi0 = -1.75V \tag{5}$$

$$Co^{2+} + 2e^- \rightarrow Co \quad \phi0 = -0.277V \tag{6}$$

$$Fe^{2+} + 2e^- \rightarrow Fe \quad \phi0 = -0.441V \tag{7}$$

$$Cu^{2+} + 2e^- \rightarrow Cu \quad \phi0 = 0.345V \tag{8}$$

本处理剂利用不同元素之间电位的差异性,促使不同元素之间快速发生氧化—还原反应,在金属基体表面形成富含耐蚀合金元素的氧化层,避免了大量水液的喷洒以及强氧化剂Fe^{3+}的产生,致密锈层生成时间为5~7d,减缓或阻碍锈液流挂现象的出现,最大限度降低耐候钢锈层对周边环境的影响,绿色环保。

4 稳定化技术的喷涂工艺

4.1 处理剂体系

耐锈钢表面处理剂由4种不同组分溶液组成,按顺序依次喷涂,在耐锈钢表面快速形成致密锈层。其化学成分为(质量百分含量,%):C,0.11;Si,0.3;Mn,0.9;P,0.08;S,0.015;Cu,0.5;Cr,0.8;Ni,0.4。处理剂的组成及作用见表1。

锈层快速生成处理剂组成　　表1

序号	处理剂组成	作用
1	预处理剂	使钢板表面状态均匀化
2	促进剂	促进生成初期致密氧化层
3	侵蚀剂	促进腐蚀反应、加速锈层生长
4	后处理剂	对锈层进行修补处理

处理剂的处理工艺为:钢板表面清洁→预处理剂→促进剂→侵蚀剂→后处理剂。钢板表面清洁方式为机械打磨,去除表面附着物、污物及浮锈;处理剂采用压缩空气喷洒到钢板表面。

4.2 喷涂工艺

4.2.1 步骤1:钢板表面清洁处理

利用砂纸、角磨机及喷丸(砂)等方法对钢板表面进行处理,表面清洁处理效果达到GB/T 8923.1—2011规定的Sa2.5级或St3级,使钢板表面无锈、无油、无其他黏附物(图1)。

4.2.2 步骤2:钢板表面均匀化处理

利用喷涂的方式对经过步骤1处理后的耐候钢板进行喷涂处理,要求药剂均匀覆盖钢板表面、无流淌,使钢板表面的活性点与非活性点均一化,增加钢板表面活性点数量,促进后续腐蚀反应晶核的初期形成,提高后续反应速度,防止钢板表面腐蚀大晶核的产生,促进钢板表面生成细致而薄的腐蚀产物。

4.2.3 步骤3:钢板表面预氧化处理

利用喷涂的方式对经过步骤2处理后的耐候钢板进行喷涂处理,要求药剂均匀覆盖钢板表面、无流淌,加速钢板表面活性点区域形成的腐蚀晶核的成长发育,促使耐候钢板表面稳定锈蚀层的形成。

4.2.4 步骤4:钢板表面氧化处理

利用喷涂的方式对经过步骤3处理后的耐候钢板进行喷涂处理,要求药剂均匀覆盖钢板表面、无流淌,促进耐候钢表面的稳定锈蚀层快速生长,形成均匀、细致的腐蚀产物层。

4.2.5 步骤5:钢板表面后续处理

利用喷涂的方式对经过步骤4处理后的耐候钢板进行喷涂处理(图2),要求药剂均匀覆盖钢板表面、无流淌,弥补钢板表面生成的质量不完善的腐蚀产物层,继续促进原有腐蚀产物层的生长。

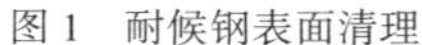

图1 耐候钢表面清理

图2 处理剂喷涂

根据气候条件(温度、湿度、阳光、风级)和钢板表面的反应情况,确定喷涂工序的次数与间隔时间。

当环境温度0℃<T<15℃,重复4次;环境温度15℃≤T<25℃,重复3次;当环境温度25℃≤T<30℃,重复2次;环境温度T≥30℃,重复1次。

4.3 自然锈层与促锈剂处理效果对比

自然锈层生成周期较长,为加快试验进程,对耐候钢在大气环境中采取周期水浸法进行促锈处理:喷砂除锈后的杆件进行洒水处理,每天至少3次,维持干湿交替状态,处理周期为8周。试验结果表明耐锈钢洒水处理自然锈层表层较为松散,黄褐色锈液易随水冲刷产生锈液流淌现象,造成环境污染;洒水自然生锈锈层由于水流挂不均造成表面锈层不均匀,外观观感较差。

处理剂喷涂处理耐候钢表面在气温较低的初冬进行,处理周期为5d,处理后的耐候钢板表面在短时间内生成了较均匀的褐色锈层,稳定锈层形成周期短、速度快,阻碍了锈层形成早期锈液流挂、飞散现象,且锈层均匀致密,还起到保护、装饰外表的作用。图3是不同处理方式的锈层情况对比。

a)促锈剂处理

b)常规水处理

图3 锈层情况对比

5 结语

本工程采用新型耐锈钢促锈剂喷涂工艺,实际应用情况表明,耐候钢锈层快速生成处理剂可使免涂耐候钢板在短时间内生成致密、与钢基体附着良好的锈层,锈层均匀美观,与自然锈蚀相比,处理剂能够显著改善耐候钢使用初期的锈液流淌问题,避免了对周围环境的污染及铁路电气设备的影响,可为类似工程提供参考经验。

参考文献

[1] 张幸,刘道新,万兰凤,等.新型耐候钢和碳钢在模拟工业大气环境中的腐蚀行为与机理研究[J].机械科学与技术,2010,29(8):1025-1030.

[2] 刘丽宏,齐慧滨,卢燕平,等. 耐候钢的腐蚀及表面稳定化处理技术[J].腐蚀与防护,2002(12):515-518.

[3] 刘丽宏,李明,李晓刚,等. 耐候钢表面锈层稳定化处理用新型涂层研究[J].金属学报,2004(11):1195-1199.

[4] 王建军,郑文龙,陈家光,等.表面涂层改性技术在提高耐候钢抗海洋性大气腐蚀中的应用[J].腐蚀与防护,2004(2):53-56.

[5] 郑莹莹,邹妍,王佳.海洋环境中锈层下碳钢腐蚀行为的研究进展[J].腐蚀科学与防护技术,2011,23(1):93-98.

[6] 侯文泰,于敬敦,梁彩凤.碳钢及低合金钢的大气腐蚀[J].中国腐蚀与防护学报,1993(4):291-302.

[7] 张全成,吴建生,郑文龙,等.耐候钢表面稳定锈层形成机理的研究[J].腐蚀科学与防护技术,2001(3):143-146.

[8] 杨晓芳,郑文龙.暴露2年的碳钢与耐候钢表面锈层分析[J].腐蚀与防护,2002(3):97-98+101.

[9] 张全成,王建军,吴建生,等.锈层离子选择性对耐候钢抗海洋性大气腐蚀性能的影响[J].金属学报,2001(2):193-196.

面向多源数据集成的高速公路数字化方法

曹祎楠[1],王　佳[1],顾大鹏[2]
(1.北京建筑大学电气与信息工程学院;2.北京国道通公路设计研究院股份有限公司)

摘要:高速公路具有线路长、地形复杂,工程设计施工难度大,且涉及多专业交叉等特点,为了在 Web 端更加便捷、清晰、直观地展示并管理道路、桥梁等数据,通过结合当前被广泛运用于实际工程项目的 BIM 技术、WebGL、倾斜摄影技术等,提出基于开源三维地图引擎 Cesium 的高速公路数字化方法,在数字地球上集成 BIM 及 GIS 领域的多源异构数据,为基础设施提供真实的地理环境,地理环境也将拥有更多立体的基础设施,并使地形、道路信息模型等能够跨平台、跨终端地进行三维展示及交互,实现对工程项目从宏观至微观的把控以及设计成果的可视化数字交付。将该方法成功应用于北京延庆某山区高速公路项目中,为行业建设提供应用参考,为公路的全生命周期管理奠定基础。

关键词:BIM;高速公路;WebGL;GIS;数字化;Cesium

高速公路是促进交通领域经济发展的重要基础设施。高速公路作为现代化的交通运输通道,加强其建设对区域间的合作发展、产业的结构调整、资源的开发利用、国民的交通出行等方面都会带来巨大的影响。截至 2018 年底,全国公路总里程有 470 多万 km,其中,高速公路里程已突破 13 万 km[1],公路资产位居世界第一。在不断推进高速公路建设的同时,解决高速公路多源异构数据集成问题,不但可以完善公路设计方案、优化设计水平,而且对公路数字化交付和信息共享具有重要意义。

随着 BIM(Building Information Modeling)、Web-GL(Web Graphics Library)、GIS(Geographic Information System)等技术的深入发展,交通运输领域开始广泛地构建三维虚拟仿真平台,由于 C/S(Client Server)架构的 GIS 平台存在异地软件安装麻烦、数据同步困难、用户数量受限制等不足[2],论文选择 B/S(Browser Server)架构的 Cesium 进行开发研究,B/S 构架的适应范围更强、升级便捷、有更多的用户群体、更多样的表现形式,更重要的是开发成本低。

本文提出运用三维地图引擎 Cesium 开发数字高速公路的可视化展示及管理方法,从公路工程勘察设计初期的数据采集、模型搭建到 Web 端数据加载,在三维数字地球上依照基础设施真实的地理坐标对矢量、影像、地形、BIM 模型等数据进行集成,并开发部分交互功能,加强管理者、设计者对工程的理解。

1　工程背景及技术路线

1.1　工程背景

北京延庆某山区高速公路建设项目里程超过 30km,项目中涉及特大桥、特长隧道等特殊工程,工程设计施工难度大,且涉及多专业交叉,给工程技术和管理都带来极大挑战。通过运用 BIM 技术能快速、直观地解决信息共享问题,提高项目的可控性,给管理决策带来便捷,并且服务于公路全生命周期,充分发挥 BIM 在交通基础设施方面的潜力[3,4];3D GIS 则可以为基础设施提供地理场景,为 BIM 应用提供多种空间数据,实现了在大范围三维 GIS 场景中 BIM 要素的可视化模拟与分析[5],其宏观尺度的管理能力可以将 BIM 应用从单体建筑扩展至道路、隧道、桥梁等长线工程,拓展了 BIM 行业应用的广度和深度。

1.2 技术路线

结合 BIM、GIS 技术各自优势对复杂山区高速公路进行参数化设计,包括地形、道路、桥梁、隧道等模型,对模型进行数据处理后,运用 Cesium 进行 Web 端开发。Cesium 是一个基于 JavaScript 编写的使用 WebGL 来进行硬件加速图形化的地图引擎,由 AGI 公司于 2011 年创立,是一种轻量级的开源三维 WebGIS 开发框架,它支持 2D、2.5D、3D 形式的地图展示[6],并且可集成多源异构数据,支持多终端的跨平台浏览;对于三维地球空间数据而言,Cesium 是现阶段最合适的开发工具。

搭建三维可视化场景需要底层数据的支持,包括影像数据、地形数据、BIM 模型数据、矢量数据等,得到项目所有相关数据后,进行基于 Cesium 的 Web 端数据加载、展示及开发,技术路线如图 1 所示。

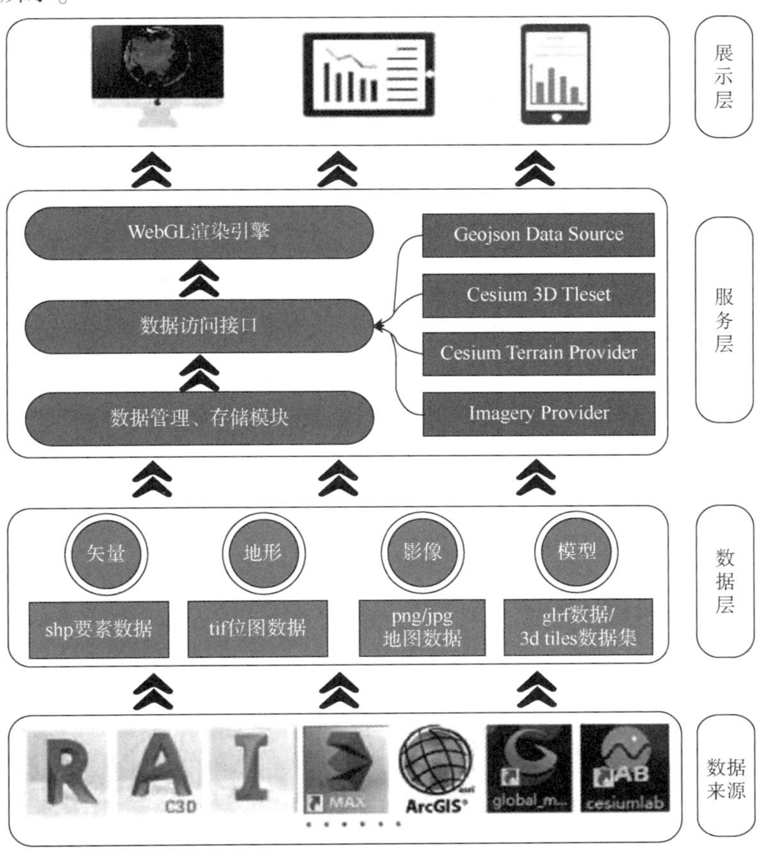

图 1 高速公路数字化技术路线

2 模型搭建

勘察、规划设计阶段是整个公路工程的最初阶段,也是整个工程的根本保障,往往决定着工程的质量。在公路全生命周期管理中,BIM 应用在设计阶段便开始介入,设计阶段搭建的 BIM 模型应能适应选线、初测、施工图设计要求,并尽量满足未来业主在施工、运维管理阶段对可视化管理的 BIM 应用,使 BIM 在公路全生命周期中发挥的作用最大化[7]。公路工程具有点多、线长、面广的特点,同时具有不同标段的分项工程以及复杂的工序,因此公路项目会包含海量的数据信息[8]。

将 BIM 与 3DGIS 技术结合,以现场航拍得到的山区地形数据及公路设计资料为基础,将整段公路进行参数化单元分解,如将桥梁、隧道、路基等作为公路的子模型,最终将子模型进行整合得到完整的道路信息模型。

2.1 地形建模

在构建道路信息模型前,首先要有地形数据的支持。采用装载倾斜摄影设备的无人机对复杂山区高速地形地貌进行航拍(图 2),可得到针对工程所在地区的点云,形成.TIF 文件,点云中携带着密集的高程点,各高程点中又包含着不同的 xyz/RGB 信息;对.TIF 文件进行处理,为构建数字高程模型提供原始数据支持。

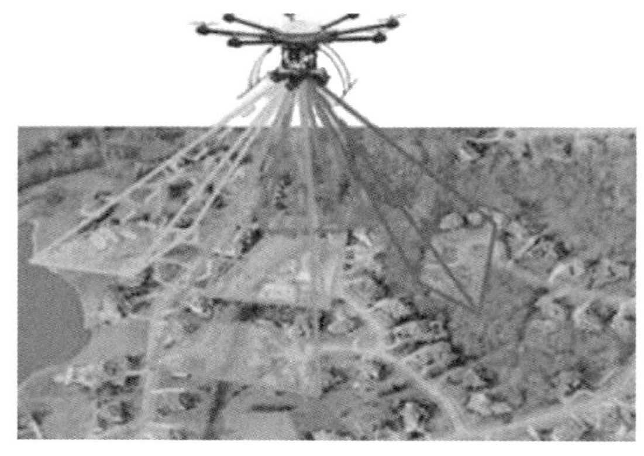

图 2 倾斜摄影航拍

所谓数字高程模型(DEM),即是用一组有序数值阵列形式表示地面高程的一种实体地面模型,是整个道路工程模型的重要组成部分,也是构建道路模型的基础[9]。对 DEM 描述方式采用 TIN 模型,即不规则三角网模型,它是由分散的地形点(实测高程点)按照一定的规则构成的一系列不相交的三角网络(图 3),对于 TIN 模型中离散的实测高程点集,存在多种三角网剖分方式,这里选择在地形拟合方面表现最为出色的 Delaunay 三角网剖分方式;山区地形的高低起伏变换可以由等高线来形象地描述(图 4),并运用多尺度的影像数据进行叠加,可更形象真实地表现地形。

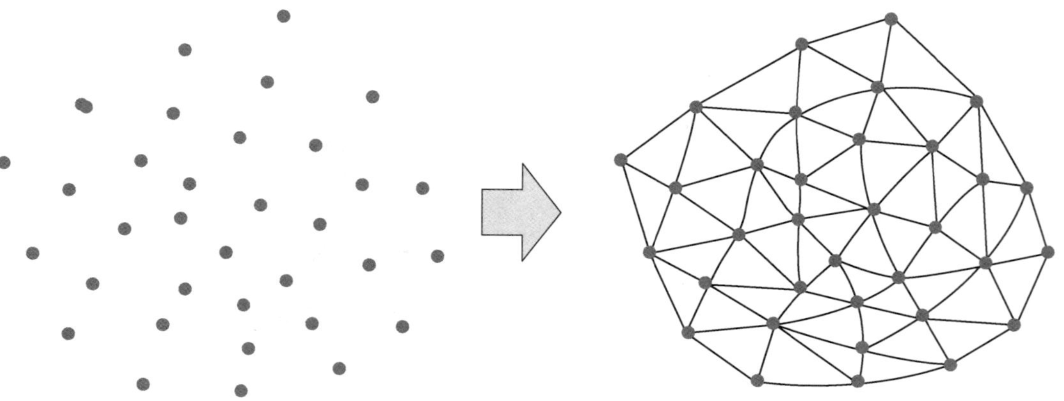

图 3 三角构网

2.2 道路建模

根据现场勘测情况及公路设计图纸,对公路进行分解,对各部分组件进行分类。将道路建模分为道路、构造物及附属设施的三维道路子模型。道路包括路基、路面、边坡等;构造物包括桥梁、隧道等;附属设施包括路标、路灯、护栏等。完成各部分道路信息子模型的绘制后,将所有子模型根据各部分组件的空间位置、时间顺序和逻辑连接关系进行组合,从而搭建起完整的道路信息模型[10]。

工程运用 AutoCAD Civil 3D 对道路进行设计,C3D 中有多种方式去定义曲面对象,以上述构建的 DEM 作为道路设计的基础,导入 Civil 3D 作为曲面对象,并参照地形曲面进行路线设计(图 5 为路线设计图)、纵断面设计等,最后系统会依照设计好的路线、纵断面等形成相应的道路模型。对于桥梁、隧道等构造物,根据设计图纸及三维路线运用 revit 及 Dynamo 进行创建桥梁、隧道及附属设施族等,将 Civil 3D 中的地形曲面和设计路线导入 revit,从而以此为参照,对桥梁(图 6)、隧道(图 7)进行搭建并配准。

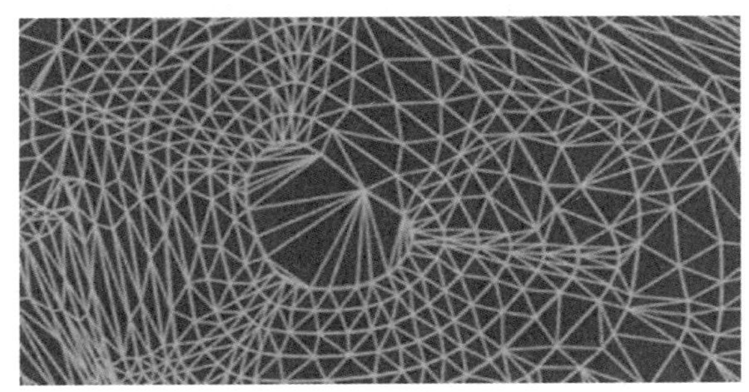

图 4 生成等高线的 TIN 模型

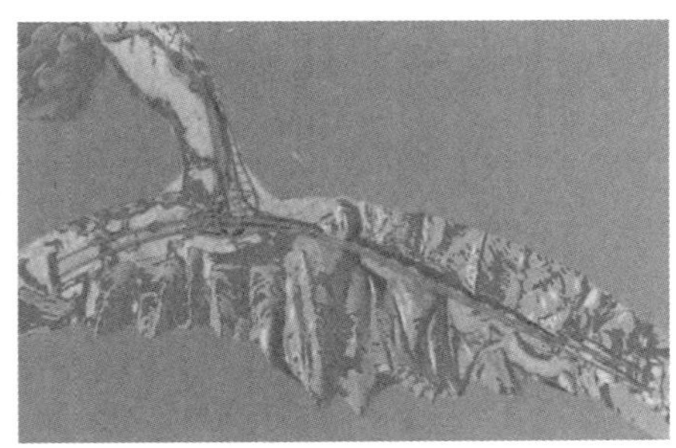

图 5 公路路线图

图 6 搭建桥梁并配准

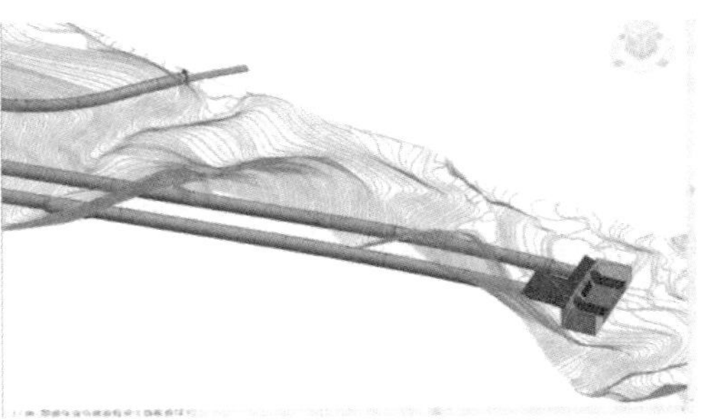

图 7 搭建隧道并配准

3 数据处理与发布

3.1 矢量

通常 GIS 矢量数据为 shapefile 数据,Geojson 是比较通用的一种网络矢量传输格式,本文利用数据处理工具将.shp 文件转换为 Geojson 数据并导出,将 Geojson 文件放入 Cesium 根目录中通过函数 Viewer.dataSources.add(Cesium.Geojs-onData-Source.load('/Apps/yanchong/41.geojson'))进行数据的加载。

3.2 地形

STK World Terrain 与 Small Terrain 是 Cesium 支持的两种地形类型;其地形系统支持由流式瓦片数据生成的地形。STK World Terrain 地形可以通过 API 直接在线调用,但由于地形服务多为外网,常因翻墙访问等导致数据获取存在问题;且访问全球的在线地形数据,由于数据量庞大若网速跟不上会有卡顿、加载不出地形等问题。所以选择对 2.1 节中通过倾斜摄影得到的高速公路山区.TIF 数据进行处理生成 Small Terrain 文件。虽然 Small Terrain 为中等高分辨率,相比高分辨率的 STK World Terrain 略逊一筹,但是对该研究工作已足够,这样也就实现了数据的本地部署,使所研究区域的数据快速加载,提高了渲染效率。

配置好 CTB(cesium-terrain-builder)环境后,将携带高密度点云的.TIF 数据转换生成 terrain 文件,得到的地形数据为金字塔结构(图 8)。金字塔结构是以四叉树或八叉树的方式来管理地形数据的结构,即将高精度地形图根据视点的远近,分为多级地形;视点拉远将显示低精度的地形,视点拉近则显示高精度地形,图 9 为 Cesium 调用地形数据后的效果图。

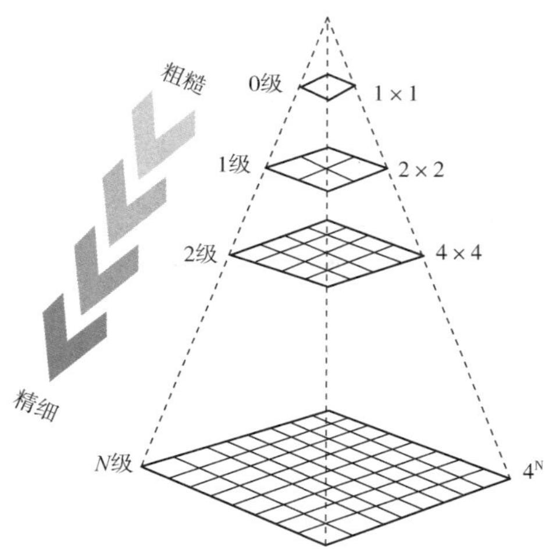

图 8 四叉树地形金字塔结构

图 9 山区地形展示图

3.3 道路模型

首先将 2.2 节中设计好的公路模型进行处理,在 Civil 3D 中将道路模型以 FBX 格式导出、将地模以 IMX 格式导出;在 revit 中将设计好的桥梁、隧道模型以 FBX 格式导出;将所有模型文件导入 infraworks 中整合为高速公路全模型(图 10),然后导出 FBX 格式的全模型文件(不包括地模)。由于 Civil 3D 及 revit 中的材质库有限,不能满足所需,将 FBX 文件导入 3D max 对公路材质进行丰富处理,最终导出 OBJ 模型文件。

由于实际工程高速全专业模型体量庞大,需要通过 Cesium 3Dtiles 对模型建立 LOD 来实现 Web 端海量三维模型的快速加载。3Dtiles 数据集是以分级、分块进行渲染,将海量的三维数据分块、分层的形式组织起来,可以大幅度减轻浏览器及 GPU 的负担,是 Cesium 中比较核心的部分，3Dtiles 可用于流式传输 3D 内容，包括矢量、点云、倾斜、BIM 模型等；其瓦片集是用树空间数据结构组织的瓦片集合，每个瓦片都拥有一个包围体用于包围其内部内容。每个瓦片都代表着一个要素或一个要素集，比如建筑物等 3D 模型、点云中的点、矢量数据集中的点、多边形、折线等。

图 10　整合后的效果图

3Dtiles 格式由两部分组成，一个是 JSON 格式的数据组织文件（tileset.json），另一个是每个节点所对应的模型文件（.b3dm 等），图 11 为 b3dm 数据格式的详解，其中 body 部分的要素表是指该瓦片包围盒中的要素（构件）个数；批量表的作用是存储要素的属性，可通过 BatchID 调用 BatchTable 中的属性数据；内嵌的 gltf 文件即存储着模型的几何数据及纹理贴图等。

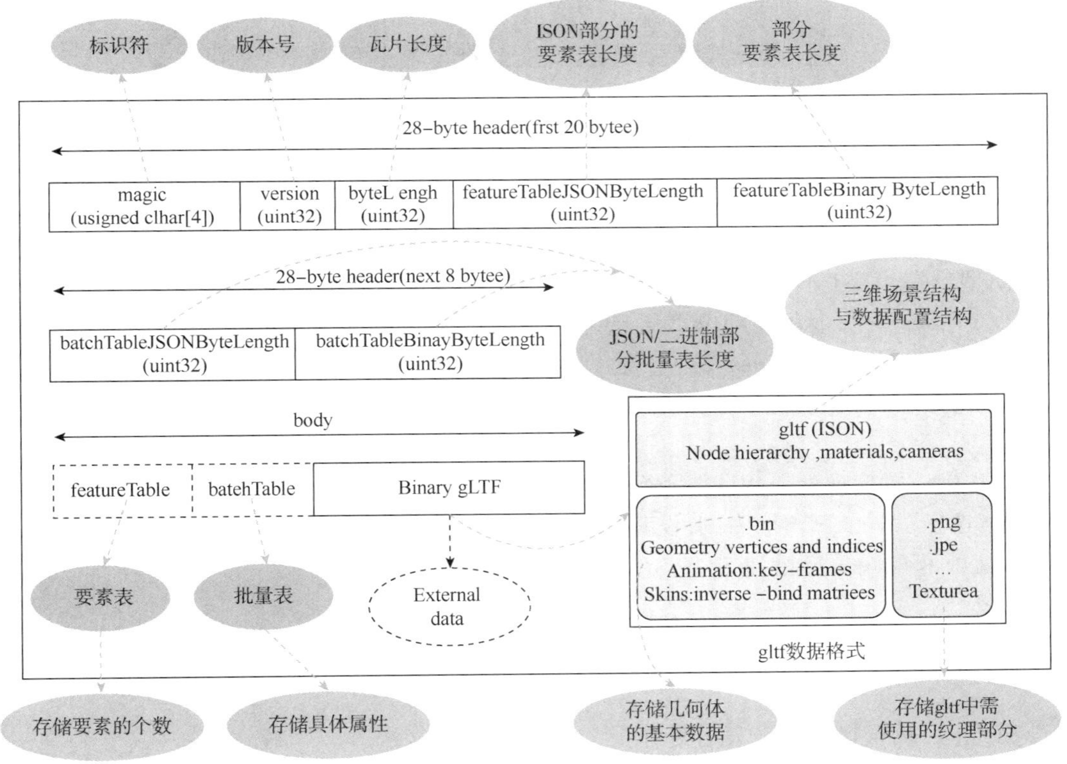

图 11　B3dm 及 gltf 数据格式

将不同标段的道路、桥梁、隧道模型进行区域分割、要素分组处理，分别对要素组进行贴图等细化处理，并利用开源工具完成数据格式的转换，最终完成 3Dtiles 文件的生成。图 12 是将模型文件转换为 3Dtiles 数据的流程。

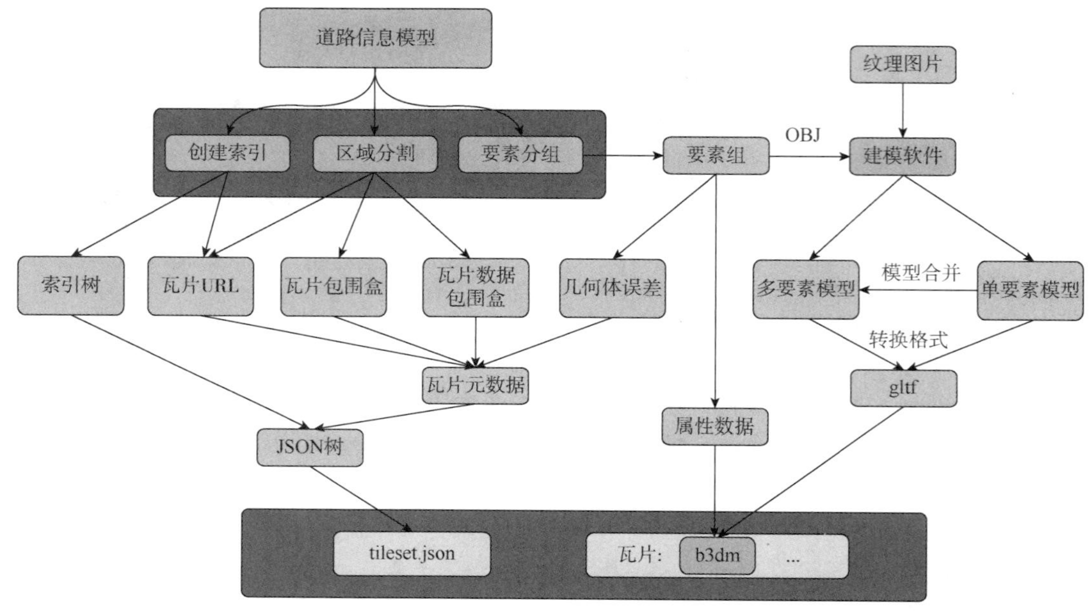

图 12　模型数据转换流程

3.4　模型的位置调整及旋转

当模型加载后,往往会存在模型与地形位置不匹配,公路模型部分区域被地形掩盖或公路模型悬在半空(不贴地面)的情况,需要对模型位置进行调整使之与地形融合在一起。在 3Dtiles 中每个瓦片的位置信息都写在 json 及对应的.b3dm 文件中,所以调整整体模型位置要改动整个 3Dtiles 数据。通过查找 Cesium 的 API 文档,Cesium3DTileset 中定义了一个 modelMatrix 类,是一个 4×4 矩阵,说明通过矩阵运算是可以调整整个 3Dtiles 数据位置的。

要达到位置变换就要构造"平移矩阵"及"旋转矩阵"。WebGL 绘制模型的基本元素是三角形,这里以一个三角形为例,设其顶点坐标从点 $P(x,y,z)$ 移动到点 $P'(x',y',z')$,X、Y、Z 各轴上平移的距离分量为 T_x、T_y、T_z,那么则不难得到:

$$\begin{cases} x' = x + T_x \\ y' = y + T_y \\ z' = z + T_z \end{cases} \tag{1}$$

将式(1)用变换矩阵来表示则有:

$$\begin{pmatrix} x' \\ y' \\ z' \\ 1 \end{pmatrix} = \begin{pmatrix} 1 & 0 & 0 & T_x \\ 0 & 1 & 0 & T_y \\ 0 & 0 & 1 & T_z \\ 0 & 0 & 0 & 1 \end{pmatrix} \begin{pmatrix} x \\ y \\ z \\ 1 \end{pmatrix} \tag{2}$$

将式(2)记为 $A' = MA$,M 即平移矩阵。

设点 P 绕 Z 轴旋转 β 后得到 $P''(x'',y'',z'')$,由于是绕 Z 轴旋转,则点 P 的 z 坐标不变,只

要考虑 x、y 坐标的变化,用 P 到原点的距离 r、α、β(图 13)对点 P、P''的坐标来表示,则有:

$$\begin{cases} x = r\cos\beta \\ y = r\sin\beta \end{cases} \tag{3}$$

$$\begin{cases} x'' = r\cos(\alpha+\beta) \\ y'' = r\sin(\alpha+\beta) \end{cases} \tag{4}$$

运用三角函数两角和公式变换式(4),然后将式(3)代入消去 r 和 α,可得:

$$\begin{cases} x'' = x\cos\beta - y\sin\beta \\ y'' = x\sin\beta + y\cos\beta \end{cases} \tag{5}$$

将式(5)用变换矩阵来表示,则有:

$$\begin{pmatrix} x'' \\ y'' \\ z'' \\ 1 \end{pmatrix} = \begin{pmatrix} \cos\beta & -\sin\beta & 0 & 0 \\ \sin\beta & \cos\beta & 0 & 0 \\ 0 & 0 & 1 & 0 \\ 0 & 0 & 0 & 1 \end{pmatrix} \begin{pmatrix} x \\ y \\ z \\ 1 \end{pmatrix} \tag{6}$$

记为 $A''=NA$,N 即绕 Z 轴的旋转矩阵。

类似地,也可以得到绕 Y 轴的旋转矩阵、绕 X 轴的旋转矩阵[11]。在 Cesium 中通过程序定义不同的变换矩阵(定义绕 Z 轴旋转的对象:Cesium.Matrix4fromRotationZ;定义平移的对象:Cesium.Matrix4.fromArray),将 M、N 等不同的变换矩阵进行复合得到复合矩阵,通过将模型数据与复合矩阵作运算,再将运算结果赋值给 tileset.modelMatrix 即完成模型位置的变换。图 14 为渲染加载并调整模型的示意图。

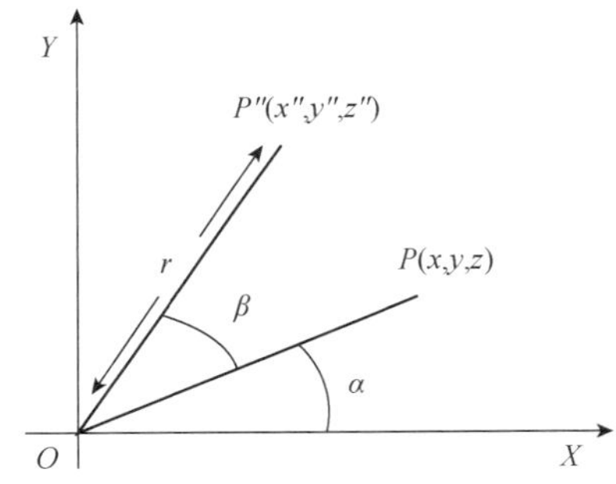

图 13 点 P 在坐标系中的变化

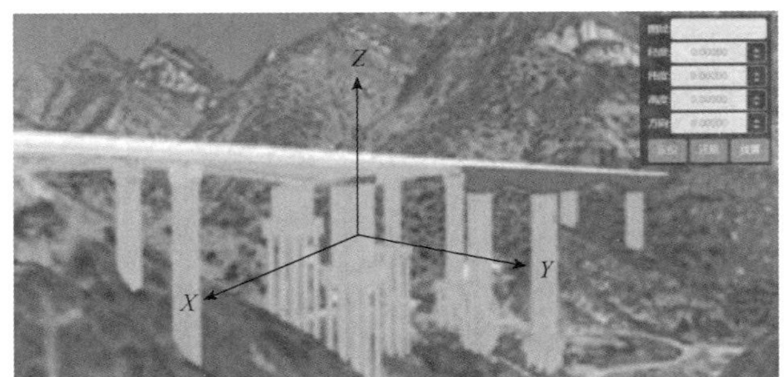

图 14 模型渲染效果

4 跨终端展示及交互

4.1 WebGL 简介

开源三维地图引擎 Cesium 是一种轻量级的 WebGIS 开发框架,是基于 WebGL 来进行硬件加速图形化的地图引擎。WebGL 三维规范基于 OpenGL ES2.0,使得 Web 浏览器具有三维绘制能力,不需要安装任何插件,且能够跨系统和平台;它使用 HT-ML5 Canvas 元素作为容器,并能够得到系统图形硬件的支持。WebGL 的优势主要表现在:WebGL 提供了 JavaScript 接口,无需任何插件便可进行开端三维开发;具有开放性;WebGL 利用底层的图形硬件加速功能进行图形渲染,促使 Web 开发人员借助系统显卡来在浏览器里更流畅地展示三维场景和模型[12]。WebGL 中用于绘制模型的基本元素是三角形,通过程序调用 JSON 对象数据生成绘制信息,并将信息传递给 GPU 处理,最终将渲染结果显示在浏览器中。

4.2 各终端展示效果

将搭建好的山区高速模型加载至 Cesium 进行三维展示,经终端实际测试,在 PC 端、iPhone 及 Android 手机、平板电脑的浏览器上均可展示公路模型,并可以对模型进行人机交互操作,图 15 为模型终端展示图。

a)平板

b)手机

图 15 平板及手机浏览器模型展示

4.3 客户端交互应用

在模型展示界面设计了一些针对信息模型的交互功能,满足使用者从宏观至微观的多层次深入了解模型及整个工程项目,可实现的交互功能包括初始化、复位、构件隐藏、光照模拟、在线选点测量、任意添加视点进行漫游等,图 16 为距离测量及漫游路线设置情况。

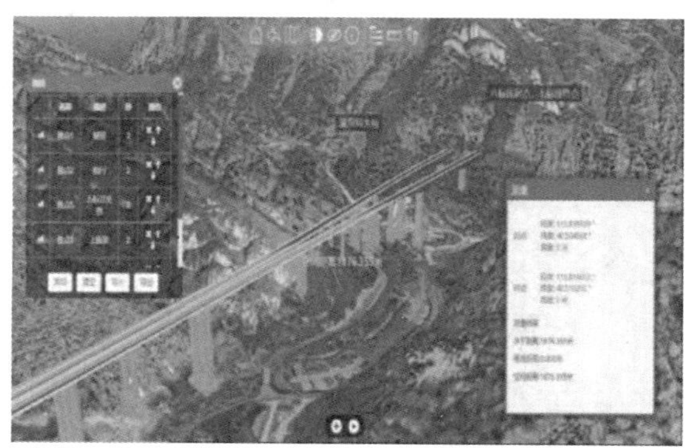

图 16 距离测量及漫游选点

5 结语

依托北京延庆某复杂山区高速公路,通过 BIM 技术进行参数化建模,运用 Cesium 实现高速公路多源异构数据集成，采用 JavaScript 为开发语言，基于 B/S 架构，阐述了高速公路的数字化方法，并成功应用于实际工程，获得如下结论。

(1)Cesium 作为一款世界级的开源三维地图引擎，具有支持多源数据、开发灵活、使用操作便捷等特点，可有效地将 BIM 及 GIS 领域的多源数据集成，是适用于交通基础设施可视化的良好开发工具。

(2)方法赋予三维公路模型真实的地理位置，拓宽了 BIM 技术在交通领域的应用深度和广度，使深化设计水平得以提高、使施工方对工程项目的理解得以深入、并且加强了管理者对工程从宏观至微观的把控。

(3)WebGL 强大的可视化能力使设计成果可以跨平台、跨终端地在浏览器中展示，无论身在何处，利用手机等移动终端便可以便捷地对设计成果进行审查；设计成果的交付仅仅需要一个网址或是一个二维码。

(4)研究只针对工程涉及区域的数据开发，对于全市、全国、全球的海量数据的加载，则需要对底层数据动态调度算法作深入研究，这也将是下一步的研究方向。

研究成果为公路行业建设提供新理念、新方法，为打造全生命周期数字化管理的高速公路奠定基础。

参考文献

[1] 张纪升，李斌，王笑京，等.智慧高速公路架构与发展路径设计[J].公路交通科技，2018，35(1)：88-94.

[2] 乐世华，张煦，张尚弘，等.基于 Cesium 的 WebGIS 流域虚拟场景搭建[J].水利水电技术，2018，49(5)：90-96.

[3] 解晓明.BIM 技术在山区公路工程项目全寿命周期管理中的应用[J].公路工程，2018，43(4)：296-300.

[4] Costin A，Adibfar A，Hu H J，et al.Building Information Modeling(BIM) for Transportation Infrastructure—literature Review，Applications，Challenges，and Recommendations[J].Automation in Construction，2018，94：257-281.

[5] 熊桂开，朱丽丽，薛梅.GIS-BIM 技术在山地城市路网优化设计中的应用[J].重庆交通大学学报(自然科学版)，2017，36(4)：91-96.

[6] 高云成.基于 Cesium 的 WebGIS 三维客户端实现技术研究[D].西安：西安电子科技大学，2014.

[7] 王丽园，陈楚江，余飞.基于 BIM 的公路勘察设计与实践[J].中外公路，2016，36(3)：342-346.

[8] 张建平，余芳强，赵文忠，等.BIM 技术在邢汾高速公路工程建设中的研究和应用[J].施工技术，2014(18)：92-96.

[9] 秦涛，龚晓晖，于洪武，等.基于 BIM 的道路信息模型参数化构建技术研究[J].中外公路，2017，37(1)：302-304.

[10] 宋爱苹，徐杰伟.基于 BIM 技术的道路信息模型参数化构建研究[J].公路工程，2017，42(4)：337-341.

[11] Kouichi Matsuda，Rodger Lea.WebGL 编程指南[M].北京：电子工业出版社，2014：86-118.

[12] 牛艺博.基于 WebGL 的地理信息三维可视化技术研究[D].兰州：兰州交通大学，2015.

延崇高速公路隧道应急事件检测及管控联动技术研究

张建英[1],高志权[2],王伟珍[2]

(1.北京市首发高速公路建设管理有限责任公司;

2.北京云星宇交通科技股份有限公司)

摘　要:本文依托延崇高速公路妫水河隧道路段,通过研究高速公路隧道应急事件检测及管控联动系统,为保障行车安全,创造良好行车环境,减少事故的重要系统。系统在处理突发事故事件时,可能会同时执行多项控制任务。这就需要在操控层面提前做好预案,而且在具体预案执行时,不仅要充分考虑到事件之间的相关性,保证预案的可行性和有效性,还要在实际运营管理过程中,根据需要在现有预案的基础上进行增补和优化调整。

关键词:应急预案;联动;智能管控

延崇高速公路是2019年北京世园会和北京2022年冬奥会的重要交通联络线,起重要的交通保障作用。同时,连接北京城区、延庆新城与河北张北地区的快速交通干道。另外,延崇高速公路所处地质环境复杂,其桥隧比高,因此,对交通运行感知精准化、车辆精准监测、行车安全保障要求高、交通事件快速检测、应急管控的快速处置等重要方面要求较高。对信息化、智能化的高速公路运行监管与服务需求迫切。综上,针对延崇高速公路的建设规划与重大活动支撑需求,设计建设隧道应急预案与管控联动管理系统。

延崇高速公路所处地质环境复杂,具有隧道桥梁比例高,恶劣气象频发,交通事故易发等特点。因此,为了实现延崇高速公路承担大型活动交通运输走廊的功能,保障延崇高速公路大型活动期间服务的高效性,确保高速公路道路基础设施安全及行车安全,满足日常运行管理的信息化、智能化需求。需要建立视频监控系统、交通流感知系统、交通基础设施健康监测系统、交通事件检测系统、气象感知系统、应急管控联动系统。本文通过在妫水河隧道示范应用,优化布设视频检测器、微波检测器、气象检测器以及基础设施健康检测设备等。达到高速公路交通状态、交通事件精准感知的目的,为实现应急预案与管控联动系统优化控制。

1　隧道应急管控系统构成

高速公路隧道是一种半封闭管状结构,且高速公路内车辆行车速度快,一旦发生事故,应急救援难度系数高,很容易造成二次伤亡。高速公路隧道应急报警及预案联动是为保障

行车安全,创造良好行车环境,减少事故的重要系统。隧道系统采集各个机电设备数据,对机电设备、安全指标、交通信息数据、环境参数等进行有效监测、控制、智能化管理,提高了管理效率,确保行车安全,为积极预防、处理事故提供可靠的保障。

系统平台由事件检测处理系统、预案知识库、数据分析软件系统等组成,如图 1 所示。用一体化组态方式运行远程监控计算机和本地隧道监控计算机,收集高速公路可能发生的各类突发事件,根据不同事件的特点和原因进行突发事件的分类,突发事件包括交通事故事件、火灾事件、电力故障事件等。根据各类事件可能对人员和财产造成的危害程度和对交通运行造成的影响,确定不同事件可能造成的危害等级,并提供事故预处理方案。

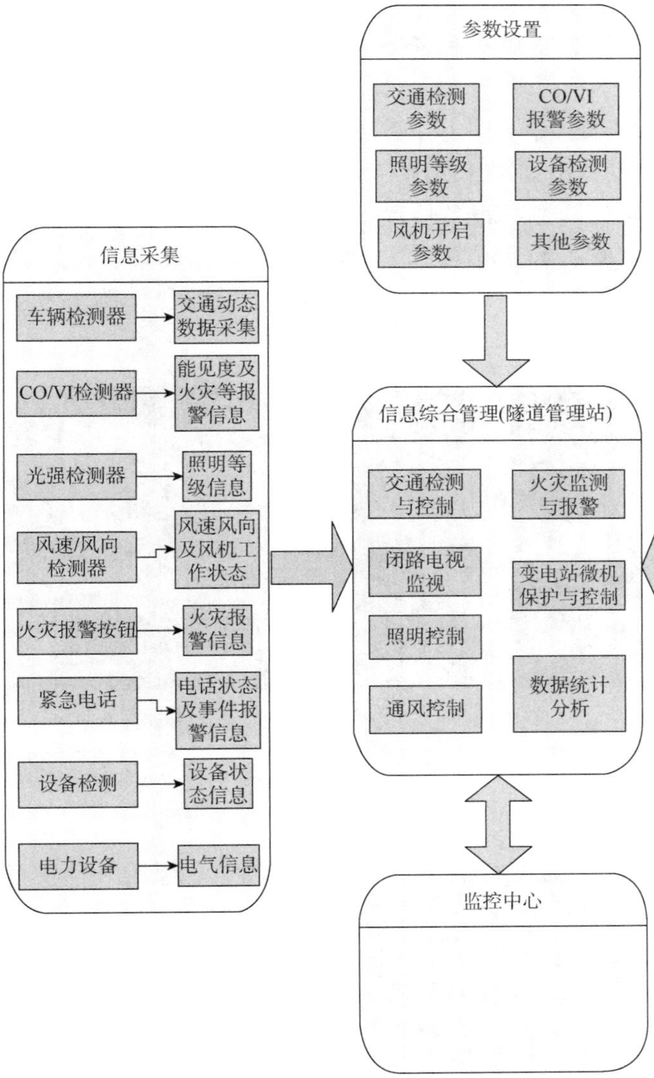

图 1　系统构成图

2 隧道应急事件检测处置

2.1 紧急电话事件

高速公路隧道位于偏远的山区地段,隧道中经常手机信号不畅,在出现事故时无法第一时间向有关部门反应,因此隧道紧急电话在出险救援方面发挥着重要作用,是高速公路建设中应急处理的基础设施之一。隧道内约间隔 200m 布置 1 台紧急电话,拨打电话时,无需拨号,按键触发。

如图 2 所示,紧急电话按照隧道内实际位置,在监控画面中摆放,同时显示该紧急电话的桩号、编号,点击画面某一台电话时,视频窗口切换到该紧急电话附近摄像机,三维窗口切换到该紧急电话位置,右上侧显示设备基础信息、技术资料和运维情况自动关联。

当隧道内有人拨打紧急电话,或监控中心向下呼叫某个电话时,对应的紧急电话图标会闪烁,同时该电话附近的视频会自动弹出如图 3 所示对话框。该弹出对话框中显示如下基础信息:紧急电话来电隧道为"妫水河隧道";设备位置"右洞";设备编号为"ET01B";设备桩号为"YK6+50";以及该来电紧急电话附近视频图像。监控人员通过视频图像,人工确认是否为误报。如确认隧道内确实有紧急事故,可点击"上墙"按钮,将该视频图像切换到电视墙,方便在事件联动处置过程中实时观测到事故现场情况。

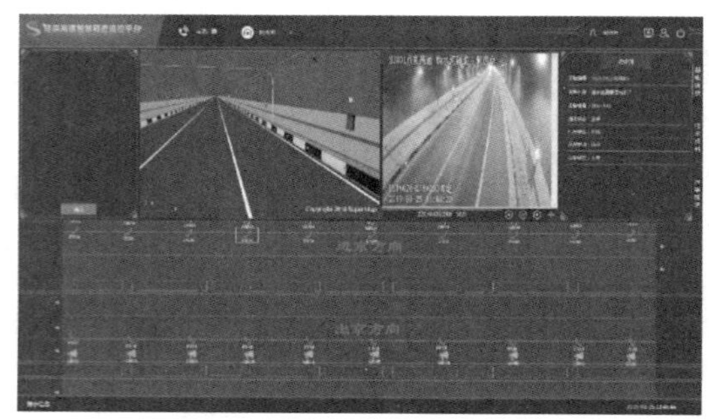

图 2 紧急电话管理界面

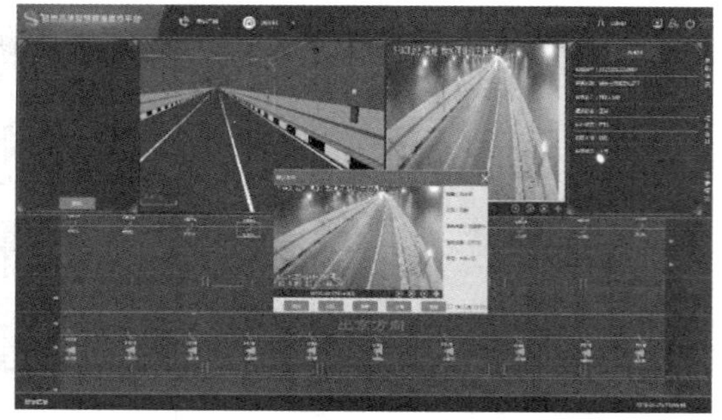

图 3 紧急电话事件处置界面

2.2 交通事件

交通事件是根据检测设备对现场图像进行采集,然后通过处理器与系统软件进行图像分析,并根据现场情况实施目标识别和目标跟踪,当检测到视频图像中有异常事件时,发出报警,为隧道运营管控提供安全技术保障。

交通事件检测器可检测的事件包括:停车事件、烟雾事件、行人事件、逆行事件、遗撒物、车辆慢行、驶离车道、交通拥堵、车头距离过小、车辆超速、拥堵等事件,从而有效降低监控人员的劳动强度,真正实现 7×24 全天自动监控。同时为管理部门提供实时路网交通运行信息,协助交通决策和规划管理等。

如图 4 所示,视频摄像机按照隧道桩号分布排列,点击某个摄像机图标,视频窗口弹出该摄像机的实时视频流。

当交通事件检测器检测到事件后,系统平台接收相应事件报警,平台软件上对应的摄像机图标会闪烁,同时弹出如图 5 所示的报警联动确认对话框。

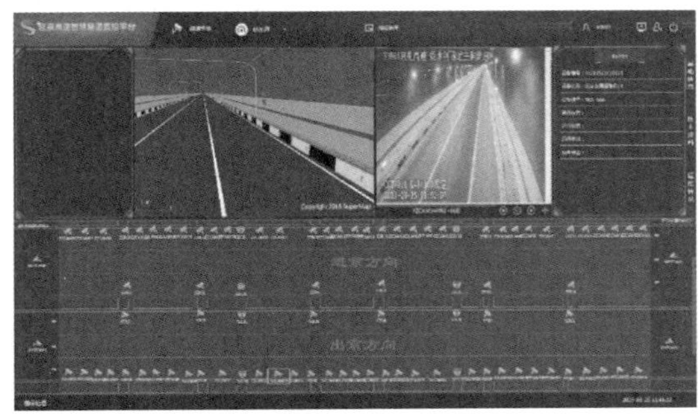

图 4 交通事件管理界面

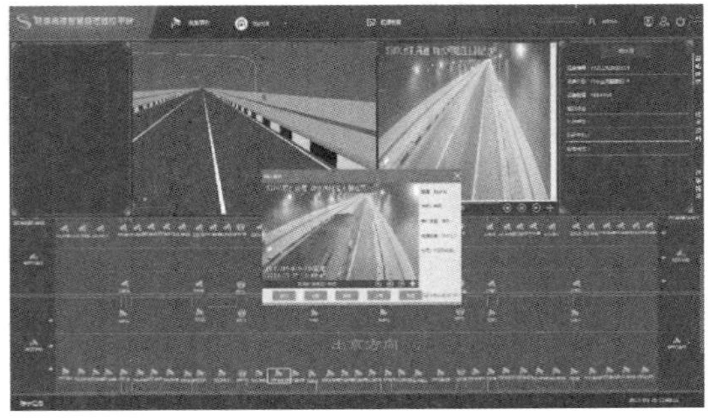

图 5 交通事件报警处置界面

该对话框显示如下信息:交通事件报警隧道为"妫水河隧道";事件发生方向为"右洞";事件类型为"停车事件";通过视频摄像机检测到,事件发生位置桩号为"YK47+638";监控人员通过视频图像,确认该事件的视频图像是否为误报。如确认隧道内确实有紧急事故,可点击"上墙"按钮。将该视频图像切换到电视墙,以实现事件联动处置过程中实时监测事故现场情况。

由于隧道环境、灯光等自然因素影响,交通事件检测器会有误报警情况,因此可选择 10s 关闭,即弹出事件报警对话框后,10s 后自动按照误报警处置。

2.3 火灾报警事件

消防火灾报警系统如图 6 所示。消防火灾监控页面中设备按照桩号,排放位置与实际位置一致。选择查看某一设备,监控图像自动切换为该设备的视频,三维场景自动定位到选择的设备。右上方信息区域显示设备信息,包含设备基础信息、设备技术资料,并可对运维状况进行查看。

该功能模块设置有消防手报状态、感温光纤状态、感温光纤温度值、火焰探测器等状态。

2.3.1 消防手动报警

隧道内消防手动报警(简称手报)设备约每 50m 1 个,如果触发手报按钮后,对应的手报图标会闪烁,同时弹出手报附近的视频图像。弹出如图 7 所示对话框。

从该弹出对话框可知:手报报警隧道为"妫水河隧道";事件发生方向为"右洞";事件类型为"火警";检测设备为"YZAO1";火灾发生位置为"YK0+0(即洞口位置)"。从弹出视频图像,监控人员可以确认是否为误报。如果确认隧道内确实有紧急事故,点击"启动"按钮,执行对应事件类型和地点的联动预案。

图6 消防火灾报警系统界面

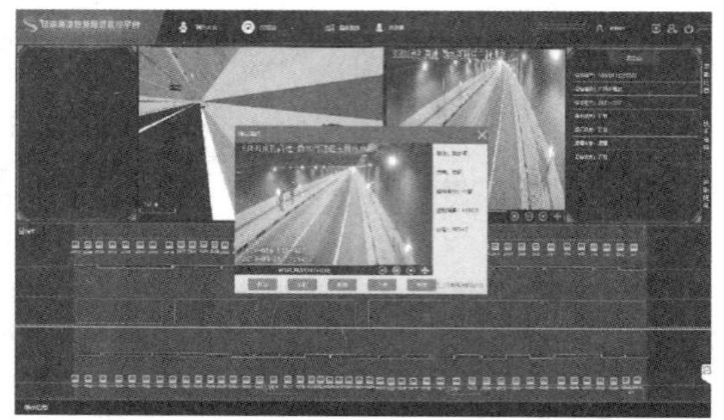

图7 手报火灾报警界面

2.3.2 火焰探测器

物质燃烧时,在产生烟雾和放出热量的同时,也产生可见或不可见的光辐射。火焰探测器又称感光式火灾探测器,它是用于响应火灾的光特性(图8)。即扩散火焰燃烧的光照强度和火焰的闪烁频率的一种火灾探测器。

妫水河隧道内设火焰探测器约每50m 1个。火焰探测器检测到烟雾报警时,对应的火焰探测器图标会闪烁,同时弹出该火焰探测器附近的视频图像。系统弹出如图9所示的对话框。

图8 火焰探测器界面

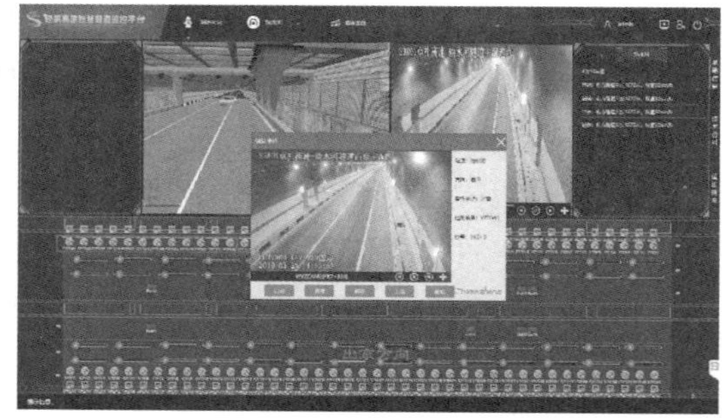

图9 火焰探测器报警处置界面

从该弹出对话框可知:火焰探测器报警隧道“妫水河隧道”;事件发生方向“右洞”;事件类型为“火警”;检测设备为“YZFD41(火焰探测器报警)”;火灾发生位置为“YK0+0”。监控人员可以通过视频图像确认是否为误报,如果确认隧道内确实有紧急事故,同时点击“启动”按钮,执行对应事件类型和地点的联动预案启动。

2.3.3 感温光纤

隧道顶部分布有感温光纤,用于检测隧道内温度(图10)。当隧道内光纤温度过高,或1秒内陡然升高6℃,则设备报警。

设备报警时弹出对话框与手报类似。从该弹出对话框可知:报警隧道、事件发生方向、事件类型、检测设备为“YGX(右洞光纤)”、火灾发生位置。监控人员可通过视频图像确认是否为误报。如果确认隧道内确实有紧急事故,同时点击“启动”按钮,执行对应事件类型和地点的联动预案。报警处置界面如图11所示。

图 10　感温光纤处置界面

图 11　火焰探测器报警处置界面

3　隧道应事事件管控联动处置

在隧道运营管理中遇到交通拥堵、交通事故、环境异常、火灾报警等非正常情况时，可自动调用系统预设的控制预案。系统预案采用参数模块化设计，简单、明了方便用户设置。

预案采用环节化、参数化、模块化设计，用户可灵活的根据具体项目、具体应急联动要求配置适当的预案，操作员在事件发生后，可清晰明了地执行预案的各个环节。

3.1　事件报警管理

系统能对各模块的事件报警信息进行统一管理，分级处理，报警信息与预案进行联动。报警排序管理如图 12 所示。

(1)报警分级，报警分以下级别：

①提示信息，通过下拉列表，按时间顺序排列。

②一般告警，弹出窗口。

③重要告警，结合声光提示。

(2)各模块可根据使用情况调整设置报警。

(3)通过设置门限阈值或状态变化来设置报警，达到设置条件系统能自动触发报警。

(4)报警需操作人员进行处置，处置分为启动预案、一般处置与确认为误报。

(5)对一些非重要报警，系统可设置延时再确认功能，防止误报。

(6)报警按重要等级及时间先后顺序在实时报警栏滚动播放。

3.2　预案设置及管理

系统预案设置模块化、环节化、可视化，用户可以在预案设置界面对预案进行设置及分类管理。根据隧道的长度、设备类型、数量、隧道等级等实际情况，灵活添减和设置各预案环节。预案主要分事故灾难类、火灾类，事件等分为 1～4 级。其中一级最严重，预案设置如图 13 所示。

图 13 所示的左侧为已设置预案，可通过选择来进行更改或查看设置环节和内容；中间区域为预案环节和内容设置区，根据隧道实际设备情况勾选联动执行环节，选中环节会在左

侧出现,各环节执行顺序可以通过上、下箭头调整,点选不同环节可以设置相应执行内容;右侧区域预览的是当前预案设置的环节和内容。

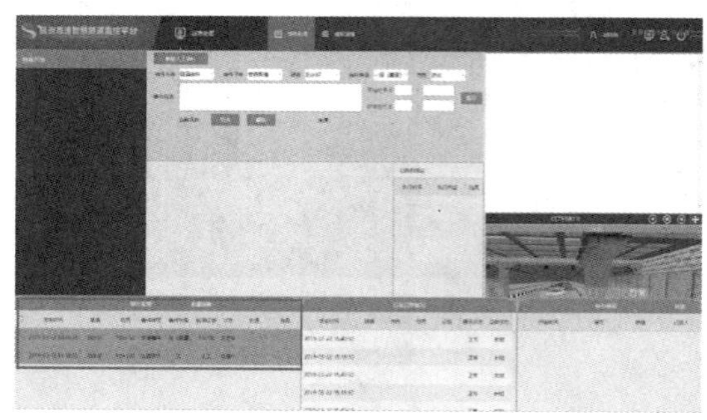

图 12 报警排序管理

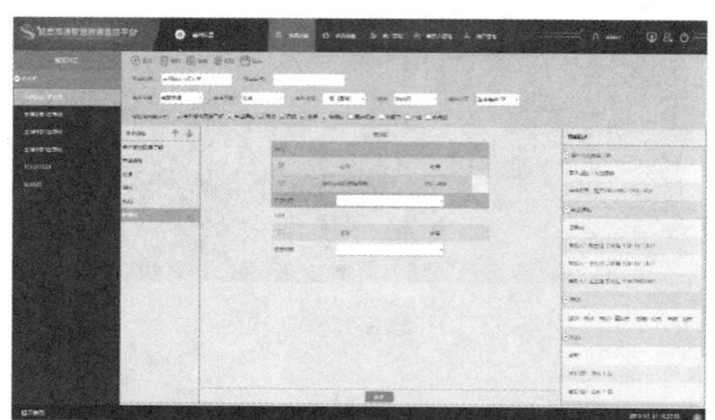

图 13 预案设置

3.3 预案联动

当隧道内发生突发事件,传送至隧道系统平台。通过系统联动功能,自动调取报警桩号附近视频图像。由人工确认并启动预案后,系统会自动调取该类事件的所有预案,系统选中默认事件相对应的预案。当然,用户可根据实际情况,随时调整使用的预案。

3.3.1 联动处置功能

当系统触发事件报警信息后,系统会自动切换到最重要的报警界面、弹出报警点附近的视频、弹出三维监控画面以及与相关信息供监控人员确认报警、并按系统设置提醒监控人员启动相应预案(图 14)。同时自动记录执行过程。同一时间有多个重要事件发生时,监控人员应同时启动多个应急预案,交互查看和调度状态。

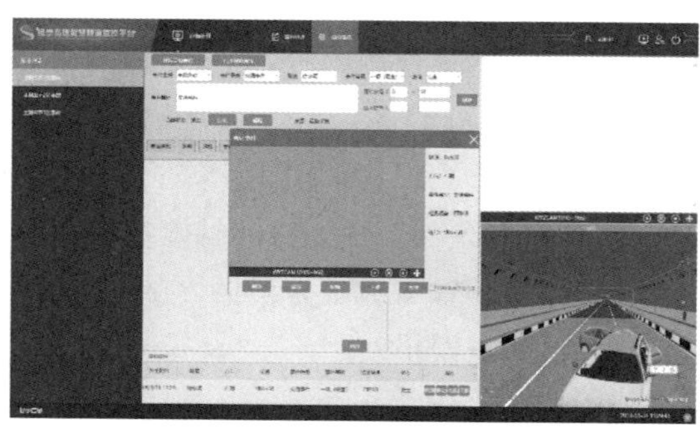

图 14 事件预案处置界面

联动预案执行方式:

(1)预案可提前制定。

(2)预案下发需要监控人员确认。

(3)预案下发时监控人员可根据具体情况对预案中可选择内容进行调整。

(4)预案下发按事故点来车方向依次进行分别处理。

3.3.2 联动处置流程

当监控人员通过视频确认事件发生后,可点击"上墙"按钮,将视频图像切换到电视墙。方便事件联动处置过程中可实时监测事故现场情况。同时点击"启动"按钮,执行对应事件类型和地点的联动预案(图 15、图 16)。

预案处置界面左侧区域:隧道当前事件类型预案列表,并自动选中当前事件发生地点对应的事件预案。

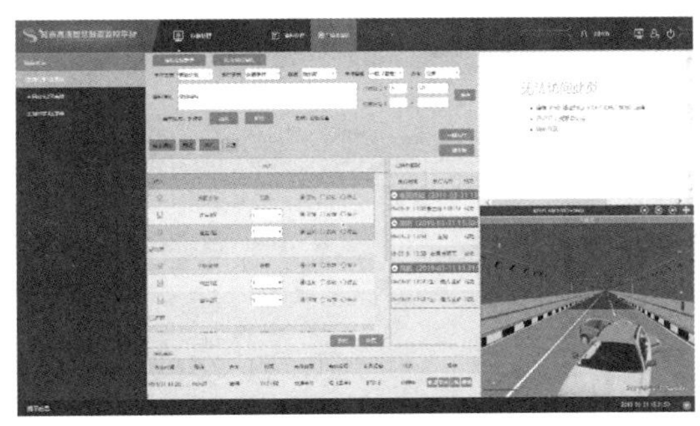
图 15　预案处置流程(风机系统)

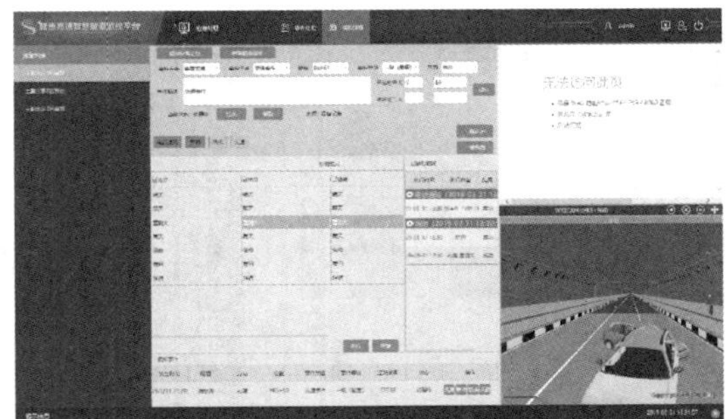
图 16　预案处置流程(照明系统)

预案处置界面中中间区域:最上面是对事件的相关描述,下面是预案配置的各个环节,绿色表示该环节已经执行,黄色表示该环节还未执行,操作员可以点选任一个环节单独执行或通过点击一键执行同时按预案设备内容执行所有环节,单环节执行时,用户可直接执行预案设置内容,也可以根据实际事件情况改动执行内容;右侧是各环节执行完成后的汇总预览。

预案处置界面右侧区域:上面是事件发生点对应的实时视频,下面是事件发生点对应的三维场景。

预案处置场景恢复:等事件完全处理完毕后,用户可以通过点击一键恢复按钮,同时把隧道监控设备状态恢复到事件预案执行前的状态。

4　应急联动处置模拟演练

模拟演练通过对各类事故、事件的模拟和人员行为数值的模拟。允许用户在对实际事故最大限度的仿真环境条件下开展应急演练,将传统的演练数字化、三维化,从而提高突发事件应急能力。从而提升应急演练真实性,使之更加科学化、智能化。

模拟演练功能模块即对事件进行模拟处理,显示界面的展现方式与事件处理类似。模拟演练界面如图 17 所示。模拟事故发生的方式及支持两种较为严重的事件类型处理。

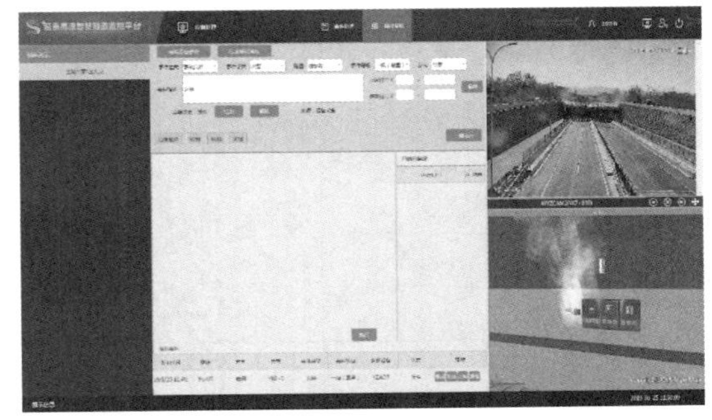
图 17　模拟演练界面

第一种是人工录入,点击新建人工事件,监控人员录入模拟演练的事件的时间、地点,系统自动调取录入桩号位置的预案,进行模拟演练。

第二种为模拟设备定位。模拟某隧道的某个设备监测到事故,系统自动调取该设备桩号的预案,从而进行模拟演练。

点击模拟设备定位按钮,选择模拟的隧道和设备,在三维场景中定位到该设备。点击该设备,弹出气泡,点击发生按钮,即模拟了事件发生,如图 18 所示。模拟的流程与事件处理类似,但处理的过程不入库记录,且不发生实际指令(图 19)。

图 18 设备模拟事件

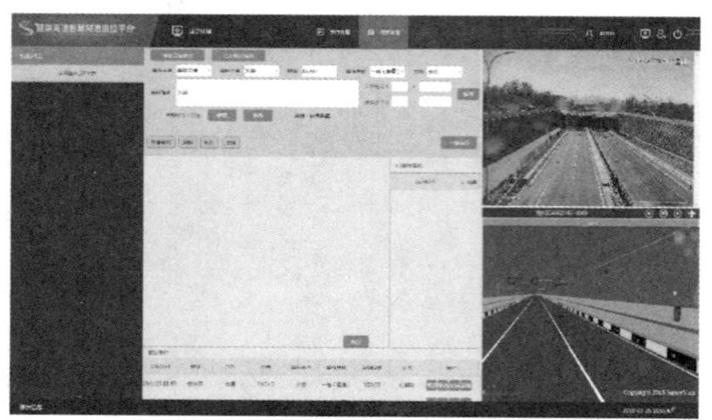

图 19 处理环节示例

5 结语

本文依托延崇高速公路妫水河隧道路段,通过研究高速公路隧道应急报警及预案联动系统,为保障行车安全,创造良好行车环境,减少事故的重要系统。系统在处理突发事故事件时,可能会同时执行多项控制任务。这就需要在操控层面提前做好预案,而且在具体预案执行时,不仅要充分考虑到事件之间的相关性,保证预案的可行性和有效性,还要在实际运营管理过程中,根据需要在现有预案的基础上进行增补和优化调整。

参 考 文 献

[1] 陈振伟,张昊,石志刚.基于多种火灾报警技术融合检测的隧道火灾联动控制系统设计探讨.[J].公路交通科技,2017,34(S1):65-70+79.

[2] 宋白桦.高速公路隧道安全联动控制技术的应用[J].浙江交通职业技术学院学报,2015,16(03):5-9.

[3] 李春杰.公路隧道交通事故预感知联动控制系统设计[J].中国交通信息化,2016(06):90-91+104.

[4] 张平.智能隧道的安全与应急预案联动[J].数字通信世界,2018(02):274+278.

高速公路隧道交通事件检测技术研究

谢戎辰[1],姜　瑜[2],高志权[3]
(1.北京市首都公路发展集团有限公司;2.北京市首发高速公路建设管理有限责任公司;
3.北京云星宇交通科技股份有限公司)

摘　要:本文立足于绿色、安全、节能及智慧,研究隧道智能化隧道交通事件检测技术研究。依托延崇高速公路隧道路段,通过对交通异常事件源的理论分析,研究基于机器视觉和听觉的交通事件快速检测技术。系统通过采用整合事件发生地相关车流情况、视频情况,确认事件现场灾害程度、损失程度,决策所需救援力量及相应预案处理。实现多层次的统一联合行动,及时、有序、高效地开展紧急救援或应对策略,从而保障交通通畅、运营安全。

关键词:事件检测;智能控制

1　引言

高速公路作为我国公路运输和城市道路运输的主要方式,具有车速快、流量大、车型复杂等众多特点。一旦在高速公路上突发交通事件,极易引发交通事故甚至连带事故。将会严重影响高速公路的通行效率,造成车辆拥堵人员滞留。目前在高速公路运营管理中,还主要是依靠人工监视、观察、判断、发现交通事件为主,少量检测设备检测为辅。由于人工效率及判断处理能力有限,往往不能及时快速的发现交通事件及隐患。因此,交通事件智能检测技术越发成为智能交通控制领域的研究重点,旨在为交通事件发生时能快速准确的发现交通事件的地点、事件类型等,及时上报处理交通事件。

交通事件指偶发性交通事故、车辆抛锚、恶劣天气、货物散落、道路养护、行人穿越等交通情况。而对于高速公路及隧道路段发生的以下事件:停车、逆行、慢行、遗撒、着火、拥堵、行人穿越、交通事故是需要重点管控。一旦在高速公路突发交通事件,智能交通事件检测系统应及时检测出并发出警报,记录存储相应的交通事件及视频图像信息。同时用户管理中心具有处置交通事件联动预案,及时快速的消除安全隐患、减少交通事件的损失。目前交通事件监测主要依靠视频检测技术,未来将向视频、微波融合检测技术发展。

高速公路交通事件多以车祸、火灾、爆炸等各种大小事故频繁发生。且随着人口、车辆增多,密度大,交通事件还将呈现损失大、危害大、连续发生性强、损失持续增长严重等特点。因此,交通事件系统是通过采用整合事件发生地相关车流情况、视频情况,确认事件现场灾害程度、损失程度,决策所需救援力量及相应预案处理。实现多层次的统一联合行动,及时、有序、高效地开展紧急救援或应对策略,从而保障交通运行通畅、运营安全。

2 视频检测系统解决方案

2.1 系统整体构成

视频交通事件视频检测系统,主要由以下部分组成采集摄像机、视频信号采集控制系统、网络设备、交通事件数据检测服务器、用户管理中心,各组成部分的功能如图1所示。

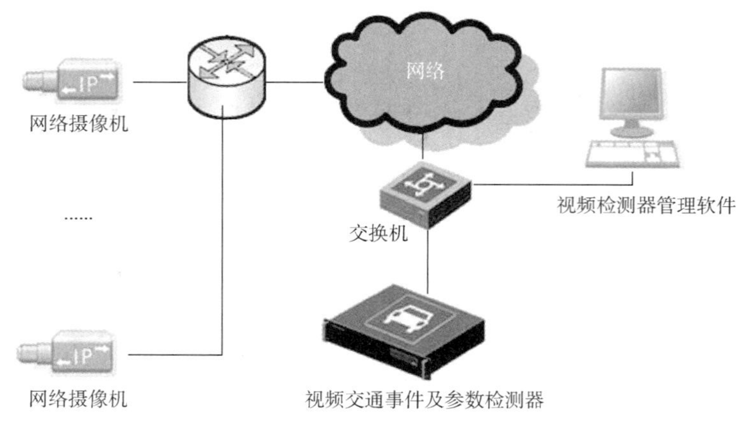

图1 系统构成

(1)摄像机:实时监测道路交通状况,采集道路交通状况的数据信息。

(2)视频信号采集控制系统:用于控制视频信号与交通事件检测服务器链路连接,以达到对摄像机采集数据的控制。

(3)交通事件检测服务器:交通事件检测处理的核心部分,用于处理摄像机传输的数据存储图像、交通流信息等数据,计算分析报警处理交通事件。

(4)用户管理中心:管理人员设置参数、调取监测数据、视频数据监控和存储、交通事件报警等功能管理中心软件。

综上所述,交通事件视频检测系统主要是控制视频摄像机进行数据采集,将采集数据传输给事件处理服务器处理。事件处理服务器通过算法检测数据是否发现交通事件。一旦在高速公路突发交通事件,智能交通事件检测系统应及时检测出并发出警报,记录存储相应的交通事件及视频图像信息。用户管理中心根据交通事件的发生地点信息、事件类型,联动公安、消防、救护等部门,加快紧急救援和交通控制措施。

2.2 主要功能

交通事件检测针对隧道事件检测功能为检测、记录隧道内的交通事故、路面突发异常、违法停车、慢行、逆行、行人、遗撒、火、烟等。对于隧道而言(特别是长隧道、特长隧道),如果突发交通事件(如:遗撒、火、车辆相撞等)而没有相应处理预案及采取相应的措施,后果将不堪设想。所以隧道专用检测设备不但要能检测隧道交通事件的情况,同时还要检测出着火、烟雾等信息。还可实时计算出隧道内车流量、平均车速、道路占有率、车间距等统计信息。视频交通事件检测主要功能特点如下：

(1)实时交通情况监测。

(2)视频图像数据接入系统，可自动进行事件、事故监测、报警。

(3)智能区分道交通事件类型。

(4)快速、及时处理、报警，可将该视频图像及报警区域图像传至指挥中心主监控画面。

(5)对交通事件的图像信息进行记录存储。

(6)具备远程维护功能，可进行远程调试与设置。

2.3 交通事件视频检测技术存在的问题

交通事件的视频检测技术的提高，要依托于机器视觉、图像处理、计算机通信等多学科综合发展。也要规范交通事件视频检测系统的选点、安装、调试、使用。目前交通事件视频检测技术的主要问题可概括如下：

(1)由于交通事件视频检测技术是基于摄像机的视频信号进行开发处理的，所以交通事件视频检测系统对视频监测区域的环境条件的要求限制很大，尤其是在恶劣天气、堵车、交通事故等复杂条件下，交通事件视频检测系统检测结果会因环境因素下降。

(2)由于交通事件视频检测系统是基于数字图像处理技术的多目标跟踪和多目标识别的，而目前多目标跟踪和多目标识别的机器视觉技术发展还未成熟，交通事件视频检测技术在交通事件检测应用也受到了相应限制。

(3)目前的视频检测技术实现基本是，首先要确定视频监控检测的区域，然后对监控区域的车道进行划分等。也就是只能对固定的道路区域进行检测，一般采用固定安装方式，发生事件后无法人工开展非现场的处置、执法。

(4)由于道路环境条件复杂多变性，交通参与者行为不确定性，视频事件检测对一些特殊事件，存在误报和漏报问题，例如检测到的遗撒物可能是报纸、纸片，行人穿越可能是行人在路侧行走而不是横向穿越道路。

(5)系统对不同的道路条件下所监测区域易发的交通事件采取了单一的报警方式，没有针对不同地点甚至不同车道所发生的不同类交通事件采取不同的报警等级。

3 微波检测系统解决方案

交通事件检测是智慧交通的重要组成部分。高速公路交通事件监测雷达，从微波角度提供了高效解决方案。雷达通过微波探测、算法识别可对如下交通事件进行实时监测：汽车驶离、停止、逆行、行人、抛撒物、拥堵、超速行驶、慢速行驶等事件。雷达可形成大场景覆盖，监测范围达500m。同时，不受各种恶劣天气影响，如狂风、暴雨、大雪、浓雾，以及早晚光线急剧变化等影响，实现全天候自动监测。同视频形成联动，引导视频设备转向拍摄交通事件发生现场，并及时通知指挥中心工作人员，为快速处理交通事件提供有效保障。雷达为交通事件监测提供了自动、稳定、精准的前端传感器，并将该事件信息及时提供给交通管理、交通执法及道路参与者,是交通事件监测不可或缺的重要组成部分。

3.1 微波雷达的优势

微波检测雷达一般采用工作在毫米波波段探测的雷达。通常毫米波是指的工作频率在30~300GHz(波长为1~10mm)的。毫米波雷达由于工作频率比较高,因此具有体积小、易集成和空间分辨率高等特点。毫米波雷达微波特性及体积小等特性具有以下几个方面的优势:

(1)精度高抗干扰。微波雷达具有体积小、质量轻和空间分辨率高等特点。在天线口径相同的情况下,毫米波雷达具有更窄的波束(一般为频率越大波束越窄),波束越窄雷达的角分辨能力和测角精度就越高,并且抗电磁干扰、杂波干扰和多径反射干扰等能力越强。

(2)全天候全天时。与其他交通事件检测技术相比,微波雷达检测器具有穿透雾、烟、灰尘的能力强,具有全天候全天时检测工作的特点。

(3)高分辨多目标。由于工作频率高,可能得到大的信号带宽(如吉赫量级)和多普勒频移,有利于提高距离和速度的测量精度和分辨能力并能分析目标细节特征。同时毫米波雷达能分辨识别很小的目标,并且能同时识别多个目标,因此具有很强的空间分辨和成像能力。

(4)敏感高误报低。系统敏感性高,错误误报率低,不易受外界电磁噪声的干扰。

(5)高频率低功率。具有更高的发射频率,更低的发射功率。

(6)可测速可测距。可采用FMCW(调频连续波),同时跟踪检测多个目标的距离和速度信息,甚至可持续跟踪静止目标。

(7)距离远。测量距离远,可达到双向12车道200m远(甚至更远)。

3.2 微波雷达的功能

3.2.1 流量检测

一款专门为电子警察设计的多车道多目标跟踪雷达,可提供精确的200m范围内车流量、平均速度、车道占有率等统计信息,流量精度≥99%,车道占有率精度≥99%,平均速度精度≥99%,提供实时路况照片或视频,用以掌握和验证现场情况,提供25ms检测更新和RJ45、485两种信号输出。

3.2.2 排队长度检测系统

随着机动车数量的快速增多,道路上面临不同程度的拥堵,特别是重大节假日、旅游季节,高速公路拥堵情况更为突出,严重影响了公众的顺畅出行。为了应对交通拥堵状况,采用毫米波多目标跟踪三维空间检测技术实现的排队预警系统检测精确、安装方便,同时不受天气、光线、环境气候变化的影响。

3.2.3 事件检测

使用事件检测雷达作为交通事件检测系统,采用多目标三维扫描技术和先进的车辆跟踪算法,同时雷达可全天候对目标区域内的车辆,进行精准检测和实时跟踪。对多种交通异常事件进行检测和即时报警,并自动触发摄像机调整位置进行现场监控、抓拍交通事件现场图片和录像,检测多车道多个车辆的超速、逆行、变道、违停、拥堵等情况,提供实时路况照片或视频,用以掌握和验证现场情况。

毫米波雷达交通事件检测系统,结合了雷达精准事件检测和视频可视化特点,适用于高速公路、城市道路、隧道、事故多发地段等其他多种应用场合,是交通管理者进行道路交通事件检测和交通流量检测的最佳选择。

3.2.4 测速提示系统

由于车辆的速度越快,越容易引发交通事故。可由一台毫米波雷达加上 LED 显示屏,构成测速提示系统可以同时检测多个车道多个车辆的行驶速度,并实时显示相应车辆的速度信息,提醒驾驶员不要超速行驶。有效将车速降到安全的范围内,从而提高行车的安全性。也可以实现可变限速的检测和提示。

3.2.5 盲区危险预警系统

交通视觉盲区给道路交通带来巨大的安全隐患,造成很多交通事故。采用毫米波三维空间检测技术,可以实时对盲区行驶车辆的速度和距离进行检测,一台雷达即可覆盖多个车道 200m 范围内的盲区空间,路侧安装,无需破坏路面、中断交通。同时采用户外 LED 显示技术,主动对危险进行警示;全天候自动检测和主动发布警示信息,不受天气、光线、气候变化的影响;以提高安全通行,减少交通事故,保护国家和人民的生命财产安全。

3.3 微波雷达的应用

目前高速公路使用传统的微波车辆检测器检测供车流量和平均速度数据。毫米波雷达提供综合检测功能,包括超速检测、事件检测等,一台设备具备了执法、管理和安全防范的综合功能,即流量事件检测雷达,可以更好地满足智慧高速系统的需要,也是未来实现车路协同系统的核心检测设备。微波交通检测器也存在一些不足,如实时性一般、无法对交通事件进行分类和缺乏直观性。

4 视频、微波融合检测技术

随着科学技术的发展,智能交通的应用特别是在信号控制和智慧高速领域有显著的提升。同时也对控制处理的数据质量要求越来越高。即数据要满足智能交通不同应用系统的功能要求,还要达到很高的准确度、稳定性,并可实现直观呈现可检验的效果。而达到上述的标准,就对交通数据检测器提出了更高的要求。目前包括互联网大数据、地磁、视频和微波雷达等检测手段提供了多模式的数据,各有其优缺点,而融合了雷达和视频检测技术的毫米波视频雷达具有的技术优势可以在满足上述标准方面发挥更大的作用。

交通事件自动监测是智慧交通的重要组成部分,大场景交通事件监测雷达,从微波角度提供了高效解决方案。

基于视频的交通事件检测技术和基于微波的交通事件检测技术不同应用方面各优劣。通过研究分析两种技术的优劣性,将这两种检测技术进行融合,可充分利用各自的优势互补两种技术的不足,形成快速、准确、稳定的交通事件检测系统。

融合系统的构成主要包括两大部分,一部分是视频检测部分,主要由摄像机、视频采集处理、事件处理模块等组成;另一部分是基于微波的事件检测部分,主要由微波事件检测器、数据传输光缆、数据处理器等组成(图2)。雷达微波检测设备为交通事件监测提供了自动、稳定、精准的前端传感器,并将该事件信息及时提供给交通管理、交通执法及道路参与者,是交通事件监测不可或缺的重要组成部分。

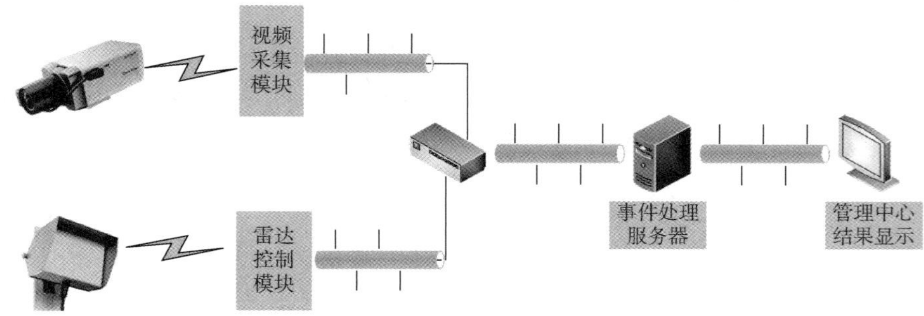

图2 微波视频融合系统硬件

参考文献

[1] 王志刚.基于微波雷达的智能车辆检检测技术与研究[D].南京:东南大学,2009.

[2] 邓晨.微波视频融合车辆检测与分类技术研究[D].武汉:武汉理工大学,2010.

[3] 姜宁.基于视频与微波技术融合的高速公路交通事件检测系统研究[D].西安:长安大学,2010.

附录　工程建设大事记

2016年12月29日 延崇高速公路(北京段)工程举行开工仪式,北京市市长蔡奇、交通运输部部长李小鹏视察工地并参加开工仪式。

2016年12月31日 山区段先期开工点松山特长隧道1号斜井K0+065洞口开挖施工。

2017年1月19日 平原段先期开工点妫水河隧道桩基工程施工。

2017年2月14日 北京市交通委工程处、计划处对延崇高速公路进行调研。

2017年4月12日 北京市道路工程质量监督站召开监督交底会。

2018年3月12日 温泉特大桥进京侧4号承台首件验收。

2018年5月11日 2018年北京市交通路政行业公路施工突发事件抢险处置综合应急演练在延崇项目举办。

2018年7月10日 首发集团召开延崇高速公路(北京段)品质工程示范创建工作推进会。

2018年8月1日 交通运输部开展冬奥会重大交通保障项目质量安全督导。

2018年10月18日 延崇高速公路首条隧道(佛峪口1号隧道)贯通。

2018年10月25日 首发集团召开绿色公路建设工作推进会。

2018年12月2日 跨大秦铁路-京新高速公路转体桥精准合龙。

2019年1月1日 延崇高速公路(北京段)工程平原段顺利通车。

2019年8月3日 延崇高速公路特长隧道(玉渡山隧道)左线全线贯通。

2019年11月30日 延崇高速公路控制性工程松山特长隧道施工至合同终点。

2019年12月14日 延崇高速公路(北京段)工程山区段完成预验收工作。

2019年12月25日 延崇高速公路(北京段)工程山区段召开交工验收大会。

2020年1月23日 延崇高速公路(北京段)工程全线顺利通车。